Vue 3 풀스택 실전 웹 프로젝트

Vue 3 풀스택 실전 웹 프로젝트

초 판 | 1쇄 2025년 01월 15일

지은이 | 김기태, 김대철
발행인 | 이민호

발 행 | 남가람북스
등 록 | 2014년 12월 31일 제 2014-000040호
주 소 | 인천광역시 연수구 송도미래로 30, E동 1910호
전 화 | 032-506-3536
팩 스 | 0303-3446-3536
홈페이지 | www.namgarambooks.co.kr
이 메 일 | namgarambooks@naver.com

편 집 | 남가람북스 편집팀
디자인 | 김혜정

ISBN | 979-11-89184-13-1

이 책은 저작권법에 따라 보호받는 저작물이므로 무단 전재와 무단 복제를 금지하며, 이 책 내용의 전부 또는 일부를 이용하려면 반드시 저작권자와 남가람북스의 서면 동의를 받아야 합니다. 책값은 표지 뒷면에 있습니다.
잘못된 책은 구입하신 곳에서 바꾸어 드립니다.

Vue 3 풀스택 실전 웹 프로젝트

기초부터 고급 실전 프로젝트를 통해 포트폴리오를 구성하기까지

김기태, 김대철 지음

남가람북스

추천의 말

전문적인 프런트엔드 영역에서 설계에 대한 노하우와 현실적인 예제들로 가득 차 있어서 프로젝트를 진행하고자 하는 분들에게는 과감하면서도 실제로 도움이 되는 책이라고 생각합니다. 지식이 아닌 노하우가 필요한 시대에 Vue에 대한 학습 방법을 제대로 제시해 주는 소중한 책이 될 것입니다. 저자분들의 열정과 에너지를 옆에서 보면서 출간을 기다리고 있었습니다.

구멍가게 코딩단

이 책은 Composition API, Vue Router, Vuex, Pinia, Axios 등의 핵심 기술을 배우고 다양한 스타일링 프레임워크와 백엔드 연동, 테스트 및 배포 과정까지 다룹니다. 초보자부터 실무 개발자까지 모두에게 유용하며, Vue 생태계를 마스터하려는 개발자에게 완벽한 선택이 될 것입니다.

한국소프트웨어산업협회 김정현 교수

이 책은 Vue 3와 Spring Boot의 연동을 다뤘으며, 두 기술의 장점을 최대한 살려 풀스택 개발의 기초부터 심화까지 자연스럽게 익힐 수 있도록 구성되어 있습니다. Vue 3의 컴포넌트 기반 설계와 Spring Boot의 REST API를 효율적으로 연동하는 과정을 하나씩 배워가며, 실질적인 프로젝트를 완성할 수 있습니다. 특히, Full Stack 개발에 관심 있는 분들에게 강력히 추천합니다.

삼성 청년 SW 아카데미 김계희 교수

이 책은 인공지능 풀스택 개발을 진행하는 개발자의 입장에서 다른 책에서 보지 못한 FastAPI와 Node, Vue.js의 연동 과정을 다루고 있습니다. 이제는 이 책을 참고하면 Python 기반 프로젝트를 진행하기가 수월할 것 같습니다. Vue 3를 사용하여 인공지능 프로젝트를 진행하는 개발자나 프런트엔드 개발을 하려고 하는 분에게 적극 추천합니다.

인공지능 풀스택 개발자 김태훈

이 책은 Vue 3와 Spring Boot를 비롯한 Node, Servlet, Springframework, Fast API와 같은 백엔드 프레임워크와의 연동 방법을 다룬 실용적인 책입니다. Spring Boot의 REST API 개발을 통합하여 Full Stack 애플리케이션을 구축하는 과정을 단계별로 설명합니다. Full Stack 개발에 관심이 있거나 프런트엔드와 백엔드 협업 구조를 이해하고자 하는 분들에게 강력히 추천합니다.

조달청 전자조달지원센터 수석연구원/공학박사 김영돈

이 책은 저자의 오랜 강의 경험과 개발 지식을 총망라한 역작이라 말할 수 있습니다. Spring과 Spring Boot를 기반으로 백엔드 서버를 구축하고 Vue.js를 활용해 프런트엔드와 원활히 연동하는 방법과 방향성을 체계적으로 소개합니다. 백엔드와 프런트엔드 개발을 동시에 다루고자 하는 개발자, Spring 및 Spring Boot를 활용해 백엔드 개발을 배우려는 개발자, Vue.js를 활용해 모던 프런트엔드 개발 기술을 습득하고자 하는 웹 개발자에게 적극 추천합니다.

저자의 열정을 공경하는 파람소프트 함창훈

이 책은 초보 개발자의 시선에서 Vue.js의 핵심 개념과 프런트엔드 개발자에게 요구되는 역량을 알기 쉽게 풀어내며 백엔드와의 연계 및 협업 프로세스까지 다루어 실무에 가까운 통찰력을 제공합니다. 이 책 한 권으로 Vue.js와 현대 웹 개발의 기초를 확실히 다질 수 있습니다. 웹 퍼블리싱 수준에서 벗어나 프런트엔드 직무를 하려고 하는 분들, 풀스택으로 개발자에 입문하려는 분들에게 적극 추천합니다.

프런트엔드 개발자 박성훈

이 책은 입문하려는 개발자나 초보 개발자를 위해 실무에서 반드시 알아야 할 내용을 체계적으로 다룬 책입니다. JavaScript 프레임워크 Vue.js를 중심으로 프런트엔드와 백엔드 기술의 연동 과정을 상세히 설명하며 실무에서 바로 활용할 수 있는 노하우를 제공합니다. Vue를 활용한 프런트엔드 개발자와 풀스택 개발자를 시작하려는 기존 개발자들에게 적극 추천합니다.

풀스택 개발자 이세은

이 책을 내며

Vue.js는 2014년 처음 발표된 이후 간결하고 직관적인 API, 유연한 설계, 그리고 뛰어난 성능으로 프런트엔드 프레임워크 시장에서 독보적인 위치를 차지해 왔습니다. 특히 Vue.js는 사용자와 개발자의 요구를 반영하며 꾸준히 진화해 왔고 그 혁신의 정점에 Vue 3가 있습니다.

Vue 3는 기존 Option API와 함께 새로운 Composition API를 도입하며 개발자들에게 더 많은 선택지를 제공하지만, 이러한 변화는 초보 개발자들에게 혼란을 줄 가능성도 있었습니다. Composition API의 개념을 더 명확히 이해하고, Vue 3가 제공하는 실용성을 실무에서 충분히 경험할 수 있는 자료가 부족하다는 점이 필자를 자극했습니다. 또한, Vue를 활용해 풀스택 개발 업무를 수행하거나 교육을 진행하다 보면 백엔드와의 연동 부분이나 풀스택 관련 내용을 충실히 다룬 책이 없다는 점, 더 나아가 취업 준비를 위한 포트폴리오 작성에 도움을 줄 수 있는 구체적인 자료가 부족하다는 점을 절실히 느꼈습니다. 이와 같은 현장의 요구를 반영한 책을 만들어야겠다는 고민 끝에 본격적으로 집필을 시작하게 되었습니다.

이 책을 집필하면서 느낀 가장 큰 어려움은 Vue 3의 방대한 기능과 생태계를 한 권의 책에 온전히 담아내는 일이었습니다. 다양한 학습 수준의 독자를 고려하면서도 실무에 즉시 적용할 수 있는 지식과 프로젝트 중심의 실습 내용을 충실히 제공하려는 시도는 끊임없는 도전의 연속이었습니다. 특히, 다른 책에서는 다루지 않았지만, 이 책에서는 반드시 포함해야 한다고 생각했던 백엔드 연동 부분과 취업에 필요한 포트폴리오 구성, 그리고 다양한 실전 예제를 추가하기 위해 많이 고민하고 준비했습니다. 실제로 코딩을 하다 보면 사용하던 라이브러리가 업데이트되거나 더 이상 지원되지 않아 예상치 못한 난관에 봉착하는 경우도 종종 있습니다. 이러한 위기와 오류를 극복하기 위한 노력은 독자 여러분에게 실질적으로 도움이 되는 책을 만드는 밑거름이었습니다.

이 책으로 독자들이 Vue 3의 강력한 기능을 실전 프로젝트에서 능숙하게 활용하고 취업 준비생들이 프로젝트의 완성도를 높여 경쟁력 있는 포트폴리오를 제작할 수 있기를 진심으로 바랍니다. 아직 부족한 초보 개발자나 풀스택으로 변모하기 위한 백엔드 개발자에게도 실전 프로젝트를 통해 더욱 풍부한 지식과 경험을 겸비한 개발자가 되기를 바랍니다

희망이 밝게 빛나기를 기대하는 2025년 새해에...
김기태 드림

들어가며

Vue 3는 현재 가장 주목받는 프런트엔드 프레임워크 중 하나로 현대적인 웹 애플리케이션 개발의 중심에서 활약하고 있습니다. 이 책은 Vue 3를 처음 접하는 초급 개발자뿐만 아니라, 실무에서 Vue 3를 적용하고자 하는 개발자를 위해 설계되었습니다. Vue 3의 기본 개념부터 고급 기능, 그리고 실전 프로젝트까지 단계적으로 다루며 독자들이 Vue 3를 폭넓고 깊이 있게 학습할 수 있도록 구성했습니다.

이 책은 Vue 3 기초부터 실전 프로젝트까지 두루 다루고 있습니다. 프런트엔드 개발에 관심이 있는 초급자부터 숙련된 개발자까지 모두를 아우르는 책으로써 Vue.js의 기본 개념에서부터 실제 애플리케이션 제작, 포트폴리오 구성에 이르기까지 단계별로 Vue 3의 모든 것을 다룹니다. 특히, Vue.js 3의 주요 특징인 Composition API와 관련 도구들을 활용하여 독자들이 최신 기술 트렌드를 학습하고 실전에서 바로 적용할 수 있게 했습니다.

[이 책의 구성]

PART 1: Vue 3의 기본과 ES6 학습

Vue 3를 제대로 이해하기 위해서는 JavaScript ES6에 대한 기본 이해가 필요합니다. 따라서 이 책은 Vue.js의 개념과 환경설정부터 시작해 ES6 문법과 DOM 조작, 그리고 데이터를 바인딩하고 비동기적으로 처리하는 법까지 상세히 다룹니다. 이 과정을 통해 독자들은 Vue 3를 다루기 위한 탄탄한 기초를 다질 수 있습니다.

PART 2: Vue 3 프로젝트 실습

Vue 3의 스타일링 옵션부터 Single File Component(SFC), Composition API, Vue Router, 비동기 요청 방식까지 실습 위주로 구성되어 있습니다. 독자들은 Vue 3의 각 기능을 직접 사용하며 다양한 애플리케이션을 만들어 보게 됩니다. 특히 Bootstrap, Tailwind, Bulma, Materialize와 같은 스타일 라이브러리의 활용과 더불어 실무에서 활용할 수 있는 디자인 패턴도 다룹니다.

PART 3: Vue 3 종합 실전 프로젝트

마지막으로 Vuex, Pinia와 같은 상태 관리 라이브러리와 MVVM, MVP 등 현대적인 프로그래밍 패턴을 적용한 애플리케이션을 실습합니다. 또한, 백엔드와의 연동, 테스트와 배포까지 실무 프로젝트의 전체 흐름을 경험할 수 있도록 구성했습니다. 전자상거래 플랫폼, 콘텐츠 관리 시스템, 소셜 미디어 애플리케이션 등 다양한 프로젝트를 통해 Vue 3의 실무 적용 능력을 강화할 수 있습니다.

[대상 독자]

- Vue.js를 처음 접하는 개발자: Vue 3의 기본과 실습을 통해 쉽게 시작할 수 있습니다.
- 프런트엔드 실무 개발자: Vue 3의 고급 기능과 실무 적용 방법을 익힐 수 있습니다.
- 프로젝트 중심 학습을 원하는 개발자: 다양한 프로젝트를 직접 제작하며 실력을 향상할 수 있습니다.
- 취업을 희망하는 준비생: 기초부터 실전까지의 내용으로 포트폴리오 제작이 가능합니다.

[독자 활용 방안]

- 체계적인 학습: PART 1부터 시작하여 Vue 3의 기본과 ES6를 익힌 후 실습에 도전하세요.
- 실전 프로젝트 수행: PART 2와 3의 프로젝트를 단계별로 진행하며 실무에서 활용할 수 있는 능력을 키우세요.
- 참고서로 활용: Vue 3의 특정 기능을 학습하거나 복습할 때 필요에 따라 각 장을 참조할 수 있습니다.

Vue 3의 세계로 여러분을 초대합니다. 이 책과 함께라면 Vue 3의 기초부터 고급 기능, 그리고 실전 프로젝트에 이르는 모든 과정을 자신 있게 탐험할 수 있습니다.

[소스코드 확인]

이 책의 예제에서 사용하는 소스코드는 아래 주소에서 확인할 수 있습니다.

> URL ► https://github.com/kitaedev365/vuejs3

[기타 질문 및 답변]

이 책으로 공부하다가 이해하기 어려운 부분이나 궁금한 사항이 생기면 아래 인공지능 웹 개발 마스터 네이버 카페에서 질문해 주기 바랍니다.

> URL ► https://cafe.naver.com/aiwebdev

목차

추천의 말   4
이 책을 내며   7
들어가며   9

PART 1. Vue 3를 시작하며

Chapter 01
Vue 3란?   18

- 1.1 Vue.js가 걸어온 길   18
- 1.2 Vue.js 개발환경설정   22
- 1.3 Vue 3 프로젝트 첫 애플리케이션 제작   44

Chapter 02
JavaScript ES6   61

- 2.1 기본 변수와 연산자   63
- 2.2 조건문과 반복문 그리고 기타 제어문   76
- 2.3 객체와 함수 그리고 메서드   82
- 2.4 파라미터와 구조 분해 할당   86
- 2.5 DOM 객체와 이벤트   88
- 2.6 화살표 함수(Arrow Function)   95
- 2.7 데이터 바인딩과 표시   98
- 2.8 데이터 전달과 비동기 처리   104

Chapter 03
Vue 컴포넌트(Component)   110

- 3.1 Vue 컴포넌트 구성   113

3.2 Vue 디렉티브(Directive)	124
3.3 Vue 인스턴스(Instance)	130
3.4 부모/자식 컴포넌트	137
3.5 Vue 컴포넌트 종합 실습	145
3.6 Vue 컴포넌트 TodoList 애플리케이션 프로젝트 실습	152

Chapter 04
Vue 이벤트와 컴포넌트 더 자세히 알기   165

4.1 이벤트(Event)란	165
4.2 Vue 주요 이벤트	171
4.3 Vue 커스텀 이벤트(Custom Events)	184
4.4 컴포넌트 더 깊이 들여다보기	191
4.5 Vue 대시보드 애플리케이션 프로젝트 실습	209

PART 2. Vue 3 프로젝트 실습   223

Chapter 05
Vue 스타일링(Styling)   224

5.1 Vue 스타일 적용	225
5.2 Bootstrap을 적용한 대시보드 애플리케이션	232
5.3 Tailwind를 적용한 스타트업 웹 애플리케이션	246
5.4 Materialize를 적용한 모바일 커머스 애플리케이션	262
5.5 Bulma를 적용한 개인 포트폴리오 애플리케이션	278

Chapter 06
프로젝트 도구와 SFC(Single File Component)   295

6.1 npm init을 활용한 SFC 프로젝트   297
6.2 Vite를 활용한 SFC 프로젝트   308
6.3 Vue CLI를 활용한 SFC 프로젝트   319

Chapter 07

Composition API   335

7.1 Composition API란   335
7.2 setup 메서드와 <script setup>   337
7.3 반응성 상태 데이터   347
7.4 계산 속성(Computed Properties)   349
7.5 감시자(Watcher)   353
7.6 생명주기 훅(Lifecycle Hook)   357
7.7 Vue Composition API를 적용한 프로젝트 실습   365

Chapter 08

Vue Router   376

8.1 Vue Router란   376
8.2 여러 라우트와 뷰   382
8.3 흐름 제어   394
8.4 라우팅과 인증 처리   399
8.5 Vue Router를 활용한 애플리케이션 프로젝트 실습   406

Chapter 09

비동기 요청 방식(HTTP 통신)   425

9.1 비동기 요청 방식이란?   425
9.2 크로스 오리진(Cross Origin)이란   432
9.3 Promise 활용   442

9.4 Fetch API 활용	447
9.5 Axios 활용	452
9.6 Ajax 활용	457
9.7 백엔드 개발환경 구축	462
9.8 비동기 처리 게시판 애플리케이션 프로젝트 실습	474

PART 3. Vue 3 종합 실전 프로젝트   489

Chapter 10
상태 관리 라이브러리   490

10.1 Vuex를 활용한 온라인 쇼핑몰 애플리케이션 제작	490
10.2 Pinia를 활용한 자료실 애플리케이션 제작	514

Chapter 11
Vue 3 프로그래밍 패턴   538

11.1 Flux 패턴을 활용한 Task Manager 애플리케이션 제작	538
11.2 MVVM 패턴을 활용한 Weather 애플리케이션 제작	551
11.3 MVP 패턴을 활용한 Movie Review 애플리케이션 제작	566
11.4 컴포넌트 기반 패턴 활용	583
11.5 상태 기반 패턴 활용	586

Chapter 12
백엔드(Back-end) 연동   591

12.1 공통 작업	591
12.2 Node/Express 연동 프로젝트 실습	630
12.3 Servlet 연동 프로젝트 실습	632

12.4 Spring Framework 5 연동 프로젝트 실습 … 637
12.5 Spring Boot 연동 프로젝트 실습 … 641
12.6 Fast API 연동 프로젝트 실습 … 644

Chapter 13
테스트 및 배포 … 651

13.1 단위 테스트와 통합 테스트 … 651
13.2 배포 설정과 최적화 … 678

Chapter 14
실무 프로젝트 … 700

14.1 E-commerce 플랫폼 애플리케이션 제작 … 702
14.2 Project Management Tool 애플리케이션 제작 … 715
14.3 Content Management System(CMS) … 726
14.4 소셜 미디어 플랫폼 애플리케이션 제작 … 733
14.5 온라인 강의 플랫폼 애플리케이션 제작 … 745

찾아보기 … 760

PART 1.
Vue 3를 시작하며

PART 1에서는 Vue 3와 JavaScript 프레임워크에 관한 개념과 개발 환경설정, JavaScript 기본 문법, Node 패키지 명령, Vue.js 기본 문법과 컴포넌트, 이벤트와 컴포넌트의 심화에 관해 살펴봅니다. 이러한 과정을 살펴보고 나면 Vue 3의 기본 문법을 적용하여 실무 프로젝트에 들어갈 각 페이지를 직접 제작할 수 있어야 합니다.

또한, Vue 3 기초를 충분히 다져 애플리케이션을 작성하는 데 무리가 없어야 합니다. 물론 처음에는 힘들겠지만, 점차 익숙해질 것입니다. 출력 형식을 나타내는 템플릿과 특정 기능을 수행하는 스크립트 처리 문장, 그리고 멋있게 보이려는 스타일 블록을 Vue 문법에 알맞게 코딩하는 연습이 필요합니다. 프런트엔드 개발의 첫걸음이면서 1단계라고 생각하며 기초에 충실하면서 반복 학습을 해간다면 어렵지 않게 익힐 수 있습니다.

Chapter 01

Vue 3란?

Vue.js의 최신 주요 버전으로 사용자 인터페이스와 단일 페이지 애플리케이션(SPA)을 구축하기 위한 점진적인 자바스크립트 프레임워크입니다. 이 프레임워크는 진입장벽이 낮고, 유연하며 성능이 우수하고 유지보수와 테스트가 편한 자바스크립트 프레임워크를 말합니다. Vue 3는 이전 버전(Vue 2)보다 더 나은 개발자 경험을 비롯한 성능 향상과 새로운 기능 등을 도입하여 웹 애플리케이션 개발을 더욱 효율적으로 만들게 되었습니다.

1.1 Vue.js가 걸어온 길

Vue.js는 2014년에 에반 유(Evan You)가 처음 발표한 오픈소스 프레임워크(Open Source Framework)로 자바스크립트 기반의 웹 프런트엔드 프레임워크(Web Frontend Framework)입니다. Vue.js는 처음부터 사용자 인터페이스(UI)와 단일 페이지 애플리케이션(SPA)을 구축하기 위해 설계되었으며, 점진적 프레임워크로서 사용자가 필요에 따라 기능을 확장하거나 기존 프로젝트에 쉽게 통합할 수 있습니다. Vue.js에 관한 역사를 간단하게 살펴보면서 시작하겠습니다.

1.1.1 프런트엔드 프레임워크(Frontend Framework)란?

프레임워크(Framework)란 소프트웨어 개발에서 특정한 구조와 규칙을 제공하는 개발 도구 또는 환경을 의미합니다. 프레임워크는 일종의 "틀"이나 뼈대"로 개발자가 애플리케이션을 구축할 때 반복적으로 발생하는 문제를 해결하고, 코드의 일관성을 유지하며, 생산성을 높이는 데 도움을 줍니다.

그렇다면 프런트엔드 프레임워크(Frontend Framework)라는 것은 브라우저에서 실행되는 웹 애플리케이션의 프런트엔드 부분으로 사용자와 상호작용하는 UI를 구조화하고 효율적으로 개발할 수 있게 해주는 도구들을 모아 놓은 틀이나 뼈대를 의미합니다. 쉽게 얘기해서 개발자가 애플리케이션을 개발하려고 할 때 즉시 사용할 수 있는 도구들을 미리 준비해 주는 것입니다. 프런트엔드 프레임워크를 사용하면 좋은 점은 다음과 같습니다.

- UI 요소와 데이터 간의 일관성을 유지하며, 데이터가 변할 때마다 화면을 자동으로 갱신합니다.
- 프레임워크는 필요한 최소한의 DOM 업데이트만 수행하여 성능을 최적화합니다.
- 컴포넌트 기반 구조로 동일한 코드나 UI 요소를 여러 곳에서 재사용 가능하게 합니다.
- 다양한 플러그인, 라이브러리, 도구와의 통합을 통해 개발을 쉽게 할 수 있습니다.

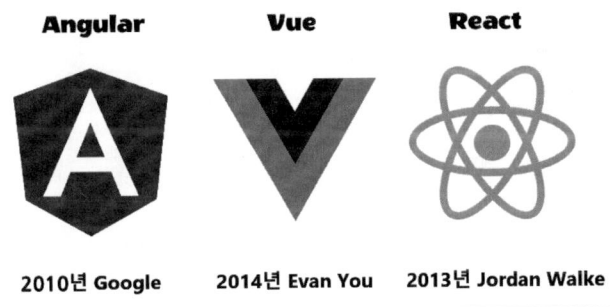

[그림 1-1] 프런트엔드 프레임워크

1.1.2 Vue.js란?

Vue.js는 AngularJS를 사용하여 구글을 위해 작업하던 Evan You에 의해서 2014년 2월에 발표된 웹 애플리케이션의 사용자 인터페이스를 만드는 데 사용하는 오픈소스 프로그레시브 자바스크립트 기반(Open-Source Progressive JavaScript Base)의 프런트엔드 프레임워크입니다. 다른 자바스크립트 라이브러리(JavaScript Library)를 사용하는 웹 애플리케이션 프로젝트(Web Application Project)에 적용하기 쉽게 설계되어 있으며 고성능의 싱글 페이지 애플리케이션 (SPA)을 구축하는데 훨씬 편리합니다.

1.1.3 Vue.js 특징

Vue.js는 쉽고 간결한 학습 곡선, 직관적인 템플릿 문법, 반응형 데이터 바인딩과 같은 기능을 통해 중소형 프로젝트부터 대규모 프로젝트까지 활용할 수 있는 유연한 프레임워크 (Framework)입니다.

Vue.js vs React vs Angular 비교

특징	Vue.js	React	Angular
설계 철학	프로그레시브 프레임워크, 점진적 도입 가능	UI 라이브러리, 강력한 생태계	완전한 프레임워크, 대규모 애플리케이션에 적합
컴포넌트 구조	단일 파일 컴포넌트 (SFC)	JSX 기반 컴포넌트	컴포넌트 기반
데이터 바인딩	단방향 및 양방향 데이터 바인딩 지원	단방향 데이터 바인딩 (상태 관리 도구 필요)	양방향 데이터 바인딩
학습 곡선	낮음	중간	높음
템플릿 문법	HTML 템플릿 + 디렉티브	JSX (JavaScript와 HTML 결합)	별도 Angular 템플릿 문법
상태 관리	Vuex, Pinia	Redux, Context API	RxJS 기반 상태 관리
라우팅	Vue Router	React Router	내장 라우팅 모듈
CLI 및 도구	Vue CLI, Vue DevTools	Create React App, React DevTools	Angular CLI, Angular DevTools
지원 및 커뮤니티	빠르게 성장하는 커뮤니티	Facebook 지원, 매우 큰 커뮤니티	Google 지원, 대규모 엔터프라이즈 사용 사례

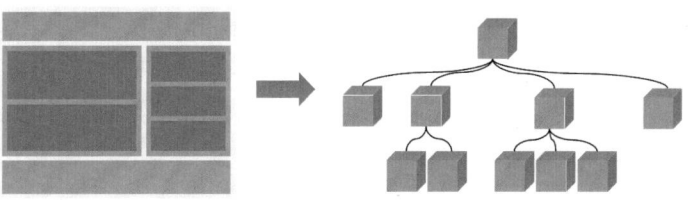

[그림 1-2] Vue.js 컴포넌트 기반

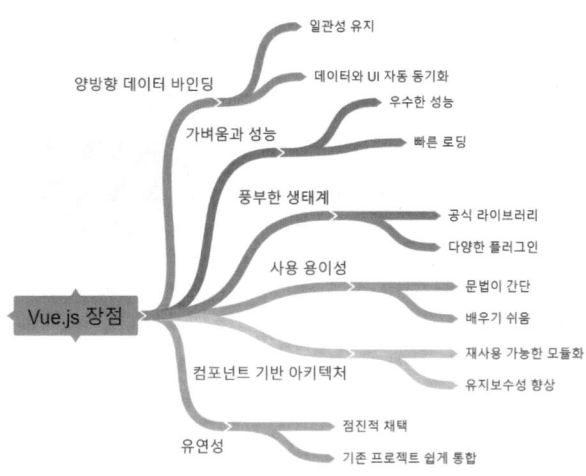

[그림 1-3] Vue.js 장점

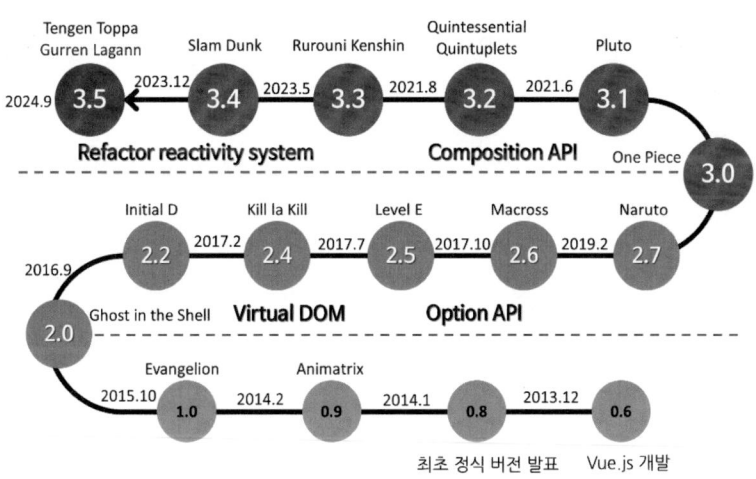

[그림 1-4] Vue.js의 Release 및 코드명 (출처: https://blog.vuejs.org/)

1.2 Vue.js 개발환경설정

Vue.js 프로젝트 애플리케이션을 개발하기 위해서는 아래와 같은 개발 도구의 설치가 필요합니다.

① Node.js: JavaScript 런타임 환경으로 프로젝트 개발 및 빌드를 위한 필수 도구

② npm: Node.js 패키지 관리자로서 프로젝트에서 필요한 라이브러리와 모듈을 관리하는 역할을 하며, Node.js를 설치하면 자동으로 npm이 설치됩니다.

③ Visual Studio Code: 통합 개발환경을 제공하는 코드 편집기로 Vue.js 개발에 널리 사용됩니다.

④ Vue.js Devtools: Vue 애플리케이션을 디버깅하고 상태를 추적할 수 있는 브라우저 확장 프로그램으로 컴포넌트 구조, Vuex 상태 관리, 이벤트 트리거 등을 시각적으로 확인할 수 있습니다.

⑤ Vite: 빠른 빌드 속도를 자랑하는 현대적인 빌드 도구(Build Tool)로 Vue.js 3 프로젝트에서 Vue CLI 대신 사용할 수 있으며, 모듈 핫 리로딩(Module Hot Reloading)과 빠른 개발 서버를 제공합니다.

1.2.1 Node.js 설치

이제 Node.js를 다운로드하여 정해진 순서대로 설치해 보겠습니다.

1. Node.js 다운로드 페이지(https://nodejs.org/en/download/prebuilt-installer)에 방문하여 해당 운영체제를 선택하고, 다운로드합니다.

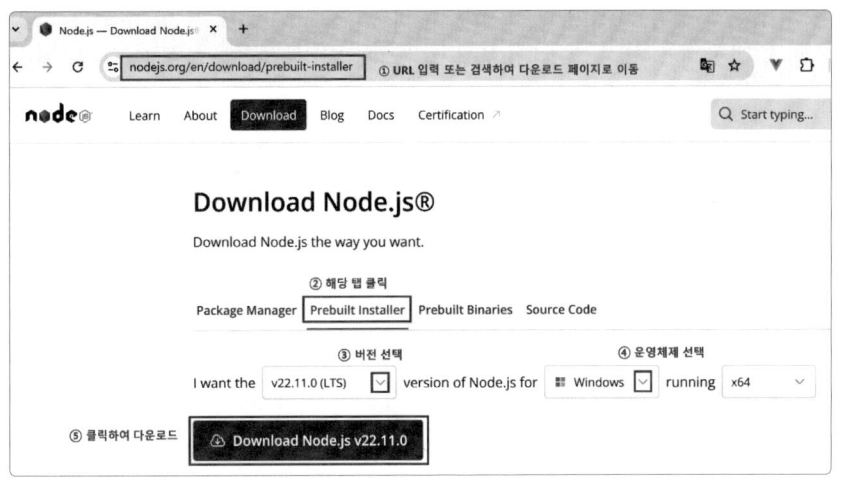

[그림 1-5] Node.js 다운로드

2. 다운로드한 "node-v22.11.0-x64.msi"가 있는 폴더로 이동합니다.

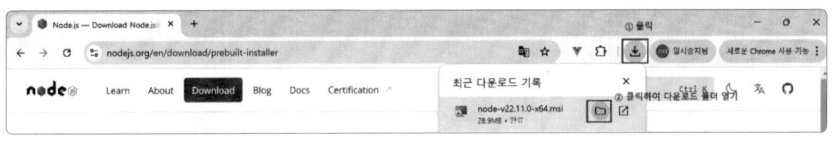

[그림 1-6] 다운로드 폴더 열기

3. 다운로드 폴더에서 "node-v22.11.0-x64.msi"를 더블클릭하여 설치 프로그램을 실행합니다.

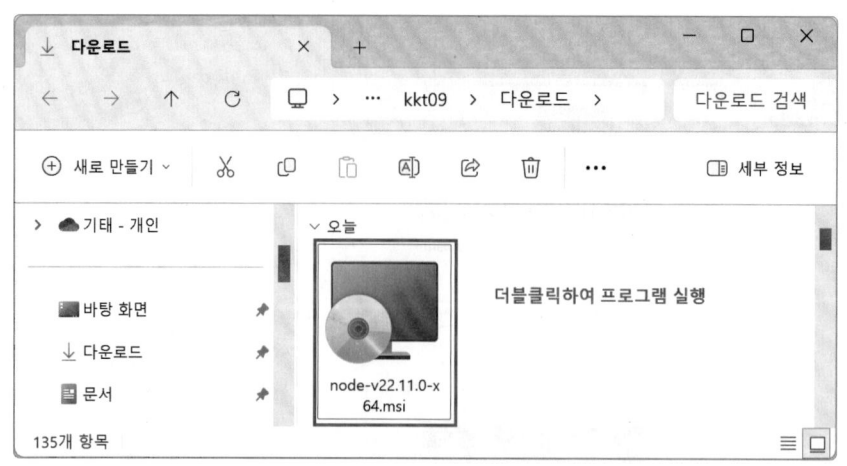

[그림 1-7] 설치 파일 실행

4. Node.js Setup 대화상자가 나오면, [Next] 버튼을 누르고, 다음 단계로 계속 진행합니다.

[그림 1-8] Node.js Setup 대화상자

5. "라이선스 동의" 대화상자가 나오면, 약관 동의에 체크하고, [Next] 버튼을 눌러, 다음 단계로 이동합니다.

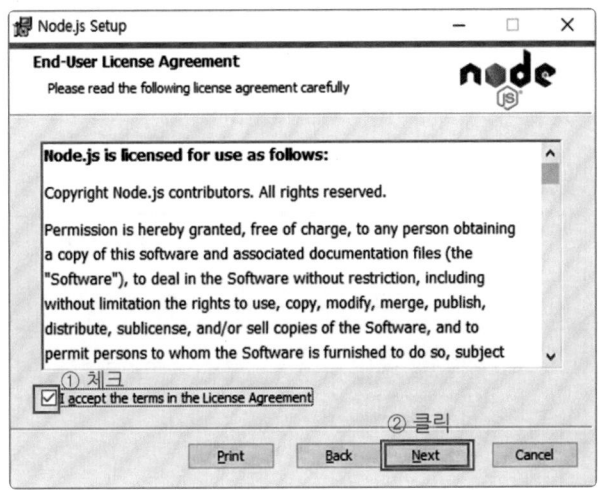

[그림 1-9] 라이선스 동의 대화상자

6. "설치 폴더 지정" 대화상자가 나오면, 설치 디렉터리를 변경할 경우는 [Change…] 버튼을 눌러 변경하고, 여기에서는 별도로 변경하지 않고, [Next] 버튼을 눌러 다음 단계로 이동합니다.

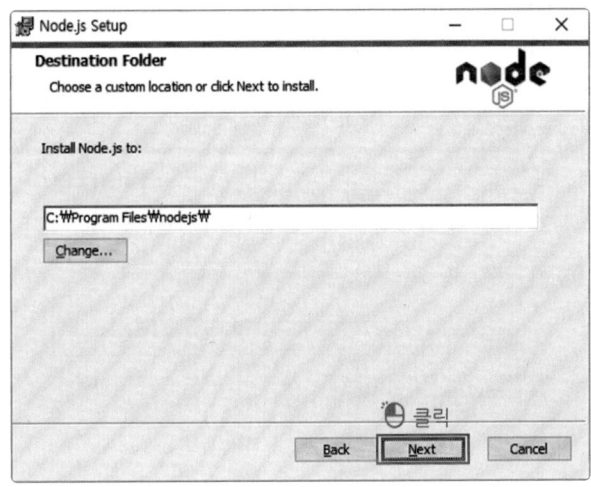

[그림 1-10] 설치 폴더 지정 대화상자

7. "사용자 지정 구성요소 선택" 대화상자가 나오면, 필요한 구성요소를 추가하거나 제외하여 설치할 수 있습니다. 여기에서는 별도로 변경 없이 [Next] 버튼을 눌러 다음 단계로 이동합니다.

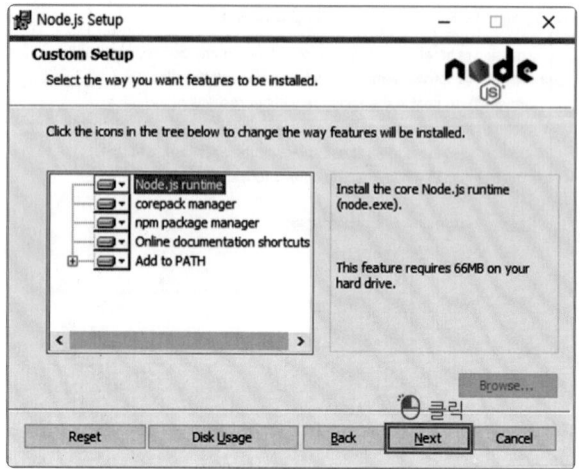

[그림 1-11] 사용자 지정 구성요소 선택 대화상자

8. "모듈 자동화 선택" 대화상자가 나오면, 별도의 선택 없이 [Next] 버튼을 눌러 다음 단계로 이동합니다.

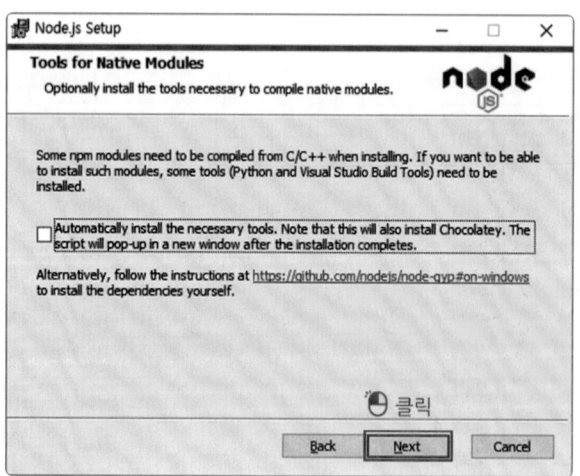

[그림 1-12] 모듈 자동화 선택 대화상자

9. "Node.js 설치 준비" 대화상자가 나오면, [Next] 버튼을 눌러 설치를 시작합니다.

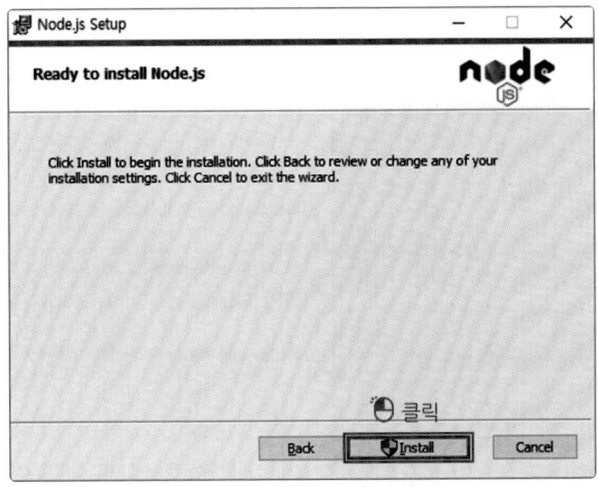

[그림 1-13] Node.js 설치 준비 대화상자

10. "Node.js 설치 완료" 대화상자가 나오면, Node.js의 설치가 모두 완료되었으므로 [Finish] 버튼을 눌러 설치를 완료합니다.

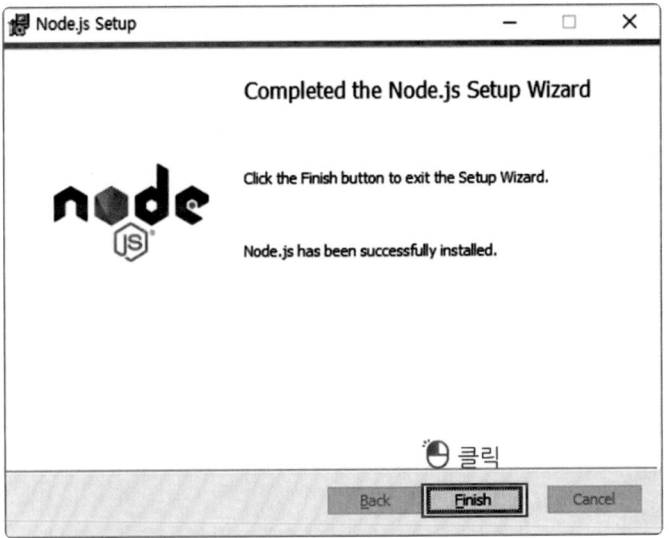

[그림 1-14] Node.js 설치 완료 대화상자

11. Node.js 설치가 완료되면 제대로 설치되었는지 확인하기 위해 윈도의 [시작] 메뉴를 눌러 목록에 Node.js 프로그램 목록이 있는지 확인하고, "Node.js command prompt"를 클릭하여 실행합니다.

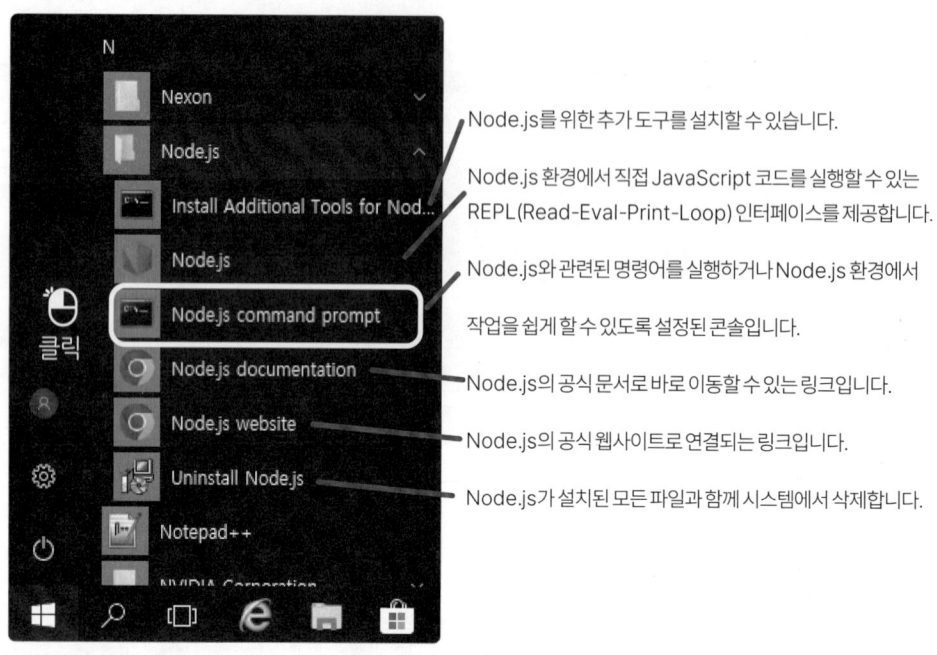

[그림 1-15] 시작 메뉴 열기

12. "node.js command prompt" 대화상자가 나오면 출력되는 Node.js 버전을 확인하고, "node -v" 명령을 입력하여도 Node.js 버전을 다시 한번 확인합니다.

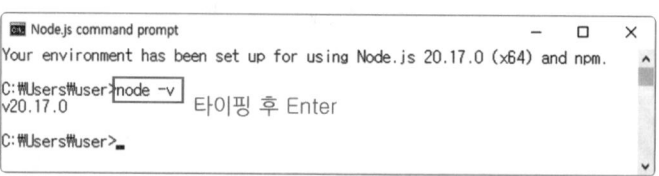

[그림 1-16] 터미널에서 node 설치 확인하기

13. Node.js 버전이 확인되면 정상적으로 설치된 것입니다.

1.2.2 Visual Studio Code 설치

개발 통합 환경을 제공하고 코드를 편집할 수 있는 Visual Studio Code를 다운로드하여 설치하겠습니다.

1. Visual Studio Code 다운로드 페이지(https://code.visualstudio.com/download)에 방문하여 해당 운영체제에 맞는 것을 다운로드합니다.

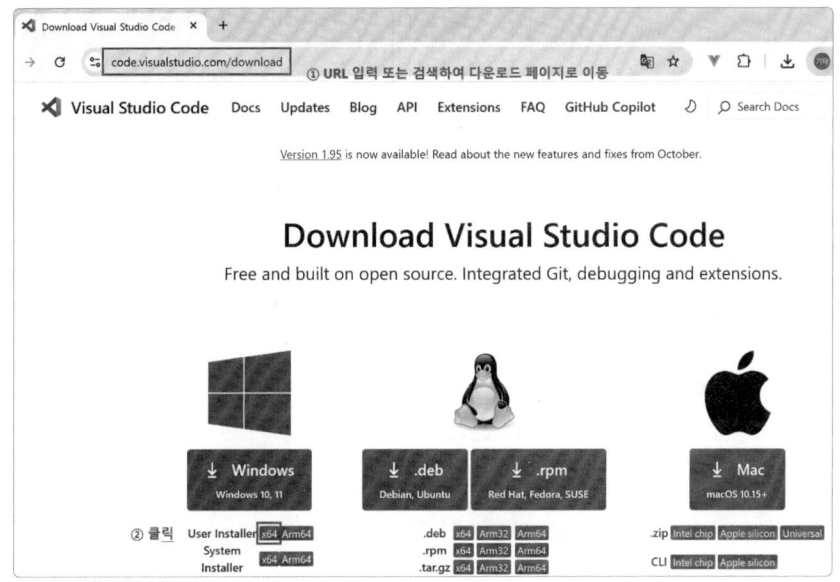

[그림 1-17] Visual Studio Code 다운로드 페이지

2. 다운로드 폴더로 이동합니다.

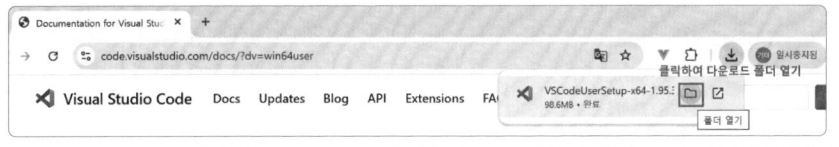

[그림 1-18] 다운로드 폴더 열기

3. 다운로드 폴더에서 "VSCodeUserSetup-x64-1.93.0.exe" 파일을 더블클릭하여 설치를 진행합니다.

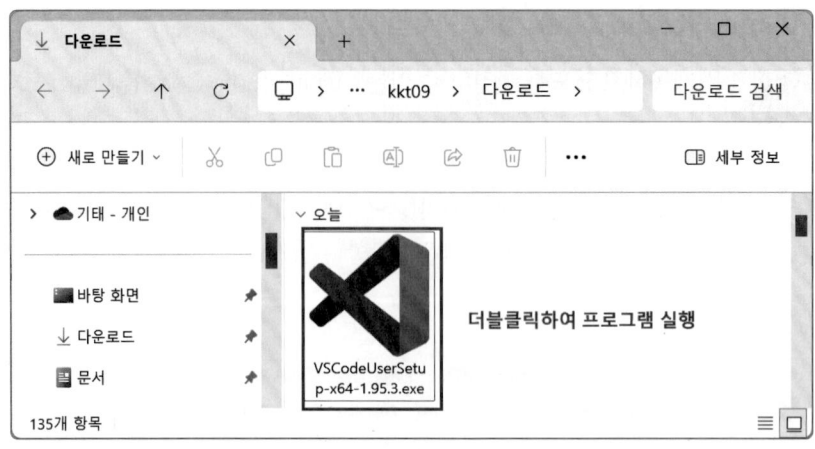

[그림 1-19] 설치 프로그램 실행하기

4. "사용권 계약" 대화상자가 나타나면, 라이선스 동의를 체크하고, [다음] 버튼을 눌러 다음 단계로 이동합니다.

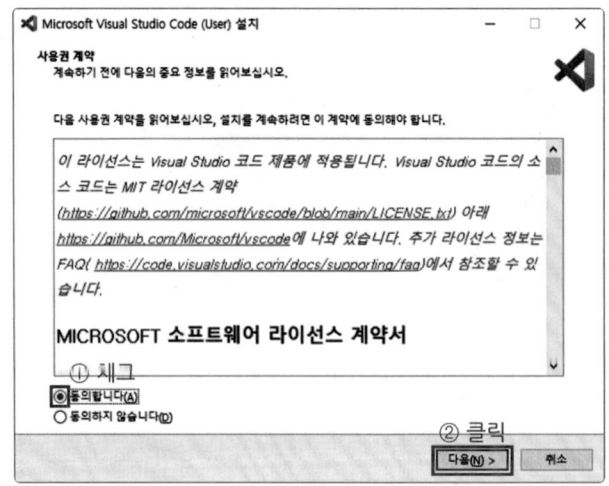

[그림 1-20] 사용권 계약 대화상자

5. "설치 위치 선택" 대화상자가 나타나면, [찾아보기] 버튼을 활용하여 설치되는 폴더를 선택할 수 있습니다. 여기에서는 기본 폴더에 설치하기 위해서 [다음] 버튼을 누릅니다.

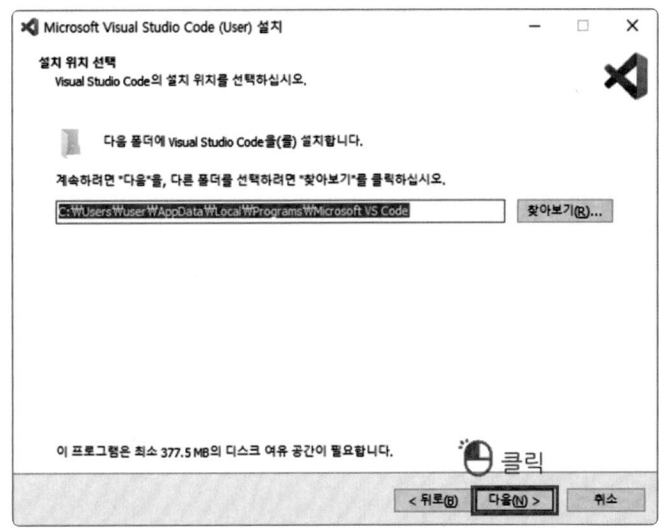

[그림 1-21] 설치 위치 선택 대화상자

6. "시작 메뉴 폴더 선택" 대화상자가 나타나면, [찾아보기] 버튼을 통하여 시작 메뉴에 나타나는 메뉴의 위치를 선택할 수 있습니다. 여기에서는 기본으로 설치하기 위해 [다음] 버튼을 눌러 다음 단계로 이동합니다.

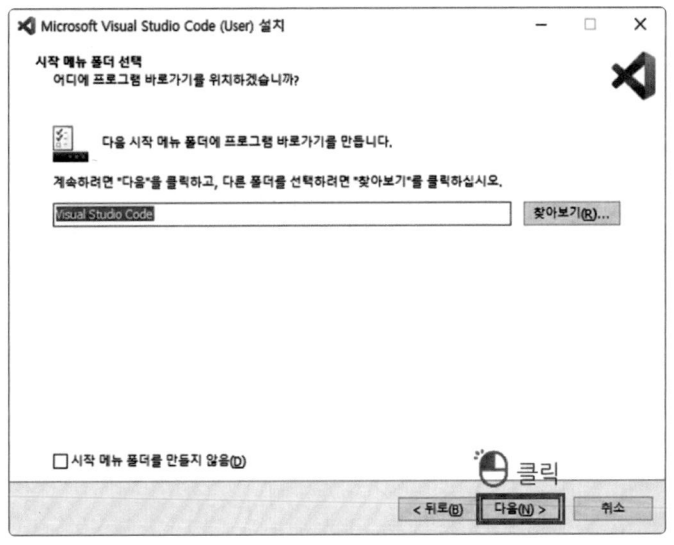

[그림 1-22] 시작 메뉴 폴더 선택 대화상자

7. "추가 작업 선택" 대화상자가 나타나면, "아이콘 추가" 항목의 "바탕 화면에 바로가기 만들기"를 체크하고, [다음] 버튼을 눌러 다음 단계로 이동합니다.

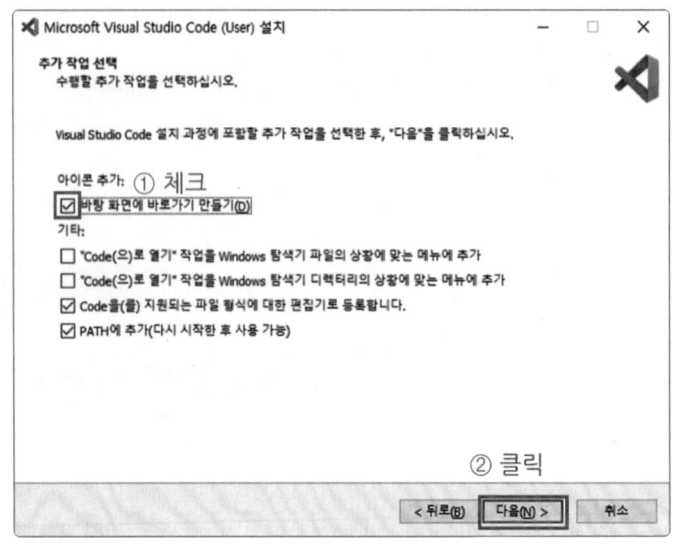

[그림 1-23] 추가 작업 선택 대화상자

Visual Studio Code 편집 단축키

파일 열기	Ctrl + P	현재 열려있는 파일 닫기	Ctrl + W
열려있는 모든 파일 닫기	Ctrl + Shift + W	파일 저장	Ctrl + S
라인 전체 선택	Ctrl + L	라인 삭제	Ctrl + Shift + K
줄 복사	Ctrl + D	전체 줄 복사	Ctrl + Shift + L
문장 단위 주석	Ctrl + /	세로 분할 패널 분할	Ctrl + ₩

8. "설치 준비 완료" 대화상자에서 [설치] 버튼을 누르면, Visual Studio Code의 설치가 진행됩니다.

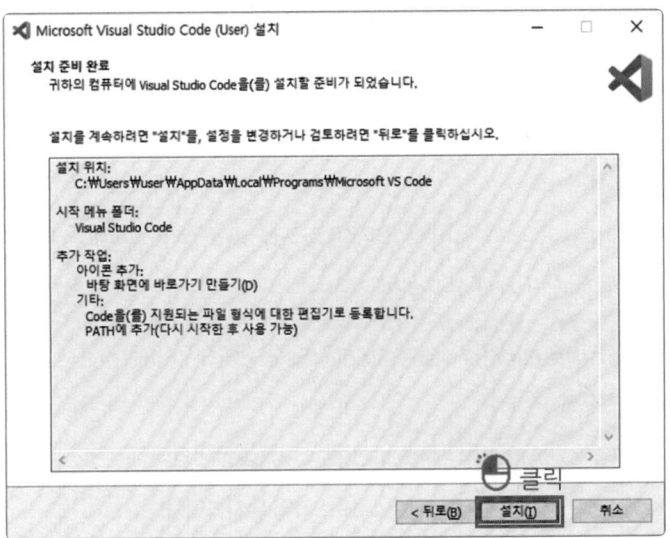

[그림 1-24] 설치 준비 완료 대화상자

9. "설치 마법사 완료" 대화상자가 나타나면, Visual Studio Code 설치가 완료됩니다.

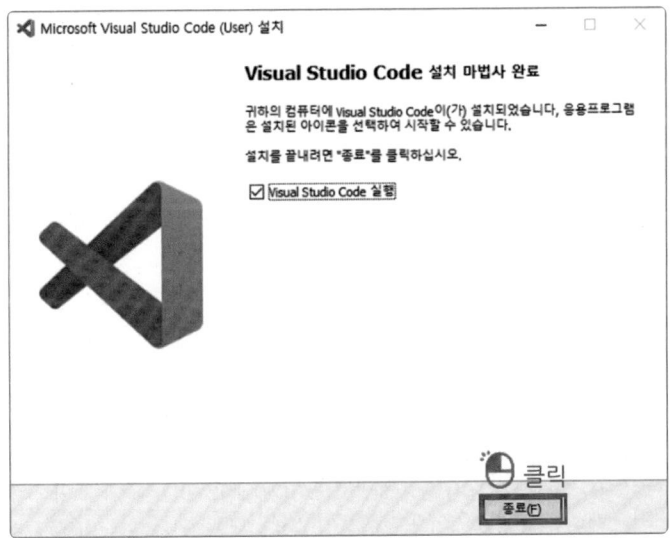

[그림 1-25] 설치 완료 대화상자

10. 설치가 완료되어 "설치 마법사 완료" 대화상자에서 [종료] 버튼을 누르고, Visual Studio Code가 실행됩니다.

1.2.3 확장팩 설치

Visual Studio Code(VSCode)는 다양한 확장팩을 설치하여 개발을 더 쉽게 할 수 있는 환경을 제공합니다. Vue.js 개발에서 유용하게 사용할 수 있는 확장팩을 설치합니다.

- Kosrean Language Pack for Visual Studio Code: Visual Studio Code의 메뉴명이나 화면 요소를 한글로 표시해 줍니다.
- Vue 3 Snippets: Vue.js 3 코드 자동 완성 및 스니펫을 제공합니다.
- ESLint: 코드 품질 검사를 통해 일관된 코드 스타일 유지합니다.
- Vetur: Vue 파일을 위한 구문 강조, 코드 자동 완성, 포매팅을 지원합니다.
- Vue VSCode Snippets: Vue 2와 3에서 모두 사용 가능한 코드 스니펫을 제공합니다.
- HTML CSS Support: HTML 파일 내에서 CSS 코드에 관한 지원을 강화합니다.
- REST Client: VSCode에서 직접 HTTP 요청을 보내고, API 응답을 확인할 수 있는 확장팩입니다.
- Auto Rename Tag: HTML, XML, Vue 등에서 태그의 열림과 닫힘 부분을 자동으로 동기화하여 수정해 주는 도구입니다.
- Prettier: 자동 코드 포매팅 도구로 일관된 코드 스타일 적용합니다.
- Live Server: 실시간 변경 사항을 브라우저에 즉시 반영하는 로컬 개발 서버를 지원합니다.

1. 컬러 테마 변경

우선 Visual Studio Code의 컬러 테마를 변경하기 위해 좌측 하단의 설정 버튼을 누르고, 나오는 메뉴에서 [Themes]-[Color Theme] 메뉴를 선택하면, 커맨드 팔레트(Command Palette)가 열리고, 그중에서 원하는 컬러 테마를 선택합니다.

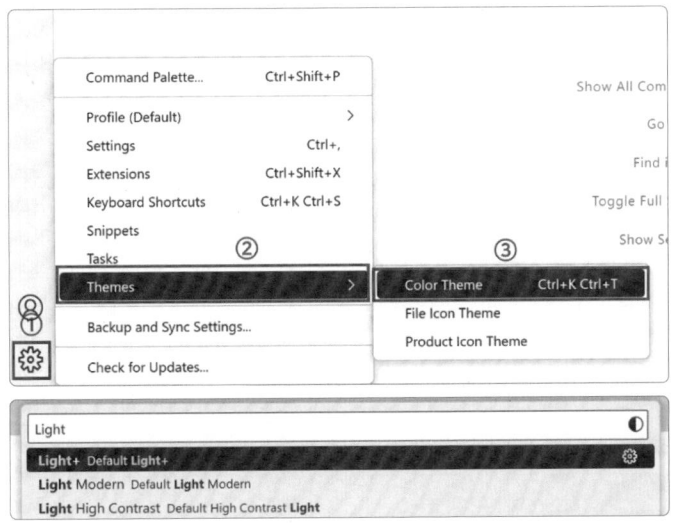

[그림 1-26] 컬러 테마 변경

2. Vue 3 Snippets 설치

좌측의 다섯 번째 아이콘인 (Extensions) 확장 관리자를 클릭하고, 상단의 텍스트 입력란에 "Vue 3"를 입력하면 나타나는 목록 중에서 "Vue 3 Snippets"를 선택하고, [Install] 버튼을 누르면, 자동으로 설치됩니다.

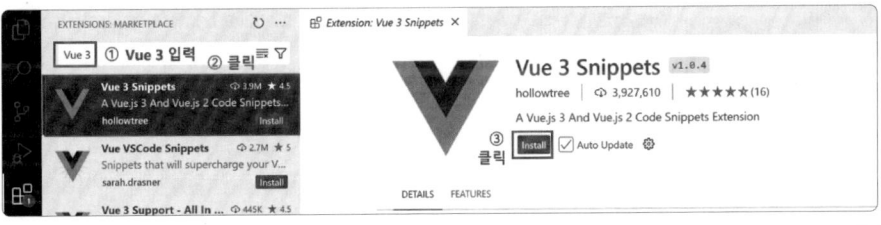

[그림 1-27] Vue 3 Snippets 패키지 설치

Vue 3 Snippets의 단축 키워드

단축 키워드	설명	생성되는 코드 예시

vbase	기본 Vue 3 컴포넌트 템플릿	`<template>...</template>`
		`<script>export default {...}</script>`
		`<style></style>`

vbasec	기본 Composition API 컴포넌트 템플릿	`<template>...</template>`
		`<script setup>...</script>`
		`<style></style>`

vdata	데이터 속성 추가	`data() { return {...}; }`
vcomputed	계산된 속성 추가	`computed: {...}`
vwatch	감시자(watcher) 추가	`watch: {...}`
vmethod	메서드 추가	`methods: {...}`
vcreated	created 라이프사이클 훅 추가	`created() {...}`
vmounted	mounted 라이프사이클 훅 추가	`mounted() {...}`
vprops	props 속성 추가	`props: {...}`
vemits	emits 속성 추가	`emits: ['event']`
vsetup	Composition API의 setup 함수 추가	`setup() { return {...}; }`
vimport	Vue 기능을 임포트	`import { ref, reactive, computed } from 'vue';`
vref	ref 함수 추가	`const variable = ref(initialValue);`
vreactive	reactive 함수 추가	`const state = reactive({ ... });`
vfor	v-for 디렉티브 추가	`<div v-for="item in items" :key="item.id">...</div>`
vif	v-if 디렉티브 추가	`<div v-if="condition">...</div>`
vmodel	v-model 디렉티브 추가	`<input v-model="data" />`
vslot	slot 추가	`<slot name="default">...</slot>`
vrouter	Vue Router 라우터 템플릿	`import { createRouter, createWebHistory } from 'vue-router';`

3. ESLint 설치

확장 관리자의 검색어 입력란에 "ESLint"를 검색하여 설치합니다.

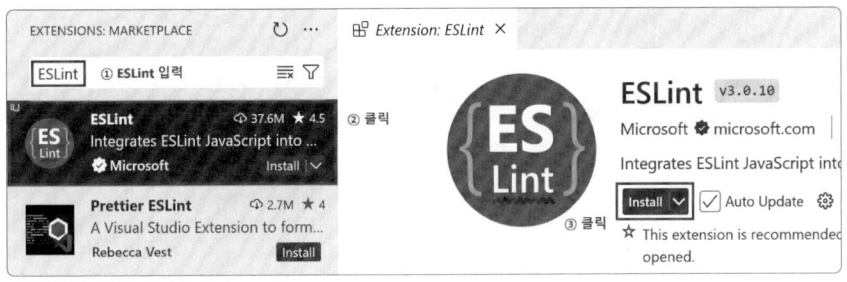

[그림 1-28] ESLint 패키지 설치

4. Vetur 설치

확장 관리자의 검색어 입력란에 "Vetur"를 검색하여 설치합니다.

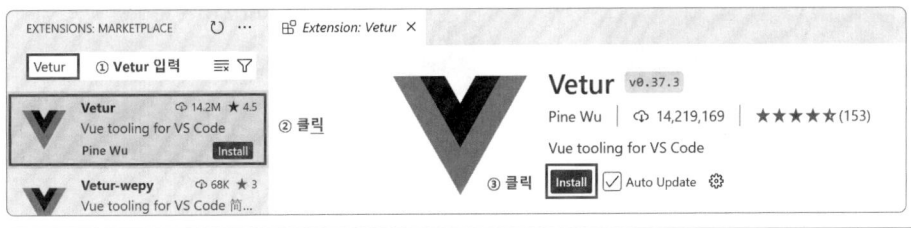

[그림 1-29] Vetur 패키지 설치

5. Vue VSCode Snippets 설치

확장 관리자의 검색어 입력란에 "Vue VSCode"를 검색하여 설치합니다.

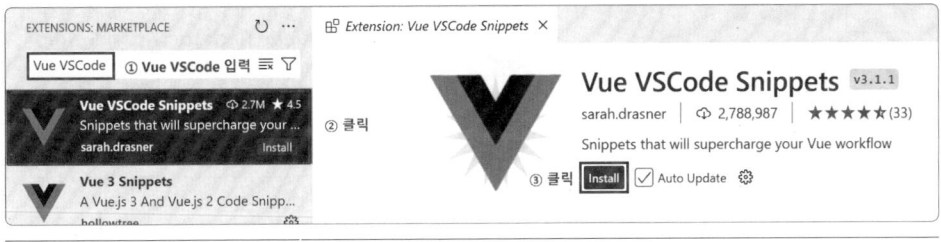

[그림 1-30] Vue VSCode Snippets 패키지 설치

6. REST Client 설치

확장 관리자의 검색어 입력란에 "Rest Client"를 검색하여 설치합니다.

[그림 1-31] REST Client 패키지 설치

7. Auto Rename Tag 설치

확장 관리자의 검색어 입력란에 "Auto Rename"를 검색하여 설치합니다.

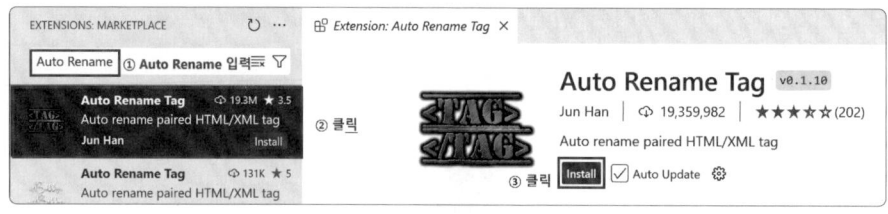

[그림 1-32] Auto Rename Tag 패키지 설치

8. 한국어 팩 설치

확장 관리자의 검색어 입력란에 "korean"을 검색하여 설치하고, VSCode를 다시 시작하면 메뉴가 한글로 변경됩니다.

[그림 1-33] 한국어 팩 설치

9. Prettier 설치

확장 관리자의 검색어 입력란에 "Prettier"를 검색하여 설치합니다.

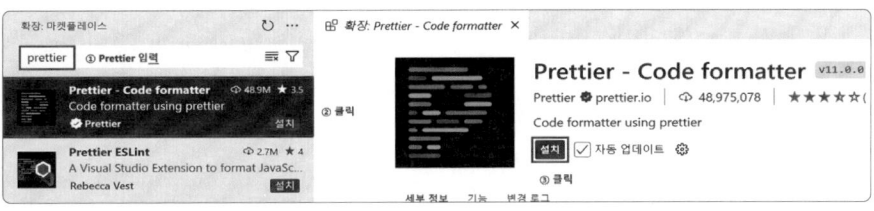

[그림 1-34] Prettier 패키지 설치

10. Live Server 설치

확장 관리자의 검색어 입력란에 "Live Server"를 검색하여 설치합니다.

[그림 1-35] Live Server 패키지 설치

1.2.4 Node의 사용과 패키지 관리

Node.js는 JavaScript 실행 환경으로 주로 서버 측에서 사용됩니다. 일반적으로 JavaScript는 웹 브라우저 내에서 클라이언트 측 스크립트 언어로 사용되지만, Node.js는 이를 브라우저 외부, 즉 서버에서 실행할 수 있도록 해줍니다. 이러한 패키지 관리 도구에는 npm과 npx, yarn 등이 있습니다.

node 패키지 관리 명령

명령어	용도(설명)	기본 문법 및 옵션
npm init	새로운 Node.js 프로젝트를 초기화	npm init -y : 모든 질문에 기본값으로 자동 응답
npm install	패키지를 설치	npm install <package> -g : 전역 설치 --save : dependencies에 추가 --save-dev : devDependencies에 추가
npm uninstall	패키지를 제거	npm uninstall <package> -g : 전역에서 제거 --save : dependencies에서 제거 --save-dev : devDependencies에서 제거
npm update	패키지를 업데이트	npm update <package> -g : 전역에서 업데이트
npm list	설치된 패키지 목록을 출력	npm list -g : 전역 설치된 패키지 목록 --depth=0 : 첫 번째 레벨 패키지만 표시
npm run	스크립트를 실행	npm run <script>
npm test	테스트 스크립트를 실행	npm test
npm start	시작 스크립트를 실행	npm start
npm stop	정지 스크립트를 실행	npm stop
npm restart	재시작 스크립트를 실행	npm restart
npx <command>	명령어를 실행, 명령어가 없으면 자동으로 설치하고 실행	npx <command>
npx env	npx 환경 변수 출력	npx env
npx -c	쉘 명령어를 실행	npx -c "<command>"

1. npm과 npx의 차이점

   - npm: 패키지를 관리하고 설치하는 도구로, 설치 후 명령을 실행합니다.
   - npx: 패키지를 별도로 설치하지 않고 일회성으로 명령을 실행할 수 있는 도구입니다.

2. 폴더 열기

Visual Studio Code를 실행하고, 프로젝트나 작업 영역을 지정하여 개발환경을 활성화하기 위해서는 폴더 열기를 진행합니다. [파일]-[폴더 열기] 메뉴를 이용하여 해당 폴더를 지정합니다.

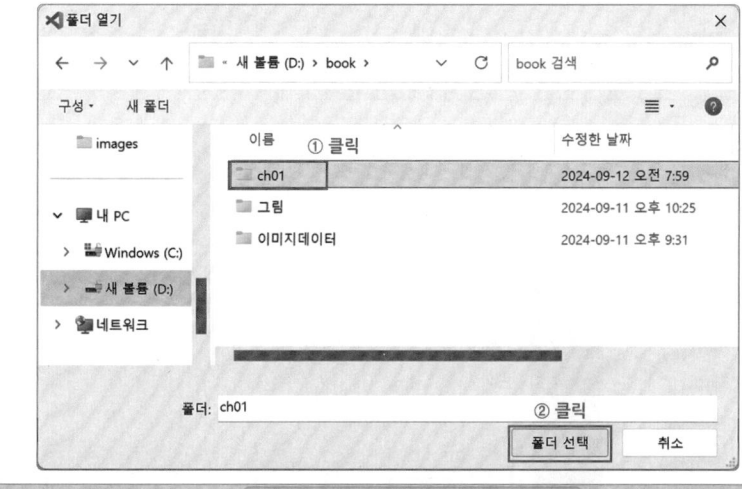

[그림 1-36] 폴더 열기

3. 터미널 열기

Visual Studio Code에서 [보기]-[터미널] 메뉴를 선택하여 터미널을 열고, 원하는 터미널로 변경합니다. 여기에서는 명령 프롬프트(Command Prompt)로 변경하겠습니다.

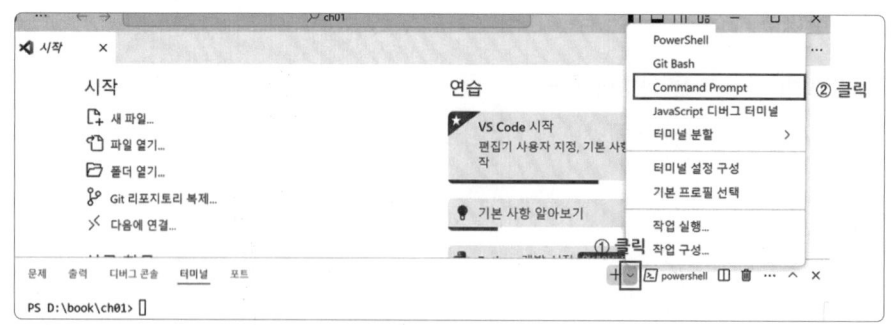

[그림 1-37] 터미널 추가하기

4. 새 폴더 만들기

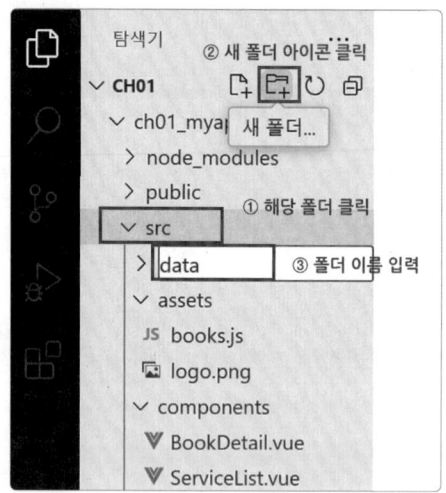

[그림 1-38] 새 폴더 만들기

5. 새 파일 만들기

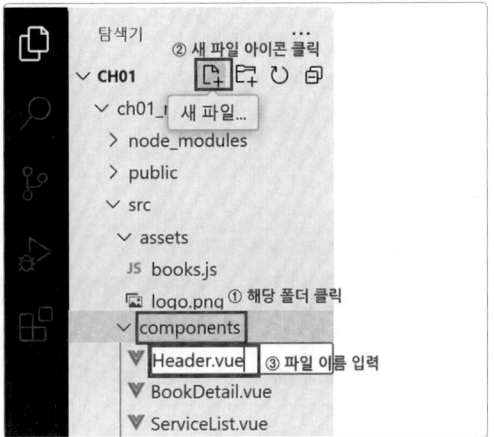

[그림 1-39] 새 파일 만들기

6. Vue CLI 설치하기

명령 프롬프트(Command Prompt) 터미널 패널(Terminal Pannel)에서 현재 커서가 깜박거리는 "D:\book\ch01"를 클릭하고, "npm install -g @vue/cli"를 입력하고, Enter 키를 누릅니다.

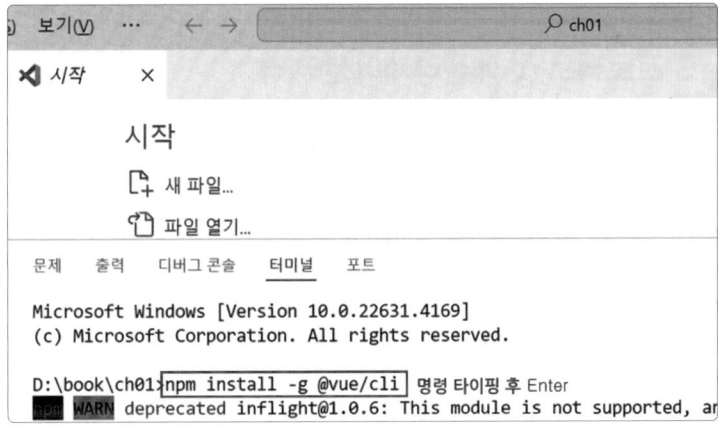

[그림 1-40] Vue CLI 설치하기

QUICK TIPS! CDN(Content Delivery Network) 주소(https://unpkg.com/vue@3/dist/vue.global.js)를 활용하면, 별도의 Vue CLI의 설치 없이 Vue.js 실습을 진행할 수 있습니다. 여기에서 CDN(Content Delivery Network)이란? 해당 소스코드를 다운로드하지 않고, 네트워크 상에 존재하는 콘텐츠나 파일을 연결하여 사용하는 방법을 말합니다.

7. Vue 프로젝트 프로세스

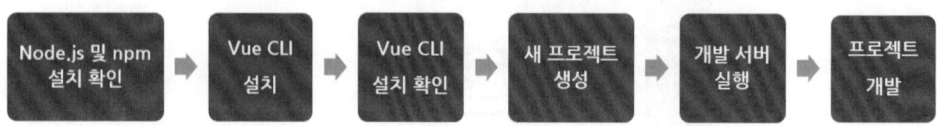

[그림 1-41] 프로젝트 개발 프로세스

 QUICK TIPS! Github 자료실(https://github.com/kitaedev365/vuejs3)에서 이 책의 소스를 다운로드한 경우에는 해당 프로젝트의 폴더로 이동한 후 "npm install" 명령을 진행하면, 프로젝트에 필요한 패키지(Package)를 "node_modules" 폴더에 설치됩니다.

1.3 Vue 3 프로젝트 첫 애플리케이션 제작

Vue 3로 첫 번째 애플리케이션을 제작하는 과정은 다음과 같습니다. Vue CLI 또는 Vite를 사용하여 Vue 프로젝트를 생성하고, 기본적인 설정을 마친 후 개발을 시작할 수 있습니다. 여기서는 Vue CLI를 사용하여 프로젝트 생성 방법을 설명하겠습니다. 첫 Option API 애플리케이션과 Composition API 애플리케이션은 부담 없이 순서대로 따라하면 됩니다.

(1) Node.js 및 npm 설치 확인

먼저 Node.js와 npm이 설치되어 있는지 확인하겠습니다.

```
node -v
npm -v
```

(2) Vue CLI 설치

Vue 애플리케이션을 빠르게 생성할 수 있는 도구인 Vue CLI를 설치합니다.

```
npm install -g @vue/cli
```

(3) Vue CLI 설치 확인

설치가 완료되면, 아래 명령어로 Vue CLI가 제대로 설치되었는지 확인할 수 있습니다.

```
vue --version
```

(4) 새 프로젝트 생성

프로젝트 디렉터리로 이동한 후, 다음 명령어로 새 Vue 프로젝트를 생성합니다.

```
vue create appname
```

기본 설정을 사용할 것인지 수동 설정을 할 것인지 묻는 프롬프트가 나옵니다. 간단히 시작하려면 기본 설정을 선택할 수 있습니다. Vue 2나 Vue 3를 선택하고, 추가적인 설정을 진행할 수 있습니다(예: TypeScript, Router 등).

(5) 개발 서버 실행

프로젝트 생성 후 프로젝트 디렉터리로 이동하여 다음 명령어로 개발 서버를 실행합니다.

```
cd appname
npm run serve
```

실행 후 브라우저에서 http://localhost:8080으로 접속하면 Vue 애플리케이션이 실행된 것을 확인할 수 있습니다.

(6) 프로젝트 파일 구조

- src/App.vue: 메인 컴포넌트 파일
- src/components: 추가적인 Vue 컴포넌트들이 저장되는 폴더
- public/index.html: 기본 HTML 파일

1.3.1 Vue 2의 Option API 애플리케이션 제작

Vue 2로 Option API를 활용하여 첫 번째 애플리케이션을 제작해 보겠습니다. Option API는 Vue.js의 컴포넌트를 정의하는 방식 중 하나로, Vue 2에서 기본적으로 사용되던 방식이며 Vue 3에서도 사용할 수 있습니다. 이제 다음에 나오는 설명을 듣고 순서대로 따라하면서 Option API 애플리케이션을 만들어 보세요.

Option API에서는 컴포넌트를 구성하는 다양한 속성을 사전에 정의된 곳에 분리해서 작성합니다. 여기에서는 부트스트랩(Bootstrap)을 활용하여 폼 요소와 이벤트를 적용하는 간단한 애플리케이션을 작성하겠습니다. 먼저, Visual Studio Code의 [보기]-[터미널] 메뉴를 이용하여 명령 프롬프트(command prompt)를 열어 보세요.

(1) 애플리케이션 생성

```
vue create ch01_myapp1
Vue CLI v5.0.8
? Please pick a preset: Default ([Vue 2] babel, eslint)
…중략….
  Successfully created project ch01_myapp1.
  Get started with the following commands:
 $ cd ch01_myapp1
 $ npm run serve
```

위와 같은 "vue create" 명령을 진행하고, 나오는 옵션에서 "Default (Vue 2) babel, eslint)"를 선택합니다.

(2) 디렉터리 이동

```
cd ch01_myapp1
```

Visual Studio Code의 터미널에서 "code ."를 입력하면 현재 디렉터리를 Visual Studio Code에서 자동으로 엽니다. 또한, 해당 프로젝트 디렉터리로 이동하여 필요한 패키지를 설치해야 합니다.

(3) 부트스트랩(Bootstrap) 설치

```
npm install bootstrap bootstrap-vue
```

(4) 개발 서버 실행

```
npm run serve
```

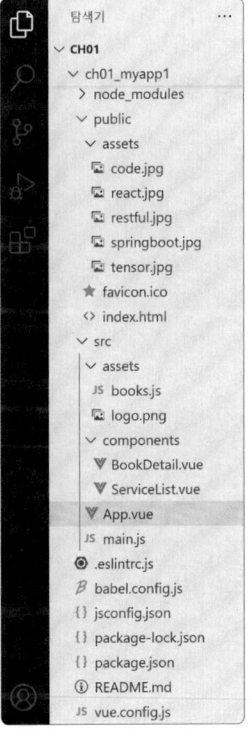

[그림 1-42] 프로젝트 파일 구조

(5) 부트스트랩(Bootstrap) 연결

ch01_myapp1/src/main.js

```js
01  import Vue from 'vue'
02  import App from './App.vue'
03  import { BootstrapVue, BootstrapVueIcons } from 'bootstrap-vue'
04  import 'bootstrap/dist/css/bootstrap.css'
05  import 'bootstrap-vue/dist/bootstrap-vue.css'
06  Vue.use(BootstrapVue)
07  Vue.use(BootstrapVueIcons)
08  Vue.config.productionTip = false
09  new Vue({ render: h => h(App), }).$mount('#app')
```

➡ import 문장과 use 메서드는 Vue.js와 BootstrapVue를 설정하여 사용 가능한 상태로 만듭니다.

➡ App은 App.vue를 Vue 애플리케이션의 시작 컴포넌트로 지정합니다.

➡ new Vue 문장은 Vue 앱을 HTML의 특정 DOM 요소에 연결해 실행 가능하게 만듭니다.

(6) 더미 데이터 작성과 이미지 데이터 준비

ch01_myapp1/src/assets/books.js

```js
01  const data = [
02      {
03          title: "코드로 배우는 스프링 부트 웹 프로젝트", cate: "IT/개발 실무",
04          pubdate: "2020-12-25", pages: 644, sug: 0, price: 34000,
picUrl: "./assets/springboot.jpg",
05      },
06      {
07          title: "코드로 배우는 리액트", cate: "IT/개발 실무",
08          pubdate: "2023-12-01", pages: 592, sug: 0, price: 35000,
picUrl: "./assets/react.jpg",
09      },
10      {
11          title: "텐서플로로 배우는 수치최적화와 딥러닝", cate: "IT/개발 기본",
12          pubdate: "2022-11-03", pages: 614, sug: 0, price: 30000,
picUrl: "./assets/tensor.jpg",
13      },
14      {
15          title: "코드를 통해 본 빵형의 실전 Java", cate: "IT/개발 기본",
16          pubdate: "2020-06-05", pages: 816, sug: 0, price: 32000,
picUrl: "./assets/code.jpg",
```

```
17        },
18     ];
19     const cates = ["자격증 수험서", "IT/개발 기본", "IT/개발 실무", "디자인", "취미"];
20     export { data, cates }
```

data는 더미 데이터로 임의의 데이터를 저장하고 있습니다. ch01_myapp1/public/assets 디렉터리 안에 springboot.jpg, react.jpg, tensor.jpg, code.jpg를 복사하여 붙여 넣습니다.

 프로젝트에서 이미지와 같은 정적 데이터는 "public" 디렉터리에 넣어야 빌드하게 되면 리소스가 감지됩니다.

(7) 자식 컴포넌트 작성

ch01_myapp1/src/components/BookDetail.vue

```
01  <template>
02    <div>
03      <div class="modal-header border-bottom-0">
04        <h1 class="modal-title fs-5">{{ book.title }}</h1>
05        <button type="button" class="btn-close" @click="$emit('closeDetail')" ></button>
06      </div>
07      <hr />
08      <img :src="book.picUrl" :alt="book.title" style="max-width:200px;"/>
09      <hr />
10      <div class="modal-body py-0">
11        <p>카테고리: {{ book.cate }} / 출간일: {{ book.pubdate }}</p>
12        <p>페이지 수: {{ book.pages }} / 가격: {{ book.price }}원</p>
13      </div>
14      <div class="modal-footer flex-column align-items-stretch w-100 gap-2 pb-3 border-top-0">
15        <button type="button" class="btn btn-lg btn-primary">Buy</button>
16        <button type="button" @click="$emit('closeDetail')" class="btn btn-lg btn-secondary">Close</button>
17      </div>
```

```
18            </div>
19        </template>
20        <script>
21        export default { name: "BookDetail", props: { book: { type: Object, required: true } } }
22        </script>
```

➡ prop는 부모로부터 book 객체를 전달받아 제목, 표지, 카테고리, 출간일, 페이지 수, 가격 정보를 화면에 렌더링합니다.

➡ @click="$emit('closeDetail')"는 부모 컴포넌트에 closeDetail 이벤트를 전송하여 모달을 닫도록 요청합니다.

컴포넌트인 "App.vue 를 편집하면서 해당 문서를 저장하고 브라우저를 확인하게 되면, 편집한 내용이 변경되면서 즉시 렌더링에 반영됩니다. 또한, 자식 컴포넌트에서 부모 컴포넌트로 데이터를 전달하는 것은 "emit" 이며, 부모 컴포넌트와 자식 컴포넌트로 데이터를 전달하는 것은 "props" 입니다.

(8) 부모 컴포넌트 작성

ch01_myapp1/src/components/ServiceList.vue

```
01    <template>
02        <div>
03            <div class="album py-5 bg-body-tertiary">
04                <div class="container">
05                    <h2>상품 정보</h2><hr />
06                    <ul class="row row-cols-1 row-cols-sm-2 row-cols-md-4 g-4">
07                        <li v-for="(book, i) in data" :key="i" class="col">
08                            <div class="card shadow-sm">
09                                <img :src="`${book.picUrl}`" :alt="`${book.title}`">
10                                <div class="card-body">
11                                    <h4 class="title" :style="rtext">{{ book.title }}</h4>
12                                    <p class="card-text">카테고리: {{ book.cate }}</p>
13                                    <p class="card-text"></p>
14                                    <div class="d-flex justify-content-between align-items-center">
```

```
15                    <div class="btn-group">
16                        <button @click="increseUp(i)" class="btn btn-sm btn-outline-secondary">추천</button>
17                        <button @click="isDetail=true; selectedBook=i" class="btn btn-sm btn-outline-secondary">상세보기</button>
18                    </div>
19                    <small>추천수: <span>{{ book.sug }}</span></small>
20                  </div>
21                </div>
22              </div>
23            </li>
24          </ul>
25        </div>
26      </div>
27      <div class="modal modal-sheet d-block bg-body-secondary p-4 py-md-5" v-if="isDetail">
28        <div class="modal-dialog">
29          <div class="modal-content rounded-4 shadow">
30            <BookDetail :book="data[selectedBook]" @closeDetail="isDetail = false" />
31          </div>
32        </div>
33      </div>
34    </div>
35  </template>
36  <script>
37  import BookDetail from "./BookDetail.vue";
38  import { data } from "../assets/books";
39  export default { name: "serviceList", components: { BookDetail },
40      data() {
41          return { rtext: "color: red", isDetail: false, data: data, selectedBook: 0, } // 교재의 인덱스
42      }, methods: { increseUp(i) { this.data[i].sug += 1;} }
43  }
44  </script>
45  <style scoped>
46  html, body { margin: 0; padding: 0; }
47  ul { list-style: none; }
48  .modal.modal-sheet {
49      position: fixed;   z-index: 999;  box-sizing: border-box;  max-width: 100vw;
50      max-height: 100vh;  overflow: hidden;
51  }
52  .card img { box-shadow:0px 1px 3px #ccc; }
53  .card .title {
```

```
54        padding-top: 0.5em;  overflow: hidden;  text-overflow: ellipsis;
white-space: nowrap;
55     }
56   </style>
```

➜ data( ) 함수는 v-for 디렉티브를 활용해 data 배열의 책 정보를 카드 형식으로 목록을 출력합니다.

➜ li 요소는 목록으로 각 카드 내부에 추천 버튼과 상세보기 버튼을 제공합니다. 추천 버튼을 클릭하면 해당 책의 sug(추천수)가 증가합니다. 상세보기 버튼 클릭 시 BookDetail 컴포넌트를 모달로 표시합니다. 모달의 닫기 버튼으로 다시 isDetail=false로 설정합니다.

(9) 애플리케이션 수정

ch01_myapp1/src/App.vue

```
01  <template>
02    <div id="app">
03      <ServiceList />
04    </div>
05  </template>
06  <script>
07  import ServiceList from './components/ServiceList.vue';
08  export default { name: 'App', components: { ServiceList } }
09  </script>
10  <style>
11  #app {
12    font-family: Avenir, Helvetica, Arial, sans-serif;
13    -webkit-font-smoothing: antialiased; -moz-osx-font-smoothing: grayscale;
14    text-align: center;  color: #2c3e50; margin-top: 60px;
15  }
16  </style>
```

➜ App.vue는 Vue 애플리케이션의 루트 컴포넌트로 설정하고 하위 컴포넌트로 ServiceList를 포함합니다.

➜ 화면에 <ServiceList />를 렌더링하여 상품 목록을 보여주는 역할을 합니다. 스타일은 루트 엘리먼트인 #app에 기본적인 텍스트와 레이아웃 스타일 적용합니다.

컴포넌트인 "App.vue를 편집하면서 해당 문서를 저장하고 브라우저를 확인하게 되면, 편집한 내용이 변경되면서 즉시 렌더링에 적용하여 바운딩되는 데이터도 함께 업데이트합니다.

(10) 애플리케이션 결과 화면

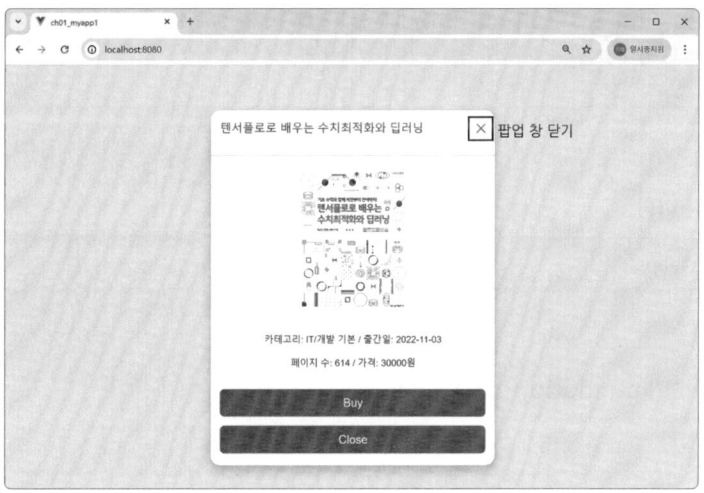

[그림 1-43] 애플리케이션 실행 화면

1.3.2 Vue 3의 Composition API 애플리케이션 제작

Vue 3의 Composition API는 Vue.js에서 컴포넌트의 재사용성과 코드의 유연성을 향상하기 위해 도입된 새로운 API 스타일입니다. 기존의 Options API와 달리 Composition API는 기능 단위로 코드를 구성할 수 있어 대규모 컴포넌트나 복잡한 로직이 있는 경우에 더 직관적으로 코드를 관리할 수 있습니다. 이제 다음에 나오는 설명을 듣고 순서대로 따라하면서 Composition API 애플리케이션을 만들어 보세요.

여기서는 Composition API와 Foundation CSS Framework를 활용한 간단한 영화 목록 애플리케이션을 작성해 보겠습니다. 이 애플리케이션은 영화 정보를 입력받아 하위 컴포넌트에 목록으로 표시하며, 좋아요(favorite) 기능과 삭제 기능을 포함합니다. 먼저, Visual Studio Code의 [보기]-[터미널] 메뉴를 이용하여 명령 프롬프트(command prompt)를 엽니다.

(1) 애플리케이션 생성

```
vue create ch01_myapp2
Vue CLI v5.0.8
? Please pick a preset:
> Default ([Vue 3] babel, eslint)
  Default ([Vue 2] babel, eslint)
  Manually select features
...중략...
 $ cd ch01_myapp2
 $ npm run serve
```

(2) 디렉터리 이동

```
cd ch01_myapp2
```

(3) 파운데이션(Foundation) 설치

```
npm install foundation-sites
```

(4) 개발 서버 실행

```
npm run serve
```

[이미지 데이터 넣기]

ch01_myapp2/public/assets 디렉터리 안에 바리데기.png, 베테랑2.png, 비틀쥬스.png, 스픽노이블.png, 원맨.png를 복사하여 붙여 넣습니다. 이 디렉터리 안에 있어야만, 이미지 파일을 인식할 수 있습니다.

(5) 파운데이션(Foundation) 연결

ch01_myapp2/src/main.js

```
01  import { createApp } from 'vue';
02  import App from './App.vue';
03  import 'foundation-sites/dist/css/foundation.min.css';
04  createApp(App).mount('#app');
```

➡ Vue 3 애플리케이션을 createApp 함수를 사용해 생성합니다.

➡ App.vue 컴포넌트를 루트 컴포넌트로 설정합니다.

➡ Foundation CSS 스타일을 포함시켜 UI 디자인을 정의합니다.

(6) 자식 컴포넌트 작성

ch01_myapp1/src/components/MovieList.vue

```
01  <template>
02    <div class="movie-list">
03      <div class="grid-container">
04        <div class="grid-x grid-margin-x small-up-1 medium-up-3">
05          <div v-for="(movie, index) in movies" :key="index" class="cell">
06            <div class="card">
07              <img :src="movie.poster" alt="Movie Poster" />
08              <div class="card-section">
09                <h4>{{ movie.title }}</h4>
```

```
10            <p>Release Date: {{ movie.openday }}</p><p>Favorite: {{ movie.favorite }}</p>
11            <div class="button-group">
12              <button @click="$emit('likeMovie', index)" class="button success">Like</button>
13              <button @click="$emit('deleteMovie', index)" class="button alert">Delete</button>
14            </div>
15          </div>
16        </div>
17      </div>
18    </div>
19  </div>
20 </div>
21 </template>
22 <script>
23 export default { props: { movies: Array, }, };
24 </script>
25 <style scoped>
26 .card img { width: 100%; height: auto; }
27 </style>
```

➜ 영화 목록이 그리드 형태로 표시됩니다.

➜ 각 영화에는 이미지, 제목, 개봉일, 좋아요 수가 표시됩니다.

➜ "Like" 버튼을 클릭하면 해당 영화의 좋아요 수를 증가시키는 이벤트가 발생하고, "Delete" 버튼을 클릭하면 해당 영화가 목록에서 삭제되는 이벤트가 발생합니다.

➜ 영화 목록은 상위 컴포넌트에서 movies 배열로 전달되어 사용됩니다.

(7) 부모 컴포넌트 작성

ch01_myapp1/src/App.vue

```
01 <template>
02   <div class="app-container">
03     <h1>Movie Application</h1>
04     <form @submit.prevent="addMovie">
05       <div class="grid-container">
06         <div class="grid-x grid-padding-x">
07           <div class="medium-6 cell">
08             <label>영화제목<input v-model="title" type="text" placeholder="Enter movie title" required />
```

```
09                </label>
10            </div>
11            <div class="medium-6 cell">
12                <label>개봉일<input v-model="openday" type="date" required /></label>
13            </div>
14        </div>
15        <div class="grid-x grid-padding-x">
16            <div class="medium-6 cell">
17                <label>영화 포스터
18                    <input @change="handleFileUpload" type="file" accept=".jpg, .png, .gif" required />
19                </label>
20            </div>
21            <div class="medium-6 cell">
22                <button type="submit" class="button">Add Movie</button>
23            </div>
24        </div>
25     </div>
26   </form>
27   <MovieList :movies="movies" @deleteMovie="deleteMovie" @likeMovie="likeMovie" />
28  </div>
29 </template>
30 <script>
31 import { ref } from 'vue';
32 import MovieList from './components/MovieList.vue';
33 export default {
34   components: { MovieList, },
35   setup() {
36     const title = ref('');
37     const openday = ref('');
38     const poster = ref(null);
39     const movies = ref([]);
40     const handleFileUpload = (event) => { poster.value = URL.createObjectURL(event.target.files[0]); };
41     const addMovie = () => {
42       if (!title.value || !openday.value || !poster.value) {
43         alert('Please fill in all fields');
44         return;
45       }
46       movies.value.push({ title: title.value, openday: openday.value, poster: poster.value, favorite: 0, });
47       title.value = '';
48       openday.value = '';
49       poster.value = null;
50     };
51     const deleteMovie = (index) => { movies.value.splice(index, 1); };
```

```
52        const likeMovie = (index) => { movies.value[index].favorite += 1; };
53        return { title, openday, poster, movies, handleFileUpload,
addMovie, deleteMovie, likeMovie, };
54     },
55   };
56 </script>
57 <style scoped>
58 .app-container { padding: 20px; }
59 </style>
```

➡ 사용자는 영화 정보 입력 폼에 영화 제목, 개봉일, 포스터를 입력하고 제출 버튼을 클릭합니다.

➡ 제출된 정보는 movies 배열에 추가되며 화면에 새로운 영화가 목록으로 표시됩니다.

➡ MovieList 컴포넌트를 통해 현재 movies 배열에 저장된 영화 목록이 표시됩니다.

➡ 각 영화 항목에 "Delete"와 "Like" 버튼이 있으며, 이를 클릭하면 영화가 삭제되거나 좋아요 수가 증가합니다.

(8) 애플리케이션 출력 화면

출력 화면에서 영화제목, 개봉일 등을 입력합니다.

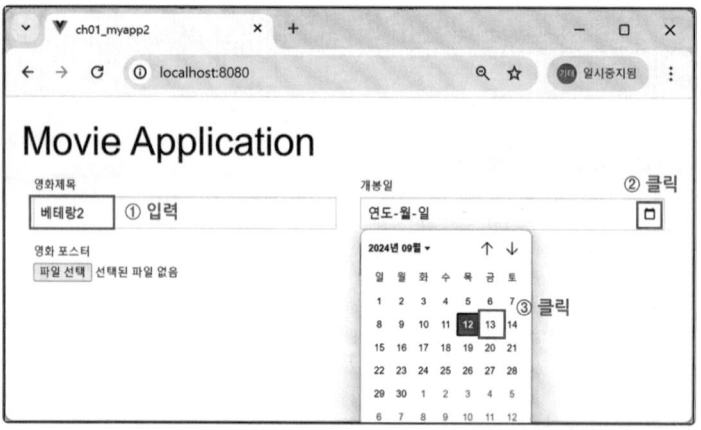

[그림 1-44] 영화제목 및 개봉일 입력 화면

영화 포스터의 [파일 선택] 버튼을 눌러 입력하고, [Add Movie] 버튼을 눌러 영화 아이템을 추가합니다.

[그림 1-45] 이미지 파일 선택 및 영화 아이템 추가 화면

[Like] 버튼을 누르면, 좋아요(Favorite)의 횟수가 증가하고, [Delete] 버튼을 누르면 해당 아이템이 삭제됩니다.

[그림 1-46] 애플리케이션 실행 화면

[Vue 3 핵심 정리]

(1) Vue.js: 사용자 인터페이스(UI)를 구축하는 데 사용되는 진보적인 JavaScript 프레임워크입니다.

(2) 프런트엔드 프레임워크(Frontend Framework): 웹 애플리케이션의 클라이언트 사이드인 사용자가 보는 화면을 개발할 때 사용되는 도구 및 라이브러리 모음입니다.

(3) Node.js: 서버 사이드에서 JavaScript를 실행할 수 있는 런타임 환경입니다.

(4) Visual Studio Code(VS Code): VS Code는 Microsoft가 개발한 경량의 코드 편집기로 JavaScript, HTML, CSS 등 다양한 언어를 지원합니다.

(5) npm(Node Package Manager): Node.js에서 사용하는 패키지 관리자입니다.

(6) Option API: Vue 2 및 Vue 3에서 사용할 수 있는 구성 방식으로 data, methods, computed, watch 등으로 구성되어 있습니다.

(7) Composition API: Vue 3에서 도입된 새로운 방식으로 컴포넌트의 상태와 로직을 함수 기반으로 구성하는 방식입니다.

이 책을 시작하는 1장에서는 Vue의 개념 위주로 알아보았고 그에 필요한 개발환경을 구축하고 편집기와 구성요소를 설치하였습니다. 설치된 내용을 바탕으로 Vue CLI를 설치하여 Option API 샘플 따라하기 예제와 Composition API 샘플 따라하기 예제 작성을 했습니다. 다음 2장에서는 본격적으로 Vue를 실습하기 전에 꼭 필요한 JavaScript 문법과 사용법을 알아보겠습니다. JavaScript를 잘 사용한다면, Vue 애플리케이션도 어렵지 않게 작성할 수 있습니다.

Chapter 02

JavaScript ES6

JavaScript는 웹 개발에서 반드시 필요한 프로그래밍 언어로 주로 웹페이지에 동적인 기능을 추가하기 위해 사용됩니다. 1995년에 넷스케이프(Netscape) 브라우저용으로 개발된 이후 지금은 거의 모든 웹 브라우저에서 지원하는 표준 언어가 되었습니다. JavaScript는 클라이언트 사이드 스크립트 언어로 시작했지만, 현재는 서버 사이드에서도 사용되며 다양한 환경에서 동작할 수 있는 범용 프로그래밍 언어로 발전했습니다.

ES6(ECMAScript 6)는 2015년에 도입된 JavaScript의 6번째 표준안입니다. 현대적인 코드를 사용하면 코드가 간결해지고 생산성이 매우 향상됩니다. 이러한 것이 JavaScript ES6를 사용하는 이유입니다. 이제부터 JavaScript에 관하여 꼭 필요한 부분을 중심으로 살펴보겠습니다.

(1) JavaScript의 주요 특징

- 동적 웹페이지 제작: HTML과 CSS가 웹페이지의 구조와 스타일을 정의한다면, JavaScript는 동적인 기능을 추가해 웹페이지를 인터랙티브(Interactive)하게 만듭니다. 인터랙티브 하다는 것은 무언가를 클릭하면 새로운 페이지로 이동하는 것이 아니라 그 자리에서 모습이 바뀌는 것을 뜻합니다. 예를 들어, 버튼 클릭에 따른 동작, 폼 검증, 화면 업데이트 등이 가능합니다.
- 인터프리터 언어: JavaScript는 컴파일이 필요하지 않으며, 웹 브라우저에서 실시간으로 실행됩니다. 코드가 작성되면 바로 실행할 수 있어, 빠른 개발과 테스트를 할 수 있습니다.
- 이벤트 기반 프로그래밍: JavaScript는 주로 사용자 인터랙션(Interaction)에 관한 이벤트를 처리합니다. 클릭, 마우스 이동, 키 입력과 같은 사용자 동작에 따라 코드를 실행할 수 있습니다.

- 객체 기반 프로그래밍: JavaScript는 객체(Object)를 기반으로 동작합니다. 모든 것이 객체로 간주될 수 있으며, 객체는 속성과 메서드로 구성됩니다. 이를 통해 복잡한 데이터를 관리하고 조작할 수 있습니다.

- 크로스 플랫폼: JavaScript는 대부분의 웹 브라우저에서 지원되며 다양한 운영체제와 기기에서 사용할 수 있습니다. 브라우저 간 호환성이 뛰어나므로 웹페이지의 주요 스크립팅 언어로 자리잡았습니다.

- 비동기 처리: JavaScript는 비동기적으로 코드를 처리할 수 있어 웹페이지가 사용자 인터페이스와 상호작용하면서도 백그라운드에서 데이터를 처리할 수 있습니다. 이를 가능하게 하는 것이 콜백 함수, Promise, async/await 등의 비동기 프로그래밍 패턴입니다.

- 경량 언어: JavaScript는 상대적으로 경량의 스크립트 언어입니다. 초기에는 간단한 기능을 제공했으나, ES6(ECMAScript 2015) 이후에는 클래스와 모듈 등의 현대적 프로그래밍 개념을 도입하며 더 강력한 언어로 발전했습니다.

- DOM(Document Object Model) 조작: JavaScript는 웹페이지의 DOM을 직접 수정할 수 있습니다. 이를 통해 웹페이지의 요소들을 동적으로 추가, 삭제하거나 속성을 변경할 수 있습니다.

(2) JavaScript를 주로 사용하는 곳

- 웹 브라우저에서 동작: JavaScript는 클라이언트 측 브라우저에서 실행되어 웹페이지와 상호작용을 합니다. 사용자 이벤트를 처리하고 페이지 콘텐츠를 동적으로 변경하거나 애니메이션을 추가하는 데 사용합니다.

- 서버 측 프로그래밍: Node.js의 등장으로 JavaScript는 서버 측에서도 사용됩니다. 이를 통해 웹 서버를 구축하고 데이터베이스와 통신하는 백엔드 개발이 가능해졌습니다. 현재 많은 대형 서비스에서 JavaScript와 Node.js를 사용해 서버를 구축하고 운영합니다.

- 모바일 애플리케이션 개발: React Native와 같은 프레임워크를 사용하면 JavaScript로 모바일 애플리케이션을 개발할 수 있습니다. 이를 통해 iOS와 Android 플랫폼 모두에서 동작하는 크로스 플랫폼 앱을 만들 수 있습니다.

- 데스크톱 애플리케이션 개발: JavaScript는 일렉트론(Electron) 같은 프레임워크를 사용해 데스크톱 애플리케이션을 개발하는 데도 사용합니다. 예를 들어 Slack이나 Visual Studio Code와 같은 유명한 데스크톱 애플리케이션이 Electron 기반으로 만들어졌습니다.

- 게임 개발: JavaScript는 HTML5 Canvas 및 WebGL과 함께 2D/3D 게임 개발에도 사용합니다. 특히. 웹 브라우저에서 직접 실행 가능한 게임을 개발하는 데 적합합니다.

(3) JavaScript가 발전해온 길(ECMAScript)

JavaScript는 ECMAScript라는 표준 명세를 따릅니다. ECMAScript는 JavaScript의 기능과 문법을 규정하는 역할을 하며 해를 거듭하며 발전해온 주요 버전들은 다음과 같습니다.

- ES5(2009): JSON 지원, Array.prototype 함수 추가 (forEach, map, filter 등), strict mode 도입
- ES6(2015): JavaScript에 클래스, 화살표 함수, 템플릿 리터럴, let/const 변수 선언, 모듈 시스템, Promise와 같은 현대적 기능을 도입하며 큰 변화를 일으켰습니다.
- ES7(2016): 지수 연산자 (**)와 Array.prototype.includes 도입
- ES8(2017): async/await를 도입해 비동기 코드를 더 간결하게 작성할 수 있게 했습니다.
- ES9(2018): rest/spread 연산자 개선, Promise.finally( ) 도입
- ES10(2019): Array.flat, Object.fromEntries 등의 기능 추가

2.1 기본 변수와 연산자

JavaScript의 기본 변수와 연산자는 코드를 작성할 때 핵심적인 역할을 합니다. 변수는 데이터를 저장하는 데 사용되며, 연산자는 변수에 저장된 데이터나 상수를 조작하는 데 사용됩니다.

2.1.1 변수 사용

변수는 데이터를 저장하고 조작하기 위해 사용되는 기본적인 구조로 메모리 공간에 이름을 붙여 데이터(값)를 저장하고, 이를 코드에서 참조하거나 변경할 수 있게 해 줍니다. JavaScript에서는 var, let과 const 키워드가 변수를 선언하는 데 주로 사용됩니다.

변수 선언 키워드 비교

키워드	설명	기본 문법	예시 코드

var	함수 범위(function scope)를 가지며, 호이스팅 됩니다. 재선언이 가능하고, 블록 내에서 변수 접근이 가능합니다.	var variableName = value;	function example() {
			　var x = 10;
			　if (true) {
			　　var x = 20;
			　}
			　console.log(x); // 20
			}
			example();

let	블록 범위(block scope)를 가지며, 호이스팅 되지 않습니다. 같은 블록 내에서 재선언이 불가능합니다.	let variableName = value;	function example() {
			　let x = 10;
			　if (true) {
			　　let x = 20;
			　}
			　console.log(x); // 10
			}
			example();

const	블록 범위(block scope)를 가지며, 상수를 정의하는 데 사용됩니다. 재선언 및 재할당이 불가능합니다.	const variableName = value;	const x = 10;
			// Error: Assignment to constant variable.
			x = 20;
			console.log(x); // 10

JavaScript 기본 자료형은 다음과 같습니다.

- 정수(Integer): 소수점이 없는 숫자 데이터 유형입니다. 관련 메서드로는 Number( ), parseInt( ), toFixed( ), toPrecision( ) 등이 있습니다.

- 실수(Float): 소수점을 포함한 숫자 데이터 유형입니다. 관련 메서드로는 Number( ), parseFloat( ), toFixed( ), toPrecision( ) 등이 있습니다.

- 문자열(String): 문자들의 연속을 표현하는 데이터 유형입니다. 관련 메서드로는 String( ), toString( ), charAt( ), substring( ), toUpperCase( ), toLowerCase( ) 등이 있습니다.

- 논리형(Boolean): true 또는 false 값을 가지는 데이터 유형입니다. 관련 메서드로는 Boolean( ), 이중부정 연산자(!!) 등이 있습니다.

> **[JavaScript Falsy 값]**
>
> undefined: 변수가 선언되었으나, 초기화되지 않은 경우의 상태를 나타냅니다. 자바스크립트에서 변수는 선언만 하면 기본적으로 "undefined"로 초기화됩니다.
>
> null: 값이 없거나 비어 있음을 명시적으로 나타내는 값입니다. 객체 또는 변수의 값이 없음을 명확히 표현할 때 사용됩니다.
>
> 부정(negation): 논리값을 반전시키는 연산을 수행합니다. "!" 연산자를 사용하여 값을 부정하고, "!!"를 사용하여 값의 논리적 참/거짓을 확인합니다.
>
> 불능(NaN): 수학적 연산의 결과로 계산이 불가능할 때 반환되는 특별한 값입니다. 예를 들어, 0으로 나누기 등의 연산에서 발생할 수 있습니다. Number.isNaN( ) 메서드를 사용하여 "NaN" 여부를 확인할 수 있습니다.

(1) js 파일 실행

Visual Studio Code를 실행하고, "js00.js" 파일을 작성한 다음에 [보기]-[터미널] 메뉴를 선택하여 터미널을 실행한 후 "node js00.js"를 입력하면 아래와 같은 결과가 출력됩니다.

[그림 2-1] Visual Studio Code에서 터미널 실행

터미널창에 표시되는 "\"와 "₩"는 디렉터리(폴더) 구분자로 같은 것이며 "\"는 영문 폰트일 경우 표시되며, "₩"는 한글 폰트일 때 표시될 뿐입니다. 또한, "node js00.js"와 같이 확장자 "js"를 포함해도 되며, "node js00"과 같이 확장자를 생략해도 됩니다.

(2) html 파일 실행

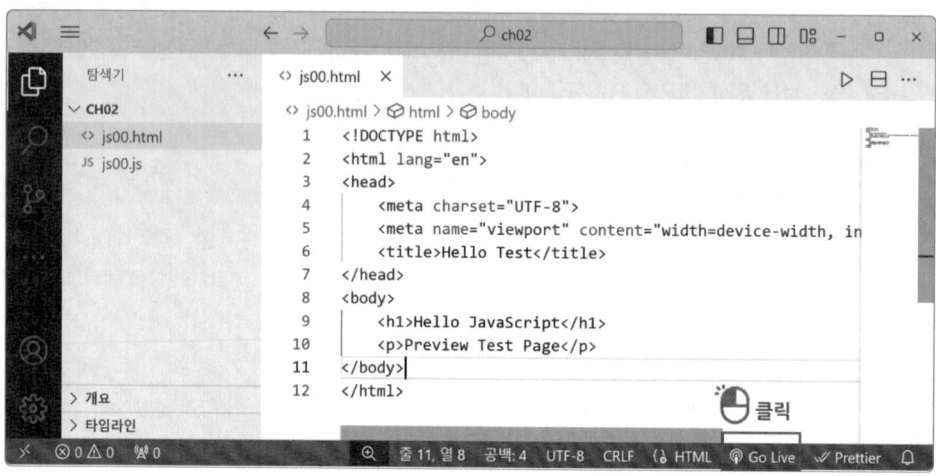

[그림 2-2] Visual Studio Code에서 html 문서 실행

 웹 브라우저의 주소 표시줄에 표시되는 "http://127.0.0.1:5500"에서 "127.0.0.1"은 로컬 서버 주소인 localhost의 주소이며, "5500"은 라이브 서버(Live Server)의 포트 번호를 의미합니다.

[그림 2-3] html 문서 열기

2.1.2 산술 연산자

산술 연산자는 숫자 값을 계산하는 데 사용됩니다. 산술 연산자에는 +, -, *, /, % (나머지), ** (거듭제곱) 등이 있습니다. 산술 연산자는 사칙 연산인 더하기(+), 빼기(-), *(곱하기), /(나누기)를 포함합니다.

ch02/js01.js

```
01    let a = 10;
02    let b = 3;
03    console.log(a + b); // 13 => 더하기 연산
04    console.log(a - b); // 7 => 빼기 연산
05    console.log(a * b); // 30 => 곱하기 연산
06    console.log(a / b); // 3.333... => 나누기 연산
07    console.log(a % b); // 1 => 나머지 연산
08    console.log(a ** b); // 1000 (10의 3제곱) => 거듭제곱 연산
```

console.log 메서드는 콘솔창에 출력하는 명령입니다.

소스코드 실행 결과

```
D:\book\ch02\> node js01
13
7
30
3.3333333333333335
1
1000
```

2.1.3 비교 연산자

비교 연산자는 값을 비교할 때 사용되며, 불리언 값을 반환합니다. 비교 연산자에는 ==, ===, !=, !==, >, <, >=, <= 등이 있습니다. ==(값만 동일)과 ===(값과 타입이 일치)는 비교하는 방법이 다릅니다.

ch02/js02.js

```
01    let x = 5;
02    let y = "5";
03    console.log(x == y);   // true (값만 비교)
04    console.log(x === y);  // false (값과 타입 모두 비교)
05    console.log(x != y);   // false (값이 서로 다른지 비교)
06    console.log(x !== y);  // true (값이나 타입이 다른지 비교)
07    console.log(x > 3);    // true (값이 특정 숫자보다 큰지 비교)
08    console.log(x <= 5);   // true (값이 특정 숫자보다 작거나 같은지 비교)
```

비교 연산의 결과는 모두 논리값인 불리언으로 반환됩니다.

소스코드 실행 결과

```
D:\book\ch02>node js02
true
false
false
true
true
true
```

2.1.4 논리 연산자

논리 연산자는 여러 조건을 결합하거나 논리적 판단을 수행할 때 사용됩니다. 논리 연산자에는 && (그리고), || (또는), ! (부정) 등이 있습니다. 입력된 조건이 모두 참인지 비교는 &&(AND 연산), 입력된 조건이 하나라도 만족한지 비교는 ||(OR 연산), 입력된 조건을 반대로 비교하는 !(NOT 연산)이 있습니다.

ch02/js03.js

```
01    let a = true;
02    let b = false;
03    console.log(a && b);  // false (둘 다 true여야 true) => AND 연산(논리곱)
04    console.log(a || b);  // true (하나만 true여도 true) => OR 연산(논리합)
05    console.log(!a);      // false (a의 반대) => NOT 연산(논리 부정)
```

논리 연산의 결과는 논리값인 불리언으로 반환됩니다.

```
소스코드 실행 결과
D:\book\ch02>node js03
false
true
false
```

2.1.5 대입 연산자

대입 연산자는 값을 변수에 할당하거나 연산을 수행하며, 다양한 형태가 있습니다. 대입 연산자에는 =, +=, -=, *=, /=, %= 등이 있습니다.

```
ch02/js04.js
01    let a = 10;
02    a += 5;   // a = a + 5;과 같으며 a가 가지고 있는 값에 5를 더하여 다시 a에 대입
03    console.log(a); // 15
```

=는 같다를 의미하는 것이 아니라 오른쪽의 연산을 수행한 후 왼쪽 변수에 대입하는 것입니다.

```
소스코드 실행 결과
D:\book\ch02>node js04
15
```

2.1.6 기타 연산자

(1) 비트 연산자

비트 연산자는 2진수 한 자리씩 계산하는 연산자로 &(2진수 AND연산), |(2진수 OR 연산), ^(2진수 XOR 연산), ~(2진수 NOT 연산), <<(2진수 왼쪽 SHIFT 연산), >>(2진수 오른쪽 SHIFT 연산), >>>(2진수 이중 오른쪽 SHIFT 연산) 등이 있습니다.

```
ch02/js05.js
04    let a = 5;   // 0101 (2진수)
05    let b = 3;   // 0011 (2진수)
06    console.log(a & b); // 1 (0001) 두 입력 값이 모두 1일때만 1이 됨 (AND 연산)
07    console.log(a | b); // 7 (0111) 두 입력 값 중에 하나라도 1이면 1이 됨 (OR 연산)
```

비트 연산자는 2진수 연산을 의미하며 SHIFT 연산은 2진수 한 자리씩 자리이동을 하는 연산입니다.

```
소스코드 실행 결과
D:\book\ch02>node js05
1
7
```

(2) 증감 연산자

증감 연산자는 실행할 때마다 변수의 값을 증가시키거나 감소시키는 연산자로 ++, -- 가 있습니다.

```
ch02/js06.js
01    let count = 0;
02    count++;      //실행될 때 마다 1씩 증가시킴
03    console.log(count); // 1
```

증감 연산자는 여러 번 반복할 때 유용하게 사용됩니다.

```
소스코드 실행 결과
D:\book\ch02>node js06
1
```

(3) 삼항 연산자

삼항 연산자는 조건문과 같이 조건(condition)에 따라 expr1 문장 또는 expr2 문장이 실행됩니다. 문법으로는 "condition ? expr1 : expr2"입니다.

ch02/js07.js
```
01    let age = 18;
02    let canVote = (age >= 18) ? 'Yes' : 'No';   //age가 18이상이면 'Yes'를 반환, 아니면 'No'를 반환
03    console.log(canVote); // 'Yes'
```

삼항 연산자는 간단한 조건문으로 대체할 때 유용하게 사용됩니다.

소스코드 실행 결과
```
D:\book\ch02>node js07
Yes
```

(4) typeof 연산자

typeof 연산자는 데이터 타입을 확인할 때 사용됩니다.

ch02/js08.js
```
01    console.log(typeof 42);        // 'number' => 42가 숫자 타입임을 알 수 있음
02    console.log(typeof 'hello');   // 'string' => 42가 문자열 타입임을 알 수 있음
03    console.log(typeof true);      // 'boolean' => 42가 논리 타입임을 알 수 있음
```

typeof 연산자는 특정 값이나 변수에 담긴 내용이 어떠한 타입인지를 찾아 반환합니다.

소스코드 실행 결과
```
D:\book\ch02>node js08
number
string
boolean
```

(5) Null 병합 연산자

Null 병합 연산자는 "(??)" null 또는 undefined인 경우 기본값을 설정합니다.

ch02/js09.js
```
01    let user = null;
02    console.log(user ?? 'Guest'); // user 값이 null이거나 undefined인 경우
      'Guest'를 반환
```

Null 병합 연산자는 falsy일 경우 ?? 뒤에 있는 값을 기본값으로 채택하여 반환합니다.

소스코드 실행 결과
```
D:\book\ch02>node js09
Guest
```

(6) delete 연산자

delete 연산자는 객체의 속성을 삭제합니다.

ch02/js10.js
```
01    let obj = {name: 'Kitai', age: 25};
02    delete obj.age;   //obj 객체의 age 속성을 삭제
03    console.log(obj); // {name: 'Kitai'}
```

delete 연산은 특정 객체에 관한 지정한 속성을 제거하는 연산입니다.

소스코드 실행 결과
```
D:\book\ch02>node js10
{ name: 'Kitai' }
```

(7) in 연산자

in 연산자는 객체에 특정 속성이 있는지 확인합니다.

```
ch02/js11.js
01    let obj = {name: 'Kitai', age: 25};
02    console.log('name' in obj); // true => obj 객체에 name이라는 속성이 존재하는
      확인함
```

in 연산자는 in 앞에 지정한 속성이 in 뒤에 객체 안에 존재하는지 비교하여 논리값으로 반환합니다.

소스코드 실행 결과

```
D:\book\ch02>node js11
true
```

(8) instanceof 연산자

instanceof 연산자는 객체가 특정 클래스의 인스턴스인지 확인합니다. 여기에서 인스턴스(Instance)는 특정 클래스로부터 만들어진 것을 의미하며 이를 객체라고 합니다.

```
ch02/js12.js
01    let date = new Date();
02    console.log(date instanceof Date); // true => date 객체 변수가 Date
      클래스로부터 만들어진 인스턴스인지 확인
```

instanceof 연산자는 특정 클래스로부터 생성된 인스턴스인지를 파악하여 논리값으로 반환합니다.

소스코드 실행 결과

```
D:\book\ch02>node js12
true
```

(9) new 연산자

new 연산자는 객체 생성자 함수를 호출하여 새 객체를 생성합니다.

ch02/js13.js

```
03    function Person(name) {    //생성자 함수를 정의
04        this.name = name;
05    }
06    let person = new Person('Kitai'); //정의된 생성자 함수에 멤버변수인 name에 속하는 값을 지정
07    console.log(person.name); // 'Kitai'  //name 속성에 저장된 데이터는 'Kitai'임
```

new 연산자는 특정 클래스나 생성자를 활용해 인스턴스를 생성하는데 활용됩니다.

소스코드 실행 결과

```
D:\book\ch02>node js13
Kitai
```

(10) spread 연산자

spread 연산자 "(…)"은 배열이나 객체를 확장하거나 복사합니다.

ch02/js14.js

```
01    let arr1 = [1, 2, 3];
02    let arr2 = [...arr1, 4, 5];  //arr1 배열을 포함하여 나머지 4와 5의 요소를 추가하여 배열을 확장함
03    console.log(arr2); // [1, 2, 3, 4, 5]
```

spread 연산자는 현재 지정된 배열 안의 모든 값이라는 의미로 해석됩니다.

소스코드 실행 결과

```
D:\book\ch02>node js14
[ 1, 2, 3, 4, 5 ]
```

(11) 전개 연산자

전개 연산자 "(...rest)"는 나머지 매개변수를 배열로 받습니다. 매개 값으로 여러 개를 전달해도 하나의 배열 변수로 받을 수 있는 형태의 연산입니다.

ch02/js15.js

```
01  function sum(...numbers) {   //전달한 여러 개의 값을 배열 형태를 취하여 모두 받음
02      return numbers.reduce((acc, curr) => acc + curr, 0);
03  }
04  console.log(sum(1, 2, 3)); // 6
```

전개 연산자는 spread 연산자와 같아 보이지만 함수의 구성원인 매개변수에 활용합니다.

소스코드 실행 결과

```
D:\book\ch02>node js15
6
```

(12) Optional Chaining(옵션 변경)

Optional Chaining(옵션 변경)은 "(?.)" 객체의 깊은 속성에 접근할 때 에러 없이 안전하게 접근합니다.

ch02/js16.js

```
01  let user = {name: 'Kitai'};
02  console.log(user?.address?.city); // undefined => user 객체 내부에
존재하는 여러 단계의 세부 속성을 접근함
```

옵션 변경은 여러 단계를 거쳐 접근하는 객체 안의 하위 객체에 속하는 세부 속성을 접근 가능하게 합니다.

소스코드 실행 결과

```
D:\book\ch02>node js16
undefined
```

2.2 조건문과 반복문 그리고 기타 제어문

JavaScript에서 조건문, 반복문, 기타 제어문은 프로그램의 흐름을 제어하는 데 중요한 역할을 합니다. 각 제어문은 특정 조건에 따라 코드를 실행하거나 반복 실행하는 데 사용합니다.

2.2.1 if문

"if"문은 조건에 따라 실행할 코드 블록을 결정합니다.

ch02/js17.js
```
01    let age = 18;
02    if (age >= 18) {     //age가 18이상이면
03      console.log('Adult');
04    } else if (age < 0 || typeof age !== 'number'){ //age가 0보다 작거나 타입이 숫자가 아니면
05      console.log('Error');
06    } else {
07      console.log('Minor');
08    }
```

{}로 구성되는 문장을 코드 블록이라고 하며 if문은 가장 기본적인 코드 블록으로 특정 조건에 따라 분기합니다.

소스코드 실행 결과
```
D:\book\ch02>node js17
Adult
```

2.2.2 switch문

"switch"문은 여러 경우일 때 조건을 비교합니다.

ch02/js18.js

```
01  let day = 3;
02  switch(day) {    //day값이 1인지 2인지 3인지에 따라 해당 case를 실행함
03    case 1:
04      console.log('Monday');
05      break;
06    case 2:
07      console.log('Tuesday');
08      break;
09    case 3:
10      console.log('Wednesday');
11      break;
12    default:
13      console.log('Unknown day');
14  }
```

switch(기준값)에서 기준값에 따라 해당 case를 실행합니다.

소스코드 실행 결과

```
D:\book\ch02>node js18
Wednesday
```

2.2.3 for문

"for"문은 반복문으로 주어진 횟수나 요소의 수만큼 반복합니다. 종류에는 전통적인 기본 "for"문과 ES6에서 추가된 "for…of"문과 "for…in"문이 있습니다.

ch02/js19.js

```
01  for (let i = 0; i < 5; i++) { console.log(i); } //0, 1, 2, 3, 4
02  let array = [10, 20, 30];
03  for (let value of array) { console.log(value); } //배열 요소 접근을 위한 반복문
04  let person = { name: 'Kitai', age: 25 };
05  for (let key in person) { console.log(`${key}: ${person[key]}`); } //객체 속성 접근을 위한 반복문
```

기본 for문은 for(초기값;비교식;증감식) { } 형식으로 사용합니다.

```
소스코드 실행 결과
D:\book\ch02>node js19
0
1
2
3
4
10
20
30
name: Kitai
age: 25
```

2.2.4 while문

"while"문은 조건이 참인 동안 코드를 반복 실행합니다. 종류에는 기본 "while"문, "do…while"문이 있습니다.

여기에서 "do…while"문은 1회 이상 실행을 보장합니다.

```
ch02/js20.js
01   let count = 0;
02   while (count < 5) { //count가 5보다 작을 때 동안 해당 블록을 반복 수행함
03     console.log(count); // 0, 1, 2, 3, 4
04     count++;   //count는 0부터 시작하여 계속 1씩 증가함
05   }
06   let i = 0;
07   do {
08     console.log(i);
09     i++;
10   } while (i < 5);
```

while(조건식) { 반복실행문장; } 형태로 { }안의 반복실행문장을 여러 번 반복해야 할 때 사용합니다.

소스코드 실행 결과

```
D:\book\ch02>node js20
0
1 …….. 생략
```

2.2.5 기타 제어문

(1) break문

"break"문은 반복문이나 "switch"문을 즉시 종료합니다.

ch02/js21.js

```
01  for (let i = 0; i < 5; i++) { //변수 i가 5보다 작을 때 동안 1씩 증가하면서 반복됨
02      if (i === 3) break;    //i가 3이면 더 이상 for 반복문을 실행하지 않고 실행이 중지됨
03      console.log(i);
04  }
05  // 출력: 0, 1, 2 (i가 3일 때 종료)
```

break문은 반복 수행을 정지할 때 사용합니다.

소스코드 실행 결과

```
D:\book\ch02>node js21
0
1
2
```

(2) continue문

"continue"문은 반복문에서 현재 반복을 중단하고 다음 반복으로 넘어갑니다.

ch02/js22.js

```
01    for (let i = 0; i < 5; i++) { //변수 i가 5보다 작을 때 동안 1씩 증가하면서 반복됨
02      if (i === 3) continue;   //변수 i가 3이면 실행하지 않고 다음 4로 건너뜀
03      console.log(i);
04    }
05    // 출력: 0, 1, 2, 4 (i가 3일 때 건너뜀)
```

continue문은 특정 번째의 순서를 건너 뛸 때 활용합니다.

소스코드 실행 결과

```
D:\book\ch02>node js22
0
1
2
4
```

(3) try...catch문

"try...catch"문은 코드 실행 중 발생할 수 있는 오류를 처리하는 예외 처리 구문입니다. 오류가 발생하면 프로그램이 종료되지 않고 "catch" 블록이 실행됩니다.

ch02/js23.js

```
01    try {
02      let result = 10 / 0;   // 의도적으로 오류를 발생시키는 경우도 포함
01      console.log(result);
03    } catch (error) { console.log("오류 발생:", error.message); }
04    // 출력: 오류 발생: Infinity (0으로 나누기 에러 발생)
```

오류가 발생하면 비정상적으로 프로그램이 종료되지만 예외 처리를 하면 오류를 회피하고 처리할 수 있습니다.

소스코드 실행 결과

```
D:\book\ch02>node js23
Infinity
```

(4) throw문

"throw"문은 사용자 정의 예외를 발생시킬 때 사용합니다. 주로 "try...catch" 블록과 함께 사용됩니다.

ch02/js24.js

```
01  function checkAge(age) {
02    if (age < 18) { throw new Error("나이가 너무 적습니다."); }
03    return "입장이 허용되었습니다.";
04  }
05  try { console.log(checkAge(15)); } catch (error) {
06    console.log("오류:", error.message);
07  }
08  // 출력: 오류: 나이가 너무 적습니다.
```

사용자 정의 예외는 특정 상황에 놓일 때 처리하고 싶은 문장을 규정할 때 사용합니다.

소스코드 실행 결과

```
D:\book\ch02>node js24
오류: 나이가 너무 적습니다.
```

(5) return문

"return"문은 함수 내에서 값을 반환하고 함수를 종료합니다.

ch02/js25.js

```
01  function add(a, b) {
02    return a + b;
03  }
04  console.log(add(2, 3));  // 출력: 5
```

return문은 함수 내의 가장 마지막에 처리 결과를 반환할 때 사용하며 그 이후에 문장은 실행하지 않습니다.

```
소스코드 실행 결과

D:\book\ch02>node js25
5
```

2.3 객체와 함수 그리고 메서드

JavaScript에서 객체와 함수는 매우 중요한 개념입니다. 객체는 데이터와 메서드를 담고 있는 컬렉션이며, 함수는 하나의 동작을 정의하는 코드 블록입니다. JavaScript에서 객체와 함수는 동적으로 정의되고 사용됩니다.

2.3.1 사용자 정의 객체

JavaScript에서 기본적으로 제공하지 않는 사용자가 직접 정의하는 객체로 속성과 메서드를 포함할 수 있습니다.

ch02/js26.js

```
01  let person = {   //name, age 속성과 greet 메서드를 갖는 person 객체를 정의
02    name: 'Kitai',
03    age: 25,
04    greet: function() { console.log(`Hello, my name is ${this.name}`); }
05  };
06  person.greet(); // 'Hello, my name is Kitai'
```

사용자 객체에 속하는 것을 멤버라고 하고 값을 저장하는 것은 속성, 함수와 같은 처리 역할은 메서드입니다.

```
소스코드 실행 결과

D:\book\ch02>node js26
Hello, my name is Kitai
```

2.3.2 내장 객체

JavaScript에서 기본적으로 내장 되어 있는 유용한 객체는 Date, Math, Array, String, Promise 등이 있으며, 이러한 객체는 다양한 메서드를 제공합니다.

- Date 객체는 날짜와 시간을 다룰 때 사용합니다.
- Math 객체는 수학 관련 메서드를 제공하는 내장 객체입니다.
- Array 객체는 배열을 다루는 데 사용합니다. 배열은 여러 값을 한 변수에 저장할 수 있는 구조입니다.
- String 객체는 문자열을 다루는 메서드를 제공합니다.
- Promise 객체는 비동기 작업의 완료 또는 실패를 처리할 때 사용합니다.

ch02/js27.js

```js
01  const today = new Date();
02  console.log(today);   // 현재 날짜와 시간 출력
03  const specificDate = new Date('2023-12-25');
04  console.log(specificDate);   // 특정 날짜 출력
05  console.log(Math.PI);   // 출력: 3.141592653589793
06  console.log(Math.max(1, 5, 10));   // 출력: 10
07  console.log(Math.random());   // 0과 1 사이의 임의의 수 출력
08  const fruits = ['apple', 'banana', 'cherry'];
09  console.log(fruits.length);   // 출력: 3
10  fruits.push('grape');   // 배열에 요소 추가
11  console.log(fruits);   // 출력: ['apple', 'banana', 'cherry', 'grape']
12  const text = 'Hello, World!';
13  console.log(text.length);   // 출력: 13
14  console.log(text.toUpperCase());   // 출력: HELLO, WORLD!
15  console.log(text.includes('World'));   // 출력: true
16
17  let promise = new Promise((resolve, reject) => {
18    let success = true;
19    if (success) { resolve('작업 성공'); } else { reject('작업 실패'); }
20  });
21  promise.then((message) => {
22    console.log(message);   // 성공 시 실행
23  }).catch((error) => {
24    console.log(error);   // 실패 시 실행
25  });
```

내장 객체는 Date, Math, Array, String과 같이 데이터를 다루는 객체와 DOM 처리를 위한 객체로 나뉩니다.

```
소스코드 실행 결과

D:\book\ch02>node js27
2024-09-14T03:43:53.333Z
2023-12-25T00:00:00.000Z
3.141592653589793
10
0.8984447468739662
3
[ 'apple', 'banana', 'cherry', 'grape' ]
13
HELLO, WORLD!
true
작업 성공
```

2.3.3 사용자 정의 함수

특정 작업을 수행하고 재사용할 수 있는 함수를 개발자가 정의하는 함수로 ES6에서 화살표 함수, 기본 매개변수, 나머지 매개변수 등의 기능이 추가되어 더 편리하게 함수를 작성할 수 있습니다.

- 기본 함수 선언: 기본적으로 function 키워드를 사용하여 함수를 선언할 수 있습니다.
- 익명 함수(Anonymous Function): 이름이 없는 함수로 변수에 할당하거나 콜백 함수로 자주 사용합니다.
- 화살표 함수(Arrow Function): 함수 선언을 더 간결하게 할 수 있는 ES6의 새로운 방식입니다. 특히 콜백 함수나 짧은 함수를 작성할 때 유용합니다.
- 기본 매개변수(Default Parameters): ES6부터는 함수에서 매개변수의 기본값을 설정할 수 있으며, 값이 전달되지 않으면 기본값이 사용됩니다.
- 나머지 매개변수(Rest Parameters): ES6부터는 나머지 매개변수를 활용하여 여러 개의 인수를 배열 형태로 받을 수 있게 합니다.
- 콜백 함수(Callback Function): 함수는 다른 함수의 매개변수로 전달될 수 있습니다. 이를 콜백 함수라고 합니다.

ch02/js28.js

```javascript
01  function add(a, b) {   //기본 함수 선언
02    return a + b;
03  }
04  console.log(add(2, 3));   // 출력: 5
05  const multiply = function(a, b) {   //익명 함수 선언
06    return a * b;
07  };
08  console.log(multiply(2, 3));   // 출력: 6
09  const subtract = (a, b) => a - b;   //화살표 함수
10  console.log(subtract(5, 3));   // 출력: 2
11  function greet(name = 'Guest') {   //기본 매개변수
12    console.log(`Hello, ${name}!`);
13  }
14  greet();   // 출력: Hello, Guest!
15  greet('Kitai');   // 출력: Hello, Kitai!
16  function sum(...numbers) {   //나머지 매개변수
17    return numbers.reduce((total, num) => total + num, 0);
18  }
19  console.log(sum(1, 2, 3, 4));   // 출력: 10
20  function processUserInput(callback) {   //콜백 함수
21    const name = 'Kitai';
22    callback(name);
23  }
24  processUserInput(function(name) {
25    console.log(`Hello, ${name}`);
26  });   // 출력: Hello, Kitai
```

사용자 정의 함수는 기능을 정의하는 부분과 호출하는 부분으로 나누어져 있으며 호출해야만 실행됩니다.

소스코드 실행 결과

```
D:\book\ch02>node js28
5
6
2
Hello, Guest!
Hello, Kitai!
10
Hello, Kitai
```

2.4 파라미터와 구조 분해 할당

JavaScript에서 파라미터와 구조 분해 할당(Destructuring Assignment)은 데이터를 효율적으로 전달하고 사용할 수 있는 방법을 제공합니다. ES6에서 도입된 이 기능들은 코드 가독성을 높이고, 반복적인 패턴을 줄이는 데 큰 도움을 줍니다.

2.4.1 기본 파라미터와 가변 파라미터

- 기본 파라미터(Default Parameters): ES6 이전에는 함수의 매개변수에 값이 전달되지 않으면 undefined로 처리되었지만, ES6부터는 기본값을 설정할 수 있습니다. 이렇게 설정된 기본값은 함수 호출 시 해당 인수가 생략되거나 undefined로 전달될 때 사용됩니다.

- 가변 파라미터(Rest Parameters): 함수의 인수 개수를 정해놓지 않고, 여러 개의 인수를 배열 형태로 받는 방법입니다. 이를 통해 함수는 몇 개의 인수를 전달받아도 문제없이 처리할 수 있습니다.

ch02/js29.js
```
01  function greet(name = 'Guest') {   //기본 파라미터
02      console.log(`Hello, ${name}!`);
03  }
04  greet();            // 출력: Hello, Guest!
05  greet('Kitai');     // 출력: Hello, Kitai
06  function sum(...numbers) {   //가변 파라미터
07      return numbers.reduce((total, num) => total + num, 0);
08  }
09  console.log(sum(1, 2, 3));   // 출력: 6
10  console.log(sum(4, 5, 6, 7, 8));   // 출력: 30
```

기본 파라미터를 기술하면 매개 값 부재 오류를 방지할 수 있으며 가변 파라미터는 매개변수 개수가 맞지 않은 오류를 사전에 방지할 수 있어 효율적으로 프로그래밍이 가능합니다.

> **소스코드 실행 결과**
>
> ```
> D:\book\ch02>node js29
> Hello, Guest!
> Hello, Kitai!
> 6
> 30
> ```

2.4.2 구조 분해 할당(Destructuring Assignment)

구조 분해 할당은 배열이나 객체의 값을 쉽게 분해하여 변수에 할당할 수 있는 새로운 문법입니다. 이 기능은 코드의 가독성을 높이고 데이터를 추출하는 과정을 간결하게 만듭니다.

- 배열 구조 분해 할당: 배열의 요소를 간단히 변수에 할당할 수 있습니다.
- 객체 구조 분해 할당: 객체의 속성을 변수로 간단하게 추출할 수 있습니다.
- 기본값을 사용한 구조 분해 할당: 구조 분해 할당에서 값이 없을 경우 기본값을 설정할 수 있습니다.
- 중첩 객체 구조 분해 할당: 중첩된 객체를 구조 분해 할당할 때도 간단하게 값을 추출할 수 있습니다.

ch02/js30.js

```js
const numbers = [1, 2, 3]; //배열 구조 분해 할당
const [a, b, c] = numbers;
console.log(a); // 출력: 1
console.log(b); // 출력: 2
console.log(c); // 출력: 3
const person = {   //객체 구조 분해 할당
  name: 'Kitai', age: 25, city: 'Seoul'
};
const { name, age, city } = person;
console.log(name); // 출력: Kitai
console.log(age);  // 출력: 25
console.log(city); // 출력: Seoul
const data = {   //기본값을 사용한 구조 분해 할당
  id: 'Kitai', past: 25
};
const { id, past, addr = 'Unknown' } = data;
console.log(id);   // 출력: Kitai
console.log(past); // 출력: 25
console.log(addr); // 출력: Unknown
```

```
20    const user = {    //중첩 객체 구조 분해 할당
21      nick: 'Kitai', address: { place: 'Seoul', country: 'Korea' }
22    };
23    const { nick, address: { place, country } } = user;
24    console.log(nick);    // 출력: Kitai
25    console.log(city);    // 출력: Seoul
26    console.log(country); // 출력: Korea
```

구조 분해 할당은 앞으로 Vue에서 데이터(Data)를 기술할 때 많이 사용하는 문장입니다. 여러 값과 구성요소로 이루어진 객체나 배열을 필요한 요소만 분할해 각각의 독립적인 요소로 변환하여 사용할 수 있게 합니다.

소스코드 실행 결과

```
D:\book\ch02>node js30
1
2
3
Kitai
25
Seoul
Kitai
25
Unknown
Kitai
Seoul
Korea
```

2.5 DOM 객체와 이벤트

JavaScript의 DOM(Document Object Model)은 웹페이지의 HTML 요소를 동적으로 조작할 수 있는 API입니다. DOM 객체는 HTML 요소를 JavaScript 코드로 접근하고 수정하는 방법을 제공합니다. 이벤트는 사용자가 페이지와 상호작용을 할 때 발생하는 사건으로 이를 처리하기 위해 이벤트 리스너(Event Listener)를 사용합니다.

2.5.1 DOM 객체 선택

HTML 요소인 DOM 객체를 선택할 때는 다양한 메서드를 사용할 수 있습니다. 이러한 메서드에는 getElementById, getElementsByClassName, querySelector, querySelectorAll 등이 있습니다.

- getElementById: 특정 id 값을 가진 요소를 선택합니다.
- getElementsByClassName: 특정 class 값을 가진 모든 요소를 선택합니다.
- querySelector: CSS 선택자를 사용하여 일치하는 첫 번째 요소를 선택합니다.
- querySelectorAll: CSS 선택자에 맞는 모든 요소를 선택하며 NodeList를 반환합니다.

ch02/js31.html

```
01  <!DOCTYPE html>
02  <html lang="en">
03  <head>
04    <title>DOM 객체의 선택</title>
05  </head>
06  <body>
07    <div id="myDiv">Hello World!</div>
08    <div class="myClass">First Div</div>
09    <div class="myClass">Second Div</div>
10    <p class="paragraph">This is a paragraph.</p>
11    <div class="myClass2">Div 1</div>
12    <div class="myClass2">Div 2</div>
13    <script>
14      const element = document.getElementById('myDiv');
15      console.log(element.textContent); // 출력: Hello World!
16      const elements = document.getElementsByClassName('myClass');
17      console.log(elements[0].textContent);  // 출력: First Div
18      console.log(elements[1].textContent);  // 출력: Second Div
19      const element = document.querySelector('.paragraph');
20      console.log(element.textContent);  // 출력: This is a paragraph.
21      const elements = document.querySelectorAll('.myClass2');
22      elements.forEach((element) => {
23        console.log(element.textContent);  // 출력: Div 1, Div 2
24      });
25    </script>
26  </body>
27  </html>
```

id가 myDiv인 하나의 요소와 class가 myClass인 여러 요소에 접근하여 변화를 일으키는 문장입니다.

> **HTML 문서 실행 결과**
>
> Visual Studio Code 상태표시줄의 라이브 서버(Live Server) 아이콘을 눌러 해당 문서인 js31.html을 실행합니다.

[그림 2-4] js31.html 문서 실행 화면

2.5.2 DOM 객체의 조작과 이벤트

DOM 요소의 내용을 변경하거나 속성을 설정하는 textContent, innerHTML, setAttribute, getAttribute 등을 사용해 요소의 내용을 조작하고, addEventListener 메서드를 이용해 이벤트를 발생시킬 수 있습니다.

DOM 객체를 선택한 후에는 해당 요소의 내용 변경이나 속성 변경을 할 수 있습니다. 또한, 이벤트 핸들러를 등록하여 사용자의 상호작용을 처리할 수 있습니다.

(1) DOM 객체 조작

- 텍스트 조작: textContent나 innerHTML을 사용해 요소의 텍스트나 HTML 내용을 변경할 수 있습니다.
- 속성 조작: setAttribute, getAttribute 등을 통해 요소의 속성을 변경할 수 있습니다.

ch02/js32.html

```html
01  <!DOCTYPE html>
02  <html lang="en">
03  <head>
04    <title>DOM 객체의 조작</title>
05  </head>
06  <body>
07  <div class="container">
08    <h2>텍스트 조작</h2>
09    <div id="myDiv">Original Text</div>
10    <button id="changeText">Change Text</button>
11    <script>
12      const div = document.getElementById('myDiv');
13      const button = document.getElementById('changeText');
14      button.addEventListener('click', () => {
15        div.textContent = 'Text has been changed!';
16      });
17    </script>
18  </div>
19  <hr>
20  <div class="container">
21    <h2>속성 조작</h2>
22    <img id="myImage" src="image.jpg" alt="Image 1">
23    <button id="changeImage">Change Image</button>
24    <script>
25      const image = document.getElementById('myImage');
26      const button2 = document.getElementById('changeImage');
27      button2.addEventListener('click', () => {
28        image.setAttribute('src', 'image2.jpg');
29        image.setAttribute('alt', 'Image 2');
30      });
31    </script>
32  </div>
33  </body>
34  </html>
```

textContent는 해당 요소의 텍스트를 조작할 수 있고 setAttribue는 태그의 속성을 조작할 수 있습니다.

HTML 문서 실행 결과

Visual Studio Code 상태표시줄의 라이브 서버(Live Server) 아이콘을 눌러 해당 문서인 js32.html을 실행합니다.

[그림 2-5] js32.html 문서 실행 화면

(2) DOM 객체 이벤트

JavaScript 이벤트 종류는 다음과 같습니다.

- 마우스(Mouse) 이벤트: click, dblclick, mousedown, mouseup, mousemove, mouseover, mouseout, mouseenter, mouseleave, contextmenu
- 키보드(Keyboard) 이벤트: keydown, keyup, keypress
- 포커스(Focus) 이벤트: focus, blur, focusin, focusout
- 폼(Form) 이벤트: submit, reset, change, input, invalid, select
- 윈도(Window) 이벤트: resize, scroll, load, unload, beforeunload, hashchange, popstate
- 터치(Touch) 이벤트: touchstart, touchmove, touchend, touchcancel
- 드래그(Drag) 이벤트: drag, dragstart, dragend, dragenter, dragleave, dragover, drop
- 클립보드(Clipboard) 이벤트: copy, cut, paste
- 미디어(Media) 이벤트: play, pause, ended, volumechange, timeupdate, seeking, seeked
- 네트워크(Network) 이벤트: online, offline

- 애니메이션(Animation) 이벤트: animationstart, animationend, animationiteration
- 전환(Transition) 이벤트: transitionstart, transitionend, transitioncancel
- 기타 이벤트: wheel, pointerdown, pointerup, pointermove, pointerenter, pointerleave, pointercancel

ch02/js33.html

```
01  <!DOCTYPE html>
02  <html lang="en">
03  <body>
04    <button id="myButton">Click me</button>
05    <script>
06      const button = document.getElementById('myButton');
07      button.addEventListener('click', () => { alert('Button clicked!'); });
08    </script>
09  </body>
10  </html>
```

addEventListener 메서드는 이벤트를 일으키고 동작시키는 메서드입니다.

HTML 문서 실행 결과

Visual Studio Code 상태표시줄의 라이브 서버(Live Server) 아이콘을 눌러 해당 문서인 js33.html을 실행합니다.

[그림 2-6] js33.html 문서 실행 화면

2.5.3 DOM 객체의 스타일링

DOM 요소의 스타일링은 style 속성을 사용해 CSS 속성을 직접 변경할 수 있습니다. 또한, classList를 사용해 클래스 추가/제거로 스타일을 변경할 수 있습니다.

- style 속성 사용: style 속성을 사용해 CSS 속성을 직접 수정할 수 있습니다.
- classList 사용: classList는 DOM 요소의 클래스 리스트를 조작할 수 있는 인터페이스로 클래스를 추가하거나 제거하는 데 유용합니다.

ch02/js34.html

```
01  <!DOCTYPE html>
02  <html lang="en">
03  <head>
04    <title>DOM 객체의 스타일링</title>
05    <style>
06      .highlight {
07        background-color: yellow;  font-weight: bold;
08      }
09    </style>
10  </head>
11  <body>
12  <div class="container">
13    <h2>style 속성 사용</h2>
14    <div id="myDiv1">Styled Text</div>
15    <button id="changeStyle">Change Style</button>
16    <script>
17      const div1 = document.getElementById('myDiv1');
18      const button1 = document.getElementById('changeStyle');
19      button1.addEventListener('click', () => {
20        div1.style.color = 'red';
21        div1.style.fontSize = '20px';
22      });
23    </script>
24  </div>
25  <hr>
26  <div class="container">
27    <h2>classList 사용</h2>
28    <div id="myDiv2">Toggle highlight</div>
29    <button id="toggleClass">Toggle Class</button>
30    <script>
31      const div2 = document.getElementById('myDiv2');
32      const button2 = document.getElementById('toggleClass');
```

```
33      button2.addEventListener('click', () => {
34        div2.classList.toggle('highlight');
35      });
36    </script>
37  </div>
38 </body>
39 </html>
```

객체명.style 속성은 여러 하위 속성을 가지고 스타일을 변경할 수 있으며 classList는 클래스 속성을 접근합니다.

> **HTML 문서 실행 결과**
>
> Visual Studio Code 상태표시줄의 라이브 서버(Live Server) 아이콘을 눌러 해당 문서인 js34.html을 실행합니다.

[그림 2-7] js34.html 문서 실행 화면

2.6 화살표 함수(Arrow Function)

JavaScript의 화살표 함수는 ES6에서 도입된 간결한 함수 표현식입니다. 기존의 함수 선언 방식보다 더 짧고 직관적인 문법을 제공하며 특히, this 키워드 처리 방식이 기존 함수와 다르게 작동합니다.

2.6.1 화살표 함수의 기본 문법

화살표 함수는 함수 표현식을 간결하게 작성할 수 있는 문법으로 매개변수가 없거나 하나일 때 괄호를 생략할 수 있고 본문이 한 줄일 때는 중괄호와 return을 생략할 수 있습니다. 또한, arguments 객체를 사용하지 않으며 대신, 가변 인자(Rest Parameters)를 사용할 수 있습니다.

[기본 문법]

```
(parameter) => {        // 매개변수가 하나인 경우
  // 함수 본문
}
(param1, param2) => {   // 매개변수가 여러 개인 경우
  // 함수 본문
}
( ) => {      //// 매개변수가 없는 경우
  // 함수 본문
}
```

- 기본적인 화살표 함수: 기본적으로 매개변수와 반환값이 있습니다.
- 본문이 한 줄인 경우 중괄호와 return 생략 가능: 본문에 한 줄만 있으면, 중괄호({ })와 return 키워드를 생략할 수 있습니다. 표현식은 자동으로 반환됩니다.
- 매개변수가 하나인 경우 괄호 생략 가능: 매개변수가 하나일 때는 괄호도 생략할 수 있습니다.
- 매개변수가 없는 경우 괄호 필수: 매개변수가 없을 경우 괄호는 필수입니다.

ch02/js35.js

```
01  const add = (a, b) => {       //기본적인 화살표 함수
02    return a + b;
03  };
04  console.log(add(2, 3));    // 출력: 5
05  const multiply = (a, b) => a * b;        //본문이 한 줄인 경우 중괄호와 return 생략 가능
06  console.log(multiply(2, 3));   // 출력: 6
07  const square = x => x * x;   //매개변수가 하나인 경우 괄호 생략 가능
08  console.log(square(4));    // 출력: 16
09  const sayHello = () => console.log('Hello!');      //매개변수가 없는 경우 괄호 필수
10  sayHello();   // 출력: Hello!
```

화살표 함수는 익명의 함수처럼 함수의 이름이 없이 사용할 수 있으며 매개변수의 유무나 개수에 따라 달리 처리될 수 있습니다. 또한, return문의 유무에 따라 저장되는 변수가 있을 수도 있고 없을 수도 있습니다. Vue에서도 많이 사용할 문장이므로 꼭 사용해 보고 응용하기를 바랍니다.

```
소스코드 실행 결과
D:\book\ch02>node js35
5
6
16
Hello!
```

2.6.2 화살표 함수의 this

화살표 함수는 this 바인딩 방식에서 기존의 함수와 큰 차이를 보입니다. 화살표 함수는 자신만의 this를 가지지 않고, 외부 환경의 this를 그대로 사용합니다. 이를 렉시컬 바인딩(Lexical Binding) 또는 렉시컬 스코프(Lexical Scoping)라고 하며, 기존의 함수에서 this가 호출 방식에 따라 동적으로 결정되는 것과 달리 고정된 this를 사용합니다.

- 전통적인 함수의 this: 전통적인 함수에서 this는 호출 방식에 따라 동적으로 결정됩니다.
- 화살표 함수의 this: 화살표 함수는 외부 스코프의 this를 참조합니다.

```
ch02/js36.js
01  const person = {   //전통적인 함수의 this
02    name: 'Kitai', sayName: function() { console.log(this.name); }
03  };
04  person.sayName();    // 출력: Kitai
05  const user = { //외부 this 참조
06    name: 'Kitai',
07    sayName: function() {
08      const printName = () => { console.log(this.name); };  // 화살표 함수는 외부 스코프의 this를 사용
09      printName();
10    }
```

```
11      };
12      user.sayName();  // 출력: Kitai
13      const member = {  //전통 함수와 화살표 함수 비교
14        name: 'Kitai',
15        sayName: function() {
16          setTimeout(function() {  // 전통 함수: this는 동적으로 결정
17            console.log('Traditional function:', this.name);  // undefined
18          }, 100);
19          setTimeout(() => {  // 화살표 함수: this는 외부의 this를 참조
20            console.log('Arrow function:', this.name);  // Kitai
21          }, 200);
22        }
23      };
24      member.sayName();
```

화살표 함수에서 this는 외부에서 지정한 객체로 여러 속성을 외부에서 전달하여 처리할 수 있게 합니다. 여기에서 말한 스코프(scope)는 해당 변수가 어느 범위까지 인지될 수 있는지를 말합니다. Vue에서도 사용될 수 있는 문장이니 다시 한번 내용을 확인하기 바랍니다.

소스코드 실행 결과

```
D:\book\ch02>node js36
Kitai
Kitai
Traditional function: undefined
Arrow function: Kitai
```

2.7 데이터 바인딩과 표시

JavaScript ES6의 데이터 바인딩과 표시는 템플릿 리터럴과 변수 및 표현식을 동적으로 삽입하여 표시하는 것을 말합니다. 이 중에서 템플릿 리터럴은 복잡한 문자열 조합이 간편해지고 다중 줄 문자열 작성도 쉽게 구현할 수 있습니다.

2.7.1 템플릿 리터럴(Template Literals)

템플릿 리터럴은 백틱()을 사용하여 문자열을 감싸고, "${ }"를 사용하여 변수나 표현식을 삽입합니다. 여러 줄 문자열과 표현식 삽입이 매우 간편해졌으며 템플릿 리터럴은 문자열 내에서 표현식을 삽입하고 멀티라인 문자열을 지원합니다. 기존의 문자열 연결 방식보다 더 간편하게 문자열을 작성하고 변수나 표현식을 삽입할 수 있는 기능입니다.

- 기존 방식에서는 문자열과 변수를 연결: + 연산자를 사용해야 했습니다.
- 템플릿 리터럴: 더 간단하게 작성할 수 있습니다.
- 여러 줄 문자열: 템플릿 리터럴은 여러 줄의 문자열을 작성할 때도 유용합니다.
- 표현식 삽입: `템플릿 리터럴은 단순히 변수를 삽입할 뿐만 아니라, 계산이나 함수 호출 등 표현식도 삽입할 수 있습니다.

ch02/js37.js

```
01   const name = 'Kitai';
02   const greeting1 = 'Hello, ' + name + '!';        //기존 방식에서는 문자열과 변수를 연결
03   console.log(greeting1);   // 출력: Hello, Kitai!
04   const greeting2 = `Hello, ${name}!`;             //템플릿 리터럴 사용
05   console.log(greeting2);   // 출력: Hello, Kitai!
06   const message = `
07     This is a multiline
08     string using template literals.
09   `;   //여러 줄 문자열
10   console.log(message);
11   const a = 5;         //표현식 삽입
12   const b = 10;
13   console.log(`The sum of ${a} and ${b} is ${a + b}.`);   // 출력: The sum of 5 and 10 is 15.
```

템플릿 리터럴은 객체나 변수와 문자열을 혼재 가능하게 하여 복잡한 문장을 단조롭고 효율적으로 만듭니다.

소스코드 실행 결과

```
D:\book\ch02>node js37
Hello, Kitai!
Hello, Kitai!
  This is a multiline
  string using template literals.
The sum of 5 and 10 is 15.
```

2.7.2 모듈화(Modules)

모듈화는 코드를 여러 파일로 나누어 재사용하고 관리하기 쉽게 만든 기능입니다. ES6에서는 import와 export 키워드를 사용해 모듈을 정의하고 가져올 수 있습니다. 이를 통해 코드의 재사용성과 유지보수성이 향상됩니다.

 모듈화를 진행하기 위해서는 해당 프로젝트 디렉터리(폴더) 안에는 "package.json"이 있어야 합니다.

package.json 내용 ⇒ { "name": "js38", "version": "1.0.0", "type": "module" }

(1) 모듈의 기본 개념

- export: 특정 변수나 함수를 다른 파일에서 사용할 수 있도록 내보냅니다.
- import: 다른 파일에서 내보낸 변수나 함수를 가져와서 사용할 수 있습니다.

(2) 모듈을 내보내기(export)

ch02/js38/math.js

```
01  export const add = (a, b) => a + b;
02  export const subtract = (a, b) => a - b;
```

add와 subtract 화살표 함수를 외부에서 사용 가능하게 합니다.

(3) 모듈을 가져오기(import)

ch02/js38/main.js
```
01   import { add, subtract } from './math.js';
02   console.log(add(5, 3));        // 출력: 8
03   console.log(subtract(5, 3));   // 출력: 2
```

위에서 내보낸 add와 subtract 화살표 함수를 사용 가능하게 합니다. Vue에서도 계속 사용하는 방법입니다.

소스코드 실행 결과
```
D:\book\ch02>node js38/main.js
8
2
```

(4) 디폴트 내보내기(Default Export)

모듈에서 하나의 기본값을 내보낼 때는 export default를 사용합니다.

ch02/js38/greeting.js
```
01   export default function greeting(name) { return `Hello, ${name}!`; }
```

greeting 함수 하나만 외부에서 사용할 수 있게 내보냅니다.

ch02/js38/main2.js
```
01   import greeting from './greeting.js';
02   console.log(greeting('Kitai'));   // 출력: Hello, Kitai!
```

디폴트로 내보내기 한 greeting 함수는 { } 블록으로 감싸지 않고 그냥 불러옵니다.

> **소스코드 실행 결과**
>
> ```
> D:\book\ch02>node js38/main2.js
> Hello, Kitai!
> ```

2.7.3 외부 참조(External References)

외부 참조는 외부 라이브러리나 파일을 JavaScript 코드에 포함시킬 때 사용합니다. ES6 모듈 시스템 외에도, 기존의 〈script〉 태그를 사용하여 HTML 문서에 외부 자바스크립트 파일을 가져올 수 있습니다.

(1) 외부 JavaScript 파일 참조

ch02/js39/external.html

```html
01  <!DOCTYPE html>
01  <html lang="en">
02  <head>
03    <meta charset="UTF-8">
04    <meta name="viewport" content="width=device-width, initial-scale=1.0">
05    <title>External Script Example</title>
06  </head>
07  <body>
08    <h1>Check the console</h1><script src="main.js"></script>
09  </body>
10  </html>
```

script 태그에 src 속성으로 main.js 파일의 내용을 불러옵니다.

ch02/js39/main.js

```
01  console.log('This is an external script.');
```

콘솔에 출력하는 간단한 테스트 문장입니다.

> **HTML 문서 실행 결과**
>
> Visual Studio Code에서 "js39/external.html"을 열고 상태표시줄의 라이브 서버(Live Server) 아이콘을 눌러 해당 문서인 external.html을 실행합니다.

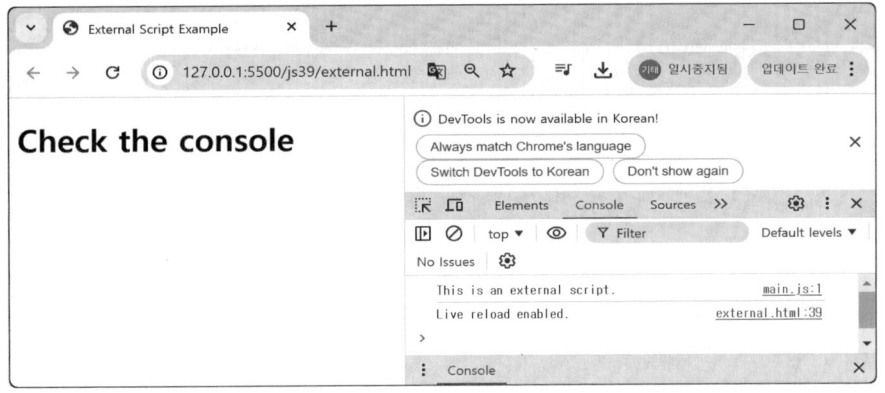

[그림 2-8] js39/external.html 문서 실행 화면

(2) CDN을 통한 외부 라이브러리 참조

외부에서 제공하는 CDN(Content Delivery Network)을 사용하여 라이브러리를 불러올 수도 있습니다.

```
ch02/js39/cdn.html
01  <!DOCTYPE html>
02  <html lang="en">
03  <head>
04    <meta charset="UTF-8">
05    <meta name="viewport" content="width=device-width, initial-scale=1.0">
06    <title>CDN Example</title>
07    <script src="https://cdn.jsdelivr.net/npm/axios/dist/axios.min.js"></script>
08  </head>
09  <body>
10    <h1>Axios CDN Example</h1>
11    <script>
12      axios.get('https://jsonplaceholder.typicode.com/posts/1') // 외부 라이브러리 axios를 사용하여 HTTP 요청
```

```
13          .then(response => console.log(response.data))
14          .catch(error => console.error(error));
15    </script>
16  </body>
17  </html>
```

script 태그의 src 속성에 인터넷 주소를 기입하여 해당 스크립트를 불러옵니다.

> **HTML 문서 실행 결과**
>
> Visual Studio Code에서 "js39/cdn.html"을 열고 상태표시줄의 라이브 서버(Live Server) 아이콘을 눌러 해당 문서인 cdn.html을 실행합니다.

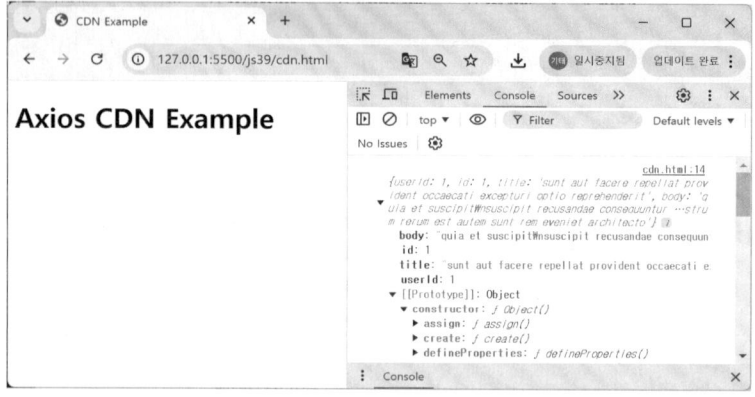

[그림 2-9] js39/cdn.html 문서 실행 화면

2.8 데이터 전달과 비동기 처리

JavaScript ES6 이후에는 데이터 전달과 비동기 처리를 더 효율적으로 할 수 있는 기능들이 추가되었습니다. 이 중에서 Promise, 전개 연산자, Proxy는 비동기 코드 처리와 데이터를 다루는 데 매우 중요한 기능입니다.

2.8.1 Promise

Promise는 비동기 작업의 성공 또는 실패 결과를 처리하기 위한 객체입니다. 콜백 함수의 중첩 문제를 해결하기 위해 등장한 Promise는 resolve와 reject를 통해 성공과 실패를 처리하고, then과 catch 메서드로 결과를 받을 수 있습니다.

(1) Promise 상태

- Pending: 비동기 작업이 아직 완료되지 않은 상태
- Fulfilled: 비동기 작업이 성공적으로 완료된 상태(resolve 호출됨)
- Rejected: 비동기 작업이 실패한 상태(reject 호출됨)

(2) 기본 Promise 사용

ch02/js40.js

```
01  const myPromise = new Promise((resolve, reject) => {
02    const success = true;
03    if (success) { resolve("The operation was successful!"); }
04    else { reject("The operation failed."); }
05  });
06  myPromise
07    .then(result => { console.log(result); }) // 출력: The operation was successful!
08    .catch(error => { console.error(error); });  // 만약 실패했다면 출력
```

myPromise는 정상적인 처리와 비정상적인 처리를 별도로 약속하여 정상 처리될 때 then 메서드에 의해 처리되고, 비정상 처리될 때 catch 메서드에 의해 처리됩니다.

소스코드 실행 결과

```
D:\book\ch02>node js40
The operation was successful!
```

(3) 비동기 작업: setTimeout을 이용한 비동기 Promise

ch02/js41.js
```
01    const fetchData = () => {
02      return new Promise((resolve, reject) => { setTimeout(() => { resolve("Data received!"); }, 2000); });
03    };
04    fetchData().then(result => { console.log(result); });    // 2초 후 출력: Data received!
```

비동기 Promise인 fetchData는 필요한 부분만을 처리할 수 있습니다.

소스코드 실행 결과
```
D:\book\ch02>node js41
Data received!
```

2.8.2 전개 연산자(Spread Operator)

전개 연산자는 ECMAScript2015에서 도입된 문법으로 배열이나 객체의 요소들을 개별 요소로 펼치거나 확장하는 데 사용합니다. "..."으로 표현되며, 배열을 복사하거나 배열 및 객체의 요소를 병합할 때 유용합니다.

- 배열에서의 전개 연산자: 배열을 펼쳐서 개별 요소로 확장할 수 있습니다.
- 객체에서의 전개 연산자: 객체도 동일하게 확장할 수 있습니다.
- 함수 호출에서의 전개 연산자: 배열을 함수의 인자로 넘길 때 유용합니다.

ch02/js42.js
```
01    const arr1 = [1, 2, 3];
02    const arr2 = [...arr1, 4, 5, 6];
03    console.log(arr2);    // 출력: [1, 2, 3, 4, 5, 6]
04    const obj1 = { name: "Kitai", age: 25 };
05    const obj2 = { ...obj1, job: "developer" };
06    console.log(obj2);    // 출력: { name: 'Kitai', age: 25, job: 'developer' }
07    const numbers = [1, 2, 3];
```

```
08    const add = (a, b, c) => a + b + c;
09    console.log(add(...numbers));   // 출력: 6
```

obj2는 obj1 객체의 모든 속성을 포함하고 add(...numbers)는 numbers의 요소를 모두 포함하여 처리합니다.

소스코드 실행 결과

```
D:\book\ch02>node js42
[ 1, 2, 3, 4, 5, 6 ]
{ name: 'Kitai', age: 25, job: 'developer' }
6
```

2.8.3 Proxy

Proxy는 객체에 관한 작업을 가로채고 수정할 수 있게 해주는 기능입니다. 주로 객체의 접근을 감시하거나, 특정 작업을 수행할 때 사용합니다. Proxy는 핸들러 객체를 사용하여 다양한 작업을 가로채 처리할 수 있습니다.

(1) 기본 Proxy

ch02/js43.js

```
01    const target = { message: "Hello, world!" };
02    const handler = {
03      get: (target, property) => {
04        if (property in target) { return target[property]; } else { return "Property does not exist"; }
05      }
06    };
07    const proxy = new Proxy(target, handler);
08    console.log(proxy.message);   // 출력: Hello, world!
09    console.log(proxy.nonExistentProperty);   // 출력: Property does not exist
```

proxy는 handler 객체의 메서드를 대신하여 message와 property를 처리합니다.

소스코드 실행 결과

```
D:\book\ch02>node js43
Hello, world!
Property does not exist
```

(2) Proxy를 사용한 유효성 검사

ch02/js44.js

```
01  const person = { name: "Kitai", age: 25 };
02  const handler = {
03    set: (target, property, value) => {
04      if (property === "age" && typeof value !== "number") { throw new TypeError("Age must be a number"); }
05      target[property] = value;
06      return true;
07    }
08  };
09  const proxyPerson = new Proxy(person, handler);
10  proxyPerson.age = 30;   // 정상 동작
11  console.log(proxyPerson.age);   // 출력: 30
12  // proxyPerson.age = "thirty";   // 오류: Age must be a number
```

proxyPerson은 handler 객체의 여러 멤버를 대신하여 처리합니다.

소스코드 실행 결과

```
D:\book\ch02>node js44
30
```

[ES6 핵심 정리]

(1) 옵션 변경: 객체의 속성을 동적으로 변경할 때 사용합니다.

(2) 예외 처리: 오류로 실행이 중지될 가능성이 있을 때 이를 회피하여 실행이 계속될 수 있게 합니다.

(3) 익명 함수: 이름 없는 함수로 변수나 즉시 실행에 사용합니다.

(4) 구조 분해 할당: 객체나 배열의 값을 추출할 때 사용합니다.

(5) 화살표 함수: 간결한 함수 문법으로 this 바인딩이 없습니다.

(6) 템플릿 리터럴: 백틱을 사용해 문자열 내 변수를 삽입할 수 있습니다.

(7) 모듈화: 코드를 분리하여 재사용할 수 있도록 분리합니다.

(8) 외부 참조: 외부 모듈, API 등을 참조하여 실행하게 하는 방법을 말합니다.

(9) Promise: 비동기 작업의 결과를 표현할 때 활용합니다.

(10) Proxy: 객체에 관한 커스텀 동작을 정의합니다.

이번 장에서는 JavaScript의 클래식한 문법으로 변수와 연산자, 조건문, 반복문, 함수와 객체 등과 ES6 이상에서 사용하는 in 연산자, 스프레드 연산자, 전개 연산자, 옵션 변경, 예외 처리, 사용자 정의 객체, 기본 함수, 익명 함수, 구조 분해 할당, 화살표 함수, 템플릿 리터럴, 모듈화, 외부 참조, Promise, Proxy 등을 학습하였습니다. ES6 이상의 문법은 Vue에서 많이 사용되는 만큼 심도 있는 학습과 반복 학습이 필요합니다. 그럼, 다음 3장에서는 이번 장에서 학습한 내용을 바탕으로 Vue를 본격적으로 살펴보고 실습하겠습니다.

Chapter 03

Vue 컴포넌트(Component)

이 장에서는 Vue 컴포넌트를 살펴봅니다. 우리 생활에서 많이 볼 수 있는 자동차나 자전거, 전자제품을 일체형으로만 만든다면 아주 작은 고장에도 다시 처음부터 새로운 제품을 만드는 수고를 해야 할 것입니다. 이러한 일체형 제품의 고장을 대비하여 기능 단위로 쪼개어 부품을 만들고 조립하여 사용한다면 해당 부품만 교체하게 되어 훨씬 효율적이고 경제적입니다. 이처럼 기능 단위의 작은 조각으로 쪼개어 만든 부품들을 컴포넌트(Component)라고 합니다. 마찬가지로 웹 애플리케이션에서 한 화면을 구성할 때 기능이나 영역별로 나눈 작은 부품들을 Vue 컴포넌트라고 합니다.

만약 제공한 소스코드를 다운로드 받아 실습하는 경우는 해당 프로젝트 디렉터리에서 반드시 npm install 명령을 실행하여 관련 라이브러리를 모두 설치해야 합니다.

"컴포넌트는 화면을 구성하는데 필요한 작은 부품입니다."

Vue 컴포넌트는 프로젝트가 생성된 후 유효하게 설정되어야 애플리케이션이 동작합니다. 이렇게 중요한 두 가지 사항인 첫 번째 Vue 3 프로젝트의 생성과 두 번째 프로젝트를 생성했을 때 만들어지는 프로젝트 구조를 먼저 알아보겠습니다.

(1) 첫 번째, Vue 3 애플리케이션 프로젝트 생성

Vue 3 프로젝트는 npm init, Vue CLI 또는 Vite 같은 도구를 사용하여 손쉽게 생성할 수 있습니다. 아래 명령은 Vue CLI를 활용한 프로젝트 생성 명령이며 다음에 설명할 애플리케이션에 필요한 파일들을 생성합니다.

```
vue create vue-app
```

(2) 두 번째, Vue 3 애플리케이션 프로젝트 구조

Vue 3 생성 도구인 Vue CLI 명령으로 프로젝트를 생성한 경우 아래 [그림 3-1]과 같은 구조가 됩니다.

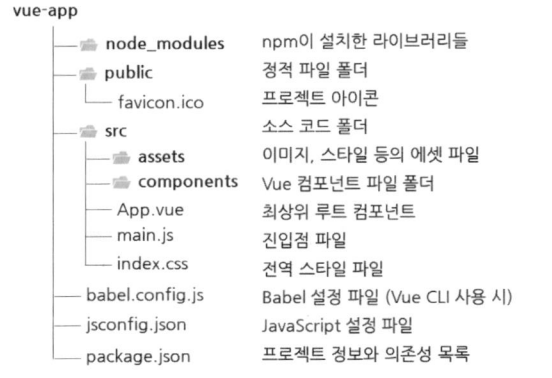

[그림 3-1] Vue 3 프로젝트 구조

- 프로젝트 정보 및 의존성 목록: 프로젝트를 생성하거나 패키지 설치를 하면 "package.json"에 그 내용이 등록되며 Node.js 및 Vue.js 프로젝트의 중앙 메타데이터 파일로 프로젝트와 관련된 여러 가지 정보를 포함합니다. 이 파일은 프로젝트에서 사용하는 패키지(라이브러리)와 그 버전, 그리고 프로젝트 실행을 위한 스크립트 등을 정의합니다. package.json은 패키지 관리의 핵심으로, 패키지 버전 충돌을 방지하고 일관성을 유지하는 역할을 합니다.

- 프로젝트 설정: 프로젝트 설정은 "main.js"에서 하게 되며, Vue 애플리케이션의 진입점 파일로 애플리케이션을 초기화하고 Vue 인스턴스를 생성하는 역할을 합니다. 이 파일에서 Vue 컴포넌트를 초기화하고, 루트 컴포넌트(App.vue)를 화면에 렌더링합니다. 또한, 주요 역할은 Vue 인스턴스 생성, 컴포넌트 등록, 플러그인 등록입니다.

- Babel 설정: "babel.config.js"는 Babel 설정 파일로, Vue 프로젝트에서 최신 JavaScript(ES6+) 문법을 구형 브라우저에서도 호환 가능하게 변환하기 위한 설정을 담고 있습니다. Babel은 특히 Vue CLI를 사용할 때 필수적인 설정입니다. 주요 역할은 최신의 ES6+ 문법으로 변환하며, ES Modules, 비동기 함수, 클래스, 템플릿 리터럴 등의 호환성을 유지합니다.

- JavaScript 설정: "jsconfig.json"은 JavaScript 프로젝트의 구성 파일로 특히, Vue에서 VS Code와 같은 IDE에서 경로 설정, 자동완성 및 코드 힌트, 경로 인식, 모듈 인식 등의 개발자 경험을 개선하기 위해 사용됩니다. 이 파일은 프로젝트에서 사용할 JavaScript 파일과 모듈을 정의하고 코드 작성 시 편의 기능을 설정합니다.

- 전역 스타일 설정: "index.css"는 전역 스타일 시트로, Vue 애플리케이션에서 전역적으로 적용되는 CSS 스타일을 정의하는 곳입니다. 이 파일은 Vue 컴포넌트의 스타일과는 달리 애플리케이션 전체에 적용됩니다. index.css는 main.js에서 한 번만 불러오면 애플리케이션 전체에서 스타일이 적용됩니다.

- 메인 뷰(Main Vue): "App.vue"는 모든 컴포넌트를 한 곳으로 모아 애플리케이션이 렌더링하는 컴포넌트의 집합 장소입니다.

[package.json 주요 항목]

(1) name: 프로젝트 이름

(2) version: 프로젝트 버전 정보

(3) scripts: npm run <script>로 실행할 수 있는 명령어들. 예: npm run dev, npm run build.

(4) dependencies: 프로젝트에서 필요한 라이브러리와 패키지를 지정한 항목. npm install을 통해 설치된 라이브러리가 여기에 기록됩니다.

(5) devDependencies: 개발환경에서만 필요한 패키지들. 예: ESLint, Babel, Webpack.

(6) engines: 프로젝트가 지원하는 Node.js 버전과 npm 버전 정보.

3.1 Vue 컴포넌트 구성

Vue 컴포넌트는 UI를 재사용할 수 있게 조각으로 나누는 Vue.js의 핵심 기능입니다. 각각의 컴포넌트는 HTML, CSS, JavaScript 코드를 포함할 수 있어 개별적으로 독립된 모듈로 취급됩니다. 이 방식은 코드의 유지보수성과 재사용성을 높여주며 복잡한 애플리케이션을 보다 효율적으로 관리할 수 있게 해줍니다. 컴포넌트는 부모와 자식 관계를 통해 상호작용하며 트리 구조로 계층을 이루게 됩니다.

[Vue 컴포넌트의 주요 특징]

(1) 재사용성: 한 번 정의한 컴포넌트는 여러 곳에서 재사용할 수 있습니다.

(2) 캡슐화: 각 컴포넌트는 자체 데이터, 메서드, 템플릿, 스타일을 가지고 있어 독립적으로 동작합니다.

(3) 명확한 데이터 흐름: 부모 컴포넌트는 자식 컴포넌트에 props를 통해 데이터를 전달하며 자식 컴포넌트는 emit를 통해 부모에게 이벤트를 전달할 수 있습니다.

(4) 반응성(Reactivity): Vue는 컴포넌트 내부에서 사용되는 데이터의 변화를 자동으로 감지하고 그에 맞춰 UI를 업데이트합니다.

(5) 템플릿 기반 렌더링: Vue는 HTML 템플릿과 데이터를 연결하여 동적으로 화면을 구성합니다.

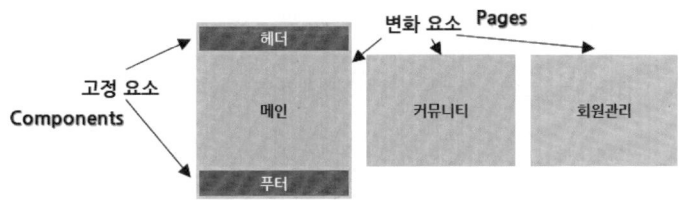

[그림 3-2] 컴포넌트(Components)와 페이지(Pages)의 구분

앞의 [그림 3-2]와 같이 일반적으로 화면에서 변화되지 않는 고정 요소 컴포넌트는 components 폴더에 작성하고 변화되는 요소 컴포넌트는 pages 폴더 안에 작성하여 관리합니다.

Vue 3 컴포넌트는 template, script, style 세 가지 주요 섹션으로 구성됩니다. 각각의 섹션은 Vue 컴포넌트의 다양한 역할을 수행하며 Vue 애플리케이션에서 UI와 로직, 스타일을 체계적으로 관리할 수 있습니다. [그림 3-3]과 같이 template 섹션은 html 요소로 작성하며 script 섹션은 처리 문장을 포함하고 style 섹션은 html 요소의 서식 구문이 작성됩니다.

❶ main.url: template 태그에서 main.url은 v-bind라는 디렉티브(Directive)로 script 태그에서 ref로 정의한 main 객체의 url 속성값 "/"이 출력됩니다.

❷ rtext: template 태그에서 rtext는 ":"인 v-bind 디렉티브(Directive)의 축약형으로 script 태그에서 ref로 정의한 rtext 변수의 값 "color: #fff"로 글자색이 흰색으로 출력됩니다.

❸ {{ main.message }}: template 태그에서 여는 요소 <a>와 닫는 요소 </a> 사이에 위치하는 Mustache 구문으로 script 태그에서 ref로 정의한 main 객체의 message 속성값 "Hello Vue 3 Component"가 출력됩니다.

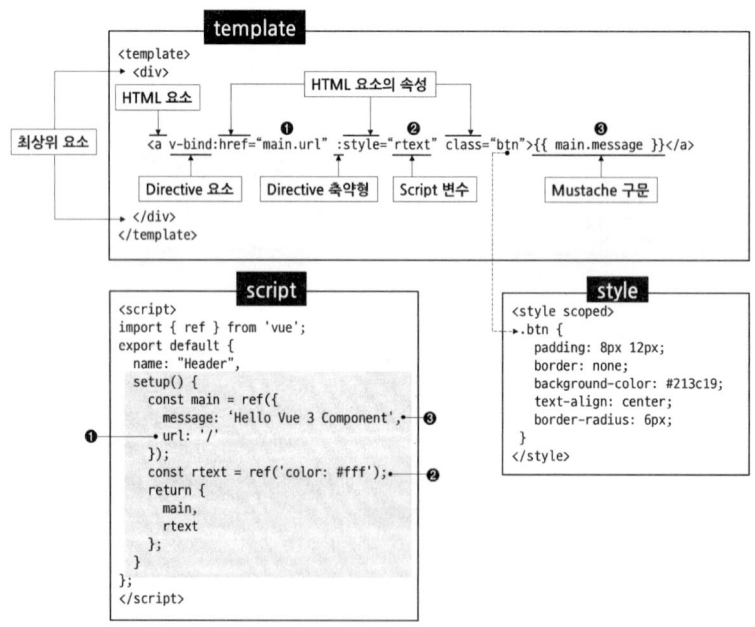

[그림 3-3] Vue 3 컴포넌트 구성

3.1.1 template(템플릿)

template은 Vue 컴포넌트의 HTML 구조를 정의하는 부분으로 Vue의 문법상에서 태그를 타이핑하여 UI의 구조와 디자인을 표현하는 역할을 합니다. Vue의 강력한 기능 중 하나는 선언적 템플릿을 사용하여 데이터와 화면을 쉽게 연결할 수 있다는 점으로 사용법은 HTML 태그의 사용과 유사합니다.

> **[template 용어 정리]**
>
> 요소(Element): 웹 문서에 코딩된 HTML 태그 하나하나를 지칭하여 "요소(Element)"라고 합니다.
>
> 데이터 바인딩(Data Binding): template 태그 내부에 코딩된 내용이 그대로 출력되는 것이 아니라 코드가 가지고 있는 결과나 데이터가 출력되도록 하는 것을 말합니다.
>
> 디렉티브(Directive): Vue에서 데이터 처리 및 전달, 이벤트 등의 특수목적으로 HTML 태그의 여는 태그에 지정하는 특수속성을 말합니다.
>
> 렌더링(Rendering): 브라우저에 특정 문서나 요소가 출력되는 것을 말합니다.
>
> 머스태치 구문(Mustache Expression): 원래의 의미처럼 구문상에 마치 콧수염처럼 보인다고 해서 붙여진 이름으로 HTML의 열고 닫는 태그의 중간에 위치한 단방향 데이터 바인딩을 위한 표현식을 말하며 "{{"와 "}}"의 사이에 변수명이나 객체와 속성 등을 기재합니다.

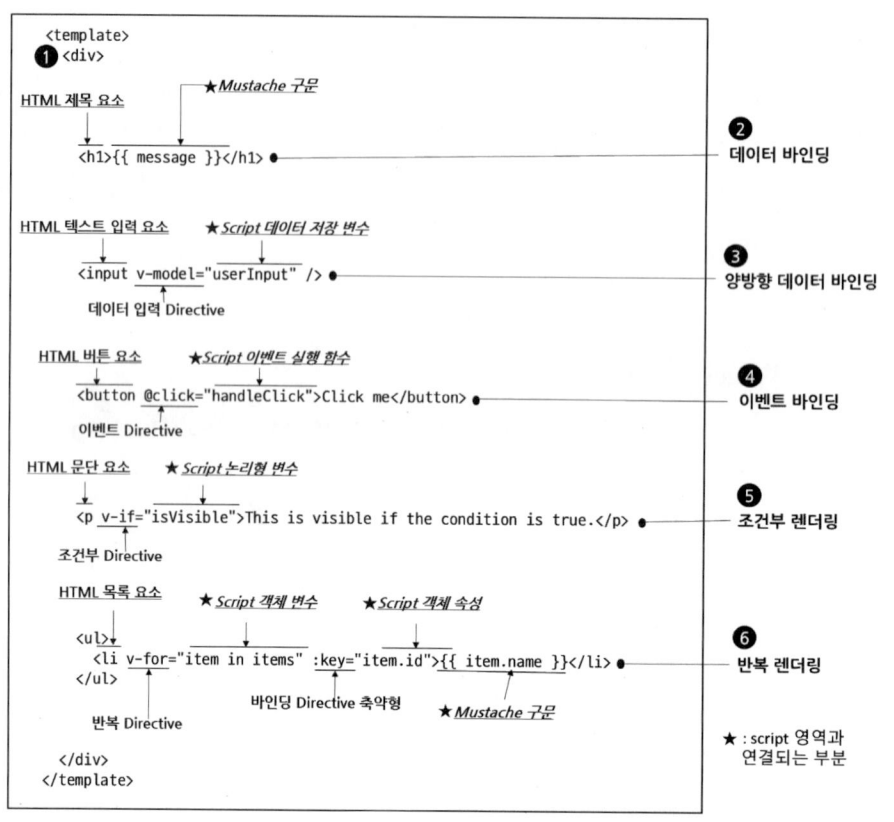

[그림 3-4] 템플릿(template) 구조

템플릿 안에서는 HTML 요소, "{{ }}"와 같은 Mustache 구문의 데이터 바인딩 문장, HTML의 태그 특수속성으로 지정하는 디렉티브(Directive), 자식 컴포넌트 등을 사용하여 동적인 HTML을 작성할 수 있습니다.

❶ 단일 루트 엘리먼트: template은 div 요소와 같은 하나의 최상위 루트 엘리먼트를 가져야 합니다.

❷ 데이터 바인딩: Mustache 구문인 "{{ }}" 내에는 간단한 표현식만 사용하고, 복잡한 로직은 computed 또는 methods에서 처리해야 합니다.

❸ 양방향 바인딩: v-model로 폼 요소에서 양방향 데이터 바인딩을 합니다.

❹ 이벤트 바인딩: 이벤트 디렉티브(Directive)인 "v-on"이나 "@" 축약형을 사용하여 이벤트를 전달합니다.

❺ 조건부 렌더링: v-if와 v-show는 조건에 맞게 선택하여 출력합니다(v-if는 렌더링 자체 제어, v-show는 보이기만 제어).

❻ 반복 렌더링: v-for에서 ":key"는 필수이며, 해당 요소의 수에 따라 반복적으로 출력합니다.

바인딩에 관한 자세한 사항은 Vue 인스턴스에서 살펴보겠습니다.

> **[템플릿 작성 시 유의사항]**
>
> (1) 단일 루트 요소: template 태그 내부의 모든 요소는 하나로 묶는 최상위 요소인 루트 요소는 하나이어야 합니다.
>
> (2) HTML 이스케이프 처리: HTML은 v-html로 렌더링하며, XSS 공격에 주의해야 합니다.
>
> (3) 디렉티브 사용 규칙: v-bind는 ":", v-on은 "@" 축약형으로 줄여서 사용이 가능합니다.
>
> (4) 컴포넌트 사용 시 다중 단어: 컴포넌트 이름은 여러 단어로 구성하여 HTML 태그와 충돌을 방지하는 것이 좋습니다.
>
> (5) 모든 데이터는 Vue의 리액티브 시스템에서 관리: 직접 DOM 조작을 피하고, Vue 데이터 시스템을 사용하는 것이 좋습니다.
>
> (6) Scoped 스타일: 현재 컴포넌트에만 영향을 주려면 scoped 속성을 사용하여 스타일을 적용합니다.

3.1.2 script(스크립트)

script는 "Vue 컴포넌트의 API"라고 하며, 컴포넌트를 정의하고 로직과 데이터를 담당하는 기능을 합니다. Vue 컴포넌트의 상태(state), 메서드(method), 속성(attribute), 라이프사이클 훅(lifecycle hook) 등을 정의합니다. Vue 2에서는 Option API 방식으로 Vue 3에서는 Option API와 Composition API라는 두 가지 방식으로 script를 작성할 수 있습니다.

Option API에서는 기능 정의부에 속하는 것들이 특정 함수나 속성 객체에 속하여 기술하므로 메서드(Method)로 지칭하였으며, Composition API에서는 개별 형태로 정의하여 기술하므로 함수(Function)로 지칭하였습니다.

(1) Option API

Vue의 전통적인 방식인 Option API에서는 data, methods, computed, watch, lifecycle hooks 등을 옵션 형태로 정의합니다. Vue 2.x에서 사용하던 방식과 유사합니다.

❶ data( ): template 태그에서 사용할 데이터를 정의하는 함수입니다.

❷ methods: 이벤트 함수와 같은 사용자 정의 함수를 정의하는 속성입니다.

❸ computed: 컴포넌트에 변화가 발생할 경우 반응하여 처리해야 하는 반응형 함수를 정의하는 속성입니다.

❹ watch: 폼 요소를 관찰하다가 변화가 있을 경우 다른 요소나 컴포넌트에 데이터를 전달하거나 처리하는 양방향 바인딩 속성입니다.

❺ mounted( ): 라이프사이클 훅(lifecycle hooks)으로 현재 컴포넌트가 실행될 때 처리해야 하는 일을 기술하는 함수입니다.

[Option API 주요 옵션]

(1) 데이터 함수(data( )): 컴포넌트의 상태를 정의하는 곳입니다. 컴포넌트의 데이터 속성을 반환하는 객체를 반환합니다.

(2) 메서드(methods): 컴포넌트에서 사용할 함수나 이벤트 핸들러를 정의합니다.

(3) 계산(computed): 데이터가 의존하는 상태에 따라 자동으로 값을 계산하는 속성을 정의합니다.

(4) 관찰(watch): 특정 데이터의 변화를 감지하고 반응하는 기능을 제공합니다.

(5) 생명주기 훅(lifecycle hooks): mounted, created, updated 등의 Vue 라이프사이클 단계 특정 로직을 실행할 수 있습니다.

```
<script>
  export default {
    data() {    ❶ data() : 데이터를 정의
      return {
        message: 'Hello, Vue 3!',  ★ Mustache 구문
        isVisible: true,    ★ 논리형 변수
        userInput: '',    ★ 양방향 데이터      ★ 객체 배열
        items: [{ id: 1, name: 'Item 1' }, { id: 2, name: 'Item 2' }]
      };
    },
    methods: {    ❷ methods(메서드): 사용자 메서드
      handleClick() {    ★ 이벤트 메서드      ★ : template 영역과
        alert('Button clicked!');                연결되는 부분
      }
    },
    computed: {    ❸ computed(계산): 반응형 메서드
      reversedMessage() {
        return this.message.split('').reverse().join('');
      }
    },
    watch: {    ❹ watch(관찰): 양방향 데이터
      userInput(newValue) {
        console.log('User input changed:', newValue);
      }
    },
    mounted() {    ❺ lifecycle hooks(생명주기 훅)
      console.log('Component mounted!');
    }
  };
</script>
```

[그림 3-5] Option API의 스크립트(script) 구조

(2) Composition API

Composition API는 Vue 3에서 도입된 새로운 API로 기능별로 로직을 묶어 코드의 재사용성과 구조화를 더욱 쉽게 할 수 있어 더욱 권장되는 방식입니다.

❶ ref( ): 각종 template에 적용할 데이터 변수를 정의하는 함수입니다.

❷ computed( ): 컴포넌트에 변화가 발생할 경우 반응하여 처리할 부분을 정의하는 화살표 함수(Arrow Function)입니다.

❸ handleXXX( ): 이벤트 함수와 같은 사용자 정의 함수를 정의하는 화살표 함수(Arrow Function)입니다.

❹ watch( ): 폼 요소를 관찰하다가 변화가 있을 경우 다른 요소나 컴포넌트에 데이터를 전달하거나 처리하는 양방향 바인딩 관찰 함수입니다.

❺ onMounted( ): 라이프사이클 훅(lifecycle hooks)으로 현재 컴포넌트가 실행될 때 처리해야 하는 일을 기술하는 함수입니다.

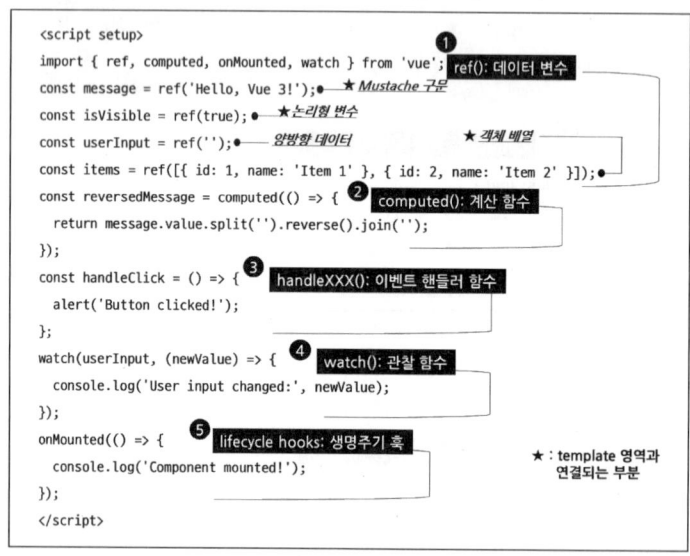

[그림 3-6] Composition API의 스크립트(script) 구조

[Composition API 주요 함수]

(1) ref(): 반응형 데이터 변수를 선언합니다.

(2) computed(): 계산된 속성을 정의합니다.

(3) watch(): 데이터의 변화를 감시합니다.

(4) onMounted( ): 컴포넌트가 DOM에 마운트될 때 실행되는 라이프사이클 훅입니다.

(3) 스크립트(Script) 코드 모듈화

필요한 데이터 모델과 처리를 별도의 코드로 저장하면 해당 코드를 재사용할 수 있는 형태의 방식이 됩니다. 이것을 "스크립트(Script) 코드 모듈화"라고 합니다. 이 방식에는 세 가지 방식이 있습니다.

❶ Named Export/Import: utils.js에서 export를 제각각 add, subtract로 정의하고 main.js에서 이름 그대로 "{ }"로 묶어 import하여 활용합니다.

❷ Default Export/Import: math.js에서 export할 때 default의 multiply로 정의하고 main.js에서 "{ }"로 묶지 않고 import하여 활용합니다. 이때 하나의 함수에 관해서만 default export할 수 있습니다.

❸ Default 및 Named Import: calculations.js에서 multiply만 default export로 정의하고 main.js에서 default로 기술된 multiply는 "{ }"로 묶지 않고 import하며 export하지 않은 divide는 "{ }"로 묶어 import할 수 있습니다.

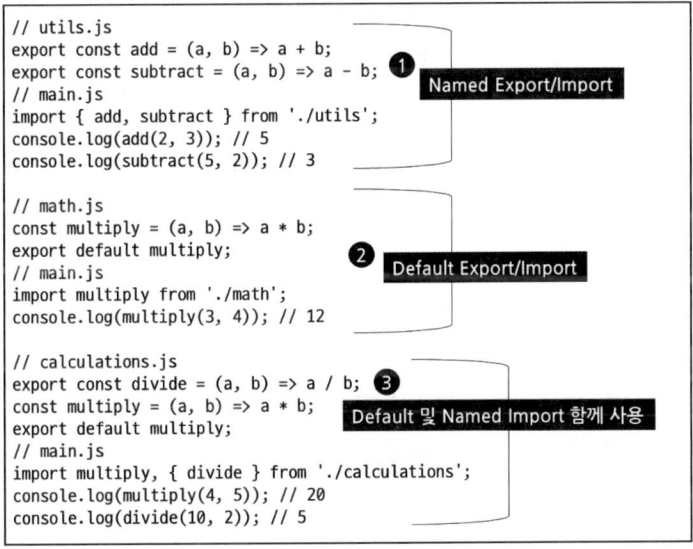

[그림 3-7] 스크립트(script)의 Export와 Import 구조

3.1.3 style(스타일)

style은 컴포넌트의 CSS 스타일을 정의하는 섹션으로 생략이 가능하며 컴포넌트에 적용할 디자인을 담당합니다. 각 Vue 컴포넌트는 style 섹션을 사용하여 자체적인 스타일을 정의할 수 있습니다. Vue에서는 컴포넌트별로 스타일을 지원하기 때문에 각 컴포넌트에 scoped 스타일을 적용할 수 있습니다.

```
<template>           ❶ 인라인 스타일
  <div>
    <p :style="{ color: 'red', fontSize: '20px' }">This is inline</p>
    <p :style="dynamicStyle">This text has dynamic style.</p>
  </div>
</template>          ❷ Script 변수 스타일
<script>
export default {
  data() {
    return {
      dynamicStyle: { color: 'blue', fontSize: '24px',
    }
  }
}
</script>            ❸ 전역 스타일
<style>
p { padding: 20px; line-height: 1.6; }
</style>

<style scoped>       ❹ Scoped 스타일
p {
  color: purple;
  font-size: 16px;
}
</style>

<style lang="scss">  ❺ CSS 전처리기 스타일
$p-color: teal;
p {
  color: $p-color;
  font-size: 22px;
  &:hover {
    color: darken($p-color, 10%);
  }
}
</style>

<template>
  <div>
    <p :class="$style.moduleClass">This text uses CSS module</p>
  </div>
</template>
<style module>       ❻ CSS 모듈 스타일
.moduleClass {
  color: pink;
  font-size: 20px;
}
</style>

/* src/styles.css */
p { color: orange;  font-weight: bold; }   ❼ 외부 스타일

/* src/main.js */
import './styles.css';
```

[그림 3-8] 여러 스타일(style)의 적용 방법

❶ 인라인 스타일(Inline style): 해당 요소(Element)의 style 속성으로 직접 스타일을 지정합니다.

❷ 스크립트 변수 스타일(Script variable style): script 태그에서 변수의 값에 스타일을 정의하여 template 태그에서 style 속성으로 스타일을 적용합니다.

❸ 전역 스타일(Global style): style 태그에 template 태그 내부 요소에 관한 스타일을 지정하면 모든 컴포넌트에 스타일이 적용됩니다. 이때 "<style>"과 같이 별도의 속성을 기술하지 않아야 합니다.

❹ 지역 스타일(Scoped style): style 태그를 "<style scoped>"로 기술하고 template 태그에 스타일을 지정하면 해당 컴포넌트에만 스타일이 적용됩니다.

❺ CSS 전처리기 스타일(CSS Preprocessor style): style 태그를 "<style lang='scss'>"와 같이 lang 속성을 지정하면 해당 전처리기 스타일이 적용됩니다. 이때 사용되는 전처리기(Preprocessor)에는 sass, scss, less, stylus 등이 있습니다.

❻ CSS 모듈 스타일(CSS Module style): style 태그를 "<style module>"과 같이 module 속성을 지정하고 스타일을 기술하면 template 태그에서 속성값으로 "$.style.선택자명"로 스타일을 적용할 수 있습니다.

❼ 외부 스타일(External style): 스타일을 별도의 외부 css 파일로 저장하고 해당 컴포넌트의 script 태그에서 저장된 외부 css 파일을 import로 불러와 스타일을 적용합니다.

[Style 태그 주요 속성]

(1) 전역 스타일: style에 scoped 속성을 붙이지 않으면 전역으로 스타일이 적용됩니다.

(2) Scoped 스타일: scoped 속성을 추가하면 해당 컴포넌트에만 CSS 스타일이 적용됩니다. 이는 스타일 충돌을 방지하는 데 유용합니다.

(3) CSS 전처리기: style 태그에서 lang 속성을 사용하여 Sass, Less, Stylus 같은 CSS 전처리기를 사용할 수 있습니다.

3.2 Vue 디렉티브(Directive)

디렉티브는 Vue.js에서 HTML 요소에 특별한 동작을 적용할 수 있게 해주는 특수한 속성으로 "v-"로 시작하며, Vue 컴포넌트의 데이터와 DOM을 연결하여 동적인 기능을 제공합니다. 간단히 말해, 디렉티브는 데이터 변화에 따라 DOM 요소에 동작을 추가하거나 DOM 요소를 제어하는 역할을 합니다.

> "디렉티브는 script의 구문과 연결하여 소통하기 위한 것"

3.2.1 v-text와 v-html

(1) v-text

"v-text"는 텍스트 콘텐츠를 DOM 요소에 바인딩하는 디렉티브입니다. "{{ }}"와 같은 Mustache 구문으로 데이터를 HTML 요소에 렌더링하지만, v-text는 HTML 태그를 이중 중괄호로 출력하지 않고 태그 내부의 모든 내용을 텍스트로 치환합니다.

```
<p v-text="message"></p>
```

message 변수의 값이 p 요소 내부에 텍스트로 렌더링됩니다.

(2) v-html

"v-html"은 HTML 콘텐츠를 DOM 요소에 삽입하는 디렉티브입니다. 변수 안에 들어 있는 HTML 문자열을 실제 HTML로 해석하여 DOM에 렌더링합니다. 주의해야 할 내용으로는 사용자로부터 입력된 데이터를 직접 v-html로 출력하는 것은 XSS(크로스 사이트 스크립팅) 공격에 취약할 수 있습니다.

```
<p v-html="htmlContent"></p>
```

여기서 htmlContent가 "<strong>Bold Text</strong>"이면, p 요소 내에 굵은 텍스트로 렌더링됩니다.

3.2.2 v-bind

"v-bind"는 HTML 속성에 Vue 데이터 바인딩을 할 때 사용하는 디렉티브입니다. ":"로 줄여서 쓸 수 있으며, 요소의 속성에 동적 값을 할당할 수 있습니다.

(1) 속성에 직접 JavaScript 표현식이나 변수 값을 바인딩합니다. href, src, class, style 등 다양한 HTML 속성에 사용할 수 있습니다.

```
<img v-bind:src="imageSrc" alt="Vue logo">
<img :src="imageSrc" alt="Vue logo">  <!-- 단축 표현 -->
```

(2) 객체 문법으로 여러 속성을 한 번에 바인딩할 수 있습니다.

```
<img v-bind="{ src: imageSrc, alt: imageAlt }">
```

(3) 클래스 및 스타일 바인딩

- v-bind:class는 동적으로 클래스를 추가할 때 사용합니다.
- v-bind:style은 인라인 스타일을 동적으로 추가할 때 사용합니다.

```
<div :class="{ active: isActive, 'text-large': isLarge }"></div>
```

3.2.3 v-model

"v-model"은 양방향 데이터 바인딩을 제공하는 디렉티브입니다. 일반적으로 폼 요소(입력, 체크박스, 라디오 버튼, 셀렉트 박스 등)와 함께 사용되며, 사용자 입력과 데이터 속성을 실시간으로 동기화합니다.

(1) 기본 사용

```
<input v-model="userInput">
<p>{{ userInput }}</p>
```

사용자가 입력한 값이 즉시 Vue 인스턴스의 데이터 속성에 반영되며, 데이터가 변경되면 입력 값이 업데이트됩니다.

(2) 수식어 사용

- v-model.lazy: 입력 필드가 change 이벤트 발생 시에만 동기화됩니다.
- v-model.number: 입력 값을 숫자로 변환하여 데이터에 바인딩합니다.
- v-model.trim: 입력 값에서 양쪽 공백을 제거한 후 바인딩합니다.

```
<input v-model.number="age">
<input v-model.lazy="email">
<input v-model.trim="name">
```

v-model은 다양한 수식어를 통해 입력 값을 제어할 수 있습니다.

3.2.4 v-show

"v-show"는 조건부로 요소를 보여주거나 숨기는 디렉티브입니다. v-show가 false일 경우, 요소는 display: none으로 숨겨지며, DOM에서 제거되지 않습니다. 요소를 DOM에서 삭제하지 않기 때문에 상태를 유지할 수 있다는 장점이 있습니다. 또한, 반복적으로 요소를 숨기거나 보일 때 DOM을 다시 렌더링할 필요가 없습니다.

```
<div v-show="isVisible">This is visible</div>
```

isVisible이 true이면 요소가 보이고, false이면 display: none으로 숨겨집니다.

3.2.5 v-if

"v-if"는 조건에 따라 DOM 요소를 렌더링하거나 제거하는 디렉티브입니다. 조건이 false일 경우 요소가 DOM에서 완전히 제거됩니다. 참고로 성능 차이를 살펴보자면 다음과 같습니다. v-show는 단순히 요소를 숨기지만, v-if는 DOM에서 제거했다가 조건이 만족되면 다시 삽입합니다. 따라서 v-if는 조건이 자주 변경되지 않는 경우에 사용하고, 자주 토글되는 경우 v-show를 사용하는 것이 더 효율적입니다.

(1) v-if 활용

```
<div v-if="isVisible">This is visible</div>
```

v-if 구문에서 isVisible의 값이 참(True)이면, 현재 요소인 div 요소를 생성하고 값이 거짓(False)이면, 현재 요소인 div 요소를 제거합니다.

(2) v-if/v-else 활용

```
<div v-if="isVisible">Visible</div>
<div v-else>Not Visible</div>
```

isVisible 변수의 값이 참(True)이면 "Visible" 텍스트가 있는 div 요소가 생성되고 아니면, "Not Visible" 텍스트가 있는 div 요소가 생성됩니다.

(3) v-if/v-else-if/v-else 활용

```
<p v-if="status === 'success'">Success! The operation was successful.</p>
<p v-else-if="status === 'error'">Error! Something went wrong.</p>
<p v-else>Loading... Please wait.</p>
```

Status 변수의 값이 'success'이면 "Success! The operation was successful." 텍스트가 있는 p 요소가 생성되고, 값이 'error'이면 "Error! Something went wrong." 텍스트가 있는 p 요소가 생성됩니다. 아니면, "Loading... Please wait." 텍스트가 있는 p 요소가 생성됩니다.

3.2.6 v-for

"v-for"는 리스트 렌더링을 위해 사용하는 디렉티브입니다. 배열 또는 객체를 반복하여 여러 개의 DOM 요소를 생성할 수 있습니다. v-for는 배열, 객체, 문자열, 숫자 등을 반복할 수 있습니다.

(1) 배열 반복

```
<ul>
  <li v-for="(item, index) in items" :key="index">{{ item.name }}</li>
</ul>
```

li 요소가 items 배열의 요소 수만큼 반복 수행하여 출력하게 됩니다.

(2) 객체 반복

```
<div v-for="(value, key, index) in object" :key="index">
  {{ key }}: {{ value }}
</div>
```

div 요소가 object 객체의 속성 수만큼 반복 수행하여 출력하게 됩니다. key는 Vue가 각 항목을 고유하게 인식할 수 있도록 하기 위해 필요합니다. 배열이나 객체를 반복할 때 ":key"를 지정해 주어 성능을 최적화할 수 있습니다.

3.2.7 v-pre

"v-pre"는 Vue의 템플릿 컴파일을 건너뛰는 디렉티브로 컴포넌트가 복잡한 경우 렌더링 성능을 최적화하는 데 사용됩니다. 해당 요소의 Vue 디렉티브나 바인딩을 무시하고 원시 HTML로 처리됩니다.

```
<div v-pre>{{ message }}</div>
```

변수가 가지는 값이 출력되는 것이 아니라 "{{ message }}"가 그대로 출력되며 Vue는 이를 컴파일하지 않습니다.

3.2.8 v-once

"v-once"는 해당 요소와 그 자식 요소가 한 번만 렌더링되고, 이후로는 반응형 시스템에서 제외되는 디렉티브입니다. 초기 렌더링 성능을 높이는 데 사용됩니다. 즉, 컴포넌트 내에서 변화가 없는 정적 콘텐츠일 경우 v-once를 사용해 Vue의 성능을 최적화할 수 있습니다.

```
<p v-once>{{ message }}</p>
```

message 변수가 가지고 있는 값이 한 번만 렌더링되고, 이후 데이터 변경에도 업데이트되지 않습니다.

3.2.9 v-cloak

"v-cloak"은 Vue의 초기 렌더링이 완료되기 전까지 표시되지 않게 하는 디렉티브입니다. 주로 초기 렌더링 전 "{{ }}"와 같은 Mustache 바인딩 표현이 보이는 문제를 해결하는 데 사용됩니다. Vue가 컴파일을 완료할 때까지 해당 요소에 v-cloak 속성이 남아 있습니다. Vue 컴파일 후에는 자동으로 제거됩니다.

```
<div v-cloak>{{ message }}</div>
```

이를 CSS와 함께 사용하면 컴파일 전에 콘텐츠를 숨길 수 있습니다.

```
[v-cloak] {
  display: none;
}
```

3.3 Vue 인스턴스(Instance)

Vue 인스턴스는 Vue 애플리케이션의 핵심 요소로 컴포넌트와 애플리케이션의 동작을 정의하는 데 사용합니다. Vue 3에서는 Vue 인스턴스가 createApp 함수를 사용하여 생성되며 데이터(data), 메서드(method), 계산 속성(computed), 관찰(watch), 생명주기 훅(lifecycle hooks) 등을 설정할 수 있습니다.

"인스턴스는 template 디렉티브와 연결하여 소통하기 위한 것"

3.3.1 데이터(Data)

data는 Vue 인스턴스의 상태를 정의하는 속성입니다. data는 인스턴스의 데이터 속성을 포함하는 객체를 반환하며, 이 데이터는 템플릿에서 바인딩 되거나 컴포넌트의 로직(Logic)에서 사용될 수 있습니다.

(1) Option API에서는 data를 함수 형태로 반환하는 객체를 정의합니다.

- 반응형 데이터(Reactive Data): Vue는 데이터 속성의 변화를 감지하여 UI를 자동으로 업데이트합니다.
- data 속성: Vue 인스턴스의 데이터로 템플릿에서 직접 접근하거나 메서드에서 사용할 수 있습니다.

```
01  <script>
01  export default {
02    data() {
03      return {
04        message: 'Hello, Vue 3!',
05        count: 0,
06      };
07    },
08  };
09  </script>
```

template 태그에 message, count 변수에 저장된 값을 출력합니다.

(2) Composition API에서는 ref 또는 reactive를 사용하여 반응형 데이터(Reactive Data)를 선언합니다.

- ref: 기본 데이터 타입의 반응형 변수 생성
- reactive: 객체의 반응형 상태 생성

```
01  <script setup>
02  import { ref } from 'vue';
03  const message = ref('Hello, Vue 3!');
04  const count = ref(0);
05  </script>
```

template 태그에 message, count 변수에 저장된 값을 출력합니다.

3.3.2 메서드(Methods)

메서드는 Vue 인스턴스에서 함수를 정의하는 속성입니다. 이 메서드는 템플릿에서 이벤트 핸들러로 사용되거나 컴포넌트 내에서 호출될 수 있습니다.

- 이벤트 핸들러: 메서드는 @click과 같은 이벤트 핸들러로 템플릿에서 사용됩니다.
- 기타 메서드: 데이터 조작, 비즈니스 로직 구현 등 다양한 기능을 메서드로 정의할 수 있습니다.

(1) Option API

Option API에서는 methods 속성 내에서 메서드를 정의합니다.

```
01  <script>
02  export default {
03    methods: {
04      increment() {
05        this.count += 1;
06      },
07      greet(name) {
08        return `Hello, ${name}!`;
09      },
```

```
10     },
11   };
12 </script>
```

template 태그에서 increment( ), greet( ) 메서드를 호출하거나 이벤트를 발생시키면 실행됩니다.

(2) Composition API

Composition API에서는 setup 함수나 setup 속성 내에서 함수를 정의합니다.

```
01 <script setup>
02 import { ref } from 'vue';
03 const count = ref(0);
04 const increment = () => {
05   count.value += 1;
06 };
07
08 const greet = (name) => {
09   return `Hello, ${name}!`;
10 };
11 </script>
```

template 태그에서 increment( ), greet( ) 함수를 호출하거나 이벤트를 발생시키면 실행됩니다.

3.3.3 계산(Computed)

computed는 Vue 인스턴스에서 계산된 속성을 정의하는 속성입니다. 계산된 속성은 종속된 데이터가 변경될 때만 다시 계산되며 성능이 최적화됩니다. 계산된 속성은 템플릿에서 사용될 수 있습니다.

- 캐싱: 계산된 속성은 종속 데이터가 변경될 때만 다시 계산됩니다.
- 읽기 전용: 기본적으로 계산된 속성은 읽기 전용이며, 직접 변경할 수 없습니다.

(1) Option API

Option API에서는 computed 속성 내에서 해당 메서드를 정의합니다.

```
01  <script>
02  export default {
03    data() {
04      return {
05        firstName: 'John',
06        lastName: 'Doe',
07      };
08    },
09    computed: {
10      fullName() {
11        return `${this.firstName} ${this.lastName}`;
12      },
13    },
14  };
15  </script>
```

firstName과 lastName이 변경되어야 fullName이 변경됩니다.

(2) Composition API

Composition API에서는 computed 함수를 사용하여 계산된 속성을 정의합니다.

```
01  <script setup>
02  import { ref, computed } from 'vue';
03  const firstName = ref('John');
04  const lastName = ref('Doe');
05  const fullName = computed(() => `${firstName.value} ${lastName.value}`);
06  </script>
```

firstName과 lastName이 변경되어야 fullName이 변경됩니다.

3.3.4 관찰(Watch)

watch는 Vue 인스턴스에서 데이터의 변화를 감지하고 반응하는 기능을 제공합니다. watch는 특정 데이터 속성의 변화를 감지하고, 변화가 있을 때 지정된 재귀 호출 함수(Callback function)를 실행합니다.

- 기본 사용법: 데이터 속성의 변화를 감지하여 콜백 함수를 실행합니다.
- 옵션: immediate, deep 등의 옵션을 사용하여 관찰 방식과 콜백의 실행 시점을 제어할 수 있습니다.

(1) Option API

```
01  <script>
02  export default {
03    data() {
04      return {
05        count: 0,
06      };
07    },
08    watch: {
09      count(newValue, oldValue) {
10        console.log(`Count changed from ${oldValue} to ${newValue}`);
11      },
12    },
13  };
14  </script>
```

template에서 newValue 변수가 적용된 요소를 관찰하다가 변화가 감지될 때 count 함수가 실행됩니다.

(2) Composition API

Composition API에서는 watch 함수를 사용하여 관찰을 설정합니다.

```
01  <script setup>
02  import { ref, watch } from 'vue';
03  const count = ref(0);
04  watch(count, (newValue, oldValue) => {
05    console.log(`Count changed from ${oldValue} to ${newValue}`);
```

```
06    });
07    </script>
```

watch 함수는 ref 또는 reactive 상태를 관찰할 때 사용됩니다. template에서 newValue 변수가 적용된 요소를 관찰하다가 변화가 감지될 때 count 함수가 실행됩니다.

3.3.5 생명주기 훅(Lifecycle Hooks)

생명주기 훅은 Vue 인스턴스 또는 컴포넌트의 생명주기 단계에서 호출되는 메서드로 생명주기 훅을 사용하여 컴포넌트의 특정 시점에 로직을 삽입할 수 있습니다. 또한, Option API와 Composition API 모두에서 사용 가능합니다.

(1) Option API에서 사용하는 주요 생명주기 훅은 다음과 같습니다.

- created: 컴포넌트가 인스턴스화된 후, 데이터 초기화 및 로딩 시 호출됩니다.
- mounted: 컴포넌트가 DOM에 삽입된 후 호출됩니다.
- updated: 데이터 변경 후 DOM이 업데이트된 후 호출됩니다.
- destroyed: 컴포넌트가 제거되기 전 호출됩니다.

```
01    <script>
02    export default {
03      data() {
04        return {
05          message: 'Hello, Vue 3!',
06        };
07      },
08      created() {
09        console.log('Component created');
10      },
11      mounted() {
12        console.log('Component mounted');
13      },
14      updated() {
15        console.log('Component updated');
16      },
17      destroyed() {
18        console.log('Component destroyed');
```

```
19      },
20    };
21  </script>
```

상위 컴포넌트에서 현재 컴포넌트를 호출하면 콘솔창에 "Component created" 텍스트가 출력되고 컴포넌트가 렌더링되면 "Component mounted" 텍스트가 출력되고 컴포넌트에 변화가 발생하면 "Component updated" 텍스트가 출력되며 현재 컴포넌트가 사라지면 "Component destroyed" 텍스트가 출력됩니다.

(2) Composition API에서는 onXxx 훅을 사용하여 생명주기 훅을 정의합니다.

- onMounted: 컴포넌트가 DOM에 삽입된 후 호출됩니다.
- onUpdated: 데이터 변경 후 DOM이 업데이트된 후 호출됩니다.
- onUnmounted: 컴포넌트가 DOM에서 제거되기 전에 호출됩니다.

```
01  <script setup>
02  import { onMounted, onUpdated, onUnmounted } from 'vue';
03  onMounted(() => {
04    console.log('Component mounted');
05  });
06  onUpdated(() => {
07    console.log('Component updated');
08  });
09  onUnmounted(() => {
10    console.log('Component unmounted');
11  });
12  </script>
```

상위 컴포넌트에서 현재 컴포넌트를 렌더링하면 "Component mounted" 텍스트가 출력되고 컴포넌트에 변화가 발생하면 "Component updated" 텍스트가 출력되며 현재 컴포넌트가 사라지면 "Component unmounted" 텍스트가 출력됩니다.

3.4 부모/자식 컴포넌트

Vue 3에서는 컴포넌트를 구조화하고 데이터 전달을 통해 컴포넌트 간의 상호작용을 관리할 수 있습니다. 부모 컴포넌트와 자식 컴포넌트 간의 데이터 전달 및 다른 컴포넌트 간의 데이터 전달 방법을 이해하는 것은 Vue 애플리케이션을 효과적으로 구성하는 데 중요합니다.

3.4.1 부모/자식 컴포넌트 작성

부모 컴포넌트는 다른 컴포넌트를 자식 컴포넌트로 포함할 수 있습니다. 자식 컴포넌트는 부모 컴포넌트의 하위 요소로 렌더링됩니다.

(1) 부모 컴포넌트

부모 컴포넌트는 props 기능을 활용해 자식 컴포넌트로 데이터를 전달하고 자식 컴포넌트로부터 이벤트를 전달받습니다. 이벤트 핸들러는 자식 컴포넌트로부터 전달된 데이터나 액션을 받게 됩니다.

```
01  <template>
02    <div>
03      <h1>Parent Component</h1>
04      <ChildComponent :parentData="parentData" @childEvent="handleChildEvent" />
05    </div>
06  </template>
07  <script>
08  import ChildComponent from './ChildComponent.vue';
09  export default {
10    components: {
11      ChildComponent,
12    },
13    data() {
14      return {
15        parentData: 'Data from parent',
16      };
17    },
18    methods: {
19      handleChildEvent(payload) {
20        console.log('Event from child:', payload);
```

```
21      },
22    },
23  };
24  </script>
```

부모 컴포넌트는 ChildComponent를 포함하고 있으며, parentData라는 속성을 props로 전달합니다. 또한, childEvent라는 이벤트를 수신하여 handleChildEvent 메서드를 호출합니다.

(2) 자식 컴포넌트

자식 컴포넌트는 부모 컴포넌트로부터 전달된 데이터를 props 기능을 통해 받고 emit 기능을 활용해 부모 컴포넌트로 이벤트에 의해 필요한 데이터나 액션을 전달합니다.

```
01  <template>
02    <div>
03      <h2>Child Component</h2>
04      <p>Data received from parent: {{ parentData }}</p>
05      <button @click="emitEvent">Emit Event</button>
06    </div>
07  </template>
08  <script>
09  export default {
10    props: {
11      parentData: {
12        type: String,
13        required: true,
14      },
15    },
16    methods: {
17      emitEvent() {
18        this.$emit('childEvent', 'Hello from child!');
19      },
20    },
21  };
22  </script>
```

자식 컴포넌트는 props를 통해 부모로부터 데이터를 받으며, 버튼 클릭 시 childEvent를 발생시켜 부모에게 데이터를 전달합니다.

3.4.2 부모/자식 컴포넌트 간 데이터 전달

부모 컴포넌트에서 자식 컴포넌트로 데이터를 전달하고, 자식 컴포넌트에서 부모 컴포넌트로 데이터를 전달하는 방법을 이해하는 것이 중요합니다.

(1) 부모에서 자식으로 데이터 전달

부모 컴포넌트는 props를 사용하여 자식 컴포넌트에 데이터를 전달합니다.

```
01  <ChildComponent :message="parentMessage" />
```

자식 컴포넌트는 props를 정의하여 부모로부터 전달받은 데이터를 사용할 수 있습니다.

```
01  props: {
02    message: {
03      type: String,
04      required: true,
05    },
06  }
```

(2) 자식에서 부모로 데이터 전달

자식 컴포넌트는 this.$emit('eventName', payload)를 사용하여 부모 컴포넌트에 이벤트를 발생시킵니다.

```
01  <button @click="sendData">Send Data</button>
02  …중략…
03  methods: {
04    sendData() {
05      this.$emit('dataEvent', 'Data from child');
06    }
07  }
```

부모 컴포넌트는 @eventName="methodName"을 사용하여 자식 컴포넌트에서 발생한 이벤트를 수신합니다.

```
01  <ChildComponent @dataEvent="handleData" />
```

3.4.3 다른 컴포넌트 간 데이터 전달

부모와 자식 외에도 여러 컴포넌트 간에 데이터를 전달하는 방법에는 여러 가지가 있습니다. Vue에서는 상태 관리와 이벤트 버스 등을 사용하여 여러 컴포넌트 간의 데이터를 공유할 수 있습니다.

(1) 상태 관리(Vuex)

Vuex는 중앙 집중식 상태 관리 라이브러리로 모든 컴포넌트가 공통의 상태를 공유할 수 있게 합니다. Vuex는 컴포넌트 간의 데이터를 공유하기 위한 상태 저장소인 스토어(Store)를 사용하면 애플리케이션의 상태(State)를 저장하여 중앙에서 관리할 수 있으며 상태를 변경하기 위한 액션(Actions)과 뮤테이션(Mutations)을 정의할 수 있습니다.

더 자세한 내용은 이 책의 상태 관리 라이브러리에서 다루도록 하고, 여기에서는 간단한 Vuex를 활용하여 컴포넌트 간 데이터 전달에 관하여 학습하겠습니다.

아래 코드는 Store 부분을 별도 모듈 파일로 작성하여 사용하는 경우입니다.

```
01  // store.js
02  import { createStore } from 'vuex';
03  export default createStore({
04    state: {
05      sharedData: 'Shared data',
06    },
07    mutations: {
08      setSharedData(state, payload) {
09        state.sharedData = payload;
10      },
11    },
12    actions: {
13      updateSharedData({ commit }, newData) {
14        setTimeout(() => {
15          commit('setSharedData', newData);
16        }, 1000);
17      },
```

```
18    },
19  });
```

- **state**: 애플리케이션의 중앙 상태를 정의합니다. 여기서는 sharedData라는 상태 변수가 있습니다.

- **mutations**: 상태를 변경하는 함수들을 정의합니다. setSharedData Mutation은 state.sharedData를 새로운 값으로 업데이트합니다.

- **actions**: 비동기 작업이나 복잡한 로직을 처리하는 함수들을 정의합니다. 여기서는 updateSharedData라는 Action이 있습니다.

아래 코드 내용은 위에서 작성한 store.js 모듈을 활용하는 컴포넌트 예시 코드입니다.

```
01  <template>
02    <div>
03      <p>{{ sharedData }}</p>
04      <button @click="updateData">Update Data</button>
05    </div>
06  </template>
07  <script setup>
08  import { useStore } from 'vuex';
09  import { computed } from 'vue';
10  const store = useStore();  // Vuex store 사용
11  const sharedData = computed(() => store.state.sharedData);  // 상태를 computed로 설정
12  const updateData = () => {
13    store.commit('setSharedData', 'New shared data');  // 데이터 업데이트 함수
14  };
15  </script>
```

- **<script setup>**: setup 함수의 선언 없이 바로 setup 내부 로직을 작성할 수 있습니다. 이 방식은 Vue 3에서 추천되는 방식이며 코드가 간결해집니다.

- **import**: useStore는 Vuex의 store에 접근하기 위해, computed는 상태를 반응형으로 만들기 위해 사용됩니다.

- **store 객체**: useStore( )를 통해 접근하고, sharedData는 computed로 상태를 감시합니다.

- **updateData 함수**: store.commit( )을 사용하여 Vuex의 상태를 업데이트합니다.

(2) 이벤트 버스(Event Bus) 사용

Vue 3에서 이벤트 버스(Event Bus)는 컴포넌트 간에 직접적인 부모-자식 관계없이 이벤트를 전달할 수 있는 간단한 방법입니다. 하지만, 이벤트 버스를 많이 사용하게 되면 특정 컴포넌트 간의 강한 결합으로 재사용성이 떨어지고 애플리케이션이 복잡해져 이벤트의 추적이나 유지보수가 어렵게 됩니다. 이렇게 된다면 불필요한 업데이트 동작과 자원의 반환이 늦어져 애플리케이션의 성능을 현격히 저하시킬 수 있기 때문에 사용을 자제해야 합니다.

이러한 이유로 Vue 3에서는 Vuex나 Composition API의 provide/inject를 사용하는 것을 더 권장합니다. 여기에서는 이벤트 버스의 사용을 최대한 자제하여 특정 상황에서 유용하게 사용할 수 있는 방법을 알아보겠습니다. 아래에서는 Reactive Object를 활용한 이벤트 버스(eventBus.js)의 구현과 이를 사용하는 두 개의 컴포넌트 예시(EventSender.vue와 EventReceiver.vue)를 학습하겠습니다.

첫 번째, 이벤트 버스를 구현하여 eventBus 객체를 제공하는 파일을 작성하겠습니다.

```
01  // eventBus.js
02  import { reactive } from 'vue';
03  export const eventBus = reactive({
04    events: {},
05    on(event, callback) {      // 이벤트 리스너 등록 메서드
06      if (!this.events[event]) {
07        this.events[event] = [];
08      }
09      this.events[event].push(callback);
10    },
11    emit(event, payload) {    // 이벤트 발생 메서드
12      if (this.events[event]) {
13        this.events[event].forEach(callback => callback(payload));
14      }
15    },
16  });
```

- events: 이벤트 이름을 키로 하고, 해당 이벤트의 콜백 함수들을 배열로 저장하는 객체입니다.
- on(event, callback): 특정 이벤트에 관한 리스너를 등록합니다.
- emit(event, payload): 특정 이벤트를 발생시키고, 등록된 모든 리스너에게 payload를 전달합니다.

두 번째, 사용자로부터 메시지를 입력받아 이벤트 버스를 통해 메시지를 발송하는 이벤트 발송 컴포넌트(EventSender.vue)를 작성하겠습니다.

```vue
01  <!-- EventSender.vue -->
02  <template>
03    <div class="sender">
04      <h2>이벤트 발송기</h2>
05      <input v-model="message" placeholder="메시지를 입력하세요" />
06      <button @click="sendMessage">메시지 보내기</button>
07    </div>
08  </template>
09  <script setup>
10  import { ref } from 'vue';
11  import { eventBus } from '../eventBus';
12  const message = ref('');
13  const sendMessage = () => {
14    if (message.value.trim()) {
15      eventBus.emit('messageSent', message.value);
16      message.value = '';
17    } else {
18      alert('메시지를 입력해주세요.');
19    }
20  };
21  </script>
22  <style scoped>
23  .sender {
24    padding: 1rem;
25    border: 1px solid #007BFF;
26    border-radius: 5px;
27    margin-bottom: 1rem;
28  }
29  </style>
```

→ message: 사용자가 입력한 메시지를 저장하는 반응형 변수입니다.

→ sendMessage( ): 메시지가 입력되었는지 확인한 후, 이벤트 버스를 통해 messageSent 이벤트를 발생시킵니다. 메시지를 발송한 후 입력 필드를 초기화합니다.

세 번째, 이벤트 버스로부터 메시지를 수신하고 화면에 표시하는 이벤트 수신 컴포넌트(EventReceiver.vue)를 작성하겠습니다.

```vue
01  <!-- EventReceiver.vue -->
02  <template>
03    <div class="receiver">
04      <h2>이벤트 수신기</h2>
05      <p v-if="receivedMessage">수신된 메시지: {{ receivedMessage }}</p>
06      <p v-else>수신된 메시지가 없습니다.</p>
07    </div>
08  </template>
09  <script setup>
10  import { ref, onMounted, onBeforeUnmount } from 'vue';
11  import { eventBus } from '../eventBus';
12  const receivedMessage = ref('');
13  const handleMessage = (msg) => {
14    receivedMessage.value = msg;
15  };
16  onMounted(() => {
17    eventBus.on('messageSent', handleMessage);
18  });
19  onBeforeUnmount(() => {
20  });
21  </script>
22  <style scoped>
23  .receiver {
24    padding: 1rem;
25    border: 1px solid #28A745;
26    border-radius: 5px;
27  }
28  </style>
```

- receivedMessage: 수신된 메시지를 저장하는 반응형 변수입니다.

- handleMessage(msg): 이벤트 버스로부터 전달된 메시지를 receivedMessage에 저장합니다.

- onMounted( ): 컴포넌트가 마운트될 때 messageSent 이벤트에 관한 리스너를 등록합니다.

- onBeforeUnmount( ): 컴포넌트가 언마운트되기 전에 리스너를 제거할 수 있도록 준비합니다.

(3) Provide/Inject API

provide와 inject를 사용하여 상위 컴포넌트에서 하위 컴포넌트로 데이터를 전달할 수 있습니다. 이를 통해 중첩된 컴포넌트 간에 직접적인 데이터 전달이 가능합니다.

① **부모 컴포넌트(Parent.vue)**

부모 컴포넌트는 provide를 통해 자식 컴포넌트로 key에 담아 데이터를 전달합니다.

```
01  <template>
02    <Child />
03  </template>
04  <script setup>
05  import { provide } from 'vue';
06  const data = 'Provided Data';
07  provide('key', data);
08  </script>
```

② **자식 컴포넌트(Child.vue)**

자식 컴포넌트는 inject를 사용하여 부모 컴포넌트로부터 전달된 데이터를 수신합니다.

```
01  <template>
02    <p>{{ providedData }}</p>
03  </template>
04  <script setup>
05  import { inject } from 'vue';
06  const providedData = inject('key');
07  </script>
```

3.5 Vue 컴포넌트 종합 실습

Vue 3에서 Tailwind CSS를 사용하여 Option API 형태의 ch03_myapp1 애플리케이션을 구성하고, 요구한 사항에 맞는 프로젝트 설정 방법을 실습하겠습니다. 애플리케이션 생성, Tailwind CSS 설정, 그리고 Vue 컴포넌트의 구성 등을 포함한 내용을 살펴보면서 진행하겠습니다.

3.5.1 프로젝트 제작

이 소절에서는 애플리케이션을 생성하고 필요한 의존성 라이브러리를 설치하여 외부 코드와 모듈을 사용할 수 있게 하는 부분입니다. 애플리케이션 초기의 기본 작업으로 꼭 필요한 과정입니다.

(1) 애플리케이션 생성

vue create 명령으로 ch03_myapp1 애플리케이션을 생성합니다.

```
D:\book\ch03>vue create ch03_myapp1
Vue CLI v5.0.8
> Default ([Vue 3] babel, eslint)
  Default ([Vue 2] babel, eslint)
  Manually select features
```

(2) 프로젝트 디렉터리로 이동 및 의존성 라이브러리 설치

tailwind CSS 프레임워크를 설치하고 tailwind.css 외부 스타일 파일을 초기화합니다.

```
D:\book\ch03>cd ch03_myapp1
D:\book\ch03\cd ch03_myapp1>npm install -D tailwindcss postcss autoprefixer
D:\book\ch03\cd ch03_myapp1>npx tailwindcss init
D:\book\ch03\cd ch03_myapp1>npm run serve
```

의존성 라이브러리란?

애플리케이션을 개발할 때 필요한 외부 코드나 모듈을 모두 개발할 수 없기 때문에 다른 개발자가 공개한 라이브러리를 애플리케이션 개발 전에 설치하며, 이러한 라이브러리에 의존해서 개발하므로 의존성 라이브러리 또는 패키지라고 합니다.

3.5.2 프로젝트 구조

vue create 명령으로 애플리케이션을 생성하고 의존성 라이브러리를 설치하면 다음 [그림 3-9]와 같은 애플리케이션 프로젝트의 구조가 만들어집니다.

> **[Visual Studio Code에서 코드 편집 시에 자주 사용하는 단축키]**
>
> - 자동완성: Ctrl + Space ☞ 코드 작성 중 자동완성 기능을 실행합니다.
> - 코드 포맷팅: Shift + Alt + F ☞ 코드를 자동으로 정렬하고 포맷합니다.
> - 주석 추가/제거: Ctrl + / ☞ 선택된 코드에 주석을 추가하거나 제거합니다.
> - 줄 이동: Alt + Up/Down Arrow ☞ 현재 줄을 위 또는 아래로 이동시킵니다.
> - 블록 선택 후 여러 줄 편집: Alt + Shift + Click ☞ 여러 줄에 커서를 추가하여 동시에 편집할 수 있습니다.
> - 빠른 파일 열기: Ctrl + P ☞ 프로젝트 내의 파일을 빠르게 검색해 엽니다.
> - 정의로 이동: F12 ☞ 선택한 함수나 변수의 정의로 이동합니다.
> - 참조 검색: Shift + F12 ☞ 선택한 항목의 모든 참조를 검색합니다.
> - 문서 탐색: Ctrl + T ☞ 프로젝트 내의 모든 심볼(함수, 변수 등)을 탐색할 수 있습니다.
> - 통합 터미널 열기: Ctrl + ~ ☞ 내장 터미널을 열거나 닫습니다.

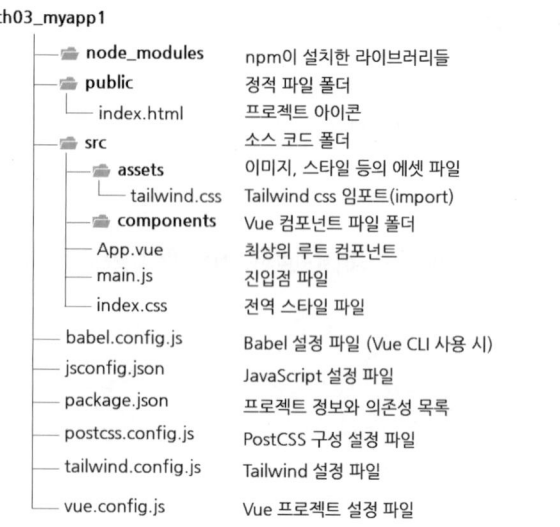

[그림 3-9] ch03_myapp1 프로젝트 구조

3.5.3 프로젝트 설정

프로젝트 설정은 애플리케이션 프로젝트에서 필요한 tailwind css와 post css 기능을 설정하고 애플리케이션 진입점과 필요한 자원을 로딩하는 부분을 설정합니다. 애플리케이션 실행에서 필요한 내용을 전부 설정합니다.

(1) tailwind.config.js에서 tailwind 설정하기

tailwind가 적용되어야 할 콘텐츠 종류를 기술하고 각종 테마나 플러그인을 정의합니다. 확장자가 vue, js, jsx, ts, tsx인 파일에 tailwind를 적용합니다.

```
01  module.exports = {
02    content: [
03      './index.html',
04      './src/**/*.{vue,js,ts,jsx,tsx}',
05    ],
06    theme: {
07      extend: {},
08    },
09    plugins: [],
10  };
```

(2) src/assets/tailwind.css에서 tailwind 요소 불러오기

여러 tailwind의 구성요소를 하나의 파일로 통합하여 정의할 수 있습니다. tailwind에서 제공하는 구성요소인 base, components, utilities를 불러옵니다.

```
01   @tailwind base;
02   @tailwind components;
03   @tailwind utilities;
```

(3) postcss.config.js에서 PostCSS 설정하기

tailwind 구성요소 중에서 스타일 전처리가 필요한 내용이 있으므로 전처리가 될 수 있도록 설정하는 부분입니다. tailwind의 전처리기를 사용할 수 있게 설정합니다.

```
01   module.exports = {
02     plugins: { tailwindcss: {}, autoprefixer: {}, },
03   }
```

CSS 전처리기

CSS 전처리기는 CSS로 할 수 없는 중첩, 조건부 스타일, 반복문, 상속 선택, 믹스인, 함수 등을 가능하게 하고 유지보수하기 쉽게 작성할 수 있는 프로그래밍 기능을 제공합니다. 이를 통해 복잡한 스타일을 간결하게 관리할 수 있으며, 대표적인 전처리기로는 Sass, LESS, Stylus 등이 있습니다. 작성한 전처리기 코드는 브라우저가 이해할 수 있는 CSS로 컴파일됩니다.

(4) src/main.js에서 tailwind를 불러오기

main.js는 진입점 파일로 애플리케이션을 생성하고 스타일 적용을 위해 tailwind를 불러옵니다. tailwind의 구성요소를 불러온 tailwind.css를 가져옵니다.

```
01  import { createApp } from 'vue';
02  import App from './App.vue';
03  import './assets/tailwind.css';
04  const app = createApp(App);
05  app.mount('#app');
```

[자주 사용하는 Vue 3 Code Snippets 단축키워드]

- vbase: Vue 3 컴포넌트의 Composition API 기본 구조를 생성합니다.

- vbaseo: Vue 3 컴포넌트의 Option API 기본 구조를 생성합니다.

- vfor: v-for 디렉티브로 리스트를 반복 렌더링하는 코드를 생성합니다.

- vif: v-if 조건부 렌더링 코드를 생성합니다.

- vmodel: v-model 양방향 데이터 바인딩 코드를 생성합니다.

- von: v-on 디렉티브로 이벤트 바인딩 코드를 생성합니다.

- ref: ref() 변수를 선언합니다.

- reactive: reactive() 객체를 선언합니다.

- computed: computed() 함수를 선언합니다.

- watch: watch()를 선언하여 반응형 데이터 변화를 감지합니다.

- onMounted: 컴포넌트가 마운트될 때 실행되는 생명주기 훅을 생성합니다.

3.5.4 컴포넌트 작성

이번에 작성할 컴포넌트에는 App.vue만 작성하여 가장 간단한 애플리케이션을 작성하겠습니다.

(1) src/App.vue

```
01  <template>
02    <div class="p-6 max-w-sm mx-auto bg-white rounded-xl shadow-lg space-y-4">
03      <h1 class="text-xl font-bold text-center">{{ message }}</h1>
04      <input v-model="userInput" class="border border-gray-300 rounded px-4 py-2 w-full" placeholder="Type something..." />
05      <button @click="handleClick" class="bg-blue-500 text-white px-4 py-2 rounded hover:bg-blue-700 transition duration-300">
06        Click me
07      </button>
08      <p v-if="isVisible" class="text-green-500">This is visible if the condition is true.</p>
09      <ul class="list-disc pl-5">
10        <li v-for="item in items" :key="item.id">{{ item.name }}</li>
11      </ul>
12    </div>
13  </template>
14  <script>
15  export default {
16    data() {
17      return {
18        message: 'Hello, Vue 3!', isVisible: true, userInput: '',
19        items: [{ id: 1, name: 'Item 1' }, { id: 2, name: 'Item 2' }]
20      };
21    },
22    methods: {
23      handleClick() { alert('Button clicked!'); }
24    },
25    computed: {
26      reversedMessage() { return this.message.split('').reverse().join(''); }
27    },
28    watch: {
29      userInput(newValue) { console.log('User input changed:', newValue); }
30    },
31    mounted() { console.log('Component mounted!'); }
32  };
33  </script>
```

➔ "{{ message }}"는 script 태그 18라인에서 정의한 message 변수의 값이 데이터 바인딩이 됩니다.

➔ userInput은 script 태그 35라인에서 관찰 메서드로 등록한 userInput 메서드와 양방향 데이터 바인딩이 이루어집니다.

- handleClick은 script 태그 25라인에서 사용자 정의 메서드로 등록한 handleClick 함수와 이벤트 바인딩이 이루어집니다.
- isVisible은 script 태그 19라인에서 isVisible 변수의 값에 따라 조건부 렌더링이 이루어집니다.
- items는 script 태그 21라인에서 item 개수에 따라 반복 렌더링이 이루어집니다.

3.5.5 프로젝트 실행

터미널에서 "vue run serve" 명령을 실행하고 브라우저의 URL 입력란에 "localhost:8080"을 입력하면 아래와 같은 화면이 렌더링됩니다. "Type something…" 입력란에 텍스트를 입력해 보고 [Click me] 버튼을 눌러 봅니다.

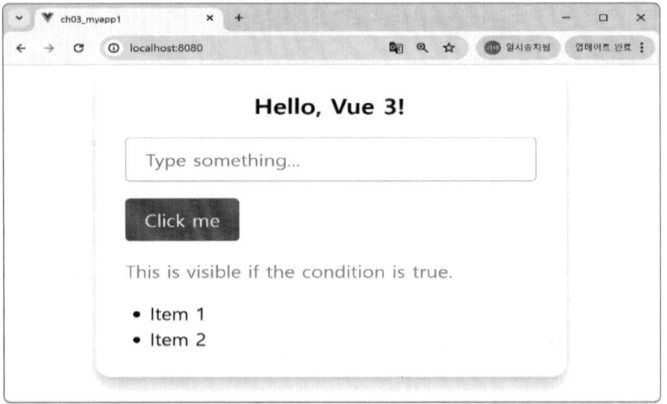

[그림 3-10] ch03_myapp1 애플리케이션 실행 화면

3.6 Vue 컴포넌트 TodoList 애플리케이션 프로젝트 실습

Vue 3의 Composition API를 사용하고 Vite를 개발 도구로 활용하며, Pure CSS 프레임워크를 사용하는 ch03_myapp2 프로젝트를 제작하는 과정을 단계별로 진행하겠습니다.

3.6.1 프로젝트 구조

Vite 개발 도구로 애플리케이션을 생성하고 의존성 라이브러리를 설치하고 [그림 3-11]과 같은 프로젝트 구조를 가진 애플리케이션을 제작합니다.

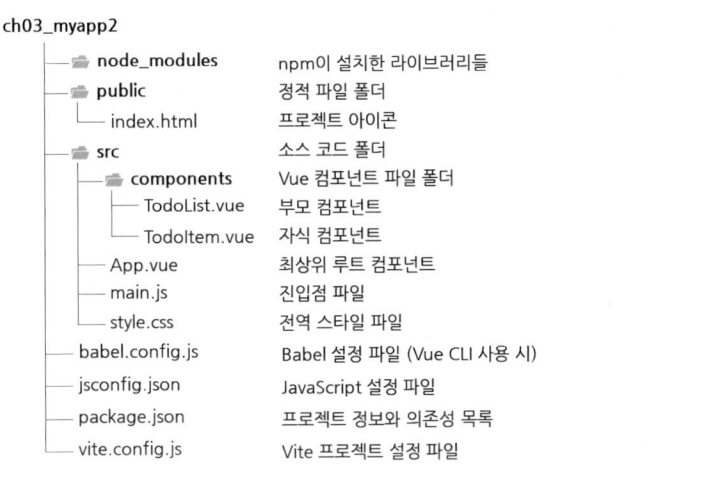

[그림 3-11] ch03_myapp2 프로젝트 구조

3.6.2 프로젝트 생성

프로젝트 생성 단계는 실질적인 프로젝트 생성과 프로젝트에 필요한 의존성 라이브러리를 추가하고 활성화하는 과정입니다.

(1) 프로젝트 생성하기

Vite 개발 도구를 활용하여 ch03_myapp2 애플리케이션을 생성합니다.

```
D:\book\ch03>npm create vite@latest ch03_myapp2
```

(2) 디렉터리 이동 및 패키지 설치

pure CSS 프레임워크를 설치하고 애플리케이션을 실행합니다.

```
D:\book\ch03>cd ch03_myapp2
D:\book\ch03\cd ch03_myapp2>npm install
D:\book\ch03\cd ch03_myapp2>npm install purecss
D:\book\ch03\cd ch03_myapp2>npm run dev
```

3.6.3 프로젝트 설정

프로젝트 설정 항목에는 Vite에 관한 설정, 스타일 설정, 애플리케이션 생성 설정이 있습니다.

(1) vite.config.js에서 Vite 프로젝트 설정하기

vite.config.js는 현재 프로젝트가 Vite로 진행하는 vue 프로젝트임을 정의합니다. Vue에서 Vite 개발 도구를 사용할 수 있게 설정합니다.

```
01  import { defineConfig } from 'vite';
02  import vue from '@vitejs/plugin-vue';
03  export default defineConfig({
04    plugins: [vue()],
05  });
```

(2) src/style.css에서 프로젝트 스타일 설정

style.css는 모든 컴포넌트에 적용할 공통 스타일을 지정합니다.

```
01  /* 글로벌 스타일 */
02  body {
03    margin: 0;
04    padding: 0;
05    font-family: Arial, sans-serif;
06  }
07  .pure-form input {
08    margin-right: 10px;
09  }
```

(3) src/main.js에서 Pure CSS 스타일 임포트

main.js는 프로젝트에서 필요한 스타일과 같은 라이브러리를 가져와 애플리케이션에 적용시킵니다. 전역 스타일 파일과 Pure CSS 스타일 파일을 가져옵니다.

```
01  import { createApp } from 'vue';
02  import App from './App.vue';
03  import 'purecss/build/pure-min.css'; // Pure CSS 임포트
04  import './style.css'; // 프로젝트에 맞는 커스텀 스타일 추가
05  createApp(App).mount('#app');
```

3.6.4 컴포넌트 작성

작성할 컴포넌트에는 자식 컴포넌트인 TodoItem.vue와 부모 컴포넌트인 TodoList.vue 그리고 메인 컴포넌트인 App.vue를 작성합니다.

(1) src/components/TodoItem.vue(자식 컴포넌트)

TodoItem은 자식 컴포넌트로 목록의 내용과 버튼을 구성하고 부모 컴포넌트의 부속 요소로 렌더링됩니다. 자식 컴포넌트에서 Emit 함수를 이용하여 해당 todo 항목을 부모 컴포넌트로 전달합니다.

```
01  <template>
02    <li class="pure-menu-item">
03      <span>{{ todo.text }}</span>
04      <button @click="remove" class="pure-button pure-button-error">Remove</button>
05    </li>
06  </template>
07  <script>
08  export default {
09    props: {
10      todo: { type: Object, required: true, },
11    },
12    emits: ['remove'],
13    setup(props, { emit }) {
14      const remove = () => { emit('remove'); };
15      return { remove, };
16    },
```

```
17    };
18  </script>
19  <style scoped>
20  .pure-menu-item {
21    display: flex;
22    justify-content: space-between;
23    margin-bottom: 10px;
24  }
25  </style>
```

(2) src/components/TodoList.vue(부모 컴포넌트)

TodoList.vue는 부모 컴포넌트로 자식 컴포넌트인 TodoItem.vue를 포함합니다.

```
01  <template>
02    <div>
03      <h2>Vue 3 Todo List</h2>
04      <form @submit.prevent="addTodo" class="pure-form">
05        <input v-model="newTodo" type="text" placeholder="Add new todo" class="pure-input-rounded" />
06        <button type="submit" class="pure-button pure-button-primary">Add</button>
07      </form>
08      <ul>
09        <TodoItem
10          v-for="(todo, index) in todos" :key="todo.id" :todo="todo" @remove="removeTodo(index)"
11        />
12      </ul>
13    </div>
14  </template>
15  <script>
16  import { ref } from 'vue';
17  import TodoItem from './TodoItem.vue';
18  export default {
19    components: { TodoItem, },
20    setup() {
21      const todos = ref([      // todo 항목 배열
22        { id: 1, text: 'Vue 3 Composition API 배우기' }, { id: 2, text: 'TodoList 만들기' },
23      ]);
24      const newTodo = ref('');
25      const addTodo = () => {  // 새로운 todo 추가 메서드
26        if (newTodo.value.trim() !== '') {
27          todos.value.push({ id: todos.value.length + 1, text: newTodo.value, });
```

```
28          newTodo.value = '';
29        }
30      };
31      const removeTodo = (index) => {    // todo 삭제 메서드
32        todos.value.splice(index, 1);
33      };
34      return { todos, newTodo, addTodo, removeTodo, };
35    },
36  };
37  </script>
38  <style scoped>
39  ul {
40    list-style-type: none; padding: 0;
41  }
42  </style>
```

➡ Ref 함수를 이용하여 todo 항목을 자식 컴포넌트로 전달합니다.

➡ input 요소를 통해 값을 입력합니다.

➡ button 요소를 클릭하면 script 태그의 addTodo 함수에 newTodo가 전달되어 새로운 todo 항목이 추가되고 ref( ) 함수에 의해 자식 컴포넌트로 값을 전달합니다.

(3) src/App.vue(메인 컴포넌트)

App.vue는 메인 컴포넌트로 TodoList 컴포넌트를 포함하고 애플리케이션이 처음 실행되면 렌더링이 되는 컴포넌트입니다.

```
01  <template>
02    <div class="app pure-g">
03        <div class="pure-u-1-3">
04      <TodoList />
05      </div>
06    </div>
07  </template>
08  <script>
09  import TodoList from './components/TodoList.vue';
10  export default { components: { TodoList, }, };
11  </script>
12  <style>
13  .app {
14    padding: 20px; font-family: Arial, sans-serif;
```

```
15    }
16  </style>
```

위 코드는 [그림 3-12]와 같이 App.vue는 부모 컴포넌트를 포함시키고 부모 컴포넌트인 Parent.vue는 자식 컴포넌트를 포함시킵니다.

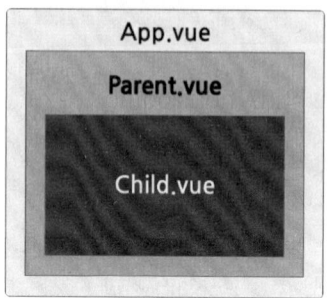

[그림 3-12] 컴포넌트 계층 구조

3.6.5 애플리케이션 실행

Vite 개발 도구로 생성된 애플리케이션은 "npm run dev" 명령으로 애플리케이션을 실행시킵니다. 웹 브라우저의 URL 입력란에 "localhost:5173"을 입력하면 화면이 렌더링됩니다. "Add new todo" 입력란에 추가할 아이템을 입력하고 [Add] 버튼을 클릭하면 하단 아이템 리스트에 새로운 항목이 추가됩니다. 제거하고자 하는 항목의 오른쪽에 [Remove] 버튼을 클릭하면 해당 아이템이 제거됩니다.

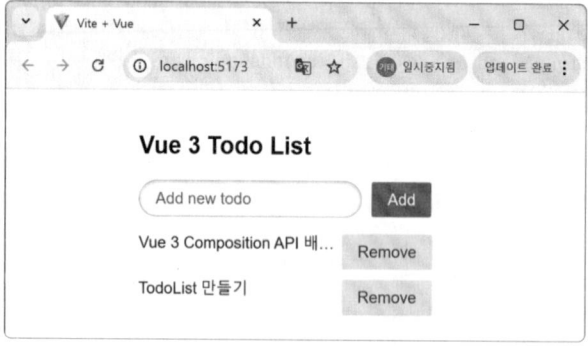

[그림 3-13] ch03_myapp2 실행 화면

3.6.6 애플리케이션 설정

다음에 나오는 그림들은 Vue 3에서의 tailwind를 활용한 애플리케이션을 설정하기 위한 내용이니 참고하기 바랍니다. 애플리케이션 설정은 프로젝트의 정상적인 실행과 필요한 라이브러리를 사용할 수 있게 하며 프로젝트의 근간이 되므로 설정을 이해하면 프로젝트에 무엇이 반영되는지 이해하기 쉽습니다.

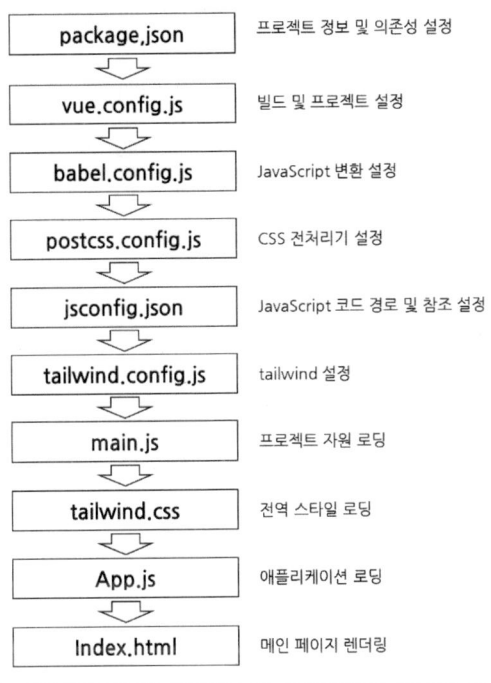

[그림 3-14] 프로젝트 파일 로딩 프로세스

다음 [그림 3-15]와 같이 package.json에는 프로젝트의 정보와 여러 가지 스크립트 실행 명령, 여러 의존성 라이브러리 내역이 저장됩니다. name 항목은 애플리케이션 이름이며, version은 현재 개발하고 있는 애플리케이션의 버전을 의미합니다. scripts 항목은 npm run 명령으로 실행할 수 있는 여러 명령으로 구성됩니다. dependencies 항목은 진행 중인 프로젝트의 프레임워크를 의미합니다. devDependencies 항목은 의존성 라이브러리로 Vue 3 애플리케이션을 생성할 때 자동으로 설치되는 부분도 있고 npm install 명령으로 개발자가 설치한 라이브러리도 있습니다.

그밖에 [그림 3-15]에는 없지만, JavaScript의 문법 검증을 위한 eslintConfig 항목과 구현하는 브라우저 기준을 나타내는 browserslist 항목도 있습니다. 이 중에서 의존성 라이브러리 부분이 중요합니다. 아래 package.json에 기술된 의존성 라이브러리의 설명을 참고하기 바랍니다.

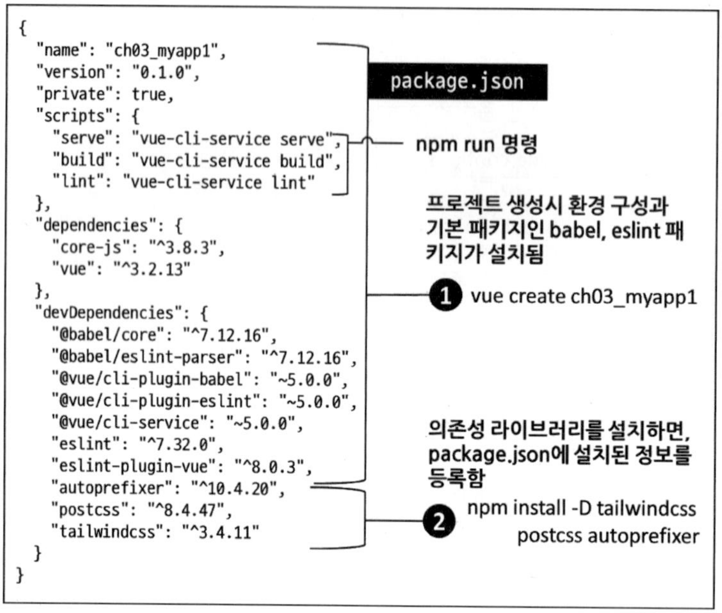

```
{
  "name": "ch03_myapp1",
  "version": "0.1.0",
  "private": true,
  "scripts": {
    "serve": "vue-cli-service serve",
    "build": "vue-cli-service build",
    "lint": "vue-cli-service lint"
  },
  "dependencies": {
    "core-js": "^3.8.3",
    "vue": "^3.2.13"
  },
  "devDependencies": {
    "@babel/core": "^7.12.16",
    "@babel/eslint-parser": "^7.12.16",
    "@vue/cli-plugin-babel": "~5.0.0",
    "@vue/cli-plugin-eslint": "~5.0.0",
    "@vue/cli-service": "~5.0.0",
    "eslint": "^7.32.0",
    "eslint-plugin-vue": "^8.0.3",
    "autoprefixer": "^10.4.20",
    "postcss": "^8.4.47",
    "tailwindcss": "^3.4.11"
  }
}
```

package.json
- npm run 명령
- 프로젝트 생성시 환경 구성과 기본 패키지인 babel, eslint 패키지가 설치됨
  ❶ vue create ch03_myapp1
- 의존성 라이브러리를 설치하면, package.json에 설치된 정보를 등록함
  ❷ npm install -D tailwindcss postcss autoprefixer

[그림 3-15] 프로젝트 생성과 package.json

❶ vue create ch03_myapp1 명령으로 인해 자동으로 설치된 라이브러리입니다.

- @babel/core: Babel의 핵심 라이브러리로, 최신 JavaScript 문법을 브라우저 호환성을 위해 변환하는 역할을 합니다.

- @babel/eslint-parser: Babel을 사용해 최신 JavaScript 문법을 지원하는 ESLint 파서를 제공합니다.

- @vue/cli-plugin-babel: Vue CLI에서 Babel을 사용해 Vue 프로젝트를 빌드할 수 있도록 지원하는 플러그인입니다.

- @vue/cli-plugin-eslint: Vue CLI에서 ESLint를 통합해 코드 스타일 검사를 수행하는 플러그인입니다.

- @vue/cli-service: Vue CLI에서 제공하는 서비스로, 개발 서버, 빌드, 테스트 등 프로젝트 관리 작업을 수행합니다.
- eslint: JavaScript 코드의 스타일과 품질을 검사하고 유지보수를 돕는 정적 분석 도구입니다.
- eslint-plugin-vue: Vue.js 프로젝트에서 ESLint로 Vue 파일(.vue)을 분석하고 오류를 찾아내기 위한 플러그인입니다.

❷ npm install 명령에 의해 추가된 라이브러리입니다.

- autoprefixer: CSS에 브라우저 호환성을 위한 벤더 프리픽스를 자동으로 추가하는 PostCSS 플러그인입니다.
- postcss: CSS 변환을 지원하는 도구로, Tailwind CSS 및 Autoprefixer 같은 플러그인과 함께 사용됩니다.
- tailwindcss: 유틸리티 중심의 CSS 프레임워크로, CSS 클래스를 통해 빠르고 일관된 스타일링을 제공합니다.

다음은 [그림 3-16]을 설명한 내용입니다.

❶ vue.config.js는 Vue CLI를 활용해 애플리케이션을 생성했을 경우 생성되는 환경설정 파일입니다.

❷ babel.config.js는 Vue 애플리케이션 생성 시 기본적으로 제공되는 설정 파일입니다.

❸ postcss.config.js는 tailwind css를 사용할 경우 설정해야 하는 파일입니다.

❹ jsconfig.json은 문법을 javascript로 선택할 경우 설정해야 하는 파일입니다.

❺ tailwind.config.js는 tailwind css를 어디에 어떻게 반영할 지 설정하는 파일입니다.

❻ main.js는 애플리케이션에 반영되어야 할 요소를 생성하거나 가져오는 진입점 설정 파일입니다.

❶ **vue.config.js**
```
const { defineConfig } = require('@vue/cli-service')
module.exports = defineConfig({
  transpileDependencies: true
})
```
모든 의존성 라이브러리를 Babel을 통한 트랜스파일(컴파일) 기능 활성화

❷ **babel.config.js**
```
module.exports = {
  presets: [
    '@vue/cli-plugin-babel/preset'
  ]
}
```
트랜스파일러를 vue cli의 babel을 기본으로 사전 설정된 것을 사용

tailwind CSS를 사용하여 유틸리티 클래스 스타일링

❸ **postcss.config.js**
```
plugins: {
  tailwindcss: {},
  autoprefixer: {},
},
}
```
CSS에 자동으로 벤더 접두사를 붙여서 크로스 브라우저 호환성 보장

❹ **jsconfig.json**
```
{
  "compilerOptions": {
  },
  "lib": [
  ]
}
```
프로젝트에서 사용할 JavaScript 라이브러리 환경을 정의

프로젝트에서 사용할 JavaScript 라이브러리 환경을 정의

❺ **tailwind.config.js**
```
module.exports = {
  content: [
    './index.html',
    './src/**/*.{vue,js,ts,jsx,tsx}',
  ],
  theme: {
    extend: {},
  },
  plugins: [],
}
```
tailwind CSS가 사용될 파일 경로를 지정하는 필드

tailwind의 기본 테마 설정을 정의

tailwind CSS에 추가적인 플러그인을 사용할 때 정의

❻ **main.js**
```
import { createApp } from 'vue';
import App from './App.vue';
import './assets/tailwind.css';
const app = createApp(App);
app.mount('#app');
```
— Vue 임포트
— App 임포트
— tailwind 임포트
— App 생성
— App 마운트

[그림 3-16] 프로젝트 설정 관련 파일

[Vue 3 컴포넌트 핵심 정리]

(1) Vue 컴포넌트(Component): 컴포넌트는 Vue 애플리케이션의 독립적인 재사용이 가능한 UI 단위입니다.

각 컴포넌트는 template, script, style로 구성되며, 각 부분은 HTML, JavaScript, CSS의 역할을 합니다.

　① template: HTML 구조를 정의합니다.

　② script: 컴포넌트의 데이터, 메서드, 생명주기 등을 관리합니다.

　③ style: 해당 컴포넌트에 적용되는 CSS 스타일을 정의합니다.

(2) Vue 디렉티브(Directive): 디렉티브는 Vue에서 DOM에 특별한 동작을 적용하는 특수 속성입니다.

"v-"로 시작하며, HTML 요소의 속성으로 사용되어 동적으로 DOM을 업데이트합니다.

　① v-bind: 속성에 데이터를 바인딩(e.g., :href="url")

　② v-model: 양방향 데이터 바인딩(e.g., <input v-model="userInput">)

　③ v-if / v-else-if / v-else: 조건부 렌더링(e.g., <p v-if="isVisible">Visible</p>)

　④ v-for: 리스트 렌더링(e.g., <li v-for="item in items" :key="item.id">{{ item.name }}</li>)

　⑤ v-on: 이벤트 바인딩(e.g., @click="handleClick")

　⑥ v-show: 조건부 렌더링(숨김/보임 상태만 관리)

(3) Vue 인스턴스(Vue Instance)

Vue 인스턴스는 Vue 애플리케이션의 핵심이며, DOM과 데이터를 결합하는 역할을 합니다. Vue 컴포넌트 내부에서 데이터, 메서드, 계산된 속성, 생명주기 훅 등을 정의합니다.

① data(): 컴포넌트에서 사용하는 상태값(데이터)을 정의합니다.

② methods: 메서드를 정의하여 UI 이벤트에 반응할 동작을 처리합니다.

③ computed: 캐시된 계산된 속성을 정의합니다.

④ watch: 특정 데이터의 변화를 감시하여, 그에 따라 특정 로직을 실행합니다.

⑤ 생명주기 훅(Lifecycle Hooks): 컴포넌트의 특정 시점에 실행되는 메서드로 mounted, updated, destroyed가 있습니다.

(4) 컴포넌트 간 데이터 전달과 받기(Parent-Child Communication)

① 부모→자식 데이터 전달은 Props를 통해 부모 컴포넌트에서 데이터를 전달하고 자식 컴포넌트에서 데이터를 수신합니다.

② 자식→부모 데이터 전달은 Emit Events를 통해 자식 컴포넌트에서 이벤트를 전달하고 부모 컴포넌트에서 수신합니다.

③ 다른 컴포넌트 간 데이터 전달은 Provide/Inject이나 Vuex를 통해 공유 데이터를 서로 주고받을 수 있습니다.

Vue 컴포넌트는 Vue 3를 학습하는 데 있어 가장 중요한 부분이므로 반복 학습을 통해 반드시 숙지하고 있어야 합니다. 특히, Vue 컴포넌트에서 template 태그와 script 태그의 연동하는 부분입니다. 이러한 부분은 몇 번씩 반복하여 실습하다 보면 자연스럽게 Vue를 익힐 수가 있습니다.

이번 3장에서는 Vue 컴포넌트를 살펴보았습니다. 다음 장에서는 Vue 이벤트를 배울 텐데요, 어떻게 하면 Vue 컴포넌트를 편리하고 효율적으로 작성할 수 있을지를 공부하게 됩니다. 기대하세요!

Chapter 04

Vue 이벤트와 컴포넌트 더 자세히 알기

Vue 3에서 이벤트(Event)는 웹 애플리케이션에서 사용자와의 상호작용을 정의하는 중요한 요소입니다. 컴포넌트(Component)는 Vue 애플리케이션의 독립적인 부품들이며, 이벤트는 이러한 컴포넌트 간의 데이터 및 행동을 상호작용하게 만드는 핵심 메커니즘입니다. 컴포넌트 간 데이터 흐름은 props, emit, provide/inject와 같은 메커니즘을 사용하여 이루어지며 이벤트를 통해 상호작용합니다.

이번 4장에서는 이러한 이벤트를 자세히 알아봅니다. 만약 제공한 소스코드를 다운로드 받아 실습하는 경우는 해당 프로젝트 디렉터리에서 반드시 npm install 명령을 실행하여 관련 라이브러리를 모두 설치해야 합니다.

4.1 이벤트(Event)란

Vue 3에서 이벤트는 주로 사용자와 애플리케이션 간의 상호작용을 처리하는 핵심 메커니즘입니다. 예를 들어, 버튼 클릭, 입력 필드에서 키를 누르는 등의 사용자 작업은 모두 이벤트로 처리되며, 이러한 이벤트에 관한 응답으로 Vue 컴포넌트가 사용자에 의한 요구 동작을 수행하게 됩니다.

(1) 이벤트 범주

- DOM 이벤트: Vue에서 HTML 요소에서 발생하는 표준 DOM 이벤트 처리입니다.
- 커스텀 이벤트: 컴포넌트 간의 통신을 위한 사용자 정의 이벤트 시스템입니다.

(2) 이벤트 구성요소

이벤트 구성요소는 대략 여섯 가지로 구성할 수 있습니다. 아래 [그림 4-1]을 보면 어떻게 구성되었는지 눈으로 확인할 수 있습니다.

❶ 이벤트 디렉티브(Event Directives): 이벤트를 바인딩합니다.

❷ 이벤트 종류(Event Type): 사용자 행위에 따른 사건의 종류입니다.

❸ 이벤트 핸들러(Event Handler): 이벤트 발생 시 실행되는 함수입니다.

❹ 이벤트 수식어(Event Modifiers): 이벤트 핸들러의 동작을 더 세밀하게 제어할 수 있게 합니다.

❺ 이벤트 객체(Event Object): 이벤트에 관한 세부 정보를 제공합니다.

❻ 이벤트 전파(Event Propagation): 이벤트가 DOM 트리에서 어떻게 이동하는지를 설명합니다.

[그림 4-1] 이벤트 구성요소

4.1.1 이벤트 실습

이벤트의 기본적인 내용을 적용하고 Vue 2의 Option API 문법과 bootstrap이 적용된 애플리케이션을 제작해 보겠습니다. Vue 3는 아직 bootstrap-vue 라이브러리를 지원하지 않으므로 Vue 2를 활용하겠으며, Vue 2는 Option API만을 제공합니다.

(1) 프로젝트 생성하기

vue cli 명령으로 version 2의 ch04_myapp1의 애플리케이션을 생성합니다.

```
ch04>vue create ch04_myapp1     (Vue version 2로 생성)
```

(2) 디렉터리 이동 및 의존성 라이브러리(패키지) 설치

ch04_myapp1 디렉터리로 이동하고 bootstrap 라이브러리와 vue 전용으로 활용할 수 있는 bootstrap-vue 라이브러리를 설치합니다.

```
ch04>cd ch04_myapp1
ch04\ch04_myapp1>npm install bootstrap-vue bootstrap
```

(3) 프로젝트 애플리케이션 구조

Vue cli로 애플리케이션을 생성하고 의존성 라이브러리(패키지)를 설치하면 [그림 4-2]와 같은 프로젝트 구조를 가집니다.

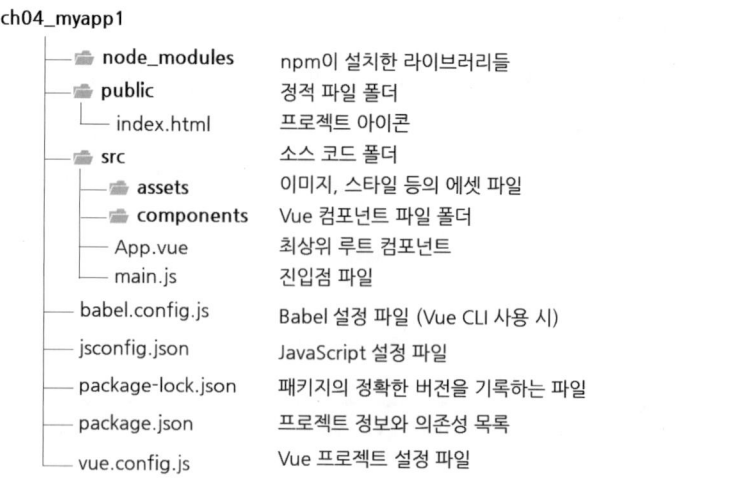

[그림 4-2] ch04_myapp1 프로젝트 애플리케이션 구조

(4) 프로젝트 애플리케이션 설정

부트스트랩(bootstrap)과 메인 뷰(App.vue)의 자원을 사용하기 위해서는 main.js 파일에서 가져오기(import) 해야 합니다.

```
src/main.js
01  import Vue from 'vue'
02  import App from './App.vue'
03  import { BootstrapVue, BootstrapVueIcons } from 'bootstrap-vue'
04  import 'bootstrap/dist/css/bootstrap.css'
05  import 'bootstrap-vue/dist/bootstrap-vue.css'
06  Vue.use(BootstrapVue)
07  Vue.use(BootstrapVueIcons)
08  Vue.config.productionTip = false
09  new Vue({ render: h => h(App), }).$mount('#app')
```

➡ import문으로 bootstrap과 bootstrap-vue 라이브러리를 가져옵니다.

➡ Vue.use 메서드는 bootstrap-vue를 사용할 수 있게 연결합니다.

(5) 컴포넌트 작성

메인 뷰(App.vue)를 열고 아래 코드와 같이 template과 script를 작성해야 합니다.

```vue
src/App.vue
01  <template>
02    <div>
03      <div @click="handleParentClick" class="container parent">
04        Parent
05        <button @click.stop="handleButtonClick" class="btn btn-primary child">
06          Click Me
07        </button>
08      </div>
09    </div>
10  </template>
11  <script>
12  export default {
13    methods: {
14      handleParentClick ( event ) { alert("Parent div clicked"); },
15      handleButtonClick () { alert("Button clicked"); }
16    }
17  };
18  </script>
```

➡ div 요소를 클릭할 경우 handleParentClick 이벤트 핸들러가 동작됩니다.

➡ button 요소를 클릭할 경우 handleButtonClick 이벤트 핸들러가 동작됩니다.

(6) 애플리케이션 실행

애플리케이션을 실행하기 위해 터미널을 열고 "npm run serve" 명령을 실행합니다. 웹 브라우저를 열고 URL 입력란에 "localhost:8080"을 입력하거나 터미널창에 나타난 결과에서 Ctrl키를 누른 채로 Local 항목의 "http://localhost:8080/"를 클릭하여 애플리케이션을 엽니다.

```
D:\book\vue\ch04\ch04_myapp1>npm run serve
```

상단 좌측 화면의 [Click Me] 버튼을 클릭하면 상단 우측 화면처럼 실행되고 Parent 부분을 클릭하게 되면 하단 화면처럼 실행합니다.

[그림 4-3] ch04_myapp1 프로젝트 애플리케이션 실행 화면

4.2 Vue 주요 이벤트

클릭 이벤트(Click Events), 입력 이벤트(Input Events), 키보드 이벤트(Keyboard Events), 마우스 이벤트(Mouse Events), 폼 이벤트(Form Events), Vue 커스텀 이벤트(Custom Events) 등이 Vue에서 많이 사용하는 주요 이벤트입니다. 아래 표는 주요 이벤트를 요약한 것입니다.

이벤트 종류	설명	예시 코드

Click	사용자가 요소를 클릭할 때 발생하는 이벤트	`<button @click="handleClick">`
		`  Click me`
		`</button>`

Dblclick	사용자가 요소를 더블 클릭할 때 발생하는 이벤트	`<button @dblclick="handleDoubleClick">`
		`  Double Click me`
		`</button>`

Mouseover	사용자가 요소 위로 마우스를 가져갈 때 발생하는 이벤트	`<div @mouseover="handleMouseOver">`
		`  Hover over me`
		`</div>`

Mouseout	사용자가 요소에서 마우스를 벗어날 때 발생하는 이벤트	`<div @mouseout="handleMouseOut">`
		`  Move out from here`
		`</div>`

Keydown	사용자가 키보드를 누를 때 발생하는 이벤트	`<input @keydown="handleKeyDown" placeholder="Press a key">`
Keyup	사용자가 키보드를 눌렀다가 뗐을 때 발생하는 이벤트	`<input @keyup="handleKeyUp" placeholder="Release a key">`
Input	사용자가 input 요소에 값을 입력할 때 발생하는 이벤트	`<input @input="handleInput" placeholder="Type something">`
Change	사용자가 input, select, textarea 요소의 값을 변경할 때 발생하는 이벤트	`<input @change="handleChange" placeholder="Change the value">`
Focus	요소가 포커스를 받을 때 발생하는 이벤트	`<input @focus="handleFocus" placeholder="Focus on this input">`

이벤트 종류	설명	예시 코드
Blur	요소의 포커스가 사라질 때 발생하는 이벤트	`<input @blur="handleBlur" placeholder="Blur this input">`
Submit	폼을 제출할 때 발생하는 이벤트	`<form @submit.prevent="handleSubmit">...</form>`

4.2.1 인라인 이벤트(Inline Event) 처리

인라인 이벤트 처리는 이벤트 핸들러를 직접 HTML 템플릿 안에서 정의하는 방법입니다. 인라인 이벤트 처리 방식은 간단하고 빠르게 이벤트 핸들러를 설정할 수 있어 작은 기능 구현이나 일회성 동작에 유용합니다. 하지만, 복잡한 프로그래밍 구조에서는 코드를 읽기 힘들고 재사용성이 떨어집니다.

인라인 이벤트 처리는 Vue 템플릿에서 v-on 디렉티브를 사용하지 않고, 직접 이벤트 핸들러를 HTML 요소의 @ 디렉티브를 통해 정의하는 방식입니다. 주로 @(축약형) 또는 v-on 디렉티브를 사용하여 이벤트를 연결합니다.

```
01  <template>
02    <button @click="alert('Button clicked!')">Click Me</button>
03  </template>
```

위 코드에서 @click="alert('Button clicked!')"는 버튼을 클릭했을 때 즉시 alert('Button clicked!') 함수가 실행되도록 설정합니다.

4.2.2 이벤트 핸들러(Event Handler)

이벤트 핸들러(Event Handler)는 Vue.js에서 이벤트가 발생했을 때 사용자 요구 동작을 수행하는 함수입니다. Vue 3에서는 이벤트 핸들러를 정의하는 두 가지 주요 방식이 있습니다. 메서드 방식과 인라인 핸들러 방식입니다.

(1) 메서드 방식(Method Handler)

메서드 방식은 Vue 컴포넌트의 메서드를 사용하여 이벤트를 처리합니다. 이 방식은 핸들러 로직을 컴포넌트의 methods 옵션에 정의하고 템플릿에서 해당 메서드를 참조하여 이벤트를 처리합니다.

(2) 인라인 핸들러 방식(Inline Handler)

인라인 핸들러 방식은 이벤트 핸들러를 템플릿 내에서 직접 정의하는 방법입니다. 이 방식은 간단한 이벤트 처리 로직에 유용하며, 이벤트 핸들러를 컴포넌트 메서드로 정의할 필요 없이 직접 작성할 수 있습니다.

4.2.3 이벤트 객체(Event Object)

이벤트 객체는 브라우저에서 이벤트가 발생할 때 생성하는 객체로, 이벤트와 관련된 다양한 정보를 제공합니다. Vue.js에서는 이 이벤트 객체를 이벤트 핸들러에 전달하여 이벤트에 관한 세부 정보를 활용할 수 있습니다. 이벤트 객체의 주요 속성과 메서드를 이해하면 사용자 상호작용을 더 세밀하게 처리할 수 있습니다.

[주요 속성 및 메서드]

(1) type: 이벤트의 종류를 나타냅니다. 예를 들어 'click', 'keyup', 'submit' 등이 있습니다.

(2) target: 이벤트가 발생한 DOM 요소를 참조하고 event.target을 사용하여 이벤트가 발생한 실제 요소에 접근할 수 있습니다.

(3) currentTarget: 이벤트 핸들러가 연결된 요소를 참조합니다. event.currentTarget은 이벤트 핸들러가 등록된 요소를 나타내며, target과 다를 수 있습니다.

(4) preventDefault(): 기본 동작을 막습니다. 예를 들어, 폼 제출 시 페이지가 리로드 되는 기본 동작을 방지할 수 있습니다.

> (5) stopPropagation( ): 이벤트 버블링을 막습니다. 이벤트가 상위 요소로 전파되는 것을 방지할 수 있습니다.
>
> (6) key: 키보드 이벤트에서 눌린 키를 나타냅니다. 예를 들어, 'Enter', 'Escape' 등이 있습니다.

4.2.4 이벤트 전파(Event Propagation)와 버블링(bubbling)

이벤트 전파(Event Propagation)는 이벤트가 발생한 요소에서부터 DOM 트리의 다른 요소로 전파되는 과정을 말합니다. Vue 3에서 이벤트 전파는 캡처 단계와 버블 단계로 나뉩니다. 이 두 단계를 이해하면 이벤트가 어떻게 처리되는지, 그리고 이벤트 전파를 어떻게 제어할 수 있는지를 알 수 있습니다.

(1) 캡처 단계(Capture Phase)

캡처 단계(Capture Phase)는 이벤트가 최상위 요소에서 하위 요소로 내려오는 과정입니다. 이 단계에서 이벤트는 먼저 부모 요소로부터 자식 요소로 전파됩니다. 캡처 단계는 기본적으로 버블 단계와는 반대 방향으로 전파됩니다.

(2) 버블 단계(Bubble Phase)

버블 단계(Bubble Phase)는 이벤트가 하위 요소에서 상위 요소로 전파되는 과정입니다. 기본적으로 Vue는 버블 단계에서 이벤트를 처리합니다. 이벤트가 자식 요소에서 발생하면 이벤트는 부모 요소로 전파되어 최상위 요소까지 올라갑니다.

(3) 이벤트 전파 제어

이벤트 전파를 제어하는 방법에는 캡처 단계와 버블 단계에서의 이벤트 처리 외에도, event.stopPropagation( )과 event.stopImmediatePropagation( ) 메서드를 사용할 수 있습니다.

- event.stopPropagation( ): 이벤트의 버블링을 멈추고, 상위 요소로의 전파를 방지합니다.
- event.stopImmediatePropagation( ): 이벤트의 전파를 멈추고, 현재 요소에서의 다른 이벤트 리스너 실행도 방지합니다.

4.2.5 이벤트 수식어(Event Modifiers)

Vue는 이벤트를 처리하기 위해 이벤트 디렉티브인 v-on 디렉티브를 사용합니다. v-on 디렉티브는 이벤트를 바인딩(Binding)하고 이벤트 핸들러를 지정하는 데 사용됩니다. v-on은 축약형으로 "@"를 사용할 수 있습니다.

또한, 이벤트 수식어(Event Modifiers)는 이벤트 핸들러의 동작을 조절하는데 사용되며, 주로 이벤트 전파를 제어하거나 기본 동작을 막는 데 사용됩니다. 각 수식어는 특정 기능을 수행하며, 이벤트 핸들러에 붙여서 사용합니다. 아래 표는 이벤트 수식어를 정리한 표입니다.

수식어	설명	예시 코드
.stop	이벤트 전파를 중지시킵니다.	`<button @click.stop="handleClick">Click me</button>`
.prevent	기본 이벤트 처리를 방지합니다.	`<form @submit.prevent="handleSubmit">Submit</form>`
.capture	이벤트를 캡처 단계에서 처리합니다.	`<div @click.capture="handleClick">Capture Click</div>`
.self	이벤트가 자신에게 발생한 경우에만 핸들러를 실행합니다.	`<div @click.self="handleClick">Click inside</div>`
.once	이벤트 핸들러가 한 번만 실행됩니다.	`<button @click.once="handleClick">Click me once</button>`
.native	컴포넌트 이벤트를 DOM 이벤트로 간주해 부모 컴포넌트로 전달합니다.	`<child-component @click.native="handleClick"></child-component>`
.passive	기본 동작을 즉시 실행하여, 스크롤 성능을 개선할 수 있습니다.	`<div @scroll.passive="onScroll">Scroll this div</div>`

4.2.6 Vue 주요 이벤트 실습

다양한 이벤트와 이벤트 처리 방식을 사용하는 Vue 3 애플리케이션을 작성하려면, 여러 컴포넌트로 나누어 각각의 기능을 구현할 수 있습니다. bulma CSS 프레임워크를 적용하고, 다양한 이벤트 및 이벤트 핸들링 방법을 사용하는 Vue 3의 Composition API 문법을 사용한 애플리케이션 제작 실습을 해 보겠습니다.

(1) 프로젝트 애플리케이션 생성

먼저 vue cli 명령으로 Vue 3 프로젝트 애플리케이션을 생성합니다.

```
ch04>vue create ch04_myapp2      (Vue version 3으로 생성)
```

(2) 디렉터리 이동 및 의존성 라이브러리(패키지) 설치

생성된 프로젝트 애플리케이션의 디렉터리로 이동하여 bulma 라이브러리를 설치합니다.

```
ch04>cd ch04_myapp2
ch04\ch04_myapp1>npm install bulma
```

(3) 프로젝트 애플리케이션 구조

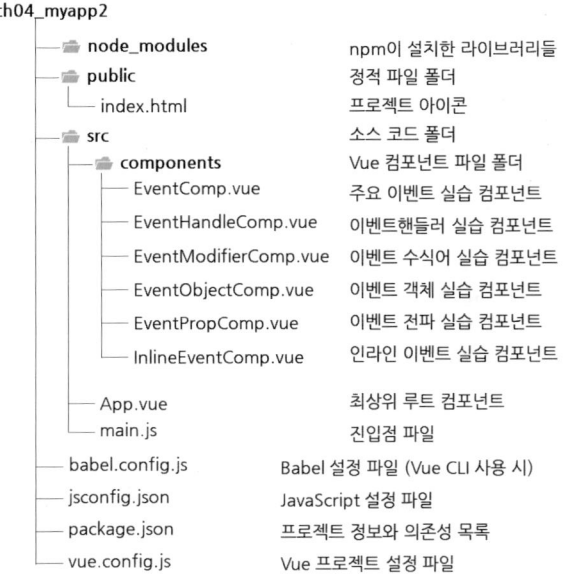

[그림 4-4] ch04_myapp2 프로젝트 애플리케이션 구조

(4) 프로젝트 애플리케이션 설정

main.js에서 bulma를 적용합니다.

```
src/main.js
01  import { createApp } from 'vue';
02  import App from './App.vue';
03  import 'bulma/css/bulma.css';
04  createApp(App).mount('#app');
```

Vue와 메인 뷰(App.vue)를 가져오고 설치된 bulma의 css 모듈을 불러옵니다.

(5) 컴포넌트 작성

Components 디렉터리 안에 여러 이벤트 종류를 실습하기 위한 EventComp.vue 파일을 생성하고 다음과 같이 코드를 작성합니다.

src/components/EventComp.vue

```
01    <template>
02      <div class="box">
03        <h1 class="title">Event Handling</h1><hr>
04        <button @click="handleClick">Click Me</button><hr>
05        <button @dblclick="handleDblClick">Double Click Me</button><hr>
06        <div @mouseover="handleMouseOver" @mouseout="handleMouseOut" class="notification" >
07          Mouse Over/Out
08        </div>
09        <input @keydown="handleKeydown" @keyup="handleKeyup" placeholder="Key events" />
10        <input @input="handleInput" placeholder="Input Event" />
11        <input @change="handleChange" placeholder="Change Event" />
12        <input @focus="handleFocus" @blur="handleBlur" placeholder="Focus/Blur" /><hr>
13        <form @submit.prevent="handleSubmit">
14          <input type="text" v-model="text" placeholder="Submit Form" />
15          <button type="submit">Submit</button>
16        </form>
17        <div @scroll="handleScroll" style="height: 100px; overflow: auto;">
18          <div style="height: 300px;">Scroll Me</div>
19        </div>
20        <div @contextmenu.prevent="handleContextMenu">Right Click Me (Context Menu)</div>
21      </div>
22    </template>
23    <script>
24    import { ref } from 'vue';
25    export default {
26      setup() {
27        const text = ref('');
28        const handleClick = () => alert('Clicked!');
29        const handleDblClick = () => alert('Double Clicked!');
30        const handleMouseOver = () => console.log('Mouse Over');
31        const handleMouseOut = () => console.log('Mouse Out');
32        const handleKeydown = (event) => console.log('Key Down:', event.key);
33        const handleKeyup = (event) => console.log('Key Up:', event.key);
34        const handleInput = (event) => console.log('Input:', event.target.value);
35        const handleChange = (event) => console.log('Change:', event.target.value);
36        const handleFocus = () => console.log('Focused');
37        const handleBlur = () => console.log('Blurred');
38        const handleSubmit = () => alert(`Form submitted with value:
```

```
${text.value}`);
39       const handleScroll = (event) => console.log('Scrolling:', event.
target.scrollTop);
40       const handleContextMenu = () => console.log('Context menu opened');
41       return {
42         text, handleClick, handleDblClick, handleMouseOver,
handleMouseOut, handleKeydown, handleKeyup,
43         handleInput, handleChange, handleFocus, handleBlur, handleSubmit,
handleScroll, handleContextMenu,
44       };
45     },
46   };
47 </script>
```

Click, DblClick, MouseOver, MouseOut, KeyDown, KeyUp, Input, Change, Focus, Blur, Submit, Scroll, ContextMenu 등의 이벤트를 실행합니다.

Components 디렉터리 안에 인라인 이벤트 실습을 위한 InlineEventComp.vue 파일을 생성하고 다음과 같이 작성합니다.

```
src/components/InlineEventComp.vue
01 <template>
02   <div class="box">
03     <h1 class="title">Inline Events</h1><hr>
04     <button @click="showAlert">Click Inline</button><hr>
05     <button @click="handleClick('With Data')">Click with Data
Binding</button><hr>
06     <button @click.prevent="handleClick('With Prevent')">Click with
Prevent</button>
07   </div>
08 </template>
09 <script>
10 export default {
11   setup() {
12     const showAlert = () => { window.alert('Button clicked!'); };
13     const handleClick = (message) => { alert(message); };
14     return { showAlert, handleClick, };
15   },
16 };
17 </script>
```

매개변수가 없는 인라인 이벤트인 showAlert이며 매개변수의 값을 받아 처리하는 인라인 이벤트인 handleClick을 실행합니다.

Components 디렉터리 안에 이벤트 핸들러의 실습을 위한 EventHandleComp.vue 파일을 생성하고 다음과 같이 코드를 작성합니다.

```
src/components/EventHandleComp.vue
01  <template>
02    <div class="box">
03      <h1 class="title">Event Handlers</h1><hr>
04      <button @click="handleClick">Method Handler</button><hr>
05      <button @click="showInlineAlert">Inline Handler</button><hr>
06      <input @input="handleInput" placeholder="Event Object Handling" />
07    </div>
08  </template>
09  <script>
10  export default {
11    setup() {
12      const handleClick = () => { alert('Method Handler Clicked!'); };
13      const showInlineAlert = () => { window.alert('Inline Handler'); };
// window.alert() 명시적으로 호출
14      const handleInput = (event) => { console.log('Input event:', event.target.value); };
15      return { handleClick, showInlineAlert, handleInput, };
16    },
17  };
18  </script>
```

메서드 핸들러인 handleClick이며 인라인 핸들러인 showInlineAlert를 실행합니다.

Components 디렉터리 안에 이벤트 객체의 실습을 위한 EventObjectComp.vue 파일을 생성하고 다음과 같이 코드를 작성합니다.

```
src/components/EventObjectComp.vue
01  <template>
02    <div class="box">
03      <h1 class="title">Event Object</h1><hr>
04      <input @keyup="handleKeyup" placeholder="Key Events" /><hr>
05      <button @click="handleClick">Click with Event Object</button>
```

```
06      </div>
07    </template>
08    <script>
09    export default {
10      setup() {
11        const handleKeyup = (event) => {
12          console.log('Event type:', event.type);
13          console.log('Key pressed:', event.key);
14        };
15        const handleClick = (event) => {
16          event.preventDefault();
17          console.log('Event target:', event.target);
18          console.log('Event type:', event.type);
19        };
20        return { handleKeyup, handleClick, };
21      },
22    };
23    </script>
```

이벤트 객체인 event 주요 속성인 target, type, key 등의 내용과 이벤트 방지에 관한 내용을 실행합니다.

Components 디렉터리 안에 이벤트 전파 실습을 위한 EventPropComp.vue 파일을 생성하고 다음과 같이 코드를 작성합니다.

src/components/EventPropComp.vue

```
01    <template>
02      <div class="box">
03        <h1 class="title">Event Propagation</h1>
04        <div @click="handleParentClick">
05          Parent
06          <button @click.stop="handleChildClick">Child (Stops Propagation)</button>
07        </div>
08      </div>
09    </template>
10    <script>
11    export default {
12      setup() {
13        const handleParentClick = () => { alert('Parent clicked'); };
14        const handleChildClick = () => { alert('Child clicked'); };
15        return { handleParentClick, handleChildClick, };
```

```
16    },
17  };
18  </script>
```

컴포넌트가 실행되면 부모 요소의 이벤트와 자식 요소의 이벤트가 부모/자식 요소 간 서로 전파되지 않는 것을 확인합니다.

Components 디렉터리 안에 이벤트 수식어 실습을 위한 EventModifierComp.vue 파일을 생성하고 다음과 같이 코드를 작성합니다.

src/components/EventModifierComp.vue

```
01  <template>
02    <div class="box">
03      <h1 class="title">Event Modifiers</h1><hr>
04      <button @click.stop="handleStop">Stop Propagation</button><hr>
05      <button @click.prevent="handlePrevent">Prevent Default</button><hr>
06      <button @click.once="handleOnce">Click Once</button><hr>
07      <input @keyup.self="handleSelfKeyup" placeholder="Keyup only on self" /><hr>
08      <div @scroll.passive="handlePassiveScroll" style="height: 100px; overflow: auto;">
09        <div style="height: 300px;">Passive Scroll</div>
10      </div>
11    </div>
12  </template>
13  <script>
14  export default {
15    setup() {
16      const handleStop = () => alert('Propagation stopped!');
17      const handlePrevent = () => alert('Default prevented!');
18      const handleOnce = () => alert('Clicked once!');
19      const handleSelfKeyup = (event) => console.log('Keyup on input:', event.key);
20      const handlePassiveScroll = (event) => console.log('Passive scrolling:', event.target.scrollTop);
21      return {
22        handleStop, handlePrevent, handleOnce, handleSelfKeyup, handlePassiveScroll,
23      };
24    },
25  };
26  </script>
```

이벤트 객체가 갖는 stop, prevent, once, self, passive 등이 각각 실행됩니다.

작성된 모든 컴포넌트를 배치하는 메인 뷰(App.vue)를 다음과 같이 수정합니다.

src/App.vue
```
01 <template>
02   <section class="section">
03     <div class="container">
04       <h1 class="title">Vue 3 Events Example</h1>
05       <EventComp /> <InlineEventComp /> <EventHandleComp /> <EventObjectComp /> <EventPropComp />
06       <EventModifierComp />
07     </div>
08   </section>
09 </template>
10 <script>
11 import EventComp from './components/EventComp.vue';
12 import InlineEventComp from './components/InlineEventComp.vue';
13 import EventHandleComp from './components/EventHandleComp.vue';
14 import EventObjectComp from './components/EventObjectComp.vue';
15 import EventPropComp from './components/EventPropComp.vue';
16 import EventModifierComp from './components/EventModifierComp.vue';
17 export default {
18   components: {
19     EventComp, InlineEventComp, EventHandleComp, EventObjectComp, EventPropComp, EventModifierComp,
20   },
21 };
22 </script>
```

하위 컴포넌트가 배치된 순서대로 렌더링이 되면 이벤트를 작동시켜 실습합니다.

(6) 애플리케이션 실행

터미널에서 "npm run serve" 명령으로 해당 프로젝트의 애플리케이션인 ch04_myapp2를 실행합니다. 웹 브라우저의 URL 입력란에 "localhost:8080"을 입력하거나 터미널창에 나타난 결과에서 Ctrl키를 누른 채로 Local 항목의 "http://localhost:8080/"를 클릭하여 애플리케이션을 엽니다.

```
D:\book\vue\ch04\ch04_myapp2>npm run serve
```

실행된 애플리케이션 화면에서 각종 해당 버튼을 클릭 또는 더블클릭, 키보드 입력, 스크롤 등의 사용자 행위를 진행하여 이벤트를 확인합니다.

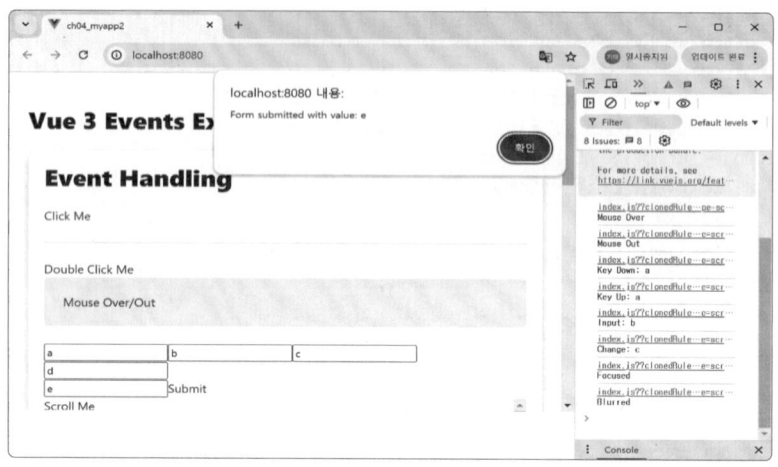

[그림 4-5] ch04_myapp2 프로젝트 애플리케이션 실행 화면

4.3 Vue 커스텀 이벤트(Custom Events)

커스텀 이벤트(Custom Events)는 Vue.js에서 컴포넌트 간의 통신을 구현하는 중요한 방법 중 하나입니다. 자식 컴포넌트가 부모 컴포넌트에 이벤트를 발생시켜 부모 컴포넌트에서 사용자 요구 동작을 수행할 수 있습니다. 이를 통해 자식과 부모 컴포넌트 간의 상호작용을 효율적으로 처리할 수 있습니다.

(1) 커스텀 이벤트의 개념

커스텀 이벤트는 Vue 이벤트 시스템을 사용하여 자식 컴포넌트가 부모 컴포넌트에 정보를 전달할 때 사용됩니다. 자식 컴포넌트는 $emit 메서드를 사용하여 이벤트를 발생시키며, 부모 컴포넌트는 이벤트를 수신하여 처리합니다.

(2) 커스텀 이벤트 구성

① 자식 컴포넌트에서 커스텀 이벤트 발생시키기

자식 컴포넌트에서 커스텀 이벤트를 발생시키기 위해 $emit 메서드를 사용합니다. $emit 메서드는 두 개의 인자를 받습니다.

- 이벤트 이름: 발생시킬 커스텀 이벤트의 이름입니다.
- 이벤트 데이터(선택적): 이벤트와 함께 전달할 데이터입니다.

② 부모 컴포넌트에서 커스텀 이벤트 수신하기

부모 컴포넌트는 자식 컴포넌트의 커스텀 이벤트를 수신하고 처리할 수 있습니다. 부모 컴포넌트의 템플릿에서 자식 컴포넌트에 v-on 디렉티브를 사용하여 커스텀 이벤트를 처리합니다.

(3) 커스텀 이벤트의 사용

- 폼 입력 검증: 자식 컴포넌트에서 폼 필드의 유효성을 검증하고, 부모 컴포넌트에 검증 결과를 전달합니다.
- 상태 업데이트: 자식 컴포넌트가 특정 이벤트를 발생시키면 부모 컴포넌트에서 상태를 변경하여 UI를 재렌더링할 수 있습니다.
- 상호작용: 자식 컴포넌트에서 발생한 이벤트를 부모 컴포넌트에서 수신하여 상호작용을 처리할 수 있습니다. 예를 들어, 모달 열기, 알림 표시 등이 있습니다.

(4) v-model과 이벤트

v-model 디렉티브는 양방향 데이터 바인딩을 지원하며, Vue 3에서는 modelValue와 update:modelValue 이벤트를 사용합니다. v-model은 기본적으로 modelValue 프로퍼티를 읽고, update:modelValue 이벤트를 발생시켜 부모와 자식 컴포넌트 간의 데이터 동기화를 자동으로 처리합니다.

4.3.1 Vue 커스텀 이벤트 실습

Vue 3의 Composition API와 〈script setup〉을 사용하여 부모-자식 컴포넌트 간 emit와 props를 통해 데이터를 교환하고 v-model을 활용한 양방향 데이터 바인딩을 적용한 애플리케이션을 작성하겠습니다. 또한, Materialize CSS 프레임워크를 적용하여 스타일을 제공하고 부모와 자식 간의 데이터 전달 및 상호작용을 구현합니다.

(1) 프로젝트 애플리케이션 생성

먼저 vue cli 명령으로 "ch04_myapp3" 이름의 Vue 3 프로젝트 애플리케이션을 생성합니다.

```
Ch04>vue create ch04_myapp3      (Vue version 3으로 생성)
```

(2) 디렉터리 이동 및 의존성 라이브러리(패키지) 설치

프로젝트 디렉터리인 "ch04_myapp3"로 이동하고 materialize를 설치합니다.

```
ch04>cd ch04_myapp3
ch04\ch04_myapp3>npm install materialize-css
```

(3) 프로젝트 애플리케이션 구조

Vue cli로 프로젝트 애플리케이션을 생성하고 의존성 라이브러리를 설치하면 [그림 4-6]과 같은 구조를 갖는 프로젝트 애플리케이션이 만들어집니다.

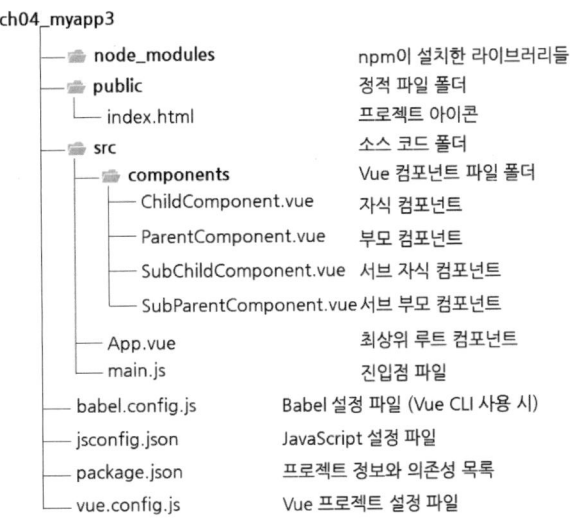

[그림 4-6] ch04_myapp3 프로젝트 애플리케이션 구조

(4) 프로젝트 애플리케이션 설정

main.js에서 materialize를 적용합니다.

src/main.js

```
01  import { createApp } from 'vue';
02  import App from './App.vue';
03  import 'materialize-css/dist/css/materialize.min.css';
04  createApp(App).mount('#app');
```

(5) 컴포넌트 작성

components 디렉터리 안에 부모 컴포넌트(ParentComponent)에 포함될 자식 컴포넌트(ChildComponent) 파일을 생성하고 다음과 같이 코드를 작성합니다.

src/components/ChildComponent.vue

```
01  <template>
02    <div class="card-panel teal lighten-2">
03      <h3>Child Component</h3>
```

```
04      <p>Parent Message: {{ parentMessage }}</p>
05      <div class="input-field">
06        <input type="text" v-model="childMessage" placeholder="Child Message" />
07        <label for="childMessage" class="active" style="color: #fff">Child Message</label>
08      </div>
09      <button class="btn" @click="emitCustomEvent">Send to Parent</button>
10    </div>
11  </template>
12  <script setup>
13  import { ref } from 'vue';
14  const props = defineProps({ parentMessage: String, });
15  const emit = defineEmits(['custom-event']);     // emits를 defineEmits로 정의
16  const childMessage = ref('');    // 상태 변수
17  const emitCustomEvent = () => { emit('custom-event', childMessage.value); };
18  </script>
```

위 코드에서 ChildComponent는 버튼 클릭 시 custom-event라는 커스텀 이벤트를 발생시키며, childMessage에 입력한 데이터를 함께 전달합니다.

components 디렉터리 안에 미리 작성된 자식 컴포넌트(ChildComponent)를 포함시킬 부모 컴포넌트(ParentComponent) 파일을 생성하고 다음과 같이 코드를 작성합니다.

src/components/ParentComponent.vue

```
01  <template>
02    <div class="card-panel teal lighten-4">
03      <h2>Parent Component</h2>
04      <ChildComponent @custom-event="handleCustomEvent" :parentMessage="parentMessage">
05        <div class="input-field"><!-- 부모의 상태 -->
06          <input type="text" v-model="parentMessage" placeholder="Parent Message" />
07          <label for="parentMessage" class="active" style="padding-top:12px">Parent Message</label>
08        </div>
09      </div>
10  </template>
11  <script setup>
12  import { ref } from 'vue';
13  import ChildComponent from './ChildComponent.vue';
14  const parentMessage = ref('Hello from Parent');
15  const handleCustomEvent = (message) => { // 자식에서 받은 이벤트를 처리
```

```
16      parentMessage.value = message; // 자식에서 전달된 메시지를 부모의 상태에
업데이트
17    };
18 </script>
```

위 코드에서 ParentComponent는 ChildComponent의 custom-event 커스텀 이벤트를 수신하여 handleCustomEvent 메서드를 호출합니다. 이벤트 핸들러는 전달받은 데이터를 message 데이터 속성에 저장합니다.

components 디렉터리 안에 서브 부모 컴포넌트(SubParentComponent)에 포함될 서브 자식 컴포넌트(SubChildComponent) 파일을 생성하고 다음과 같이 코드를 작성합니다.

src/components/SubChildComponent.vue
```
01 <template>
02   <div class="card-panel blue lighten-2">
03     <h3>SubChild Component</h3>
04     <div class="input-field">
05       <input id="childInput" :value="modelValue" @input="updateValue" />
06       <label for="childInput" class="active">Child Input</label>
07     </div>
08   </div>
09 </template>
10 <script setup>
11 import { defineProps, defineEmits } from 'vue';
12 const props = defineProps({ modelValue: String });
13 const emit = defineEmits(['update:modelValue']);   // Emits 정의
14 const updateValue = (event) => { emit('update:modelValue', event.target.value); };
15 </script>
```

위 코드는 input 태그에서 props를 활용하여 부모로부터 받은 modelValue 속성을 바인딩하고, emits를 활용하여 @input 이벤트를 통해 사용자가 입력한 값을 부모로 전달합니다.

components 디렉터리 안에 미리 작성된 서브 자식 컴포넌트(SubChildComponent)를 포함시킬 서브 부모 컴포넌트(SubParentComponent) 파일을 생성하고 다음과 같이 코드를 작성합니다.

```
src/components/SubParentComponent.vue
01    <template>
02      <div class="container">
03        <h1 class="center-align">Sub Parent Component</h1>
04        <SubChildComponent v-model="parentValue" />
05      </div>
06    </template>
07    <script setup>
08    import { ref } from 'vue';
09    import SubChildComponent from './SubChildComponent.vue';
10    const parentValue = ref('');   // 상태 정의
11    </script>
```

위 코드는 자식 컴포넌트에 v-model을 통해 부모의 parentValue 데이터를 전달하고 이 데이터는 자식 컴포넌트의 modelValue에 바인딩되고, 자식에서 발생하는 이벤트를 통해 부모 값도 업데이트됩니다. 부모 컴포넌트가 관리하는 상태값인 parentValue 값은 자식 컴포넌트의 input과 양방향으로 연결됩니다.

(6) 애플리케이션 실행

터미널에서 "npm run serve" 명령으로 애플리케이션을 실행시키고 웹 브라우저의 URL 입력란에 "localhost:8080"을 입력하거나 터미널창에 나타난 결과에서 Ctrl키를 누른 채로 Local 항목의 "http://localhost:8080/"를 클릭하여 애플리케이션을 엽니다.

```
ch04₩ch04_myapp3>npm run serve
```

애플리케이션 실행 화면에서 Child Component의 Child Message 입력란에 값을 입력하고 [SEND TO PARENT] 버튼을 누릅니다. Hello from Parent 입력란에 값을 입력하고 [SEND TO PARENT] 버튼을 누릅니다.

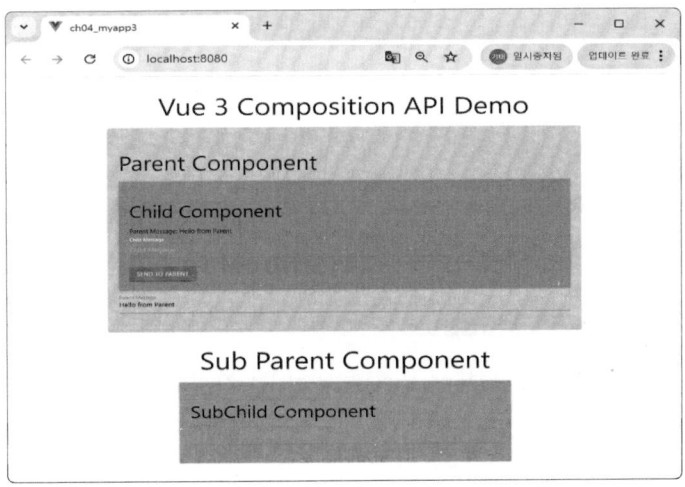

[그림 4-7] ch04_myapp3 프로젝트 애플리케이션 실행 화면

4.4 컴포넌트 더 깊이 들여다보기

Vue 3에서는 컴포넌트를 효과적으로 관리하고 유지보수하기 위해 다양한 기능과 기술을 제공합니다. 여기서는 CSS 모듈화, 슬롯, 동적 컴포넌트, Provide/Inject, 텔레포트, 비동기 컴포넌트 등을 살펴봅니다.

(1) 이벤트와 컴포넌트 통합

컴포넌트는 이벤트를 통해 서로 상호작용합니다. 부모-자식 관계뿐 아니라 형제 컴포넌트 간에도 이벤트 버스를 통해 통신할 수 있습니다. Vue 3에서는 이벤트 버스보다는 Vuex나 Pinia와 같은 상태 관리 라이브러리를 사용하는 것이 권장되지만, 간단한 예시로 이벤트 버스를 활용하는 방식도 있습니다.

(2) 이벤트 버스(Event Bus) (Vue 2 기준)

Vue 2에서는 중앙 이벤트 버스를 설정하여 전역에서 이벤트를 주고받을 수 있었습니다. 그러나 Vue 3에서는 이러한 방식이 권장되지 않으며, 상태 관리를 사용하거나 provide/

inject 패턴을 사용합니다.

```
01    const EventBus = new Vue();   //Vue 2에서의 이벤트 버스
02    export default EventBus;
03    EventBus.$emit("eventName", data);   //컴포넌트에서 사용
04    EventBus.$on("eventName", callback);
```

4.4.1 CSS 모듈화(CSS Modules)

CSS 모듈화(CSS Moduls)는 컴포넌트에 특화된 스타일을 작성하여 스타일 충돌을 방지하고, 컴포넌트의 독립성을 유지하는 기술입니다. Vue 3에서는 〈style scoped〉를 사용하여 CSS 모듈화를 지원하기도 하지만, 여기에서는 CSS를 별도의 파일로 모듈화하고 컴포넌트에서 이를 임포트(Import)하여 사용하는 방법으로 CSS 파일을 별도로 작성하여 모듈화하고 컴포넌트별로 스타일을 적용할 수 있습니다.

다음은 [그림 4-8]에 관한 설명입니다.

❶ 스타일 파일을 별도로 작성하여 모듈화하여 컴포넌트에서 스타일 모듈을 가져옵니다.

❷ 컴포넌트에서 class 속성으로 container 클래스를 적용합니다.

❸ 컴포넌트에서 class 속성으로 title 클래스를 적용합니다.

```
❶ styles.module.css              MyComponent.vue
                                 <template>
❷ .container {                     <div :class="$style.container">
    background-color: lightblue;     <h1 :class="$style.title">Hello from MyComponent</h1>
    padding: 20px;                 </div>
  }                                </template>
                                 <script setup>
❸ .title {                         import styles from './styles.module.css';
    color: navy;                   </script>
    font-size: 24px;               <style scoped>
  }                                /* Scoped 스타일이 필요하면 여기에 추가 */
                                 </style>
```

[그림 4-8] CSS 모듈화

4.4.2 슬롯(Slots)

슬롯(Slots)은 컴포넌트의 콘텐츠를 외부에서 삽입할 수 있는 방법입니다. 이를 통해 컴포넌트의 유연성을 높이고, 재사용 가능한 UI를 만들 수 있습니다. 다음은 [그림 4-9]에 관한 설명입니다.

❶ 자식 컴포넌트를 가져옵니다.

❷ 슬롯 컴포넌트를 자식 컴포넌트로 지정합니다.

❸ 자식 컴포넌트에서 지정한 슬롯 위치에 들어갈 콘텐츠를 정의합니다.

❹ 부모 컴포넌트에서 제공한 내용을 표시할 위치를 slot 태그로 지정합니다.

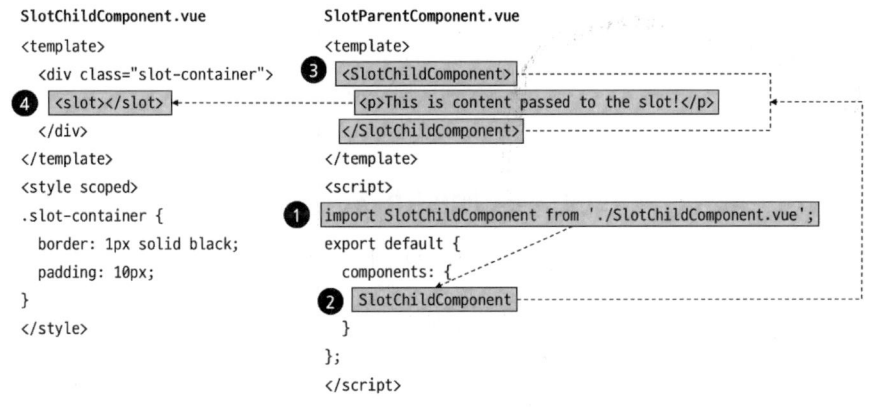

[그림 4-9] 슬롯(slot)

4.4.3 동적 컴포넌트(Dynamic Components)

동적 컴포넌트(Dynamic Components)는 런타임에 어떤 컴포넌트를 렌더링할지 결정하는 기능입니다. Vue에서는 〈component〉 태그를 사용하여 동적 컴포넌트를 구현할 수 있습니다. 다음은 [그림 4-10]에 관한 설명입니다.

❶ 클릭 시 switchComp 함수를 호출합니다.

❷ 현재 컴포넌트에 CompA와 CompB 컴포넌트를 교대로 반환합니다.

❸ 반환된 컴포넌트 이름을 렌더링합니다.

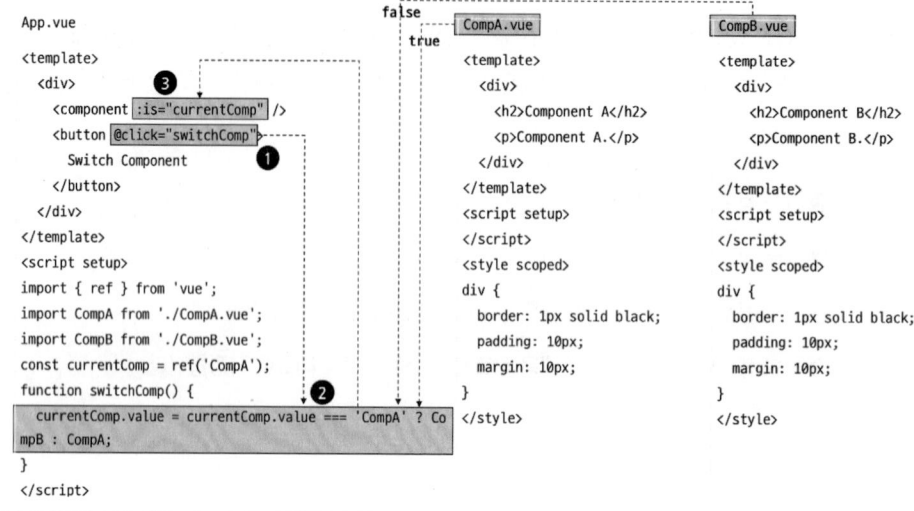

[그림 4-10] 동적 컴포넌트

4.4.4 Provide/Inject 적용 공용 데이터(Provide/Inject)

provide와 inject는 부모 컴포넌트에서 자식 컴포넌트에 데이터를 전달할 때 사용하는 API입니다. 깊은 컴포넌트 트리에서 데이터 전달을 간편하게 처리할 수 있습니다.

다음은 [그림 4-11]에 관한 설명입니다.

❶ 공유할 데이터를 정의합니다.

❷ 공유한 데이터를 가져옵니다.

❸ 공유한 데이터를 템플릿에 바인딩합니다.

❹ 자식 컴포넌트에 공유된 데이터를 바인딩하고 있는 컴포넌트를 포함시킵니다.

❺ 부모 컴포넌트에 자식 컴포넌트를 포함시켜 렌더링합니다.

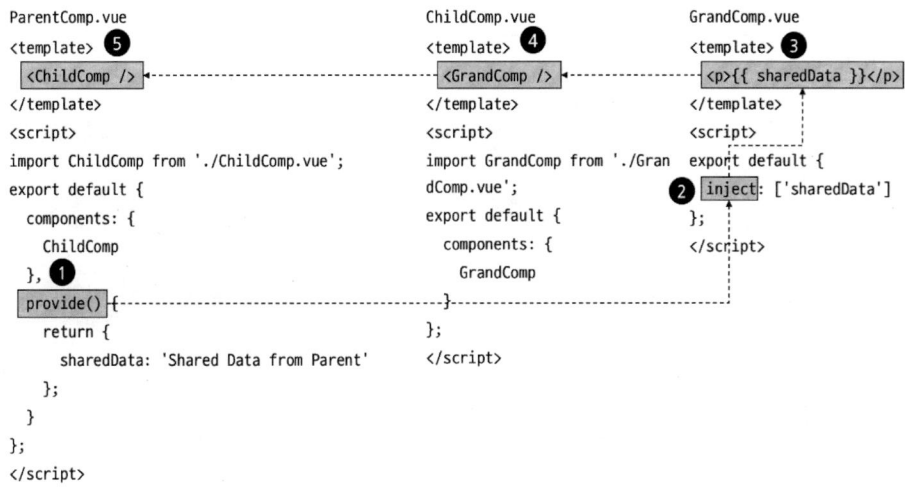

[그림 4-11] Provide/Inject 공용 데이터

4.4.5 텔레포트(Teleport)

텔레포트(Teleport)는 컴포넌트의 렌더링 위치를 변경하여, DOM 트리의 다른 위치에 렌더링할 수 있게 해줍니다. 이를 통해 모달, 알림 등과 같은 UI 요소를 보다 유연하게 배치할 수 있습니다. [그림 4-12]에 관한 설명은 다음과 같습니다.

❶ App.vue에 텔레포트 기능을 활용해 Modal.vue를 대화상자 형태로 렌더링합니다.

❷ 닫기(Close) 버튼을 누르면 화면에서 사라집니다.

Modal.vue
```vue
<template>
  <teleport to="body">
    <div class="modal">
      <p>This is a modal</p>
      <button @click="close">Close</button>
    </div>
  </teleport>
</template>
<script>
export default {
  methods: {
    close() {
      this.$emit('close');
    }
  }
};
</script>
<style scoped>
.modal {
  position: fixed;
  top: 50%;
  left: 50%;
  transform: translate(-50%, -50%);
  background: white;
  padding: 20px;
  border: 1px solid black;
}
</style>
```

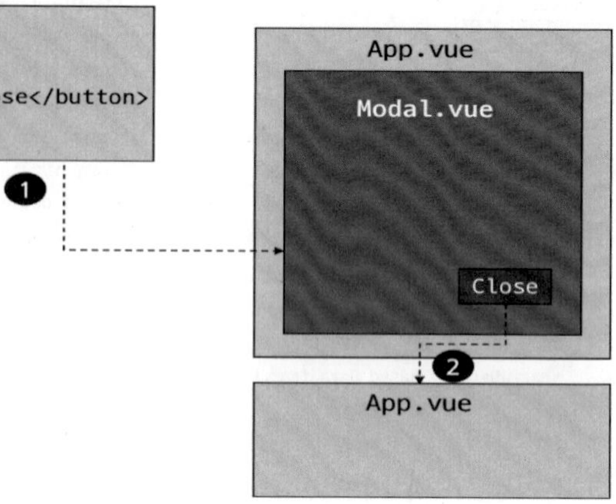

[그림 4-12] 텔레포트(teleport)

4.4.6 비동기 컴포넌트(Async Components)

비동기 컴포넌트(Async Components)는 필요한 시점에 컴포넌트 초기 로딩 시간을 줄이고 성능을 개선할 수 있습니다. Vue에서는 defineAsyncComponent 함수를 사용하여 비동기 컴포넌트를 정의할 수 있습니다. [그림 4-13]에 관한 설명은 다음과 같습니다.

❶ App.vue버튼을 누르면 showComponent값이 true로 변경됩니다.

❷ showComponent값이 true로 변경되면 AsyncComponent가 표시됩니다.

```
<template>
  <div>
❶ <button @click="showComponent = !showComponent">
     Toggle Async Component
   </button>
   <Suspense>
     <template #default>                              true
       <AsyncComponent v-if="showComponent" />
     </template>
     <template #fallback>   false
       <p>Loading...</p>
     </template>
   </Suspense>
  </div>
</template>
<script>
import { defineAsyncComponent } from 'vue';
export default {
  components: {
    AsyncComponent: defineAsyncComponent(() =>
import('./AsyncComponent.vue'))
  },
  data() {
    return { ❷
      showComponent: false
    };
  }
};
</script>
```

[그림 4-13] 비동기 컴포넌트(Async Component)

4.4.7 컴포넌트 심화 실습

Vue 3의 Composition API 문법을 사용하여 CSS 모듈화, 슬롯, 동적 컴포넌트, Provide/Inject, 텔레포트, 비동기 컴포넌트를 모두 포함하여 CSS 프레임워크인 PureCSS를 적용한 애플리케이션 제작을 실습하겠습니다.

(1) 프로젝트 생성

먼저 Vue 3 프로젝트를 생성하고 materialize를 설치합니다.

```
ch04>vue create ch04_myapp4     (Vue version 3으로 생성)
```

vue create 명령으로 출력되는 선택 메뉴에서 Vue version 3를 선택하여 애플리케이션을 생성합니다.

(2) 디렉터리 이동 및 의존성 라이브러리(패키지) 설치

프로젝트 애플리케이션 디렉터리인 ch04_myapp4 디렉터리로 이동하여 pure CSS 라이브러리를 설치합니다.

```
ch04>cd ch04_myapp4
ch04\ch04_myapp4>npm install purecss
```

cd 명령은 디렉터리를 이동하고 이동된 프로젝트 디렉터리에서 purecss 라이브러리를 설치합니다.

(3) 프로젝트 애플리케이션 구조

Vue cli로 프로젝트 애플리케이션을 생성하고 pure CSS를 설치하면 [그림 4-14]와 같은 구조의 프로젝트 애플리케이션이 만들어집니다.

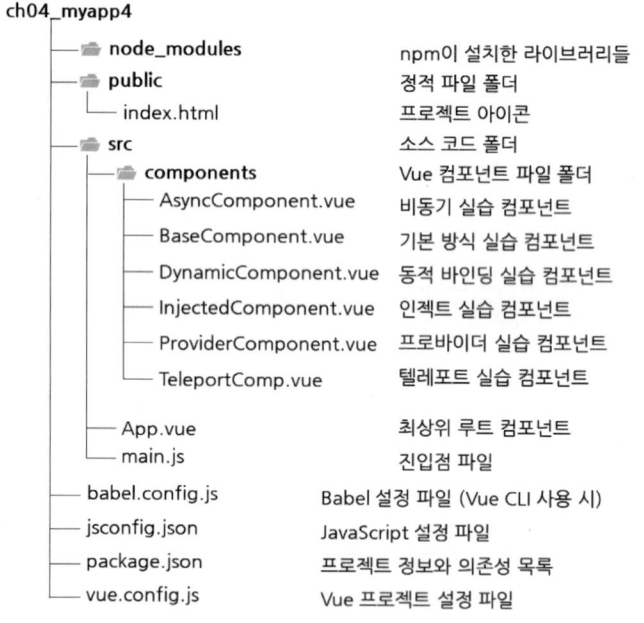

[그림 4-14] ch04_myapp4 프로젝트 애플리케이션 구조

(4) 프로젝트 애플리케이션 설정

main.js에서 purecss를 적용합니다.

```
src/main.js
01    import { createApp } from 'vue';
02    import App from './App.vue';
03    import 'purecss/build/pure.css'; // PureCSS 파일 임포트
04    const app = createApp(App);
```

위 코드는 설치된 css 라이브러리인 pure.css를 가져와 전체 컴포넌트에 적용시킵니다.

(5) 컴포넌트 작성

components 디렉터리에 기본 슬롯이 적용되는 컴포넌트인 BaseComponent.vue 파일을 생성하여 코드를 작성합니다.

```
src/components/BaseComponent.vue
01    <template>
02      <div :class="$style.container">
03        <h1>Vue 3 App with PureCSS</h1>
04        <slot></slot> <!-- 기본 슬롯 -->
05      </div>
06    </template>
07    <style module>
08    .container { padding: 20px;  background-color: #f4f4f4; }
09    </style>
```

위 코드에서 CSS 모듈화를 위해 :class="$style.container"를 사용하여 컴포넌트의 스타일을 모듈화합니다.

components 디렉터리에 동적 컴포넌트인 DynamicComponent.vue 파일을 생성하여 코드를 작성합니다.

src/components/DynamicComponent.vue

```
01  <template>
02    <component :is="componentName" />
03  </template>
04  <script setup>
05  import { ref } from 'vue';
06  const componentName = ref('Base');   // 동적으로 로드할 컴포넌트 이름 정의
07  </script>
```

위 코드에서 component 태그의 :is 속성을 사용하여 동적 컴포넌트를 로드합니다.

components 디렉터리에 컴포넌트 간 데이터 전달에서 데이터 제공자 역할을 하는 컴포넌트인 ProviderComponent.vue 파일을 생성하여 코드를 작성합니다.

src/components/ProviderComponent.vue

```
01  <template>
02    <div>
03      <h2>Provider Component</h2>
04      <button @click="changeMessage">Change Message</button>
05      <slot></slot>
06    </div>
07  </template>
08  <script setup>
09  import { provide, ref } from 'vue';
10  const message = ref('Hello from Provider');
11  provide('message', message);
12  const changeMessage = () => { message.value = 'Message Updated!'; };
13  </script>
```

위 코드는 messsage를 제공하는 provide 함수가 정의되어 있어 inject 함수가 호출된 곳으로 message를 제공합니다.

components 디렉터리에 컴포넌트 간 데이터 전달에서 데이터 수급자 역할을 하는 컴포넌트인 InjectedComponent.vue 파일을 생성하여 코드를 작성합니다.

src/components/InjectedComponent.vue

```
01  <template>
02    <div>
03      <h3>Injected Component</h3> <p>Message: {{ message }}</p>
04    </div>
05  </template>
06  <script setup>
07  import { inject } from 'vue';
08  const message = inject('message');
09  </script>
```

위 코드에서 provide와 inject를 사용하여 컴포넌트 간에 데이터를 전달합니다.

components 디렉터리에 텔레포트가 적용되는 컴포넌트인 TeleportComponent.vue 파일을 생성하여 코드를 작성합니다.

src/components/TeleportComponent.vue

```
01  <template>
02    <teleport to="body">
03      <div class="teleport-box">
04        <h3>Teleport Component</h3>
05        <p>This content is teleported to the body element.</p>
06      </div>
07    </teleport>
08  </template>
09  <style scoped>
10  .teleport-box { background-color: #ffeb3b; padding: 20px; border: 1px solid #fdd835; }
11  </style>
```

위 코드에서 teleport를 사용하여 템플릿 콘텐츠를 다른 DOM 노드로 이동시킵니다.

components 디렉터리에 비동기 방식이 적용되는 컴포넌트인 AsyncComponent.vue 파일을 생성하여 코드를 작성합니다.

src/components/AsyncComponent.vue

```
01  <template>
02    <div>
```

```
03      <h2>Async Component</h2>
04      <AsyncComponent />
05    </div>
06  </template>
07  <script setup>
08  import { defineAsyncComponent } from 'vue';
09  const AsyncComponent = defineAsyncComponent(() => import('./SomeAsyncComponent.vue') );
10  </script>
```

위 코드에서 defineAsyncComponent를 사용하여 비동기 컴포넌트를 정의합니다.

src/App.vue
```
01  <template>
02    <div>
03      <Base />
04      <ProviderComponent>
05         <InjectedComponent />
06      </ProviderComponent>
07      <DynamicComponent />
08      <TeleportComponent />
09      <AsyncComponent />
10    </div>
11  </template>
12  <script setup>
13  import Base from './components/BaseComponent.vue';
14  import ProviderComponent from './components/ProviderComponent.vue';
15  import InjectedComponent from './components/InjectedComponent.vue';
16  import DynamicComponent from './components/DynamicComponent.vue';
17  import TeleportComponent from './components/TeleportComponent.vue';
18  import AsyncComponent from './components/AsyncComponent.vue';
19  </script>
20  <style>
21  /* 전역 스타일 */
22  body {
23    font-family: Arial, sans-serif;
24  }
25  </style>
```

모듈화된 컴포넌트와 슬롯(Slot), 동적 컴포넌트, 컴포넌트 간 데이터 전달, 텔레포트 기능, 비동기 컴포넌트를 순서대로 배치합니다.

(6) 애플리케이션 실행

터미널에서 "npm run serve" 명령으로 해당 프로젝트의 애플리케이션인 ch04_myapp4를 실행합니다. 웹 브라우저의 URL 입력란에 "localhost:8080"을 입력하거나 터미널창에 나타난 결과에서 Ctrl키를 누른 채로 Local 항목의 "http://localhost:8080/"를 클릭하여 애플리케이션을 엽니다.

```
ch04\ch04_myapp4>npm run serve
```

실행된 애플리케이션 화면에서 [Change Message] 버튼을 눌러 데이터의 전달과 비동기 컴포넌트와 텔레포트 컴포넌트 기능이 적용되는지 확인합니다.

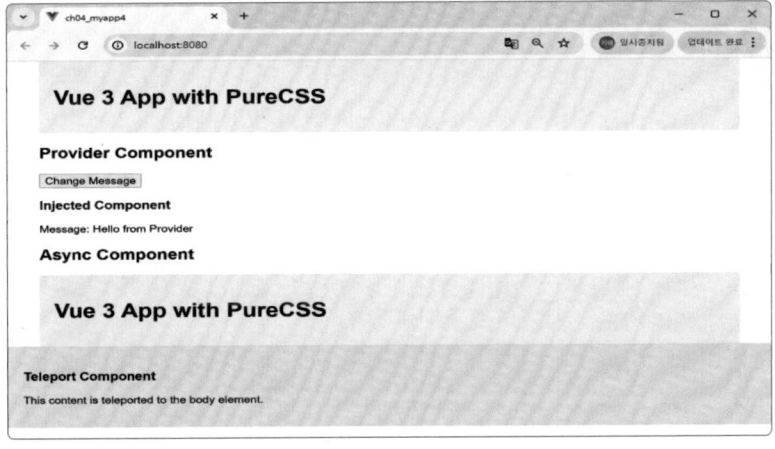

[그림 4-15] ch04_myapp4 실행 화면

4.4.8 프로젝트 개발자 도구 사용

먼저 크롬 웹 브라우저에서 쉽게 사용할 수 있는 Vue 개발자 도구인 Vue.js devtools를 설치하여 컴포넌트를 탐색해 보겠습니다.

(1) Vue.js Devtools 설치와 사용

❶ 크롬 웹 브라우저(Chrome Web Browser)를 실행하고 "크롬 웹 스토어"를 검색하여 "Chrome 웹 스토어"로 이동합니다.

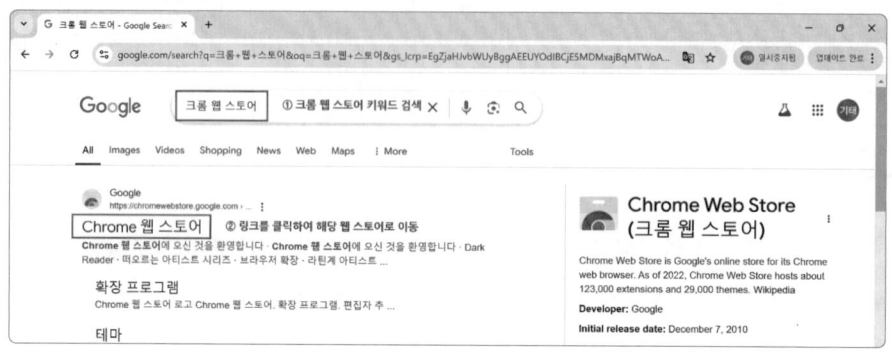

[그림 4-16] 크롬 웹 스토어 검색 화면

❷ Chrome 웹 스토어가 열리면 "Vue.js devtools"를 검색합니다.

[그림 4-17] Vue.js Devtools 검색 화면

❸ 검색 결과의 목록에서 [그림 4-18]과 같이 Vue.js devtools를 클릭합니다.

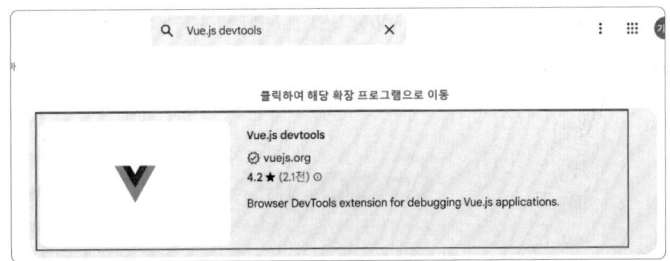

[그림 4-18] Vue.js Devtools 검색 결과 목록 화면

④ "Vue.js devtools" 확장 프로그램 창이 열리면 [Chrome 추가] 버튼을 클릭합니다.

[그림 4-19] Vue.js Devtools 확장 프로그램 창

⑤ [확장 프로그램 추가 확인] 대화상자가 열리고 [확인 프로그램 추가] 버튼을 누르면 확장 프로그램 설치는 마무리됩니다.

[그림 4-20] Vue.js Devtools 확장 프로그램 창

❻ 크롬 웹 브라우저를 새롭게 띄우고 [확장 프로그램] 메뉴를 클릭하여 열리게 되면 [확장 프로그램 관리] 메뉴를 클릭합니다.

[그림 4-21] 확장 프로그램 열기

❼ [확장 프로그램 관리자] 창이 열리고 환경설정을 위해 확장 프로그램 목록에서 "Vue.js devtools" 항목의 [세부정보] 버튼을 클릭합니다.

[그림 4-22] 확장 프로그램 관리자

❽ [Vue.js devtools 설정] 대화상자에서 [툴바의 고정], [시크릿 모드에서 허용], [파일 URL에 관한 액세스 허용] 항목들을 모두 활성화합니다.

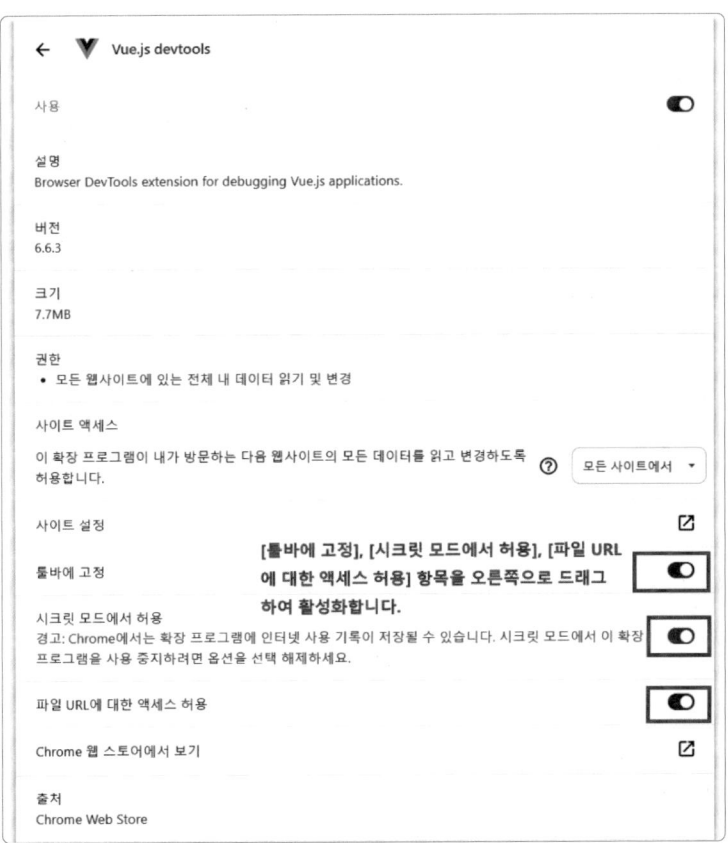

[그림 4-23] Vue.js devtools 설정 화면

❾ 터미널에서 이전에 작성한 ch04_myapp4 애플리케이션을 실행하고 크롬 웹 브라우저에서 애플리케이션을 띄운 후 [F12] 키를 눌러 개발자 도구를 열고 [그림 4-24]와 같이 Vue.js devtools를 진행합니다.

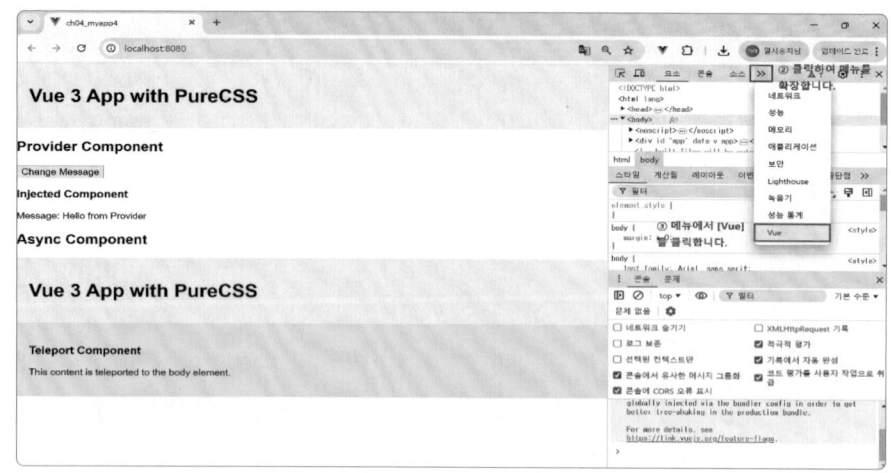

[그림 4-24] 애플리케이션 개발자 도구 화면

❿ Vue.js devtools가 열리면 [그림 4-25]와 같이 컴포넌트의 탐색이 가능해집니다. 원하는 컴포넌트를 클릭하고 렌더링 상황을 관찰합니다.

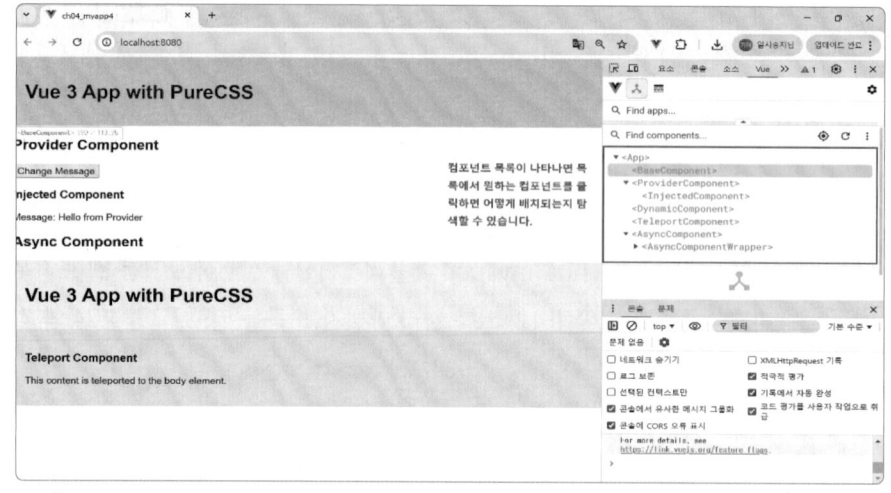

[그림 4-25] Vue.js devtools 사용 화면

4.5 Vue 대시보드 애플리케이션 프로젝트 실습

Vue 3의 Composition API 형식과 Foundation CSS 프레임워크를 적용한 대시보드 애플리케이션을 제작해 보겠습니다. 여기에서 Foundation CSS 프레임워크(Framework)를 별도의 설치 없이 CDN(Content Delivery Network)으로 연결하여 적용합니다.

4.5.1 프로젝트 생성

새로운 프로젝트를 생성하고 해당 디렉터리로 이동합니다.

(1) 프로젝트 생성하기

먼저 "ch04_myapp5" 이름으로 vue cli 명령을 활용하여 Vue 3 프로젝트를 생성합니다.

```
ch04>vue create ch04_myapp5      (Vue version 3으로 생성)
```

(2) 디렉터리 이동

프로젝트 애플리케이션의 디렉터리로 이동합니다.

```
ch04>cd ch04_myapp5
ch04\ch04_myapp5>
```

(3) 프로젝트 애플리케이션 구조

"vue cli" 명령으로 생성된 프로젝트 애플리케이션 구조이며 여기에서 assets 폴더를 생성하고 그 안에 logo.png와 styles.css 파일을 작성합니다.

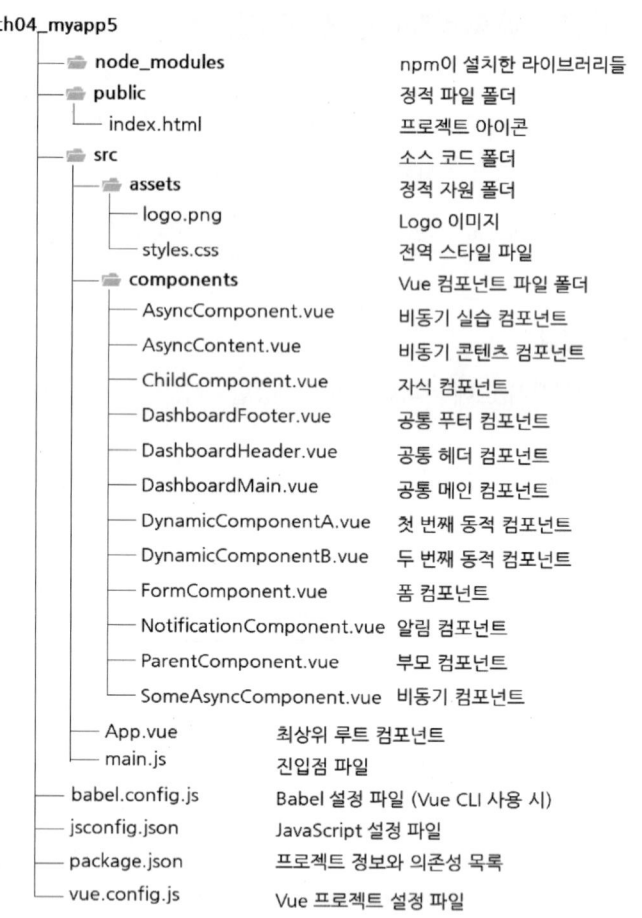

[그림 4-26] ch04_myapp5 프로젝트 애플리케이션 구조

(4) 프로젝트 애플리케이션 설정

Foundation을 cdn으로 연결하는 ./assets/styles.css를 작성합니다.

```css
src/assets/styles.css

01  @import 'https://cdn.jsdelivr.net/npm/foundation-sites@6.7.5/dist/css/foundation.min.css';
02  body {
03      font-family: Arial, sans-serif;
04      background-color: #f4f4f4;
```

```
05      margin: 0;
06      padding: 0;
07    }
```

cdn으로 foundation.min.css 파일을 가져오고 그 외 필요한 전역 스타일을 지정합니다.

작성된 styles.css를 적용될 수 있게 애플리케이션의 설정 파일인 main.js를 수정합니다.

src/main.js

```
01  import { createApp } from 'vue';
07  import App from './App.vue';
08  import './assets/styles.css'; // Foundation CSS 및 사용자 정의 CSS
09  const app = createApp(App);
10  app.mount('#app');
```

foundation CSS가 적용된 styles.css 파일을 가져와 전역 스타일로 지정합니다.

4.5.2 컴포넌트 작성

프로젝트 애플리케이션을 참조하여 각종 컴포넌트를 작성합니다.

(1) 헤더 컴포넌트 작성

화면에서 상단에 공통으로 들어가는 요소를 헤더(header)라고 합니다. 여기에서는 components 디렉터리 안에 새로운 파일을 생성하여 대시보드에서 공통으로 상단에 위치할 헤더 컴포넌트를 작성합니다.

src/components/DashboardHeader.vue

```
01  <template>
02    <header class="top-bar">
03      <div class="top-bar-left">
04        <ul class="dropdown menu" data-dropdown-menu>
05          <li class="menu-text">My Dashboard</li>
06        </ul>
07      </div>
08    </header>
```

```
09    </template>
10    <script setup>
11    </script>
12    <style scoped>
13    .top-bar {
14      background-color: #333;
15      color: white;
16      padding: 0.5rem;
17    }
18    </style>
```

template은 header 요소 안에 메뉴를 드롭다운(Dropdown) 형태로 적용하여 배치합니다.

(2) 푸터 컴포넌트 작성

화면에서 하단에 공통으로 들어가는 요소를 푸터(footer)라고 합니다. 여기에서는 components 디렉터리 안에 새로운 파일을 생성하여 대시보드에서 공통으로 하단에 위치할 푸터 컴포넌트를 작성합니다.

src/components/DashboardFooter.vue

```
01    <template>
02      <footer class="grid-x grid-margin-x">
03        <div class="cell auto">
04          <p>&copy; 2024 My Dashboard App</p>
05        </div>
06      </footer>
07    </template>
08    <script setup>
09    </script>
10    <style scoped>
11    footer {
12      background-color: #333;
13      color: white;
14      padding: 1rem;
15      text-align: center;
16    }
17    </style>
```

footer 요소 안에 copyright 요소를 배치합니다.

(3) 메인 컴포넌트 작성

components 디렉터리 안에 새로운 파일을 생성하여 FormComponent, DynamicComponentA, DynamicComponentB, AsyncComponent 등을 배치하는 컴포넌트를 작성합니다.

src/components/DashboardMain.vue

```vue
<template>
  <section>
    <h2>Main Section</h2>
    <form-component />
    <component :is="currentComponent" />   <!-- 동적 컴포넌트 렌더링 -->
    <button @click="switchComponent">Switch Component</button>
    <async-component />
    <some-async-component />
  </section>
</template>
<script setup>
import { ref, defineAsyncComponent } from 'vue';
import FormComponent from './FormComponent.vue';
import AsyncComponent from './AsyncComponent.vue';
const DynamicComponentA = defineAsyncComponent(() => import('./DynamicComponentA.vue'));
const DynamicComponentB = defineAsyncComponent(() => import('./DynamicComponentB.vue'));
const SomeAsyncComponent = defineAsyncComponent(() => import('./SomeAsyncComponent.vue'));
const currentComponent = ref(DynamicComponentA);    // 현재 렌더링될 컴포넌트 추적
const switchComponent = () => {   // 컴포넌트 전환 함수
  currentComponent.value = currentComponent.value === DynamicComponentA ? DynamicComponentB : DynamicComponentA;
};
</script>
<style scoped>
button { margin-top: 1rem; }
</style>
```

FormComponent가 맨 처음 렌더링이 됩니다. currentComponent는 switchComponent의 값에 따라 DynamicComponentA나 DynamicComponentB가 렌더링이 됩니다. 07 라인의 AsyncComponent가 마지막으로 렌더링이 됩니다.

(4) 폼 컴포넌트 작성

components 디렉터리 안에 새로운 파일을 생성하고 v-model 디렉티브를 활용하여 input 요소의 값을 전달하는 폼 컴포넌트를 작성합니다.

```vue
src/components/FormComponent.vue
01  <template>
02    <form @submit.prevent="submitForm">
03      <label for="name">Name</label>
04      <input type="text" v-model="formData.name" id="name" />
05      <label for="email">Email</label>
06      <input type="email" v-model="formData.email" id="email" />
07      <button type="submit" class="button">Submit</button>
08    </form>
09  </template>
10  <script setup>
11  import { ref } from 'vue';
12  const formData = ref({ name: '', email: '' });
13  const submitForm = () => { alert(`Submitted: ${formData.value.name}, ${formData.value.email}`); };
14  </script>
15  <style scoped>
16  form { margin-bottom: 1rem; }
17  </style>
```

입력된 name과 email이 ref로 정의된 formData 전달 함수인 submitForm에 의해 데이터가 전달됩니다.

(5) 첫 번째 동적 컴포넌트 작성

components 디렉터리 안에 새로운 파일을 생성하여 DashboardMain 컴포넌트에서 currentComponent 값이 참일 때 렌더링할 동적 컴포넌트를 작성합니다.

```vue
src/components/DynamicComponentA.vue
01  <template>
02    <div>
03      <p>This is Component A</p>
04    </div>
05  </template>
```

```
06    <script setup>
07    </script>
```

간단하게 Component A임을 출력합니다.

(6) 두 번째 동적 컴포넌트 작성

components 디렉터리 안에 새로운 파일을 생성하여 DashboardMain 컴포넌트에서 currentComponent 값이 거짓일 때 렌더링할 동적 컴포넌트를 작성합니다.

src/components/DynamicComponentB.vue
```
01    <template>
02      <div>
03        <p>This is Component B</p>
04      </div>
05    </template>
06    <script setup>
07    </script>
```

간단하게 Component B임을 출력합니다.

(7) 비동기 컴포넌트 작성

components 디렉터리 안에 새로운 파일을 생성하여 DashboardMain 컴포넌트에서 세 번째로 렌더링이 될 비동기 컴포넌트를 작성합니다.

src/components/AsyncComponent.vue
```
01    <template>
02      <div>
03        <p>Loading async component...</p>
04        <AsyncContent v-if="AsyncContent" />
05      </div>
06    </template>
07    <script setup>
08    import { defineAsyncComponent } from 'vue';
09    const AsyncContent = defineAsyncComponent(() => import('./AsyncContent.vue'));    // 비동기 콘텐츠 로드
```

```
10    </script>
11    <style scoped>
12    p {
13      color: gray;
14    }
15    </style>
```

비동기 콘텐츠인 AsyncContent 컴포넌트가 배치됩니다.

(8) 비동기 콘텐츠 작성

components 디렉터리 안에 새로운 파일을 생성하여 DashboardMain 컴포넌트에서 세 번째로 렌더링이 되는 비동기 컴포넌트의 자식 컴포넌트인 비동기 콘텐츠 컴포넌트를 작성합니다.

src/components/AsyncContent.vue
```
01    <template>
02      <div class="async-content">
03        <h3>This is the asynchronously loaded content!</h3>
04        <p>You can use this component to load content lazily when needed.</p>
05      </div>
06    </template>
07    <script setup>
08    </script>
09    <style scoped>
10    .async-content {
11      background-color: #f9f9f9;
12      border: 1px solid #ddd;
13      padding: 20px;
14      border-radius: 4px;
15      text-align: center;
16      margin-top: 20px;
17    }
18    h3 { color: #333; }
19    p { color: #666; }
20    </style>
```

위 코드는 비동기 콘텐츠 컴포넌트로서 비동기 컴포넌트인 AsyncComponent의 자식 컴포넌트로 렌더링이 됩니다.

(9) 메인 호출 비동기 컴포넌트 작성

components 디렉터리 안에 새로운 파일을 생성하여 DashboardMain 컴포넌트에서 defineAsyncComponent를 사용하여 동적으로 로딩되는 비동기 컴포넌트를 작성합니다.

```
src/components/SomeAsyncComponent.vue
01  <template>
02    <div>
03      <p>Async Component Loaded!</p>
04    </div>
05  </template>
06  <script setup>
07  </script>
```

DashboardMain 컴포넌트에서 defineAsync가 호출되면 자동으로 렌더링이 됩니다.

(10) 부모 컴포넌트 작성

components 디렉터리 안에 새로운 파일을 생성하여 부모/자식 간 데이터를 공유할 때 데이터를 제공하는 부모 컴포넌트를 작성합니다.

```
src/components/ParentComponent.vue
01  <template>
02    <div>
03      <h3>Parent Component</h3>
04      <child-component />
05    </div>
06  </template>
07  <script setup>
08  import { provide } from 'vue';
09  import ChildComponent from './ChildComponent.vue';
10  const sharedData = 'This is shared via Provide/Inject!';
11  provide('sharedData', sharedData);
12  </script>
```

provide( ) 함수에 의해 sharedData라는 데이터를 자식 컴포넌트에 제공합니다.

(11) 자식 컴포넌트 작성

components 디렉터리 안에 새로운 파일을 생성하여 부모/자식 간 데이터를 공유할 때 데이터를 받는 자식 컴포넌트를 작성합니다.

```vue
src/components/ChildComponent.vue
01  <template>
02    <div>
03      <h4>Child Component</h4>
04      <p>{{ sharedData }}</p>
05    </div>
06  </template>
07  <script setup>
08  import { inject } from 'vue';
09  const sharedData = inject('sharedData');
10  </script>
11  </style>
```

inject( ) 함수에 의해 부모 컴포넌트에서 제공한 sharedData라는 데이터를 받습니다.

(12) 텔레포트 컴포넌트 작성

components 디렉터리 안에 새로운 파일을 생성하여 텔레포트 기능을 사용하여 애플리케이션의 어느 위치에서든 전역적인 알림(Notification)을 표시할 수 있는 텔레포트 컴포넌트를 작성합니다.

```vue
src/components/NotificationComponent.vue
01  <template>
02    <teleport to="body">
03      <div class="notification">
04        This notification is teleported to the body!
05      </div>
06    </teleport>
07  </template>
08  <script setup>
09  </script>
10  <style scoped>
11  .notification { background: yellow; padding: 10px; position: fixed; top: 20px; right: 20px; }
12  </style>
```

teleport 요소는 애플리케이션의 전역적인 알림이 발생한 경우 자동으로 표시됩니다.

(13) 메인 뷰 컴포넌트 작성

지금까지 작성한 컴포넌트를 취합하여 한 곳에 모아 출력될 수 있게 App.vue 파일을 수정합니다.

```vue
src/App.vue
01  <template>
02    <div>
03      <dashboard-header />
04      <main class="grid-container">
05        <div class="grid-x grid-margin-x">
06          <div class="cell medium-12">
07            <h1>Vue Dashboard</h1>
08            <dashboard-main />
09            <parent-component />
10          </div>
11        </div>
12      </main>
13      <dashboard-footer />
14      <notification-component />
15    </div>
16  </template>
17  <script setup>
18  import DashboardHeader from './components/DashboardHeader.vue';
19  import DashboardMain from './components/DashboardMain.vue';
20  import DashboardFooter from './components/DashboardFooter.vue';
21  import ParentComponent from './components/ParentComponent.vue';
22  import NotificationComponent from './components/NotificationComponent.vue';
23  </script>
24  <style scoped>
25  h1 {
26    color: #333;
27  }
28  </style>
```

이렇게 작성된 Vue 3 기반의 Composition API 프로젝트는 다양한 Vue 기능을 활용한 대시보드 애플리케이션입니다.

4.5.3 애플리케이션 실행

터미널에서 "npm run serve" 명령으로 해당 프로젝트의 애플리케이션인 ch04_myapp5를 실행합니다. 웹 브라우저의 URL 입력란에 "localhost:8080"을 입력하거나 터미널창에 나타난 결과에서 Ctrl키를 누른 채로 Local 항목의 "http://localhost:8080/"를 클릭하여 애플리케이션을 엽니다.

```
D:\book\vue\ch04\ch04_myapp5>npm run serve
```

아래 [그림 4-27]과 같이 실행하여 이벤트, 슬롯, 동적 컴포넌트, 텔레포트, 비동기 컴포넌트, Provide/Inject 데이터 전달에 관한 내용이 제대로 구현되는지 확인합니다.

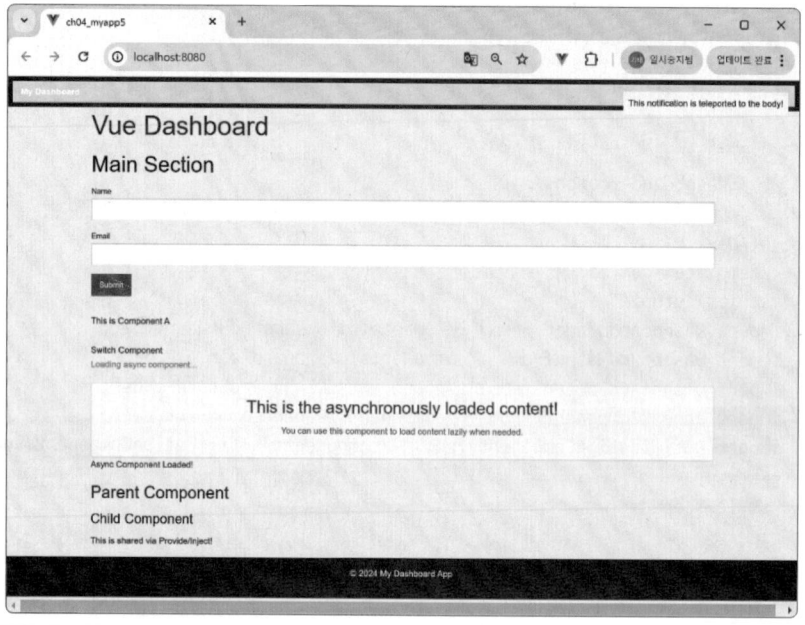

[그림 4-27] ch04_myapp5 실행 화면

[Vue 3 이벤트와 컴포넌트 심화 핵심 정리]

(1) 이벤트 핸들링(Event Handling): Vue에서는 v-on 디렉티브(@)를 사용하여 DOM 이벤트를 처리하며 메서드나 인라인 함수로 정의할 수 있습니다.

(2) 커스텀 이벤트(Custom 이벤트): 자식 컴포넌트에서 emit() 함수로 데이터를 부모 컴포넌트에게 전달하며, 부모 컴포넌트는 @customEvent를 통해 이를 받을 수 있습니다.

(3) CSS Modules: class 명을 자동으로 고유화하여 전역 충돌을 방지하는 방식입니다.

(4) Named Slots: 이름을 지정하여 특정 슬롯에 콘텐츠를 전달할 수 있습니다.

(5) Scoped Slots: 자식이 부모에게 데이터를 전달하여 렌더링할 수 있습니다.

(6) 동적 컴포넌트: 여러 컴포넌트를 동적으로 전환할 수 있습니다. component 태그를 사용하여 is 속성으로 컴포넌트를 지정합니다.

(7) Provide/Inject: 부모 컴포넌트가 하위 컴포넌트에게 데이터를 전달하는데 사용됩니다. 여러 컴포넌트 간의 데이터를 공유할 때 유용하며 Provide는 상위에서 데이터를 제공하고, Inject는 하위에서 데이터를 받아옵니다.

(8) 비동기 컴포넌트(Async Components): 컴포넌트를 비동기로 로드하여 초기 로딩 시간을 줄이고 애플리케이션 성능을 향상시킬 수 있습니다.

이번 4장에서는 사용자와의 상호작용을 효과적으로 처리할 수 있는 방법인 이벤트와 컴포넌트 간 데이터 전달과 상위와 하위 컴포넌트를 효율적으로 포함시켜 배치하는 방법에 관하여 더 깊이 있게 학습하였습니다. 이렇게 적절한 방법을 활용해야 우수한 애플리케이션을 개발할 수 있으니 실습할 때도 심도 있게 고민하고 내용을 숙지하면 좋겠습니다.

Vue는 프런트엔드 프레임워크이기 때문에 보이는 부분이 상당히 중요합니다. PART 2가 시작되는 다음 5장에서는 CSS 스타일을 사용해 보고 더 빠르고 세련된 애플리케이션을 만들기 위한 CSS 프레임워크를 적용하여 멋있는 여러 애플리케이션을 개발해 보겠습니다.

PART 2.
Vue 3 프로젝트 실습

프로젝트를 진행할 때 사용자로부터 호평받는 애플리케이션을 만드는 것이 대부분 개발자의 주요 목적일 것입니다. 그래서 이번 PART 2에서는 프런트엔드 프레임워크(Fronted Framework)의 특징을 살릴 수 있는 Vue 3의 컴포넌트에 스타일인 CSS를 적용하는 방법과 더 쉽고 빠르게 컴포넌트에 적용할 수 있는 CSS 프레임워크를 학습할 것입니다.

여러 가지 애플리케이션을 생성하기 위한 편리한 프로젝트 도구와 대부분의 Vue 애플리케이션이 가지는 하나의 컴포넌트를 활용한 애플리케이션 작성 방안, 그리고 Vue 3에서 컴포넌트의 재사용성을 위해 적극적으로 선호하고 있는 Composition API도 다시 한번 살펴봅니다.

각각 작성된 컴포넌트를 연결하고 이동하는 라우터(Router)와 백엔드(Backend)의 RestfulAPI와 연동을 가능하게 하는 비동기 요청 방식을 학습할 것입니다. 여러 가지 너무 중요한 내용을 다루는 파트인 만큼 깊이 있고 반복적인 학습이 필요합니다. 프런트엔드 프레임워크 애플리케이션을 만들 때 중요한 내용은 템플릿, 스크립트, 스타일을 활용하는 부분과 각 페이지의 전환과 이동하는 부분, 백엔드 프레임워크(Backend Framework)와의 연동하는 부분 등입니다.

Chapter 05

Vue 스타일링(Styling)

Vue 스타일링은 Vue.js 애플리케이션에서 HTML 요소나 컴포넌트에 스타일을 적용하는 방법을 말합니다. 다양한 방법으로 컴포넌트 기반 프레임워크의 특성을 반영한 스타일링 기법을 지원합니다. 스타일은 CSS(Cascading Style Sheets)를 지칭합니다. 만약 "첫 데이트를 한다면 꾸미고 나가겠죠?" 이것처럼 웹 문서나 콘텐츠를 정해진 CSS 문법에 따라 꾸며주는 것을 스타일링이라고 합니다. 여기에서 기본적인 스타일 방법은 하나씩 코디를 해야 하는 것이고 CSS 프레임워크는 이미 코디가 되어 있는 세트들입니다.

이 장에서는 Vue 컴포넌트 템플릿(Component template)에 기본적인 스타일 적용 방법, Bootstrap, Tailwind, Bulma, Materialize 등의 CSS 프레임워크를 적용하는 방법을 살펴봅니다.

만약 제공한 소스코드를 다운로드 받아 실습하는 경우는 해당 프로젝트 디렉터리에서 반드시 npm install 명령을 실행하여 관련 라이브러리를 모두 설치해야 합니다.

"스타일링은 사용자가 시각적으로 마음에 들도록 꾸미는 것"

5.1 Vue 스타일 적용

Vue 스타일 적용 방법은 Scoped Styles(범위 제한 스타일), Global Styles(전역 스타일), CSS Modules(모듈), Inline Styles(인라인 스타일), Pre-processors(전처리기) 사용, Dynamic Class & Style Binding(클래스 및 스타일 동적 바인딩), Third-party CSS Frameworks(외부 CSS 프레임워크) 등의 적용 방법이 있습니다. 이번 절에서는 앞에서 열거된 스타일 적용 방법을 하나씩 들여다 보겠습니다.

5.1.1 HTML 스타일 적용

HTML에서 스타일을 적용하는 가장 기본적인 방법은 CSS 클래스를 정의하고, 이를 HTML 요소에 적용하는 것입니다.

```
01  <template>
02    <div class="box">This is a box</div>
03  </template>
04  <style>
05    .box { width: 100px; height: 100px; background-color: blue; color: white; }
06  </style>
```

이 방식은 Vue.js와는 관계없이 기본 HTML/CSS에서 사용하는 방식입니다. 정적으로 정의된 스타일은 Vue 컴포넌트 안에서도 그대로 사용할 수 있습니다.

5.1.2 인라인 스타일(Inline Styles) 적용

Vue에서는 v-bind 또는 단축 표현 ":"을 사용하여 인라인 스타일을 동적으로 설정할 수 있습니다. 이는 CSS 스타일을 객체 형태로 전달하는 방식입니다.

(1) 기본적인 인라인 스타일 적용

```
01  <template>
02    <div :style="{ color: 'red', fontSize: '20px' }"> This is a red text </div>
03  </template>
```

여기서 :style은 객체 형태로 여러 스타일 속성을 정의하여 인라인 스타일로 적용합니다.

(2) 바인딩된 데이터로 인라인 스타일 적용

```
01  <template>
02    <div :style="{ color: textColor, fontSize: fontSize + 'px' }">
03      This text has dynamic style
04    </div>
05  </template>
06  <script>
07  export default {
08    data() { return { textColor: 'blue', fontSize: 16 }; }
09  };
10  </script>
```

textColor와 fontSize는 Vue 컴포넌트의 data에 정의된 값이며, 이 값에 따라 스타일이 동적으로 설정됩니다. fontSize는 숫자로 정의되었지만, CSS에서는 px 단위가 필요하기 때문에 문자열로 연결합니다.

5.1.3 CSS 클래스 바인딩(Class Binding)

Vue에서는 v-bind:class 또는 :class를 사용하여 클래스를 동적으로 적용할 수 있습니다. 클래스 바인딩(Class Binding)을 통해 특정 조건에 따라 클래스가 활성화되도록 설정할 수 있습니다.

(1) 객체 문법을 사용한 클래스 바인딩

```
01  <template>
02    <div :class="{ active: isActive, 'text-danger': hasError }">
03      Conditional Class
04    </div>
05  </template>
06  <script>
07  export default {
08    data() { return { isActive: true, hasError: false }; }
09  };
10  </script>
11  <style>
12    .active { font-weight: bold; }
```

```
13    .text-danger { color: red; }
14  </style>
```

isActive가 true일 때 active 클래스가 적용되고, hasError가 true일 때 text-danger 클래스가 적용됩니다. 이처럼 객체 형태로 여러 클래스를 동적으로 바인딩할 수 있으며, 각 클래스는 조건에 따라 적용 여부가 결정됩니다.

(2) 배열 문법을 사용한 클래스 바인딩

배열 형태로 여러 클래스를 동적으로 적용할 수도 있습니다.

```
01  <template>
02    <div :class="[isActive ? 'active' : '', 'text-danger']">
03      Array Class Binding
04    </div>
05  </template>
06  <script>
07  export default {
08    data() { return { isActive: true }; }
09  };
10  </script>
```

배열 내에서는 조건에 따라 클래스를 추가하거나 제외할 수 있습니다. 이 예시에서는 isActive가 true일 때 active 클래스가 적용됩니다.

5.1.4 동적 스타일 바인딩(Dynamic Style Binding)

인라인 스타일 바인딩과 비슷하지만, v-bind:style을 사용하면 더 복잡하고 동적 스타일(Dynamic Style Binding)을 적용할 수 있습니다. CSS 속성의 값을 계산하거나 데이터를 기반으로 스타일을 동적으로 설정할 때 사용합니다.

(1) 여러 스타일 동적 바인딩

```
01  <template>
02    <div :style="styleObject">
03      Dynamic Style Binding
```

```
04      </div>
05    </template>
06    <script>
07    export default {
08      data() {
09        return { styleObject: { backgroundColor: 'green', fontSize: '14px' } };
10      }
11    };
12    </script>
```

styleObject는 데이터로부터 동적으로 가져온 스타일 객체이며, 여러 CSS 속성을 한 번에 적용할 수 있습니다.

(2) 여러 스타일 객체 병합

```
01    <template>
02      <div :style="[baseStyle, additionalStyle]">
03        Combined Styles
04      </div>
05    </template>
06    <script>
07    export default {
08      data() {
09        return {
10          baseStyle: { color: 'white', padding: '10px' },
11          additionalStyle: { backgroundColor: 'blue', fontSize: '18px' }
12        };
13      }
14    };
15    </script>
```

:style에 배열을 사용하여 여러 스타일 객체 병합을 적용할 수 있습니다. 이 방식은 특정 상황에서 다양한 스타일 조합을 쉽게 만들 수 있게 해줍니다.

5.1.5 Vue 스타일 적용 Board 프로젝트 실습

Vue 3의 Option API를 적용하고, 이미 학습한 내용인 기본적인 스타일을 바탕으로 Board 프로젝트 실습을 진행하겠습니다.

(1) 프로젝트 생성 및 실행

프로젝트 애플리케이션을 생성하고 프로젝트 디렉터리로 이동하여 애플리케이션을 실행합니다.

```
ch05> vue create ch05_myapp1
ch05> cd ch05_myapp1
ch05\ch05_myapp1> npm run serve
```

vue create 명령으로 Vue 2 애플리케이션인 ch05_myapp1 프로젝트를 생성한 후 ch05_myapp1으로 이동하여 애플리케이션을 실행합니다.

(2) 프로젝트 구조 및 실행 화면

이번 프로젝트는 [그림 5-1]과 같은 구조를 가지며 최종 테스트 실행을 거치면 [그림 5-2]와 같이 Board가 실행됩니다.

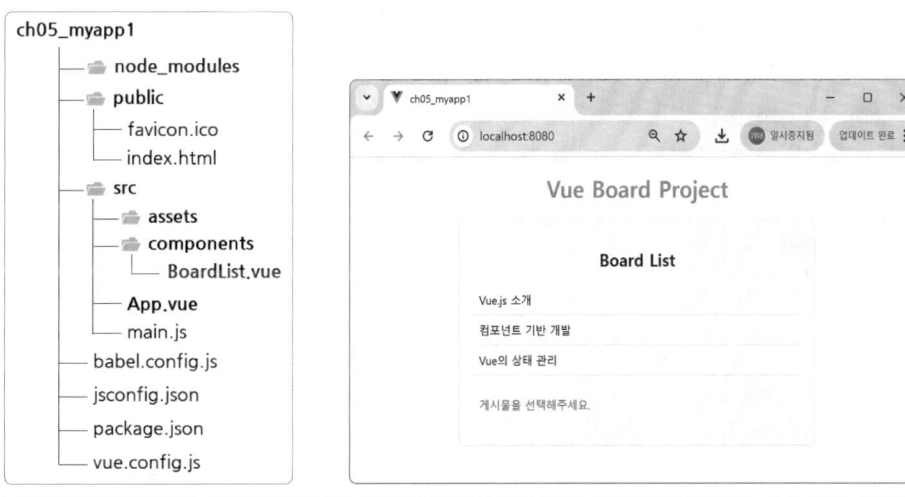

[그림 5-1] ch05_myapp1 프로젝트 구조   [그림 5-2] ch05_myapp1 실행 화면

(3) 컴포넌트 작성

Board 목록을 표시할 BoardList.vue 컴포넌트를 작성하여 게시글에 관한 목록을 출력합니다.

src/components/BoardList.vue

```vue
01  <template>
02    <div class="board-container">
03      <h2>Board List</h2>
04      <div v-for="(post, index) in posts" :key="index" :class="{ highlighted: selectedIndex === index }" @click="selectPost(index)" class="post">
05        {{ post.title }}
06      </div> <p :style="descriptionStyle">{{ selectedPostDescription }}</p>
07    </div>
08  </template>
09  <script>
10  export default {
11    data() {
12      return {
13        posts: [
14          { title: "Vue.js 소개", description: "Vue.js는 프런트엔드 프레임워크입니다." },
15          { title: "컴포넌트 기반 개발", description: "컴포넌트를 이용한 재사용성이 높은 개발 방식입니다." },
16          { title: "Vue의 상태 관리", description: "Vuex를 이용한 상태 관리에 관해 알아봅니다." }
17        ], selectedIndex: null
18      };
19    },
20    computed: {
21      selectedPostDescription() {
22        return this.selectedIndex !== null ? this.posts[this.selectedIndex].description : "게시물을 선택해주세요.";
23      },
24      descriptionStyle() {
25        return {
26          color: this.selectedIndex !== null ? 'blue' : 'gray', fontSize: '16px', padding: '10px'
27        };
28      }
29    },
30    methods: { selectPost(index) { this.selectedIndex = index; } }
31  };
32  </script>
33  <style scoped>
34  .board-container {
35    border: 1px solid #ddd; padding: 20px; max-width: 500px; margin: 0 auto; border-radius: 10px;
36    background-color: #f9f9f9;
37  }
```

```
38    h2 { text-align: center;  color: #333; }
39    .post {
40      padding: 10px; border-bottom: 1px solid #ddd; cursor: pointer;
41      transition: background-color 0.3s ease;
42    }
43    .post:hover { background-color: #f1f1f1; }
44    .highlighted { background-color: #d3f9d8; font-weight: bold; }
45    p { margin-top: 20px; font-size: 14px; }
46  </style>
```

➔ data 속성은 posts라는 게시물 데이터를 담은 배열이 정의되어 있어 각 게시물은 title과 description 속성을 가집니다.

➔ computed 속성은 selectedPostDescription에 사용자가 게시물을 클릭하면 해당 게시물의 description을 반환하고 선택되지 않았다면, 기본 메시지를 출력합니다. descriptionStyle은 selectedIndex 상태에 따라 설명 텍스트의 색상과 스타일을 반환합니다.

➔ methods 속성은 selectPost(index)가 있으며 사용자가 게시물을 클릭하면 selectedIndex를 해당 게시물의 인덱스로 설정합니다.

(4) 메인 뷰(App.vue) 작성

src/App.vue
```
01  <template>
02    <div id="app">
03      <h1>Vue Board Project</h1>
04      <Board />
05    </div>
06  </template>
07  <script>
08  import Board from './components/BoardList.vue';
09  export default { name: 'App', components: { Board } };
10  </script>
11  <style>
12  h1 { color: #42b983;  text-align: center; }
13  </style>
```

App.vue에서는 BoardList.vue 컴포넌트를 포함시키고, 전역 스타일을 정의하고 있습니다. 여기서 h1 태그에 스타일을 적용하였습니다.

[CSS 프레임워크란(CSS Framework)]

CSS 프레임워크(CSS Framework)는 웹 개발자가 웹사이트나 웹 애플리케이션을 보다 효율적이고 일관성 있게 디자인하고 구축할 수 있도록 도와주는 사전 작성된 CSS 코드의 집합입니다. 이러한 프레임워크는 일반적으로 반응형 디자인, 그리드 시스템, 기본 스타일링, 컴포넌트 등을 포함하고 있어 개발자가 기본적인 스타일링 작업에 시간을 낭비하지 않고도 빠르게 프로젝트를 시작할 수 있게 해줍니다.

Bootstrap, Tailwind, Materialize, Bulma, Pure, Foundation 등이 CSS 프레임워크마다 태그에 정해진 클래스와 속성을 지정하면 해당 스타일이 적용됩니다. 필수가 아니니 학습하고 난 후 마음에 드는 것을 골라 적용하기 바랍니다.

"스타일이 옷이라면 CSS 프레임워크는 이미 코디가 되어 있는 옷~!"

5.2 Bootstrap을 적용한 대시보드 애플리케이션

Bootsrap은 가장 인기 있는 CSS 프레임워크 중 하나로 풍부한 컴포넌트와 그리드 시스템을 제공합니다. 이번 절에서는 Vue 3의 문법을 사용하여 Bootstrap을 적용한 관리 대시보드(Admin Dashboard) 애플리케이션 ch05_myapp2를 제작합니다.

Bootstrap를 활용하여 스타일링을 진행할 때 HTML에 Bootstap에서 정한 클래스나 속성을 지정해야 합니다. 이러한 부분은 코드 블록마다 하단에 자세한 설명을 붙이겠습니다.

URL ▶ Bootstrap 공식 사이트(https://getbootstrap.com/)

5.2.1 프로젝트 생성 및 설정

ch05_myapp2 프로젝트를 생성하고 해당 프로젝트에 필요한 의존성 라이브러리를 설치하는 과정으로 필요한 설치가 모두 완료되면 애플리케이션 실행 시에 갖추어야 할 내용을 설정합니다.

(1) Vue 프로젝트 생성 및 디렉터리 이동

Vue 프로젝트를 생성하기 하고 프로젝트 디렉터리로 이동합니다.

```
vue create ch05_myapp2
cd ch05_myapp2
```

vue create 명령으로 Vue 3 버전의 ch05_myapp2 프로젝트를 생성하고 그 디렉터리로 이동합니다.

(2) 라이브러리 설치

Bootstrap을 프로젝트에 추가하기 위해 필요한 라이브러리를 설치합니다.

```
npm install bootstrap bootstrap-icons
```

npm install 명령으로 bootstrap과 bootstrap-icons를 설치합니다.

(3) 프로젝트 구조

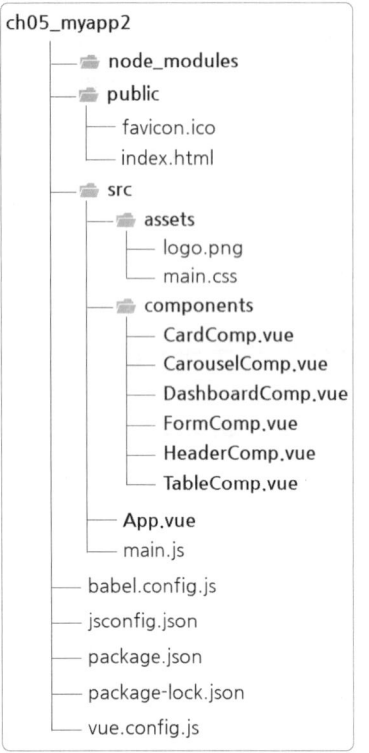

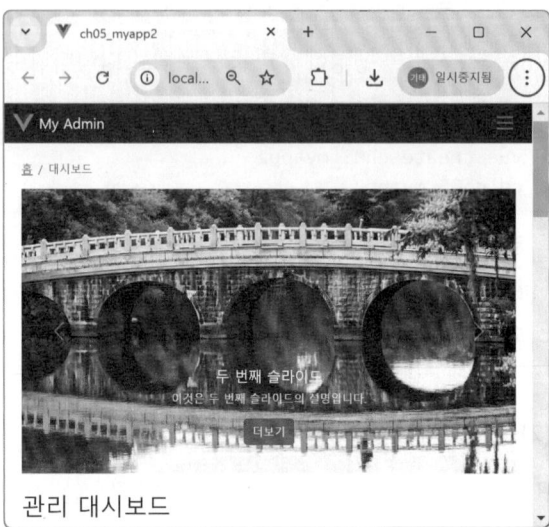

src 폴더 내에 assets와 components 디렉터리를 생성합니다. assets 폴더에는 이미지 및 CSS 파일을 저장하고, components 폴더에는 대시보드에 필요한 다양한 컴포넌트가 위치하게 됩니다. 각 컴포넌트는 독립적인 Vue 파일로 관리됩니다.

[그림 5-3] ch05_myapp2 프로젝트 구조 　　[그림 5-4] ch05_myapp2 실행 화면

(4) 애플리케이션 설정(main.js)

src/main.js 파일을 열어 Bootstrap과 Bootstrap Icons을 포함시킵니다.

```
01  import { createApp } from 'vue';
02  import App from './App.vue';
03  import 'bootstrap/dist/css/bootstrap.min.css'; // Bootstrap CSS
04  import 'bootstrap/dist/js/bootstrap.bundle.min.js'; // Bootstrap JS (필요 시)
05  import 'bootstrap-icons/font/bootstrap-icons.css'; // Bootstrap Icons
06  import './assets/main.css'; // 커스텀 CSS
07  createApp(App).mount('#app');
```

Bootstrap의 CSS와 JS, Icon을 프로젝트에 포함시킵니다. 추가적인 커스텀 스타일인 main.css를 가져옵니다.

(5) HeaderComp.vue

src/components/HeaderComp.vue 파일을 생성하고 다음과 같이 작성합니다.

```
01  <template>
02    <nav class="navbar navbar-expand-lg navbar-dark bg-dark">
03      <div class="container-fluid">
04        <a class="navbar-brand" href="#">
05          <img src="@/assets/logo.png" alt="Logo" width="30" height="30" class="d-inline-block align-top">
06          My Admin</a>
07        <button class="navbar-toggler" type="button" data-bs-toggle="collapse" data-bs-target="#navbarMain" aria-controls="navbarMain" aria-expanded="false" aria-label="Toggle navigation">
08          <span class="navbar-toggler-icon"></span>
09        </button>
10        <div class="collapse navbar-collapse" id="navbarMain">
11          <ul class="navbar-nav me-auto mb-2 mb-lg-0">
12            <li class="nav-item dropdown">
13              <a class="nav-link dropdown-toggle" href="#" id="menu1" role="button" data-bs-toggle="dropdown" aria-expanded="false">
14                메뉴1</a>
15              <ul class="dropdown-menu" aria-labelledby="menu1">
16                <li><a class="dropdown-item" href="#">서브메뉴1-1</a></li>
17                <li><a class="dropdown-item" href="#">서브메뉴1-2</a></li>
18              </ul>
19            </li>
20            <li class="nav-item dropdown">
21              <a class="nav-link dropdown-toggle" href="#" id="menu2" role="button" data-bs-toggle="dropdown" aria-expanded="false">
22                메뉴2
23              </a>
24              <ul class="dropdown-menu" aria-labelledby="menu2">
25                <li><a class="dropdown-item" href="#">서브메뉴2-1</a></li>
26                <li><a class="dropdown-item" href="#">서브메뉴2-2</a></li>
27              </ul>
28            </li>
29          </ul>
30          <form class="d-flex">
31            <input class="form-control me-2" type="search" placeholder="검색" aria-label="Search">
```

```
32              <button class="btn btn-outline-success" type="submit">검색</button>
33          </form>
34        </div>
35      </div>
36    </nav>
37 </template>
38 <script setup>
39 </script>
```

- 내비게이션 바(<nav>)는 Bootstrap의 내비게이션 바 클래스를 사용하여 헤더를 구성합니다.
- 로고는 assets 폴더에 logo.png 이미지를 추가하고, 로고로 표시합니다.
- 롤오버 2단 메인 메뉴는 드롭다운 메뉴를 사용하여 2단 메뉴를 구현합니다. 각 메뉴 항목에 서브 메뉴를 추가했습니다.
- 상단 메뉴는 검색 폼을 추가하여 상단 메뉴에 포함시켰습니다.
- 반응형 디자인은 navbar-toggler와 collapse 클래스를 사용하여 모바일에서도 반응형으로 동작하게 설정했습니다.

(6) 메인 뷰 작성(App.vue)

src/App.vue 파일을 수정하여 헤더와 사이드바, 메인 콘텐츠 영역을 포함한 레이아웃을 구성합니다.

src/App.vue

```
01 <template>
02   <div>
03     <HeaderComp />
04     <div class="container-fluid">
05       <div class="row">
06         <main class="col-12 p-4"> <DashboardComp /> </main>
07       </div>
08     </div>
09     <footer class="bg-dark text-white text-center py-3">
10       © 2024 My Admin Dashboard. All rights reserved.
11     </footer>
12   </div>
13 </template>
```

```
14  <script setup>
15  import HeaderComp from './components/HeaderComp.vue';
16  import DashboardComp from './components/DashboardComp.vue';
17  </script>
18  <style>
19  body { margin: 0; padding: 0; font-family: Arial, sans-serif; }
20  </style>
```

- HeaderComp는 상단 헤더를 표시합니다.
- DashboardComp는 메인 콘텐츠 영역에 관리 대시보드 컴포넌트를 표시합니다.
- 푸터(<footer>)는 하단에 푸터를 추가하여 하단 링크 및 카피라이트 정보를 표시합니다.
- 레이아웃은 Bootstrap의 그리드 시스템을 사용하여 레이아웃을 구성했습니다.

5.2.2 컴포넌트 적용(DashboardComp)

DashboardComp.vue는 관리 대시보드의 주요 콘텐츠를 표시하는 컴포넌트입니다. 브레드크럼, 캐러셀, 제목, 문단, 이미지, 버튼, 카드, 테이블, 폼 컴포넌트를 포함합니다.

```
src/components/DashboardComp.vue
01  <template>
02    <div>
03      <nav aria-label="breadcrumb">
04        <ol class="breadcrumb">
05          <li class="breadcrumb-item"><a href="#">홈</a></li>
06          <li class="breadcrumb-item active" aria-current="page">대시보드</li>
07        </ol>
08      </nav>
09      <CarouselComp />
10      <h1 class="mt-4 mb-3">관리 대시보드</h1>
11      <p>여기는 관리 대시보드의 주요 정보를 표시하는 영역입니다. 다양한 위젯과 통계 데이터를 통해 시스템 상태를 모니터링할 수 있습니다.</p>
12      <img src="@/assets/dashboard_image.png" alt="Dashboard Image" class="img-fluid mb-4">
13      <button class="btn btn-primary me-2">추가하기</button>
14      <button class="btn btn-secondary">취소</button>
15      <div class="mt-5"> <CardComp /> </div>
16      <div class="mt-5"> <TableComp /> </div>
17      <div class="mt-5"> <FormComp /> </div>
```

```
18      </div>
19    </template>
20    <script setup>
21    import CarouselComp from './CarouselComp.vue';
22    import CardComp from './CardComp.vue';
23    import TableComp from './TableComp.vue';
24    import FormComp from './FormComp.vue';
25    </script>
```

- 브레드크럼(<nav>)은 현재 위치를 표시하는 브레드크럼을 추가하여 사용자에게 현재 페이지의 위치를 알려줍니다.
- CarouselComp는 슬라이더 컴포넌트를 포함하여 주요 공지사항이나 업데이트를 시각적으로 표시합니다.
- 제목(<h1>)은 대시보드의 주요 제목을 표시합니다.
- 문단(<p>)는 대시보드의 목적과 기능을 간략히 설명합니다.
- 이미지(<img>)는 대시보드와 관련된 이미지를 표시합니다. img-fluid 클래스를 사용하여 반응형 이미지를 만듭니다.
- 버튼(<button>)은 주요 작업을 수행할 수 있는 버튼을 추가합니다. btn-primary와 btn-secondary 클래스를 사용하여 버튼의 스타일을 지정합니다.
- CardComp, TableComp, FormComp, IconComp는 각각의 기능을 담당하는 컴포넌트를 포함하여 대시보드의 다양한 기능을 구현합니다.
- DashboardComp 이미지 준비는 src/assets 폴더에 dashboard_image.png 이미지를 추가합니다. 이 이미지는 관리 대시보드와 관련된 내용을 시각적으로 표현할 수 있게 선택합니다. 예를 들어, 통계 그래프나 시스템 모니터링 화면을 나타내는 이미지가 적합합니다.

5.2.3 테이블 적용(TableComp)

TableComp.vue는 공지사항, 자료실 등의 탭을 구현하고, 각 탭에 게시글을 3개씩 교대로 표시합니다.

src/components/TableComp.vue

```
01    <template>
02      <div>
03        <ul class="nav nav-tabs" id="myTab" role="tablist">
04          <li class="nav-item" role="presentation">
05            <button class="nav-link active" id="notice-tab" data-bs-toggle="tab" data-bs-target="#notice" type="button" role="tab" aria-controls="notice" aria-selected="true">공지사항</button>
06          </li>
07          <li class="nav-item" role="presentation">
08            <button class="nav-link" id="resources-tab" data-bs-toggle="tab" data-bs-target="#resources" type="button" role="tab" aria-controls="resources" aria-selected="false">자료실</button>
09          </li>
10        </ul>
11        <div class="tab-content" id="myTabContent">
12          <div class="tab-pane fade show active" id="notice" role="tabpanel" aria-labelledby="notice-tab">
13            <table class="table table-striped mt-3">
14              <thead>
15                <tr>
16                  <th>#</th><th>제목</th><th>작성자</th><th>날짜</th>
17                </tr>
18              </thead>
19              <tbody>
20                <tr v-for="(post, index) in notices" :key="post.id">
21                  <th scope="row">{{ index + 1 }}</th><td>{{ post.title }}</td>
22                  <td>{{ post.author }}</td><td>{{ post.date }}</td>
23                </tr>
24              </tbody>
25            </table>
26          </div>
27          <div class="tab-pane fade" id="resources" role="tabpanel" aria-labelledby="resources-tab">
28            <table class="table table-striped mt-3">
29              <thead>
30                <tr>
31                  <th>#</th><th>파일명</th><th>작성자</th><th>날짜</th>
32                </tr>
33              </thead>
34              <tbody>
35                <tr v-for="(resource, index) in resources" :key="resource.id">
36                  <th scope="row">{{ index + 1 }}</th><td>{{ resource.filename }}</td>
37                  <td>{{ resource.author }}</td><td>{{ resource.date }}</td>
```

```
38                </tr>
39              </tbody>
40            </table>
41          </div>
42        </div>
43      </div>
44 </template>
45 <script setup>
46 import { ref } from 'vue';
47 const notices = ref([  // 공지사항 데이터
48   { id: 1, title: '시스템 점검 안내', author: '관리자', date: '2024-04-01' },
49   { id: 2, title: '새로운 기능 출시', author: '개발팀', date: '2024-04-05' },
50   { id: 3, title: '업데이트 일정', author: '운영팀', date: '2024-04-10' }
51 ]);
52 const resources = ref([  // 자료실 데이터
53   { id: 1, filename: '프로젝트 계획서.pdf', author: '기획팀', date: '2024-03-25' },
54   { id: 2, filename: '디자인 가이드.docx', author: '디자인팀', date: '2024-03-30' },
55   { id: 3, filename: '테스트 케이스.xlsx', author: 'QA팀', date: '2024-04-02' }
56 ]);
57 </script>
58 <style scoped>
59 .table {
60   margin-top: 20px;
61 }
62 </style>
```

- 탭 내비게이션(<ul class="nav nav-tabs">)은 Bootstrap의 탭 내비게이션을 사용하여 공지사항, 자료실을 전환할 수 있게 합니다.

- 탭 콘텐츠(<div class="tab-content">)는 각 탭에 해당하는 콘텐츠를 정의합니다. active 클래스를 사용하여 기본적으로 공지사항 탭이 활성화되게 설정했습니다.

- 테이블(<table>)은 Bootstrap의 테이블 클래스를 사용하여 게시글 목록을 표시합니다. 각 테이블은 해당 탭의 데이터(공지사항, 자료실, FAQ)를 보여줍니다.

- 데이터(ref)는 Vue의 ref를 사용하여 반응형 데이터인 notices, resources, faqs를 정의했습니다. 실제 프로젝트에서는 API를 통해 데이터를 가져올 수 있습니다.

- 반복(v-for)은 v-for 디렉티브를 사용하여 각 데이터 배열을 반복하여 테이블 행을 생성합니다.

- 스타일(<style scoped>)은 테이블과 탭 간의 간격을 조정하여 보기 좋게 만듭니다.

5.2.4 폼 요소 적용(FormComp)

FormComp.vue는 글쓰기 창으로, 글 제목, 글 내용, 작성자를 입력받고 [글쓰기] 버튼과 [취소] 버튼을 포함합니다.

src/components/FormComp.vue

```
01  <template>
02    <div class="card">
03      <div class="card-header">글쓰기</div>
04      <div class="card-body">
05        <form @submit.prevent="submitForm">
06          <div class="mb-3">            <!-- 글 제목 입력란 -->
07            <label for="title" class="form-label">글 제목</label>
08            <input type="text" class="form-control" id="title" v-model="title" required>
09          </div>
10          <div class="mb-3">            <!-- 글 내용 입력란 -->
11            <label for="content" class="form-label">글 내용</label>
12            <textarea class="form-control" id="content" rows="5" v-model="content" required></textarea>
13          </div>
14          <div class="mb-3">            <!-- 작성자 입력란 -->
15            <label for="author" class="form-label">작성자</label>
16            <input type="text" class="form-control" id="author" v-model="author" required>
17          </div>
18          <button type="submit" class="btn btn-primary me-2">글쓰기</button> <!-- 버튼 -->
19          <button type="button" class="btn btn-secondary" @click="cancelForm">취소</button>
20        </form>
21      </div>
22    </div>
23  </template>
24  <script setup>
25  import { ref } from 'vue';
26  const title = ref('');   // 입력 데이터
27  const content = ref('');
28  const author = ref('');
29  const submitForm = () => {   // 폼 제출 함수
30    alert(`제목: ${title.value}\n내용: ${content.value}\n작성자: ${author.value}`);
31    title.value = '';   // 폼 초기화
32    content.value = '';
33    author.value = '';
34  };
```

```
35    const cancelForm = () => {      // 폼 취소 함수
36      if (confirm('작성을 취소하시겠습니까?')) {
37        title.value = '';
38        content.value = '';
39        author.value = '';
40      }
41    };
42    </script>
43    <style scoped>
44    .card {
45      max-width: 600px;
46      margin: 0 auto;
47    }
48    </style>
```

- 폼(<form>)은 글 제목, 글 내용, 작성자를 입력받는 필드를 포함합니다.
- 글 제목(<input>)은 텍스트 입력 필드로, v-model을 사용하여 title 변수와 양방향으로 바인딩합니다.
- 글 내용(<textarea>)는 텍스트 영역으로, v-model을 사용하여 content 변수와 양방향으로 바인딩합니다.
- 작성자(<input>)는 텍스트 입력 필드로, v-model을 사용하여 author 변수와 양방향으로 바인딩합니다.
- 글쓰기 버튼은 폼 제출 시 submitForm 함수를 호출합니다. type="submit"으로 설정하여 폼 제출을 트리거합니다.
- 취소 버튼은 cancelForm 함수를 호출하여 폼을 초기화하거나 취소할 수 있습니다.
- 스타일(<style scoped>)은 카드를 중앙에 배치하기 위해 max-width와 margin을 설정했습니다.

5.2.5 목록 적용(CardComp)

CardComp.vue는 카드 형태의 목록을 표시하며 각 항목당 이미지, 항목 제목, 항목 내용, [더보기] 버튼을 포함합니다. 총 3개의 카드가 표시됩니다.

src/components/CardComp.vue

```
01    <template>
02      <div>
```

```
03          <h3 class="mb-4">카드 목록</h3>
04          <div class="row">
05            <div class="col-md-4 mb-4" v-for="item in items" :key="item.id">
06              <div class="card h-100">
07                <img :src="item.image" class="card-img-top" :alt="item.title">  <!-- 항목 이미지 -->
08                <div class="card-body d-flex flex-column">
09                  <h5 class="card-title">{{ item.title }}</h5>       <!-- 항목 제목 -->
10                  <p class="card-text">{{ item.content }}</p>       <!-- 항목 내용 -->
11                  <a href="#" class="btn btn-primary mt-auto">더보기</a>   <!-- 더보기 버튼 -->
12                </div>
13              </div>
14            </div>
15          </div>
16        </div>
17      </template>
18      <script setup>
19      import { ref } from 'vue';
20      const items = ref([   // 카드 데이터
21        { id: 1, title: '항목 1', content: '이것은 항목 1의 내용입니다.',
22          image: require('@/assets/card1.jpg') },
23        { id: 2, title: '항목 2', content: '이것은 항목 2의 내용입니다.',
24          image: require('@/assets/card2.jpg') },
25        { id: 3, title: '항목 3', content: '이것은 항목 3의 내용입니다.',
26          image: require('@/assets/card3.jpg') }
27      ]);
28      </script>
29      <style scoped>
30      .card-img-top { height: 200px; object-fit: cover; }
31      </style>
```

➡ 카드 레이아웃(<div class="card">)은 Bootstrap의 카드 컴포넌트를 사용하여 항목을 시각적으로 구분합니다.

➡ 반복(v-for)은 v-for 디렉티브를 사용하여 items 배열의 각 항목을 반복하여 카드 형태로 표시합니다.

➡ 이미지(<img>)는 각 카드의 상단에 이미지를 표시합니다. object-fit: cover를 사용하여 이미지가 카드 크기에 맞게 잘리도록 설정했습니다.

➡ 항목 제목(<h5>)은 카드의 제목을 표시합니다.

- 항목 내용(<p>)은 카드의 내용을 간략히 설명합니다.
- 더보기 버튼(<a>)은 사용자가 추가 정보를 확인할 수 있게 더보기 버튼을 제공합니다. mt-auto 클래스를 사용하여 버튼을 카드의 하단에 고정시킵니다.
- 데이터(ref)는 items 배열에 3개의 항목을 정의했습니다. 각 항목에는 id, title, content, image 속성이 포함됩니다.
- 스타일 (<style scoped>)은 카드 이미지의 높이를 고정하고, object-fit을 사용하여 이미지가 카드에 잘 맞게 조정했습니다.
- 카드 이미지 준비는 src/assets 폴더에 card1.jpg부터 card3.jpg까지 3개의 이미지를 추가합니다. 각 이미지는 항목의 내용을 시각적으로 표현할 수 있는 적절한 이미지를 선택합니다.

5.2.6 슬라이더 적용(CarouselComp)

CarouselComp.vue는 임의의 더미 이미지 3개가 좌측으로 슬라이딩되며, 각 이미지당 제목, 설명, [더보기] 버튼을 표시합니다.

src/components/CarouselComp.vue

```
01    <template>
02      <div id="carouselExample" class="carousel slide" data-bs-ride="carousel">
03        <div class="carousel-indicators">       <!-- 슬라이드 인디케이터 -->
04          <button type="button" data-bs-target="#carouselExample" data-bs-slide-to="0" class="active" aria-current="true" aria-label="슬라이드 1"></button>
05          <button type="button" data-bs-target="#carouselExample" data-bs-slide-to="1" aria-label="슬라이드 2"></button>
06          <button type="button" data-bs-target="#carouselExample" data-bs-slide-to="2" aria-label="슬라이드 3"></button>
07        </div>
08        <div class="carousel-inner">       <!-- 슬라이드 아이템 -->
09          <div class="carousel-item" :class="{ active: index === 0 }" v-for="(slide, index) in slides" :key="slide.id">
10            <img :src="slide.image" class="d-block w-100" :alt="slide.title">
11            <div class="carousel-caption d-none d-md-block">
12              <h5>{{ slide.title }}</h5>
13              <p>{{ slide.description }}</p>
14              <a href="#" class="btn btn-primary">더보기</a>
15            </div>
```

```
16          </div>
17        </div>     <!-- 이전/다음 컨트롤 -->
18        <button class="carousel-control-prev" type="button" data-bs-target="#carouselExample" data-bs-slide="prev">
19          <span class="carousel-control-prev-icon" aria-hidden="true"></span>
20          <span class="visually-hidden">이전</span>
21        </button>
22        <button class="carousel-control-next" type="button" data-bs-target="#carouselExample" data-bs-slide="next">
23          <span class="carousel-control-next-icon" aria-hidden="true"></span>
24          <span class="visually-hidden">다음</span>
25        </button>
26      </div>
27    </template>
28    <script setup>
29    import { ref } from 'vue';
30    const slides = ref([
31      { id: 1, title: '첫 번째 슬라이드', description: '이것은 첫 번째 슬라이드의 설명입니다.',
32        image: require('@/assets/slide1.jpg') },
33      { id: 2, title: '두 번째 슬라이드', description: '이것은 두 번째 슬라이드의 설명입니다.',
34        image: require('@/assets/slide2.jpg') },
35      { id: 3, title: '세 번째 슬라이드', description: '이것은 세 번째 슬라이드의 설명입니다.',
36        image: require('@/assets/slide3.jpg') }
37    ]);
38    </script>
39    <style scoped>
40    .carousel-item img {
41      height: 400px;
42      object-fit: cover;
43    }
44    </style>
```

➡ 캐러셀 컨테이너(<div class="carousel slide">)는 Bootstrap의 캐러셀 컴포넌트를 사용하여 슬라이더를 구현합니다.

➡ 인디케이터(<div class="carousel-indicators">)는 각 슬라이드를 나타내는 인디케이터 버튼을 추가합니다.

➡ 슬라이드 아이템(<div class="carousel-item">)은 각 슬라이드를 반복하여 표시합니다. 첫 번째 슬라이드는 active 클래스를 추가하여 기본적으로 활성화되게 설정합니다.

- 슬라이드 이미지(<img>)는 슬라이드에 표시될 이미지를 포함합니다. object-fit: cover를 사용하여 이미지가 캐러셀 크기에 맞게 잘리도록 설정했습니다.
- 캡션 (<div class="carousel-caption">)은 이미지 위에 제목, 설명, 더보기 버튼을 표시합니다. d-none d-md-block 클래스를 사용하여 중간 크기 이상의 화면에서만 표시되게 설정했습니다.
- 컨트롤 버튼은 이전/다음 슬라이드로 이동할 수 있는 버튼을 추가했습니다.
- 데이터(ref)는 slides 배열에 3개의 슬라이드를 정의했습니다. 각 슬라이드에는 id, title, description, image 속성이 포함됩니다.
- 스타일(<style scoped>)은 슬라이드 이미지의 높이를 고정하고, object-fit을 사용하여 이미지가 캐러셀에 잘 맞게 조정했습니다.
- 슬라이드 이미지 준비는 src/assets 폴더에 slide1.jpg, slide2.jpg, slide3.jpg 이미지를 추가합니다. 각 이미지는 슬라이더의 주제에 맞는 적절한 이미지를 선택합니다.

5.2.7 애플리케이션 실행 및 확인

모든 컴포넌트가 정상적으로 작성되었으면, 애플리케이션을 다시 실행하여 모든 요소가 올바르게 표시되는지 확인합니다.

```
npm run serve
```

브라우저에서 http://localhost:8080을 열어 헤더, 사이드바, 대시보드, 테이블, 폼, 카드, 캐러셀 컴포넌트가 올바르게 표시되는지 확인합니다. 각 컴포넌트 간의 상호작용과 반응형 디자인도 테스트하여 모든 기능이 정상적으로 작동하는지 점검합니다.

5.3 Tailwind를 적용한 스타트업 웹 애플리케이션

Tailwind CSS는 유틸리티 퍼스트(Utility-first) 접근 방식을 채택하여 클래스 이름을 조합하여 다양한 스타일을 적용할 수 있습니다. 이번 절에서는 Tailwind CSS를 적용한 스타트업 웹 애플리케이션 ch05_myapp3를 제작합니다. Tailwind CSS 자체를 직접 활용하여 스타일링을 진행합니다. 각 코드 블록마다 자세한 설명을 추가하여 이해를 돕겠습니다.

> **URL** Tailwind CSS 공식 사이트(https://tailwindcss.com/)

5.3.1 프로젝트 생성 및 설정

(1) Vue 프로젝트 생성 및 디렉터리 이동

Vue 프로젝트를 생성하고 프로젝트 디렉터리로 이동합니다.

```
vue create ch05_myapp3
cd ch05_myapp3
```

vue create 명령으로 Vue 버전 3의 ch05_myapp3 프로젝트를 생성하고 프로젝트 디렉터리로 이동합니다.

(2) 라이브러리 설치

Tailwind CSS를 프로젝트에 추가하기 위해 필요한 라이브러리를 설치합니다.

```
npm install -D tailwindcss postcss autoprefixer
npx tailwindcss init -p
npm install @heroicons/vue swiper
```

npm inatsll 명령으로 tailwind와 슬라이드 배너를 위한 vue swiper를 설치합니다.

(3) 프로젝트 구조

프로젝트의 디렉터리 구조와 애플리케이션이 완성했을 때 실행 화면은 다음과 같습니다.

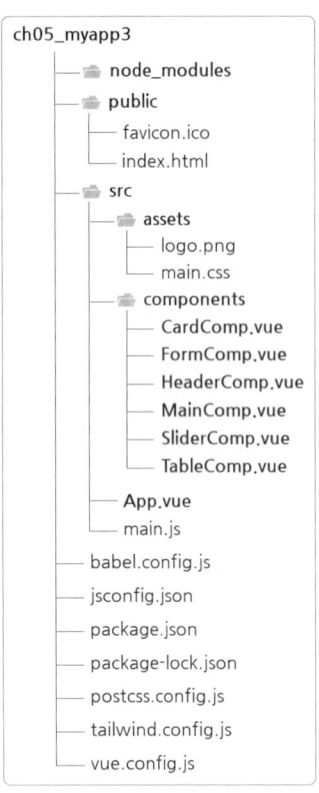

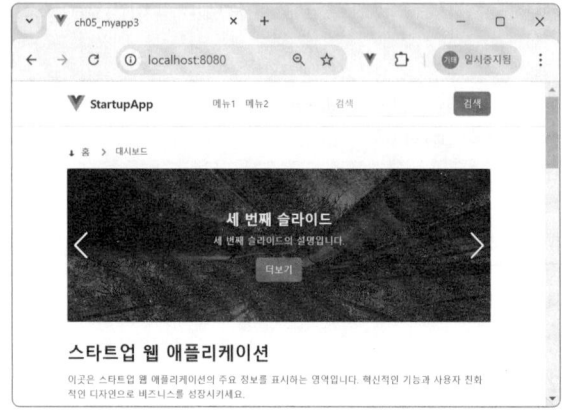

src/assets/: 이미지 및 CSS 파일을 저장합니다.

src/components/: 재사용 가능한 Vue 컴포넌트를 저장합니다.

App.vue: 애플리케이션의 루트 컴포넌트입니다.

main.js: 애플리케이션의 진입점입니다.

tailwind.config.js 및 postcss.config.js: Tailwind CSS와 PostCSS 설정 파일입니다.

jsconfig.json: 자바스크립트 설정 파일로, IDE의 자동완성 및 경로 별칭을 지원합니다.

[그림 5-5] ch05_myapp3 프로젝트 구조   [그림 5-6] ch05_myapp3 실행 화면

(4) 애플리케이션 설정(main.js)

src/main.js

```
01  import { createApp } from 'vue';
02  import App from './App.vue';
03  import './assets/main.css'; // Tailwind CSS
04  import 'swiper/css';
05  import 'swiper/css/navigation';
06  import 'swiper/css/pagination';
07  const app = createApp(App);
08  app.mount('#app');
```

- ./assets/main.css는 Tailwind CSS가 포함된 메인 CSS 파일을 가져옵니다.
- createApp(App).mount('#app')은 Vue 애플리케이션을 생성하고 #app 엘리먼트에 마운트합니다.

(5) Tailwind 설정

src/tailwind.config.js

```
01  module.exports = {
02    content: [
03      "./index.html",
04      "./src/**/*.{vue,js,ts,jsx,tsx}",
05    ],
06    theme: {
07      extend: {},
08    },
09    plugins: [],
10  };
```

- content는 Tailwind CSS가 적용될 파일들을 지정합니다.
- theme은 기본 테마를 확장할 수 있습니다.
- plugins는 추가적인 Tailwind 플러그인을 설정할 수 있습니다.

(6) PostCSS 설정(postcss.config.js)

```
01  module.exports = {
02    plugins: {
03      tailwindcss: {},
04      autoprefixer: {},
05    },
06  };
```

- tailwindcss는 Tailwind CSS를 PostCSS 플러그인으로 사용합니다.
- autoprefixer는 CSS에 자동으로 브라우저 접두사를 추가합니다.

(7) 메인 CSS 설정(main.css)

src/assets/main.css 파일을 생성하고 Tailwind CSS의 기본 지시어를 추가합니다.

```
01  @tailwind base;
02  @tailwind components;
03  @tailwind utilities;
```

➡ @tailwind base는 Tailwind의 기본 스타일을 포함합니다.

➡ @tailwind components는 Tailwind의 컴포넌트 스타일을 포함합니다.

➡ @tailwind utilities는 Tailwind의 유틸리티 클래스를 포함합니다.

(8) HeaderComp.vue(헤더 컴포넌트)

src/components/HeaderComp.vue 파일을 생성하고 다음과 같이 작성합니다.

```
src/components/HeaderComp.vue
01  <template>
02      <header class="bg-white shadow">
03          <div class="container mx-auto px-4 py-4 flex justify-between items-center">
04              <div class="flex items-center">      <!-- 로고 -->
05                  <img src="@/assets/logo.png" alt="Logo" class="h-8 w-8 mr-2">
06                  <span class="font-semibold text-xl">StartupApp</span>
07              </div>
08              <nav>        <!-- 롤오버 2단 메인메뉴 -->
09                  <ul class="flex space-x-4">
10                      <li class="group relative">
11                          <a href="#" class="text-gray-700 hover:text-blue-500">메뉴1</a><!-- 서브메뉴 -->
12                          <ul class="absolute left-0 mt-2 w-40 bg-white border rounded-md shadow-lg opacity-0 group-hover:opacity-100 transition-opacity duration-300 z-10">
13                              <li><a href="#" class="block px-4 py-2 text-gray-700 hover:bg-gray-100">서브메뉴1-1</a></li>
14                              <li><a href="#" class="block px-4 py-2 text-gray-700 hover:bg-gray-100">서브메뉴1-2</a></li>
15                          </ul>
```

```
16              </li>
17              <li class="group relative">
18                <a href="#" class="text-gray-700 hover:text-blue-500">메뉴2</a>            <!-- 서브메뉴 -->
19                <ul class="absolute left-0 mt-2 w-40 bg-white border rounded-md shadow-lg opacity-0 group-hover:opacity-100 transition-opacity duration-300 z-10">
20                  <li><a href="#" class="block px-4 py-2 text-gray-700 hover:bg-gray-100">서브메뉴2-1</a></li>
21                  <li><a href="#" class="block px-4 py-2 text-gray-700 hover:bg-gray-100">서브메뉴2-2</a></li>
22                </ul>
23              </li>
24            </ul>
25          </nav>
26          <div class="flex items-center space-x-4">        <!-- 상단 메뉴 -->
27            <input type="text" placeholder="검색" class="px-3 py-2 border rounded-md focus:outline-none focus:ring-2 focus:ring-blue-500">
28            <button class="px-4 py-2 bg-blue-500 text-white rounded-md hover:bg-blue-600">검색</button>
29          </div>
30        </div>
31      </header>
32    </template>
33    <script setup>
34    </script>
```

- 헤더 컨테이너(<header>)는 Tailwind CSS의 유틸리티 클래스를 사용하여 배경색과 그림자를 설정합니다.

- 로고 및 제목은 왼쪽에 로고 이미지와 애플리케이션 제목을 표시합니다.

- 메인 메뉴는 메뉴1과 메뉴2에 마우스 포인터가 위치하면 서브 메뉴가 표시되는 2단 메뉴입니다.

- 그룹(group)은 Tailwind의 group 유틸리티를 사용하여 부모 요소에 호버 시 자식 요소의 스타일을 변경할 수 있습니다.

- 서브 메뉴는 기본적으로 불투명도가 0이고, 부모 요소에 호버 시 불투명도가 100으로 전환되어 표시됩니다.

- 상단 메뉴는 오른쪽에는 검색 입력창과 검색 버튼을 배치했습니다.

- 반응형 디자인은 Tailwind의 반응형 유틸리티 클래스를 사용하여 다양한 화면 크기에 대응할 수 있도록 했습니다.

(9) 메인 뷰 작성(App.vue)

src/App.vue 파일을 수정하여 헤더와 메인 콘텐츠, 푸터를 포함한 레이아웃을 구성합니다.

```
01  <template>
02    <div class="flex flex-col min-h-screen">
03      <HeaderComp />
04      <main class="flex-grow"> <MainComp /> </main>
05      <footer class="bg-gray-800 text-white py-4">
06        <div class="container mx-auto px-4 text-center">
07          © 2024 StartupApp. All rights reserved.
08        </div>
09      </footer>
10    </div>
11  </template>
12  <script setup>
13  import HeaderComp from './components/HeaderComp.vue';
14  import MainComp from './components/MainComp.vue';
15  </script>
16  <style>
17  body {
18    margin: 0;
19    padding: 0;
20    font-family: 'Inter', sans-serif;
21  }
22  </style>
```

- 루트 컨테이너(<div class="flex flex-col min-h-screen">)는 Flexbox를 사용하여 헤더, 메인 콘텐츠, 푸터를 세로로 배치합니다.
- HeaderComp는 상단 헤더를 표시합니다.
- MainComp는 메인 콘텐츠를 표시하는 컴포넌트입니다.
- 푸터(<footer>)는 하단에 푸터를 추가하여 하단 링크 및 카피라이트 정보를 표시합니다.
- 반응형 디자인은 flex-grow를 사용하여 메인 콘텐츠가 가변적으로 확장되도록 설정했습니다.

5.3.2 컴포넌트 적용(MainComp)

MainComp.vue는 스타트업 웹 애플리케이션의 주요 콘텐츠를 표시하는 컴포넌트입니다. 브레드크럼, 슬라이더, 제목, 문단, 이미지, 버튼, 카드, 테이블, 폼 컴포넌트를 포함합니다.

```
src/components/MainComp.vue
01    <template>
02      <div class="container mx-auto px-4 py-8">
03        <nav class="flex mb-4" aria-label="Breadcrumb">
04          <ol class="inline-flex items-center space-x-1 md:space-x-3">
05            <li class="inline-flex items-center">
06              <a href="#" class="text-gray-700 hover:text-blue-500 flex items-center">
07                <svg class="w-4 h-4 mr-2" fill="currentColor" viewBox="0 0 20 20">
08                  <path d="M10 20l-6-6h4V8a2 2 0 114 0v6h4l-6 6z"/>
09                </svg>
10                홈
11              </a>
12            </li>
13            <li>
14              <div class="flex items-center">
15                <svg class="w-6 h-6 text-gray-400" fill="currentColor" viewBox="0 0 20 20">
16                  <path fill-rule="evenodd" d="M7.293 14.707a1 1 0 010-1.414L10.586 10 7.293 6.707a1 1 0 011.414-1.414l4a1 1 0 010 1.414l-4 4a1 1 0 01-1.414 0z" clip-rule="evenodd"/>
17                </svg>
18                <a href="#" class="ml-1 text-sm font-medium text-gray-700 hover:text-blue-500 md:ml-2">대시보드</a>
19              </div>
20            </li>
21          </ol>
22        </nav>
23        <SliderComp />
24        <h1 class="text-3xl font-bold mt-8 mb-4">스타트업 웹 애플리케이션</h1>
25        <p class="text-gray-700 mb-6">
26          이곳은 스타트업 웹 애플리케이션의 주요 정보를 표시하는 영역입니다. 혁신적인 기능과 사용자 친화적인 디자인으로 비즈니스를 성장시키세요.
27        </p>
28        <div class="mb-6">
29          <img src="@/assets/dashboard_image.png" alt="Dashboard Image" class="w-full h-auto rounded-md shadow-md">
30        </div>
31        <div class="mb-8">
32          <button class="px-6 py-3 bg-blue-500 text-white rounded-md hover:bg-blue-600 mr-4">시작하기</button>
33          <button class="px-6 py-3 bg-gray-300 text-gray-700 rounded-md hover:bg-gray-400">자세히 보기</button>
34        </div>
35        <div class="grid grid-cols-1 md:grid-cols-2 gap-8">
```

```
36          <CardComp />
37          <TableComp />
38        </div>
39        <div class="grid grid-cols-1 md:grid-cols-2 gap-8 mt-8">
40          <FormComp />
41        </div>
42      </div>
43    </template>
44    <script setup>
45    import SliderComp from './SliderComp.vue';
46    import CardComp from './CardComp.vue';
47    import TableComp from './TableComp.vue';
48    import FormComp from './FormComp.vue';
49    </script>
```

- 브레드크럼(<nav>)은 현재 페이지의 위치를 표시하는 요소로 사용자에게 현재 페이지의 위치를 알려줍니다.

- SliderComp는 슬라이더 컴포넌트를 포함하여 주요 공지사항이나 업데이트를 시각적으로 표시합니다.

- 제목(<h1>)은 웹 애플리케이션의 주요 제목을 표시합니다.

- 문단(<p>)은 웹 애플리케이션의 목적과 기능을 간략히 설명합니다.

- 이미지(<img>)는 웹 애플리케이션과 관련된 이미지를 표시합니다. rounded-md와 shadow-md 클래스를 사용하여 이미지에 둥근 모서리와 그림자를 추가했습니다.

- 버튼(<button>)은 주요 작업을 수행할 수 있는 버튼을 추가합니다. hover 효과를 사용하여 사용자 인터랙션을 향상시켰습니다.

- 그리드 레이아웃(<div class="grid ...">)은 카드, 테이블, 폼, 아이콘 컴포넌트를 그리드 레이아웃으로 배치하여 깔끔하게 정렬합니다.

- MainComp 이미지 준비는 src/assets 폴더에 dashboard_image.png 이미지를 추가합니다.

5.3.3 테이블 적용(TableComp)

TableComp.vue는 공지사항, 자료실 등의 탭을 구현하고, 각 탭에 게시글을 3개씩 교대로 표시합니다.

src/components/TableComp.vue

```
01   <template>
02     <div class="bg-white p-6 rounded-lg shadow-md">
03       <ul class="flex border-b">
04         <li class="-mb-px mr-1">
05           <button @click="activeTab = 'notices'"
:class="tabClass('notices')" class="bg-white inline-block py-2 px-4 text-
blue-500 hover:text-blue-800 font-semibold">
06             공지사항
07           </button>
08         </li>
09         <li class="mr-1">
10           <button @click="activeTab = 'resources'"
:class="tabClass('resources')" class="bg-white inline-block py-2 px-4 text-
blue-500 hover:text-blue-800 font-semibold">
11             자료실
12           </button>
13         </li>
14       </ul>
15       <div class="mt-4">
16         <div v-if="activeTab === 'notices'">
17           <table class="min-w-full bg-white">
18             <thead>
19               <tr>
20                 <th class="py-2 px-4 border-b">#</th><th class="py-2 px-4 border-b">제목</th>
21                 <th class="py-2 px-4 border-b">작성자</th><th class="py-2 px-4 border-b">날짜</th>
22               </tr>
23             </thead>
24             <tbody>
25               <tr v-for="(post, index) in notices" :key="post.id" class="text-center">
26                 <td class="py-2 px-4 border-b">{{ index + 1 }}</td><td class="py-2 px-4 border-b">{{ post.title }}</td>
27                 <td class="py-2 px-4 border-b">{{ post.author }}</td><td class="py-2 px-4 border-b">{{ post.date }}</td>
28               </tr>
29             </tbody>
30           </table>
31         </div>
32         <div v-if="activeTab === 'resources'">
33           <table class="min-w-full bg-white">
34             <thead>
35               <tr>
36                 <th class="py-2 px-4 border-b">#</th><th class="py-2 px-4
```

```
border-b">파일명</th>
37                <th class="py-2 px-4 border-b">작성자</th><th class="py-2 px-4 border-b">날짜</th>
38              </tr>
39            </thead>
40            <tbody>
41              <tr v-for="(resource, index) in resources" :key="resource.id" class="text-center">
42                <td class="py-2 px-4 border-b">{{ index + 1 }}</td><td class="py-2 px-4 border-b">{{ resource.filename }}</td>
43                <td class="py-2 px-4 border-b">{{ resource.author }}</td><td class="py-2 px-4 border-b">{{ resource.date }}</td>
44              </tr>
45            </tbody>
46          </table>
47        </div>
48      </div>
49    </div>
50  </template>
51  <script setup>
52  import { ref } from 'vue';
53  const activeTab = ref('notices');  // 활성 탭 상태
54  const notices = ref([ // 공지사항 데이터
55    { id: 1, title: '시스템 점검 안내', author: '관리자', date: '2024-04-01' },
56    { id: 2, title: '새로운 기능 출시', author: '개발팀', date: '2024-04-05' },
57    { id: 3, title: '업데이트 일정', author: '운영팀', date: '2024-04-10' }
58  ]);
59  const resources = ref([   // 자료실 데이터
60    { id: 1, filename: '프로젝트 계획서.pdf', author: '기획팀', date: '2024-03-25' },
61    { id: 2, filename: '디자인 가이드.docx', author: '디자인팀', date: '2024-03-30' },
62    { id: 3, filename: '테스트 케이스.xlsx', author: 'QA팀', date: '2024-04-02' }
63  ]);
64  const tabClass = (tab) => {   // 탭 클래스 함수
65    return activeTab.value === tab ? 'border-b-2 border-blue-500' : '';
66  };
67  </script>
68  <style scoped>
69  .border-b-2 { border-bottom-width: 2px; }
70  </style>
```

➡️ 탭 내비게이션(<ul class="flex border-b">)은 사용자가 공지사항, 자료실 탭을 전환할 수 있게 버튼을 제공합니다.

- 탭 클래스 함수(tabClass)는 현재 활성화된 탭에 스타일을 적용하기 위한 함수입니다.
- 탭 콘텐츠(<div v-if="activeTab === 'tabName'">)는 활성화된 탭에 따라 해당 콘텐츠를 표시합니다.
- 테이블(<table>)은 각 탭에 해당하는 데이터를 표시하는 테이블을 구현했습니다.
- min-w-full은 테이블의 최소 너비를 설정하여 가로 스크롤을 방지합니다.
- bg-white는 테이블 배경색을 흰색으로 설정합니다.
- border-b는 테이블 헤더와 행에 경계선을 추가합니다.
- text-center는 테이블 셀의 텍스트를 중앙 정렬합니다.
- 데이터(ref)는 notices, resources 배열에 각각 3개의 게시글 데이터를 정의했습니다.

5.3.4 폼 요소 적용(FormComp)

FormComp.vue는 글쓰기 창으로, 글 제목, 글 내용, 작성자 등을 입력받고, [글쓰기] 버튼과 [취소] 버튼을 포함합니다.

```
src/components/FormComp.vue
01  <template>
02    <div class="bg-white p-6 rounded-lg shadow-md">
03      <h2 class="text-2xl font-bold mb-4">글쓰기</h2>
04      <form @submit.prevent="submitForm">
05        <div class="mb-4">
06          <label for="title" class="block text-gray-700">글 제목</label>
07          <input type="text" id="title" v-model="title" required class="w-full px-4 py-2 border rounded-md focus:outline-none focus:ring-2 focus:ring-blue-500">
08        </div>
09        <div class="mb-4">
10          <label for="content" class="block text-gray-700">글 내용</label>
11          <textarea id="content" v-model="content" rows="5" required class="w-full px-4 py-2 border rounded-md focus:outline-none focus:ring-2 focus:ring-blue-500"></textarea>
12        </div>
13        <div class="mb-4">
14          <label for="author" class="block text-gray-700">작성자</label>
15          <input type="text" id="author" v-model="author" required
```

```
         class="w-full px-4 py-2 border rounded-md focus:outline-none focus:ring-2
         focus:ring-blue-500">
16           </div>
17           <div class="flex justify-end">
18             <button type="submit" class="px-6 py-2 bg-blue-500 text-white
         rounded-md hover:bg-blue-600 mr-4">글쓰기</button>
19             <button type="button" @click="cancelForm" class="px-6 py-2 bg-
         gray-300 text-gray-700 rounded-md hover:bg-gray-400">취소</button>
20           </div>
21         </form>
22       </div>
23     </template>
24     <script setup>
25     import { ref } from 'vue';
26     const title = ref('');    // 입력 데이터
27     const content = ref('');
28     const author = ref('');
29     const submitForm = () => {   // 폼 제출 함수
30       alert(`제목: ${title.value}\n내용: ${content.value}\n작성자: ${author.
         value}`);
31       title.value = '';    // 폼 초기화
32       content.value = '';
33       author.value = '';
34     };
35     const cancelForm = () => {   // 폼 취소 함수
36       if (confirm('작성을 취소하시겠습니까?')) {
37         title.value = '';
38         content.value = '';
39         author.value = '';
40       }
41     };
42     </script>
```

→ 컨테이너(<div class="bg-white p-6 rounded-lg shadow-md">)는 Tailwind의 유틸리티 클래스를 사용하여 배경색, 패딩, 둥근 모서리, 그림자를 설정합니다.

→ 폼(<form>)은 글 제목, 글 내용, 작성자를 입력받는 필드를 포함합니다.

→ 글 제목(<input>)은 텍스트 입력 필드로, v-model을 사용하여 title 변수와 양방향으로 바인딩합니다.

→ 글 내용(<textarea>)은 텍스트 영역으로, v-model을 사용하여 content 변수와 양방향으로 바인딩합니다.

- 작성자(<input>)는 텍스트 입력 필드로, v-model을 사용하여 author 변수와 양방향으로 바인딩합니다.
- 글쓰기 버튼은 폼 제출 시 submitForm 함수를 호출합니다. hover 효과를 사용하여 사용자 인터랙션을 향상시켰습니다.
- 취소 버튼은 cancelForm 함수를 호출하여 폼을 초기화하거나 취소할 수 있습니다.

5.3.5 목록 적용(CardComp)

CardComp.vue는 카드 형태의 목록을 표시하며, 각 항목당 이미지, 항목 제목, 항목 내용, [더보기] 버튼을 포함합니다. 총 3개의 카드가 표시됩니다.

```
src/components/CardComp.vue
01  <template>
02    <div>
03      <h3 class="text-xl font-semibold mb-4">제품 목록</h3>
04      <div class="grid grid-cols-1 md:grid-cols-3 gap-6">
05        <div class="bg-white rounded-lg shadow-md overflow-hidden" v-for="item in items" :key="item.id">
06          <img :src="item.image" alt="Product Image" class="w-full h-48 object-cover"><!-- 항목 이미지 -->
07          <div class="p-4 flex flex-col">
08            <h4 class="text-lg font-bold mb-2">{{ item.title }}</h4> <!-- 항목 제목 -->
09            <p class="text-gray-700 flex-grow">{{ item.content }}</p> <!-- 항목 내용 -->
10            <a href="#" class="mt-4 inline-block bg-blue-500 text-white px-4 py-2 rounded-md hover:bg-blue-600 text-center">더보기</a>
11          </div>
12        </div>
13      </div>
14    </div>
15  </template>
16  <script setup>
17  import { ref } from 'vue';
18  const items = ref([  // 카드 데이터
19    { id: 1, title: '제품 1', content: '제품 1에 관한 간략한 설명입니다.',
20      image: require('@/assets/card1.jpg') },
21    { id: 2, title: '제품 2', content: '제품 2에 관한 간략한 설명입니다.',
22      image: require('@/assets/card2.jpg') },
```

```
23        { id: 3, title: '제품 3', content: '제품 3에 관한 간략한 설명입니다.',
24          image: require('@/assets/card3.jpg') }
25    ]);
26  </script>
27  <style scoped>
28    img {
29      height: 192px; /* 48 * 4 */
30      object-fit: cover;
31    }
32  </style>
```

- 그리드 레이아웃(`<div class="grid grid-cols-1 md:grid-cols-3 gap-6">`)은 Tailwind의 그리드 유틸리티를 사용하여 반응형 카드 레이아웃을 구현했습니다.

- 카드 컨테이너(`<div class="bg-white rounded-lg shadow-md overflow-hidden">`)는 카드의 배경색, 둥근 모서리, 그림자, 이미지 오버플로우 처리를 설정합니다.

- 항목 이미지(`<img>`)는 카드 상단에 이미지를 표시합니다. object-cover 클래스를 사용하여 이미지가 카드 크기에 맞게 잘리도록 설정했습니다.

- 카드 본문(`<div class="p-4 flex flex-col">`)은 카드의 본문을 Flexbox로 설정하여 내용과 버튼을 수직으로 배치합니다.

- 항목 제목(`<h4>`)은 카드의 제목을 표시합니다.

- 항목 내용(`<p>`)은 카드의 내용을 간략히 설명합니다. flex-grow 클래스를 사용하여 내용이 공간을 채울 수 있게 설정했습니다.

- 더보기 버튼(`<a>`)은 사용자가 추가 정보를 확인할 수 있게 더보기 버튼을 제공합니다. hover 효과를 사용하여 사용자 인터랙션을 향상시켰습니다.

- 스타일(`<style scoped>`)은 카드 이미지의 높이를 고정하고, object-fit을 사용하여 이미지가 카드에 잘 맞게 조정했습니다.

- 카드 이미지 준비는 src/assets 폴더에 card1.jpg부터 card3.jpg까지 3개의 이미지를 추가합니다.

5.3.6 슬라이더 적용(SliderComp.vue)

SliderComp.vue는 임의의 더미 이미지 3개가 좌측으로 슬라이딩되며, 각 이미지당 제목, 설명, [더보기] 버튼을 표시합니다. Tailwind CSS 자체에는 기본적인 슬라이더 기능이 없으므로 이를 구현하기 위해 Swiper 같은 라이브러리를 사용할 수 있습니다. 여기서는

Swiper를 사용하여 슬라이더를 구현하겠습니다.

src/components/SliderComp.vue

```vue
01  <template>
02    <div class="swiper-container">
03      <swiper :slides-per-view="1" :loop="true" navigation pagination autoplay>
04        <swiper-slide v-for="slide in slides" :key="slide.id">
05          <div class="relative">
06            <img :src="slide.image" :alt="slide.title" class="w-full h-64 object-cover rounded-md">
07            <div class="absolute inset-0 bg-black bg-opacity-50 flex flex-col justify-center items-center text-center text-white px-4">
08              <h3 class="text-2xl font-bold mb-2">{{ slide.title }}</h3>
09              <p class="mb-4">{{ slide.description }}</p>
10              <a href="#" class="px-4 py-2 bg-blue-500 rounded-md hover:bg-blue-600">더보기</a>
11            </div>
12          </div>
13        </swiper-slide>
14        <div class="swiper-button-prev"></div>     <!-- 내비게이션 버튼 -->
15        <div class="swiper-button-next"></div>
16        <div class="swiper-pagination"></div><!-- 페이징 -->
17      </swiper>
18    </div>
19  </template>
20  <script setup>
21  import { ref } from 'vue';
22  import { Swiper, SwiperSlide } from 'swiper/vue';
23  import 'swiper/swiper-bundle.css';
24  import SwiperCore, { Navigation, Pagination, Autoplay } from 'swiper'; // Swiper 모듈
25  SwiperCore.use([Navigation, Pagination, Autoplay]);   // Swiper 모듈 사용
26  const slides = ref([   // 슬라이드 데이터
27    { id: 1, title: '첫 번째 슬라이드', description: '첫 번째 슬라이드의 설명입니다.',
28      image: require('@/assets/slide1.jpg') },
29    { id: 2, title: '두 번째 슬라이드', description: '두 번째 슬라이드의 설명입니다.',
30      image: require('@/assets/slide2.jpg') },
31    { id: 3, title: '세 번째 슬라이드', description: '세 번째 슬라이드의 설명입니다.',
32      image: require('@/assets/slide3.jpg') }
33  ]);
34  </script>
```

```
35  <style scoped>
36  .swiper-container { width: 100%; height: 100%; }
37  .swiper-button-prev, .swiper-button-next { color: white; }
38  .swiper-pagination-bullet-active { background-color: white; }
39  </style>
```

→ Swiper는 슬라이더 컨테이너입니다.

→ SwiperSlide는 각 슬라이드를 나타냅니다.

→ 슬라이드 데이터(slides)는 슬라이더에 표시할 이미지, 제목, 설명을 포함한 데이터를 정의합니다.

→ 슬라이더 이미지 준비는 src/assets 폴더에 slide1.jpg, slide2.jpg, slide3.jpg 이미지를 추가합니다. 각 이미지는 슬라이더의 주제에 맞는 적절한 이미지를 선택합니다.

5.3.7 애플리케이션 실행 및 확인

모든 컴포넌트가 정상적으로 작성되었으면 애플리케이션을 다시 실행하여 모든 요소가 올바르게 표시되는지 확인합니다.

```
npm run serve
```

터미널을 열고 나서 개발 서버를 시작하고 브라우저에서 http://localhost:8080을 열어 헤더, 사이드바, 메인 콘텐츠, 푸터, 테이블, 폼, 카드, 슬라이더 컴포넌트가 올바르게 표시되는지 확인합니다. 각 컴포넌트 간의 상호작용과 반응형 디자인도 테스트하여 모든 기능이 정상적으로 작동하는지 점검합니다.

5.4 Materialize를 적용한 모바일 커머스 애플리케이션

Materialize는 구글의 머티리얼 디자인 가이드라인을 따르는 프레임워크로 세련된 UI 컴포넌트를 제공합니다. 이번 절에서는 Vue 3의 문법을 사용하여 Materialize CSS 프레임워크를 적용한 모바일 커머스 애플리케이션 ch05_myapp4를 제작합니다. Materialize CSS를 활용하여 스타일링을 진행할 때 각 코드 블록마다 자세한 설명을 추가하여 이해를 도왔습니다.

> URL ▶ Materialize 공식 사이트(https://materializecss.com/)

5.4.1 프로젝트 생성 및 설정

(1) Vue 프로젝트 생성 및 디렉터리 이동

Vue 프로젝트를 생성하고 프로젝트 디렉터리로 이동합니다.

```
vue create ch05_myapp4
cd ch05_myapp4
```

vue create 명령으로 Vue 버전 3의 ch05_myapp4 프로젝트를 생성하고 프로젝트 디렉터리로 이동합니다.

(2) 라이브러리 설치

Materialize CSS와 아이콘 라이브러리를 프로젝트에 추가하기 위해 필요한 라이브러리를 설치합니다.

```
npm install materialize-css
npm install @mdi/font
```

Material Design Icons는 다양한 아이콘을 제공하며, Materialize와 함께 사용하기에 적합합니다.

(3) 프로젝트 구조

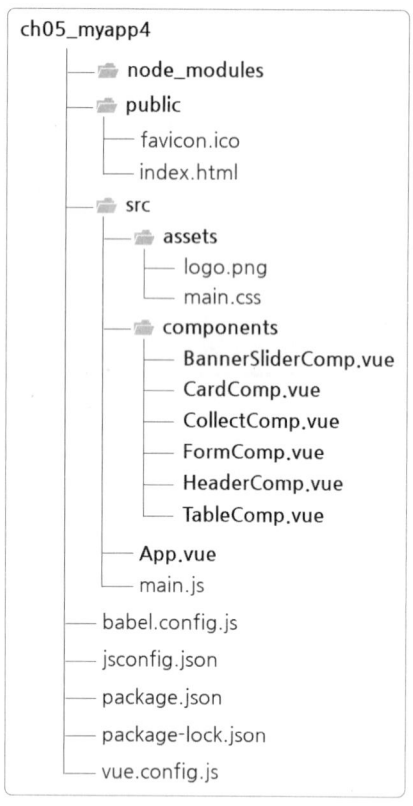

src/assets/: 이미지 및 CSS 파일을 저장합니다.

src/components/: 재사용 가능한 Vue 컴포넌트를 저장합니다.

App.vue: 애플리케이션의 루트 컴포넌트입니다.

main.js: 애플리케이션의 진입점입니다.

[그림 5-7] ch05_myapp4 프로젝트 구조

[그림 5-8] ch05_myapp4 실행 화면

(4) 애플리케이션 설정(main.js)

src/main.js 파일을 열어 Materialize CSS와 Material Design Icons를 포함시킵니다.

```
01  import { createApp } from 'vue';
02  import App from './App.vue';
03  import 'materialize-css/dist/css/materialize.min.css';
04  import 'materialize-css/dist/js/materialize.min.js';
05  import '@mdi/font/css/materialdesignicons.min.css';
06  import './assets/main.css';
07  createApp(App).mount('#app');
```

- materialize-css/dist/css/materialize.min.css는 Materialize CSS의 스타일을 프로젝트에 포함시킵니다.
- materialize-css/dist/js/materialize.min.js는 Materialize의 JavaScript 기능을 포함시킵니다.
- @mdi/font/css/materialdesignicons.min.css는 Material Design Icons의 스타일을 포함시킵니다.
- ./assets/main.css는 추가적인 커스텀 스타일을 적용할 수 있는 CSS 파일입니다.

(5) 메인 CSS 설정(main.css)

src/assets/main.css 파일을 생성하고 Materialize CSS와 Material Design Icons를 활용한 커스텀 스타일을 추가할 수 있습니다.

```
01  body { font-family: 'Roboto', sans-serif; }
07  .navbar { padding: 0 20px; }
08  .footer { background-color: #212121; color: #ffffff; padding: 20px 0; }
09  .icon { font-size: 1.5rem; }
```

- font-family는 전체 애플리케이션의 기본 폰트를 설정합니다.
- .navbar는 내비게이션 바의 패딩을 조정합니다.
- .footer는 푸터의 배경색과 텍스트 색상을 설정하고, 패딩을 추가합니다.
- .icon은 아이콘의 기본 크기를 조정합니다.

(6) HeaderComp.vue(헤더 컴포넌트)

src/components/HeaderComp.vue 파일을 생성하고 다음과 같이 작성합니다.

```
01  <template>
10    <nav class="navbar navbar-fixed">
11      <div class="nav-wrapper teal">
12        <a href="#" class="brand-logo" style="padding-left: 20px;">
13          <img src="@/assets/logo.png" alt="Logo" style="height: 50px;">
14        </a>
```

```html
15        <a href="#" data-target="mobile-demo" class="sidenav-trigger">
16          <i class="material-icons">menu</i>
17        </a>
18        <ul class="right hide-on-med-and-down">
19          <li><a href="#">홈</a></li>
20          <li>
21            <a class="dropdown-trigger" href="#" data-target="dropdown1">카테고리</a>
22            <ul id="dropdown1" class="dropdown-content">
23              <li><a href="#">카테고리 1</a></li><li><a href="#">카테고리 2</a></li>
24              <li><a href="#">카테고리 3</a></li>
25            </ul>
26          </li>
27          <li><a href="#">특가</a></li><li><a href="#">고객센터</a></li>
28          <li>
29            <a href="#">장바구니 <i class="material-icons">shopping_cart</i></a>
30          </li>
31        </ul>
32      </div>
33      <ul class="sidenav" id="mobile-demo">
34        <li><a href="#">홈</a></li>
35        <li>
36          <a href="#">카테고리</a>
37          <ul class="collapsible collapsible-accordion">
38            <li>
39              <a class="collapsible-header">카테고리 1</a>
40              <div class="collapsible-body">
41                <ul>
42                  <li><a href="#">세부 카테고리 1</a></li><li><a href="#">세부 카테고리 2</a></li>
43                </ul>
44              </div>
45            </li>
46            <li>
47              <a class="collapsible-header">카테고리 2</a>
48              <div class="collapsible-body">
49                <ul>
50                  <li><a href="#">세부 카테고리 1</a></li><li><a href="#">세부 카테고리 2</a></li>
51                </ul>
52              </div>
53            </li>
54          </ul>
55        </li>
56        <li><a href="#">특가</a></li> <li><a href="#">고객센터</a></li>
```

```
57        <li><a href="#">장바구니 <i class="material-icons">shopping_cart</
i></a></li>
58      </ul>
59    </nav>
60  </template>
61  <script setup>
62  import { onMounted } from 'vue';
63  import M from 'materialize-css';
64  onMounted(() => {
65    const sidenavElems = document.querySelectorAll('.sidenav');
66    M.Sidenav.init(sidenavElems);
67    const dropdownElems = document.querySelectorAll('.dropdown-trigger');
68    M.Dropdown.init(dropdownElems, { coverTrigger: false, constrainWidth:
false, });
69    const collapsibleElems = document.querySelectorAll('.collapsible');
70    M.Collapsible.init(collapsibleElems);
71  });
72  </script>
73  <style scoped>
74  .brand-logo img { height: 50px; }
75  .navbar a { font-size: 1.1rem; }
76  .dropdown-content li a { color: #212121; }
77  .dropdown-content li a:hover { background-color: #f2f2f2; }
78  .sidenav a { font-size: 1rem; }
79  </style>
```

- 내비게이션 바(<nav class="navbar navbar-fixed">)는 Materialize의 내비게이션 바 클래스를 지정해 헤더를 구성합니다.

- 로고는 왼쪽에 로고 이미지를 표시합니다.

- 모바일 토글 버튼은 작은 화면에서 내비게이션 메뉴를 토글할 수 있는 버튼을 추가했습니다.

- 메인 메뉴(데스크탑)는 오른쪽에 주요 내비게이션 링크를 배치했습니다.

- 모바일 사이드바(<ul class="sidenav" id="mobile-demo">)는 모바일 화면에서 사용되는 사이드바 메뉴입니다.

카테고리는 드롭다운 메뉴로 구성되어 있으며, 호버 시 서브 메뉴가 표시됩니다. 장바구니에는 쇼핑 카트 아이콘을 추가하여 시각적으로 강조했습니다.

(7) 메인 뷰 작성(App.vue)

src/App.vue 파일을 수정하여 헤더와 메인 콘텐츠, 푸터를 포함한 레이아웃을 구성합니다.

```
01  <template>
02    <div>
03      <HeaderComp />
04      <main>
05        <CollectComp />
06      </main>
07      <footer class="page-footer teal">
08        <div class="container">
09          <div class="row">
10            <div class="col l6 s12">
11              <h5 class="white-text">모바일 커머스</h5>
12              <p class="grey-text text-lighten-4">최신 제품과 특별 할인을 만나보세요.</p>
13            </div>
14            <div class="col l4 offset-l2 s12">
15              <h5 class="white-text">링크</h5>
16              <ul>
17                <li><a class="grey-text text-lighten-3" href="#">홈</a></li>
18                <li><a class="grey-text text-lighten-3" href="#">카테고리</a></li>
19                <li><a class="grey-text text-lighten-3" href="#">특가</a></li>
20                <li><a class="grey-text text-lighten-3" href="#">고객센터</a></li>
21              </ul>
22            </div>
23          </div>
24        </div>
25        <div class="footer-copyright">
26          <div class="container"> © 2024 모바일 커머스. All rights reserved. </div>
27        </div>
28      </footer>
29    </div>
30  </template>
31  <script setup>
32  import HeaderComp from './components/HeaderComp.vue';
33  import CollectComp from './components/CollectComp.vue';
34  </script>
35  <style>
36  body { margin: 0; padding: 0; font-family: 'Roboto', sans-serif; }
```

```
37    main { padding: 20px; }
38    </style>
```

- HeaderComp는 상단 헤더를 표시합니다.
- CollectComp는 메인 콘텐츠 영역에 모바일 커머스 관련 컴포넌트를 표시합니다.
- 푸터(<footer class="page-footer teal">)는 하단에 푸터를 추가하여 하단 링크 및 카피라이트 정보를 표시합니다.
- page-footer teal: Materialize의 page-footer 클래스를 사용하여 푸터를 구성하고, teal 색상을 적용했습니다.

5.4.2 컴포넌트 적용(CollectComp)

CollectComp.vue는 모바일 커머스 애플리케이션의 주요 콘텐츠를 표시하는 컴포넌트입니다. 브레드크럼, 슬라이더, 제목, 문단, 이미지, 버튼, 카드, 테이블, 폼 컴포넌트를 포함합니다.

src/components/CollectComp.vue
```
01    <template>
02      <div class="container">     <!-- 브레드크럼 -->
03        <nav>
04          <div class="nav-wrapper">
05            <div class="col s12">
06              <a href="#" class="breadcrumb">홈</a>
07              <a href="#" class="breadcrumb">포트폴리오</a>
08            </div>
09          </div>
10        </nav>
11        <BannerSliderComp />   <!-- 배너 슬라이더 컴포넌트 -->
12        <h3 class="center-align">모바일 커머스 플랫폼</h3><!-- 제목 -->
13        <p class="flow-text center-align"><!-- 문단 -->
14            최신 모바일 기술을 활용한 혁신적인 커머스 플랫폼을 소개합니다. 사용하기 쉬운 인터페이스와 다양한 기능으로 고객 경험을 극대화하세요.
15        </p>
16        <div class="section">
17            <img src="@/assets/commerce_image.png" alt="Commerce Image" class="responsive-img"><!-- 이미지 -->
```

```
18          </div>
19          <div class="center-align">    <!-- 버튼 -->
20            <a href="#" class="waves-effect waves-light btn-large">지금 시작하기</a>
21            <a href="#" class="waves-effect waves-light btn-large grey lighten-1">자세히 보기</a>
22          </div>
23          <div class="row">    <!-- 카드, 테이블, 폼 컴포넌트 -->
24            <div class="col s12 m6"><CardComp /></div>
25            <div class="col s12 m6"><TableComp /></div>
26            <div class="col s12 m6"><FormComp /></div>
27          </div>
28        </div>
29      </template>
30      <script setup>
31      import BannerSliderComp from './BannerSliderComp.vue';
32      import CardComp from './CardComp.vue';
33      import TableComp from './TableComp.vue';
34      import FormComp from './FormComp.vue';
35      </script>
36      <style scoped>
37      .container { margin-top: 20px; }
38      </style>
```

- 브레드크럼(<nav>)은 현재 페이지의 위치를 표시하는 브레드크럼을 추가하여 사용자에게 현재 페이지의 위치를 알려줍니다.

- BannerSliderComp는 슬라이더 컴포넌트를 포함하여 주요 프로모션이나 업데이트를 시각적으로 표시합니다.

- 제목(<h3 class="center-align">)은 모바일 커머스 플랫폼의 주요 제목을 중앙 정렬로 표시합니다.

- 문단(<p class="flow-text center-align">)은 플랫폼의 목적과 기능을 간략히 설명합니다.

- 이미지(<img class="responsive-img">)는 플랫폼과 관련된 이미지를 반응형으로 표시합니다.

- 버튼(<a class="waves-effect waves-light btn-large">)은 주요 작업을 수행할 수 있는 버튼을 중앙 정렬로 추가합니다.

- 그리드 레이아웃(<div class="row">)은 Materialize의 그리드 시스템을 사용하여 카드, 테이블, 폼 컴포넌트를 2열로 배치했습니다.

5.4.3 테이블 적용(TableComp)

TableComp.vue는 공지사항, 자료실 등의 탭을 구현하고, 각 탭에 게시글을 3개씩 교대로 표시합니다.

```
src/components/TableComp.vue
01    <template>
02      <div class="card">
03        <div class="card-content">
04          <ul class="tabs"><!-- 탭 내비게이션 -->
05            <li class="tab col s4">
06              <a href="#notices" class="active" @click.prevent="activeTab = 'notices'">공지사항</a>
07            </li>
08            <li class="tab col s4">
09              <a href="#resources" @click.prevent="activeTab = 'resources'">자료실</a>
10            </li>
11          </ul>
12          <div id="notices" class="col s12" v-if="activeTab === 'notices'"><!-- 탭 콘텐츠 -->
13            <table class="striped responsive-table">
14              <thead>
15                <tr>
16                  <th>#</th><th>제목</th><th>작성자</th><th>날짜</th>
17                </tr>
18              </thead>
19              <tbody>
20                <tr v-for="(notice, index) in notices" :key="notice.id">
21                  <td>{{ index + 1 }}</td><td>{{ notice.title }}</td>
22                  <td>{{ notice.author }}</td><td>{{ notice.date }}</td>
23                </tr>
24              </tbody>
25            </table>
26          </div>
27          <div id="resources" class="col s12" v-if="activeTab === 'resources'">
28            <table class="striped responsive-table">
29              <thead>
30                <tr>
31                  <th>#</th><th>파일명</th><th>작성자</th><th>날짜</th>
32                </tr>
33              </thead>
34              <tbody>
35                <tr v-for="(resource, index) in resources" :key="resource.id">
```

```
36            <td>{{ index + 1 }}</td><td>{{ resource.filename }}</td>
37            <td>{{ resource.author }}</td><td>{{ resource.date }}</td>
38          </tr>
39        </tbody>
40      </table>
41    </div>
42   </div>
43  </div>
44 </template>
45 <script setup>
46 import { ref } from 'vue';
47 const activeTab = ref('notices'); // 활성 탭 상태
48 const notices = ref([     // 공지사항 데이터
49   { id: 1, title: '신제품 출시 안내', author: '관리자', date: '2024-04-01' },
50   { id: 2, title: '시스템 점검 공지', author: 'IT팀', date: '2024-04-05' },
51   { id: 3, title: '할인 이벤트 시작', author: '마케팅팀', date: '2024-04-10' }
52 ]);
53 const resources = ref([      // 자료실 데이터
54   { id: 1, filename: '제품 카탈로그.pdf', author: '기획팀', date: '2024-03-25' },
55   { id: 2, filename: '마케팅 자료.pptx', author: '마케팅팀', date: '2024-03-30' },
56   { id: 3, filename: '개발 문서.docx', author: '개발팀', date: '2024-04-02' }
57 ]);
58 </script>
59 <style scoped>
60 .tabs .tab a.active { background-color: #26a69a; color: white; }
61 </style>
```

- 탭 내비게이션(`<ul class="tabs">`)은 Materialize의 tabs 클래스를 사용하여 공지사항, 자료실 탭을 구현합니다. 각 탭은 클릭 시 activeTab 변수를 변경하여 해당 탭의 콘텐츠를 표시합니다.

- 탭 콘텐츠(`<div id="tabId" v-if="activeTab === 'tabId'">`)는 활성화된 탭에 따라 해당 콘텐츠를 표시합니다.

- Table은 Materialize의 striped와 responsive-table 클래스를 사용하여 데이터 목록을 깔끔하게 표시합니다.

- Striped는 홀수 행에 스트라이프 효과를 추가하여 가독성을 높입니다.

- responsive-table은 테이블을 반응형으로 만들어 모바일에서도 잘 표시될 수 있게 합니다.

5.4.4 폼 요소 적용(FormComp)

FormComp.vue는 글쓰기 창으로, 글 제목, 글 내용, 작성자 등을 입력받고, [글쓰기] 버튼과 [취소] 버튼을 포함합니다.

```
src/components/FormComp.vue
01  <template>
02    <div class="card">
03      <div class="card-content">
04        <span class="card-title">글쓰기</span>
05        <form @submit.prevent="submitForm">
06          <div class="input-field">       <!-- 글 제목 입력란 -->
07            <input id="title" type="text" v-model="title" required>
08            <label for="title">글 제목</label>
09          </div>
10          <div class="input-field">  <!-- 글 내용 입력란 -->
11            <textarea id="content" class="materialize-textarea" v-model="content" required></textarea>
12            <label for="content">글 내용</label>
13          </div>
14          <div class="input-field">  <!-- 작성자 입력란 -->
15            <input id="author" type="text" v-model="author" required>
16            <label for="author">작성자</label>
17          </div>
18          <div class="input-field">          <!-- 버튼 -->
19            <button class="btn waves-effect waves-light" type="submit">글쓰기
20              <i class="material-icons right">send</i>
21            </button>
22            <button class="btn waves-effect waves-light grey lighten-1" type="button" @click="cancelForm">취소
23              <i class="material-icons right">cancel</i>
24            </button>
25          </div>
26        </form>
27      </div>
28    </div>
29  </template>
30  <script setup>
31  import { ref } from 'vue';
32  import M from 'materialize-css';
33  const title = ref('');      // 입력 데이터
34  const content = ref('');
35  const author = ref('');
```

```
36    const submitForm = () => {    // 폼 제출 함수
37      M.toast({html: `제목: ${title.value}<br>내용: ${content.
value}<br>작성자: ${author.value}`, displayLength: 3000});
38      title.value = '';    // 폼 초기화
39      content.value = '';
40      author.value = '';
41    };
42    const cancelForm = () => {    // 폼 취소 함수
43      if (confirm('작성을 취소하시겠습니까?')) {
44        title.value = '';
45        content.value = '';
46        author.value = '';
47      }
48    };
49  </script>
50  <style scoped>
51    .card-title { font-size: 1.5rem; margin-bottom: 20px; }
52    .btn { margin-right: 10px; }
53  </style>
```

- 카드 컨테이너(`<div class="card">`)는 Materialize의 card 클래스를 사용하여 폼을 시각적으로 구분합니다.

- 폼(`<form>`)은 글 제목, 글 내용, 작성자를 입력받는 필드를 포함합니다.

- 글 제목(`<input id="title" type="text">`)은 텍스트 입력 필드로 v-model을 사용하여 title 변수와 양방향으로 바인딩합니다.

- 글 내용(`<textarea id="content" class="materialize-textarea">`)은 텍스트 영역으로 v-model을 사용하여 content 변수와 양방향으로 바인딩합니다.

- 작성자(`<input id="author" type="text">`)는 텍스트 입력 필드로 v-model을 사용해 author 변수와 양방향으로 바인딩합니다.

- 글쓰기 버튼은 폼 제출 시 submitForm 함수를 호출합니다. Materialize의 btn 클래스를 사용하여 스타일링했고, 아이콘을 추가하여 시각적으로 강조했습니다.

- 취소 버튼은 cancelForm 함수를 호출하여 폼을 초기화하거나 취소할 수 있습니다. 회색 버튼으로 구분하기 위해 grey lighten-1 클래스를 사용했습니다.

5.4.5 목록 적용(CardComp)

CardComp.vue는 카드 형태의 목록을 표시하며, 각 항목당 이미지, 항목 제목, 항목 내용, [더보기] 버튼을 포함합니다. 총 3개의 카드가 표시됩니다.

```
src/components/CardComp.vue
01  <template>
02    <div class="card">
03      <div class="card-content">
04        <span class="card-title">추천 상품</span>
05        <div class="row">
06          <div class="col s12 m6" v-if="products.length > 0">
07            <div class="card small">
08              <div class="card-image">
09                <img :src="products[0].image" alt="Product Image">
10                <span class="card-title">{{ products[0].title }}</span>
11              </div>
12              <div class="card-content">
13                <p>{{ products[0].description }}</p>
14              </div>
15              <div class="card-action">
16                <a href="#">더보기</a>
17              </div>
18            </div>
19          </div>
20          <div class="col s12 m6" v-for="product in otherProducts" :key="product.id">
21            <div class="card small">
22              <div class="card-image">
23                <img :src="product.image" alt="Product Image">
24                <span class="card-title">{{ product.title }}</span>
25              </div>
26              <div class="card-content"><p>{{ product.description }}</p></div>
27              <div class="card-action"><a href="#">더보기</a></div>
28            </div>
29          </div>
30        </div>
31      </div>
32    </div>
33  </template>
34  <script setup>
35  import { ref, computed } from 'vue';
36  const products = ref([    // 카드 데이터
```

```
37      { id: 1, title: '상품 1', description: '이것은 상품 1에 관한 설명입니다.',
38        image: require('@/assets/product1.jpg') },
39      { id: 2, title: '상품 2', description: '이것은 상품 2에 관한 설명입니다.',
40        image: require('@/assets/product2.jpg') },
41      { id: 3, title: '상품 3', description: '이것은 상품 3에 관한 설명입니다.',
42        image: require('@/assets/product3.jpg') }
43    ]);
44    const otherProducts = computed(() => { return products.value.slice(1); });
45  </script>
46  <style scoped>
47    .card-image img { height: 200px; object-fit: cover; }
48    .card-title { background: rgba(0, 0, 0, 0.5); padding: 5px; }
49  </style>
```

- 카드 컨테이너(<div class="card">)는 Materialize의 card 클래스를 사용하여 카드 형태로 콘텐츠를 구분합니다.

- 카드 제목(<span class="card-title">)은 카드 상단에 제목을 표시합니다.

- 그리드 레이아웃(<div class="row">)은 Materialize의 그리드 시스템을 사용하여 카드를 2열로 배치합니다.

- col s12 m6은 작은 화면에서는 1열, 중간 크기 이상의 화면에서는 2열로 표시됩니다.

- 카드(<div class="card small">)는 각 상품을 작은 카드로 표시합니다.

- 카드 이미지(<div class="card-image">)는 카드 상단에 이미지를 표시합니다.

- card-title은 이미지 위에 제목을 표시하며 배경을 반투명하게 설정하여 텍스트 가독성을 높입니다.

- 카드 내용(<div class="card-content">)은 상품의 간략한 설명을 표시합니다.

- 카드 액션(<div class="card-action">)은 [더보기] 버튼을 추가하여 사용자가 추가 정보를 확인할 수 있습니다.

- 카드 이미지 준비는 src/assets 폴더에 product1.jpg부터 product3.jpg까지 3개의 이미지를 추가합니다.

5.4.6 슬라이더 적용(BannerSliderComp.vue)

BannerSliderComp.vue는 임의의 더미 이미지 3개가 좌측으로 슬라이딩되며, 각 이미지당 제목, 설명, [더보기] 버튼을 표시합니다. Materialize 자체에는 슬라이더 기능이 없으므로, 이를 구현하기 위해 Materialize Carousel을 사용하겠습니다.

src/components/BannerSliderComp.vue

```
01  <template>
02    <div class="carousel carousel-slider center">
03      <div class="carousel-item white-text" v-for="slide in slides" :key="slide.id" :style="{ backgroundImage: 'url(' + slide.image + ')', backgroundSize: 'cover', height: '400px' }">
04        <h3>{{ slide.title }}</h3>
05        <p class="light">{{ slide.description }}</p>
06        <a href="#" class="btn waves-effect waves-light">더보기</a>
07      </div>
08    </div>
09  </template>
10  <script setup>
11  import { ref, onMounted } from 'vue';
12  import M from 'materialize-css';
13  const slides = ref([   // 슬라이드 데이터
14    { id: 1, title: '최신 상품 출시', description: '새로운 상품을 만나보세요!',
15      image: require('@/assets/slide1.jpg') },
16    { id: 2, title: '특별 할인 이벤트', description: '지금 구매하면 할인 혜택을 드립니다.',
17      image: require('@/assets/slide2.jpg') },
18    { id: 3, title: '무료 배송 서비스', description: '모든 주문에 관해 무료 배송을 제공합니다.',
19      image: require('@/assets/slide3.jpg') }
20  ]);
21  onMounted(() => {   // 초기화 함수
22    const elems = document.querySelectorAll('.carousel.carousel-slider');
23    M.Carousel.init(elems, {
24      fullWidth: true, indicators: true, duration: 200, shift: 5, padding: 0, numVisible: 3, noWrap: false
25    });
26  });
27  </script>
28  <style scoped>
29  .carousel-item { display: flex; flex-direction: column; justify-content: center; align-items: center; }
30  .carousel-item h3 { font-size: 2.5rem; margin-bottom: 10px; }
31  .carousel-item p { font-size: 1.2rem; margin-bottom: 20px; }
32  .carousel-item .btn { background-color: rgba(0, 0, 0, 0.7); }
33  </style>
```

- 캐러셀 컨테이너(Carousel Container)(<div class="carousel carousel-slider center">)는 Materialize의 carousel 클래스를 사용하여 슬라이더를 구성합니다.
- 슬라이드 아이템(<div class="carousel-item white-text">)은 각 슬라이드를 나타냅니다.
- white-text는 슬라이드 텍스트를 흰색으로 설정하여 배경과의 대비를 높입니다.
- backgroundImage, backgroundSize, height은 인라인 스타일을 사용하여 슬라이드 배경 이미지를 설정하고, 크기를 조정합니다.
- 슬라이더 이미지 준비는 src/assets 폴더에 slide1.jpg, slide2.jpg, slide3.jpg 이미지를 추가합니다.

5.4.7 애플리케이션 실행 및 확인

모든 컴포넌트가 정상적으로 작성되었으면, 애플리케이션을 다시 실행하여 모든 요소가 올바르게 표시되는지 확인합니다.

```
npm run serve
```

터미널을 실행한 후 개발 서버를 시작하고 브라우저에서 http://localhost:8080을 열어 헤더, 메인 콘텐츠, 푸터, 테이블, 폼, 카드, 슬라이더 컴포넌트가 올바르게 표시되는지 확인합니다. 각 컴포넌트 간의 상호작용과 반응형 디자인도 테스트하여 모든 기능이 정상적으로 작동하는지 점검합니다.

5.5 Bulma를 적용한 개인 포트폴리오 애플리케이션

Bulma는 순수 CSS로 작성된 현대적인 프레임워크로 간단하고 직관적인 그리드 시스템과 컴포넌트를 제공합니다. 이번 절에서는 Vue 3의 컴포넌트에 Bulma CSS 프레임워크를 적용한 개인 포트폴리오 애플리케이션 ch05_myapp5를 제작합니다. Bulma를 직접 활용하여 스타일링을 진행합니다. 각 코드 블록마다 자세한 설명을 참고하여 애플리케이션을 만들면서 학습합니다.

> URL ▶ Bulma 공식 사이트(https://bulma.io/)

5.5.1 프로젝트 생성 및 설정

(1) Vue 프로젝트 생성 및 디렉터리 이동

Vue 프로젝트를 생성하고 해당 프로젝트 디렉터리로 이동합니다.

```
vue create ch05_myapp5
cd ch05_myapp5
```

vue create 명령으로 Vue 버전 3의 ch05_myapp5 프로젝트를 생성하고 프로젝트 디렉터리로 이동합니다.

(2) 라이브러리 설치

Bulma CSS 프레임워크와 아이콘 라이브러리를 프로젝트에 추가하기 위해 필요한 라이브러리를 설치합니다.

```
npm install bulma
npm install @fortawesome/fontawesome-free
npm install swiper
```

npm install 명령으로 애플리케이션에 필요한 bulma, fontawesome, swiper 라이브러리를 설치합니다.

(3) 프로젝트 구조

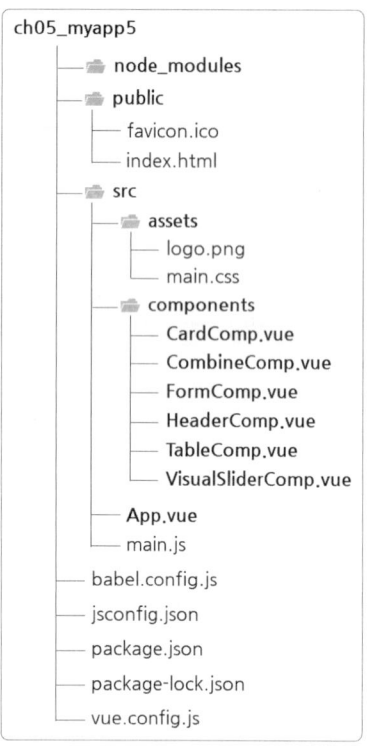

[그림 5-9] ch05_myapp4 프로젝트 구조

src/assets/: 이미지 및 CSS 파일을 저장합니다.
src/components/: 재사용 가능한 Vue 컴포넌트를 저장합니다.
App.vue: 애플리케이션의 루트 컴포넌트입니다.
main.js: 애플리케이션의 진입점입니다.

[그림 5-10] ch05_myapp4 실행 화면

(4) 애플리케이션 설정(main.js)

src/main.js 파일을 열어 Bulma와 Font Awesome(폰트 어썸)을 포함시킵니다.

```
01  import { createApp } from 'vue';
02  import App from './App.vue';
03  import 'bulma/css/bulma.min.css'; // Bulma CSS
04  import '@fortawesome/fontawesome-free/css/all.min.css'; // Font Awesome CSS
05  import './assets/main.css'; // 커스텀 CSS
06  createApp(App).mount('#app');
```

➡ bulma/css/bulma.min.css는 Bulma의 CSS를 프로젝트에 포함시킵니다.

➡ @fortawesome/fontawesome-free/css/all.min.css는 Font Awesome의 CSS를 포함하여 다양한 아이콘을 사용할 수 있습니다.

(5) 메인 CSS 설정(main.css)

src/assets/main.css 파일을 생성하고 Bulma와 Font Awesome을 활용한 커스텀 스타일을 추가할 수 있습니다.

```
01  body { font-family: 'Arial', sans-serif; }
02  .icon { font-size: 1.25rem; }
```

➡ font-family는 전체 애플리케이션의 기본 폰트를 설정합니다.

➡ .icon은 Font Awesome 아이콘의 기본 크기를 조정합니다.

(6) HeaderComp.vue(헤더 컴포넌트)

src/components/HeaderComp.vue 파일을 생성하고 다음과 같이 작성합니다.

```
01  <template>
02    <header class="navbar is-primary" role="navigation" aria-label="main navigation">
03      <div class="navbar-brand">
04        <a class="navbar-item" href="#">     <!-- 로고 -->
05          <img src="@/assets/logo.png" alt="Logo" width="112" height="28">
06          <span class="ml-2 has-text-weight-bold">My Portfolio</span>
07        </a>
08        <a role="button" class="navbar-burger" :class="{ 'is-active': isActive }" aria-label="menu" aria-expanded="false" @click="toggleMenu">
09          <span aria-hidden="true"></span><span aria-hidden="true"></span>
10          <span aria-hidden="true"></span>
11        </a>
12      </div>
13      <div :class="['navbar-menu', { 'is-active': isActive }]">
14        <div class="navbar-start">
15          <div class="navbar-item has-dropdown is-hoverable">
16            <a class="navbar-link">About</a>
17            <div class="navbar-dropdown">
18              <a class="navbar-item" href="#">Team</a><a class="navbar-
```

```
item" href="#">Company</a>
19          </div>
20        </div>
21        <div class="navbar-item has-dropdown is-hoverable">
22          <a class="navbar-link">Services</a>
23          <div class="navbar-dropdown">
24            <a class="navbar-item" href="#">Consulting</a><a class="navbar-item" href="#">Development</a>
25          </div>
26        </div>
27      </div>
28      <div class="navbar-end">
29        <div class="navbar-item">
30          <div class="buttons">
31            <a href="#" class="button is-light">Sign up</a><a href="#" class="button is-light">Log in</a>
32          </div>
33        </div>
34      </div>
35    </div>
36  </header>
37 </template>
38 <script setup>
39 import { ref } from 'vue';
40 const isActive = ref(false);   // 내비게이션 메뉴 활성화 상태
41 const toggleMenu = () => { isActive.value = !isActive.value; };   // 메뉴 토글 함수
42 </script>
```

→ 내비게이션 바(<header class="navbar is-primary">)는 Bulma의 내비게이션 바 클래스를 사용하여 헤더를 구성합니다.

→ 로고는 왼쪽에 로고 이미지와 포트폴리오 제목을 표시합니다.

→ 모바일 토글 버튼은 작은 화면에서 내비게이션 메뉴를 토글할 수 있는 버튼을 추가했습니다. is-active 클래스를 사용하여 메뉴의 활성화 상태를 제어합니다.

→ 메인 메뉴(<div class="navbar-menu">)는 메뉴 항목을 포함합니다.

→ About과 Services는 드롭다운 메뉴로 구성되어 있으며, 호버 시 서브메뉴가 표시됩니다.

→ 상단 메뉴(<div class="navbar-end">)는 오른쪽에 Sign up과 Log in 버튼을 배치했습니다.

(7) 메인 뷰 작성(App.vue)

src/App.vue 파일을 수정하여 헤더와 메인 콘텐츠, 푸터를 포함한 레이아웃을 구성합니다.

```
01  <template>
02    <div>
03      <HeaderComp />
04      <main> <CombineComp /> </main>
05      <footer class="footer has-background-dark has-text-white-ter">
06        <div class="content has-text-centered">
07          <p>&copy; 2024 My Portfolio. All rights reserved.</p>
08        </div>
09      </footer>
10    </div>
11  </template>
12  <script setup>
13  import HeaderComp from './components/HeaderComp.vue';
14  import CombineComp from './components/CombineComp.vue';
15  </script>
16  <style>
17  body { margin: 0; padding: 0; font-family: Arial, sans-serif; }
18  </style>
```

➡️ HeaderComp는 상단 헤더를 표시합니다.

➡️ CombineComp는 메인 콘텐츠 영역에 포트폴리오 관련 컴포넌트를 표시합니다.

➡️ 푸터(<footer>)는 하단에 푸터를 추가하여 하단 링크 및 카피라이트 정보를 표시합니다.

➡️ 레이아웃은 Bulma의 클래스(footer, has-background-dark, has-text-white-ter)를 사용하여 푸터를 스타일링했습니다.

5.5.2 컴포넌트 적용(CombineComp)

CombineComp.vue는 개인 포트폴리오 애플리케이션의 주요 콘텐츠를 표시하는 컴포넌트입니다. 브레드크럼, 슬라이더, 제목, 문단, 이미지, 버튼, 카드, 테이블, 폼 컴포넌트를 포함합니다.

```
src/components/CombineComp.vue
01    <template>
02      <div class="section">
03        <div class="container">
04          <nav class="breadcrumb is-centered" aria-label="breadcrumbs">
05            <ul>
06              <li><a href="#">홈</a></li>
07              <li class="is-active"><a href="#" aria-current="page">포트폴리오</a></li>
08            </ul>
09          </nav>
10          <VisualSliderComp />
11          <h1 class="title is-3 mt-6">나의 포트폴리오</h1>
12          <p class="subtitle is-5">
13            다양한 프로젝트와 경험을 통해 쌓은 나의 역량을 소개합니다. 아래에서 프로젝트를 확인하고, 연락처를 통해 언제든지 문의해주세요.
14          </p>
15          <figure class="image is-4by3 mt-4">
16            <img src="@/assets/portfolio_image.png" alt="Portfolio Image">
17          </figure>
18          <div class="buttons mt-4">
19            <a href="#" class="button is-link">프로젝트 보기</a><a href="#" class="button is-light">연락하기</a>
20          </div>
21          <div class="columns is-multiline mt-6">
22            <div class="column is-half"><CardComp /></div><div class="column is-half"><TableComp /></div>
23            <div class="column is-half"><FormComp /></div>
24          </div>
25        </div>
26      </div>
27    </template>
28    <script setup>
29    import VisualSliderComp from './VisualSliderComp.vue';
30    import CardComp from './CardComp.vue';
31    import TableComp from './TableComp.vue';
32    import FormComp from './FormComp.vue';
33    </script>
```

➡ 브레드크럼(<nav class="breadcrumb is-centered">)은 현재 페이지의 위치를 표시하는 브레드크럼을 추가하여 사용자에게 현재 페이지의 위치를 알려줍니다. Bulma의 breadcrumb 클래스를 사용했습니다.

- VisualSliderComp는 슬라이더 컴포넌트를 포함하여 주요 공지사항이나 업데이트를 시각적으로 표시합니다.
- 제목(<h1 class="title is-3">)은 포트폴리오의 주요 제목을 표시합니다.
- 문단(<p class="subtitle is-5">)은 포트폴리오의 목적과 기능을 간략히 설명합니다.
- 이미지(<figure class="image is-4by3">)는 포트폴리오와 관련된 이미지를 표시합니다. Bulma의 image 클래스를 사용하여 반응형 이미지를 구현했습니다.
- 버튼(<div class="buttons">)은 주요 작업을 수행할 수 있는 버튼을 추가합니다. Bulma의 button 클래스를 사용하여 스타일링했습니다.
- 그리드 레이아웃(<div class="columns is-multiline">)은 Bulma의 그리드 시스템을 사용하여 카드, 테이블, 폼, 아이콘 컴포넌트를 2열로 배치했습니다.
- CombineComp 이미지 준비는 src/assets 폴더에 portfolio_image.png 이미지를 추가합니다. 이 이미지는 포트폴리오와 관련된 내용을 시각적으로 표현할 수 있도록 선택합니다. 예를 들어, 나의 작업물, 프로젝트 스크린샷 등을 나타내는 이미지가 적합합니다.

5.5.3 테이블 적용(TableComp)

TableComp.vue는 공지사항, 자료실 등의 탭을 구현하고, 각 탭에 게시글을 3개씩 교대로 표시합니다.

```
src/components/TableComp.vue
01  <template>
02    <div class="box">
03      <div class="tabs is-boxed is-fullwidth">
04        <ul>
05          <li :class="{ 'is-active': activeTab === 'notices' }">
06            <a @click="activeTab = 'notices'">
07              <span class="icon is-small"><i class="fas fa-bullhorn" aria-hidden="true"></i></span>
08              <span>공지사항</span>
09            </a>
10          </li>
11          <li :class="{ 'is-active': activeTab === 'resources' }">
12            <a @click="activeTab = 'resources'">
```

```
13                <span class="icon is-small"><i class="fas fa-folder-open" aria-hidden="true"></i></span>
14                <span>자료실</span>
15              </a>
16            </li>
17          </ul>
18        </div>
19        <div class="content">
20          <div v-if="activeTab === 'notices'">
21            <table class="table is-striped is-fullwidth">
22              <thead>
23                <tr>
24                  <th>#</th><th>제목</th><th>작성자</th><th>날짜</th>
25                </tr>
26              </thead>
27              <tbody>
28                <tr v-for="(post, index) in notices" :key="post.id">
29                  <th>{{ index + 1 }}</th><td>{{ post.title }}</td>
30                  <td>{{ post.author }}</td><td>{{ post.date }}</td>
31                </tr>
32              </tbody>
33            </table>
34          </div>
35          <div v-if="activeTab === 'resources'">
36            <table class="table is-striped is-fullwidth">
37              <thead>
38                <tr>
39                  <th>#</th><th>파일명</th><th>작성자</th><th>날짜</th>
40                </tr>
41              </thead>
42              <tbody>
43                <tr v-for="(resource, index) in resources" :key="resource.id">
44                  <th>{{ index + 1 }}</th><td>{{ resource.filename }}</td>
45                  <td>{{ resource.author }}</td><td>{{ resource.date }}</td>
46                </tr>
47              </tbody>
48            </table>
49          </div>
50        </div>
51      </div>
52  </template>
53  <script setup>
54  import { ref } from 'vue';
55  const activeTab = ref('notices');  // 활성 탭 상태
56  const notices = ref([  // 공지사항 데이터
57    { id: 1, title: '포트폴리오 업데이트', author: '관리자', date: '2024-04-01' },
58    { id: 2, title: '새 프로젝트 시작', author: '개발팀', date: '2024-04-05' },
```

```
59      { id: 3, title: '기술 블로그 개설', author: '마케팅팀', date: '2024-04-10' }
60    ]);
61    const resources = ref([   // 자료실 데이터
62      { id: 1, filename: '프로젝트 계획서.pdf', author: '기획팀', date: '2024-03-25' },
63      { id: 2, filename: '디자인 가이드.docx', author: '디자인팀', date: '2024-03-30' },
64      { id: 3, filename: '기술 문서.pdf', author: '개발팀', date: '2024-04-02' }
65    ]);
66  </script>
67  <style scoped>
68    .is-active a { background-color: #00d1b2; color: white; }
69  </style>
```

- 탭 내비게이션(<div class="tabs is-boxed is-fullwidth">)은 Bulma의 탭 클래스를 사용하여 공지사항, 자료실 탭을 구현합니다.

- 탭 활성화 상태(activeTab)는 현재 활성화된 탭을 관리하는 반응형 변수입니다.

- 데이터(notices, resources)는 각각의 탭에 표시할 데이터를 정의했습니다.

- 테이블(<table class="table is-striped is-fullwidth">)은 Bulma의 테이블 클래스를 사용하여 데이터 목록을 깔끔하게 표시합니다.

5.5.4 폼 요소 적용(FormComp)

FormComp.vue는 글쓰기 창으로 글 제목, 글 내용, 작성자 등을 입력받고, [글쓰기] 버튼과 [취소] 버튼을 포함합니다.

src/components/FormComp.vue
```
01  <template>
02    <div class="box">
03      <h2 class="title is-4">글쓰기</h2>
04      <form @submit.prevent="submitForm">
05        <div class="field">
06          <label class="label" for="title">글 제목</label>
07          <div class="control">
08            <input class="input" type="text" id="title" v-model="title" placeholder="글 제목을 입력하세요" required>
09          </div>
```

```
10        </div>
11        <div class="field">
12          <label class="label" for="content">글 내용</label>
13          <div class="control">
14            <textarea class="textarea" id="content" v-model="content" placeholder="글 내용을 입력하세요" required></textarea>
15          </div>
16        </div>
17        <div class="field">
18          <label class="label" for="author">작성자</label>
19          <div class="control">
20            <input class="input" type="text" id="author" v-model="author" placeholder="작성자를 입력하세요" required>
21          </div>
22        </div>
23        <div class="field is-grouped">
24          <div class="control"><button class="button is-link" type="submit">글쓰기</button></div>
25          <div class="control">
26            <button class="button is-light" type="button" @click="cancelForm">취소</button>
27          </div>
28        </div>
29      </form>
30    </div>
31 </template>
32 <script setup>
33 import { ref } from 'vue';
34 const title = ref('');    // 입력 데이터
35 const content = ref('');
36 const author = ref('');
37 const submitForm = () => {   // 폼 제출 함수
38   alert(`제목: ${title.value}\n내용: ${content.value}\n작성자: ${author.value}`);
39   title.value = '';     // 폼 초기화
40   content.value = '';
41   author.value = '';
42 };
43 const cancelForm = () => {   // 폼 취소 함수
44   if (confirm('작성을 취소하시겠습니까?')) {
45     title.value = '';
46     content.value = '';
47     author.value = '';
48   }
49 };
50 </script>
51 <style scoped>
```

```
52    .box { max-width: 600px; margin: 0 auto; }
53  </style>
```

- 컨테이너(<div class="box">)는 Bulma의 box 클래스를 사용하여 폼을 시각적으로 구분합니다.
- 폼(<form>)은 글 제목, 글 내용, 작성자를 입력받는 필드를 포함합니다.
- 글 제목(<input class="input">)은 텍스트 입력 필드로 v-model을 사용하여 title 변수와 양방향으로 바인딩합니다.
- 글 내용(<textarea class="textarea">)은 텍스트 영역으로 v-model을 사용하여 content 변수와 양방향으로 바인딩합니다.
- 작성자(<input class="input">)는 텍스트 입력 필드로 v-model을 사용하여 author 변수와 양방향으로 바인딩합니다.
- 글쓰기 버튼은 폼 제출 시 submitForm 함수를 호출합니다.
- 취소 버튼은 cancelForm 함수를 호출하여 폼을 초기화하거나 취소할 수 있습니다.

5.5.5 목록 적용(CardComp)

CardComp.vue는 카드 형태의 목록을 표시하며, 각 항목당 이미지, 항목 제목, 항목 내용, [더보기] 버튼을 포함합니다. 총 3개의 카드가 표시됩니다.

src/components/CardComp.vue

```
01  <template>
02    <div>
03      <h3 class="title is-4">프로젝트 목록</h3>
04      <div class="columns is-multiline">
05        <div class="column is-one-third" v-for="project in projects" :key="project.id">
06          <div class="card">
07            <div class="card-image">
08              <figure class="image is-4by3"><img :src="project.image" alt="Project Image"></figure>
09            </div>
10            <div class="card-content">
11              <div class="media">
```

```
12              <div class="media-content"><p class="title is-5">{{ project.title }}</p></div>
13            </div>
14            <div class="content">{{ project.description }} <br>
15              <a href="#" class="button is-small is-link">더보기</a>
16            </div>
17          </div>
18        </div>
19      </div>
20    </div>
21  </div>
22  </template>
23  <script setup>
24  import { ref } from 'vue';
25  const projects = ref([  // 카드 데이터
26      { id: 1, title: '프로젝트 1', description: '프로젝트 1에 관한 간략한 설명입니다.',
27        image: require('@/assets/project1.jpg') },
28      { id: 2, title: '프로젝트 2', description: '프로젝트 2에 관한 간략한 설명입니다.',
29        image: require('@/assets/project2.jpg') },
30      { id: 3, title: '프로젝트 3', description: '프로젝트 3에 관한 간략한 설명입니다.',
31        image: require('@/assets/project3.jpg') }
32  ]);
33  </script>
34  <style scoped>
35  .card-image img { object-fit: cover; }
36  </style>
```

➡ 그리드 레이아웃(<div class="columns is-multiline">)은 Bulma의 그리드 시스템을 사용하여 반응형 카드 레이아웃을 구현했습니다.

➡ 카드 컨테이너(<div class="card">)는 Bulma의 card 클래스를 사용하여 카드 형태로 항목을 시각적으로 구분합니다.

➡ 항목 이미지(<img>)는 카드 상단에 이미지를 표시합니다. object-fit: cover를 사용하여 이미지가 카드 크기에 맞게 잘릴 수 있게 설정했습니다.

➡ 미디어(<div class="media">)는 프로젝트 제목을 강조하기 위해 사용했습니다.

➡ 내용(<div class="content">)은 프로젝트의 간략한 설명과 더보기 버튼을 포함합니다.

➡ 반복(v-for)은 projects 배열을 반복하여 각 프로젝트를 카드 형태로 표시합니다.

- 데이터(ref)는 projects 배열에 6개의 프로젝트 데이터를 정의했습니다. 각 프로젝트에는 id, title, description, image 속성이 포함됩니다.
- 스타일(<style scoped>)은 카드 이미지의 높이를 고정하고, object-fit을 사용하여 이미지가 카드에 잘 맞을 수 있게 조정했습니다.
- 카드 이미지 준비는 src/assets 폴더에 project1.jpg부터 project3.jpg까지 3개의 이미지를 추가합니다.

5.5.6 슬라이더 적용(VisualSliderComp.vue)

VisualSliderComp.vue는 임의의 더미 이미지 3개가 좌측으로 슬라이딩되며, 각 이미지당 제목, 설명, [더보기] 버튼을 표시합니다. Bulma 자체에는 슬라이더 기능이 없으므로 이를 구현하기 위해 Swiper 같은 라이브러리를 사용할 수 있습니다. 여기서는 Swiper를 사용하여 슬라이더를 구현하겠습니다.

```
src/components/VisualSliderComp.vue
01    <template>
02      <div class="box">
03        <swiper :slides-per-view="1" :loop="true" navigation pagination autoplay class="mySwiper">
04          <swiper-slide v-for="slide in slides" :key="slide.id">
05            <div class="content has-text-centered">
06              <figure class="image is-4by3">
07                <img :src="slide.image" :alt="slide.title">
08              </figure>
09              <h3 class="title is-4">{{ slide.title }}</h3>
10              <p class="subtitle is-6">{{ slide.description }}</p>
11              <a href="#" class="button is-link">더보기</a>
12            </div>
13          </swiper-slide>
14          <div class="swiper-button-prev"></div><div class="swiper-button-next"></div>
15          <div class="swiper-pagination"></div>
16        </swiper>
17      </div>
18    </template>
19    <script setup>
20    import { ref } from 'vue';
```

```
21    import { Swiper, SwiperSlide } from 'swiper/vue';
22    import 'swiper/swiper-bundle.css';
23    import SwiperCore, { Navigation, Pagination, Autoplay } from 'swiper';
// Swiper 모듈
24    SwiperCore.use([Navigation, Pagination, Autoplay]);  // Swiper 모듈 사용
25    const slides = ref([   // 슬라이드 데이터
26      { id: 1, title: '첫 번째 슬라이드', description: '첫 번째 슬라이드의 설명입니다.',
27        image: require('@/assets/slide1.jpg') },
28      { id: 2, title: '두 번째 슬라이드', description: '두 번째 슬라이드의 설명입니다.',
29        image: require('@/assets/slide2.jpg') },
30      { id: 3, title: '세 번째 슬라이드', description: '세 번째 슬라이드의 설명입니다.',
31        image: require('@/assets/slide3.jpg') }
32    ]);
33    </script>
34    <style scoped>
35    .mySwiper { width: 100%; height: 100%; }
36    .swiper-slide img { object-fit: cover; height: 300px; width: 100%; }
37    .swiper-button-prev, .swiper-button-next { color: #3273dc; }
38    .swiper-pagination-bullet-active { background-color: #3273dc; }
39    </style>
```

➡ Swiper 컴포넌트(<swiper>)는 Swiper의 기본 슬라이더 컨테이너입니다.

➡ slides-per-view="1"은 한 번에 하나의 슬라이드만 표시합니다.

➡ loop="true"는 슬라이드가 무한 반복되도록 설정합니다.

➡ navigation, pagination, autoplay는 내비게이션 버튼, 페이징, 자동재생 기능을 활성화합니다.

➡ SwiperSlide 컴포넌트(<swiper-slide>)는 각 슬라이드를 나타냅니다.

➡ 슬라이드 데이터(slides)는 슬라이더에 표시할 이미지, 제목, 설명을 포함한 데이터를 정의합니다.

➡ 슬라이더 이미지 준비는 src/assets 폴더에 slide1.jpg, slide2.jpg, slide3.jpg 이미지를 추가합니다.

5.5.7 애플리케이션 실행 및 확인

모든 컴포넌트가 정상적으로 작성되었으면, 애플리케이션을 다시 실행하여 모든 요소가 올바르게 표시되는지 확인합니다.

```
npm run serve
```

터미널을 열고 개발 서버를 시작한 후 브라우저에서 http://localhost:8080 주소로 접속하여 애플리케이션을 확인할 수 있습니다. 헤더와 푸터, 메인 콘텐츠, 테이블, 폼, 카드, 슬라이더 컴포넌트가 올바르게 표시되는지 확인합니다.

[Vue 스타일링(Styling) 핵심 정리]

(1) CSS 스타일링: Vue 컴포넌트나 특정 요소를 CSS를 활용하여 보기 좋게 꾸미는 것입니다.

(2) CSS 프레임워크: 여러 클래스나 속성에 관한 CSS 스타일을 정의해 두었다가 템플릿 요소에 클래스나 속성을 지정하면 스타일이 부여되는 것을 말합니다. 선택 사항이므로 빠른 스타일 적용을 원한다면 원하는 프레임워크를 적용하면 됩니다.

(3) CSS 프레임워크 종류: Bootstrap, Tailwind, Materialize, Bulma. Pure, Foundation 등이 있습니다.

(4) 생략된 내용이나 추가 학습할 내용은 아래 사이트를 참고하기 바랍니다.

- Bootstrap: https://getbootstrap.com/docs/5.3

- Tailwind: https://tailwindui.com/

- Materialize: https://materializecss.com/

- Bulma: https://bulma.io/

- Pure: https://purecss.io/

- Foundation: https://get.foundation/

이번 5장에서는 Vue 컴포넌트에 기본 스타일, CSS 프레임워크를 적용하여 컴포넌트를 꾸미는 것에 관해 살펴보았습니다. 프로젝트를 진행할 때 필요에 따라 기본 스타일을 활용해 컴포넌트를 꾸미지만, 시간이 촉박할 경우에는 CSS 프레임워크를 활용해 빠르게 컴포넌트를 만들기도 합니다.

다음 6장에서는 프로젝트를 생성할 때 필요한 프로젝트 개발 도구와 하나의 컴포넌트 파일을 활용하여 애플리케이션을 만드는 SFC(Single File Component)를 학습하고, 이를 반영하여 여러분이 필요한 다양한 포트폴리오를 만들어 보겠습니다.

Chapter 06

프로젝트 도구와 SFC(Single File Component)

6장에서는 프로젝트를 더 편리하고 효율적으로 만들기 위해서 npm init, Vite, Vue CLI 등의 세 가지 도구와 지금까지 살펴본 컴포넌트 기본 구조인 Single File Component(SFC)에 관해 자세히 살펴보겠습니다. 또한, 세 가지 도구에 의해 생성되는 프로젝트 구조와 절차가 모두 다르므로 각 절마다 첫 머리에서 살펴보고 실습하겠습니다.

만약 제공한 소스코드를 다운로드 받아 실습하는 경우는 해당 프로젝트 디렉터리에서 반드시 npm install 명령을 실행하여 관련 라이브러리를 모두 설치해야 합니다.

"SFC란 하나의 컴포넌트로 애플리케이션을 만드는 것"

(1) 프로젝트 개발 도구

Vue 3는 현대적인 웹 애플리케이션 개발을 지원하기 위해 다양한 개발 도구를 제공합니다. 이 도구들은 프로젝트 초기화, 빌드, 번들링, 개발 서버 제공 등 여러 가지 개발 과정을 효율적으로 관리할 수 있게 합니다. 대표적인 도구로는 npm init, Vite, Vue CLI가 있으며, 각각의 특징과 사용법을 이해하는 것이 중요합니다.

(2) SFC(Single File Component)

Vue.js에서 SFC(Single File Component)는 하나의 파일(.vue 확장자) 내에 템플릿(template), 스크립트(script), 스타일(style) 섹션을 포함하여 Vue 컴포넌트를 정의하는 방식을 말합니다. 이 접근 방식은 컴포넌트의 구조를 명확하게 유지하고 관련된 코드와 스타일을 한곳에 모아 관리하기가 좋습니다.

(3) SFC 기본 구조

우리가 이미 앞부분의 챕터에서 살펴본 바가 있습니다. SFC는 일반적으로 다음과 같은 세 가지 주요 섹션으로 구성된 하나의 컴포넌트 파일과 같습니다.

- 템플릿(<template>): 컴포넌트의 HTML 구조를 정의합니다.
- 스크립트(<script>): 컴포넌트의 로직을 정의합니다.
- 스타일(<style>): 컴포넌트의 CSS 스타일을 정의합니다.

(4) SFC 장점

- 모듈화 및 재사용성: 컴포넌트를 독립된 파일로 분리하여 재사용성을 높이며 각 컴포넌트가 독립적으로 관리되므로 유지보수가 용이합니다.
- 코드의 가독성 향상: 템플릿, 스크립트, 스타일이 한 파일에 모여 있어 코드의 구조를 한눈에 파악할 수 있고 관련된 코드가 함께 존재하므로 이해하기 쉽습니다.
- 빌드 도구와의 호환성: Webpack, Vite 등의 번들러와 쉽게 통합되어 SFC를 효율적으로 처리할 수 있으며 핫 모듈 교체(HMR)를 지원하여 개발 생산성을 높입니다.
- 스코프된 스타일: scoped 속성을 사용하여 스타일이 해당 컴포넌트에만 적용되게 할 수 있어 스타일 충돌을 방지할 수 있습니다.
- TypeScript 지원: <script lang="ts">를 사용하여 TypeScript를 통합할 수 있어 타입 안전성을 강화할 수 있습니다.

6.1 npm init을 활용한 SFC 프로젝트

npm init은 Node.js 패키지 매니저인 npm의 명령어로 새로운 Node.js 프로젝트를 초기화하고 package.json 파일을 생성하는 데 사용됩니다. package.json 파일은 프로젝트의 의존성, 스크립트, 메타데이터 등을 관리하는 중심 파일입니다.

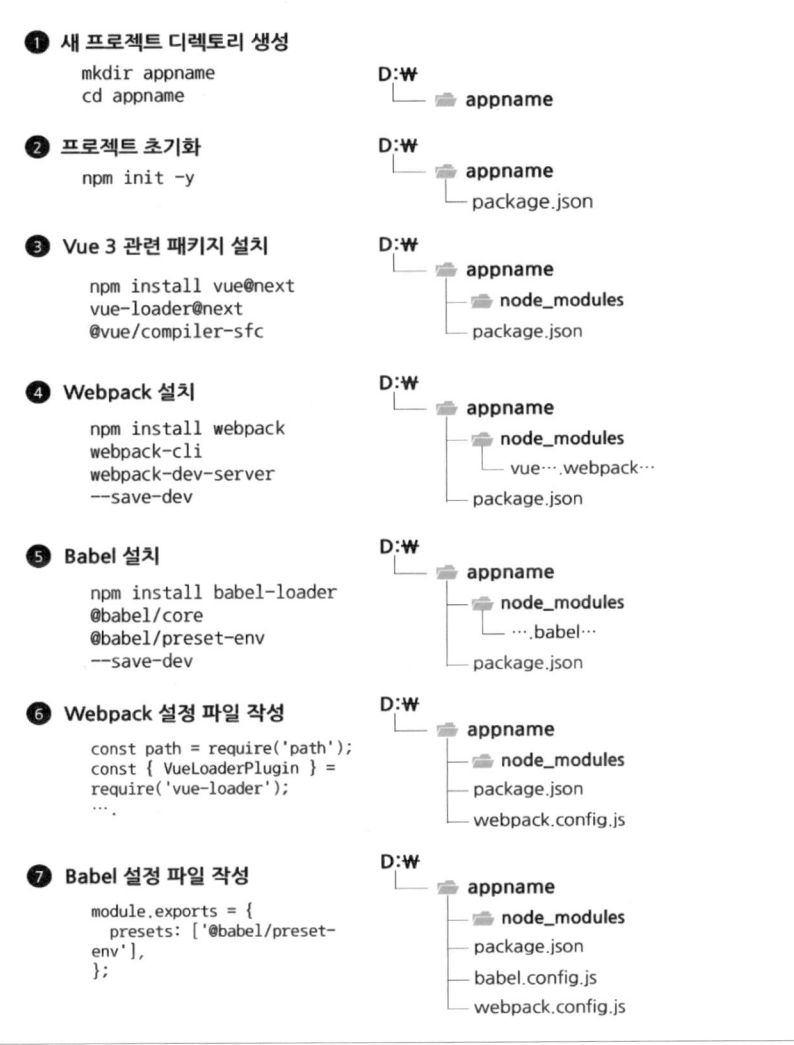

[그림 6-1] npm init를 활용한 SFC 프로젝트 제작 프로세스와 변화

이번 절에서는 npm init을 활용하여 SFC(Single File Component) 프로젝트를 설정하고 Vue 3의 〈script setup〉 Composition API와 Bootstrap CSS 프레임워크를 적용한 날씨 위젯 애플리케이션 ch06_myapp1을 생성하는 과정을 단계별로 설명합니다. 각 세부 절에서는 필요한 명령어, 코드 예제, 설정 방법 등을 상세히 다룹니다. [그림 6-1]과 같은 절차로 수동 설치와 설정이 필요합니다.

6.1.1 날씨 위젯 프로젝트 생성

먼저 새로운 프로젝트 디렉터리를 생성하고 npm init을 통해 초기화합니다. 애플리케이션 이름은 ch06_myapp1으로 하고, 이와 같은 디렉터리 이름을 생성하고 초기화해야 합니다.

(1) 프로젝트 디렉터리 생성 및 이동

```
mkdir ch06_myapp1
cd ch06_myapp1
npm init -y
```

➡ mkdir ch06_myapp1: ch06_myapp1이라는 새로운 디렉터리를 생성합니다.

➡ cd ch06_myapp1: 생성한 디렉터리로 이동합니다.

➡ npm init -y: 기본 설정으로 package.json 파일을 자동생성합니다.

위젯(Widget)이란

UI에서 위젯(Widget)은 사용자 인터페이스(UI) 구성요소 중 하나로 특정 기능이나 정보를 제공하는 독립적인 블록입니다. 위젯은 일반적으로 다른 애플리케이션이나 페이지와 통합되어 작동하며, 사용자가 상호작용할 수 있는 시각적 요소를 제공합니다. 예를 들면 날씨 위젯, 시계 위젯, 지도 위젯, 뉴스 피드, 소셜 미디어 공유 버튼 등이 있습니다.

6.1.2 프로젝트 구조와 라이브러리 설치

프로젝트의 기본 구조를 설정하고 필요한 라이브러리를 설치합니다. 이번 예제에서는 Vue 3와 관련된 패키지를 설치하며, Bootstrap은 CDN을 통해 포함합니다.

(1) Vue.js 및 개발 도구 설치

```
npm install vue
npm install -D @vue/compiler-sfc webpack webpack-cli webpack-dev-server
vue-loader vue-style-loader css-loader html-webpack-plugin
npm install bootstrap axios
```

➡ vue@next: Vue 3.x 버전을 설치합니다.

➡ @vue/compiler-sfc: Single File Component를 컴파일하기 위한 컴파일러입니다.

➡ webpack, webpack-cli, webpack-dev-server: 번들러와 개발 서버를 위한 패키지들입니다.

➡ vue-loader, vue-style-loader, css-loader: Vue 파일과 스타일을 처리하기 위한 로더들입니다.

➡ html-webpack-plugin: HTML 파일을 자동으로 생성 및 관리해 주는 플러그인입니다.

(2) 프로젝트 구조

WeatherWidget.vue: 날씨 위젯을 표시하는 Vue 컴포넌트입니다.
App.vue: Vue 애플리케이션의 루트 컴포넌트입니다.
main.js: 애플리케이션의 진입 파일입니다.
webpack.config.js: Webpack 설정 파일입니다.

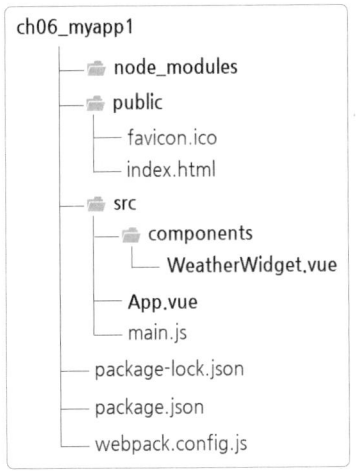

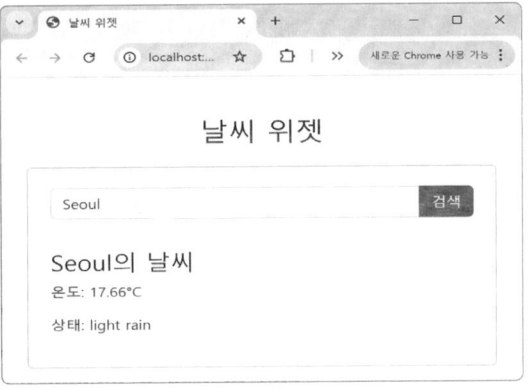

[그림 6-2] ch06_myapp1 프로젝트 구조   [그림 6-3] ch06_myapp1 실행 화면

6.1.3 프로젝트 설정

Webpack을 사용하여 프로젝트를 빌드할 수 있게 설정 파일을 작성합니다.

webpack.config.js

```
01  const { VueLoaderPlugin } = require('vue-loader');
02  const HtmlWebpackPlugin = require('html-webpack-plugin');
03  const path = require('path');
04  module.exports = {
05    mode: 'development',
06    entry: './src/main.js',
07    output: {
08      filename: 'bundle.js', path: path.resolve(__dirname, 'dist'), clean: true, // 이전 번들 파일을 자동 삭제
09    },
10    devServer: {
11      static: { directory: path.join(__dirname, 'public'), }, compress: true, port: 9000,
12      hot: true, open: true,
13    },
14    module: {
15      rules: [
16        { test: /\.vue$/, loader: 'vue-loader', },
17        { test: /\.css$/, use: [ 'vue-style-loader', 'css-loader', ], },
18      ],
19    },
20    plugins: [
21      new VueLoaderPlugin(), new HtmlWebpackPlugin({ template: './public/index.html', }),
22    ],
23    resolve: {
24      alias: { 'vue': '@vue/runtime-dom', }, extensions: ['.js', '.vue'],
25    },
26  };
```

➔ entry: 애플리케이션의 진입점인 main.js를 지정합니다.

➔ output: 번들된 파일이 dist 폴더에 bundle.js로 저장됩니다.

➔ clean: true 옵션은 이전 번들 파일을 자동으로 삭제합니다.

➔ devServer: 개발 서버 설정으로 public 폴더를 정적 파일로 제공하며, 9000번 포트에서 실행됩니다.

- hot: true는 핫 모듈 교체(HMR)를 활성화합니다.
- module.rules: .vue 파일과 .css 파일을 처리하기 위한 로더들을 설정합니다.
- plugins: VueLoaderPlugin과 HtmlWebpackPlugin을 추가하여 Vue 파일과 HTML 파일을 처리할 수 있게 합니다.
- resolve.alias: Vue의 런타임 버전을 사용할 수 있게 설정합니다.

6.1.4 애플리케이션 설정

애플리케이션의 진입점과 기본 컴포넌트를 설정합니다. Bootstrap CSS 프레임워크를 CDN으로 포함하여 스타일을 적용합니다.

(1) 인덱스 페이지 작성

```html
public/index.html
01  <!DOCTYPE html>
02  <html lang="ko">
03  <head>
04    <meta charset="UTF-8">
05    <title>날씨 위젯</title>
06    <link href="https://cdn.jsdelivr.net/npm/bootstrap@5.3.0/dist/css/bootstrap.min.css"
07       rel="stylesheet" integrity="sha384-ENjdO4Dr2bkBIFxQpeoA6Z7f6b8dPEZxQZz8C8q+o5s5u0V9zG8Bv5Zf5Y2YQdV"
08       crossorigin="anonymous">
09  </head>
10  <body>
11    <div id="app"></div>
12  </body>
13  </html>
```

- link 태그를 통해 Bootstrap CSS를 CDN으로 포함합니다.
- div#app: Vue 애플리케이션이 마운트될 DOM 요소입니다.
- Webpack의 HtmlWebpackPlugin이 자동으로 번들된 스크립트를 body 태그 끝에 추가합니다.

(2) 애플리케이션 설정

애플리케이션에 필요한 자원들을 가져와 애플리케이션에서 사용할 수 있게 설정합니다.

src/main.js
```
01  import { createApp } from 'vue';
02  import App from './App.vue';
03  import 'bootstrap/dist/css/bootstrap.min.css'; // Bootstrap CSS
04  import 'bootstrap/dist/js/bootstrap.bundle.min.js'; // Bootstrap JS (필요 시)
05  createApp(App).mount('#app');
```

Vue 애플리케이션을 생성하고 App.vue 컴포넌트를 #app 요소에 마운트합니다.

(3) 메인 뷰(App.vue) 작성

애플리케이션 실행 시에 처음 렌더링이 되는 컴포넌트로 메인 레이아웃을 구성합니다.

src/App.vue
```
01  <template>
02    <div class="container mt-5">
03      <h1 class="text-center mb-4">날씨 위젯</h1>
04      <WeatherWidget />
05    </div>
06  </template>
07  <script setup>
08  import WeatherWidget from './components/WeatherWidget.vue';
09  </script>
```

➡ Bootstrap의 container, mt-5, text-center, mb-4 클래스를 사용하여 레이아웃과 스타일을 적용합니다.

➡ WeatherWidget 컴포넌트를 임포트하고 사용합니다.

6.1.5 컴포넌트 작성

여기서는 날씨 정보를 표시할 WeatherWidget 컴포넌트를 작성합니다. Vue 3의 〈script setup〉 Composition API를 사용하며 Bootstrap 클래스를 활용하여 스타일을 적용합니다.

src/components/WeatherWidget.vue

```
01  <template>
02    <div class="weather-widget card p-4">
03      <div class="input-group mb-3">
04        <input type="text" class="form-control" placeholder="도시명을 입력하세요"
05          v-model="city" @keyup.enter="fetchWeather" />
06        <button class="btn btn-primary" @click="fetchWeather">검색</button>
07      </div>
08      <div v-if="weather" class="weather-info">
09        <h2>{{ weather.name }}의 날씨</h2>
10        <p>온도: {{ weather.main.temp }}°C</p>
11        <p>상태: {{ weather.weather[0].description }}</p>
12      </div>
13      <div v-else-if="error" class="alert alert-danger">
14        {{ error }}
15      </div>
16    </div>
17  </template>
18  <script setup>
19  import { ref } from 'vue';
20  import axios from 'axios';
21  const city = ref('');
22  const weather = ref(null);
23  const error = ref(null);
24  const fetchWeather = async () => {
25    if (!city.value) {
26      error.value = '도시명을 입력해주세요.';
27      weather.value = null;
28      return;
29    }
30    const apiKey = 'YOUR_OPENWEATHERMAP_API_KEY';
31    const url = `https://api.openweathermap.org/data/2.5/weather?q=${city.value}&units=metric&appid=${apiKey}`;
32    try {
33      const response = await axios.get(url);
```

```
34        weather.value = response.data;
35        error.value = null;
36      } catch (err) {
37        error.value = '날씨 정보를 가져오는 데 실패했습니다.';
38        weather.value = null;
39      }
40    };
41  </script>
42  <style scoped>
43    .weather-widget { max-width: 500px; margin: 0 auto; }
44    .weather-info { margin-top: 20px; }
45  </style>
```

- Bootstrap의 input-group, form-control, btn, card, alert 클래스를 사용하여 입력 필드, 버튼, 카드 레이아웃, 에러 메시지를 스타일링합니다.
- 도시명을 입력할 input 필드와 검색 버튼을 제공합니다.
- 날씨 정보가 있으면 이를 표시하고, 에러가 발생하면 에러 메시지를 Bootstrap의 alert 클래스로 표시합니다.
- Vue 3의 Composition API를 사용하여 ref를 통해 반응형 데이터를 정의합니다.
- axios를 사용하여 OpenWeatherMap API에서 날씨 데이터를 가져옵니다.
- fetchWeather 함수는 도시명을 기반으로 API 요청을 보내고 결과를 처리합니다.
- scoped 속성을 사용하여 스타일이 현재 컴포넌트에만 적용될 수 있게 합니다.
- weather-widget 클래스에 최대 너비와 중앙 정렬을 적용합니다.
- OpenWeatherMap API를 사용하려면 OpenWeatherMap에서 API 키를 발급받아야 합니다.
- YOUR_OPENWEATHERMAP_API_KEY를 본인이 실제 발급 받은 API 키로 교체하세요.

6.1.6 애플리케이션 빌드 및 실행

이번 절에서는 프로젝트를 빌드하고 개발 서버를 실행하여 애플리케이션을 확인합니다. package.json 파일의 scripts 섹션에 빌드 및 시작 스크립트를 추가합니다.

(1) 의존성 설정

package.json
```
01  {
02    "name": "ch06_myapp1",
03    "version": "1.0.0",
04    "description": "날씨 애플리케이션",
05    "main": "index.js",
06    "scripts": {
07      "build": "webpack",
08      "dev": "webpack serve --mode development"
09    },
10    "keywords": [],
11    "author": "",
12    "license": "ISC",
13    "dependencies": {
14      "axios": "^1.7.7",
15      "vue": "^3.5.12"
16    },
17    "devDependencies": {
18      "@vue/compiler-sfc": "^3.5.12",
19      "css-loader": "^7.1.2",
20      "html-webpack-plugin": "^5.6.2",
21      "vue-loader": "^17.4.2",
22      "vue-style-loader": "^4.1.3",
23      "webpack": "^5.95.0",
24      "webpack-cli": "^5.1.4",
25      "webpack-dev-server": "^5.1.0"
26    }
27  }
```

➡ build: Webpack을 사용하여 애플리케이션을 번들링합니다.

➡ dev: Webpack 개발 서버를 실행하고 브라우저를 자동으로 엽니다.

(2) 의존성 설치

터미널창에서 "npm install" 명령은 package.json에 명시된 모든 의존성을 설치합니다.

```
npm install
```

npm install 명령으로 먼저 설치한 라이브러리를 갱신하거나 누락되었던 라이브러리를 설치합니다.

(3) 개발 서버 실행

터미널창에서 "npm run dev" 명령은 개발 서버를 시작하고 브라우저에서 애플리케이션을 확인할 수 있습니다.

```
npm run dev
```

npm run dev 명령은 npm init나 Vite 도구로 프로젝트를 생성했을 때 개발 서버를 실행하는 명령입니다.

(4) 프로덕션 빌드

터미널창에서 "npm run build" 명령은 프로덕션용으로 최적화된 빌드를 생성하면서 webpack.config.js의 mode를 production으로 변경하고 빌드 명령을 실행합니다.

```
npm run build
```

npm run build는 최적화된 프로덕션 빌드(Production Build)를 dist 폴더에 생성합니다.

[빌드(Build)란]

빌드(Build)는 개발 중 작성한 소스코드를 최적화하여 프로덕션 환경에서 실행할 수 있는 형태로 변환하는 과정을 의미합니다. 이 과정에는 여러 단계가 포함되며, 주로 다음과 같은 작업이 수행됩니다:

(1) 코드 변환: 최신 JavaScript 문법(ES6+)과 Vue Single File Component (SFC)를 호환성 있는 버전으로 변환합니다. 이를 통해 구형 브라우저에서도 정상적으로 작동하게 합니다.

(2) 파일 압축 및 최적화: CSS, JavaScript 파일을 압축하여 파일 크기를 줄이고, 로딩 속도를 개선합니다. 불필요한 코드나 주석도 제거하여 최적화합니다.

(3) 리소스 관리: 이미지, 폰트 등 정적 자원을 최적화하고 적절한 경로로 배치합니다.

(4) 소스 맵 생성: 디버깅을 위해 원본 소스코드에 관한 참조를 포함한 소스 맵 파일을 생성할 수 있습니다.

(5) 정적 파일 생성: 최종적으로 HTML 파일을 포함한 정적 파일을 생성하여 웹 서버에 배포할 준비를 합니다.

[Vue 3에서의 빌드 도구]

(1) Vue CLI: Vue.js의 공식 CLI 도구로 프로젝트 생성, 개발 서버 실행, 빌드 설정 등을 제공합니다. Vue CLI는 Webpack을 기본 빌드 도구로 사용하며 다양한 플러그인과 구성 옵션을 통해 애플리케이션을 쉽게 관리합니다.

(2) Vite: Vue 3와 함께 사용하기에 최적화된 새로운 빌드 도구로 빠른 개발 서버와 빌드 시간을 자랑합니다. Vite는 ES 모듈을 기반으로 하여 개발 중에 필요한 파일만을 번들링하므로 빠른 로딩 속도를 제공합니다.

(3) Webpack: Vue CLI의 기본 빌드 도구로 사용되며 복잡한 애플리케이션에서 효율적으로 자원을 관리하고 번들링할 수 있게 돕습니다. Webpack은 다양한 플러그인과 로더를 통해 다양한 유형의 파일을 처리합니다.

(4) Rollup: 라이브러리나 모듈을 빌드하는 데 사용되는 도구로 주로 패키지 개발에 적합합니다. Vue 3 라이브러리를 개발할 때 Rollup을 사용할 수 있습니다.

(5) 결과 확인

개발 서버가 실행되면 브라우저에서 http://localhost:9000으로 접속하여 날씨 위젯 애플리케이션을 확인할 수 있습니다. 도시명을 입력하고 검색 버튼을 클릭하면 해당 도시의 현재 날씨 정보가 표시됩니다.

6.2 Vite를 활용한 SFC 프로젝트

Vite는 빠른 개발환경을 제공하는 모던 프런트엔드 빌드 도구입니다. Vue 3 창시자인 Evan You가 개발했으며, 빠른 모듈 핫 리플레이스먼트(HMR)와 효율적인 번들링을 특징으로 합니다. Vite는 ESM(ECMAScript Modules)을 활용하여 빌드 시간을 획기적으로 단축합니다.

이번 절에서는 Vite를 활용하여 SFC(Single File Component) 프로젝트를 설정하고, Vue 3의 〈script setup〉 Composition API와 Bulma CSS 프레임워크를 적용한 채팅 애플리케이션 ch06_myapp2를 생성하는 과정을 단계별로 설명합니다. 더불어 필요한 명령어, 코드 예제, 설정 방법 등을 상세히 다룹니다. [그림 6-4]와 같이 Vite 도구를 활용한 절차가 필요하며 자동으로 애플리케이션이 생성되는 것을 볼 수 있습니다.

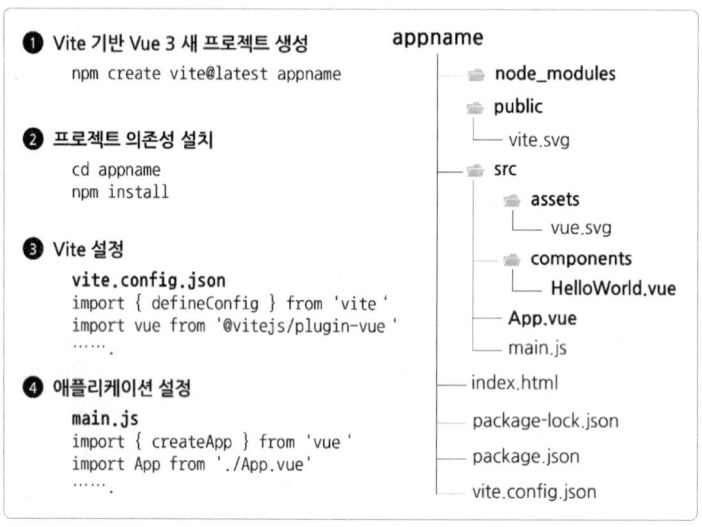

[그림 6-4] Vite를 활용한 SFC 프로젝트 제작 절차와 생성된 구조

6.2.1 채팅 애플리케이션 프로젝트 생성

이번 절에서는 Vite를 사용하여 새로운 Vue 3 프로젝트를 생성하고, 프로젝트 이름을 ch06_myapp2로 설정합니다.

(1) Vite를 사용하여 Vue 3 프로젝트 생성 및 디렉터리 이동과 의존성 설치

Vite 도구를 사용하여 프로젝트를 생성할 경우에는 기본적으로 Vue 버전 3(Three)로 생성됩니다.

```
npm create vite@latest ch06_myapp2 -- --template vue
cd ch06_myapp2
npm install
```

➡ npm create vite@latest ch06_myapp2 -- --template vue 명령은 Vite를 사용하여 Vue 3 템플릿으로 ch06_myapp2라는 새로운 프로젝트를 생성합니다.

➡ cd ch06_myapp2 명령은 생성한 프로젝트 디렉터리로 이동합니다.

➡ npm install 명령은 프로젝트에 필요한 모든 의존성을 설치합니다.

6.2.2 프로젝트 구조와 라이브러리 설치

프로젝트의 기본 구조를 확인하고 Bulma CSS 프레임워크와 필요한 라이브러리를 설치합니다.

(1) 라이브러리 설치

```
npm install bulma
npm install axios
```

➡ npm install bulma 명령에서 Bulma는 간결하고 반응형인 CSS 프레임워크로 빠르게 스타일을 적용할 수 있습니다.

➡ npm install axios 명령은 HTTP 요청을 쉽게 처리할 수 있는 라이브러리입니다. 채팅 애플리케이션에서 메시지 전송 및 수신에 사용됩니다.

(2) 프로젝트 구조

ChatInput.vue: 사용자로부터 입력을 받아 채팅 메시지를 전송하는 컴포넌트입니다.

ChatMessage.vue: 하나의 채팅 메시지를 화면에 표시하는 컴포넌트입니다.

ChatWindow.vue: ChatInput 및 ChatMessage 컴포넌트를 포함하는 컴포넌트입니다.

vite.config.js: Vite의 설정 파일입니다.

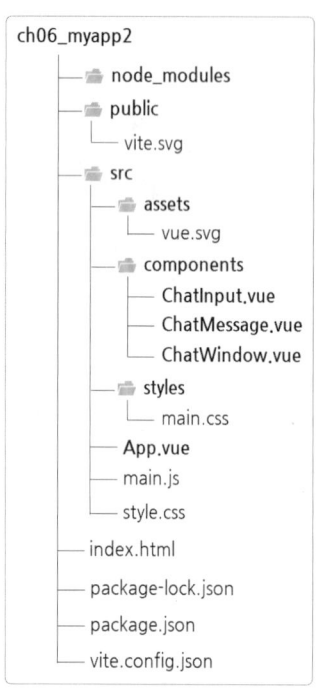

[그림 6-5] ch06_myapp2 프로젝트 구조

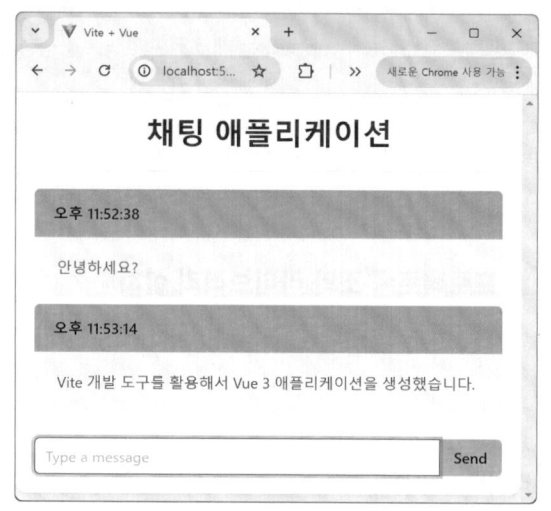

[그림 6-6] ch06_myapp2 실행 화면

6.2.3 프로젝트 설정

Vite는 기본 설정으로도 충분히 사용 가능하지만, 추가적인 설정을 통해 프로젝트를 최적화할 수 있습니다. 이번 예제에서는 Bulma CSS를 글로벌 스타일로 포함하기 위한 설정을 진행합니다.

(1) Vite 설정

기본 Vite 설정 파일은 그대로 사용하되 특별한 설정이 필요하지 않다면, 수정할 필요가 없습니다. 그러나 필요에 따라 추가 설정을 할 수 있습니다.

vite.config.js

```
01  import { defineConfig } from 'vite'
02  import vue from '@vitejs/plugin-vue'
03  export default defineConfig({
04    plugins: [vue()],
05  })
```

@vitejs/plugin-vue는 Vue SFC를 지원하기 위한 Vite 플러그인입니다.

(2) 전역 스타일 설정

Bulma CSS를 글로벌 스타일로 포함하기 위해 main.css 파일을 생성하고 Bulma를 임포트합니다.

src/styles/main.css

```
01  @import 'bulma/css/bulma.min.css';
```

@import 'bulma/css/bulma.min.css'는 Bulma CSS를 프로젝트에 포함시킵니다.

6.2.4 애플리케이션 설정

애플리케이션의 진입점과 기본 컴포넌트를 설정합니다. Bulma CSS 프레임워크를 활용하여 스타일을 적용합니다.

(1) 애플리케이션 설정

src/main.js

```
01  import { createApp } from 'vue'
02  import App from './App.vue'
03  import './styles/main.css' // Bulma CSS 포함
04  createApp(App).mount('#app')
```

- Vue 애플리케이션을 생성하고 App.vue 컴포넌트를 #app 요소에 마운트합니다.
- Bulma CSS를 글로벌 스타일로 포함합니다.

(2) 메인 뷰(App.vue) 작성

애플리케이션 실행 시에 렌더링이 되는 레이아웃 파일을 작성합니다.

```
src/App.vue
01  <template>
02    <div class="container">
03      <h1 class="title has-text-centered mt-5">채팅 애플리케이션</h1>
04      <ChatWindow />
05    </div>
06  </template>
07  <script setup>
08  import ChatWindow from './components/ChatWindow.vue'
09  </script>
```

- Bulma의 container, title, has-text-centered, mt-5 클래스를 사용하여 레이아웃과 스타일을 적용합니다.
- ChatWindow 컴포넌트를 임포트하고 사용합니다.

6.2.5 컴포넌트 작성

채팅 애플리케이션을 구성하는 주요 컴포넌트인 ChatWindow, ChatMessage, ChatInput을 작성합니다. Vue 3의 Composition API를 사용하며, Bulma 클래스를 활용하여 스타일을 적용합니다.

(1) ChatWindow 컴포넌트

ChatWindow는 채팅 메시지를 표시하고 메시지 입력을 담당하는 컴포넌트입니다.

```
src/components/ChatWindow.vue
01  <template>
02    <div class="box">
03      <div class="chat-messages" style="max-height: 400px; overflow-y: auto;">
04        <ChatMessage v-for="(message, index) in messages" :key="index" :message="message" />
05      </div>
06      <ChatInput @send-message="addMessage" />
07    </div>
08  </template>
09  <script setup>
10  import { ref } from 'vue'
11  import ChatMessage from './ChatMessage.vue'
12  import ChatInput from './ChatInput.vue'
13  const messages = ref([])
14  const addMessage = (msg) => {
15    messages.value.push({ text: msg, timestamp: new Date().toLocaleTimeString(), })
16  }
17  </script>
18  <style scoped>
19  .chat-messages { margin-bottom: 20px; }
20  </style>
```

➔ messages는 채팅 메시지를 저장하는 반응형 배열입니다.

➔ addMessage는 새로운 메시지를 messages 배열에 추가하는 함수입니다.

➔ ChatMessage 컴포넌트를 사용하여 각 메시지를 표시합니다.

➔ ChatInput 컴포넌트를 사용하여 메시지 입력을 처리합니다.

➔ Bulma의 box 클래스를 사용하여 채팅창을 스타일링합니다.

(2) ChatMessage 컴포넌트

ChatMessage는 개별 채팅 메시지를 표시하는 컴포넌트입니다.

```
src/components/ChatMessage.vue
01  <template>
02    <div class="message is-primary mb-2">
03      <div class="message-header">
04        <p>{{ message.timestamp }}</p>
05      </div>
06      <div class="message-body">{{ message.text }}</div>
07    </div>
08  </template>
09  <script setup>
10  import { defineProps } from 'vue'
11  const props = defineProps({
12    message: { type: Object, required: true, },
13  })
14  </script>
15  <style scoped>
16  .message { word-wrap: break-word; }
17  </style>
```

➡ message는 부모 컴포넌트로부터 전달받은 메시지 객체를 props로 받습니다.

➡ Bulma의 message, is-primary, message-header, message-body 클래스를 사용하여 메시지를 스타일링합니다.

(3) ChatInput 컴포넌트

ChatInput은 사용자가 메시지를 입력하고 전송할 수 있는 입력 필드를 제공하는 컴포넌트입니다.

```
src/components/ChatInput.vue
01  <template>
02    <div class="field has-addons">
03      <div class="control is-expanded">
04        <input class="input" v-model="inputValue" @keyup.
```

```
       enter="submitMessage" placeholder="Type a message" />
05       </div>
06       <div class="control">
07         <button @click="submitMessage" class="button is-info">Send</button>
08       </div>
09     </div>
10   </template>
11   <script setup>
12   import { ref } from 'vue';
13   const inputValue = ref('');  // 반응형 데이터 선언
14   const emit = defineEmits(['sendMessage']); // defineEmits로 emit 함수 선언
15   const submitMessage = () => {   // 메시지를 제출하는 함수
16     if (inputValue.value.trim()) {
17       emit('sendMessage', inputValue.value);  // 'sendMessage' 이벤트로 값을 emit
18       inputValue.value = '';   // 전송 후 입력 필드 초기화
19     }
20   };
21   </script>
```

- inputMessage는 사용자 입력을 저장하는 반응형 변수입니다.
- sendMessage는 메시지를 전송하는 함수로 입력된 메시지를 부모 컴포넌트로 emit하고 입력 필드를 초기화합니다.
- Bulma의 field, has-addons, control, input, button, is-info 클래스를 사용하여 입력 필드와 버튼을 스타일링합니다.

6.2.6 애플리케이션 빌드 및 실행

프로젝트를 빌드하고 개발 서버를 실행하여 애플리케이션을 확인합니다.

(1) package.json 수정

package.json 파일의 scripts 섹션에 빌드 및 시작 스크립트를 추가합니다. Vite는 기본적으로 개발 서버와 빌드 스크립트를 제공합니다.

```
package.json
01  {
02    "name": "ch06_myapp2",
03    "private": true,
04    "version": "0.0.0",
05    "type": "module",
06    "scripts": {
07      "dev": "vite", "build": "vite build", "preview": "vite preview"
08    },
09    "dependencies": {
10      "axios": "^1.7.7",
11      "bulma": "^1.0.2",
12      "vue": "^3.5.10"
13    },
14    "devDependencies": {
15      "@vitejs/plugin-vue": "^5.1.4",
16      "vite": "^5.4.8"
17    }
18  }
```

- dev는 Vite 개발 서버를 실행합니다.
- build는 애플리케이션을 프로덕션용으로 빌드합니다.
- preview는 빌드된 애플리케이션을 미리보기 모드로 실행합니다.

(2) 의존성 설치

이미 이전 단계에서 bulma와 axios를 설치했으므로 추가 설치는 필요하지 않습니다. 그러나 vite와 @vitejs/plugin-vue는 Vite 초기 생성 시 자동으로 포함됩니다.

```
npm install
```

npm install 명령은 이전에 설치된 라이브러리는 새로운 버전으로 갱신하고 누락된 라이브러리를 설치합니다.

(3) 개발 서버 실행

터미널창에서 "npm run dev" 명령은 Vite 개발 서버를 시작하고, 기본 브라우저에서 애플리케이션을 확인할 수 있습니다. 보통 http://localhost:5173에서 실행됩니다.

```
npm run dev
```

npm run dev는 Vite 도구나 npm init 명령으로 생성된 애플리케이션을 실행할 때 사용합니다.

(4) 프로덕션 빌드

터미널창에서 "npm run build" 명령은 프로덕션용으로 최적화된 빌드를 생성하고 빌드된 파일을 확인합니다.

```
npm run build
```

위 명령은 Vite를 사용하여 최적화된 프로덕션 빌드를 dist 폴더에 생성합니다.

[번들링(Bundling)이란]

번들링(Bundling)은 여러 개의 파일(주로 JavaScript, CSS, 이미지 등)을 하나의 파일로 결합하는 과정을 말합니다. 번들링은 웹 애플리케이션의 성능을 개선하고 배포 과정을 단순화하기 위해 사용됩니다. 번들링의 주요 장점은 다음과 같습니다.

(1) HTTP 요청수 감소: 여러 개의 작은 파일을 하나로 묶음으로써, 웹 브라우저가 서버에 보내는 HTTP 요청수를 줄일 수 있습니다. 이는 페이지 로딩 속도를 향상시킵니다.

(2) 최적화: 번들링 과정에서 파일의 크기를 줄이기 위해 불필요한 코드나 주석을 제거하는 미니피케이션(minification)과 같은 최적화 작업을 수행할 수 있습니다.

(3) 파일 관리 용이성: 애플리케이션의 구조가 복잡해져도, 번들링을 통해 파일을 하나로 묶어 관리하면 파일 구조가 단순해집니다.

(4) 모듈 시스템 지원: 모듈 시스템(예: ES6, CommonJS)을 통해 작성된 코드를 자동으로 처리하여 의존성을 관리하고 모듈을 효율적으로 로드할 수 있습니다.

(5) 빌드된 애플리케이션 미리보기

```
npm run preview
```

빌드된 애플리케이션을 로컬 서버에서 미리보기 모드로 실행합니다.

[로더(Loader)란]

로더(Loader)는 Webpack에서 파일을 처리하는 방법을 정의하는 기능입니다. 로더는 특정 유형의 파일(예: CSS, SASS, 이미지, TypeScript 등)을 JavaScript 모듈로 변환하는 역할을 합니다. 즉, 로더는 다양한 파일 형식을 Webpack이 이해할 수 있는 형식으로 변환해줍니다.

로더의 주요 특징은 다음과 같습니다:

(1) 파일 형식 변환: 로더는 특정 파일 형식을 처리하여 JavaScript 모듈로 변환합니다. 예를 들어, SASS 파일을 CSS로 변환하거나 TypeScript 파일을 JavaScript로 변환합니다.

(2) 체인 방식 처리: 여러 개의 로더를 연결하여 파일을 여러 단계로 처리할 수 있습니다. 예를 들어, CSS 파일을 먼저 PostCSS로 변환한 후, 최종적으로 CSS 파일로 번들링할 수 있습니다.

(3) 설정 가능: 로더는 설정 파일(Webpack 설정 파일)에 정의되어 있으며, 필요한 로더와 그 옵션을 자유롭게 지정할 수 있습니다.

(6) 결과 확인

개발 서버가 실행되면 브라우저에서 http://localhost:5173으로 접속하여 채팅 애플리케이션을 확인할 수 있습니다. 메시지를 입력하고 전송 버튼을 클릭하거나 Enter 키를 눌러 메시지를 추가할 수 있습니다.

6.3 Vue CLI를 활용한 SFC 프로젝트

Vue CLI는 Vue.js 애플리케이션을 쉽고 빠르게 생성하고 관리할 수 있는 강력한 도구입니다. 프로젝트 설정, 플러그인 관리, 빌드 및 배포 등 다양한 기능을 제공합니다. Vue CLI는 Vue 2 시절부터 널리 사용되어 왔으며 Vue 3와도 호환됩니다.

이번 절에서는 Vue CLI를 활용하여 SFC(Single File Component) 프로젝트를 설정하고, Vue 3의 〈script setup〉 Composition API와 Foundation CSS 프레임워크를 적용한 기업용 고객 관리 시스템(CRM) 애플리케이션 ch06_myapp3를 생성하는 과정을 단계별로 설명합니다. 각 섹션에서는 필요한 명령어, 코드 예제, 설정 방법 등을 상세히 다룹니다. [그림 6-7]과 같이 가장 기본적인 프로젝트 생성 도구인 Vue CLI의 애플리케이션 생성을 확인할 수 있습니다.

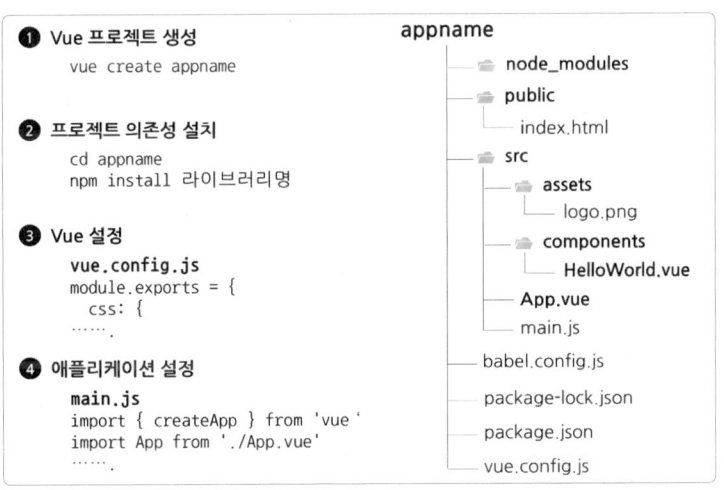

[그림 6-7] Vue CLI를 활용한 SFC 프로젝트 제작 프로세스 및 구조

6.3.1 기업용 고객 관리 시스템(CRM) 프로젝트 생성

이번 절에서는 Vue CLI를 사용하여 ch06_myapp3라는 이름으로 새로운 Vue 3 프로젝트를 생성해 보겠습니다.

(1) Vue CLI 설치

Vue CLI가 설치되어 있지 않다면 설치해야 합니다.

```
npm install -g @vue/cli
```

npm install -g @vue/cli 명령은 글로벌 환경에 Vue CLI를 설치합니다. Vue CLI가 이미 설치되어 있다면 이 단계를 건너뛰어도 됩니다.

CLI와 터미널(Terminal)

CLI는 Command Line Interface의 약자로 명령줄 인터페이스를 의미합니다. Vue CLI는 Vue.js 애플리케이션을 생성하고 관리하기 위한 도구로 개발자가 명령줄을 통해 다양한 작업을 수행할 수 있게 도와줍니다. 이러한 CLI 환경을 제공하는 것을 "터미널"이라고 합니다.

(2) 프로젝트 생성 및 디렉터리 이동

Vue CLI를 사용하여 새로운 프로젝트를 생성하고 해당 디렉터리로 이동합니다.

```
vue create ch06_myapp3
cd ch06_myapp3
```

- vue create 명령으로 Vue 버전 3 프로젝트 ch06_myapp3를 생성합니다. 프로젝트 생성 시 몇 가지 설정을 선택할 수 있는 프롬프트가 나타납니다.

- cd ch06_myapp3 명령은 생성한 프로젝트 디렉터리로 이동합니다.

6.3.2 프로젝트 구조와 라이브러리 설치

프로젝트의 기본 구조를 확인하고 Foundation CSS 프레임워크와 필요한 라이브러리를 설치합니다.

(1) 라이브러리 설치

CSS 프레임워크인 Foundation CSS와 비동기 통신 라이브러리인 Axios를 설치하고 페이지 내비게이션인 Vue Router 설치합니다.

```
npm install foundation-sites
npm install axios
vue add router
vue add vuex
npm install -D sass-loader sass
```

- ➡ foundation-sites는 Foundation CSS 프레임워크를 설치하여 애플리케이션에 반응형 디자인과 다양한 UI 컴포넌트를 적용할 수 있습니다.
- ➡ axios는 HTTP 요청을 쉽게 처리할 수 있는 라이브러리로 CRM 애플리케이션에서 데이터 통신에 사용됩니다.
- ➡ vue add 명령은 Vue 구성요소를 추가하고 해당 파일을 자동으로 생성합니다.

(2) 프로젝트 구조

왼쪽 [그림 6-8]은 ch06_myapp3 애플리케이션의 구조이며 오른쪽 [그림 6-9]는 완성된 애플리케이션의 실행 화면입니다.

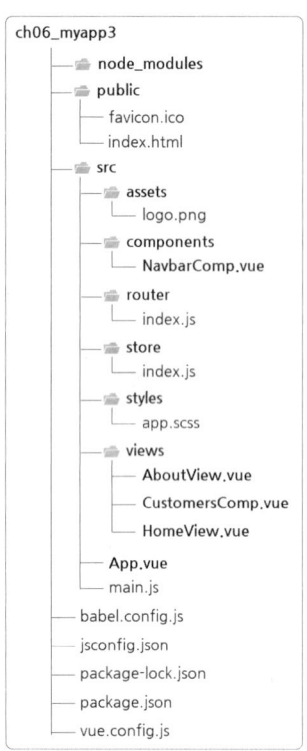

CustomerList.vue: 고객 목록을 렌더링하는 컴포넌트입니다.

CustomerDetail.vue: 선택한 고객의 상세 정보를 렌더링하는 컴포넌트입니다.

Navbar.vue: 애플리케이션의 내비게이션 바를 구성하는 컴포넌트입니다.

Home.vue: 애플리케이션의 홈페이지를 구성하는 컴포넌트입니다.

router/index.js: 모든 라우팅 설정이 여기에 포함됩니다. 각 경로(path)마다 대응하는 뷰가 설정되어 있습니다.

store/index.js: Vuex Store의 설정 파일로, 애플리케이션의 상태(state)를 관리합니다.

babel.config.js: 트랜스필레이션(transpilation)에 관한 내용을 설정합니다.

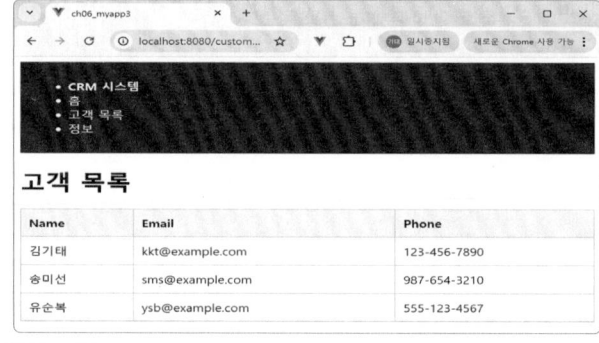

[그림 6-8] ch06_myapp3 프로젝트 구조   [그림 6-9] ch06_myapp3 실행 화면

[코드 변환(transpilation)이란]

코드 변환(transpilation)은 최신 JavaScript 문법(ES6+)을 구형 브라우저나 환경에서도 호환 가능한 코드로 변환하는 역할을 합니다. Vue에서는 Babel이 주로 JavaScript 코드의 변환을 담당하는 도구로 Babel의 주요 역할은 다음과 같습니다:

(1) 코드 변환: 최신 ES6+ 문법(예: 화살표 함수, 비구조화 할당, 클래스 등)을 구형 JavaScript 환경(예: IE11)에서 이해할 수 있는 구식 문법으로 변환합니다.

(2) 폴리필(Polyfill) 제공: 최신 JavaScript 기능(예: Promise, Array.prototype. includes 등)을 구형 환경에서 사용할 수 있도록 추가 기능을 제공합니다. Babel은 필요한 기능을 자동으로 감지하고 해당 폴리필을 포함할 수 있게 설정할 수 있습니다.

(3) JSX 변환: Vue에서 사용하는 JSX 문법을 JavaScript로 변환합니다. Babel은 Vue 컴포넌트를 정의하는 데 필요한 JSX 코드를 이해할 수 있게 도와줍니다.

(4) 트리 세이킹(Tree Shaking: 추출): 사용하지 않는 코드를 자동으로 제거하여 최종 번들 크기를 줄이는 최적화 기능을 지원합니다. 이는 주로 Webpack과 같은 번들러와 함께 사용됩니다.

(5) 유연한 구성: Babel은 다양한 플러그인과 프리셋을 통해 기능을 확장할 수 있습니다. 예를 들어, 특정 문법 변환을 원할 경우 관련 플러그인을 추가할 수 있습니다.

6.3.3 프로젝트 설정

Vue CLI는 프로젝트 설정을 자동으로 처리하지만, 추가적인 설정을 통해 Foundation CSS를 글로벌 스타일로 포함하고 SCSS를 사용할 수 있게 구성합니다.

(1) Vue 설정

프로젝트 루트에 vue.config.js 파일을 생성하여 SCSS와 Foundation CSS를 설정합니다.

vue.config.js
```
01  module.exports = {
02    css: {
03      loaderOptions: {
04        sass: { additionalData: `@import "@/styles/app.scss";` }
05      }
06    }
07  }
```

additionalData: 모든 SCSS 파일에 app.scss를 자동으로 포함시켜 Foundation CSS를 글로벌 스타일로 사용할 수 있게 합니다.

(2) CSS 전처리기 설정

Foundation CSS를 임포트하고 필요에 따라 커스텀 스타일을 추가합니다.

src/styles/app.scss

```
01    @import "~foundation-sites/scss/foundation";  // Foundation CSS 임포트
02    @include foundation-everything;  // Foundation 초기화
03    body { padding: 20px; }
```

- @import "~foundation-sites/scss/foundation"은 Foundation CSS의 SCSS 파일을 임포트합니다.
- @include foundation-everything은 Foundation의 모든 기능을 포함시킵니다.
- body 스타일은 전역 스타일을 추가하여 기본 여백을 설정합니다.

6.3.4 애플리케이션 설정

애플리케이션의 진입점과 기본 컴포넌트를 설정합니다. Foundation CSS 프레임워크를 활용하여 스타일을 적용합니다.

(1) 애플리케이션 설정

애플리케이션의 진입점 파일로 여기에서 진입점이란 애플리케이션 생성에서 처음 로딩되는 것을 의미합니다.

src/main.js

```
01    import { createApp } from 'vue'
02    import App from './App.vue'
03    import router from './router'
04    import store from './store'
05    createApp(App).use(store).use(router).mount('#app')
```

- Vue 애플리케이션을 생성하고 App.vue 컴포넌트를 #app 요소에 마운트합니다.
- Vuex 스토어와 Vue Router를 애플리케이션에 통합합니다.
- Foundation CSS를 글로벌 스타일로 포함합니다.

(2) 라우터 설정

Vue Router를 설정하여 페이지 간 내비게이션을 관리합니다.

```
src/router/index.js
01  import { createRouter, createWebHistory } from 'vue-router'
02  import Home from '../views/HomeView.vue'
03  import Customers from '../views/CustomersComp.vue'
04  import About from '../views/AboutView.vue'
05  const routes = [
06    { path: '/', name: 'Home', component: Home },
07    { path: '/customers', name: 'Customers', component: Customers },
08    { path: '/about', name: 'About', component: About }
09  ]
10  const router = createRouter({
11    history: createWebHistory(process.env.BASE_URL), routes
12  })
13  export default router
```

- /: 홈페이지 루트 경로로 "/" 주소를 요청하면 HomeView.vue로 이동합니다.
- /customers: 고객 목록 페이지 컴포넌트인 CustomersComp.vue로 이동합니다.
- /about: 애플리케이션 정보 페이지 컴포넌트인 AboutView.vue로 이동합니다.

[라우터(Router)란]

라우터(Router)는 Vue.js 애플리케이션에서 라우팅을 관리하는 라이브러리로 사용자가 URL을 통해 서로 다른 컴포넌트나 페이지로 이동할 수 있게 돕습니다.

라우터의 주요 기능

(1) 동적 라우팅: URL 매개변수와 쿼리스트링을 통해 동적으로 데이터를 전달할 수 있습니다.

(2) 네스트된 라우팅: 여러 컴포넌트를 중첩하여 표시할 수 있습니다. 이를 통해 복잡한 페이지 구조를 관리할 수 있습니다.

(3) 이동 및 링크: <router-link> 컴포넌트를 사용하여 사용자가 클릭할 수 있는 링크를 생성하고, router.push()를 통해 프로그래밍적으로 라우팅할 수 있습니다.

※ 자세한 사항은 8장을 참고하고 여기에서는 실습에 필요한 내용만 알려드립니다.

(3) 스토어 설정

Vuex 스토어를 설정하여 애플리케이션의 상태 관리를 관리합니다.

src/store/index.js

```js
import { createStore } from 'vuex'
import axios from 'axios'
export default createStore({
  state: { customers: [] },
  mutations: {
    SET_CUSTOMERS(state, customers) { state.customers = customers },
    ADD_CUSTOMER(state, customer) { state.customers.push(customer) }
  },
  actions: {
    async fetchCustomers({ commit }) {
      try {
        const response = await axios.get('https://api.example.com/customers')
        commit('SET_CUSTOMERS', response.data)
      } catch (error) {
        console.error('Failed to fetch customers:', error)
      }
    },
    async addCustomer({ commit }, customer) {
      try {
        const response = await axios.post('https://api.example.com/customers', customer)
        commit('ADD_CUSTOMER', response.data)
      } catch (error) {
        console.error('Failed to add customer:', error)
      }
    }
```

```
25       }
26    },
27    modules: { }  // 필요에 따라 모듈을 추가할 수 있습니다
28  })
```

- state: 고객 데이터를 저장하는 customers 배열을 정의합니다.
- mutations: 상태를 변경하는 함수들입니다.
- SET_CUSTOMERS: 고객 목록을 설정합니다.
- ADD_CUSTOMER: 새로운 고객을 추가합니다.
- actions: 비동기 작업을 처리하는 함수들입니다.
- fetchCustomers: API에서 고객 목록을 가져옵니다.
- addCustomer: 새로운 고객을 API에 추가합니다.

[스토어(Store)란]

스토어(Store)는 Vue.js 애플리케이션에서 상태 관리(state management)를 위한 중앙 저장소 역할을 합니다. 복잡한 애플리케이션에서 컴포넌트 간에 상태를 공유하고 일관성을 유지하는 데 도움을 줍니다. 주요 구성요소는 다음과 같습니다.

(1) State: 애플리케이션의 상태를 정의합니다. 전역에서 접근 가능한 데이터로, 여러 컴포넌트에서 공유됩니다.

(2) Getters: 상태를 기반으로 계산된 값을 반환합니다. Vue의 computed 속성과 비슷한 역할을 합니다.

(3) Mutations: 상태를 변경하는 유일한 방법으로, 동기적으로 상태를 변경하는 메서드입니다.

(4) Actions: 비동기 작업을 수행하고 그 결과로 mutations를 호출하여 상태를 변경합니다.

※ 자세한 사항은 10장에서 학습할 것이니 여기에서는 실습에 필요한 내용을 위주로 알아두기를 바랍니다.

(4) 메인 뷰(App.vue) 설정

기본 레이아웃과 내비게이션 바를 설정합니다.

src/App.vue

```
01  <template>
02    <div>
03      <Navbar />
04      <router-view />
05    </div>
06  </template>
07  <script setup>
08  import Navbar from './components/NavbarComp.vue'
09  </script>
```

➡ Navbar 컴포넌트를 포함하여 모든 페이지에 내비게이션 바를 표시합니다.

➡ router-view: 현재 경로에 맞는 컴포넌트를 렌더링합니다.

6.3.5 컴포넌트 작성

CRM 애플리케이션을 구성하는 주요 컴포넌트인 Navbar, CustomerList, CustomerDetail 을 작성합니다. Vue 3의 〈script setup〉 Composition API를 사용하며, Foundation CSS 클래스를 활용하여 스타일을 적용합니다.

(1) Navbar 컴포넌트

내비게이션 바를 제공하여 사용자가 애플리케이션 내에서 페이지를 이동할 수 있게 합니다.

src/components/NavbarComp.vue:

```
01  <template>
02    <nav class="top-bar">
03      <div class="top-bar-left">
04        <ul class="dropdown menu" data-dropdown-menu>
05          <li class="menu-text">CRM 시스템</li>
```

```
06        <li><router-link to="/">홈</router-link></li>
07        <li><router-link to="/customers">고객 목록</router-link></li>
08        <li><router-link to="/about">정보</router-link></li>
09      </ul>
10    </div>
11  </nav>
12 </template>
13 <script setup>
14 </script>
15 <style scoped>
16 .top-bar { background-color: #2c3e50; color: white; padding: 10px 20px; }
17 .menu-text { font-weight: bold; }
18 .menu a { color: white; text-decoration: none; }
19 .menu a:hover { text-decoration: underline; }
20 </style>
```

➡ Foundation의 top-bar 클래스를 사용하여 내비게이션 바를 스타일링합니다.

➡ router-link를 사용하여 Vue Router를 통한 페이지 이동을 구현합니다.

➡ 커스텀 스타일을 추가하여 내비게이션 바의 색상과 텍스트 스타일을 설정합니다.

(2) Home 뷰 컴포넌트

홈페이지를 위한 기본 뷰 컴포넌트를 작성합니다.

src/views/HomeView.vue

```
01 <template>
02   <div class="callout">
03     <h2>환영합니다!</h2>
04     <p>이곳은 기업용 고객 관리 시스템(CRM)입니다.</p>
05   </div>
06 </template>
07 <script setup>
08 </script>
09 <style scoped>
10 .callout { padding: 20px; background-color: #f0f0f0; border-radius: 5px; }
11 </style>
```

About.vue는 애플리케이션의 정보 페이지로 CRM 시스템에 관한 설명을 포함합니다.

(3) About 뷰 컴포넌트 작성

정보 페이지를 위한 기본 뷰 컴포넌트를 작성합니다.

```vue
// src/views/AboutView.vue
01  <template>
02    <div>
03      <h2>애플리케이션 정보</h2>
04      <p>이 CRM 시스템은 고객 관리를 용이하게 하기 위해 개발되었습니다.</p>
05    </div>
06  </template>
07  <script setup></script>
08  <style scoped>
09  h2 { margin-bottom: 10px; }
10  </style>
```

- Home.vue는 애플리케이션의 홈페이지로 환영 메시지와 간단한 소개를 제공합니다.
- Foundation의 callout 클래스를 사용하여 강조된 영역을 스타일링합니다.

(4) Customers 뷰 컴포넌트 작성

고객에 관한 정보를 로딩하는 뷰 컴포넌트를 작성합니다.

```vue
// src/views/CustomersComp.vue
01  <template>
02    <div>
03      <h1>고객 목록</h1>
04      <table class="table">
05        <thead>
06          <tr>
07            <th>Name</th><th>Email</th><th>Phone</th>
08          </tr>
09        </thead>
10        <tbody>
11          <tr v-for="(customer, index) in customers" :key="index">
```

```
12          <td>{{ customer.name }}</td><td>{{ customer.email }}</td><td>{{ customer.phone }}</td>
13        </tr>
14      </tbody>
15    </table>
16  </div>
17 </template>
18 <script setup>
19 import { ref } from 'vue';
20 const customers = ref([  // 고객 데이터를 하드코딩
21   { name: '김기태', email: 'kkt@example.com', phone: '123-456-7890' },
22   { name: '송미선', email: 'sms@example.com', phone: '987-654-3210' },
23   { name: '유순복', email: 'ysb@example.com', phone: '555-123-4567' }
24 ]);
25 </script>
26 <style scoped>
27 h1 { margin-bottom: 20px; }
28 .table { width: 100%; border-collapse: collapse; }
29 .table th, .table td { padding: 10px;  border: 1px solid #ccc;  text-align: left; }
30 .table th { background-color: #f4f4f4; }
31 </style>
```

➡ 템플릿 부분(<template>): 고객 목록을 테이블로 표시하고 v-for를 사용해 customers 배열에 있는 각 고객 데이터를 반복하여 출력합니다.

➡ 스크립트 부분(<script setup>): Vue 3의 Composition API에서 ref로 고객 데이터를 선언하고 하드코딩된 고객 목록 3명을 포함한 배열을 customers로 정의합니다.

➡ 스타일 부분(<style scoped>): 제목(h1)과 테이블의 스타일을 정의하고 셀 간의 간격, 경계선, 배경색 등의 테이블에 간단한 스타일을 적용합니다.

6.3.6 애플리케이션 빌드 및 실행

프로젝트를 빌드하고 개발 서버를 실행하여 애플리케이션을 확인합니다.

(1) 의존성 설치

프로젝트 생성 시 npm install을 실행했으므로 추가 설치는 필요하지 않습니다. 그러나 필요에 따라 다음 명령어로 다시 설치할 수 있습니다.

```
npm install
```

npm install 명령은 라이브러리를 재설치하거나 누락된 라이브러리를 설치합니다.

(2) 개발 서버 실행

터미널창에서 "npm run serve" 명령은 Vue CLI 개발 서버를 시작하고 기본 브라우저에서 애플리케이션을 확인할 수 있습니다. 보통 http://localhost:8080에서 실행됩니다.

```
npm run serve
```

npm run serve 명령은 Vue CLI로 생성된 애플리케이션을 실행할 때 사용하는 명령어입니다.

(3) 프로덕션 빌드

프로덕션용으로 최적화된 빌드를 생성하고 빌드된 파일을 확인합니다.

```
npm run build
```

npm run build 명령의 빌드 결과는 현재 프로젝트 디렉터리의 dist 폴더 안에 있습니다.

(4) 빌드 결과 확인

빌드된 애플리케이션을 로컬 서버에서 미리보기 모드(Preview Mode)로 실행하려면 별도의 HTTP 서버를 사용할 수 있습니다. 예를 들어, serve 패키지를 사용하여 빌드(Build)된 파일을 서빙(Serving)할 수 있습니다.

```
npm install -g serve
serve -s dist
```

serve -s dist 명령은 해당 프로젝트를 서버에 실행을 시키면서 빌드를 동시에 진행할 수 있는 명령입니다.

(5) 결과 확인

개발 서버가 실행되면 브라우저에서 http://localhost:8080으로 접속하여 CRM 애플리케이션을 확인할 수 있습니다. 내비게이션 바를 통해 홈, 고객 목록, 정보 페이지를 이동할 수 있으며, 고객 목록에서 고객을 추가하거나 상세 정보를 확인할 수 있습니다.

> [프로젝트 도구와 SFC 핵심 정리]
>
> (1) npm init을 활용한 프로젝트 생성: npm init은 직접적으로 Vue 프로젝트 생성용 도구는 아니지만, 기본적인 Node.js 프로젝트를 설정하고 이후 Vue 관련 패키지를 수동으로 설치하는 방법입니다.
>
> (2) Vite를 활용한 프로젝트 생성: Vite는 빠른 개발 서버와 빌드 시스템을 제공하는 Vue 3의 기본 툴링입니다. 간단한 명령어로 프로젝트를 생성할 수 있으며, 초기 설정이 매우 간편합니다.
>
> (3) Vue CLI를 활용한 프로젝트 생성: Vue CLI는 Vue.js 공식 개발 도구로 완전한 프로젝트 환경설정을 제공하며 라우터, Vuex, ESLint 등의 통합 설정을 쉽게 할 수 있습니다.
>
> (4) SFC(Single File Component): SFC는 하나의 파일에 HTML, JavaScript, CSS를 모두 포함하여 작성하는 방식으로 컴포넌트를 독립적이고 다른 컴포넌트에서 재사용할 수 있게 도와줍니다. 여러 기능을 연동해야 하는 경우에는 각 컴포넌트를 파일로 분리하여 유지보수가 용이하고 팀원 간의 협업이 효율적입니다.

이번 6장에서는 SFC(Single File Component)와 npm init, Vite, Vue CLI 등 프로젝트 생성 도구에 관하여 학습했습니다. 이러한 개념을 바탕으로 애플리케이션을 작성하고 실행해 보았는데 각 프로젝트 생성 도구는 프로젝트를 생성하는 데 있어 프로젝트 구조가 달라 보이지만, 빌드를 하게 되면 결과물은 같습니다. 그러므로 개발자는 본인에게 적합한 도구를 활용하여 프로젝트를 생성하여 개발하면 됩니다.

앞서 배운 내용인 Option API와 Composition API 중에서 현재는 컴포넌트의 재사용성과 효율성을 높이기 위해 Composition API의 사용을 적극적으로 권장하고 있습니다. Option API와 Composition API를 혼용하다 보면 헷갈리는 부분이 많고 복잡하므로 가급적 Composition API를 사용하는 것이 좋습니다. 앞서서 Option API를 설명하고 학습한 이유는 예전에 만든 애플리케이션의 유지보수를 위한 것이었습니다.

다음 7장에서는 Composition API를 더 자세히 살펴보고 기본적이면서도 중요한 TodoList 실전 애플리케이션을 작성해 보겠습니다.

Chapter 07

Composition API

이번 장에서는 Vue 3의 Composition API를 탐구하며 〈script setup〉 구문과 Tailwind CSS 프레임워크를 활용합니다. 이러한 개념을 실제로 적용하기 위해 TodoList 애플리케이션인 ch07_myapp을 구축할 것입니다. Composition API 개념과 각종 구성요소와 속성 등을 충분히 파악하여 능숙하게 다룰 수 있어야 합니다.

만약 제공한 소스코드를 다운로드 받아 실습한다면 해당 프로젝트 디렉터리에서 반드시 npm install 명령을 실행하여 관련 라이브러리를 모두 설치해야 합니다.

7.1 Composition API란

Composition API는 Vue.js 3에서 도입된 새로운 API로, Vue 컴포넌트의 상태와 로직을 더 효과적으로 구성할 수 있습니다. 예전에는 옵션 기반으로 컴포넌트를 정의하지만, Vue 3에서는 Composition API로 정의하여 더 유연하고 재사용 가능한 코드를 작성할 수 있습니다. [그림 7-1]과 같이 Composition API는 Option API에서 재사용성을 높이기 위해 도입되어 여러 구성 문장의 변환기가 있는 것을 알 수 있습니다.

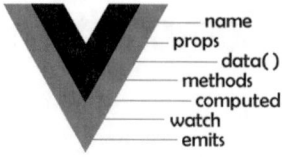
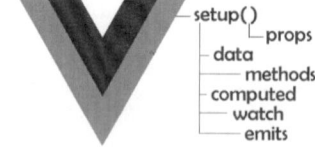

[그림 7-1] Option API와 Composition API 비교

7.1.1 Composition API 개념

기존의 Options API에서는 data, methods, computed 등으로 컴포넌트를 구성했지만, Composition API는 함수 기반의 접근 방식을 제공합니다. 이를 통해 복잡한 컴포넌트의 로직을 모듈화하고 코드의 가독성을 향상시킬 수 있습니다.

(1) 장점

- 재사용성: 로직을 함수로 분리하여 여러 컴포넌트에서 재사용할 수 있습니다.
- 명확한 구조: 관련된 로직을 함께 배치하여 코드의 가독성이 향상됩니다.
- 타입스크립트 지원 강화: 타입 추론이 용이해져 TypeScript와의 호환성이 높아집니다.

7.1.2 Composition API 구성

Composition API는 주로 setup 함수 내에서 사용됩니다. 주요 구성요소는 다음과 같습니다.

- Reactive References(ref, reactive): 반응성 데이터를 정의합니다.
- Computed Properties(computed): 계산된 속성을 생성합니다.
- Watchers(watch, watchEffect): 데이터 변화를 감시합니다.
- Lifecycle Hooks: 컴포넌트의 생명주기 단계에 따른 로직을 실행합니다.

7.2 setup 메서드와 <script setup>

Composition API에서는 setup을 활용하여 각종 변수나 객체를 선언해 두고 사용하는데, 두 가지 setup을 활용하는 문법적 방법이 있습니다. setup 메서드를 활용하는 방법과 〈script setup〉을 활용하는 방법입니다.

[그림 7-2]와 같이 부모 컴포넌트와 자식 컴포넌트 간의 소통을 합니다.

❶ props: title="Hello from Parent"와 count=5로 부모 컴포넌트에서 자식 컴포넌트로 전달됩니다.

❷ emit: @update:count="handleCountUpdate"를 통해 자식 컴포넌트에서 전달된 update:count 이벤트가 발생하면 부모 컴포넌트의 handleCountUpdate 메서드가 호출됩니다.

❸ attrs: class="my-custom-class"와 style="background-color: #f0f0f0"가 attrs로 전달되어 자식 컴포넌트의 div에 적용됩니다.

❹ slot: 부모 컴포넌트에서 <p>This is some slot </p>가 자식 컴포넌트의 슬롯으로 전달됩니다.

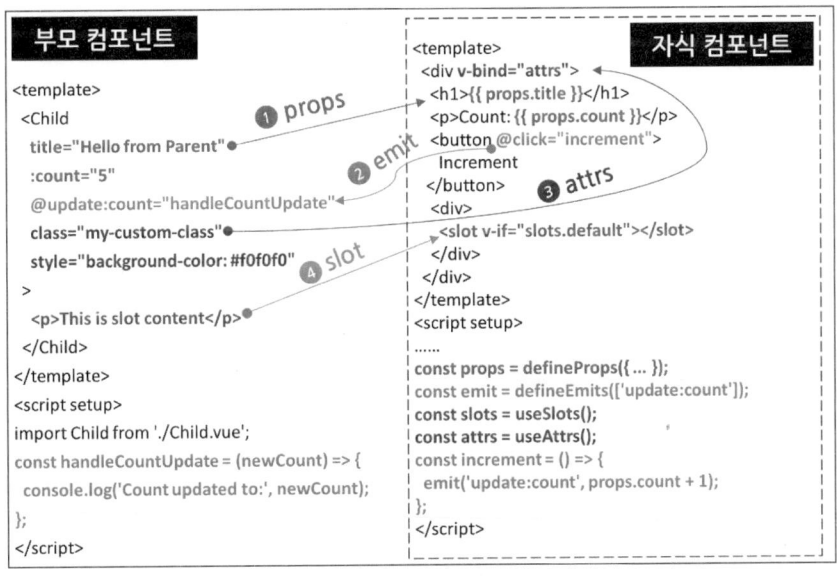

[그림 7-2] 컴포넌트 주요 속성

7.2.1 setup( ) 메서드

setup( ) 메서드는 컴포넌트가 생성될 때 가장 먼저 호출되는 함수로 컴포넌트의 상태, 메서드, 반응형 데이터, 계산 속성 등을 정의합니다. 이 메서드는 기본적으로 컴포넌트의 로직을 관리하며, props, emit, slots, attrs와 같은 컴포넌트의 주요 속성들을 설정할 수 있습니다.

(1) 주요 속성

- props: 부모로부터 전달된 값을 받아 사용할 수 있습니다.
- emit: 이벤트를 발생시켜 부모 컴포넌트에 데이터를 전달할 수 있습니다.
- attrs: 전달되지 않은 속성(예: class, style)을 자동으로 컴포넌트에 전달합니다.
- slots: 부모 컴포넌트에서 자식에게 전달된 슬롯 데이터를 사용할 수 있습니다.

(2) 기본 문법

```
export default {
  setup(props, { attrs, slots, emit }) {
    // 반응형 상태 및 로직 정의
    return {
      // 컴포넌트에서 사용할 변수, 함수, 계산 속성 등 반환
    };
  },
};
```

(3) props 활용 문법

아래 코드는 자식 컴포넌트로 부모 컴포넌트로에서 전달한 데이터를 참조합니다.

```
01  <script>
02  export default {
03    props: { msg: String, },
04    setup(props) {
05      console.log(props.msg); // 부모로부터 전달된 props 사용
06      return {};
07    },
08  };
09  </script>
```

- props는 부모 컴포넌트로부터 전달된 데이터인 msg를 정의합니다.
- props.msg는 부모 컴포넌트로부터 전달받은 값이 저장되어 있습니다.

(4) attrs 활용 문법

부모 컴포넌트에서 자식 컴포넌트로 전달된 나머지 HTML 속성 및 이벤트를 참조합니다.

```
01  <template>
02    <div>
03      <p v-bind="attrs">I have extra attributes</p>
04    </div>
05  </template>
06  <script>
07  export default {
08    setup(props, { attrs }) { return { attrs }; },
09  };
10  </script>
```

- attrs는 부모 컴포넌트에 기재되어 있는 태그의 속성을 의미합니다.
- v-bind="attrs"는 부모 컴포넌트에서 전달한 태그의 속성이 가지고 있는 값을 바인딩합니다.

(5) slots 활용 예시

부모 컴포넌트에서 자식 컴포넌트로 삽입되는 콘텐츠(슬롯 콘텐츠)를 참조합니다.

```
01  <template>
02    <div>
03      <slot></slot>
04    </div>
05  </template>
06  <script>
07  export default {
08    setup(props, { slots }) { return {}; },
09  };
10  </script>
```

〈slot〉〈/slot〉은 부모 컴포넌트에서 지정한 콘텐츠를 받아 출력합니다.

(6) emit 활용 예시

자식 컴포넌트에서 부모 컴포넌트로 이벤트를 전송합니다.

```
01  <script>
02  export default {
03    setup(props, { emit }) {
04      const sendMessage = () => {
05        emit('messageSent', 'Hello!');
06      };
07      return { sendMessage };
08    },
09  };
10  </script>
```

emit는 messageSent 이벤트를 부모 컴포넌트로 전달합니다.

(7) 자식 컴포넌트

자식 컴포넌트는 props와 emit를 활용하여 부모 컴포넌트와 이벤트, 그리고 데이터를 전달하거나 전달받습니다.

```
src/components/MyComponent.vue
01  <template>
02    <div v-bind="attrs">
03      <h1>{{ props.title }}</h1>      <!-- props 사용 -->
04      <p>Count: {{ props.count }}</p>
05      <button @click="increment">Increment Count</button>      <!-- emit로 부모에게 이벤트 전송 -->
06      <button @click="triggerCustomEvent">Trigger Custom Event</button>
07      <div>     <!-- slots 사용 -->
08        <h2>Slot Content:</h2>
09        <slot v-if="slots.default"></slot>
10        <p v-else>No content provided for the slot.</p>
11      </div>
12    </div>
13  </template>
14  <script setup>
15  import { defineProps, defineEmits, useSlots, useAttrs } from 'vue';
16  const props = defineProps({   // 1. props: 부모 컴포넌트로부터 전달된 데이터
```

```
17      title: { type: String, default: 'Default Title' },
18      count: { type: Number, required: true }
19    });
20    const emit = defineEmits(['update:count', 'customEvent']);  // 2. emit: 부모 컴포넌트로 이벤트 전송
21    const slots = useSlots();    // 3. slots: 부모 컴포넌트가 전달한 슬롯 콘텐츠
22    const attrs = useAttrs();    // 4. attrs: 부모 컴포넌트가 전달한 나머지 속성 및 이벤트
23    const increment = () => { emit('update:count', props.count + 1); };
24    const triggerCustomEvent = () => { emit('customEvent', 'This is a custom event message'); };
25  </script>
```

➡ props는 부모 컴포넌트에서 전달된 데이터입니다. 이 예시에서는 title과 count라는 두 가지 props를 정의하고, 이를 통해 자식 컴포넌트에서 부모로부터 전달된 데이터를 사용합니다.

➡ emit는 자식 컴포넌트에서 부모 컴포넌트로 이벤트를 전송하는 데 사용됩니다. 예시에서는 두 가지 이벤트(update:count, customEvent)를 정의하고, 버튼을 클릭했을 때 emit를 사용하여 부모 컴포넌트에 slots는 부모 컴포넌트가 자식 컴포넌트에 삽입한 콘텐츠를 참조하는 데 사용됩니다. 부모가 슬롯 콘텐츠를 전달하지 않으면 기본 메시지를 표시할 수 있습니다.

➡ attrs는 부모 컴포넌트에서 전달된 나머지 HTML 속성이나 이벤트를 자식 컴포넌트에서 전달받는 데 사용됩니다. props로 정의하지 않은 속성들이 자동으로 attrs 객체에 저장됩니다.

(8) 부모 컴포넌트

부모 컴포넌트는 props와 emit를 활용하여 자식 컴포넌트와 이벤트, 그리고 데이터를 전달하거나 전달받습니다.

```
src/components/MyParent.vue
01  <template>
02    <MyComponent title="Hello World" :count="5" @update:count="onCountUpdate" @customEvent="onCustomEvent"
03      class="custom-class">
04      <p>This is a slot content.</p>
05    </MyComponent>
06  </template>
07  <script setup>
08  import MyComponent from './MyComponent.vue';
```

```
09    const onCountUpdate = (newCount) => { console.log('Count updated:',
newCount); };
10    const onCustomEvent = (message) => { console.log('Custom event
received:', message); };
11  </script>
```

- props는 title="Hello World"와 count=5로 전달됩니다.
- emit는 자식 컴포넌트에서 발생된 update:count 이벤트를 onCountUpdate 메서드로 호출하여 새로 업데이트된 카운트를 출력합니다.
- slots는 <p>This is a slot content.</p>는 자식 컴포넌트의 슬롯으로 전달됩니다.
- attrs는 class="custom-class" 속성이 자식 컴포넌트로 전달되어 자식의 div 요소에 적용됩니다.

7.2.2 <script setup>

<script setup>은 Vue 3.2에서 도입된 새로운 구문으로, Composition API를 더욱 간결하게 사용할 수 있게 해줍니다. setup( ) 메서드 없이도 반응성 데이터를 정의하고 사용할 수 있으며, 컴포넌트의 코드가 더욱 직관적입니다.

(1) 장점

- 간결함: setup 블록을 생략하고 직접 반응성 데이터를 정의할 수 있습니다.
- 자동 Import: 일부 툴에서는 자동으로 필요한 컴포넌트나 함수가 임포트됩니다.
- 타입스크립트 지원 강화: TypeScript와의 통합이 더욱 용이해집니다.

(2) 기본 문법

```
<script setup>
import { ref } from 'vue';
const props = defineProps();
const emit = defineEmits();
</script>
```

(3) props 활용 예시

부모 컴포넌트에서 자식 컴포넌트로 전달되는 데이터입니다.

```
01  <script setup>
02  const props = defineProps({
03    msg: String,
04  });
05  console.log(props.msg); // 바로 props 사용 가능
06  </script>
```

➔ props는 부모 컴포넌트로부터 전달된 데이터인 msg를 정의합니다.

➔ props.msg는 부모 컴포넌트로부터 전달받은 값이 저장되어 있습니다.

(4) attrs 활용 예시

부모가 자식에게 전달한 나머지 속성(예: 클래스, 스타일 등)입니다. props로 명시되지 않은 속성들은 모두 attrs에 저장됩니다.

```
01  <template>
02    <div>
03      <p v-bind="attrs">I have extra attributes</p>
04    </div>
05  </template>
06  <script setup>
07  const attrs = useAttrs();
08  </script>
```

➔ attrs는 부모 컴포넌트에 기재되어 있는 태그의 속성을 의미합니다.

➔ v-bind="attrs"는 부모 컴포넌트에서 전달한 태그의 속성이 가지고 있는 값을 바인딩합니다.

(5) slots 활용 예시

부모 컴포넌트가 자식 컴포넌트에 전달하는 임의의 콘텐츠를 의미합니다.

```
01  <template>
02    <div>
03      <slot></slot>
04    </div>
05  </template>
06  <script setup>
07  const slots = useSlots();
08  </script>
```

〈slot〉〈/slot〉은 부모 컴포넌트에서 지정한 콘텐츠를 받아 출력합니다.

(6) emit 활용 예시

emit: 자식 컴포넌트에서 부모 컴포넌트로 이벤트를 전송하는 메커니즘입니다.

```
01  <script setup>
02  const emit = defineEmits(['messageSent']);
03  const sendMessage = () => { emit('messageSent', 'Hello!'); };
04  </script>
```

emit는 messageSent 이벤트를 부모 컴포넌트로 전달합니다.

(7) 자식 컴포넌트

src/components/MyComponent.vue

```
01  <script setup>
02  const props = defineProps({   // 1. props: 부모 컴포넌트에서 전달된 데이터
03    title: { type: String, required: true },
04    count: { type: Number, default: 0 }
05  });
06  const emit = defineEmits(['update:count', 'custom-event']); // 2. emit: 자식 컴포넌트에서 부모 컴포넌트로 이벤트 전송
07  const slots = useSlots();   // 3. slots: 부모 컴포넌트가 자식 컴포넌트에 전달한 콘텐츠 (슬롯)
08  const attrs = useAttrs();   // 4. attrs: props로 선언되지 않은 나머지 속성 (클래스, 스타일 등)
09  const increment = () => {   // 메서드: 카운트를 증가시키고 부모에게 업데이트된 값을 전달
```

```
10      emit('update:count', props.count + 1);  // 부모에게 count 값을 전달
11    };
12    const triggerCustomEvent = () => {  // 커스텀 이벤트 발생
13      emit('custom-event', 'This is a custom event message');
14    };
15  </script>
16  <template>
17    <div v-bind="attrs">
18      <h1>{{ props.title }}</h1>      <!-- props 사용: 부모가 전달한 타이틀과 카운트 값을 표시 -->
19      <p>Count: {{ props.count }}</p>      <!-- 버튼을 클릭해 카운트를 증가시키고 이벤트를 부모에게 emit -->
20      <button @click="increment">Increment Count</button>
21      <button @click="triggerCustomEvent">Trigger Custom Event</button>      <!-- 커스텀 이벤트 발생 -->
22      <div v-if="slots.default">      <!-- slots 사용: 부모가 전달한 슬롯 콘텐츠를 표
23        <h2>Slot Content:</h2>
24        <slot></slot>   <!-- 기본 슬롯 콘텐츠 출력 -->
25      </div>
26      <div v-else>
27        <p>No slot content provided.</p>
28      </div>
29    </div>
30  </template>
```

- props는 부모 컴포넌트에서 자식 컴포넌트로 전달되는 데이터입니다.

- props는 defineProps를 사용하여 선언되며, 템플릿에서 {{ props.title }}, {{ props.count }}를 통해 접근할 수 있습니다.

- emit는 자식 컴포넌트에서 부모 컴포넌트로 이벤트를 전송하는 데 사용됩니다.

- slots는 부모 컴포넌트가 자식 컴포넌트로 전달한 콘텐츠입니다.

- attrs는 부모 컴포넌트가 자식 컴포넌트로 전달한 props 외의 모든 속성들을 의미합니다.

- defineProps( ): 부모로부터 전달된 props를 정의합니다.

- defineEmits( ): 이벤트를 정의하고 사용할 수 있습니다.

- props, emit, attrs, slots는 <script setup>에서 전역처럼 사용할 수 있어, 더 직관적입니다.

(8) 부모 컴포넌트

src/comonents/MyParent.vue

```
01  <template>  <!-- MyComponent에 props, emit 이벤트, class 등을 전달 -->
02    <MyComponent title="Hello from Parent" :count="5" @update:count="handleCountUpdate"
03       @custom-event="handleCustomEvent" class="my-custom-class" style="background-color: #f0f0f0">
04       <p>This is some slot content passed from the parent.</p>    <!-- 슬롯으로 전달되는 콘텐츠 -->
05    </MyComponent>
06  </template>
07  <script setup>
08  import MyComponent from './MyComponent.vue';
09  const handleCountUpdate = (newCount) => { console.log('Count updated to:', newCount); };
10  const handleCustomEvent = (message) => { console.log('Custom event received with message:', message); };
11  </script>
```

- props: title="Hello from Parent"와 count=5로 부모 컴포넌트에서 자식 컴포넌트로 전달됩니다.

- emits: @update:count="handleCountUpdate"를 통해 자식 컴포넌트에서 전달된 update:count 이벤트가 발생하면 부모 컴포넌트의 handleCountUpdate 메서드가 호출됩니다.

- slots: 부모 컴포넌트에서 <p>This is some slot content passed from the parent.</p>가 자식 컴포넌트의 슬롯으로 전달됩니다.

- attrs: class="my-custom-class"와 style="background-color: #f0f0f0"가 attrs로 전달되어 자식 컴포넌트의 div에 적용됩니다.

7.2.3 setup( )와 <script setup> 차이점

아래의 setup( )와 〈script setup〉 비교표와 같이 각각의 차이점이 있으니 사용하기 편한 것을 선택하여 작성합니다.

setup( )와 <script setup> 비교표

특징	setup( ) 메서드	<script setup>
코드 구조	함수 내부에서 로직을 정의하고 반환	전역처럼 바로 변수와 함수 선언 가능
명시성	props, emit 등을 매개변수로 명시적으로 전달	defineProps, defineEmits 등을 사용
템플릿 사용	반환된 값만 템플릿에서 사용할 수 있음	바로 선언된 값들을 템플릿에서 바로 사용 가능
코드 간결성	코드가 상대적으로 더 길고 구조화됨	코드가 간결하고 직관적
컴파일 최적화	없음	컴파일 단계에서 자동 최적화
Composition API	명시적으로 로직을 관리하는데 적합	간결한 로직과 간단한 컴포넌트 관리에 적합

setup( ) 메서드는 Vue 컴포넌트 로직을 명확하게 관리하는 데 적합하며, 더 구조화된 방식으로 코드를 작성할 수 있습니다. <script setup>는 더 간결하고 직관적인 방식으로, Vue 3의 컴포넌트 로직을 처리하는 데 최적화된 구문입니다. 특히 작은 컴포넌트나 간단한 로직을 작성할 때 유용하며, Vue 컴파일러에서 성능 최적화를 자동으로 제공합니다.

7.3 반응성 상태 데이터

Vue의 반응성 시스템은 데이터가 변경될 때 자동으로 DOM을 업데이트합니다. Composition API에서는 ref와 reactive를 사용하여 반응성 데이터를 정의합니다.

❶ 사용자 아이디를 입력하면 username 값이 업데이트됩니다.
❷ 입력된 값은 화면에 실시간으로 출력됩니다.

```
<template>
  <div>
    <h2>사용자 아이디</h2>
    <input v-model="username" placeholder="사용자 아이디 입력" />
    <p>입력된 사용자 아이디: {{ username }}</p>
  </div>
</template>
<script setup>
import { ref, reactive } from 'vue';
const username = ref('');
</script>
```
ref()

❶ 사용자 프로필 정보인 나이와 지역을 v-model을 사용하여 실시간으로 수정합니다.
❷ 입력된 정보는 화면에 실시간으로 출력됩니다.

```
<template>
  <div>
    <h2>사용자 프로필</h2>
    <label for="age">나이:</label>
    <input v-model="user.age" type="number" id="age" />
    <label for="location">지역: </label>
    <input v-model="user.location" type="text" id="location" />
    <p>갱신된 프로필<br>
    나이: {{ user.age }},
    지역: {{ user.location }}</p>
  </div>
</template>
<script setup>
import { ref, reactive } from 'vue';
const user = reactive({ age: 25, location: '서울' });
</script>
```
reactive()

[그림 7-3] 반응성 데이터 처리

7.3.1 ref

ref는 단일 값(원시 값 또는 객체)을 반응형 상태로 만들 때 사용합니다. ref( )로 선언한 변수를 템플릿에서 사용할 때 .value를 붙여 사용합니다.

(1) 기본 문법

```
const 변수명 = ref(초기값);
```

(2) 기본 예제

```
01  import { ref } from 'vue';
02  const count = ref(0);
03  const increment = () => { count.value++; };
```

7.3.2 reactive

reactive는 객체나 배열과 같은 복합 데이터 타입에 반응성을 부여할 때 사용합니다.

reactive는 객체의 모든 프로퍼티에 대해 반응성을 제공합니다.

reactive( )로 생성된 객체의 각 속성은 자동으로 반응성을 가지며, .value를 사용하지 않아도 됩니다.

(1) 기본 문법

```
const 객체명 = reactive({
  속성1: 값1,
  속성2: 값2,
});
```

(2) 기본 예제

```
01  import { reactive } from 'vue';
02  const state = reactive({
03    user: { name: '김기태', age: 30, }, todos: [],
04  });
05  const addTodo = (todo) => { state.todos.push(todo); };
```

➡ ref는 단일 값에 적합하며, .value를 통해 접근해야 합니다.

➡ reactive는 객체나 배열에 적합하며, 프로퍼티에 직접 접근할 수 있습니다.

7.4 계산 속성(Computed Properties)

계산 속성(Computed Properties)은 Vue의 반응형 시스템에서 데이터의 연산 결과를 캐싱하여 성능을 최적화하는 방법입니다. 주로 여러 데이터의 의존성을 기반으로 자동으로 계산된 값을 사용할 때 유용합니다. 계산 속성은 일반적인 메서드와 달리 해당 속성에 의존하는 값이 변경될 때만 다시 계산됩니다. 이로 인해 불필요한 재계산을 방지하여 성능을 최적화할 수 있습니다.

다음 [그림 7-4]는 단순 함수와 계산 속성인 computed의 사용법에 관한 내용입니다.

❶ 숫자1을 입력하면 script로 전달되어 ref()에 의해 값이 저장됩니다.
❷ 숫자2를 입력하면 script로 전달되어 ref()에 의해 값이 저장됩니다.
❸ 단순 함수에 의해 숫자1과 숫자2를 합산한 결과를 template에 전달됩니다.
❹ computed에 의해 숫자1과 숫자2를 합산한 결과를 template에 전달됩니다.

```
<template>
  <div>
    숫자1: <input v-model.number="num1" type="number" placeholder="숫자1 입력" />
    숫자2: <input v-model.number="num2" type="number" placeholder="숫자2 입력" />
    <p>Sum 단순 함수 사용: {{ num1 }} + {{ num2 }} = {{ sumWithFunction() }}</p>
    <p>Sum computed 사용: {{ num1 }} + {{ num2 }} = {{ sumWithComputed }}</p>
  </div>
</template>
<script setup>
import { ref, computed } from 'vue';
const num2 = ref(0);
const num1 = ref(0);
const sumWithComputed = computed(() => {
  return num1.value + num2.value;
});
const sumWithFunction = () => {
  return num1.value + num2.value;
};
</script>
```

[그림 7-4] 단순 함수와 coumputed 속성의 사용

7.4.1 단순 함수 사용

컴포넌트 내에서 직접 함수를 정의하여 계산된 값을 반환하는 방식도 사용할 수 있습니다. 이 경우 함수는 매번 호출될 때 값을 다시 계산하지만, Vue의 반응성 시스템에 의해 값이 자동으로 업데이트됩니다.

(1) 기본 문법

```
function 함수이름() {
  // 계산 로직
  return 계산된 값;
}
```

(2) 예시 코드

```
01  <template>
02    <div>
03      <p>Original count: {{ count }}</p>
04      <p>Double count: {{ getDoubleCount() }}</p>
05    </div>
06  </template>
07  <script setup>
08  import { ref } from 'vue';
09  const count = ref(2);
10  const getDoubleCount = () => { return count.value * 2; };
11  </script>
```

getDoubleCount 함수는 count 값을 기반으로 매번 새로운 값을 계산하여 반환합니다. 이 방법은 간단한 계산이 필요할 때 유용하지만, computed처럼 자동으로 메모이제이션(캐싱)이 되지 않기 때문에 더 자주 재계산될 수 있습니다.

> **[메모이제이션(Memoization)이란]**
>
> 메모이제이션(Memoization)은 특정 계산의 결과를 캐싱하여 동일한 입력에 대해 다시 계산하지 않고 저장된 값을 재사용하는 최적화 기법입니다. Vue 3에서 computed 속성은 이 메모이제이션을 활용하여 불필요한 계산을 줄이고 성능을 최적화합니다. 메모이제이션이 사용되는 상황은 다음과 같습니다.
>
> (1) 연산 비용이 큰 계산이 자주 반복되는 경우
>
> (2) 입력값이 변하지 않으면 결과도 변하지 않는 순수 함수(pure function)의 결과를 캐싱할 때
>
> (3) 동일한 입력값으로 동일한 결과를 반복적으로 반환할 때 성능을 향상시키기 위해

7.4.2 computed

computed는 의존하는 데이터가 변경될 때만 다시 계산되는 계산된 속성을 정의합니다.

- computed는 캐싱을 제공하여 불필요한 계산을 방지합니다.
- computed는 기존 반응형 데이터를 기반으로 새로운 값을 계산하여 반환하는 속성을 정의할 때 사용합니다.
- computed( )로 생성한 계산 속성도 템플릿에서 접근할 때 .value를 붙여 사용합니다.

(1) 기본 문법

```
const 계산된변수 = computed(() => { // 반응형 데이터로부터 새로운 값 반환 });
```

(2) 기본 정의 예제

```
01  import { ref, computed } from 'vue';
02  const firstName = ref('John');
03  const lastName = ref('Doe');
04  const fullName = computed(() => `${firstName.value} ${lastName.value}`);
```

(3) 기본 사용 예시

```
01  <template>
02    <div>
03      <p>Full Name: {{ fullName }}</p>
04      <input v-model="firstName" placeholder="First Name" />
05      <input v-model="lastName" placeholder="Last Name" />
06    </div>
07  </template>
08  <script setup>
09  import { ref, computed } from 'vue';
10  const firstName = ref('기태');
11  const lastName = ref('김');
12  const fullName = computed(() => `${firstName.value} ${lastName.value}`);
13  </script>
```

template에서 firstName과 lastName을 입력받아 script의 comouted에 의해 fullName을 계산하여 다시 template인 fullName으로 전달하여 바운딩됩니다.

7.5 감시자(Watcher)

Vue 3의 Composition API에서 감시자는 반응형 데이터의 변화를 감지하고 그에 따라 특정 로직을 실행할 수 있는 기능입니다. 이러한 기능에는 watch와 watchEffect를 사용하는 두 가지 방법이 있습니다.

❶ template의 couter에 값을 입력하면 script로 전달됩니다.
❷ counter의 값이 변경되면 자동으로 감지되어 특정 값이 template 으로 전달됩니다.
❸ 모든 ref() 요소에 변경이 자동 감지되면 특정 값을 template에 전달합니다.

```
<template>
  <div>
    <input v-model="counter" type="number" placeholder="숫자 입력" />
    <p>Counter: {{ counter }}</p>
    <p>watch: {{ counterStatus }}</p>
    <p>watchEffect: {{ doubleCounter }}</p>
  </div>
</template>
<script setup>
import { ref, watch, watchEffect } from 'vue';
const counter = ref(0);
const doubleCounter = ref(0);
const counterStatus = ref('neutral');
watchEffect(() => {
  doubleCounter.value = counter.value * 2;
});
watch(counter, (newValue, oldValue) => {
  if (newValue > 0) {
    counterStatus.value = 'positive';
  } else if (newValue < 0) {
    counterStatus.value = 'negative';
  } else {
    counterStatus.value = 'neutral';
  }
});
</script>
```

[그림 7-5] 감시자의 흐름

7.5.1 watch(감시)

watch(감시)는 특정 반응형 데이터 또는 컴포넌트의 속성을 감시하고 그 데이터가 변화할 때마다 실행할 로직을 정의합니다. 이는 명시적으로 지정한 데이터를 감시하는 방식입니다.

(1) 기본 문법

```
watch(감시할 대상, (새로운 값, 이전 값) => {
  // 값이 변화했을 때 실행할 로직
}, 옵션);
```

(2) 주요 특징

- 특정 반응형 변수 또는 반응형 객체의 속성을 감시합니다.
- 감시 중인 데이터가 변경될 때마다 콜백 함수가 실행됩니다.
- 새로운 값과 이전 값을 모두 참조할 수 있습니다.
- 비동기 작업 또는 특정 조건이 있을 때 유용합니다.

(3) 기본 예시 코드

```
01  <template>
02    <div>
03      <p>Count: {{ count }}</p>
04      <button @click="count++">Increase Count</button>
05    </div>
06  </template>
07  <script setup>
08  import { ref, watch } from 'vue';
09  const count = ref(0);
10  // watch로 count의 변화를 감시
11  watch(count, (newValue, oldValue) => { console.log(`Count changed from ${oldValue} to ${newValue}`); });
12  </script>
```

위 예제에서 count는 감시 대상이며 count 값이 변경될 때마다 watch가 호출되고, 새로운 값과 이전 값이 콘솔에 출력됩니다.

(4) watch의 주요 옵션

immediate: 처음 감시할 때, 기존 데이터의 변화 없이도 콜백을 즉시 실행할지 여부를 설정합니다. 기본값은 false입니다.

```
watch(count, (newVal) => { ... }, { immediate: true });
```

deep: 객체나 배열 같은 복합 데이터 구조에서 깊은 변화를 감시할 때 사용됩니다. 기본적으로 watch는 얕은 변화를 감지합니다.

```
watch(reactiveObj, (newVal) => { ... }, { deep: true });
```

7.5.2 watchEffect(감시효과)

watchEffect(감시효과)는 자동으로 종속성을 추적하며 해당 종속성이 변경될 때마다 반응형 데이터와 상관없이 로직을 실행하는 방식입니다. watch와 달리 명시적으로 감시할 대상을 지정하지 않고 함수 내부에서 사용하는 모든 반응형 데이터에 대해 자동으로 감시합니다.

(1) 기본 문법

```
watchEffect(() => {
  // 내부에서 사용된 모든 반응형 데이터가 감시 대상이 됩니다.
});
```

(2) 주요 특징

- 내부에서 사용된 모든 반응형 상태를 자동으로 추적합니다.
- 명시적으로 감시할 대상을 지정하지 않으므로 더 간결한 코드를 작성할 수 있습니다.
- 종속성 변경 시마다 자동으로 실행되므로, 특히 간단한 반응형 로직 처리에 유용합니다.
- 이전 값은 제공되지 않습니다. 오직 새로운 값에 대한 로직만 실행됩니다.

(3) 기본 예시 코드

```
01  <template>
02    <div>
03      <p>Count: {{ count }}</p>
04      <button @click="count++">Increase Count</button>
05    </div>
06  </template>
07  <script setup>
08  import { ref, watchEffect } from 'vue';
09  const count = ref(0);
10  watchEffect(() => { console.log(`Count is now: ${count.value}`); });
11  </script>
```

watchEffect는 count를 명시적으로 지정하지 않지만, 내부에서 count.value를 사용했기 때문에 count가 감시됩니다. count 값이 변경될 때마다 자동으로 감지되어 로직이 실행됩니다.

7.5.3 watch와 watchEffect의 차이점

Vue 3에서는 watch와 watchEffect와 같이 두 가지 주요 감시 방법이 있습니다. 각각의 사용법과 용도가 다르며, 상황에 맞게 사용할 수 있습니다.

특징	watch	watchEffect
감시 대상	명시적으로 지정한 반응형 데이터만 감시	함수 내부에서 사용하는 모든 반응형 데이터가 자동으로 감시됨
사용 용도	특정 데이터의 변화를 감지하고 그에 따른 비동기 작업 처리에 적합	단순한 종속성 추적과 간단한 로직에 적합
콜백 매개변수	새로운 값과 이전 값 제공	이전 값 제공 X, 새로운 값만 기반으로 동작
복잡성	더 복잡한 로직 처리에 유용, 특히 깊은 데이터 감시에 적합	간결하고 직관적인 코드 작성에 유리
옵션	immediate, deep 등의 옵션 제공	옵션 제공 X, 자동 종속성 추적

watch는 주로 비동기 작업이나 이전 값과 비교를 해야 할 때 사용합니다. 예를 들어 데이터가 변경될 때 서버에 API 요청을 보내는 경우에 사용합니다.

watchEffect는 간단하게 자동 종속성 추적을 원할 때 사용합니다. 예를 들어 계산 속성 대체나 간단한 상태 변화 로직 처리에 적합합니다.

7.5.4 감시자 설정 해제

감시자는 필요하지 않을 때 해제할 수 있습니다. watch와 watchEffect는 모두 해제 함수를 반환합니다.

(1) 기본 문법

```
const 감시해제함수 = watch(...);
감시해제함수();   // 감시자 해제
```

(2) 기본 예제

```
01  import { ref, watch } from 'vue';
02  const count = ref(0);
03  const stopWatch = watch(count, (newVal) => { console.log(`Count changed to: ${newVal}`); });
04  stopWatch();   // 나중에 감시자 해제
```

stopWatch( )는 감시자를 해제하는 함수입니다.

7.6 생명주기 훅(Lifecycle Hook)

생명주기 훅(Lifecycle Hook)은 컴포넌트의 생명주기 단계에 따라 특정 로직을 실행할 수 있게 합니다. 생명주기 훅의 생명주기 단계는 생성 단계(Creation Phase), 업데이트 단계(Update Phase), 소멸 단계(Destruction Phase) 등으로 이루어집니다. 다음 [그림 7-6]과 같이 순서대로 생

명주기 마다 원하는 실행 내용을 기술할 수 있습니다.

❶ 생성(Mounted): 컴포넌트가 로딩되면 실행해야 할 내용을 기술하는 훅(Hook)
❷ 변경(Updated): 컴포넌트의 내용이 변경되면 실행해야 할 내용을 기술하는 훅(Hook)
❸ 소멸(Unmounted): 컴포넌트가 종료되면 실행해야 할 내용을 기술하는 훅(Hook)

```vue
<template>
  <div>
    <p>Current Message: {{ message }}</p>
    <button @click="updateMessage">Update Message</button>
  </div>
</template>
<script setup>
import { ref, onMounted, onUpdated, onUnmounted } from 'vue';
const message = ref('Hello, Vue 3!');
❶ onMounted(() => {
    message.value = 'Component Mounted!';           생성(Creation)
});
❷ onUpdated(() => {
    console.log('Component Updated!');              변경(Updated)
});
❸ onUnmounted(() => {
    console.log('Component Destroyed!');            소멸(Unmounted)
});
const updateMessage = () => {
    message.value = 'Message Updated!';
};
</script>
```

[그림 7-6] 생명주기 훅(Lifecycle Hook)의 단계

[생명주기(Lifecycle)란]

Vue 컴포넌트는 생명주기(LifeCycle)라는 개념을 가지고 있습니다. 생명주기란 컴포넌트가 생성되어서 화면에 렌더링이 되고, 업데이트가 되며, 마지막으로 소멸되기까지의 일련의 단계를 말합니다. 이 생명주기 동안 특정 시점마다 특정 작업을 할 수 있게 생명주기 훅(Lifecycle Hooks)을 제공합니다. 컴포넌트가 존재하는 동안 각 단계에서 실행되는 동작을 쉽게 제어할 수 있습니다.

각 컴포넌트는 여러 단계에서 중요한 상태 변화가 일어납니다. 이러한 상태 변화를 생명주기라고 하며, 각 단계에서 코드를 실행할 수 있는 지점이 바로 생명주기 훅(Lifecycle Hooks)입니다.

[왜 Lifecycle Hook이라고 하는가]

"Hook"이라는 용어는 특정 시점에 실행될 수 있는 "연결점"을 의미합니다. 생명주기의 특정 단계에 필요한 코드를 "훅"으로 연결하여 실행할 수 있는 메커니즘이기 때문에 Lifecycle Hook이라고 불립니다. 즉, 생명주기에서 컴포넌트가 특정 상태에 도달했을 때 해당 시점에 특정 작업을 실행할 수 있도록 미리 설정해둔 메서드를 "훅"이라고 부르는 것입니다.

7.6.1 생성 단계(Creation Phase)

생성 단계(Creation Phase)는 onBeforeMount와 onMounted 함수가 있습니다.

- onBeforeMount: 컴포넌트가 마운트되기 직전에 호출됩니다.
- onMounted: 컴포넌트가 마운트된 후에 호출됩니다.

(1) 기본 문법

```
onBeforeMount(() => {
    //컴포넌트가 마운트되기 직전의 실행할 내용 기술
});
onMounted(() => {
    //컴포넌트가 마운트된 후의 실행할 내용 기술
});
```

(2) 기본 예제

```
01  import { onBeforeMount, onMounted } from 'vue';
02  onBeforeMount(() => { console.log('컴포넌트가 마운트 되기 직전'); });
03  onMounted(() => { console.log('컴포넌트가 마운트된 후'); });
```

➡ onBeforeMount( ) 함수의 console.log( ) 문장은 컴포넌트가 마운트되기 직전에 실행됩니다.

➡ onMount( ) 함수의 console.log( ) 문장은 컴포넌트가 마운트되는 즉시 실행됩니다.

7.6.2 업데이트 단계(Update Phase)

- onBeforeUpdate: 컴포넌트가 업데이트되기 직전에 호출됩니다.
- onUpdated: 컴포넌트가 업데이트된 후에 호출됩니다.

(1) 기본 문법

```
onBeforeUpdate(() => {
  //컴포넌트가 업데이트되기 직전의 실행할 내용 기술
});
onUpdated(() => {
  //컴포넌트가 업데이트된 후의 실행할 내용 기술
});
```

(2) 기본 예제

```
01  import { onBeforeUpdate, onUpdated } from 'vue';
02  onBeforeUpdate(() => { console.log('컴포넌트가 업데이트 되기 직전'); });
03  onUpdated(() => { console.log('컴포넌트가 업데이트된 후'); });
```

➡ onBeforeUpdate( ) 함수의 console.log( ) 문장은 컴포넌트가 업데이트되기 직전에 실행됩니다.

➡ onUpdate( ) 함수의 console.log( ) 문장은 컴포넌트가 업데이트되는 즉시 실행됩니다.

7.6.3 소멸 단계(Destruction Phase)

소멸 단계(Destruction Phase)에는 onBeforeUnmount와 onUnmounted 함수가 있습니다.

- onBeforeUnmount: 컴포넌트가 언마운트되기 직전에 호출됩니다.
- onUnmounted: 컴포넌트가 언마운트된 후에 호출됩니다.

(1) 기본 문법

```
onBeforeUnmount(() => {
  //컴포넌트가 언마운트되기 직전의 실행할 내용 기술
});
onUnmounted(() => {
  //컴포넌트가 언마운트된 후의 실행할 내용 기술
});
```

(2) 기본 예제

```
01  import { onBeforeUnmount, onUnmounted } from 'vue';
02  onBeforeUnmount(() => { console.log('컴포넌트가 언마운트되기 직전'); });
03  onUnmounted(() => { console.log('컴포넌트가 언마운트된 후'); });
```

➡ onBeforeUnmount() 함수의 console.log() 문장은 컴포넌트가 언마운트되기 직전에 실행됩니다.

➡ onUnmount() 함수의 console.log() 문장은 컴포넌트가 언마운트되는 즉시 실행됩니다.

7.6.4 비동기 컴포넌트 생명주기 훅(Suspense 관련)

Suspense 관련 생명주기 훅은 일반적으로 비동기 컴포넌트의 로딩 상태, 성공적으로 로드되었는지 등을 관리할 때 유용합니다. 이 훅은 비동기 작업 완료 전에 fallback을 보여주고, 완료되면 메인 컴포넌트를 렌더링합니다.

(1) 기본 예제

```
01  <template>
02    <Suspense>
03      <template #default>
04        <AsyncComponent />
05      </template>
06      <template #fallback>
07        <div>Loading...</div>
08      </template>
09    </Suspense>
10  </template>
11  <script setup>
```

```
12  import { defineAsyncComponent } from 'vue';
13  const AsyncComponent = defineAsyncComponent(() => import('./
AsyncComponent.vue') );
14  </script>
```

- <Suspense>: 비동기 컴포넌트를 렌더링할 때 사용하며, 비동기 작업이 완료되기 전까지 로딩 상태(fallback)를 표시할 수 있습니다.

- defineAsyncComponent: 비동기 컴포넌트를 정의하는 함수로, 동적으로 컴포넌트를 로드할 수 있습니다.

7.6.5 에러 처리(Error Handling)

Vue 3에서 에러 처리(Error Handling)는 주로 setup 내부에서 비동기 작업 중 발생할 수 있는 에러를 잡아내는 것과, 컴포넌트 렌더링 중 발생하는 에러를 전역 에러 처리기 또는 컴포넌트 내의 에러 처리로 처리하는 두 가지 방식으로 나뉩니다.

(1) setup 내부에서의 에러 처리

setup 메서드 안에서 비동기 작업을 처리할 때 발생하는 에러는 try-catch를 사용하여 처리할 수 있습니다.

```
01  <script setup>
02  import { ref } from 'vue';
03  const data = ref(null);
04  const error = ref(null);
05  const fetchData = async () => {
06    try {
07      const response = await fetch('https://api.example.com/data');
08      data.value = await response.json();
09    } catch (err) {
10      error.value = 'Error occurred while fetching data';
11      console.error(err);
12    }
13  };
14  fetchData();
15  </script>
16  <template>
```

```
17    <div v-if="error">{{ error }}</div>
18    <div v-else>{{ data }}</div>
19  </template>
```

→ try-catch를 사용하여 비동기 요청 중 발생하는 에러를 처리할 수 있습니다. 이 방식은 컴포넌트 내부에서 에러를 처리하는 일반적인 방법입니다.

→ 에러가 발생하면 error.value에 에러 메시지를 저장하고, 해당 메시지를 템플릿에서 렌더링할 수 있습니다.

(2) 컴포넌트의 에러 경계(Error Boundary)

Vue 3에서는 전역 또는 특정 컴포넌트에서 에러를 처리하는 에러 경계(Error Boundary)를 만들 수 있습니다. Vue 3의 onErrorCaptured 생명주기 훅을 사용하여 에러를 잡아내거나, 전역에서 처리할 수 있습니다.

```
01  <script setup>
02  import { ref, onErrorCaptured } from 'vue';
03  const data = ref(null);
04  onErrorCaptured((err, instance, info) => {
05    console.error('Error captured:', err);
06    return false; // false를 반환하면 더 이상 전파되지 않음
07  });
08  </script>
09  <template>
10    <div>{{ data }}</div>
11  </template>
```

→ onErrorCaptured 훅은 하위 컴포넌트에서 발생한 에러를 잡아내어 처리할 수 있습니다.

→ 에러가 발생했을 때 추가적인 에러 로깅이나 대체 동작을 수행할 수 있습니다.

7.6.6 setup 내부에서의 생명주기 훅 사용

Vue 3의 Composition API에서는 기존의 Options API 방식의 생명주기 훅(created, mounted, updated, destroyed)을 대신해 Composition API에 맞는 생명주기 훅을 제공합니다.

모든 생명주기 훅은 setup 함수 내부에서 더 선언적으로 사용할 수 있습니다. ⟨script setup⟩ 에서는 직접 호출하면 됩니다.

(1) 기본 사용법

```
01  <template>
02    <div>
03      <p>{{ message }}</p>
04    </div>
05  </template>
06  <script setup>
07  import { ref, onMounted } from 'vue';
08  const message = ref('Hello, Lifecycle Hooks!');
09  onMounted(() => { console.log('컴포넌트가 마운트되었습니다.'); });
10  </script>
```

onMounted는 컴포넌트가 로딩되면 해당 내용이 실행되는 생명주기 훅입니다.

(2) 기본 예제

```
01  <script setup>
02  import { onMounted, onUnmounted } from 'vue';
03  onMounted(() => { console.log('컴포넌트의 마운트'); });
04  onUnmounted(() => { console.log('컴포넌트의 언마운트'); });
05  </script>
06  <template>
07    <div>라이프사이클 훅 시연 콘솔 출력</div>
08  </template>
```

➡ onMounted: 컴포넌트가 로딩되면 자동으로 실행되는 훅(Hook)입니다.

➡ onUnmouted: 컴포넌트가 종료되면 자동으로 실행되는 훅(Hook)입니다.

7.7 Vue Composition API를 적용한 프로젝트 실습

이번 절에서는 Composition API와 〈script setup〉, Tailwind CSS를 활용하여 ch07_myapp이라는 목록과 값을 동시에 출력하여 하나의 화면에서 데이터 작업이 가능한 TodoList 애플리케이션을 생성하고 설정하는 과정을 살펴봅니다.

7.7.1 TodoList 애플리케이션 프로젝트 생성

TodoList 애플리케이션인 ch07_myapp을 생성하고 프로젝트 디렉터리로 이동합니다.

(1) 새로운 Vue 3 프로젝트 생성

ch07_myapp 프로젝트 애플리케이션을 생성합니다.

```
vue create ch07_myapp
```

vue create 명령은 Vue CLI 명령으로 프로젝트 애플리케이션을 생성하는 명령입니다.

(2) 프로젝트 디렉터리로 이동

추가 작업을 위해 프로젝트 디렉터리로 이동하고 Visual Studio Code의 터미널에서 "code ." 명령으로 프로젝트를 엽니다.

```
cd ch07_myapp
code .
```

cd 명령은 지정한 디렉터리로 이동하는 명령이며, "code ." 명령은 Visual Studio Code에서 현재 디렉터리를 열기하는 명령입니다.

7.7.2 프로젝트 구조와 라이브러리 설치

(1) Tailwind CSS 설치

Tailwind CSS를 Vue 프로젝트에 통합하기 위해 필요한 패키지를 설치합니다.

```
npm install -D tailwindcss postcss autoprefixer
npx tailwindcss init -p
```

- npm install -D tailwindcss postcss autoprefixcer 명령은 tailwind와 css 전처리를 지원하는 postcss와 autoprefixer를 지원하는 명령입니다.
- npx tailwindcss init -p는 css 전처리 설정 파일을 생성하는 명령입니다.

(2) tailwind.config.js 설정

tailwind를 적용하기 위한 설정 파일로 npx 명령으로 tailwindcss를 초기화하면 자동으로 생성됩니다.

```
tailwind.config.js
01  module.exports = {
02    content: [
03      "./index.html",
04      "./src/**/*.{vue,js,ts,jsx,tsx}",
05    ],
06    theme: {
07      extend: {},
08    },
09    plugins: [],
10  }
```

content 항목은 tailwind에서 vue, js, ts, jsx, tsx 파일을 인식할 수 있게 합니다.

(3) Tailwind CSS를 글로벌 스타일에 추가

src/assets/tailwind.css 파일을 생성하고 다음 내용과 같이 base, components, utilities 구성요소를 추가합니다.

```
src/assets/tailwind.css
01  @tailwind base;
02  @tailwind components;
03  @tailwind utilities;
```

base, components, utilities 등의 tailwind 구성요소를 포함시켜 main.js에서 로딩될 수 있게 합니다.

(4) main.js 또는 main.ts에 Tailwind CSS 임포트

애플리케이션 생성 시에 JavaScript를 선택하면 main.js로 TypeScript를 선택하면 main.ts로 설정 사항을 등록합니다.

```
src/main.js
01  import { createApp } from 'vue';
02  import App from './App.vue';
03  import './assets/tailwind.css';
04  createApp(App).mount('#app');
```

➡ import문은 tailwind.css를 가져옵니다.

➡ createApp( ) 함수는 애플리케이션을 생성하여 마운트시킵니다.

7.7.3 프로젝트 설정

애플리케이션에서 컴포넌트 간 이동 경로와 이동할 수 있게 하는 기능을 가진 라우터를 추가합니다.

(1) Vue Router 추가

TodoList 애플리케이션을 간단하게 작성할 것이므로 라우터가 필요 없지만, 여러 페이지가 필요한 경우 설정할 수 있습니다. 여기에서는 라우터를 별도로 설치할 필요는 없습니다.

```
vue add router
```

vue add router 명령은 Vue CLI 명령으로 router 디렉터리와 그 안에 index.js 파일을 자동으로 생성합니다.

(2) 프로젝트 구조 및 애플리케이션 결과 화면

왼쪽 [그림 7-7]은 ch07_myapp 애플리케이션의 프로젝트 구조이며 오른쪽 [그림 7-8]은 완성된 애플리케이션의 실행 화면입니다.

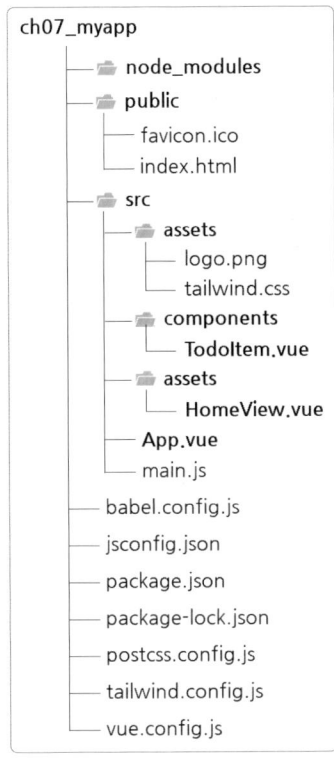

HomeView.vue: TodoList를 위한 메인 뷰입니다.
TodoItem.vue: TodoList에 각 항목이 출력되는 컴포넌트입니다.
main.js: 애플리케이션의 진입 파일입니다.
babel.config.js: 여러 버전의 Javascript을 통일화하기 위한 Babel 설정 파일입니다.
postcss.config.js: scss나 less와 같은 전처리기 여부를 설정합니다.
tailwind.config.js: Tailwind 설정 파일입니다.

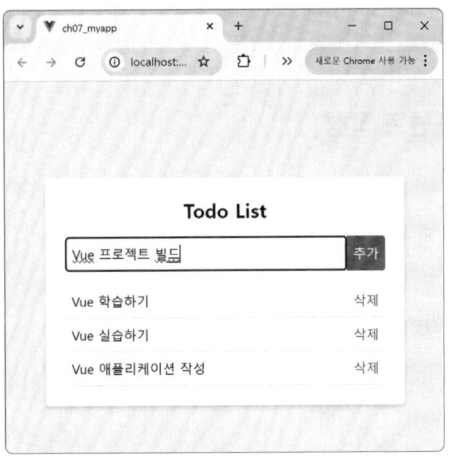

[그림 7-7] ch07_myapp 프로젝트 구조   [그림 7-8] ch07_myapp 실행 화면

7.7.4 애플리케이션 설정

(1) App.vue 설정

App.vue는 애플리케이션의 루트 컴포넌트입니다. 기본적인 레이아웃을 설정합니다.

```vue
src/App.vue
01  <template>
02    <div class="min-h-screen bg-gray-100 flex items-center justify-center">
03      <div class="bg-white p-6 rounded shadow-md w-full max-w-md">
04        <h1 class="text-2xl font-bold mb-4 text-center">Todo List</h1>
05        <Home />
06      </div>
07    </div>
```

```
08      </template>
09      <script setup>
10      import Home from './views/HomeView.vue';
11      </script>
```

➡ 이 컴포넌트는 전체 화면 중앙에 Todo 리스트 애플리케이션을 배치합니다.

➡ 깔끔한 UI를 위해 Tailwind CSS를 사용하여 레이아웃과 스타일을 설정합니다.

➡ Home 컴포넌트를 불러와, Todo 리스트의 메인 기능을 표시합니다.

7.7.5 컴포넌트 작성

이번 절에서는 추가적인 컴포넌트를 작성하고 재사용 가능한 로직을 Composition API로 구현하는 방법을 다룹니다.

(1) HomeView.vue 생성

HomeView.vue는 TodoList의 메인 뷰로서 여러 자식 컴포넌트를 포함할 수 있습니다.

```
src/components/HomeView.vue
01  <template>
02    <div>
03      <div class="flex mb-4">
04        <input v-model="newTodo" @keyup.enter="addTodo" type="text"
05          placeholder="새로운 Todo를 입력하세요" class="flex-grow p-2 border rounded-l" />
06        <button @click="addTodo" class="bg-blue-500 text-white p-2 rounded-r">
07          추가
08        </button>
09      </div>
10      <ul>
11        <TodoItem v-for="todo in todos" :key="todo.id" :todo="todo" @remove="removeTodo" />
12      </ul>
13    </div>
14  </template>
15  <script setup>
```

```
16  import { ref } from 'vue';
17  import TodoItem from '../components/TodoItem.vue';
18  const newTodo = ref('');
19  const todos = ref([]);
20  const addTodo = () => {
21    if (newTodo.value.trim() === '') return;
22    todos.value.push({ id: Date.now(), text: newTodo.value.trim(), });
23    newTodo.value = '';
24  };
25  const removeTodo = (id) => { todos.value = todos.value.filter((todo) => todo.id !== id); };
26  </script>
```

- v-model="newTodo": 입력된 값을 newTodo라는 반응형 상태 변수에 바인딩합니다.

- @keyup.enter="addTodo": 엔터 키를 누르면 addTodo 함수가 실행되어 새로운 할 일을 추가합니다.

- @click="addTodo": 버튼을 클릭해도 같은 함수가 실행됩니다.

- v-for: todos 배열에 있는 각 할 일을 반복 렌더링합니다.

- \<TodoItem\>: 각각 할 일 항목을 TodoItem 컴포넌트로 표시하고, todo 객체를 전달합니다.

- @remove="removeTodo": TodoItem에서 제거 이벤트가 발생하면 removeTodo 함수를 호출합니다.

- ref: Vue의 Composition API로 반응형 상태를 만들 때 사용합니다. 여기서는 newTodo와 todos라는 상태 변수를 정의합니다.

- TodoItem: 다른 컴포넌트(TodoItem.vue)를 가져와서 사용합니다.

(2) TodoItem.vue

TodoItem.vue는 개별 Todo 항목을 표시하고 삭제 기능을 제공합니다. defineProps와 defineEmits를 사용하여 부모로부터 데이터를 받고, 부모에게 이벤트를 전달합니다.

```
src/components/TodoItem.vue
01  <template>
02    <li class="flex justify-between items-center p-2 border-b">
03      <span>{{ todo.text }}</span>
```

```
04      <button @click="remove" class="text-red-500">삭제</button>
05    </li>
06  </template>
07  <script setup>
08  import { defineProps, defineEmits } from 'vue';
09  const props = defineProps({ todo: { type: Object, required: true, }, });
10  const emit = defineEmits(['remove']);
11  const remove = () => { emit('remove', props.todo.id); };
12  </script>
```

- \<li\> 태그: 할 일 항목을 리스트 아이템으로 표시합니다.
- {{ todo.text }}: 부모 컴포넌트에서 전달된 todo 객체의 text 값을 표시합니다.
- \<button @click="remove"\>삭제\</button\>: "삭제" 버튼을 클릭하면 remove 함수가 실행되어 해당 할 일이 삭제됩니다.
- defineProps: 부모 컴포넌트로부터 전달되는 props를 정의하는 함수입니다.
- defineEmits: 부모 컴포넌트로 이벤트를 전달하기 위한 함수입니다.
- props 객체: 부모 컴포넌트로부터 todo 객체를 전달받습니다.
- emit 객체: 부모에게 remove라는 이벤트를 전달할 수 있는 함수를 정의합니다.
- remove 함수: remove 이벤트를 발생시켜 부모 컴포넌트로 todo.id를 전달합니다. 이 이벤트는 부모 컴포넌트에서 받아 처리되어 해당 할 일을 삭제하게 됩니다.

(3) 스타일링

Tailwind CSS 클래스를 활용하여 간결하고 일관된 스타일을 적용합니다. 기본 스타일 외에 추가적인 스타일 지정이 필요한 경우에 색상과 패딩을 추가하여 사용자 인터페이스를 개선합니다.

7.7.6 애플리케이션 빌드 및 실행

이번 절에서는 애플리케이션이 제대로 실행되는지 개발자 모드로 실행해 보고 완성된 애플리케이션을 빌드하여 결과물을 배포합니다.

(1) 개발 서버 실행

터미널을 실행하고 주어진 명령으로 개발 서버를 실행하면 현재 진행 중인 프로젝트의 애플리케이션을 브라우저에서 실행할 수 있습니다.

```
npm run serve
```

npm run serve 명령으로 애플리케이션을 실행하고 브라우저에서 "http://localhost:8080"을 입력하거나 명령 다음에 나오는 실행 주소에서 Ctrl키를 누른 채로 클릭합니다.

(2) 빌드

프로덕션 빌드를 생성합니다. 빌드를 진행하면 정해진 디렉터리에 Webpack과 Babel을 이용하여 html 문서로 변환하여 웹 브라우저나 서버에서 실행할 수 있는 형태로 만듭니다.

```
npm run build
```

npm run build 명령은 완성된 애플리케이션을 번역 및 번들링하여 dist 폴더에 실행이 가능한 형태로 결과물을 만듭니다.

(3) 배포

빌드된 파일을 서버에 배포합니다. 예를 들어 Netlify, Vercel, GitHub Pages 등에 배포할 수 있습니다. 배포하는 방법은 배포 시스템을 충분히 이해해야 하는 내용으로 13장에서 설명합니다.

[Vue 3 Composition API 핵심 정리]

(1) setup( ) 메서드: 컴포넌트의 초기 데이터를 설정하고, Vue의 핵심 기능을 호출할 수 있는 Composition API의 진입점

(2) ref( ): 단일 값에 대해 반응성을 관리. 값을 감싸는 객체로, .value를 사용하여 접근 및 수정

(3) reactive( ): 객체나 배열 같은 복합 데이터 구조에 반응성을 부여

(4) computed( ): 기존 데이터에 기반하여 계산된 값을 반응형으로 제공

(5) watch( ): 특정 데이터가 변경될 때 실행될 로직을 등록

(6) watchEffect( ): 반응형 상태를 자동으로 추적하여, 상태가 변경될 때마다 실행

(7) 비동기 컴포넌트와 Suspense: Vue 3에서 지원하는 비동기 컴포넌트 로딩 기능과 Suspense 컴포넌트를 사용해, 로딩 중 상태를 표시하거나 컴포넌트 로드 시기를 제어할 수 있음

(8) 에러 처리: setup( ) 안에서 오류를 처리하기 위해 onErrorCaptured 훅을 사용할 수 있음

(9) 생명주기 훅(Lifecycle Hooks)

- onMounted: 컴포넌트가 마운트된 후 실행

- onUpdated: 컴포넌트가 업데이트된 후 실행

- onUnmounted: 컴포넌트가 파괴되기 전에 실행

이번 7장에서는 Vue 3 Composition API의 속성인 props, emit, slot, attrs, computed, watch, watchEffect, ref, reactive에 관한 내용을 살펴보았습니다. Composition API는 컴포넌트의 로직(Logic)을 명확하고 재사용 가능하게 작성할 수 있도록 해 주며, 〈script setup〉을 통해 코드의 간결성을 더욱 향상시킬 수 있습니다. 이번 프로젝트 실습에서는 tailwind를 적용하여 빠르고 효율적인 스타일링으로 개발 속도를 줄일 수 있게 개선하였습니다.

다음 8장에서는 이번 장에서 배운 Composition API를 적용한 컴포넌트를 여러 개 만들어 다양한 기능을 적용하는 애플리케이션을 만들어 보겠습니다. 여기에서 여러 컴포넌트 간에 이동이 가능하게 하려면 라우터(Router)가 필요하기 때문에 라우터를 추가하고 컴포넌트 간 이동 방법을 학습하여 우리가 알고 있는 웹사이트와 같은 구조를 갖는 웹 애플리케이션을 작성합니다.

Chapter 08

Vue Router

이번 8장에서는 Vue Router의 기본 개념, 사용법, router 객체, 여러 Router와 뷰, 흐름 제어, 라우팅과 인증 처리 등 살펴볼 것이 많습니다. Vue Router를 통해 애플리케이션 내에서 페이지 간의 이동을 매끄럽게 처리할 수 있으며, URL을 기반으로 컴포넌트를 동적으로 렌더링하는 방법도 이해하게 될 것입니다. 이러한 기능은 SPA(싱글 페이지 애플리케이션: Single Page Application)의 핵심적인 부분이므로 잘 이해하고 활용할 수 있어야 합니다.

만약 제공하는 소스코드를 다운로드 받아 실습한다면, 해당 프로젝트 디렉터리에서 반드시 npm install 명령을 실행하여 관련 라이브러리를 모두 설치해야 합니다.

"Vue Router란 하나의 페이지에서 여러 컴포넌트를 교대로 표시하게 하는 것"

8.1 Vue Router란

Vue Router는 Vue.js 애플리케이션을 위한 공식 라우팅 라이브러리로 페이지 간의 전환을 관리하고 사용자가 클릭하는 링크나 버튼을 기반으로 URL에 따라 동적으로 컴포넌트를 렌더링할 수 있게 도와줍니다. 페이지 이동 시 전체 페이지가 새로고침 되는 것이 아니라 필요한 부분만 업데이트하는 방식을 사용할 수 있습니다.

8.1.1 Vue Router 살펴보기

Vue Router를 사용하면 싱글 페이지 애플리케이션에서 사용자가 클릭하는 링크나 버튼에 따라 다른 페이지를 보여줄 수 있습니다.

(1) Vue Router 용어 정리

- 라우트(Route): 라우트는 특정 URL에 매핑되는 컴포넌트입니다. 예를 들어, /home 경로에 Home. vue 컴포넌트를 연결할 수 있습니다.

- 라우터 객체: 라우터 객체는 라우트 배열을 관리하고 라우팅을 처리하는 핵심 요소입니다. 라우터를 설정하고 사용하기 위해 createRouter 함수를 통해 생성합니다.

- 내비게이션(Navigation): Vue Router는 내비게이션 링크를 통해 사용자가 페이지 간에 이동할 수 있게 합니다. <router-link> 컴포넌트를 사용하여 링크를 생성할 수 있습니다.

- 중첩 라우트(Nested Routes): 중첩 라우트는 하나의 라우트 내에 다른 라우트를 포함할 수 있는 기능으로, 복잡한 UI 구조를 쉽게 구현할 수 있습니다.

- 동적 라우트(Dynamic Routes): 동적 라우트는 URL 경로의 일부를 변수로 받아 동적으로 렌더링할 수 있는 라우트를 의미합니다. 예를 들어, /user/:id와 같이 설정하면 각 사용자 ID에 따라 다른 내용을 표시할 수 있습니다.

- 내비게이션 가드(Navigation Guards): 내비게이션 가드는 특정 라우트에 접근하기 전에 조건을 검사할 수 있는 방법으로 예를 들면, 인증이 필요한 페이지에 접근하기 전에 로그인 상태를 확인합니다.

- 히스토리 모드(History Mode): Vue Router는 HTML5 History API를 활용하여 URL을 관리할 수 있는 히스토리 모드를 지원합니다. 이를 통해 SPA의 URL이 더 깔끔하게 보이도록 만들 수 있습니다.

(2) Vue Router 장점

- SPA 지원: 사용자 경험을 향상시키기 위해 페이지 전환 시 전체 페이지를 새로고침 하지 않고 필요한 컴포넌트만 업데이트합니다.

- URL 관리: 각 페이지의 URL을 명확하게 설정하고 사용자가 브라우저의 뒤로/앞으로 버튼을 사용하게 해야 합니다.

- 다양한 기능: 동적 라우트, 중첩 라우트, 내비게이션 가드 등 복잡한 애플리케이션을 구축하는 데 필요한 다양한 기능을 제공합니다.

아래 [그림 8-1]과 같은 Router는 〈router-link〉 요소와 미리 설정된 routes의 path값이나 name값에 의해 해당되는 component로 연결합니다.

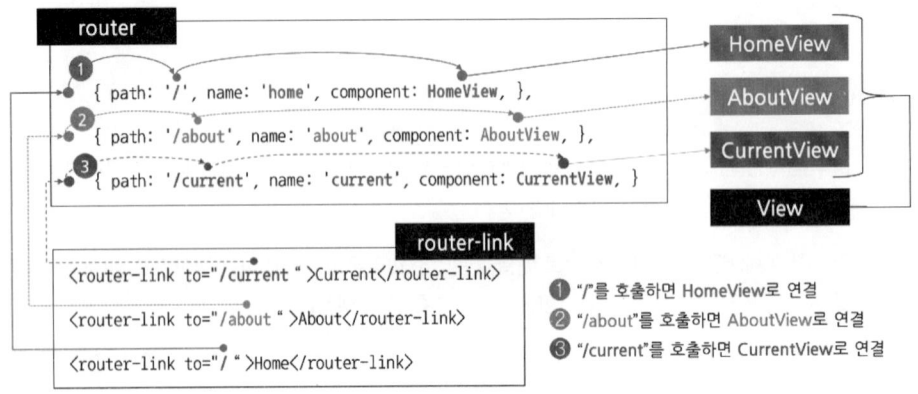

[그림 8-1] Vue Router의 개념

8.1.2 Vue Router 기본적 사용

Vue Router를 사용하기 위해서는 먼저 설치를 해야 합니다. Vue CLI를 사용하여 프로젝트를 생성한 후 라우터(Router)를 추가합니다. 아래 명령어를 통해 프로젝트를 생성하고 Vue Router를 추가할 수 있습니다.

(1) Vue 프로젝트 생성 및 라우터(Router) 추가

터미널창에서 "vue create" 명령으로 애플리케이션을 Vue 3 버전으로 생성하고 해당 디렉터리로 이동하여 router를 추가합니다. 옵션 중에 router를 선택하여 추가할 필요가 없는 경우도 있으나 여기에서는 "vue add" 명령으로 별도의 명령을 추가하겠습니다.

```
vue create ch08_ex1
cd ch08_ex1
vue add router
```

이 명령어를 실행하면 Vue Router가 프로젝트에 설치되고 기본적인 라우터 설정이 자동으로 생성됩니다.

(2) 애플리케이션 설정

main.js에서 메인 뷰(App.vue)와 라우터 기능을 가져오고 필요한 기능을 마운트(mount)하여 활성화합니다. 이밖에 진입점 파일로서 필요한 기능을 더 추가할 수 있습니다.

```
src/main.js
01    import { createApp } from 'vue';
02    import App from './App.vue';
03    import router from './router';
04    const app = createApp(App);
05    app.use(router);
06    app.mount('#app');
```

import문으로 라우트(Route) 경로 설정 내용이 기록되어 있는 router 디렉터리 안의 index.js 파일을 가져옵니다.

(3) router 객체를 활용한 라우팅(Route) 설정

router 객체는 애플리케이션의 라우팅을 관리합니다. 기본적인 라우터 설정은 다음과 같습니다. 여기에서 router 디렉터리 안에 index.js 파일의 자바스크립트 문법으로 기술합니다.

```
src/router/index.js
01    import { createRouter, createWebHistory } from 'vue-router';
02    import HomeView from '../views/HomeView.vue';
03    import AboutView from '../views/AboutView.vue';
04    import CurrentView from '../views/CurrentView.vue';
05    const routes = [    // 라우트 정의
06      { path: '/', name: 'home', component: HomeView, },
07      { path: '/about', name: 'about', component: AboutView, },
08      { path: '/current', name: 'current', component: CurrentView, },
09    ];
10    const router = createRouter({    // 라우터 객체 생성
11      history: createWebHistory(process.env.BASE_URL), routes,
12    });
13    export default router;
```

위 코드에서 createRouter 함수를 통해 라우터를 생성하고, createWebHistory를 사용하여 HTML5 History API를 기반으로 라우팅을 설정합니다. routes 배열에는 각각의 경로와 관련된 컴포넌트를 정의합니다.

(4) 홈 컴포넌트(HomeView.vue) 작성

홈 컴포넌트(HomeView.vue)는 메인 뷰(App.vue)에서 가장 처음 렌더링되는 컴포넌트로 다른 페이지로 이동하기 위한 포털 컴포넌트입니다.

```
src/views/HomeView.vue
01  <template>
02    <div class="container">
03      <h1>저희 홈페이지에 오신 것을 환영합니다.</h1>
04      <p>여기는 애플리케이션 메인 페이지입니다.</p>
05      <router-link to="/about" class="btn">어바웃페이지로</router-link>
06      <router-link to="/current" class="btn">currentRoute 객체</router-link>
07    </div>
08  </template>
09  <script setup>
10  </script>
11  <style scoped>
12  </style>
```

▶ Home 페이지: 이 페이지는 HomeView.vue에 정의된 기본 경로 /에서 렌더링됩니다.

▶ 라우터 링크: <router-link>를 사용하여 "About" 페이지(/about) 및 "Current" 페이지(/current)로 이동할 수 있는 버튼을 제공합니다.

(5) 어바웃 컴포넌트(AboutView.vue)

어바웃 컴포넌트(AboutView.vue)는 홈 컴포넌트(HomeView.vue)에서 이동되는 서브 페이지의 역할을 하는 서브 컴포넌트로 다시 홈 컴포넌트로 이동하거나 currentRoute 객체의 내용을 표시하는 CurrentView.vue로 이동할 수 있는 링크가 표시됩니다.

```
src/views/AboutView.vue
01  <template>
02    <div class="container">
03      <h1>About Us</h1>
04      <p>우리의 사명과 가치를 설명하는 About 페이지입니다.</p>
05      <router-link to="/" class="btn">홈으로</router-link>
06      <router-link to="/current" class="btn">currentRoute 객체</router-link>
07    </div>
08  </template>
09  <script setup>
10  </script>
11  <style scoped>
12  </style>
```

→ About 페이지: AboutView.vue는 /about 경로에서 렌더링되며, 이 페이지는 애플리케이션의 목적과 정보를 제공합니다.

→ 라우터 링크: "Home" 페이지로 돌아갈 수 있는 링크와 "Current" 페이지로의 이동 링크를 제공합니다.

(6) currentRoute 객체

currentRoute 객체는 현재 활성화된 라우트의 정보를 제공합니다. Vue Router의 useRoute 훅을 사용하여 현재 라우트 정보를 쉽게 가져올 수 있습니다.

```
src/views/CurrentView.vue
01  <template>
02    <div>
03      <nav>
04        <router-link to="/about" class="btn">어바웃페이지로</router-link>
05        <router-link to="/current" class="btn">currentRoute 객체</router-link>
06      </nav>
07      <h1>Current Route</h1>
08      <p>Route Name: {{ route.name }}</p>
09      <p>Route Path: {{ route.path }}</p>
10    </div>
11  </template>
12  <script setup>
13  import { useRoute } from 'vue-router';
```

```
14      const route = useRoute();  // 현재 라우트 정보 가져오기
15    </script>
```

위의 코드에서는 useRoute 훅을 통해 현재 라우트의 이름과 경로를 가져와 템플릿에서 표시합니다. 이 방법으로 사용자는 현재 어떤 페이지에 있는지를 쉽게 확인할 수 있습니다.

(7) 애플리케이션 실행

터미널창을 열고 "npm run serve" 명령을 실행하면 현재 작성된 ch08_ex1 애플리케이션을 실행하게 됩니다. 실행된 결과는 브라우저를 통해 확인할 수 있습니다.

```
npm run serve
```

위 명령어를 실행하면 개발 서버가 시작되고 브라우저에서 http://localhost:8080에 접속하여 애플리케이션을 확인할 수 있습니다.

※ 라우터의 기본 개념에 관한 전체 코드는 깃허브(github) 자료실의 "ch08/ch08_ex1"에 있습니다.

8.2 여러 라우트와 뷰

여러 라우트와 뷰의 사용 방법을 자세히 살펴보겠습니다. 이번 절에서는 동적 라우트, 중첩 라우트, 명명된 라우트 및 명명된 뷰, 라우터 객체의 메서드, 내비게이션 가드 등에 관해 다룰 것입니다.

8.2.1 동적 라우트(Dynamic Route)

동적 라우트(Dynamic Route)는 URL의 일부를 변수로 사용하여 라우트를 정의하는 방법입니다. 예를 들어 사용자의 ID에 따라 다른 정보를 보여주는 페이지를 만들 수 있습니다. [그림 8-2]와 같이 라우터 링크의 to 속성 안에 "kkt"나 "kdc"와 같이 요청 URL 경로상에 전달하는 값이 존재하여 그 값에 따라 동적으로 컴포넌트에 표시되는 값이 달라집니다.

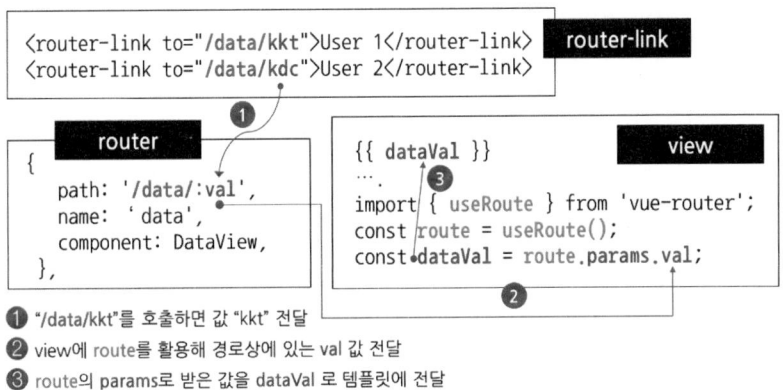

[그림 8-2] 동적 라우트

(1) 동적 라우트 설정

index.js에 URL의 요청 파라미터의 값에 따라 컴포넌트 렌더링 결과를 동적으로 조율하는 동적 라우트 설정을 합니다. 여기에서는 요청 주소 안에 사용자 아이디(id)가 요청되도록 설정합니다.

```
src/router/index.js
01  import { createRouter, createWebHistory } from 'vue-router';
02  import UserView from '../views/UserView.vue';
03  const routes = [
04    { path: '/user/:id', name: 'user', component: UserView, }, // :id는 동적 세그먼트
05  ];
06  const router = createRouter({
07    history: createWebHistory(process.env.BASE_URL), routes,
08  });
09  export default router;
```

→ 사용자 컴포넌트인 UserView.vue를 임포트합니다.

→ 사용자의 요청 주소가 "/user/:id"로 들어올 경우 UserView.vue로 이동될 수 있게 path, name, component 속성으로 지정합니다.

→ createRouter( ) 함수는 router를 생성합니다.

(2) 사용자(UserView.vue) 컴포넌트 작성

사용자(UserView.vue)는 사용자의 아이디를 출력하는 컴포넌트로서 요청 주소로 "http://localhost:8080/user/id"를 입력하면 입력된 id의 값이 컴포넌트에 출력됩니다.

src/views/UserView.vue

```
01  <template>
02    <div>
03      <h1>User ID: {{ userId }}</h1>
04    </div>
05  </template>
06  <script setup>
07  import { ref, watch } from 'vue';
08  import { useRoute } from 'vue-router';
09  const route = useRoute(); // 현재 라우트 정보 가져오기
10  const userId = ref(route.params.id); // 반응형 변수로 초기화
11  // 라우트 파라미터가 변경될 때마다 userId 업데이트
12  watch(
13    () => route.params.id,
14    (newId) => { userId.value = newId; }
15  );
16  </script>
```

위의 코드에서는 /user/:id 경로로 접근하면 해당 ID를 가진 사용자의 정보를 표시합니다.

(3) 메인 뷰(App.vue) 작성

App.vue는 라우터에 의해 페이지 간 탐색이 이루어지며 〈router-view〉를 통해 라우트에 맞는 컴포넌트를 렌더링하는 역할을 합니다.

src/App.vue

```
01  <template>
02    <div id="app">
03      <nav>
04        <router-link to="/user/kkt" class="nav-link">User 1</router-link>
05        <router-link to="/user/kdc" class="nav-link">User 2</router-link>
06      </nav>
07      <main>
```

```
08            <router-view /> <!-- 라우트에 맞는 컴포넌트를 렌더링 -->
09         </main>
10      </div>
11    </template>
12    <script setup>
13    </script>
14    <style scoped>
15    </style>
```

➜ 라우터 링크: <router-link>를 사용하여 User 1과 User 2로 이동할 수 있는 내비게이션 링크를 제공하고 있습니다. 각각 /user/kkt, /user/kdc 경로로 이동됩니다.

➜ <router-view />: 현재 활성화된 라우트의 컴포넌트를 렌더링합니다. 여기에서는 UserView.vue가 렌더링됩니다.

※ 동적 라우트에 관한 전체 코드는 깃허브(github) 자료실의 "ch08/ch08_ex21"에 있습니다.

8.2.2 중첩 라우트(Nested Route)

중첩 라우트(Nested Route)는 하나의 라우트 안에 다른 라우트를 포함하는 방식으로 복잡한 UI 구조를 쉽게 구현할 수 있습니다. [그림 8-3]과 같이 경로가 여러 단계에 걸쳐 라우팅이 이루어져 sub1과 sub2의 1단계 경로가 "/home"으로 똑같이 중첩됨을 알 수 있습니다.

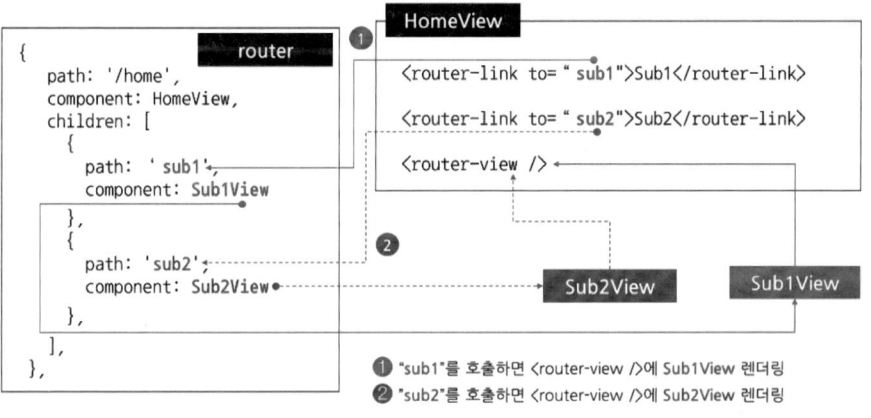

[그림 8-3] 중첩 라우트

(1) 중첩 라우트 설정

중첩 라우트 설정 방식은 라우트 경로를 여러 단계에 걸쳐 기본 경로에 하위 경로를 추가하는 방식인 계층적 라우트 설정 방식입니다.

```
src/router/index.js
01  import { createRouter, createWebHistory } from 'vue-router';
02  import DashboardView from '../views/DashboardView.vue';
03  import ProfileView from '../views/ProfileView.vue';
04  import SettingsView from '../views/SettingsView.vue';
05  const routes = [  //중첩 라우트 추가
06    {
07      path: '/dashboard', component: DashboardView,
08      children: [
09        { path: 'profile', component: ProfileView, }, // 부모 경로인 /dashboard의 하위 경로
10        { path: 'settings', component: SettingsView, }, // 부모 경로인 /dashboard의 하위 경로
11      ],
12    },
13  ];
14  const router = createRouter({
15    history: createWebHistory(process.env.BASE_URL), routes,
16  });
17  export default router;
```

- createRouter는 Vue Router 인스턴스를 생성하는 함수입니다.

- createWebHistory(process.env.BASE_URL)은 HTML5의 History API를 사용하여 URL을 관리하며, 페이지 리프레시 없이도 탐색할 수 있습니다.

- routes는 라우트 객체들을 담고 있는 배열입니다. 각 객체는 경로(path), 컴포넌트(component), 그리고 중첩 라우트의 경우 자식 라우트 배열(children)을 가집니다.

- ProfileView와 SettingsView는 각각 /dashboard/profile과 /dashboard/settings 경로에서 렌더링됩니다.

(2) 대시보드 컴포넌트(DashboardView.vue) 작성

대시보드 컴포넌트는 프로필 컴포넌트와 설정 컴포넌트를 사용자의 선택에 따라 라우터에 의해서 선택적으로 렌더링이 됩니다.

src/views/DashboardView.vue

```vue
01  <template>
02    <div>
03      <h1>Dashboard</h1>
04      <router-link to="profile">Profile</router-link>
05      <router-link to="settings">Settings</router-link>
06      <router-view /> <!-- 중첩된 라우트를 렌더링할 위치 -->
07    </div>
08  </template>
09  <script setup>
10  </script>
```

이 설정을 통해 /dashboard/profile 또는 /dashboard/settings로 접근하면 각각의 컴포넌트가 중첩된 형태로 표시됩니다.

(3) 메인 뷰(App.vue) 설정

App.vue는 라우터를 활용한 애플리케이션의 루트 컴포넌트입니다. 이 컴포넌트는 〈router-view〉를 사용하여 현재 라우트에 따라 적절한 컴포넌트를 렌더링합니다.

src/App.vue

```vue
01  <template>
02    <div id="app">
03      <nav>
04        <router-link to="/dashboard">Dashboard</router-link>
05      </nav>
06      <main>
07        <router-view />
08      </main>
09    </div>
10  </template>
11  <script setup>
```

```
12    </script>
13    <style scoped>
14    </style>
```

- <router-link>: to="/dashboard"는 대시보드 경로로 연결합니다. router-link는 Vue Router에서 제공하는 컴포넌트로, 페이지 리로드 없이도 다른 경로로 이동할 수 있게 합니다.

- <router-view>: 라우트에 의해 매칭된 컴포넌트를 렌더링하는 위치입니다. 현재 URL에 따라 렌더링될 컴포넌트가 여기에 삽입됩니다. 이 위치에 DashboardView와 그 자식 컴포넌트들(ProfileView, SettingsView)이 렌더링됩니다.

※ 중첩 라우트에 관한 전체 코드는 깃허브(github) 자료실의 "ch08/ch08_ex22"에 있습니다.

8.2.3 명명된 라우트와 뷰

명명된 라우트(Named Route)는 여러 개의 뷰를 동시에 렌더링할 수 있는 기능을 제공합니다. 명명된 뷰는 하나의 경로에서 여러 컴포넌트를 렌더링할 때 유용합니다. [그림 8-4]와 같이 명명된 라우트는 routes에 지정된 name과 <router-view>에 지정한 속성인 명명된 뷰로 이동하게 합니다.

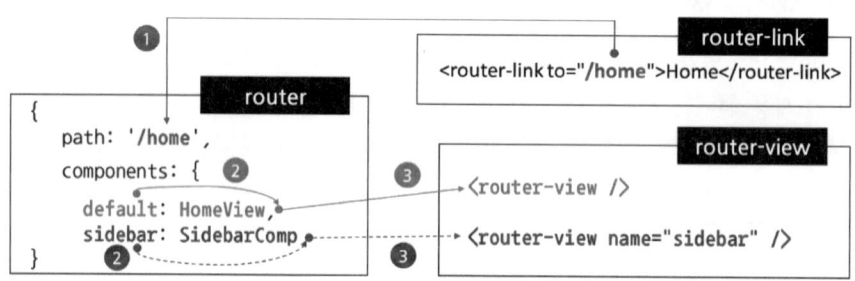

[그림 8-4] 명명된 라우트와 뷰

(1) 명명된 라우트 설정

브라우저에서 "/home"으로 호출하면 홈 컴포넌트(HomeView.vue)와 사이드 바 컴포넌트 (SidebarComp.vue)를 렌더링합니다. 여기에서 "sidebar: SidebarComp"는 〈router-view name="sidebar" /〉와 같이 이름이 sidebar로 일치해야 합니다.

src/router/index.js

```
01  import { createRouter, createWebHistory } from 'vue-router';
02  import HomeView from '../views/HomeView.vue';
03  import SidebarComp from '../components/SidebarComp.vue';
04  const routes = [
05    { path: '/',
06      components: { default: HomeView, sidebar: SidebarComp, },
07    },  // 명명된 뷰
08  ];
09  const router = createRouter({
10    history: createWebHistory(process.env.BASE_URL), routes,
11  });
12  export default router;
```

➡ createRouter를 사용해 라우터 객체를 생성하고, createWebHistory를 통해 HTML5 히스토리 모드를 사용합니다.

➡ routes 배열을 정의하여 경로 설정을 지정합니다.

➡ path: '/home': /home 경로에 대한 설정을 정의합니다.

➡ components 속성을 사용하여 여러 명명된 뷰를 지정할 수 있습니다.

➡ default: 기본적으로 화면에 렌더링될 메인 컴포넌트를 지정. 여기서는 HomeView입니다.

➡ sidebar: sidebar라는 이름으로 SidebarComp 컴포넌트를 렌더링합니다.

(2) 콘텐츠 컴포넌트(HomeView.vue) 작성

메인 콘텐츠가 제공되는 컴포넌트로 메인 뷰(App.vue)가 로딩되면 다른 컴포넌트와 함께 렌더링이 됩니다. 렌더링이 되어 〈route-view /〉는 별도의 이름이 기재되어 있지 않은 기본 뷰에 해당합니다.

src/views/HomeView.vue

```
01  <template>
02    <div class="home-view">
03      <h1>안녕하세요. 홈페이지입니다.</h1>
04      <p>여기는 메인 콘텐츠 영역입니다.</p>
05    </div>
06  </template>
07  <script setup>
08  </script>
09  <style scoped>
10  .home-view { padding: 20px; background-color: #f9f9f9; }
11  </style>
```

- ➡ <template>: HomeView의 구조를 정의합니다. 여기에는 제목과 설명이 포함되어 있습니다.

- ➡ <script setup>: Composition API를 위한 설정입니다. 현재는 기능이 필요 없지만, 나중에 reactive 상태나 컴포넌트 메서드 등을 추가할 수 있습니다.

- ➡ <style scoped>: 해당 컴포넌트에만 적용되는 스타일을 정의합니다.

(3) 사이드 바 컴포넌트(SidebarComp.vue)

사이드 바 컴포넌트는 왼쪽에 나타나는 메뉴로 메인 페이지인 HomeView.vue로 이동하거나 <router-link> 태그에서 to 속성에 지정된 "/about" 경로의 뷰와 "/services" 경로의 뷰로 이동할 수 있는 메뉴를 제공합니다.

src/views/SidebarComp.vue

```
01  <template>
02    <div class="sidebar">
03      <h2>Sidebar Menu</h2>
04      <ul>
05        <li><router-link to="/home">Home</router-link></li>
06        <li><router-link to="/about">About</router-link></li>
07        <li><router-link to="/services">Services</router-link></li>
08      </ul>
09    </div>
10  </template>
11  <script setup>
12  </script>
```

```
13    <style scoped>
14    .sidebar { width: 200px; padding: 20px; background-color: #eee; border-
      right: 1px solid #ccc; }
15    </style>
```

- <template>: 사이드바의 구조를 정의합니다. 여기에는 제목과 링크 목록이 포함되어 있습니다. 각 링크는 router-link를 사용하여 다른 경로로 이동할 수 있게 합니다.

- <script setup>: Composition API를 위한 설정입니다. 현재는 기능이 필요 없지만, 나중에 추가적인 로직을 여기에 삽입할 수 있습니다.

- <style scoped>: 사이드바에 대한 스타일을 정의하며, 다른 컴포넌트와의 스타일 충돌을 방지합니다.

(4) 메인 뷰(App.vue) 작성

App.vue는 라우터에 의해 페이지 간 탐색이 이루어지며 〈router-view〉를 통해 라우트에 맞는 컴포넌트를 렌더링하는 역할을 합니다.

```
src/App.vue
01    <template>
02      <div id="app">
03        <router-view /> <!-- 기본 뷰 -->
04        <router-view name="sidebar" /> <!-- 명명된 뷰 -->
05      </div>
06    </template>
07    <script setup>
08    </script>
```

- <router-view />는 기본 뷰인 HomeView.vue를 표시합니다.

- <touter-view name="sidebar" />는 명명된 뷰인 SidebarComp.vue를 표시합니다.

- 이 설정을 통해 /home 경로에 접근하면 기본 뷰와 함께 사이드바 컴포넌트가 렌더링됩니다.

※ 명명된 라우트와 뷰에 관한 전체 코드는 깃허브(github) 자료실의 "ch08/ch08_ex23"에 있습니다.

8.2.4 라우터 객체의 메서드

라우터 객체는 다양한 메서드를 제공하여 프로그래밍적으로 라우트를 변경할 수 있습니다. 대표적인 메서드로는 push, replace, go 등이 있습니다. [그림 8-5]와 같이 goToAbout( )와 같은 사용자 함수 안의 router.push( ) 메서드로 해당 컴포넌트로 이동합니다.

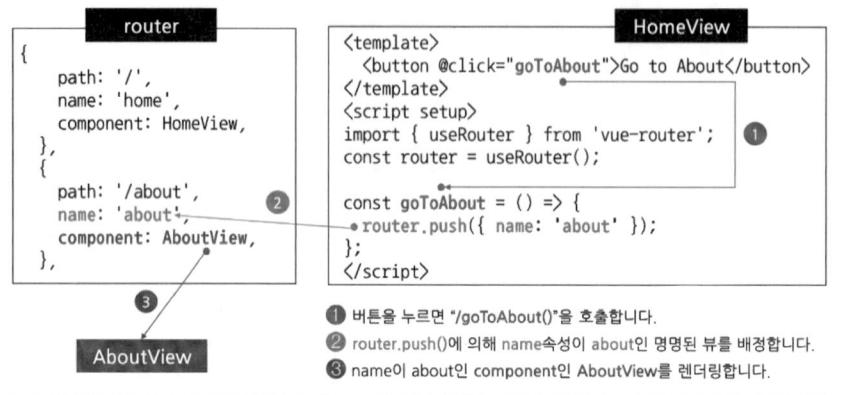

[그림 8-5] 메서드를 활용한 라우트

(1) 메서드를 활용한 라우트

button을 클릭하면 goToAbout 메서드가 실행하게 되어 router에 about이라는 이름을 가진 컴포넌트로 이동하는 홈 뷰(HomeView.vue)입니다. router에는 path가 "/about", name="about"이 존재해야 합니다.

```
src/HomeView.vue
01  <template>
02    <div>
03      <h1>Home Page</h1>
04      <button @click="goToAbout">Go to About</button>
05    </div>
06  </template>
07  <script setup>
08  import { useRouter } from 'vue-router';
09  const router = useRouter();
10  const goToAbout = () => { router.push({ name: 'about' }); };    // 명명된 라우트로 이동
```

```
11    </script>
```

- goToAbout( ) 메서드는 사용자의 특정 행위에 대한 사용자 정의 이벤트 메서드입니다.
- router.push( ) 메서드는 라우트할 컴포넌트를 추가하는 메서드입니다.
- 위의 예시에서 버튼 클릭 시 /about 페이지로 이동하게 됩니다.

※ 라우터 객체의 메서드에 관한 전체 코드는 깃허브(github) 자료실의 "ch08/ch08_ex24"에 있습니다.

8.2.5 내비게이션 가드(Navigation Guard)

내비게이션 가드(Navigation Guard)는 특정 라우트(Route)에 접근하기 전에 조건을 검사하는 방법입니다. [그림 8-6]과 같이 통과 상태에 따라 어떤 컴포넌트로 이동할 지 결정됩니다.

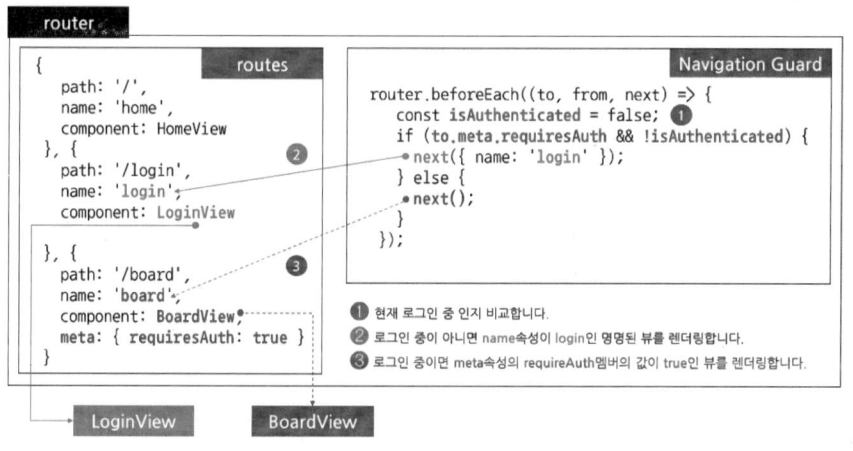

[그림 8-6] 내비게이션 가드를 활용한 라우트

(1) 내비게이션 가드 라우터 설정

여기에서는 로그인 기능을 실습해 보겠습니다. dashboard에 접근할 때 인증이 되어 있지 않은 경우에는 login 기능을 실행하고 인증이 통과된 경우에는 dashboard에 접근할 수 있게 해줍니다.

```
src/router/index.js
01  import { createRouter, createWebHistory } from 'vue-router';
02  import HomeView from '../views/HomeView.vue';
03  import LoginView from '../views/LoginView.vue';
04  import DashboardView from '../views/DashboardView.vue';
05  const routes = [
06    { path: '/', name: 'home', component: HomeView },
07    { path: '/login', name: 'login', component: LoginView },
08    { path: '/dashboard', name: 'dashboard', component: DashboardView,
    meta: { requiresAuth: true } },
09  ];
10  const router = createRouter({
11    history: createWebHistory(process.env.BASE_URL), routes,
12  });
13  router.beforeEach((to, from, next) => {  // 내비게이션 가드
14    const isAuthenticated = false; // 실제 인증 로직으로 변경 필요
15    if (to.meta.requiresAuth && !isAuthenticated) {
16      next({ name: 'login' }); // 로그인 페이지로 리디렉션
17    } else {
18      next();
19    }
20  });
21  export default router;
```

➡ router의 beforeEach( ) 메서드는 내비게이션 가드(Navigation Guard) 동작을 합니다.

➡ isAuthenticated의 값이 false이면 로그인 페이지로 이동하고 ture이면 대시보드로 이동합니다.

➡ 위의 코드에서는 /dashboard 경로에 접근하기 위해 인증이 필요하며 인증되지 않은 경우 로그인 페이지로 리디렉션합니다.

※ 동적 라우트에 관한 전체 코드는 깃허브(github) 자료실의 "ch08/ch08_ex25"에 있습니다.

8.3 흐름 제어

이번 절에서는 히스토리 모드, 404 라우트, 라우트 정보 연결, 그리고 지연 로딩이라는 Vue Router의 흐름 제어에 관한 설명입니다. [그림 8-7]과 같이 특정 상황에 따라 routes의 속성을 지정하여 흐름을 제어할 수 있습니다.

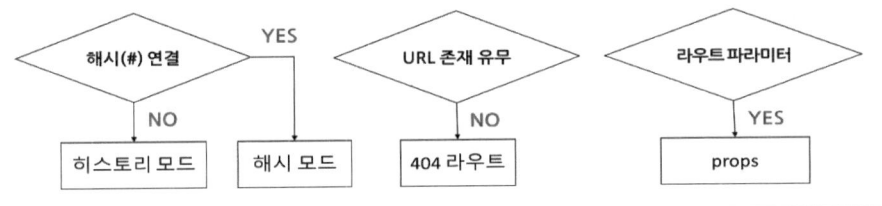

[그림 8-7] Vue Router 흐름 제어

8.3.1 히스토리 모드(History Mode)

히스토리 모드(History Mode)는 Vue Router가 HTML5 History API를 사용하여 URL을 관리할 수 있는 기능입니다. 이 모드를 사용하면 페이지 URL이 깔끔하게 유지될 수 있습니다. 기본으로 Vue Router는 해시 모드를 사용하지만, 히스토리 모드를 활성화하면 URL이 해시(#) 없이 사용됩니다.

(1) 히스토리 모드 라우터 설정

히스토리 모드는 방문했던 URL을 HTML5의 History API를 사용하여 캐시에 저장하여 페이지 로딩의 속도를 개선하고 URL에 아이디가 섞여 있는 해시(#)를 저장하지 않도록 합니다.

src/router/index.js

```
01  import { createRouter, createWebHistory } from 'vue-router';
02  import HomeView from '../views/HomeView.vue';
03  import AboutView from '../views/AboutView.vue';
04  const routes = [
05    { path: '/', name: 'home', component: HomeView, },
06    { path: '/about', name: 'about', component: AboutView, },
07  ];
08  const router = createRouter({ history: createWebHistory(), routes, });
09  export default router;
```

➡ createRouter( ) 메서드의 history 속성에 createWebHistory( ) 메서드를 대입하여 히스토리 모드를 활성화합니다.

➡ 이렇게 설정하면 사용자는 /about 또는 /와 같은 URL을 통해 페이지를 탐색할 수 있으며, URL에 해시 기호가 포함되지 않습니다.

8.3.2 404 라우트

404 라우트는 사용자가 정의된 경로가 아닌 URL로 접근했을 때 보여주는 컴포넌트입니다. 이를 통해 사용자에게 잘못된 경로 요청에 대비하여 해당 페이지로 안내할 수 있습니다.

(1) 404 라우트 설정

404 라우트 설정은 사용자가 요청한 주소에 해당하는 라우트 정보가 없는 경우 오류나 예외 처리 안내 페이지를 렌더링하여 사용자로 하여금 잘못된 요청이 있었음을 인지하게 해줍니다.

src/router/index.js

```
01  import { createRouter, createWebHistory } from 'vue-router';
02  import HomeView from '../views/HomeView.vue';
03  import NotFoundView from '../views/NotFoundView.vue'; // 404 페이지 컴포넌트 임포트
04  const routes = [
05    {
06      path: '/', name: 'home', component: HomeView,
07    }, {
08      path: '/:pathMatch(.*)*', name: 'not-found', component: NotFoundView,
09    },
10  ];
11  const router = createRouter({
12    history: createWebHistory(), routes,
13  });
14  export default router;
```

(2) 404 라우트 컴포넌트 작성

이번에는 요청 경로에 해당하는 컴포넌트나 뷰가 존재하지 않는 경우 렌더링되는 404 라우트 컴포넌트를 작성하여 사용자에게 요청 경로가 존재하지 않다는 것을 알립니다.

```
src/views/NotFoundView.vue
01    <template>
02      <div>
03        <h1>404 - Page Not Found</h1>
04        <router-link to="/">Go to Home</router-link>
05      </div>
06    </template>
07    <script setup>
08    </script>
```

이 설정을 통해 사용자가 존재하지 않는 경로로 접근했을 때 404 페이지가 표시됩니다.

8.3.3 라우트 정보 연결

Vue Router에서는 라우트와 관련된 정보를 전달할 수 있습니다. 이를 통해 컴포넌트가 필요한 데이터를 동적으로 받을 수 있습니다. 정보가 필요한 컴포넌트상에서 여러 속성을 props 매개변수 하나에 담아 호출한 곳으로 전달하게 됩니다.

(1) 라우트 정보 연결 설정

연결 URL과 props 라우트 파라미터(Route Parameter)를 통해 동적 데이터와 여러 속성값을 라우팅 되는 컴포넌트에 바운딩(Bounding)하거나 전달(Forward)하여 컴포넌트의 활용도를 높입니다.

```
src/router/index.js
01    import { createRouter, createWebHistory } from 'vue-router';
02    import UserProfile from '../views/UserProfile.vue';
03    const routes = [
04      {
05        path: '/user/:id', name: 'user', component: UserProfile, props: true, // 라우트 파라미터를 props로 전달
06      },
07    ];
08    const router = createRouter({
09      history: createWebHistory(), routes,
10    });
11    export default router;
```

(2) 컴포넌트 작성

요청 URL 경로상에 있는 사용자 ID를 받아 표시하여 라우팅 정보를 연결하는 컴포넌트를 작성합니다.

```
src/views/UserProfile.vue
01  <template>
02    <div>
03      <h1>User Profile</h1>
04      <p>User ID: {{ id }}</p>
05    </div>
06  </template>
07  <script setup>
08  import { defineProps } from 'vue';
09  const props = defineProps({   // 라우트 파라미터를 props로 받아오기
10    id: String, // props의 타입 정의
11  });
12  </script>
```

위의 예시에서 사용자가 /user/1과 같은 URL로 접근하면 UserProfile 컴포넌트에 사용자 ID가 props로 전달되어 동적으로 표시됩니다.

8.3.4 지연 로딩(Lazy Loading)

지연 로딩(Lazy Loading)은 사용자가 필요한 경우에만 특정 컴포넌트를 로딩하는 방법입니다. 이 방식은 초기 로딩 시간을 줄여 필요한 리소스만 불러와 렌더링할 수 있습니다.

(1) 지연 로딩 라우터 설정

지연 로딩을 위한 라우터 설정 파일은 사용자가 필요한 경우 특정 컴포넌트를 import 구문으로 지정하여 지연 로딩될 수 있게 설정합니다.

```
src/router/index.js
01  import { createRouter, createWebHistory } from 'vue-router';
02  const routes = [
```

```
03    {
04      path: '/', name: 'home', component: () => import('../views/
HomeView.vue'), // 지연 로딩
05    },
06    {
07      path: '/about', name: 'about', component: () => import('../views/
AboutView.vue'), // 지연 로딩
08    },
09  ];
10  const router = createRouter({
11    history: createWebHistory(), routes,
12  });
13  export default router;
```

위의 코드에서 component: ( ) => import(...) 구문을 사용하여 지연 로딩을 설정했습니다. 이렇게 하면 사용자가 / 또는 /about 경로로 접근할 때만 해당 컴포넌트가 로딩됩니다.

※ 흐름 제어에 관한 예시 코드는 깃허브(github) 자료실의 "ch08/ch08_ex3"에 있습니다.

8.4 라우팅과 인증 처리

이번 절에서는 Vue Router를 사용하여 라우팅과 인증 처리를 살펴보겠습니다. 인증 처리는 사용자의 로그인, 로그아웃 및 접근 권한 관리를 통해 애플리케이션의 보안을 강화하는 과정을 의미합니다. 이것으로 애플리케이션의 보안을 강화하고 사용자에게 개인화된 경험을 제공할 수 있습니다. 특히, 토큰 기반 인증과 내비게이션 가드를 이용한 세션 기반 인증 방식인 로그인 처리 방법을 자세히 설명하겠습니다.

8.4.1 인증 방식

Vue 3에서는 다양한 인증 방식을 사용할 수 있습니다. 그중에서 토큰 기반 인증 방식과 세션 기반 인증 방식이 있습니다. 가장 일반적인 방식은 세션 기반 인증 방식으로 [그림 8-8]과 같이 세션 저장소를 두고 세션 저장소에서는 세션을 생성하고 서버는 세션을 발급받아 세션이 보유되고 있는 동안 로그인을 유지할 수 있게 합니다.

[그림 8-8] 세션 기반 인증 방식

(1) 인증처리 방식

① 토큰 기반 인증(Token Base Authorization): 사용자 인증이 성공하면 서버가 JWT(JSON Web Token)와 같은 인증 토큰을 반환합니다. 클라이언트는 이 토큰을 로컬 스토리지 또는 세션 스토리지에 저장하여 이후 API 요청 시 인증 헤더에 포함시킵니다.

② 세션 기반 인증(Session Base Authorization): 서버에서 세션을 생성하고, 세션 ID를 클라이언트에 쿠키로 저장합니다. 이후 요청 시 서버는 쿠키를 통해 사용자를 식별합니다.

(2) 로그인 처리

로그인 처리에서는 사용자가 입력한 자격 증명(예: 사용자 이름과 비밀번호)을 서버로 보내어 인증을 요청합니다. 서버는 요청을 검증한 후 적절한 응답을 반환합니다.

```
01    <template>
02      <form @submit.prevent="handleLogin">
03        <input v-model="username" placeholder="Username" required />
04        <input v-model="password" type="password" placeholder="Password" required />
05        <button type="submit">Login</button>
06      </form>
```

```
07    </template>
08    <script setup>
09    import { ref } from 'vue';
10    import { useRouter } from 'vue-router';
11    import { login } from '../api/auth'; // API 호출 함수 임포트
12    const username = ref('');
13    const password = ref('');
14    const router = useRouter();
15    const handleLogin = async () => {
16      try {
17        const token = await login(username.value, password.value); // 로그인 API 호출
18        localStorage.setItem('token', token); // 토큰 저장
19        router.push('/dashboard'); // 대시보드로 이동
20      } catch (error) { console.error('Login failed:', error); }
21    };
22    </script>
```

(3) 인증 상태 관리

인증 상태는 보통 Vuex나 Composition API의 reactive 상태를 사용하여 관리합니다. 사용자가 로그인을 하거나 로그아웃할 때 상태를 업데이트합니다.

```
01    import { reactive } from 'vue';
02    const auth = reactive({ isAuthenticated: false, token: null, });
03    const login = (token) => {
04      auth.isAuthenticated = true;
05      auth.token = token;
06    };
07    const logout = () => {
08      auth.isAuthenticated = false;
09      auth.token = null;
10    };
11    export { auth, login, logout };
```

(4) 라우팅 보호

Vue Router를 사용하여 인증된 사용자만 특정 라우트에 접근할 수 있도록 설정합니다. 내비게이션 가드를 사용하여 사용자의 인증 상태를 확인하고, 인증되지 않은 경우 로그인 페이지로 리디렉션합니다.

```
01  import { createRouter, createWebHistory } from 'vue-router';
02  import { auth } from './auth'; // 인증 상태 관리 모듈
03  const routes = [
04    { path: '/login', component: Login },
05    { path: '/dashboard', component: Dashboard, meta: { requiresAuth: true } },
06  ];
07  const router = createRouter({
08    history: createWebHistory(), routes,
09  });
10  router.beforeEach((to, from, next) => {  // 내비게이션 가드 설정
11    if (to.meta.requiresAuth && !auth.isAuthenticated) {
12      next({ path: '/login' });
13    } else {
14      next();
15    }
16  });
17  export default router;
```

(5) 로그아웃 처리

로그아웃은 사용자의 인증 상태를 초기화하고 저장된 토큰을 삭제하는 과정입니다.

```
01  const logout = () => {
02    localStorage.removeItem('token'); // 로컬 스토리지에서 토큰 삭제
03    auth.isAuthenticated = false; // 인증 상태 초기화
04    router.push('/login'); // 로그인 페이지로 이동
05  };
```

※ 세션 기반 인증 방식을 활용한 로그인 처리에 관한 전체 코드는 깃허브(github) 자료실의 "ch08/ch08_ex41"에 있습니다.

8.4.2 토큰 기반 인증

토큰 기반 인증(Token Base Authorization)은 사용자가 로그인을 하면 서버에서 인증 토큰을 받아 클라이언트에서 이를 저장하여 이후의 요청에 사용합니다. 일반적으로 JWT(JSON Web Token)를 사용하며, 이를 통해 API에 대한 요청을 인증할 수 있습니다. [그림 8-9]와 같이 별도의 세션 저장소 없이 서버에서 토큰 관리 시스템에 토큰을 발급하고 관리하는 시스템입니다.

[그림 8-9] 토큰 기반 인증 방식

(1) 로그인 및 토큰 저장

로그인 API 서버에서 인증 정보를 처리하고 인증된 사용자의 토큰을 반환하는 API를 작성합니다.

login.js

```
01   export async function login(username, password) {    // 실제 API 요청으로 대체해야 함
02     if (username === 'user' && password === 'password') {
03       return { token: 'mockToken12345' }; // 모의 토큰 반환
04     } else {
05       throw new Error('Invalid credentials');
06     }
07   }
```

(2) Vue 애플리케이션에서 로그인 처리

username과 password를 입력받아 로그인 모듈로 데이터를 전달하는 컴포넌트입니다.

```
src/components/Login.vue
01    <template>
02      <div>
03        <h1>Login</h1>
04        <form @submit.prevent="handleLogin">
05          <input v-model="username" type="text" placeholder="Username" required />
06          <input v-model="password" type="password" placeholder="Password" required />
07          <button type="submit">Login</button>
08        </form>
09      </div>
10    </template>
11    <script setup>
12    import { ref } from 'vue';
13    import { useRouter } from 'vue-router';
14    import { login } from '../api/login'; // 로그인 API 임포트
15    const username = ref('');
16    const password = ref('');
17    const router = useRouter();
18    const handleLogin = async () => {
19      try {
20        const response = await login(username.value, password.value);
21        localStorage.setItem('token', response.token); // 토큰 저장
22        router.push({ name: 'dashboard' }); // 대시보드로 이동
23      } catch (error) {
24        alert(error.message); // 에러 처리
25      }
26    };
27    </script>
```

위의 코드는 사용자가 로그인을 시도하면 API를 호출하여 인증 토큰을 받고, 이를 localStorage에 저장합니다. 이후 대시보드로 이동합니다.

※ 세션 기반 인증 방식을 활용한 로그인 처리에 관한 전체 코드는 깃허브(github) 자료실의 "ch08/ch08_ex42"에 있습니다.

8.4.3 내비게이션 가드를 이용한 로그인 처리

내비게이션 가드(Navigation Guard)는 라우트에 접근하기 전에 조건을 확인할 수 있는 기능입니다. 이를 통해 인증된 사용자만 특정 경로에 접근하도록 설정할 수 있습니다.

(1) 라우터 설정

`src/router/index.js`

```
01  import { createRouter, createWebHistory } from 'vue-router';
02  import HomeView from '../views/HomeView.vue';
03  import LoginView from '../views/Login.vue';
04  import DashboardView from '../views/DashboardView.vue';
05  import NotFoundView from '../views/NotFoundView.vue';
06  const routes = [
07    { path: '/', name: 'home', component: HomeView },
08    { path: '/login', name: 'login', component: LoginView },
09    { path: '/dashboard', name: 'dashboard', component: DashboardView, meta: { requiresAuth: true } },
10    { path: '/:pathMatch(.*)*', name: 'not-found', component: NotFoundView },
11  ];
12  const router = createRouter({
13    history: createWebHistory(), routes,
14  });
15  router.beforeEach((to, from, next) => {  // 내비게이션 가드
16    const token = localStorage.getItem('token'); // 토큰 가져오기
17    if (to.meta.requiresAuth && !token) {
18      next({ name: 'login' }); // 인증이 필요한 라우트에 접근 시 로그인 페이지로 리디렉션
19    } else {
20      next(); // 인증이 필요한 라우트에 접근 가능
21    }
22  });
23  export default router;
```

위의 코드에서 /dashboard 경로는 인증이 필요한 라우트로 설정되어 있습니다. 사용자가 인증되지 않은 상태에서 이 경로에 접근하면 로그인 페이지로 리디렉션됩니다.

(2) 대시보드 컴포넌트 작성

`src/views/DashboardView.vue`

```
01  <template>
02    <div>
03      <h1>Dashboard</h1>
04      <p>Welcome to the dashboard!</p><button @click="logout">Logout</button>
05    </div>
```

```
06      </template>
07      <script setup>
08      import { useRouter } from 'vue-router';
09      const router = useRouter();
10      const logout = () => {
11        localStorage.removeItem('token'); // 토큰 삭제
12        router.push({ name: 'home' }); // 홈으로 이동
13      };
14      </script>
```

위의 코드는 대시보드 컴포넌트로 사용자가 로그아웃 버튼을 클릭하면 토큰을 삭제하고 홈페이지로 이동합니다.

※ 내비게이션 가드를 활용한 로그인 처리에 관한 전체 코드는 깃허브(github) 자료실의 "ch08/ch08_ex43"에 있습니다.

8.5 Vue Router를 활용한 애플리케이션 프로젝트 실습

이번 절에서는 Vue 3와 Vue Router를 활용하여 기업형 웹 애플리케이션 프로젝트를 생성하는 방법을 다루겠습니다. 이 프로젝트의 이름은 ch08_myapp이며, Materialize CSS 프레임워크를 활용하여 UI를 구성합니다. 다음은 단계별 설명과 함께 코드를 제공합니다.

8.5.1 기업형 웹 애플리케이션 프로젝트 생성

메인 페이지, 대시보드 페이지, 커뮤니티 페이지, 404 페이지 등이 갖추어진 기업형 웹 애플리케이션 형태의 프로젝트를 진행하겠습니다. Router 적용에 적합한 형태로 데이터는 임의의 더미 데이터로 취급하고 상태 데이터는 기본적인 ref( )나 Vuex를 활용합니다.

(1) Vue CLI 설치(만약 설치하지 않았다면)

```
npm install -g @vue/cli
```

(2) 새 Vue 프로젝트 생성

ch08_myapp이라는 애플리케이션 이름으로 Vue 3의 default로 프로젝트를 생성하면서 필요한 여러 선택 사항을 현재 프로젝트에 맞게 선택하여 프로젝트 생성 작업을 마칩니다. 그다음 해당 프로젝트 디렉터리로 이동합니다.

```
vue create ch08_myapp
cd ch08_myapp
```

프롬프트가 나타나면 기본 설정을 선택하고 필요한 내장 라이브러리와 패키지를 추가합니다.

8.5.2 라이브러리 설치와 프로젝트 구조

현재 프로젝트에 필요한 라이브러리를 설치하거나 추가하고 의존성 라이브러리의 정보가 등록될 수 있게 합니다. 그리고 명령에 의해 작성된 파일의 구조를 보고, 작성 후의 애플리케이션의 실행 결과를 보겠습니다.

(1) Vue Router 및 Materialize CSS 설치

필요한 라이브러리인 materialize-css 라이브러리를 설치하고 store와 router 기본 파일이 생성될 수 있게 add 명령으로 추가합니다.

```
vue add router
vue add vuex
npm install materialize-css
```

➡ vue add router 명령은 기본 router를 구성하는 파일도 같이 작성됩니다.
➡ vue add vuex 명령은 기본 vuex의 store를 구성하는 파일도 같이 작성됩니다.

(2) 프로젝트 구조 및 결과 화면

router/index.js: 라우팅 정보를 설정하는 파일입니다.

store/index.js: 컴포넌트가 공유하는 전역 정보를 저장하고 있는 파일입니다.

아래 [그림 8-11]은 우측 메뉴에서 Dashboard를 선택하고 로그인을 진행한 화면입니다.

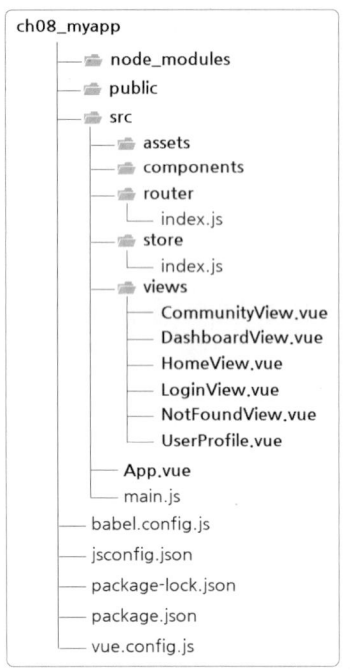

[그림 8-10] ch08_myapp 프로젝트 구조

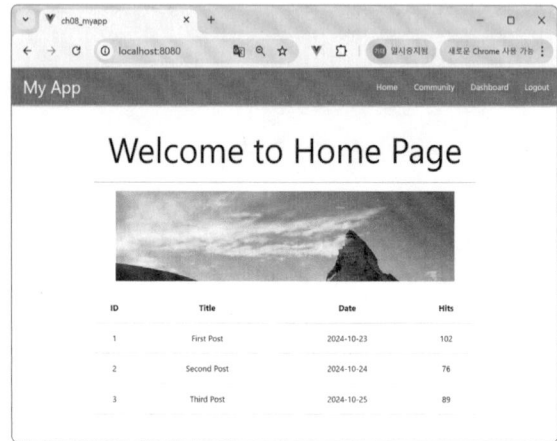

[그림 8-11] ch08_myapp 실행 화면

8.5.3 프로젝트 설정

프로젝트에 필요한 내비게이션의 메뉴 선택에 따라 컴포넌트나 뷰 교체 설정 사항인 라우터(Vue Router), 애플리케이션 실행 시 진입점인 애플리케이션(main.js), 공통 데이터 저장소 설정 파일인 스토어(Vuex Store) 등을 설정합니다.

(1) Vue Router 설정

src/router/index.js 파일은 라우터 설정 파일로 각 컴포넌트와 뷰를 연결하고 내비게이션에서 해당 링크를 클릭하면 해당 컴포넌트나 뷰로 이동합니다.

src/router/index.js

```
01  import { createRouter, createWebHistory } from 'vue-router';
02  import HomeView from '../views/HomeView.vue';
03  import LoginView from '../views/LoginView.vue';
04  import DashboardView from '../views/DashboardView.vue';
05  import UserProfile from '../views/UserProfile.vue';
06  import CommunityView from '../views/CommunityView.vue';
07  import NotFoundView from '../views/NotFoundView.vue';
08  const routes = [
09    { path: '/', name: 'home', component: HomeView },
10    { path: '/login', name: 'login', component: LoginView },
11    { path: '/dashboard', name: 'dashboard', component: DashboardView, meta: { requiresAuth: true } },
12    { path: '/user/:id', name: 'user', component: UserProfile, props: true },
13    { path: '/community', name: 'community', component: CommunityView },
14    { path: '/:pathMatch(.*)*', name: 'not-found', component: NotFoundView },
15  ];
16  const router = createRouter({
17    history: createWebHistory(), routes,
18  });
19  router.beforeEach((to, from, next) => {  // 내비게이션 가드
20    const token = localStorage.getItem('token');
21    if (to.meta.requiresAuth && !token) {
22      next({ name: 'login' });
23    } else {
24      next();
25    }
26  });
27  export default router;
```

→ routes 객체 배열에는 각종 컴포넌트나 뷰의 요청 경로인 path와 이름인 name 그리고 로딩된 컴포넌트 뷰의 이름을 배열 형태로 지정합니다.

→ router는 히스토리 모드를 활성화하고 routes 객체 배열을 저장합니다.

→ router.beforeEach( )는 내비게이션 가드를 활성화합니다.

(2) 애플리케이션 설정

main.js 파일은 진입점이 되는 파일로 지정한 경로 이동 및 연결하게 하는 router와 공통 저장소인 store, 반응형 CSS 프레임워크인 Materialize CSS를 포함하게 합니다.

src/main.js

```js
01  import { createApp } from 'vue';
02  import App from './App.vue';
03  import router from './router';
04  import store from './store';
05  import 'materialize-css/dist/css/materialize.min.css';
06  import 'materialize-css/dist/js/materialize.min.js';
07  const app = createApp(App);
08  app.use(router);
09  app.use(store);
10  app.mount('#app');
```

- ➡ import 문장으로 router, store, App, materialize를 로딩합니다.
- ➡ app.use( )는 router, store를 활성화합니다.
- ➡ app.mount는 로딩된 router, store, App, materialize를 애플리케이션에 적용합니다.

(3) 스토어 설정

스토어에는 커뮤니티나 각 뷰에 언제든지 적용할 데이터를 Vuex의 스토어(Store) 기능을 활용해 저장해 두었다가 각 컴포넌트에서 로딩시켜 바운딩합니다.

src/store/index.js

```js
01  import { createStore } from 'vuex';
02  export default createStore({
03    state: { communityPosts: [
04        { id: 1, title: 'Welcome to Our Community', resdate: '2024-10-20', hits: 150 },
05        { id: 2, title: 'Vue.js Tips and Tricks', resdate: '2024-10-18', hits: 120 },
06        { id: 3, title: 'Materialize CSS for Beginners', resdate: '2024-10-15', hits: 80 },
```

```
07          { id: 4, title: 'Understanding Composition API', resdate: '2024-
10-12', hits: 200 },
08          { id: 5, title: 'Community Guidelines', resdate: '2024-10-10',
hits: 95 },
09          { id: 6, title: 'Q&A Session', resdate: '2024-10-08', hits: 180 },
10        ], },
11      getters: {
12        getCommunityPosts(state) { return state.communityPosts; },
13      },
14    });
```

➡ Vuex Store: src/store/index.js에 communityPosts 배열을 추가하여 더미 데이터 6건을 저장하였습니다.

➡ getCommunityPosts라는 getter를 통해 데이터를 CommunityView.vue에서 접근할 수 있게 설정했습니다.

8.5.4 컴포넌트 작성

내비게이션에서 연결될 모든 컴포넌트나 뷰를 작성합니다. 연결된 뷰에는 홈 뷰(HomeView.vue), 커뮤니티 뷰(CommunityView.vue), 대시보드 뷰(DashboardView.vue), 로그인 뷰(LoginView.vue), 404 라우트 뷰(NotFoundView.vue)가 있습니다.

(1) 메인 뷰(App.vue)

App.vue 파일에는 홈 뷰(HomeView), 커뮤니티 뷰(CommunityView), 대시보드 뷰(DashboardView), 로그인 뷰(LoginView) 등으로 이동할 수 있는 내비게이션이 배치됩니다. 내비게이션의 아래에는 〈router-view /〉에 의해 내비게이션에 선택한 컴포넌트나 뷰를 표시합니다.

```
src/App.vue
01  <template>
02    <div id="app">
03      <nav>
04        <div class="nav-wrapper">
05          <a href="/" class="brand-logo">My App</a>
06          <ul id="nav-mobile" class="right hide-on-med-and-down">
```

```
07          <li>
08            <router-link to="/">Home</router-link>
09          </li>
10          <li>
11            <router-link to="/community">Community</router-link>
12          </li>
13          <li>
14            <router-link to="/dashboard">Dashboard</router-link>
15          </li>
16          <li v-if="isLoggedIn">
17            <a href="#" @click.prevent="handleLogout">Logout</a>
18          </li>
19          <li v-else>
20            <router-link to="/login">Login</router-link>
21          </li>
22        </ul>
23      </div>
24    </nav>
25    <router-view />
26  </div>
27 </template>
28 <script setup>
29 import { ref, onMounted } from 'vue';
30 import { useRouter } from 'vue-router';
31 const isLoggedIn = ref(false);
32 const router = useRouter();
33 const checkLoginStatus = () => {  // 로그인 상태 확인 함수
34   isLoggedIn.value = !!localStorage.getItem('token');
35 };
36 onMounted(() => {  // 컴포넌트가 마운트될 때 로그인 상태 확인
37   checkLoginStatus();
38 });
39 const handleLogout = () => {  // 로그아웃 처리 함수
40   localStorage.removeItem('token');
41   isLoggedIn.value = false; // 로그인 상태 업데이트
42   router.push('/'); // 로그아웃 후 홈으로 이동
43 };
44 </script>
```

➡ 네비게이션 바(<nav>): <nav> 태그와 nav-wrapper 클래스는 Materialize CSS의 네비게이션 스타일을 적용하기 위해 사용되었습니다.

➡ 페이지 컨텐츠 렌더링: <router-view />는 현재 경로에 따라 맞는 컴포넌트를 동적으로 렌더링하는 Vue Router의 기본 컴포넌트입니다. 네비게이션 링크를 통해 이동한 페이지의 콘텐츠가 여기 표시됩니다.

(2) 홈 뷰(HomeView.vue)

HomeView.vue는 메인 화면으로 Materialize CSS가 적용되어 Home 제목과 배너 이미지와 최신 게시글 3건을 출력할 수 있습니다. 최신 게시글은 상태 관리 함수인 ref( )를 활용하여 저장하였습니다.

src/views/HomeView.vue

```
01  <template>
02    <div class="container">
03      <h1 class="center-align">Welcome to Home Page</h1>
04      <hr>
05      <figure class="center-align">
06        <img src="https://picsum.photos/seed/picsum/800/200"
07          alt="Banner Image" class="responsive-img" />
08      </figure>
09      <table class="highlight centered responsive-table">
10        <thead>
11          <tr>
12            <th>ID</th><th>Title</th><th>Date</th><th>Hits</th>
13          </tr>
14        </thead>
15        <tbody>
16          <tr v-for="post in recentPosts" :key="post.id">
17            <td>{{ post.id }}</td> <td>{{ post.title }}</td>
18            <td>{{ post.resdate }}</td> <td>{{ post.hits }}</td>
19          </tr>
20        </tbody>
21      </table>
22    </div>
23  </template>
24  <script setup>
25  import { ref } from 'vue';
26  const communityPosts = ref([
27    { id: 1, title: 'First Post', contents: 'This is the first post.', resdate: '2024-10-23', hits: 102 },
28    { id: 2, title: 'Second Post', contents: 'This is the second post.', resdate: '2024-10-24', hits: 76 },
29    { id: 3, title: 'Third Post', contents: 'This is the third post.', resdate: '2024-10-25', hits: 89 },
30    { id: 4, title: 'Fourth Post', contents: 'This is the fourth post.', resdate: '2024-10-26', hits: 65 },
31    { id: 5, title: 'Fifth Post', contents: 'This is the fifth post.', resdate: '2024-10-27', hits: 150 },
```

```
32      ]);
33      const recentPosts = ref(communityPosts.value.slice(0, 3));
34  </script>
```

➜ **배너 이미지**: figure 요소와 img 태그를 활용해 배너 이미지를 배치했습니다. img에는 responsive-img 클래스가 적용되어 반응형으로 표시됩니다. 이 배너는 src 속성으로 Unsplash의 랜덤 이미지를 불러오므로 매번 새롭게 보여집니다.

➜ **최신 게시글 섹션**: 게시판 형태의 테이블로, 최신 3개의 게시글이 날짜와 조회수와 함께 나타납니다. highlight와 responsive-table 클래스는 Materialize CSS의 테이블 스타일을 사용하여 테이블을 깔끔하게 표현하고, 작은 화면에서도 잘 보이게 반응형으로 표시됩니다.

(3) 로그인 뷰(LoginView.vue)

컴포넌트는 사용자가 로그인할 수 있는 인터페이스를 제공합니다. 이 컴포넌트는 Vue 3 Composition API와 Materialize CSS 스타일링을 활용하여 로그인 화면을 간단하고 직관적으로 구성합니다. 사용자가 올바른 자격 증명을 입력하면 로컬 스토리지에 "토큰"을 저장하고 대시보드 페이지로 리디렉션하는 기능이 포함되어 있습니다.

```
src/views/LoginView.vue
01  <template>
02      <div class="container">
03          <h1>Login</h1>
04          <form @submit.prevent="handleLogin">
05              <div class="input-field">
06                  <input v-model="username" type="text" placeholder="Username" required />
07              </div>
08              <div class="input-field">
09                  <input v-model="password" type="password" placeholder="Password" required />
10              </div>
11              <button class="btn" type="submit">Login</button>
12          </form>
13      </div>
14  </template>
15  <script setup>
16  import { ref } from 'vue';
```

```
17    import { useRouter } from 'vue-router';
18    const username = ref('');
19    const password = ref('');
20    const router = useRouter();
21    const handleLogin = async () => { // 인증 로직은 모의 처리
22      if (username.value === 'kkt' && password.value === '1234') {
23        localStorage.setItem('token', 'mockToken');
24        router.push({ name: 'dashboard', params: { id: username.value } });
25      } else {
26        alert('Invalid credentials');
27      }
28    };
29    </script>
```

→ 컨테이너: <div class="container"> 요소는 Materialize CSS의 컨테이너 클래스를 사용하여 전체 폼을 중앙 정렬하고 간격을 적절하게 조절해줍니다.

→ 제목: <h1>Login</h1>은 로그인 페이지의 제목을 표시합니다.

→ 폼 요소: <form @submit.prevent="handleLogin">는 로그인 정보를 입력하는 폼이며, @submit.prevent를 사용하여 기본 폼 제출 동작을 방지하고 handleLogin 함수를 호출합니다.

→ 로그인 버튼: <button class="btn" type="submit">Login</button>은 Materialize CSS의 버튼 클래스 btn을 적용하여 스타일을 입혔으며, 사용자가 버튼을 클릭하면 로그인 시도를 합니다.

(4) 대시보드 뷰(DashboardView.vue)

Materialize CSS의 컴포넌트를 사용하여 DashboardView.vue를 작성합니다. Materialize CSS를 적용하여 이미지 배너, 카드 레이아웃을 활용한 콘텐츠, 알림 영역, 통계 섹션 등을 포함했습니다.

```
src/views/DashboardView.vue
01    <template>
02      <div class="container">
03        <h1 class="center-align">Dashboard</h1>
04        <p class="center-align">Welcome to the dashboard!</p>
05        <hr>
06        <figure class="center-align">
07          <img src="https://picsum.photos/seed/picsum/800/200" alt="Banner
```

```
Image"
08                class="responsive-img" />
09         </figure>
10         <div class="row">
11           <div class="col s12 m4">
12             <div class="card blue lighten-1">
13               <div class="card-content white-text">
14                 <span class="card-title">Users</span><p>Active Users: 350</p>
15               </div>
16             </div>
17           </div>
18           <div class="col s12 m4">
19             <div class="card green lighten-1">
20               <div class="card-content white-text">
21                 <span class="card-title">Sales</span><p>Monthly Sales: $12,300</p>
22               </div>
23             </div>
24           </div>
25           <div class="col s12 m4">
26             <div class="card red lighten-1">
27               <div class="card-content white-text">
28                 <span class="card-title">Feedback</span><p>Feedback Received: 89</p>
29               </div>
30             </div>
31           </div>
32           <div class="col s12">
33             <div class="card yellow lighten-4">
34               <div class="card-content black-text">
35                 <span class="card-title">Notifications</span>
36                 <ul>
37                   <li>New user signed up</li><li>Product update available</li>
38                   <li>Monthly report is ready</li>
39                 </ul>
40               </div>
41             </div>
42           </div>
43           <div class="col s12">
44             <div class="card grey lighten-3">
45               <div class="card-content black-text">
46                 <span class="card-title">Recent Activity</span>
47                 <table class="highlight responsive-table">
48                   <thead>
49                     <tr>
```

```
50                    <th>Activity</th><th>Date</th><th>Status</th>
51                  </tr>
52                </thead>
53                <tbody>
54                  <tr>
55                    <td>User Login</td><td>2024-10-25</td> <td>Success</td>
56                  </tr>
57                  <tr>
58                    <td>Product Purchase</td> <td>2024-10-24</td> <td>Completed</td>
59                  </tr>
60                  <tr>
61                    <td>Feedback Submitted</td> <td>2024-10-23</td><td>Pending</td>
62                  </tr>
63                </tbody>
64              </table>
65            </div>
66          </div>
67        </div>
68      </div>
69    </div>
70  </template>
71  <script setup>
72  </script>
```

- 배너 이미지: figure와 img 태그로 구성된 배너 이미지가 페이지 상단에 위치해 대시보드의 브랜드 느낌을 더합니다.

- 통계 카드: 세 가지 card 요소로 주요 통계(활성 사용자, 월간 판매량, 피드백 수)를 표현합니다. blue lighten-1, green lighten-1, red lighten-1 클래스는 카드의 색상을 각각 다르게 지정하여 시각적 구분을 쉽게 했습니다.

- 알림 섹션: yellow lighten-4 배경의 카드에 알림 목록을 ul로 구성하여 최근 공지사항이나 중요한 알림을 표시합니다.

- 최근 활동 테이블: highlight, responsive-table 클래스로 테이블을 Materialize 스타일로 꾸미고, 최근 사용자 활동 내역을 시각적으로 표현합니다.

(5) 사용자 프로필 뷰(UserProfile.vue)

Materialize CSS를 적용하여 프로필 페이지에 적합한 콘텐츠로 구성한 예시입니다. 사용자의 프로필 정보가 담긴 여러 콘텐츠 요소가 포함되어 있습니다.

src/views/UserProfile.vue

```
01  <template>
02    <div class="container">
03      <h1 class="center-align">User Profile</h1>
04      <hr />
05      <p class="flow-text">User ID: {{ id }}</p>
06      <div class="row">
07        <div class="col s12 m4 center-align">
08          <figure>
09            <img src="https://via.placeholder.com/150" alt="User Profile" class="circle responsive-img" />
10            <figcaption class="flow-text">Profile Picture</figcaption>
11          </figure>
12        </div>
13        <div class="col s12 m8">
14          <h5>Basic Information</h5>
15          <ul class="collection">
16            <li class="collection-item"><strong>Name:</strong> 김 기 태</li>
17            <li class="collection-item"><strong>Email:</strong> kim@gmail.com</li>
18            <li class="collection-item"><strong>Joined:</strong> January 1, 2021</li>
19          </ul>
20        </div>
21      </div>
22      <div class="row">
23        <div class="col s12">
24          <h5>About</h5>
25          <p class="flow-text">나의 소개에 관한 글</p>
26        </div>
27      </div>
28      <div class="row">
29        <div class="col s12">
30          <h5>Recent Activity</h5>
31          <ul class="collection">
32            <li class="collection-item">Posted a new article on Vue.js Composition API</li>
33            <li class="collection-item">Commented on "Materialize CSS
```

```
Overview"</li>
34              <li class="collection-item">Updated profile picture</li>
35          </ul>
36        </div>
37      </div>
38    </div>
39  </template>
40  <script setup>
41  import { defineProps } from 'vue';
42  const props = defineProps({ id: String, });
43  </script>
```

- 프로필 타이틀: `<h1 class="center-align">User Profile</h1>`은 페이지 상단 중앙에 "User Profile"이라는 타이틀을 표시합니다.

- User ID 항목은 `<p class="flow-text">User ID: {{ id }}</p>`는 사용자 ID를 표시하는 부분으로 flow-text 클래스를 사용하여 텍스트 크기를 적절하게 조절합니다.

- 프로필 이미지 섹션에는 `<figure>` 요소를 사용하여 프로필 이미지를 둥글게 표시하고 설명(캡션)을 덧붙였습니다. 이미지 URL은 https://via.placeholder.com/150과 같은 더미 URL을 사용했습니다.

- About 섹션에서는 flow-text 클래스를 적용하여 사용자에 대한 간단한 소개나 설명이 들어갑니다.

- 최근 활동(Recent Activity) 섹션에는 `<ul class="collection">`을 사용하여 사용자가 최근에 수행한 활동 내역을 간략하게 표시합니다.

(6) 오류 페이지(NotFoundView.vue)

Materialize CSS를 적용하여 작성한 404 페이지입니다. figure와 img 요소에 404 상태에 맞는 더미 이미지와 설명을 추가했으며, 404 오류 페이지에 적합한 콘텐츠로 구성했습니다.

```
src/views/NotFoundView.vue
01  <template>
02    <div class="container center-align">
03      <h1 class="red-text">404 - Page Not Found</h1>
04      <p class="flow-text">Sorry, the page you are looking for does not exist.</p>
05      <router-link to="/" class="btn waves-effect waves-light">Go to Home</router-link>
06      <hr />
```

```
07          <figure>
08              <img src="https://via.placeholder.com/600x300?text=404+Error+-
+Page+Not+Found"
09                  alt="404 Error" class="responsive-img" />
10              <figcaption class="flow-text grey-text">요청하신 경로의 페이지가
존재하지 않습니다.</figcaption>
11          </figure>
12      </div>
13  </template>
14  <script setup>
15  </script>
```

- 페이지 타이틀: <h1 class="red-text">404 - Page Not Found</h1>은 페이지 상단에 커다란 빨간색의 "404 - Page Not Found" 타이틀을 표시하여 사용자에게 오류 페이지임을 알립니다.

- 페이지 안내 메시지: <p class="flow-text">Sorry, the page you are looking for does not exist.</p>는 페이지가 존재하지 않음을 알리는 간단한 안내 문구를 표시합니다.

- 홈으로 이동하는 링크: <router-link to="/" class="btn waves-effect waves-light">Go to Home</router-link>는 Materialize CSS의 버튼 스타일을 사용하여 홈으로 이동할 수 있는 버튼을 제공하며, waves-effect waves-light 클래스를 통해 버튼에 파동 효과를 추가했습니다.

- 이미지 섹션: <figure> 요소는 404 오류 페이지를 상징하는 이미지와 설명을 포함합니다.

(7) 커뮤니티 뷰(CommunityView.vue)

커뮤니티 뷰 상단에는 커뮤니티 제목과 커뮤니티에 적합한 배너를 배치하고 하단에는 게시판 형태와 같이 글번호, 제목, 작성일, 조회수 등을 출력합니다. 커뮤니티 뷰의 상세 컴포넌트는 작성하지 않았으며 Router를 연습하기 위한 레이아웃의 뷰로 작성하였습니다.

```
src/views/CommunityView.vue
01  <template>
02      <div class="container">
03          <h1 class="blue-text text-darken-2">Community</h1>
04          <p class="flow-text">Explore our community posts and resources.</p>
05          <hr />
06          <figure class="center-align">
07              <img src="https://picsum.photos/seed/picsum/800/200"
08                  alt="Community Banner" class="responsive-img" />
```

```
09            <figcaption class="flow-text grey-text">Join our community and
stay updated!</figcaption>
10         </figure>
11         <div class="section">
12            <h2 class="indigo-text text-darken-4">Community Posts</h2>
13            <table class="highlight responsive-table">
14               <thead>
15                  <tr>
16                     <th>ID</th><th>Title</th><th>Date</th><th>Hits</th>
17                  </tr>
18               </thead>
19               <tbody>
20                  <tr v-for="post in communityPosts" :key="post.id">
21                     <td>{{ post.id }}</td><td>{{ post.title }}</td>
22                     <td>{{ post.resdate }}</td><td>{{ post.hits }}</td>
23                  </tr>
24               </tbody>
25            </table>
26         </div>
27      </div>
28 </template>
29 <script setup>
30 import { computed } from 'vue';
31 import { useStore } from 'vuex';
32 const store = useStore();
33 const communityPosts = computed(() => store.getters.getCommunityPosts);
34 </script>
```

- <figure> 및 <img> 요소: Materialize의 responsive-img 클래스를 적용하여 이미지 크기가 자동으로 화면에 맞게 조절되도록 설정했습니다. 이미지 아래에는 간단한 설명문을 추가하여 페이지의 소개 요소로 활용했습니다.

- 게시판 데이터 테이블: Materialize의 highlight 및 responsive-table 클래스를 사용해 가독성이 높으며 반응형 테이블로 구성했습니다. v-for 디렉티브를 통해 communityPosts 데이터를 반복 렌더링하여 테이블에 표시했습니다.

8.5.5 애플리케이션 빌드 및 실행

라우트 실습 애플리케이션인 ch08_myapp을 완성한 후 개발자 모드로 실행해 보고 여러 오류를 수정합니다. 수정된 애플리케이션은 어디서든 실행이 가능한 상태로 만드는 빌드 과정을 거칩니다.

(1) 애플리케이션 실행

모두 작성된 애플리케이션인 ch08_myapp을 실행합니다.

```
npm run serve
```

위 명령어를 실행하면 개발 서버가 시작되고 브라우저에서 http://localhost:8080에 접속하여 애플리케이션을 확인할 수 있습니다.

(2) 빌드

애플리케이션을 프로덕션용으로 빌드하려면 다음 명령어를 실행합니다.

```
npm run build
```

빌드된 파일은 dist 폴더에 생성되며, 이를 서버에 배포할 수 있습니다.

[Vue Router 핵심 정리]

(1) Vue Router: Vue.js 애플리케이션을 위한 공식 라우팅 라이브러리로 SPA(Single Page Application)에서 페이지 전환을 관리하고 URL과 뷰를 매핑하여 사용자가 브라우저의 주소 표시줄에서 URL을 변경할 때, 해당 URL에 맞는 컴포넌트를 렌더링합니다.

(2) router 객체: 애플리케이션의 라우팅 상태를 관리하며 라우트 정의, 내비게이션, URL 변경 등을 처리하고 router.push( ), router.replace( ), router.go( ) 등의 메서드를 제공하여 프로그래밍적으로 라우트를 변경할 수 있습니다.

(3) 동적 라우트: URL의 일부를 변수로 사용하여 다양한 데이터를 기반으로 라우트를 정의할 수 있습니다. 예: /user/:id에서 :id는 동적 매개변수입니다.

(4) 중첩 라우트: 부모 라우트 아래에 자식 라우트를 정의하여 복잡한 페이지 구조를 만들 수 있으며 자식 컴포넌트는 <router-view>를 통해 렌더링됩니다.

(5) 명명된 라우트와 명명된 뷰: 명명된 라우트는 라우트에 이름을 부여하여 라우트 변경 시 코드 가독성을 높이고 오류를 줄일 수 있으며 명명된 뷰는 여러 개의 <router-view>를 사용하여 각 뷰에 명명을 통해 특정 컴포넌트를 렌더링할 수 있습니다.

(6) 라우터 객체의 메서드: router.push( ), router.replace( ), router.beforeEach( ) 등 다양한 메서드를 통해 라우팅을 제어하고, 내비게이션 가드를 설정할 수 있습니다.

(7) 내비게이션 가드: 내비게이션 가드는 라우트를 전환하기 전에 실행되는 함수로 조건에 따라 라우팅을 허용하거나 차단할 수 있으며 전역 가드, 라우트 가드, 컴포넌트 가드로 나눌 수 있습니다.

(8) 히스토리 모드: Vue Router는 기본적으로 해시 모드를 사용하지만, 히스토리 모드를 사용하면 HTML5의 History API를 활용하여 URL을 관리할 수 있으며 URL이 깔끔해지고 SEO에 유리합니다.

(9) 404 라우트: 존재하지 않는 경로에 대한 처리를 위해 404 라우트를 정의할 수 있으며 일반적으로 가장 하단에 배치하여 모든 라우트 이후에 처리됩니다.

(10) 라우트 정보 연결: 라우트 객체에서 정보를 연결하여 컴포넌트에 매개변수와 쿼리 데이터를 전달할 수 있고 prop는 : true 옵션을 사용하면 경로 매개변수를 컴포넌트의 props로 직접 전달할 수 있습니다.

(11) 지연 로딩: 지연 로딩은 라우트가 활성화될 때 해당 컴포넌트를 동적으로 로드하는 방법으로 초기 로딩 속도를 개선하며 import( )를 사용하여 비동기 컴포넌트를 정의할 수 있습니다.

(12) 토큰 기반 인증: 사용자 인증을 위해 JWT와 같은 토큰을 사용하여 클라이언트와 서버 간의 인증 정보를 교환하고 사용자는 로그인 후 받은 토큰을 로컬 스토리지에 저장하고, API 요청 시 헤더에 포함시킵니다.

(13) 내비게이션 가드: 내비게이션 가드를 활용하여 보호된 라우트에 접근하려는 사용자의 인증 상태를 확인하고 인증되지 않은 사용자는 로그인 페이지로 리디렉션하며 이를 통해 보안이 강화된 웹 애플리케이션을 구축할 수 있습니다.

이번 장에서는 Vue Router와 관련된 기본적인 라우팅, 동적 라우팅, 중첩 라우팅, 명명된 뷰의 라우팅, 라우터 메서드에 의한 라우팅, 내비게이션 가드를 활용한 라우팅 등 여러 라우팅 방법과 흐름 제어, 인증 처리 방식을 학습하였습니다. 라우팅 기술의 문법을 충분히 이해하고 적절한 방법으로 선택해 라우팅하면 쉽게 이용할 수 있습니다.

다음 9장에서는 여기서 배운 라우터를 적용한 비동기 요청 방식과 비동기 처리 라이브러리를 학습할 것입니다. 이러한 비동기 요청과 처리는 프런트엔드 프레임워크에서 백엔드로 데이터 처리를 요청하는 매우 중요한 내용입니다. 그리고 최종 프로젝트인 풀스택 프로젝트에도 두 스택을 잇는데 가장 먼저 알고 있어야 할 내용입니다. 물론 여러 방식을 학습하게 될 것입니다.

Chapter 09

비동기 요청 방식(HTTP 통신)

이번 9장에서는 프런트엔드(front-end)의 핵심인 Vue Router에 이어서 비동기 요청 방식을 이해하고 구현하는 방법을 설명합니다. 비동기 요청 방식의 개념, 장점, 주요 라이브러리와 다양한 요청 타입에 관해 다룹니다. 아울러 백엔드(back-end)와 연동하는 중요한 핵심 개념이므로 반드시 다룰 수 있어야 합니다.

만약 제공한 소스코드를 다운로드 받아 실습한다면 해당 프로젝트 디렉터리에서 반드시 npm install 명령을 실행하여 관련 라이브러리를 모두 설치해야 합니다.

"비동기 요청 방식은 Vue와 백엔드가 소통하는 것"

9.1 비동기 요청 방식이란?

비동기 요청 방식(Aasynchronous Request Method)은 클라이언트가 서버에 요청을 보낸 후 서버의 응답을 기다리는 동안 다른 작업을 계속할 수 있는 통신 방식입니다. 이는 웹 애플리케이션의 사용자 경험을 향상시키는 데 중요한 역할을 합니다. [그림 9-1]과 같이 HTTP Method에 따라 다른 작업을 진행할 수 있습니다.

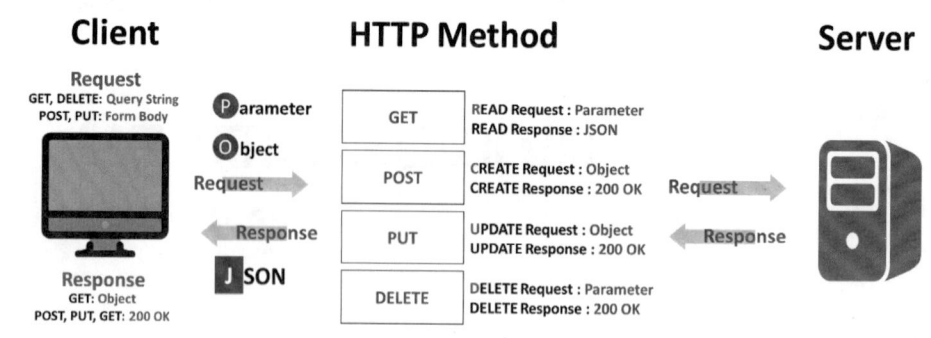

[그림 9-1] 비동기 요청 방식

서버에 요청 시에는 [그림 9-2]와 같은 요청 URL이 필요합니다. 요청 URL은 주로 GET, PUT, DELETE입니다.

[그림 9-2] 요청 URL의 형식

9.1.1 비동기 요청 방식의 개념

비동기 요청은 서버로 요청을 보낸 후 응답을 기다리지 않고 다른 코드 실행을 계속할 수 있게 합니다. 이는 특히 네트워크 지연이나 서버 처리 시간이 긴 경우에 유용합니다. JavaScript에서는 Promise와 async/await를 사용하여 비동기 처리를 구현합니다.

(1) 동기 vs 비동기

요청 방식에는 동기 방식과 비동기 방식 두 가지가 있습니다.

- 동기(Synchronous) 방식: 요청을 보낸 후 응답을 받을 때까지 코드 실행이 멈춥니다.
- 비동기(Asynchronous) 방식: 요청을 보낸 후 다른 작업을 계속 수행하며 응답이 도착하면 이를 처리합니다.

(2) 동기 요청과 비동기 요청 비교

동기 요청 방식과 비동기 요청 방식을 코드로 비교해 보겠습니다.

```
01  function fetchDataSync() {  // 동기 요청 (예: fetch의 비동기 특성을 무시하는 경우)
02    const data = fetch('https://api.example.com/data').then(response => response.json());
03    console.log(data); // Promise 객체 출력
04  }
05  async function fetchDataAsync() {  // 비동기 요청
06    try {
07      const response = await fetch('https://api.example.com/data');
08      const data = await response.json();
09      console.log(data); // 실제 데이터 출력
10    } catch (error) {
11      console.error('Error fetching data:', error);
12    }
13  }
```

➡ fetch는 샘플 요청 주소인 https://api.example.com/data를 실행하고 응답이 오면 then절을 실행합니다.

➡ async는 해당 함수를 비동기 방식으로 실행하고 await는 응답이 오면 응답된 데이터를 저장하여 처리합니다.

(3) HTTP 상태 코드

비동기 요청을 진행한 후 서버로부터 응답이 들어옵니다. 이때 응답은 status로서 요청에 대한 응답 상태 코드를 나타내며 HTTP 상태 코드 5가지 범주와 자주 볼 수 있는 상태 코드입니다. GET 방식의 응답 데이터에는 실제 데이터와 응답 상태 코드가 전송되지만, 나머지 POST, PUT, PATCH, DELETE 등은 응답 상태 코드를 위주로 전송되므로 중요합니다.

아래 목록 중에 좌측은 HTTP 상태 코드 5가지 범주이며, 우측 목록은 자주 볼 수 있는 상태 코드입니다.

- 1xx: 처리 중(Processing)
- 2xx: 성공
- 3xx: 리다이렉션(Redirection)
- 4xx: 클라이언트 오류
- 5xx: 서버 오류

- 200: 정상적으로 처리됨
- 400: 잘못된 요청
- 401: 인증 정보가 부족함
- 403: 권한이 없음
- 404: 찾을 수 없음
- 500: 서버 오류

9.1.2 비동기 요청 방식의 장점

비동기 요청 방식은 웹 서버에 약속된 방법으로 서비스를 요청하고 데이터를 새로고침 없이 일부 필요한 부분만 응답된 데이터를 렌더링할 수 있는 가장 큰 장점이 있으며, 그밖에 좋은 장점이 많은데 그 장점은 아래와 같습니다.

- 향상된 사용자 경험(UX): 페이지가 응답성을 유지하여 사용자가 기다리지 않아도 됩니다.
- 효율적인 리소스 사용: 서버나 네트워크 지연 동안 클라이언트가 다른 작업을 수행할 수 있습니다.
- 병렬 처리: 여러 요청을 동시에 처리할 수 있어 성능이 향상됩니다.
- 유연성: 다양한 요청 타입과 패턴을 쉽게 구현할 수 있습니다.

9.1.3 비동기 요청 방식 라이브러리

비동기 HTTP 요청을 구현하기 위해 다양한 라이브러리가 존재합니다. Vue 3와 잘 호환되는 주요 라이브러리를 소개합니다.

(1) 주요 비동기 처리 라이브러리

- Axios: 가장 널리 사용되는 HTTP 클라이언트 라이브러리 중 하나로 Promise 기반이며, async/await과 잘 통합됩니다.
- Fetch API: 브라우저 내장 API로 추가적인 설치 없이 사용할 수 있고 최신 브라우저에서 지원되며, async/await와 함께 사용됩니다.

- jQuery: jQuery는 과거에 가장 널리 사용된 JavaScript 라이브러리 중 하나로, DOM 조작, 이벤트 핸들링, 애니메이션뿐만 아니라 AJAX 요청을 간편하게 처리할 수 있는 기능을 제공합니다.
- Promise: JavaScript의 내장 객체로, 비동기 작업의 완료(또는 실패)를 처리하기 위한 표준적인 방법을 제공합니다. Promise 자체는 라이브러리가 아니지만, 비동기 요청을 관리하고 체이닝하는 데 중요한 역할을 합니다.

(2) 비동기 처리 라이브러리 비교

아래 표는 여러 비동기 관련 라이브러리를 종합적으로 비교한 표입니다.

라이브러리/도구	분류	설치 여부	주요 특징 및 장점	단점
Promise	언어 기능	불필요	JavaScript 내장, async/await과 함께 사용	별도의 설치 불필요
Axios	HTTP 클라이언트	필요	Promise 기반, 인터셉터 지원, 자동 JSON 변환	추가적인 라이브러리 설치 필요
Fetch API	내장 API	불필요	브라우저 내장, Promise 기반, 추가 설치 불필요	IE 지원 부족, 응답 에러 처리 복잡
jQuery AJAX	HTTP 클라이언트	필요	간편한 사용, 기존 jQuery 프로젝트와 호환 가능	Vue와의 직접적인 통합 어려움, 추가 라이브러리 필요
Vue Query	데이터 패칭 및 상태 관리	필요	자동 캐싱, 백그라운드 데이터 업데이트, Vue 3와 통합	학습 곡선 존재, 추가적인 설정 필요
SWR	데이터 패칭 및 캐싱	필요	React 중심, 간편한 API, 자동 리패칭	Vue와의 통합 덜 직관적, React용으로 최적화
SuperAgent	HTTP 클라이언트	필요	체이닝 가능한 API, 간결한 사용	상대적으로 큰 크기, 특정 기능 부족
Ky	HTTP 클라이언트	필요	작은 크기, Fetch 기반, 간편한 사용, TypeScript 지원	브라우저 호환성 이슈 가능, 특정 기능 부족
Got	HTTP 클라이언트 (Node.js)	필요	Node.js 최적화, 다양한 기능과 플러그인 지원	브라우저에서 사용 불가, 서버 사이드 전용

9.1.4 비동기 요청 타입의 종류

HTTP 요청 타입은 클라이언트와 서버 간의 다양한 작업을 수행하는 데 사용됩니다. 주요 요청 타입과 각각의 용도를 살펴보겠습니다.

(1) GET 방식

GET 방식의 요청은 클라이언트가 서버로 데이터 조회를 요청하여 데이터를 가져올 때 사용합니다. [그림 9-3]과 같이 요청 URL에 파라미터(Parameter)를 추가하여 서버에 요청하고 서버는 그 파라미터에 해당하는 값을 데이터베이스에서 조회하여 응답된 결과를 클라이언트에 XML이나 JSON 타입으로 반환합니다.

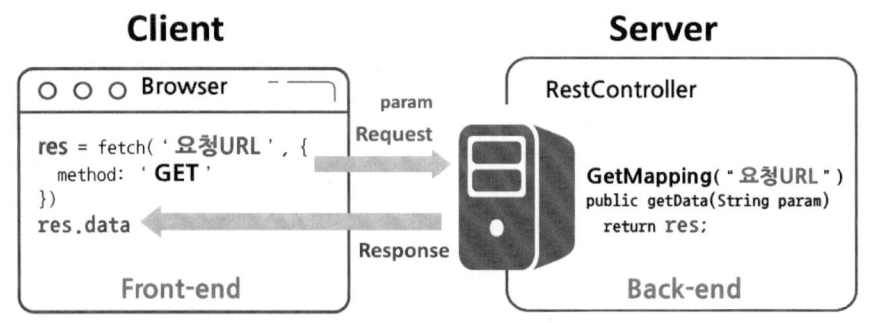

[그림 9-3] GET 방식의 비동기 요청

(2) POST 방식

POST 방식은 서버에 새로운 데이터 추가를 요청하여 데이터베이스에 저장할 때 사용합니다. [그림 9-4]와 같이 클라이언트가 서버에 객체 타입의 데이터 추가를 요청하면, 서버는 해당 데이터를 데이터베이스에 저장하고 클라이언트에 응답 상태 신호 형태로 반환합니다.

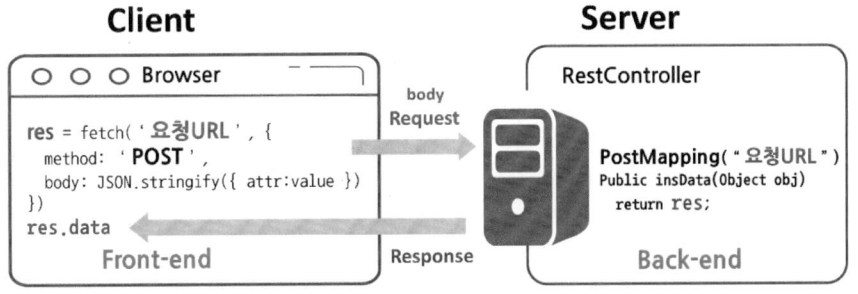

[그림 9-4] POST 방식의 비동기 요청

(3) PUT 방식

PUT 방식은 서버에 기존 데이터 전체를 변경 요청할 때 사용합니다. [그림 9-5]와 같이 클라이언트가 서버에 변경할 데이터를 전송하면, 서버는 데이터 변경을 데이터베이스에 요청하고 응답된 결과를 클라이언트에 응답 상태 신호 형태로 반환합니다.

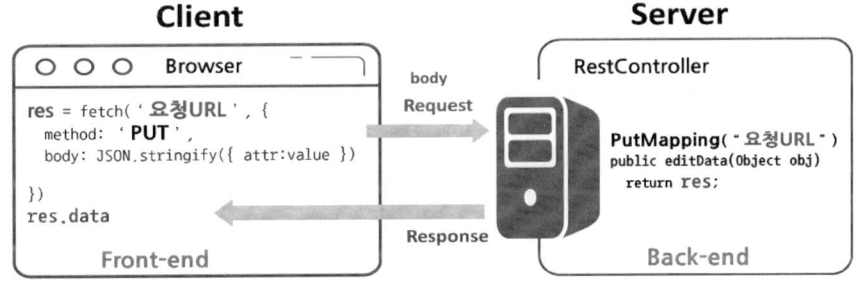

[그림 9-5] PUT 방식의 요청

(4) PATCH 방식

PATCH 방식은 서버에 기존 데이터의 일부를 변경 요청할 때 사용합니다. [그림 9-6]과 같이 클라이언트가 서버에 변경할 일부 데이터를 전송하면, 서버는 데이터베이스에 일부 데이터 변경을 요청하고 응답된 결과를 클라이언트에 응답 상태 신호 형태로 반환합니다.

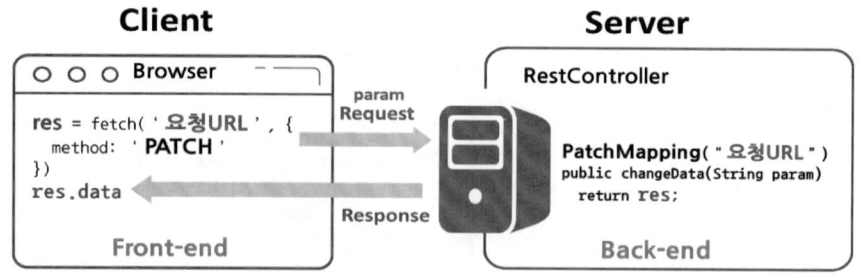

[그림 9-6] PATCH 방식의 요청

(5) DELETE 방식

DELETE 방식은 서버에 데이터 삭제를 요청할 때 사용합니다. [그림 9-7]과 같이 클라이언트가 서버에 삭제할 데이터의 요청 파라미터를 추가하여 전송하면, 서버는 데이터베이스에 데이터 삭제를 요청하고 응답된 결과를 클라이언트에 응답 상태 신호 형태로 반환합니다.

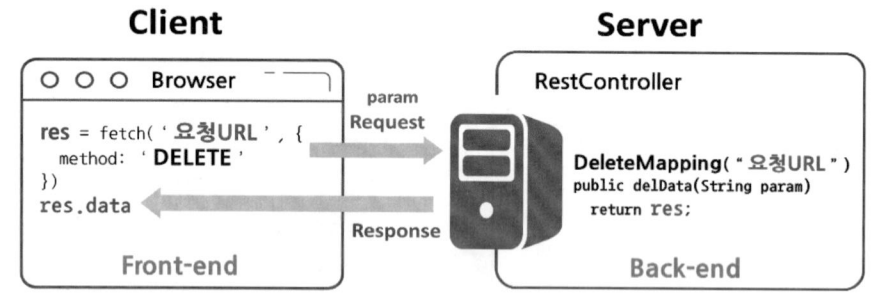

[그림 9-7] DELETE 방식의 요청

9.2 크로스 오리진(Cross Origin)이란

웹 애플리케이션 개발 시 크로스 오리진(Cross Origin)은 중요한 개념 중 하나입니다. 특히, Vue 3의 Composition API를 사용하여 클라이언트 측에서 서버와 통신할 때 크로스 오리진 문제는 자주 마주치게 됩니다. [그림 9-8]과 같이 요청에 대한 응답이 블로킹(Blocking)되어 클라이언트에 응답이 오지 못하게 되는 것을 크로스 오리진(Cross Origin) 또는 줄여서 CORS

라고 합니다.

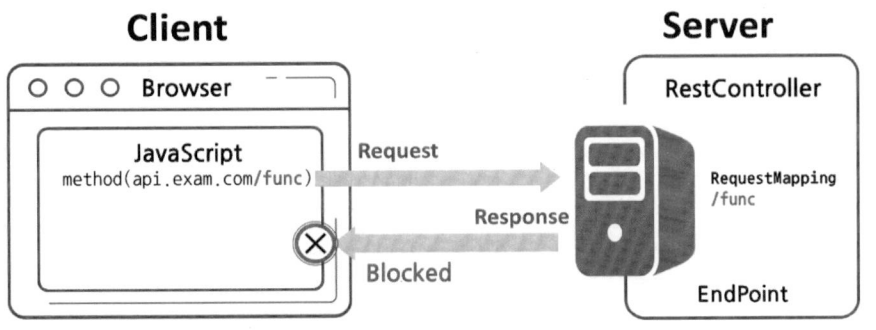

[그림 9-8] 크로스 오리진(Cross Origin)

9.2.1 크로스 오리진의 개념

크로스 오리진은 웹 애플리케이션이 다른 출처(origin)에 있는 리소스에 접근하려고 할 때 발생하는 상황을 의미합니다. 여기서 "출처(origin)"는 프로토콜, 도메인, 포트의 조합으로 정의됩니다. 예를 들어, 다음 두 URL은 다른 출처로 간주됩니다:

```
https://example.com/page1
https://api.example.com/data
```

이 두 URL은 도메인이 다르기 때문에 크로스 오리진 요청으로 분류됩니다. 동일 출처 정책(Same-Origin Policy)은 보안상의 이유로 브라우저가 기본적으로 크로스 오리진 요청을 제한하는 정책입니다. 이는 악의적인 스크립트가 사용자의 데이터를 무단으로 접근하거나 변경하는 것을 방지하기 위함입니다.

(1) 출처의 정의와 구분

- 프로토콜: http, https
- 도메인: example.com, api.example.com
- 포트: 80, 443

- 같은 출처: 프로토콜, 도메인, 포트가 모두 동일한 경우
- 다른 출처: 하나라도 다른 경우

아래 표는 URL과 출처를 비교한 것입니다.

URL	출처
https://example.com/page1	https://example.com
https://api.example.com/data	https://api.example.com
http://example.com	http://example.com
https://example.com:8080	https://example.com:8080

위 표에서 첫 번째와 두 번째 URL은 서로 다른 출처이며, 첫 번째와 세 번째 URL도 프로토콜이 다르기 때문에 다른 출처로 간주됩니다.

(2) 크로스 오리진 요청

다른 출처의 API에 GET 요청 보내기를 한 경우 CORS 문제가 발생할 가능성이 높습니다.

```
01  import axios from 'axios';
02  const fetchData = async () => {
03    try {
04      const response = await axios.get('https://api.example.com/data');
05      console.log(response.data);
06    } catch (error) {
07      console.error('데이터를 가져오는 중 오류 발생:', error);
08    }
09  };
10  fetchData();
```

위 코드에서 https://api.example.com/data에 요청을 보낼 때, 만약 이 서버가 CORS를 허용하지 않는다면 브라우저는 요청을 차단하고 에러를 발생시킵니다.

9.2.2 크로스 오리진 문제 해결 방법

크로스 오리진 문제를 해결하는 방법은 여러 가지가 있습니다. 서버에서 CORS(Cross-Origin Resource Sharing) 설정, 프록시 서버를 사용한 우회, JSONP(JSON with Padding) 사용(제한적), 웹소

켓(WebSockets) 사용 등이 있습니다. 이 중에서 Vue 3 애플리케이션에서는 주로 CORS 설정과 프록시 서버 사용이 일반적입니다.

CORS(Cross-Origin Resource Sharing)는 서버가 특정 출처(origin)에서의 요청을 허용할지 결정하는 메커니즘입니다. 서버는 응답 헤더에 Access-Control-Allow-Origin을 포함시켜 클라이언트의 요청을 허용합니다.

(1) 서버에서 CORS 설정

여기에서는 Express.js 서버를 사용하는 시스템에서 CORS 설정 방법을 적용하겠습니다.

server.js
```
01  const express = require('express');
02  const cors = require('cors');
03  const app = express();
04  app.use(cors());   // 모든 출처 허용
05  app.use(cors({   // 특정 출처만 허용
06     origin: 'https://your-frontend-domain.com'
07  }));
08  app.get('/data', (req, res) => {
09    res.json({ message: 'CORS 설정이 완료되었습니다!' });
10  });
11  app.listen(3000, () => {
12    console.log('서버가 포트 3000에서 실행 중입니다.');
13  });
```

➡ 모든 출처를 허용하는 것은 보안상 위험할 수 있으므로, 가능하면 특정 출처만 허용하는 것이 좋습니다.

➡ 인증 정보(쿠키, 토큰 등)를 포함하는 요청의 경우, credentials 설정이 필요합니다.

이제는 Vue 3 클라이언트에서 CORS 설정을 합니다.

```
01  <template>
02    <div>
03      <h1>서버에서 가져온 메시지</h1>
```

```
04      <p>{{ message }}</p>
05    </div>
06  </template>
07  <script setup>
08  import { ref, onMounted } from 'vue';
09  import axios from 'axios';
10  const message = ref('');
11  const fetchMessage = async () => {
12    try {
13      const response = await axios.get('http://localhost:3000/data');
14      message.value = response.data.message;
15    } catch (error) {
16      console.error('데이터를 가져오는 중 오류 발생:', error);
17    }
18  };
19  onMounted(() => { fetchMessage(); });
20  </script>
```

(2) 프록시 서버를 사용한 우회

서버에서 CORS 설정을 변경할 수 없는 경우, 프록시 서버(Proxy Server)를 사용하여 클라이언트의 요청을 우회할 수 있습니다. 프록시 서버는 클라이언트와 실제 API 서버 사이에 위치하여 요청을 대신 전달하고 응답을 반환합니다.

Vue 3 프로젝트에서 Vite 프로젝트 도구를 사용하는 시스템을 기준으로 프록시를 설정하겠습니다.

vite.config.js
```
01  import { defineConfig } from 'vite';
02  import vue from '@vitejs/plugin-vue';
03  export default defineConfig({
04    plugins: [vue()],
05    server: {
06      proxy: {
07        '/api': {
08          target: 'https://api.example.com', changeOrigin: true,
09          rewrite: (path) => path.replace(/^\/api/, ''),
10        },
11      },
12    },
13  });
```

➔ 모든 /api로 시작하는 요청은 https://api.example.com으로 프록시됩니다.

➔ changeOrigin: true는 대상 서버에 대한 요청의 Origin 헤더를 대상 URL로 변경합니다.

➔ rewrite는 요청 경로를 재작성하여 실제 API 경로와 일치시킵니다.

이제는 Vue 3 클라이언트에서 프록시를 사용하겠습니다.

```
01  <template>
02    <div>
03      <h1>프록시를 사용한 데이터 요청</h1>
04      <div v-if="isLoading">로딩 중...</div>
05      <div v-else-if="error">{{ error }}</div>
06      <ul v-else>
07        <li v-for="item in items" :key="item.id">{{ item.name }}</li>
08      </ul>
09    </div>
10  </template>
11  <script setup>
12  import { ref, onMounted } from 'vue';
13  import axios from 'axios';
14  const items = ref([]);
15  const isLoading = ref(false);
16  const error = ref(null);
17  const fetchItems = async () => {
18    isLoading.value = true;
19    error.value = null;
20    try {
21      const response = await axios.get('/api/items');
22      items.value = response.data;
23    } catch (err) {
24      error.value = '데이터를 가져오는 중 오류가 발생했습니다.';
25      console.error('프록시 오류:', err);
26    } finally {
27      isLoading.value = false;
28    }
29  };
30  onMounted(() => { fetchItems(); });
31  </script>
```

➔ 클라이언트는 /api/items로 요청을 보냅니다.

➔ Vite의 프록시 설정에 따라 이 요청은 https://api.example.com/items로 전달됩니다.

- 브라우저는 프록시 서버와 같은 출처로 인식하므로 CORS 문제가 발생하지 않습니다.
- 주의 사항: 프록시 설정은 개발환경에서 주로 사용되며, 배포 시에는 서버 측에서 CORS 설정을 적절히 구성해야 합니다. 프록시를 사용하면 요청 URL이 변경될 수 있으므로 API 요청 시 경로를 일관되게 유지해야 합니다.

(3) JSONP(JSON with Padding) 사용

JSONP는 크로스 도메인 요청을 가능하게 하기 위한 초기 방법 중 하나입니다. ⟨script⟩ 태그를 이용하여 데이터를 요청하고, 서버는 JavaScript 콜백 함수로 데이터를 반환합니다. 그러나 JSONP는 GET 요청에만 제한되며, 보안상의 이유로 현대 웹 애플리케이션에서는 권장하지 않습니다.

Vue 3에서 JSONP를 사용해서 CORS를 해결하는 방법을 실습해 보겠습니다.

```
01  <template>
02    <div>
03      <h1>JSONP 사용 예제</h1>
04      <div v-if="loading">로딩 중...</div>
05      <div v-else-if="error">{{ error }}</div>
06      <ul v-else>
07        <li v-for="item in items" :key="item.id">{{ item.name }}</li>
08      </ul>
09    </div>
10  </template>
11  <script setup>
12  import { ref, onMounted } from 'vue';
13  const items = ref([]);
14  const loading = ref(false);
15  const error = ref(null);
16  const fetchJSONP = (url, callbackName) => {
17    return new Promise((resolve, reject) => {
18      window[callbackName] = (data) => {
19        resolve(data);
20        delete window[callbackName];
21      };
22      const script = document.createElement('script');
23      script.src = `${url}?callback=${callbackName}`;
24      script.onerror = () => {
25        reject(new Error('JSONP 요청 오류'));
26        delete window[callbackName];
```

```
27        };
28        document.body.appendChild(script);
29      });
30    };
31    const loadData = async () => {
32      loading.value = true;
33      error.value = null;
34      try {
35        const data = await fetchJSONP('https://api.example.com/items',
   'handleData');
36        items.value = data;
37      } catch (err) {
38        error.value = err.message;
39        console.error('JSONP 오류:', err);
40      } finally {
41        loading.value = false;
42      }
43    };
44    onMounted(() => { loadData(); });
45    </script>
```

→ JSONP는 GET 요청에만 사용할 수 있으며, 보안상의 이유로 권장하지 않습니다.

→ 서버가 JSONP를 지원해야 합니다.

→ CORS가 지원되는 현대적인 방법들이 더 안전하고 유연합니다.

9.2.3 프록시를 이용한 우회

프록시 서버(Proxy Server)를 이용하여 크로스 오리진 문제를 우회하는 방법은 개발환경에서 주로 사용됩니다. 앞서 설명한 Vite의 프록시 설정 외에도 Vue CLI를 사용하는 경우 vue.config.js 파일에서 프록시를 설정할 수 있습니다.

(1) 프록시 설정

프로젝트 루트 디렉토리에 vue.config.js 파일을 열고 다음과 같이 프록시 설정을 추가합니다.

vue.config.js

```js
module.exports = {
  devServer: {
    proxy: {
      '/api': {
        target: 'https://api.example.com',
        changeOrigin: true,
        pathRewrite: { '^/api': '', },
      },
    },
  },
};
```

➡ /api로 시작하는 모든 요청은 https://api.example.com으로 프록시됩니다.

➡ changeOrigin: true는 요청의 Origin 헤더를 대상 서버의 Origin으로 변경합니다.

➡ pathRewrite는 요청 경로를 재작성하여 실제 API 경로와 일치시킵니다.

(2) Vue 3 클라이언트에서 프록시 사용

새로운 컴포넌트를 생성하고 아래와 같이 프록시를 사용합니다.

```vue
<template>
  <div>
    <h1>프록시를 이용한 데이터 요청 (Vue CLI)</h1>
    <div v-if="isLoading">로딩 중...</div>
    <div v-else-if="error">{{ error }}</div>
    <ul v-else>
      <li v-for="item in items" :key="item.id">{{ item.name }}</li>
    </ul>
  </div>
</template>
<script setup>
import { ref, onMounted } from 'vue';
import axios from 'axios';
const items = ref([]);
const isLoading = ref(false);
const error = ref(null);
const fetchItems = async () => {
  isLoading.value = true;
  error.value = null;
```

```
20    try {
21        // '/api/items'로 요청하면 프록시를 통해 'https://api.example.com/
items'로 전달됩니다.
22        const response = await axios.get('/api/items');
23        items.value = response.data;
24    } catch (err) {
25        error.value = '데이터를 가져오는 중 오류가 발생했습니다.';
26        console.error('프록시 오류:', err);
27    } finally {
28        isLoading.value = false;
29    }
30  };
31  onMounted(() => { fetchItems(); });
32  </script>
```

➡ 클라이언트는 /api/items로 요청을 보냅니다.

➡ Vue CLI의 프록시 설정에 따라 이 요청은 https://api.example.com/items로 전달됩니다.

➡ 브라우저는 프록시 서버와 같은 출처로 인식하므로 CORS 문제가 발생하지 않습니다.

(3) 프록시 서버 사용의 장점

- 개발환경에서 CORS 문제를 우회할 수 있습니다.
- API 엔드포인트를 숨길 수 있어 보안에 도움이 됩니다.
- 동일한 프록시 설정을 통해 다양한 API 요청을 관리할 수 있습니다.

(4) 프록시 서버 사용의 단점

- 프로덕션 환경에서는 별도의 프록시 서버 설정이 필요합니다.
- 프록시 서버가 중간에 위치하므로 네트워크 지연이 발생할 수 있습니다.

9.3 Promise 활용

이번 절에서는 JavaScript의 Promise를 자세히 살펴보고 Vue 3의 Composition API를 사용하여 Promise를 활용한 HTTP 요청에서 GET, POST, PUT, PATCH, DELETE 방식을 구현하는 방법을 다룹니다.

9.3.1 Promise란?

Promise는 비동기 작업의 최종 완료(success) 또는 실패(failure)를 나타내는 객체입니다. Promise는 다음과 같은 세 가지 상태가 있습니다.

- 대기(pending): 초기 상태, 이행도 거부도 되지 않은 상태
- 이행(fulfilled): 작업이 성공적으로 완료된 상태
- 거부(rejected): 작업이 실패한 상태

Promise는 주로 비동기 작업을 다루는 데 사용되며, 콜백 지옥(Callback Hell)을 피하고 코드의 가독성을 높이는 데 도움을 줍니다.

(1) Promise 생성

비동기 작업을 진행할 컴포넌트의 스크립트 부분에 아래와 같이 Promise를 생성합니다.

```
const promise = new Promise((resolve, reject) => {
  const success = true; // 성공 여부를 임의로 설정
  if (success) {
    resolve("작업 성공"); // 작업이 성공했을 경우
  } else {
    reject("작업 실패"); // 작업이 실패했을 경우
  }
});
```

(2) Promise 사용

```
promise
  .then(result => console.log(result)) // 작업 성공 시 실행
  .catch(error => console.error(error)); // 작업 실패 시 실행
```

9.3.2 Promise 기본 문법

Promise를 사용하여 HTTP 요청을 할 때는 fetch API를 사용할 수 있습니다. fetch API는 Promise를 반환하므로, 비동기적으로 데이터를 가져오거나 보낼 수 있습니다.

(1) GET 요청

GET 요청은 서버에서 데이터를 가져오는 데 사용됩니다.

```
01  const fetchData = () => {
02    return new Promise((resolve, reject) => {
03      fetch('https://jsonplaceholder.typicode.com/posts') // API URL
04        .then(response => {
05          if (!response.ok) {
06            throw new Error('Network response was not ok');
07          }
08          return response.json(); // JSON 형태로 변환
09        })
10        .then(data => resolve(data)) // 데이터를 resolve
11        .catch(error => reject(error)); // 에러 처리
12    });
13  };
14  fetchData()
15    .then(data => console.log(data))
16    .catch(error => console.error(error));
```

➡ fetchData 함수는 fetch( )로 요청을 보내고 응답 상태를 확인한 후, JSON 형태로 변환한 데이터를 resolve( )로 반환합니다.

➡ then 블록에서 요청 성공 시 데이터를 출력하며, catch 블록에서는 에러를 처리합니다.

(2) POST 요청

POST 요청은 서버에 데이터를 전송하는 데 사용됩니다.

```
01  const postData = (data) => {
02    return new Promise((resolve, reject) => {
03      fetch('https://jsonplaceholder.typicode.com/posts', {
04        method: 'POST',
05        headers: { 'Content-Type': 'application/json' },
06        body: JSON.stringify(data) // 전송할 데이터
07      })
08        .then(response => {
09          if (!response.ok) {
10            throw new Error('Network response was not ok');
11          }
12          return response.json(); // JSON 형태로 변환
13        })
14        .then(data => resolve(data)) // 데이터를 resolve
15        .catch(error => reject(error)); // 에러 처리
16    });
17  };
18  postData({ title: 'foo', body: 'bar', userId: 1 })
19    .then(data => console.log(data))
20    .catch(error => console.error(error));
```

- postData는 POST 요청을 보내고, 요청 본문(body)에 JSON.stringify(data)를 사용해 데이터를 JSON으로 변환해 전송합니다.
- Content-Type을 application/json으로 설정하여 서버와 클라이언트가 JSON 데이터로 서로 주고받게 합니다.
- 요청이 성공적으로 처리되면 서버의 응답을 JSON으로 변환해 resolve( )로 반환하고, 에러 시 reject( )로 반환합니다.

(3) PUT 요청

PUT 요청은 기존의 데이터를 수정하는 데 사용되며 여기에서는 특정 ID를 가진 데이터를 새 데이터로 덮어씁니다.

```
01  const updateData = (id, data) => {
02    return new Promise((resolve, reject) => {
```

```javascript
03      fetch(`https://jsonplaceholder.typicode.com/posts/${id}`, {
04        method: 'PUT',
05        headers: { 'Content-Type': 'application/json' },
06        body: JSON.stringify(data) // 수정할 데이터
07      })
08        .then(response => {
09          if (!response.ok) {
10            throw new Error('Network response was not ok');
11          }
12          return response.json(); // JSON 형태로 변환
13        })
14        .then(data => resolve(data)) // 데이터를 resolve
15        .catch(error => reject(error)); // 에러 처리
16    });
17  };
18  updateData(1, { id: 1, title: 'updated title', body: 'updated body', userId: 1 })
19    .then(data => console.log(data))
20    .catch(error => console.error(error));
```

➡ PUT 요청은 주어진 id에 해당하는 리소스를 전체적으로 수정합니다.

➡ 데이터는 body에 JSON으로 보내며, 서버에서 성공적으로 처리되면 수정된 데이터가 resolve( )로 반환됩니다.

(4) PATCH 요청

PATCH 요청은 리소스의 부분적인 수정을 할 때 사용됩니다. 여기에서는 특정 ID를 가진 리소스의 일부만 수정합니다.

```javascript
01  const patchData = (id, data) => {
02    return new Promise((resolve, reject) => {
03      fetch(`https://jsonplaceholder.typicode.com/posts/${id}`, {
04        method: 'PATCH',
05        headers: { 'Content-Type': 'application/json' },
06        body: JSON.stringify(data) // 수정할 데이터
07      })
08        .then(response => {
09          if (!response.ok) {
10            throw new Error('Network response was not ok');
11          }
12          return response.json(); // JSON 형태로 변환
```

```
13        })
14          .then(data => resolve(data)) // 데이터를 resolve
15          .catch(error => reject(error)); // 에러 처리
16      });
17    };
18    patchData(1, { title: 'partially updated title' })
19      .then(data => console.log(data))
20      .catch(error => console.error(error));
```

➔ PATCH 요청은 부분 업데이트를 지원하므로, data에 포함된 필드만 수정됩니다.

➔ 요청이 성공하면 수정된 리소스가 resolve( )로 반환되며, 에러 발생 시 reject( )로 반환됩니다.

(5) DELETE 요청

DELETE 요청은 서버에서 특정 리소스를 삭제하는 데 사용되며 여기에서는 특정 ID를 가진 리소스를 삭제합니다.

```
01    const deleteData = (id) => {
02      return new Promise((resolve, reject) => {
03        fetch(`https://jsonplaceholder.typicode.com/posts/${id}`, { method: 'DELETE', })
04          .then(response => {
05            if (!response.ok) {
06              throw new Error('Network response was not ok');
07            }
08            resolve('삭제 성공'); // 성공 메시지 resolve
09          })
10          .catch(error => reject(error)); // 에러 처리
11      });
12    };
13    deleteData(1)
14      .then(message => console.log(message))
15      .catch(error => console.error(error));
```

➔ DELETE 요청은 데이터를 서버에 전달하지 않으므로 body가 필요하지 않습니다.

➔ 성공적으로 삭제되면 resolve( )로 메시지를 반환하고, 실패 시 에러 메시지를 reject( )로 반환합니다.

9.3.3 에러 처리

Promise를 사용할 때 에러를 처리하는 것은 매우 중요합니다. 각 요청의 catch 블록에서 에러를 처리할 수 있으며, 에러가 발생했을 때 사용자에게 적절한 피드백을 제공할 수 있습니다.

에러 처리를 위한 모범 사례는 다음과 같습니다.

- 적절한 메시지 제공: 사용자에게 친숙한 메시지를 제공하여 문제가 무엇인지 이해할 수 있게 합니다.
- 로깅: 서버에서의 에러를 콘솔에 로깅하여 개발자들이 문제를 추적할 수 있게 합니다.
- 사용자 경험 개선: 네트워크 에러는 리트라이 버튼이나 대체 동작을 제공할 수 있습니다.

아래는 에러 처리 예시 코드입니다. 적용할 컴포넌트를 열고 예시 코드를 적용합니다.

```
fetchData()
  .then(data => console.log(data))
  .catch(error => {
    console.error('에러 발생:', error);
    alert('데이터를 불러오는 데 실패했습니다.'); // 사용자에게 알림
  });
```

9.4 Fetch API 활용

이번 절에서는 Fetch API를 사용하여 비동기 HTTP 요청을 수행하는 방법입니다. Fetch API는 Promise 기반의 API로 웹 애플리케이션에서 서버와 데이터를 주고받는 데 사용합니다. 여기에서는 Fetch API의 기본 사용법과 주요 HTTP 메서드의 GET, POST, PUT, PATCH, DELETE 방식에 관한 문법을 살펴보겠습니다.

9.4.1 Fetch API란?

Fetch API는 브라우저에서 네트워크 요청을 수행하는 방법을 제공하는 JavaScript API입니다. Fetch API는 다음과 같은 특징이 있습니다.

- Promise 기반: 비동기 요청을 처리하는 데 매우 유용합니다. then과 catch 메서드를 사용하여 응답을 처리할 수 있습니다.
- 다양한 HTTP 메서드 지원: GET, POST, PUT, PATCH, DELETE 등 다양한 HTTP 메서드를 지원합니다.
- JSON 처리: JSON 형식의 데이터를 쉽게 보내고 받을 수 있습니다.
- 기본적으로 CORS를 지원: 다른 출처의 리소스에 요청할 수 있도록 CORS(Cross-Origin Resource Sharing)를 지원합니다.

9.4.2 Fetch API 기본 문법

Fetch API를 사용하여 HTTP 요청을 수행하는 기본 문법은 다음과 같습니다:

(1) GET 요청

GET 요청은 서버에서 데이터를 가져오는 데 사용됩니다. 아래는 Fetch API를 사용하여 GET 요청을 수행하는 예시입니다.

```
01  const fetchData = () => {
02    return fetch('https://jsonplaceholder.typicode.com/posts') // API URL
03      .then(response => {
04        if (!response.ok) {
05          throw new Error('Network response was not ok'); // 응답이 정상적이지 않을 때 에러 발생
06        }
07        return response.json(); // JSON 형태로 변환
08      })
09      .then(data => {
10        console.log(data); // 가져온 데이터 처리
11      })
12      .catch(error => {
13        console.error('에러 발생:', error); // 에러 처리
14      });
```

```
15    };
16    fetchData();
```

→ fetch 메서드는 API URL로 GET 요청을 보내고 응답 상태(response.ok)가 정상이 아닐 경우 에러를 발생시킵니다.

→ 응답 상태가 정상일 경우 응답 데이터를 JSON으로 변환하고 데이터는 then에서 처리됩니다.

(2) POST 요청

POST 요청은 서버에 데이터를 전송하는 데 사용됩니다. 아래는 Fetch API를 사용하여 POST 요청을 수행하는 예시입니다.

```
01    const postData = (data) => {
02      return fetch('https://jsonplaceholder.typicode.com/posts', {
03        method: 'POST', // HTTP 메서드 지정
04        headers: { 'Content-Type': 'application/json' },
05        body: JSON.stringify(data) // 전송할 데이터
06      })
07        .then(response => {
08          if (!response.ok) {
09            throw new Error('Network response was not ok');
10          }
11          return response.json(); // JSON 형태로 변환
12        })
13        .then(data => {
14          console.log(data); // 서버에서 반환된 데이터 처리
15        })
16        .catch(error => {
17          console.error('에러 발생:', error);
18        });
19    };
20    postData({ title: 'foo', body: 'bar', userId: 1 });
```

→ method를 POST로 지정하고, Content-Type 헤더로 JSON 형식임을 서버에 알립니다.

→ 전송할 데이터를 JSON.stringify로 JSON 형식의 문자열로 변환해 body에 넣습니다.

→ 서버로부터의 응답을 JSON으로 변환하여 then에서 처리하고, 정상적으로 반환된 데이터를 처리합니다.

(3) PUT 요청

PUT 요청은 기존 데이터를 수정하는 데 사용됩니다. 아래는 Fetch API를 사용하여 PUT 요청을 수행하는 예시입니다.

```
01  const updateData = (id, data) => {
02    return fetch(`https://jsonplaceholder.typicode.com/posts/${id}`, {
03      method: 'PUT', // HTTP 메서드 지정
04      headers: { 'Content-Type': 'application/json' },
05      body: JSON.stringify(data) // 수정할 데이터
06    })
07      .then(response => {
08        if (!response.ok) {
09          throw new Error('Network response was not ok');
10        }
11        return response.json(); // JSON 형태로 변환
12      })
13      .then(data => {
14        console.log(data); // 서버에서 반환된 데이터 처리
15      })
16      .catch(error => {
17        console.error('에러 발생:', error);
18      });
19  };
20  updateData(1, { title: 'updated title', body: 'updated body', userId: 1 });
```

➡ PUT 메서드를 사용해 특정 id에 해당하는 리소스 전체를 새로운 데이터로 업데이트합니다.

➡ 수정할 데이터를 JSON 형식으로 변환해 body에 포함하고, 성공 시 수정된 데이터를 출력합니다.

(4) PATCH 요청

PATCH 요청은 리소스의 부분적인 수정을 할 때 사용됩니다. 아래는 Fetch API를 사용하여 PATCH 요청을 수행하는 예시입니다.

```
01  const patchData = (id, data) => {
02    return fetch(`https://jsonplaceholder.typicode.com/posts/${id}`, {
03      method: 'PATCH', // HTTP 메서드 지정
04      headers: { 'Content-Type': 'application/json' },
05      body: JSON.stringify(data) // 수정할 데이터
```

```
06     })
07     .then(response => {
08       if (!response.ok) {
09         throw new Error('Network response was not ok');
10       }
11       return response.json(); // JSON 형태로 변환
12     })
13     .then(data => {
14       console.log(data); // 서버에서 반환된 데이터 처리
15     })
16     .catch(error => {
17       console.error('에러 발생:', error);
18     });
19 };
20 patchData(1, { title: 'partially updated title' });
```

➡ PATCH 메서드를 사용해 특정 id의 리소스 일부만 수정합니다.

➡ 수정할 데이터가 JSON 형식으로 전송되며, then에서 수정된 결과를 콘솔에 출력합니다.

(5) DELETE 요청

DELETE 요청은 서버에서 특정 리소스를 삭제하는 데 사용됩니다. 아래는 Fetch API를 사용하여 DELETE 요청을 수행하는 예시입니다.

```
01 const deleteData = (id) => {
02   return fetch(`https://jsonplaceholder.typicode.com/posts/${id}`, {
03     method: 'DELETE' // HTTP 메서드 지정
04   })
05     .then(response => {
06       if (!response.ok) {
07         throw new Error('Network response was not ok');
08       }
09       return '삭제 성공'; // 성공 메시지
10     })
11     .catch(error => {
12       console.error('에러 발생:', error);
13     });
14 };
15 deleteData(1).then(message => console.log(message));
```

→ DELETE 메서드를 사용해 id에 해당하는 리소스를 서버에서 제거합니다.

→ 성공적으로 삭제되면 "삭제 성공" 메시지를 출력하고, 에러가 발생하면 이를 콘솔에 출력합니다.

9.4.3 에러 처리

Fetch API를 사용할 때 에러 처리는 매우 중요합니다. 네트워크 요청에서 발생할 수 있는 여러 가지 에러에 대비하기 위해 적절한 에러 처리를 구현해야 합니다.

- 응답 상태 확인: response.ok 속성을 사용하여 응답이 정상인지 확인합니다. 그렇지 않을 경우 에러를 발생시킵니다.
- catch 블록 활용: 모든 .then( ) 체인에서 발생할 수 있는 에러를 catch 블록에서 처리합니다.

```javascript
const fetchDataWithErrorHandling = () => {
  fetch('https://jsonplaceholder.typicode.com/posts')
    .then(response => {
      if (!response.ok) {
        throw new Error('서버에서 에러가 발생했습니다.'); // 에러 발생
      }
      return response.json(); // JSON 형태로 변환
    })
    .then(data => {
      console.log(data); // 가져온 데이터 처리
    })
    .catch(error => {
      console.error('에러 발생:', error.message); // 에러 메시지 처리
    });
};
fetchDataWithErrorHandling();
```

9.5 Axios 활용

이 절에서는 가장 많이 사용되는 Promise 기반의 Axios 활용 방법을 설명합니다. Vue 3의 Composition API를 활용하여 Axios의 기본 사용법과 주요 HTTP 메서드인 GET, POST, PUT, PATCH, DELETE 방식에 관한 문법을 살펴보겠습니다.

9.5.1 Axios란?

Axios는 JavaScript로 작성된 Promise 기반의 HTTP 클라이언트 라이브러리입니다. 주로 다음과 같은 특징이 있습니다.

- Promise 기반: 비동기 작업을 쉽게 처리할 수 있습니다.
- 브라우저와 Node.js 모두 지원: 다양한 환경에서 사용할 수 있습니다.
- 요청 및 응답 변환: JSON 데이터 자동변환 기능이 있습니다.
- HTTP 요청 취소: 요청을 취소할 수 있는 기능을 제공합니다.
- 전역 설정: 기본 URL, 요청 헤더 등 전역적으로 설정할 수 있습니다.
- 에러 처리: 에러를 쉽게 관리할 수 있는 구조를 제공합니다.

9.5.2 Axios 기본 문법

Axios를 사용하여 HTTP 요청을 수행하는 기본 문법은 다음과 같습니다.

(1) Axios 설치

Axios를 사용하기 위해 프로젝트에 Axios 라이브러리를 설치해야 합니다. 아래 명령어를 사용하여 설치할 수 있습니다.

```
npm install axios
```

(2) GET 요청

GET 요청은 서버에서 데이터를 가져오는 데 사용됩니다. 아래는 Axios를 사용하여 GET 요청을 수행하는 예시입니다.

```
01  import axios from 'axios';
02  const fetchData = async () => {
03    try {
04      const response = await axios.get('https://jsonplaceholder.typicode.com/posts'); // API URL
```

```
05       console.log(response.data); // 가져온 데이터 처리
06     } catch (error) {
07       console.error('에러 발생:', error); // 에러 처리
08     }
09   };
10   fetchData();
```

- axios.get( ) 메서드를 사용해 지정된 API URL로 GET 요청을 보냅니다.

- 요청이 성공하면 response.data로 반환된 데이터를 가져와서 콘솔에 출력합니다.

- 에러가 발생하면 catch 블록에서 이를 콘솔에 출력해 에러를 처리합니다.

(3) POST 요청

POST 요청은 서버에 데이터를 전송하는 데 사용됩니다. 아래는 Axios를 사용하여 POST 요청을 수행하는 예시입니다.

```
01   const postData = async (data) => {
02     try {
03       const response = await axios.post('https://jsonplaceholder.typicode.com/posts', data); // API URL
04       console.log(response.data); // 서버에서 반환된 데이터 처리
05     } catch (error) {
06       console.error('에러 발생:', error); // 에러 처리
07     }
08   };
09   postData({ title: 'foo', body: 'bar', userId: 1 });
```

- axios.post( ) 메서드를 사용해 data 객체를 전송합니다.

- 요청이 성공하면 response.data로 서버가 반환한 데이터를 받아 콘솔에 출력합니다.

- 에러 발생 시 catch 블록에서 이를 처리하고, 에러 메시지를 출력합니다.

(4) PUT 요청

PUT 요청은 기존 데이터를 수정하는 데 사용됩니다. 아래는 Axios를 사용하여 PUT 요청을 수행하는 예시입니다.

```
01    const updateData = async (id, data) => {
02      try {
03        const response = await axios.put(`https://jsonplaceholder.typicode.com/posts/${id}`, data); // API URL
04        console.log(response.data); // 서버에서 반환된 데이터 처리
05      } catch (error) {
06        console.error('에러 발생:', error); // 에러 처리
07      }
08    };
09    updateData(1, { title: 'updated title', body: 'updated body', userId: 1 });
```

➡ axios.put( ) 메서드를 사용해 지정된 id와 함께 업데이트할 data를 서버에 전송합니다.

➡ 요청 성공 시 서버에서 수정된 데이터를 response.data로 반환하고, 이를 콘솔에 출력합니다.

➡ 에러 발생 시 catch 블록에서 이를 처리합니다.

(5) PATCH 요청

PATCH 요청은 리소스의 부분적인 수정을 할 때 사용됩니다. 아래는 Axios를 사용하여 PATCH 요청을 수행하는 예시입니다.

```
01    const patchData = async (id, data) => {
02      try {
03        const response = await axios.patch(`https://jsonplaceholder.typicode.com/posts/${id}`, data); // API URL
04        console.log(response.data); // 서버에서 반환된 데이터 처리
05      } catch (error) {
06        console.error('에러 발생:', error); // 에러 처리
07      }
08    };
09    patchData(1, { title: 'partially updated title' });
```

➡ axios.patch( ) 메서드를 사용해 지정된 id의 일부 필드(title)만 수정합니다.

➡ 요청이 성공하면 서버는 변경된 데이터를 response.data로 반환하며, 이를 콘솔에 출력합니다.

➡ 에러가 발생하면 catch 블록에서 이를 처리하고 에러 메시지를 출력합니다.

(6) DELETE 요청

DELETE 요청은 서버에서 특정 리소스를 삭제하는 데 사용됩니다. 아래는 Axios를 사용하여 DELETE 요청을 수행하는 예시입니다.

```
01   const deleteData = async (id) => {
02     try {
03       const response = await axios.delete(`https://jsonplaceholder.typicode.com/posts/${id}`); // API URL
04       console.log('삭제 성공:', response.data); // 성공 메시지
05     } catch (error) {
06       console.error('에러 발생:', error); // 에러 처리
07     }
08   };
09   deleteData(1);
```

- axios.delete() 메서드를 사용해 특정 id를 가진 리소스를 삭제 요청합니다.
- 요청 성공 시 삭제 완료 메시지를 콘솔에 출력하고, 에러 발생 시 catch 블록에서 이를 처리합니다.

9.5.3 에러 처리

Axios를 사용할 때 에러 처리는 매우 중요합니다. 요청에서 발생할 수 있는 여러 가지 에러(예: 네트워크 오류, 서버 에러 등)에 대비하여 적절한 에러 처리를 구현해야 합니다.

- **try-catch 구문 사용**: async/await 구문을 사용할 때 try-catch 블록을 사용하여 에러를 처리합니다.
- **에러 정보 확인**: Axios는 에러 객체에 응답 데이터, 상태 코드 등의 유용한 정보를 포함합니다.

```
const fetchDataWithErrorHandling = async () => {
  try {
    const response = await axios.get('https://jsonplaceholder.typicode.com/posts/invalid-url');
    console.log(response.data); // 가져온 데이터 처리
  } catch (error) {
    if (error.response) {   // 요청이 이루어졌고 서버가 상태 코드로 응답했지만 요청이 실패한 경우
      console.error('서버 응답:', error.response.data);
```

```
      console.error('상태 코드:', error.response.status);
    } else if (error.request) {    // 요청이 이루어졌지만 응답이 없었던 경우
      console.error('요청이 이루어졌으나 응답이 없습니다.', error.request);
    } else {
      // 설정 중에 발생한 에러
      console.error('에러 발생:', error.message);
    }
  }
};
fetchDataWithErrorHandling();
```

9.6 Ajax 활용

Ajax는 지금은 많이 사용하지 않지만, 수정 보완이나 유지보수할 때 필요하기 때문에 알아두는 것이 좋습니다. jQuery는 JavaScript 라이브러리로, DOM 조작, 이벤트 처리, Ajax 요청을 쉽게 수행하는 것을 돕습니다. Vue 3의 Composition API를 활용하여 jQuery Ajax의 기본 사용법과 주요 HTTP 메서드로 GET, POST, PUT, PATCH, DELETE 방식 등을 살펴보겠습니다.

9.6.1 jQuery Ajax란?

jQuery Ajax는 웹페이지와 서버 간에 비동기식으로 데이터를 전송하고 수신할 수 있는 기능을 제공합니다. 이를 통해 페이지를 새로고침 하지 않고도 서버와 통신할 수 있어 사용자 경험을 개선할 수 있습니다. jQuery의 Ajax 메서드는 다음과 같은 기능을 제공합니다.

- 다양한 HTTP 메서드 지원 (GET, POST, PUT, PATCH, DELETE)
- 요청 및 응답 데이터의 형식 지정
- 요청의 성공 및 실패 콜백 함수 설정
- JSON 데이터를 쉽게 다루기 위한 기능 제공

9.6.2 Ajax 기본 문법

Ajax 요청을 수행하기 위해 jQuery의 $.ajax( ) 메서드를 사용할 수 있습니다. 기본적인 사용법은 다음과 같습니다.

(1) jQuery 설치

jQuery를 프로젝트에 추가하기 위해 아래의 명령어로 설치합니다.

```
npm install jquery
```

설치 후에 Vue 3 컴포넌트에서 jQuery를 가져옵니다.

```
import $ from 'jquery';
```

(2) GET 요청

GET 요청은 서버에서 데이터를 가져오는 데 사용됩니다. 아래는 jQuery를 사용하여 GET 요청을 수행하는 예시입니다.

```
01  const fetchData = () => {
02    $.ajax({ url: 'https://jsonplaceholder.typicode.com/posts', method: 'GET', // 요청 메서드
03      success: (data) => {
04        console.log('가져온 데이터:', data); // 가져온 데이터 처리
05      },
06      error: (jqXHR, textStatus, errorThrown) => {
07        console.error('에러 발생:', textStatus, errorThrown); // 에러 처리
08      },
09    });
10  };
11  fetchData();
```

➡ url로 지정된 API에서 데이터를 GET 메서드로 요청합니다.

➡ 요청이 성공하면 success 콜백 함수가 실행되어, 응답받은 data를 콘솔에 출력합니다.

- 에러 발생 시 error 콜백 함수가 호출되어 에러 상태(textStatus)와 메시지(errorThrown)를 출력합니다.

(3) POST 요청

POST 요청은 서버에 데이터를 전송하는 데 사용됩니다. 아래는 jQuery를 사용하여 POST 요청을 수행하는 예시입니다.

```
01  const postData = (data) => {
02    $.ajax({ url: 'https://jsonplaceholder.typicode.com/posts', method: 'POST', // 요청 메서드
03      contentType: 'application/json', // 전송할 데이터의 형식
04      data: JSON.stringify(data), // 전송할 데이터
05      success: (response) => {
06        console.log('서버에서 반환된 데이터:', response); // 서버에서 반환된 데이터 처리
07      },
08      error: (jqXHR, textStatus, errorThrown) => {
09        console.error('에러 발생:', textStatus, errorThrown); // 에러 처리
10      },
11    });
12  };
13  postData({ title: 'foo', body: 'bar', userId: 1 });
```

- POST 메서드로 data 객체를 서버에 전송합니다.
- 요청이 성공하면 success 콜백 함수가 실행되어 서버로부터 반환된 response 데이터를 콘솔에 출력합니다.
- 에러 발생 시 error 콜백에서 에러 상태와 메시지를 콘솔에 출력합니다.

(4) PUT 요청

PUT 요청은 기존 데이터를 수정하는 데 사용됩니다. 아래는 jQuery를 사용하여 PUT 요청을 수행하는 예시입니다.

```
01  const updateData = (id, data) => {
02    $.ajax({ url: `https://jsonplaceholder.typicode.com/posts/${id}`,
```

```
       method: 'PUT', // 요청 메서드
03         contentType: 'application/json', // 전송할 데이터의 형식
04         data: JSON.stringify(data), // 전송할 데이터
05         success: (response) => {
06           console.log('수정된 데이터:', response); // 서버에서 반환된 데이터 처리
07         },
08         error: (jqXHR, textStatus, errorThrown) => {
09           console.error('에러 발생:', textStatus, errorThrown); // 에러 처리
10         },
11     });
12   };
13   updateData(1, { title: 'updated title', body: 'updated body', userId: 1 });
```

→ PUT 메서드를 통해 id에 해당하는 데이터를 수정하기 위해 서버에 요청합니다.

→ 요청 성공 시 success 콜백이 호출되어, 수정된 데이터(response)를 콘솔에 출력합니다.

→ 에러 발생 시 error 콜백에서 에러 상태와 메시지를 출력합니다.

(5) PATCH 요청

PATCH 요청은 리소스의 부분적인 수정을 할 때 사용됩니다. 아래는 jQuery를 사용하여 PATCH 요청을 수행하는 예시입니다.

```
01   const patchData = (id, data) => {
02     $.ajax({ url: `https://jsonplaceholder.typicode.com/posts/${id}`, method: 'PATCH', // 요청 메서드
03         contentType: 'application/json', // 전송할 데이터의 형식
04         data: JSON.stringify(data), // 전송할 데이터
05         success: (response) => {
06           console.log('부분 수정된 데이터:', response); // 서버에서 반환된 데이터 처리
07         },
08         error: (jqXHR, textStatus, errorThrown) => {
09           console.error('에러 발생:', textStatus, errorThrown); // 에러 처리
10         },
11     });
12   };
13   patchData(1, { title: 'partially updated title' });
```

→ PATCH 메서드를 사용해 id에 해당하는 리소스의 일부 필드를 업데이트합니다.

➔ 요청이 성공하면 success 콜백이 호출되어 수정된 데이터(response)를 출력합니다.

➔ 에러가 발생하면 error 콜백에서 이를 처리하고 에러 상태와 메시지를 출력합니다.

(6) DELETE 요청

DELETE 요청은 서버에서 특정 리소스를 삭제하는 데 사용됩니다. 아래는 jQuery를 사용하여 DELETE 요청을 수행하는 예시입니다.

```
01   const deleteData = (id) => {
02     $.ajax({
03       url: `https://jsonplaceholder.typicode.com/posts/${id}`, method: 'DELETE', // 요청 메서드
04       success: () => { console.log('삭제 성공'); }, // 성공 메시지
05       error: (jqXHR, textStatus, errorThrown) => {
06         console.error('에러 발생:', textStatus, errorThrown); // 에러 처리
07       },
08     });
09   };
10   deleteData(1);
```

➔ DELETE 메서드를 사용해 id에 해당하는 리소스를 서버에서 삭제합니다.

➔ 요청이 성공하면 success 콜백에서 삭제 성공 메시지를 출력합니다.

➔ 에러 발생 시 error 콜백에서 에러 상태와 메시지를 콘솔에 출력합니다.

9.6.3 에러 처리

jQuery Ajax 요청에서 에러 처리 방법은 다음과 같습니다. $.ajax( ) 메서드의 error 콜백 함수를 사용하여 에러를 처리합니다.

```
const fetchDataWithErrorHandling = () => {
  $.ajax({
    url: 'https://jsonplaceholder.typicode.com/posts/invalid-url', // 잘못된 URL
    method: 'GET', // 요청 메서드
    success: (data) => {
```

```
            console.log('가져온 데이터:', data); // 성공 시 처리
        },
        error: (jqXHR, textStatus, errorThrown) => {
            if (jqXHR.status === 404) {
                console.error('404 에러: 요청한 리소스를 찾을 수 없습니다.'); // 404 에러 처리
            } else {
                console.error('에러 발생:', textStatus, errorThrown); // 일반 에러 처리
            }
        },
    });
};
fetchDataWithErrorHandling();
```

9.7 백엔드 개발환경 구축

이번 절에서는 비동기 요청 방식 실습을 위해 데이터베이스인 MariaDB 10과 Java 17, 편집기인 STS(Spring Tools Suite)를 설치하여 백엔드 개발환경을 구축하겠습니다.

9.7.1 기본 데이터베이스 구축

데이터베이스 시스템에는 여러 가지가 있지만, 현재 무료이면서 많은 장점이 있는 MariaDB 10을 다운로드 받아 설치하고 데이터베이스와 테이블을 생성할 것입니다. 생성된 테이블에는 시험용 데이터인 더미 데이터를 추가하는 과정까지 진행하겠습니다.

(1) MariaDB 다운로드

① 웹 브라우저에서 MariaDB 다운로드 페이지(https://mariadb.org/download)로 이동합니다.

② 다운로드 페이지에서 [그림 9-9]와 같이 MariaDB 서버 버전(MariaDB Server Version), 운영체제(Operating System), 아키텍처(Architecture), 패키지 유형(Package Type)을 선택합니다.

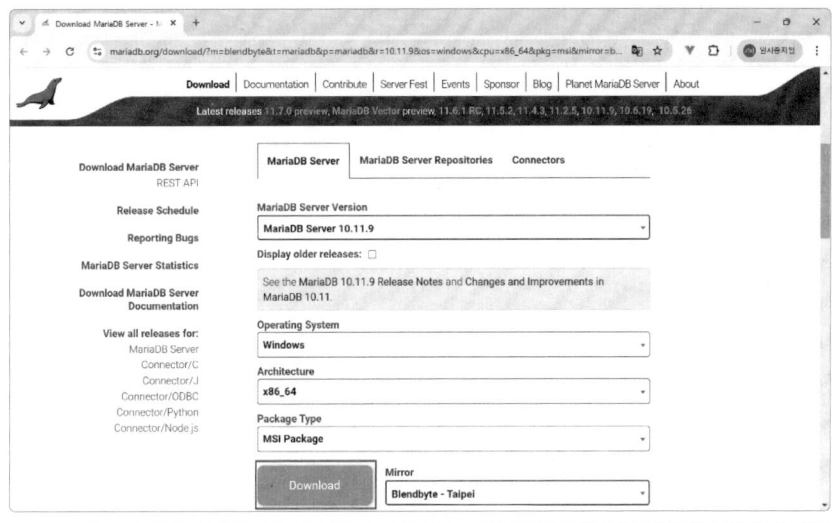

[그림 9-9] MariaDB 다운로드

③ 다운로드 받을 MariaDB의 선택 사항을 다시 한번 확인하고 [Download] 버튼을 눌러 다운로드를 진행합니다.

(2) MariaDB 설치

① 다운로드 받은 "mariadb-10.11.9-winx64.msi"를 더블클릭하여 설치를 시작합니다. MariaDB 설치 화면인 Welcome to the MariaDB Setup Wizard가 시작되면 [Next] 버튼을 누릅니다.

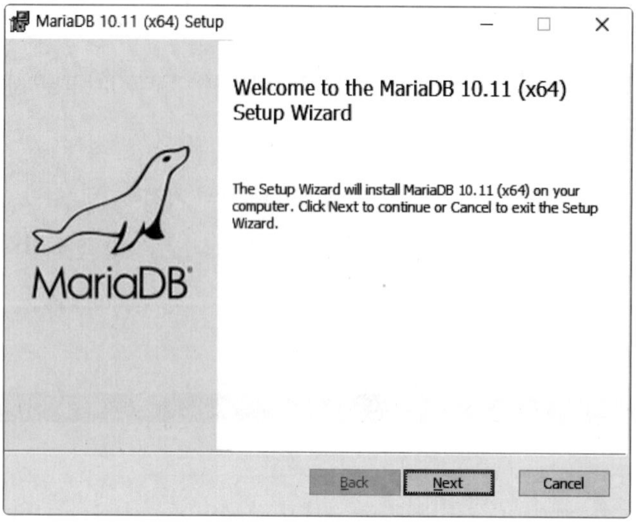

[그림 9-10] MariaDB 설치 시작

② 라이선스 동의(End-User License Agreement) 창이 표시되면 I accept the terms in the License Agreement 앞의 체크 박스를 체크하여 라이선스에 동의하고 [Next] 버튼을 누릅니다.

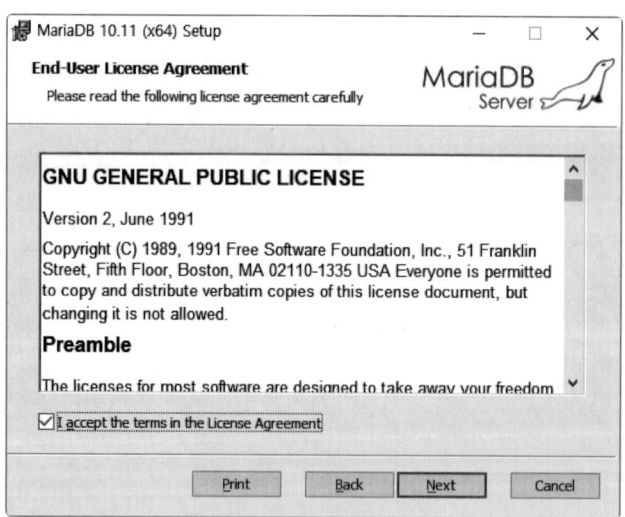

[그림 9-11] 라이선스 동의

③ 사용자 설정(Custom Setup) 창이 표시되면 설치할 디렉터리인 Location을 확인하고 설치할 구성요소를 선택한 후 [Next] 버튼을 누릅니다.

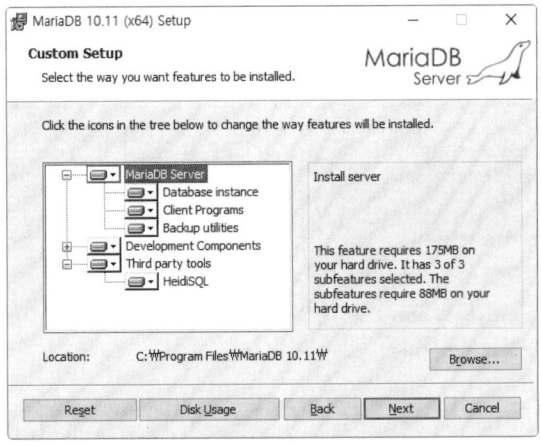

[그림 9-12] 사용자 설정

④ 기본 속성 설정(Default instance properties) 창이 표시되면 root 사용자의 비밀번호와 비밀번호 확인을 똑같이 입력하고 root 사용자의 원격 접속 가능(Enable access from remote machines for 'root' user) 항목 앞의 체크 박스를 체크하고 캐릭터셋 UTF-8 기본 사용(Use UTF8 as default servers character set) 항목 앞의 체크박스를 체크한 후 [Next] 버튼을 누릅니다.

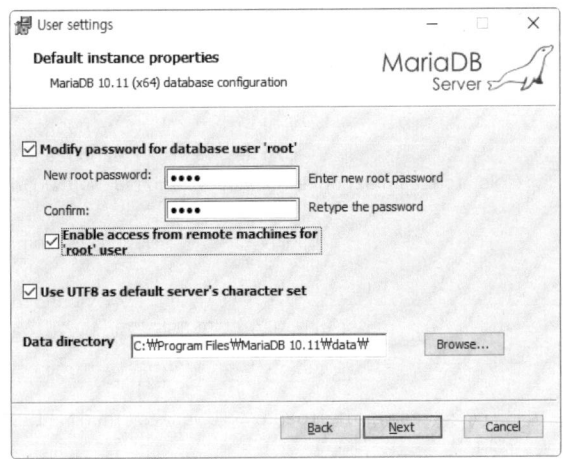

[그림 9-13] 기본 속성 설정

⑤ 데이터베이스 기본 속성 설정(Default instance properties) 창이 열리면 TCP port를 3307로 변경하고 [Next] 버튼을 누릅니다.

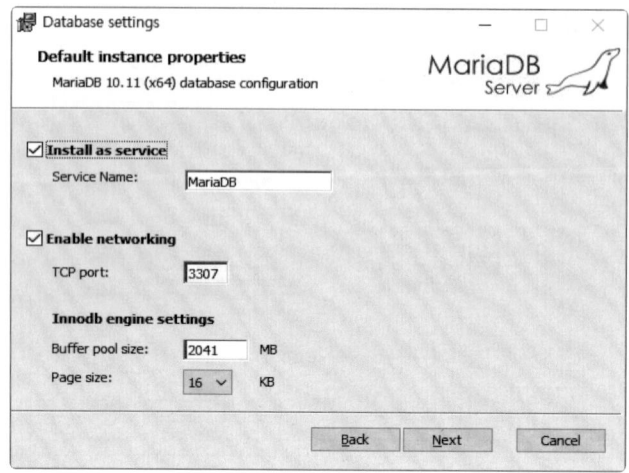

[그림 9-14] 데이터베이스 서버 기본 속성 설정

⑥ MariaDB 설치 준비 화면(Ready to install MariaDB) 창이 열리면 [Install] 버튼을 누릅니다.

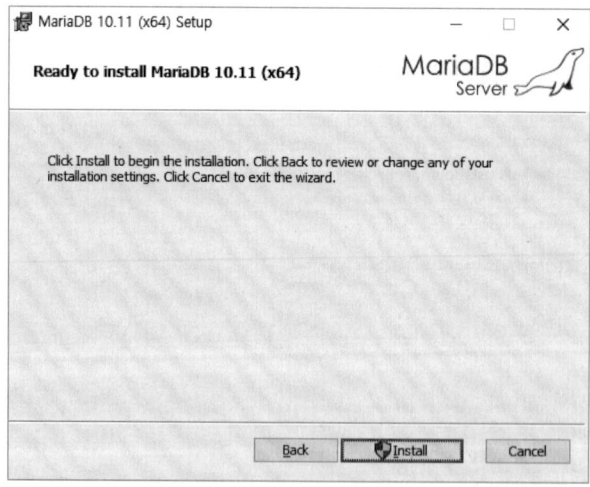

[그림 9-15] MariaDB 설치 준비

⑦ MariaDB 설치 완료(Complete the MariaDB Setup Wizard) 창이 열리면 [Finish] 버튼을 눌러 설치를 완료합니다.

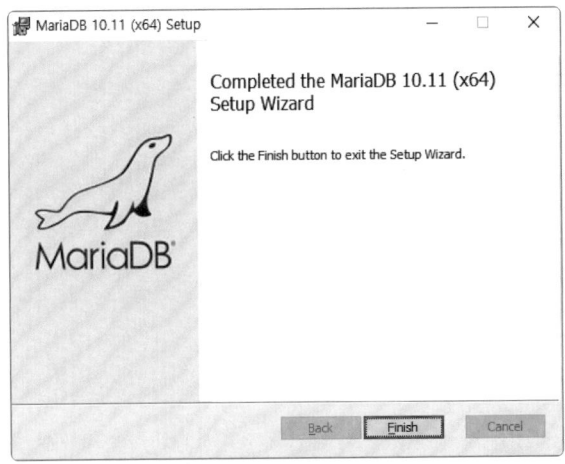

[그림 9-16] MariaDB 설치 완료

(3) MariaDB 데이터베이스 및 테이블 작성과 샘플 데이터 추가

① MariaDB 설치가 모두 완료되면 시작 메뉴의 MariaDB 프로그램 그룹 HeidiSQL을 실행하고 [그림 9-17]과 같이 호스트명: 127.0.0.1, 사용자: root, 암호: 1234, 포트: 3307을 입력하고 [열기] 버튼을 누릅니다.

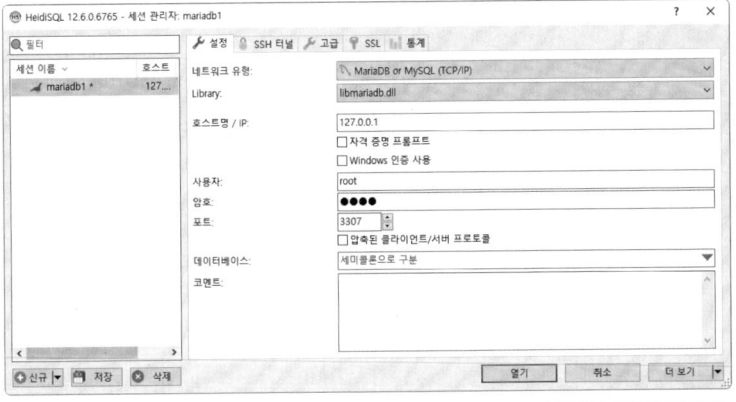

[그림 9-17] MariaDB 접속

② HeidiSQL 편집창이 열리면 [그림 9-18]과 같이 명령을 입력하고 한 블록마다 범위를 지정한 후 [Shift]+[Ctrl]+[F9]를 눌러 블록 단위 SQL 명령을 실행합니다.

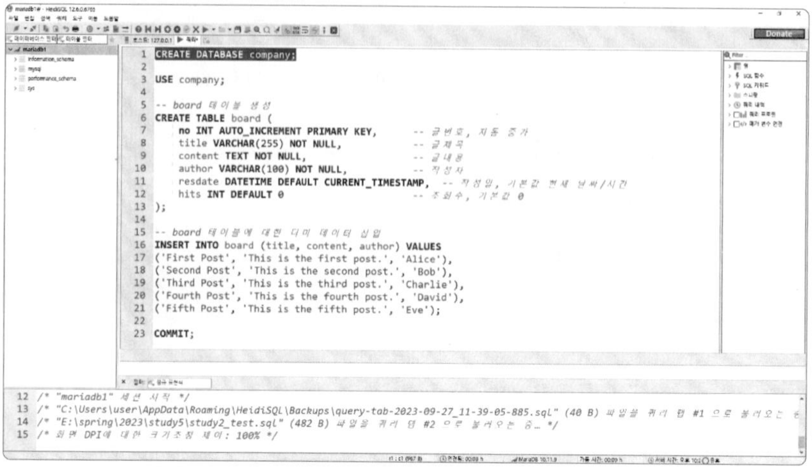

[그림 9-18] MariaDB 데이터베이스 구축

9.7.2 Java 개발환경 구축

미리 준비된 웹 서버 프로그래밍의 예시 코드가 Java 17로 작업되어 있어 실행을 하려면 Java 17을 설치하고 실행 가능한 상태로 구축을 해야 합니다.

(1) Java 다운로드

① Zulu OpenJDK 다운로드 페이지(https://www.azul.com/downloads)로 이동하고, [그림 9-19]와 같이 자바 버전, 운영체제, 아키텍처에 맞게 선택한 후 [Download] 버튼을 눌러 Java 17 msi를 다운로드 합니다.

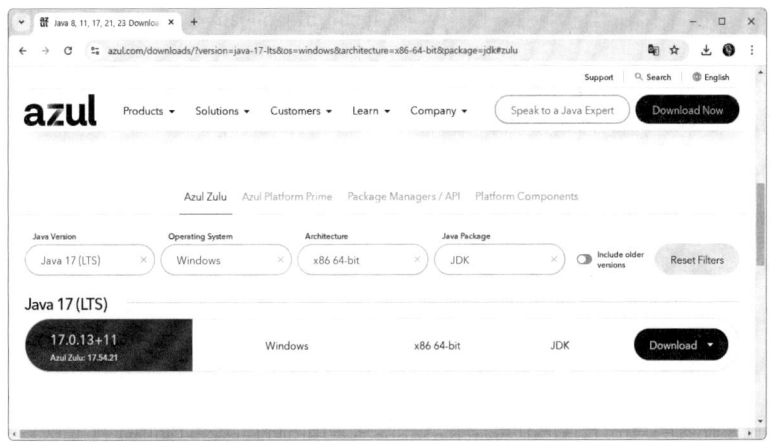

[그림 9-19] Java 다운로드

② 다운로드 받은 "zulu17.54.21-ca-jdk17.0.13-win_x64.msi" 파일을 더블클릭하여 설치를 진행합니다.

(2) **Java 설치**

① Zulu JDK 설치(Azul Zulu JDK Setup) 창이 열리면 [Next] 버튼을 누릅니다.

[그림 9-20] Java 설치 시작

② 사용자 설정(Custom Setup) 창이 로딩되면 창의 가운데에 있는 Set JAVA_HOME variable 항목을 "Entire feature will be unavailable"에서 "Entire feature will be installed on local hard drive"로 변경한 후 [Next] 버튼을 누릅니다.

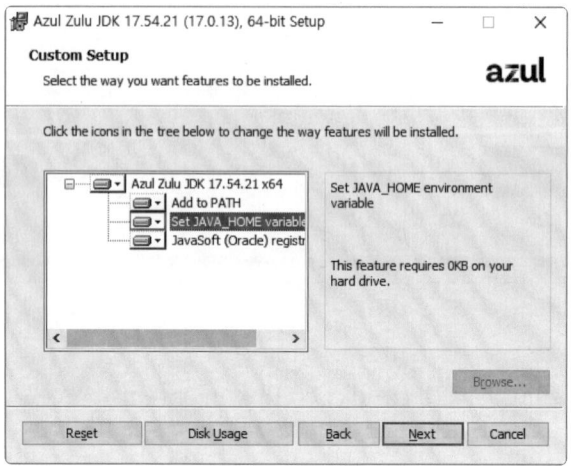

[그림 9-21] Java 사용자 옵션 지정

③ Azul Zulu JDK 설치 준비 화면(Ready to install Azul Zulu JDK)이 열리면 [Install] 버튼을 누릅니다.

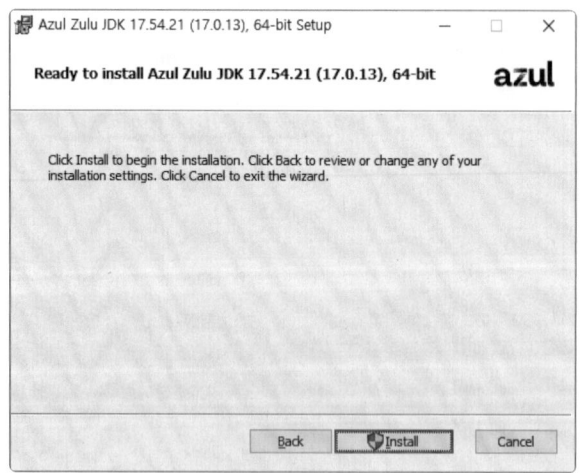

[그림 9-22] Java 설치 준비

④ Azul Zulu JDK 설치 완료(Complete the install Azul Zulu JDK Setup Wizard) 창이 열리면 [Finish] 버튼을 눌러 설치를 완료합니다.

[그림 9-23] Java 설치 완료

⑤ Java 설치가 완료되면 [그림 9-24]와 같이 "cmd"를 열고 "java -version" 명령을 실행하여 자바가 올바르게 설치가 되었는지 확인합니다.

[그림 9-24] Java 설치 확인

9.7.3 IDE 편집기 설치 및 설정

서버 측 프로그래밍은 자바 웹 개발 프레임워크인 Spring Boot 3로 준비되어 있어 STS (Spring Tools Suite) 4 편집기를 설치하여 작업된 백엔드 부분을 열어 필요한 작업을 진행해야 합니다.

(1) STS 4 다운로드

STS 4 다운로드 페이지(https://spring.io/tools)로 이동하여 Spring Tools 4 for Eclipse의 [4.26.0 - Windows X86_64] 버튼을 눌러 STS 4를 다운로드 받습니다.

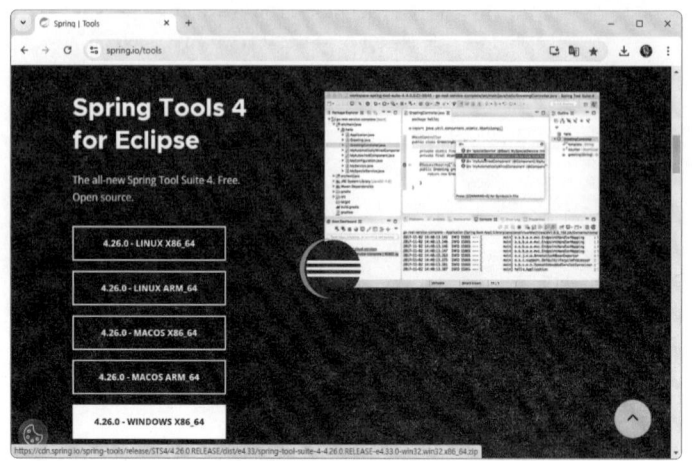

[그림 9-25] STS 4 다운로드

(2) STS 4 설치 및 워크스페이스 설정

① STS 4 다운로드가 완료되면 "spring-tool-suite-4-4.26.0.RELEASE-e4.33.0-win32.win32.x86_64.zip"과 같이 파일 이름이 너무 길어 불편하므로 "STS426.zip"으로 파일 이름을 변경하고 마우스 오른쪽 버튼을 눌러 STS426에 압축풀기를 합니다.

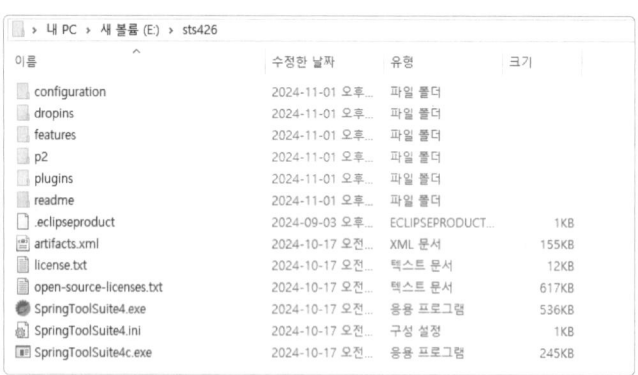

[그림 9-26] STS 4 프로그램 파일 목록

② 압축이 푼 내용 중에서 "SpringToolSuite4.exe"를 더블클릭하여 STS 4를 시작합니다.

[그림 9-27] STS 4 부팅 화면

③ Spring Tool Suite 4 Launcher의 워크스페이스 선택(Select a directory as workspace) 대화상자에서 [그림 9-28]과 같이 해당 백엔드 디렉터리를 선택하고 [Launch] 버튼을 누릅니다.

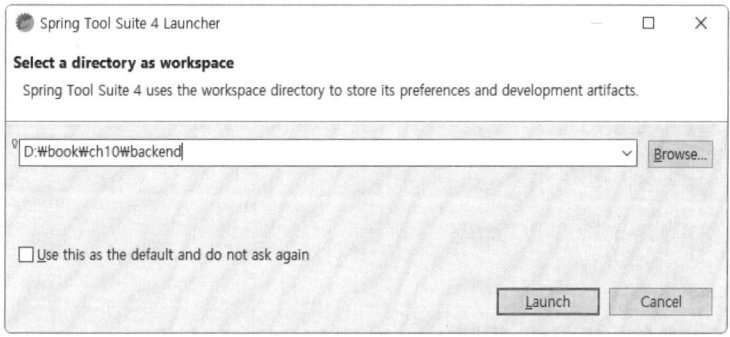

[그림 9-28] 워크스페이스 설정

④ [그림 9-29]와 같이 워크스페이스의 프로젝트가 열리면 백엔드 프로젝트를 실행합니다.

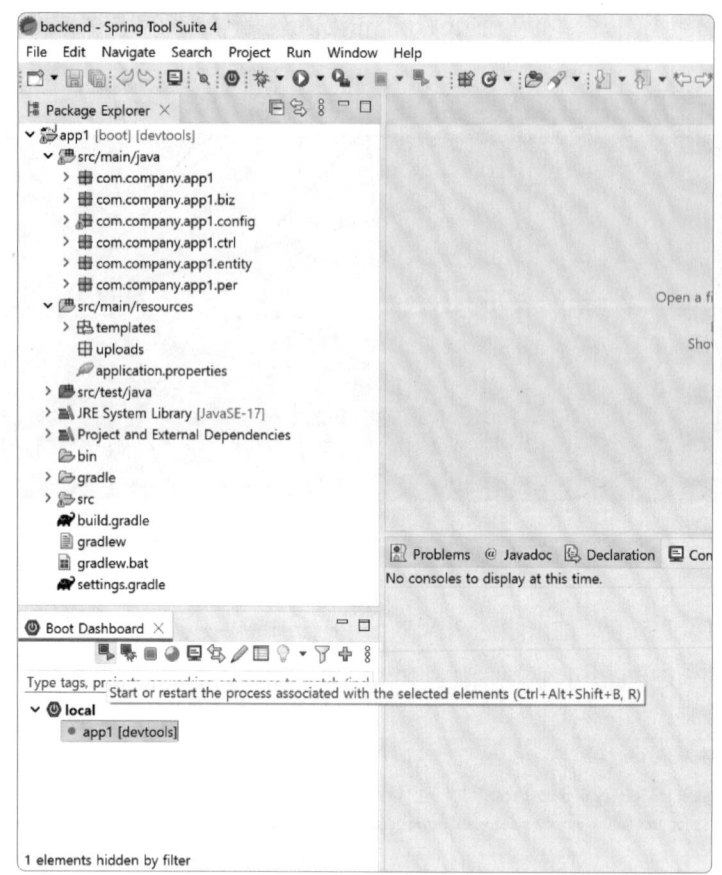

[그림 9-29] 백엔드 프로젝트 실행

9.8 비동기 처리 게시판 애플리케이션 프로젝트 실습

웹 애플리케이션 개발을 배울 때 게시판 시스템을 기본으로 배우고 있습니다. 그래서 이번 절에서는 앞서 배운 Promise, Fetch API, Axios, jquery ajax, Vue Query 등의 비동기 처리 라이브러리나 API를 모두 활용한 게시판 프로젝트 애플리케이션을 작성해 보겠습니다.

9.8.1 공지사항 게시판 웹 애플리케이션 프로젝트 생성

이번 프로젝트에서는 Vue 3의 Composition API와 Pure CSS 프레임워크를 사용하여 비동기 게시판 애플리케이션을 만들 것입니다. 이 애플리케이션은 Spring Boot를 백엔드로 사용하며 RESTful API를 통해 데이터 통신을 수행합니다.

(1) 프로젝트 생성 명령어

새로운 프로젝트인 ch09_myapp 애플리케이션을 생성하고 해당 디렉터리인 ch09_myapp으로 이동합니다.

```
vue create ch09_myapp
cd ch09_myapp
```

→ vue create ch09_myapp은 새로운 애플리케이션을 생성하고 필요한 요소를 구성합니다.

→ cd ch09_myapp은 생성된 애플리케이션 디렉터리로 이동합니다.

9.8.2 프로젝트 구조와 라이브러리 설치

이 애플리케이션 프로젝트의 구조와 필요한 라이브러리를 설치하겠습니다. 애플리케이션 프로젝트의 구조는 각종 설정 파일과 컴포넌트 그리고 페이지 등으로 구성되어 있으며, 작성을 완료하고 애플리케이션을 실행하게 되면 [그림 9-31]과 같은 애플리케이션이 실행됩니다.

(1) 프로젝트 구조와 실행 미리 보기

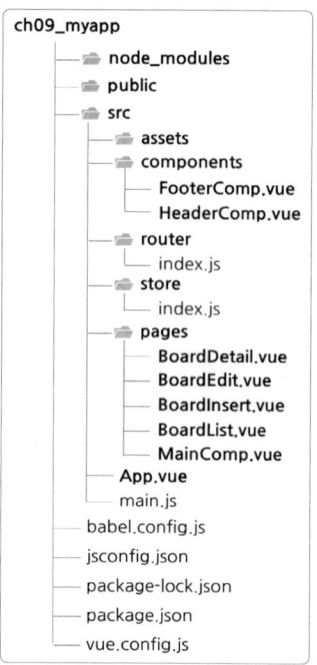

router/index.js: 컴포넌트와 페이지 간의 이동 정보가 있는 라우터 정보가 저장됩니다.

store/index.js: 애플리케이션에서 공통으로 필요한 데이터를 저장합니다. 여기에서는 기본값 그대로 이용하겠습니다.

아래 [그림 9-31]은 애플리케이션을 실행하고 난 맨 처음 화면입니다. [게시판 목록] 메뉴나 [게시판 글 등록] 메뉴를 선택하여 작업을 진행합니다.

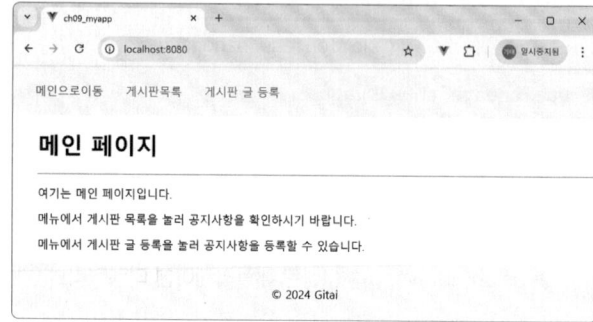

[그림 9-30] ch09_myapp 프로젝트 구조   [그림 9-31] ch09_myapp 실행 화면

(2) 라이브러리 설치 명령어

프로젝트에 스타일을 적용할 Pure CSS Framework를 설치하고 페이지나 컴포넌트를 연결할 Router와 상태 관리 라이브러리인 Vuex를 추가합니다.

```
npm install purecss
vue add router
vue add vuex
```

→ npm install purecss는 Pure CSS Framework를 설치하는 명령어입니다.

→ vue add router는 현재 프로젝트에 router를 추가하고 router 파일인 src/router/index.js를 기본값 형태로 생성하는 명령어입니다.

→ vue add vuex는 현재 프로젝트에 Vuex 패턴을 추가하고 store 파일인 src/store/index.js를 기본값 형태로 생성하는 명령어입니다.

9.8.3 프로젝트 설정

Vue.js 3 애플리케이션의 기본적인 설정 파일로 전체 애플리케이션의 주요 구성요소를 포함하고 있습니다. 여기서는 애플리케이션 초기화, 라우터 설정, 상태 관리 설정, 그리고 전체 화면을 구성하는 App.vue의 구조를 설정하겠습니다.

(1) 애플리케이션 설정(main.js)

main.js는 애플리케이션을 생성하고 App.vue를 #app 요소에 마운트합니다. 여기에는 router와 store가 사용되어 전체 앱의 라우팅과 상태 관리 기능을 제공합니다.

```
src/main.js
01    import { createApp } from 'vue'
02    import App from './App.vue'
03    import router from './router'
04    import store from './store'
05    import 'purecss/build/pure-min.css'
06    createApp(App).use(store).use(router).use(store).use(router).mount('#app')
```

- ➡ router는 src/router/index.js에서 설정한 라우터 인스턴스를 임포트하여 앱에 사용합니다.
- ➡ store는 상태 관리 라이브러리(Vuex)를 통해 전역 상태 관리 기능을 제공합니다.
- ➡ purecss는 CSS 프레임워크를 임포트하여 기본적인 스타일을 애플리케이션에 적용합니다.

(2) 라우터 설정(router/index.js)

router/index.js는 라우터 설정 파일로 앱의 여러 페이지에 대해 라우팅 규칙을 정의하여 페이지 간 전환을 관리합니다.

```
src/router/index.js
01    import { createRouter, createWebHistory } from 'vue-router';
02    import MainComp from '../pages/MainComp.vue';
03    const routes = [
```

```
04      { path: '/', name: 'main', component: MainComp, },
05      { path: '/boards', name: 'boards',
06        component: () => import(/* webpackChunkName: "boards" */ '../pages/
BoardList.vue'), },
07      { path: '/boards/insert', name: 'board-insert',
08        component: () => import(/* webpackChunkName: "board-insert" */ '../
pages/BoardInsert.vue'), },
09      { path: '/boards/detail/:no', name: 'board-detail',
10        component: () => import(/* webpackChunkName: "board-detail" */ '../
pages/BoardDetail.vue'),
11        props: true, // no 파라미터를 컴포넌트에 전달 },
12      { path: '/boards/edit/:no', name: 'board-edit',
13        component: () => import(/* webpackChunkName: "board-edit" */ '../
pages/BoardEdit.vue'), props: true, },
14    ];
15    const router = createRouter({
16      history: createWebHistory(process.env.BASE_URL), routes,
17    });
18    export default router;
```

- routes 배열에는 각 페이지에 대한 경로(path)와 컴포넌트(component) 정보가 정의되어 있습니다.

- 각 경로에는 name 속성이 있어 라우터 네임드 라우팅 방식으로 접근이 가능합니다.

- component는 해당 경로가 선택되었을 때 로드할 컴포넌트를 지정합니다.

- /boards/detail/:no와 /boards/edit/:no 경로의 경우 동적 파라미터(no)를 사용하여 라우터에 의해 전달된 no 값을 해당 컴포넌트로 전달할 수 있습니다.

(3) 메인 앱 설정(App.vue)

App.vue는 앱의 최상위 컴포넌트로 각 페이지에서 공통적으로 보이는 헤더와 푸터를 포함하고 router-view를 통해 라우팅된 컴포넌트를 렌더링합니다.

src/App.vue

```
01    <template>
02      <div id="app">
03        <HeaderComp />
04        <router-view />
```

```
05        <FooterComp />
06      </div>
07    </template>
08    <script setup>
09    import HeaderComp from './components/HeaderComp.vue';
10    import FooterComp from './components/FooterComp.vue';
11    </script>
```

→ <div id="app"> 요소는 앱의 루트 요소로, App.vue 컴포넌트가 마운트되는 위치입니다.

→ <HeaderComp />는 모든 페이지에서 상단에 표시될 헤더 컴포넌트를 렌더링합니다.

→ <router-view />는 라우터가 렌더링할 컴포넌트를 표시하는 자리입니다. 사용자가 URL을 변경하거나 내비게이션 링크를 클릭하면 해당 위치에 라우터에서 지정한 컴포넌트가 렌더링됩니다.

→ <FooterComp />:는 모든 페이지에서 하단에 표시될 푸터 컴포넌트를 렌더링합니다.

9.8.4 컴포넌트 작성

애플리케이션의 공통 표시 영역인 헤더와 푸터 영역을 컴포넌트로 작성하고 홈 뷰, 공지사항 글 목록, 공지사항 글 상세보기, 공지사항 등록, 공지사항 수정 페이지 등을 작성합니다.

(1) 헤더 컴포넌트(HeaderComp.vue)

헤더에는 내비게이션 메뉴가 포함되어 있어 사용자가 메인 페이지, 게시판 목록, 게시글 등록 페이지로 쉽게 이동할 수 있습니다.

src/components/HeaderComp.vue

```
01    <template>
02      <header>
03        <nav class="pure-menu pure-menu-horizontal">
04          <router-link to="/" class="pure-menu-heading">메인으로이동</router-link>
05          <ul class="pure-menu-list">
06            <li class="pure-menu-item"><router-link to="/boards" class="pure-menu-link">게시판목록</router-link></li>
07            <li class="pure-menu-item"><router-link to="/boards/insert" class="pure-menu-link">게시판 글 등록</router-link></li>
```

```
08          </ul>
09        </nav>
10    </header>
11  </template>
12  <script setup>
13  </script>
```

→ 헤더 구조에는 내비게이션 바가 있고, router-link를 사용해 라우팅을 제공합니다.

→ router-link는 클릭 시 to 속성에 지정된 라우터로 이동합니다.

→ 이 컴포넌트는 setup 구문을 사용해 별다른 자바스크립트 로직은 필요 없습니다.

(2) 푸터 컴포넌트(FooterComp.vue)

페이지 하단에 있는 푸터로, 간단한 카피라이트 문구를 포함합니다.

src/components/FooterComp.vue
```
01  <template>
02    <footer class="pure-g">
03      <div class="pure-u-1">
04        <p>&copy; 2024 Gitai</p>
05      </div>
06    </footer>
07  </template>
08  <script setup>
09  </script>
```

→ <footer> 태그 안에 카피라이트 문구를 표기합니다.

→ 이 컴포넌트는 setup을 사용하지만, JavaScript 로직이 필요하지 않습니다.

(3) 홈 뷰(MainComp.vue)

MainComp.vue는 애플리케이션 렌더링 시 가장 처음 로딩되는 페이지로 웹사이트의 메인 페이지에 해당합니다.

src/views/MainComp.vue

```
01  <template>
02    <div class="container">
03      <h1>메인 페이지</h1>
04      <hr />
05      <p>여기는 메인 페이지입니다.</p>
06      <p>메뉴에서 게시판 목록을 눌러 공지사항을 확인하시기 바랍니다.</p>
07      <p>메뉴에서 게시판 글 등록을 눌러 공지사항을 등록할 수 있습니다.</p>
08    </div>
09  </template>
10  <script setup>
11  </script>
12  <style>
13  .container { padding-left:36px; }
14  </style>
```

➡ 위 코드는 사용자에게 사이트 기능을 간략히 소개하며 다른 페이지로의 탐색을 독려하는 텍스트 정보를 제공합니다.

➡ 간단한 구조와 스타일을 사용해 구성했으며 사용자에게 적절한 여백과 시각적 구분을 제공하여 읽기 편한 메인 화면을 만듭니다.

➡ 사용 사례로는 애플리케이션의 첫 화면으로 지정하거나, 주요 페이지로의 접근을 독려하는 페이지로 활용할 수 있습니다.

(4) 글 목록 페이지(BoardList.vue)

게시판 목록 페이지로 게시글 목록을 불러와서 렌더링하며 글 등록 링크가 포함됩니다.

src/pages/BoardList.vue

```
01  <template>
02    <div class="board-list pure-g">
03      <div class="pure-u-1">
04        <h1>게시판 목록</h1>
05        <ul class="pure-menu-list">
06          <li class="pure-menu-item" v-for="board in boards" :key="board.no">
07            <router-link class="pure-menu-link" :to="'/boards/detail/' + board.no">{{ board.title }}</router-link>
08          </li>
09        </ul>
```

```
10          <router-link to="/boards/insert" class="pure-button pure-button-
primary">[글등록]</router-link>
11        </div>
12      </div>
13    </template>
14    <script setup>
15    import { ref, onMounted } from 'vue';
16    const boards = ref([]);
17    const fetchBoards = () => {
18      return new Promise((resolve, reject) => {
19        fetch('http://localhost:8081/boards/list')
20          .then(response => {
21            if (!response.ok) throw new Error('Network response was not ok');
22            return response.json();
23          })
24          .then(data => {
25            boards.value = data;
26            resolve(data);
27          })
28          .catch(error => {
29            console.error('Error fetching boards:', error);
30            reject(error);
31          });
32      });
33    };
34    onMounted(fetchBoards);
35    </script>
```

- v-for로 boards 목록을 순회하며, 각 게시글을 router-link로 링크하여 상세 페이지로 이동 가능하게 만듭니다. 하단에 [글등록] 링크가 있어 게시글 등록 페이지로 이동할 수 있습니다.

- onMounted를 사용하여 컴포넌트가 마운트될 때 fetchBoards 함수를 호출하여 게시글 목록을 가져옵니다.

- fetchBoards는 Promise로 fetch API를 사용해 비동기적으로 게시글 목록을 서버에서 불러옵니다.

(5) 글 상세보기 페이지(BoardDetail.vue)

게시글의 상세 정보를 확인하고, 글 삭제와 글 수정 기능을 제공합니다.

```
src/pages/BoardDetail.vue
01  <template>
02      <div class="board-detail pure-g">
03        <div class="pure-u-1">
04          <h1>게시글 상세보기</h1>
05          <div v-if="board" class="board-content">
06            <h2>{{ board.title }}</h2>
07            <p><strong>작성자:</strong> {{ board.author }}</p>
08            <p><strong>작성일시:</strong> {{ board.resdate }}</p>
09            <p><strong>조회수:</strong> {{ board.visited }}</p>
10            <p>{{ board.content }}</p>
11            <div class="button-group">
12              <button @click="deleteBoard" class="pure-button pure-button-error">[글 삭제]</button>
13              <router-link :to="'/boards/edit/' + board.no" class="pure-button pure-button-primary">[글 수정]</router-link>
14              <router-link to="/boards" class="pure-button">[글 목록]</router-link>
15            </div>
16          </div>
17        </div>
18      </div>
19  </template>
20  <script setup>
21  import { ref, onMounted } from 'vue';
22  import { useRoute, useRouter } from 'vue-router';
23  const route = useRoute();
24  const router = useRouter();
25  const board = ref(null);
26  const fetchBoard = () => {
27    fetch(`http://localhost:8081/boards/detail/${route.params.no}`)
28      .then(response => response.json())
29      .then(data => { board.value = data; })
30      .catch(error => { console.error('Error fetching board:', error); });
31  };
32  const deleteBoard = () => {
33    fetch(`http://localhost:8081/boards/delete/${board.value.no}`, { method: 'DELETE' })
34      .then(() => { router.push('/boards'); })
35      .catch(error => { console.error('Error deleting board:', error); });
36  };
37  onMounted(fetchBoard);
38  </script>
```

➡ 게시글 정보가 표시되며, [글 수정] 및 [글 삭제] 버튼이 제공됩니다. 삭제 버튼 클릭 시 deleteBoard 함수가 실행됩니다.

➡ fetchBoard는 게시글 번호에 따라 게시글 데이터를 가져옵니다.

➡ deleteBoard는 fetch API의 DELETE 메서드를 사용하여 게시글을 삭제하고, 완료 시 게시판 목록으로 이동합니다.

(6) 글 등록 페이지(BoardInsert.vue)

새로운 게시글을 등록할 수 있는 컴포넌트로 제목, 내용, 작성자를 입력받아 서버로 POST 요청을 보냅니다.

```
src/pages/BoardInsert.vue
01    <template>
02      <div class="board-insert">
03        <h1>게시글 등록</h1>
04        <form @submit.prevent="insertBoard" class="pure-form pure-form-aligned">
05          <fieldset>
06            <div class="pure-control-group">
07              <label>제목:</label><input v-model="board.title" required />
08            </div>
09            <div class="pure-control-group">
10              <label>내용:</label><textarea v-model="board.content" required></textarea>
11            </div>
12            <div class="pure-control-group">
13              <label>작성자:</label><input v-model="board.author" required />
14            </div>
15            <div class="pure-controls">
16              <button type="submit" class="pure-button pure-button-primary">[글 등록]</button>
17            </div>
18          </fieldset>
19        </form>
20      </div>
21    </template>
22    <script setup>
23    import { ref } from 'vue';
24    import { useRouter } from 'vue-router';
```

```
25    const router = useRouter();
26    const board = ref({
27      title: '', content: '', author: ''
28    });
29    const insertBoard = () => {
30      fetch('http://localhost:8081/boards/insert', {
31        method: 'POST', headers: { 'Content-Type': 'application/json' },
32        body: JSON.stringify(board.value)
33      })
34        .then(() => { router.push('/boards'); })
35        .catch(error => { console.error('Error inserting board:', error);
});
36    };
37  </script>
```

➡ 폼(form) 구조로 구성되며, 각 입력 필드는 v-model을 사용해 board 객체에 바인딩됩니다. [글 등록] 버튼을 클릭 시 insertBoard 함수를 호출하여 글을 등록하고 게시판 목록 페이지로 이동합니다.

➡ insertBoard 함수는 fetch API를 사용해 POST 요청을 보냅니다. 요청이 성공하면 router.push로 게시판 목록 페이지로 이동합니다.

(7) 글 수정 페이지(BoardEdit.vue)

기존 게시글을 수정할 수 있는 페이지로 사용자가 입력한 내용을 서버에 PUT 요청으로 전송합니다.

src/pages/BoardEdit.vue

```
01  <template>
02    <div class="board-edit">
03      <h1>게시글 수정</h1>
04      <form @submit.prevent="updateBoard" class="pure-form pure-form-aligned">
05        <fieldset>
06          <div class="pure-control-group">
07            <label>제목:</label>
08            <input v-model="board.title" required />
09          </div>
10          <div class="pure-control-group">
11            <label>내용:</label>
12            <textarea v-model="board.content" required></textarea>
13          </div>
```

```
14              <div class="pure-control-group">
15                <label>작성자:</label>
16                <input v-model="board.author" required />
17              </div>
18              <div class="pure-controls">
19                <button type="submit" class="pure-button pure-button-primary">[글 수정]</button>
20                <router-link to="/boards" class="pure-button">[글 목록]</router-link>
21              </div>
22            </fieldset>
23          </form>
24        </div>
25      </template>
26      <script setup>
27      import { ref, onMounted } from 'vue';
28      import { useRoute, useRouter } from 'vue-router';
29      const route = useRoute();
30      const router = useRouter();
31      const board = ref({});
32      const fetchBoard = () => {
33        fetch(`http://localhost:8081/boards/detail/${route.params.no}`)
34          .then(response => response.json())
35          .then(data => { board.value = data; })
36          .catch(error => { console.error('Error fetching board:', error); });
37      };
38      const updateBoard = () => {
39        fetch(`http://localhost:8081/boards/update/${board.value.no}`, {
40          method: 'PUT', headers: { 'Content-Type': 'application/json' }, body: JSON.stringify(board.value)
41        })
42          .then(() => { router.push('/boards'); })
43          .catch(error => {
44            console.error('Error updating board:', error);
45          });
46      };
47      onMounted(fetchBoard);
48      </script>
```

➜ 수정할 제목, 내용, 작성자를 입력받기 위한 필드를 포함하고 있습니다.

➜ 폼 전송: 사용자가 수정한 내용을 서버에 업데이트 요청합니다.

➜ fetchBoard 함수가 게시글 정보를 서버에서 불러온 후, 사용자는 내용을 수정하고 [글 수정] 버튼을 클릭하여 updateBoard 함수를 호출합니다. 이 함수는 수정된 정보를 서버에 PUT 요청으로 전송하고, 완료 후 게시판 목록으로 이동합니다.

9.8.5 애플리케이션 실행

모든 컴포넌트를 작성한 후 개발 서버를 실행하여 애플리케이션을 테스트합니다.

(1) 애플리케이션 실행

작성한 애플리케이션인 ch09_myapp을 개발자 서버로 실행합니다.

```
npm run serve
```

위 명령어를 실행하면 개발 서버가 시작되고 브라우저에서 http://localhost:8080에 접속하여 애플리케이션을 확인할 수 있습니다.

(2) 애플리케이션 빌드

애플리케이션을 프로덕션용으로 빌드하려면 다음 명령어를 실행합니다.

```
npm run build
```

빌드된 파일은 dist 폴더에 생성되며, 이를 서버에 배포할 수 있습니다.

> **[비동기 요청 방식 핵심 정리]**
>
> (1) 비동기 요청 방식: 응답을 기다리지 않고 다음 코드가 바로 실행됩니다. 비동기 방식은 UI 응답성을 높이며, 백그라운드에서 요청이 처리되는 동안 다른 작업을 이어갈 수 있게 해줍니다.
>
> (2) CORS: 웹 브라우저는 보안상의 이유로, 다른 도메인(origin)에서 자원을 요청할 경우 이를 차단합니다. 이를 "크로스 오리진(Cross-Origin)"이라고 하며, 기본적으로 Same-Origin 정책에 따라 서버가 허용한 요청만 받아들입니다.

(3) 서버 설정에 의한 크로스 오리진(CORS) 해결 방법: 서버에서 CORS 허용 헤더 (Access-Control-Allow-Origin)를 추가하여 클라이언트 요청을 허용할 수 있습니다.

(4) 프록시 서버를 우회한 크로스 오리진(CORS) 해결 방법: 개발환경에서는 프록시 서버를 이용해 동일한 도메인으로 요청을 보내는 방식으로 CORS 문제를 우회할 수 있습니다.

(5) JSONP를 활용한 크로스 오리진(CORS) 해결 방법: 일부 API는 JSONP 형식으로 스크립트 태그를 사용해 데이터를 반환하여 CORS 문제를 해결하기도 합니다.

(6) Promise: 자바스크립트 비동기 작업을 처리하는 객체로, 주어진 작업이 완료된 후 성공(resolve) 또는 실패(reject) 여부에 따라 후속 작업을 정의할 수 있습니다.

(7) Fetch API: fetch()는 자바스크립트에서 비동기 HTTP 요청을 보낼 수 있는 기본 API로, Promise를 반환하여 간결하게 요청을 처리할 수 있습니다.

(8) Axios: HTTP 요청을 보낼 수 있는 자바스크립트 라이브러리로, Promise 기반이며 간단한 API 제공과 브라우저 및 Node.js 환경 모두에서 동작합니다.

(9) jQuery AJAX: jQuery 라이브러리에서 제공하는 비동기 요청 기능으로, 비동기 통신을 단순화하여 다양한 설정을 손쉽게 적용할 수 있습니다.

이번 9장에서는 비동기 요청 방식을 통한 서버인 백엔드와 소통하는 방식인 GET, POST, PUT, PATCH, DELETE와 비동기 요청 방식을 지원하는 편리한 여러 라이브러리와 백엔드에서 제공하는 RESTful API 방식을 활용하여 Vue에서 서버와 연결하는 개념까지 살펴보았습니다.

다음 10장에서는 여러 컴포넌트나 뷰 또는 페이지 간 이동 시에 필요한 데이터의 유지와 상태에 관하여 살펴보겠습니다. 효율적이고 뛰어난 성능을 가진 애플리케이션을 만들기 위해서는 상태 관리 라이브러리는 선택이 아니라 필수입니다. 그리 어렵지 않으니 각 특성을 잘 파악하여 학습하면 됩니다.

PART 3.
Vue 3 종합 실전 프로젝트

PART 3에서는 Vue 3 프레임워크의 핵심 개념부터 다양한 실전 프로젝트를 통한 응용까지 깊이 있게 다루는 종합 실전 프로젝트입니다. Vue를 활용한 상태 관리 라이브러리, 프로그래밍 패턴, 백엔드 연동, 테스트 및 배포를 학습하게 되고 마지막으로는 실제 취업에 필요한 포트폴리오 프로젝트 구성까지 진행합니다.

Vue 생태계의 핵심 상태 관리 라이브러리인 Vuex와 Pinia를 사용해 볼 것이며, 프로그래밍 패턴에서는 Flux, MVVM, MVP 패턴을 이용해 다양한 구조의 애플리케이션을 설계합니다. 백엔드 연동에서는 Vue 프런트엔드와 다양한 백엔드 환경을 연동하여 완전한 풀스택 애플리케이션을 구축하는 방법을 다룹니다.

테스트 및 배포에서는 테스트와 배포 환경을 구축하여 애플리케이션의 신뢰성을 높이고 배포 과정을 최적화하는 방법을 살펴봅니다. 실무 프로젝트에서는 E-commerce 플랫폼, Project Management Tool, CMS(Content Management System), 소셜 미디어 플랫폼, 온라인 강의 플랫폼 같은 실제 사용 사례를 만들어보며 실무에서의 적용 과정을 직접 경험해 봅니다. 이를 통해 실제 사용자에게 다가갈 수 있는 애플리케이션을 설계하고 구현하는 역량을 갖추게 됩니다.

Chapter 10

상태 관리 라이브러리

Vue.js 애플리케이션에서 상태 관리는 컴포넌트 간에 데이터를 효율적으로 공유하고 관리하기 위해 필수적입니다. 이번 장에서는 Vue 3에서 상태 관리를 구현하기 위한 주요 라이브러리인 Vuex와 Pinia를 소개합니다.

만약 제공한 소스코드를 다운로드 받아 실습한다면 해당 프로젝트 디렉터리에서 반드시 npm install 명령을 실행하여 관련 라이브러리를 모두 설치해야 합니다.

10.1 Vuex를 활용한 온라인 쇼핑몰 애플리케이션 제작

여기서는 Vuex를 활용하여 온라인 쇼핑몰 애플리케이션을 제작하는 과정을 단계별로 설명합니다. Vue 3의 Composition API를 기준으로 Foundation CSS 프레임워크와 Axios 라이브러리, Vue Router를 활용하여 다양한 컴포넌트를 관리합니다. 또한, Spring Boot 3 프로젝트의 RESTful API와 연동하여 비동기 요청을 처리합니다.

10.1.1 Vuex 아키텍처

Vuex는 Vue.js 애플리케이션을 위한 상태 관리 패턴이자 라이브러리입니다. 중앙 저장소(store)를 통해 모든 컴포넌트의 상태를 관리하며 예측 가능한 상태 변화를 보장합니다.

(1) Vuex 구성요소

- State: 애플리케이션의 단일 소스 오브 트루스(single source of truth)로 상태 데이터를 저장합니다.
- Getters: 상태 데이터를 가공하거나 필터링하여 반환하는 계산된 속성입니다.
- Mutations: 상태를 변경하는 유일한 방법으로, 동기적이어야 합니다.
- Actions: 비동기 작업을 처리하며, Mutations를 호출하여 상태를 변경합니다.
- Modules: 상태 관리 로직을 모듈 단위로 분리하여 관리할 수 있습니다.

[그림 10-1]은 Vuex 저장소인 스토어(Store) 구조를 나타낸 것입니다. 이번 프로젝트에서는 Vuex 스토어를 사용하여 상품 데이터를 중앙에서 관리할 수 있게 합니다.

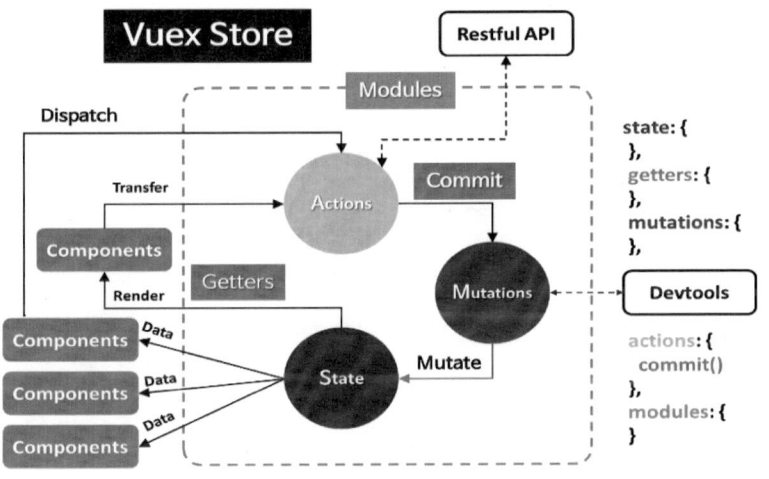

[그림 10-1] Vuex 스토어(Store) 구조

(2) Vuex 사용 방법

Vuex의 구성요소인 state, getters, mutaions, actions, commit 등을 사용하여 상태 관리하는 방법을 알아보겠습니다.

```
01  import { createStore } from 'vuex';
02  const userModule = {   // 사용자 모듈
03    state: () => ({ isLoggedIn: false, userInfo: null }),
04    getters: {
05      getUserInfo: (state) => state.userInfo,
06      isAuthenticated: (state) => state.isLoggedIn,
07    },
08    mutations: {
09      SET_USER_INFO(state, payload) { state.userInfo = payload; },
10      SET_LOGIN_STATE(state, payload) { state.isLoggedIn = payload; },
11    },
12    actions: {
13      login({ commit }, userInfo) {
14        setTimeout(() => {   // 비동기 작업 예시
15          commit('SET_USER_INFO', userInfo);
16          commit('SET_LOGIN_STATE', true);
17        }, 1000); // 로그인 성공 처리 (1초 후)
18      },
19      logout({ commit }) {
20        commit('SET_USER_INFO', null);
21        commit('SET_LOGIN_STATE', false);
22      },
23    }
24  };
25  export default createStore({  //Vuex Store 생성
26    modules: { user: userModule }
27  });
```

- State: userModule의 state에는 isLoggedIn(로그인 여부)와 userInfo(사용자 정보)를 저장합니다.

- Getters: getUserInfo는 사용자 정보를 반환하며 isAuthenticated는 사용자가 로그인되어 있는지 여부를 반환합니다.

- Mutations: Vuex의 규칙에 따라 mutations는 반드시 동기적이어야 합니다.

- Actions: login은 비동기로 동작하며 사용자 정보를 받아와서 mutations를 통해 로그인 상태와 사용자 정보를 업데이트합니다. logout은 commit을 통해 사용자 정보를 null로 설정하고 로그인 상태를 false로 변경합니다.

- Modules: userModule을 정의하고 전체 Store에서 modules 속성으로 등록하여 관리합니다.

10.1.2 애플리케이션 생성 및 라이브러리 설치

Vue 3 애플리케이션 프로젝트를 생성하고 디렉터리를 이동하여 필요한 라이브러리를 설치하고 구성요소를 추가합니다. 라이브러리를 설치하거나 구성요소를 설치하면 기본 프로젝트 구조가 갖추어집니다.

(1) 프로젝트 생성 및 디렉터리 이동

새로운 애플리케이션 프로젝트를 생성하고 해당 디렉터리로 이동합니다.

```
vue create ch10_myapp1
cd ch10_myapp1
```

- ➡ vue create ch10_myapp1 명령은 새로운 Vue 3 프로젝트를 생성합니다.
- ➡ cd ch10_myapp1은 프로젝트 디렉터리로 이동하는 명령입니다.

(2) 라이브러리 설치

비동기 요청 라이브러리와 CSS 프레임워크, 라우터, 상태 관리 라이브러리 등을 설치합니다.

```
npm install axios
npm install foundation-sites
vue add router
vue add vuex
```

- ➡ npm install axios는 비동기 요청 라이브러리인 Axios를 설치하는 명령입니다.
- ➡ npm install foundation-sites는 CSS 프레임워크인 Foundation CSS를 설치하는 명령입니다.
- ➡ vue add router 명령과 vue add vuex 명령은 Vue Router와 Vuex를 추가하는 명령입니다.

(3) 애플리케이션 구조 및 미리보기

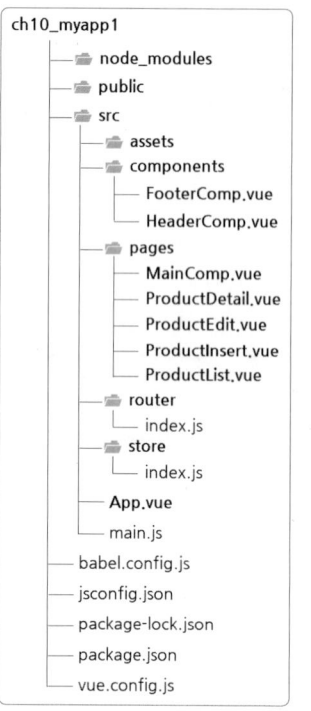

router/index.js: 컴포넌트와 페이지 간의 이동 정보가 있는 라우터 정보가 저장됩니다.

store/index.js: 애플리케이션에서 공통으로 필요한 데이터를 저장합니다. 여기에서는 기본값 그대로 이용하겠습니다.

아래 [그림 10-3]은 애플리케이션을 실행하고 난 맨 처음 화면입니다. [상품 목록] 메뉴나 [상품 등록] 메뉴를 선택하여 작업을 진행합니다.

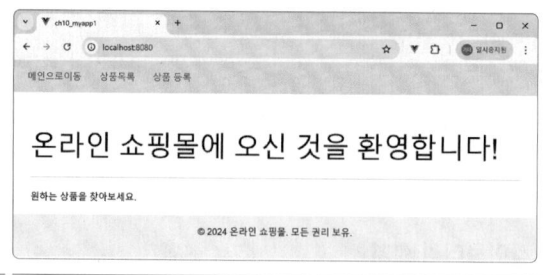

[그림 10-2] ch10_myapp1 프로젝트 구조   [그림 10-3] ch10_myapp1 실행 화면

(4) 데이터베이스 테이블 구축 및 더미 데이터 추가

MariaDB와 함께 설치된 HeidiSQL을 실행하여 SQL 편집창이 열리면 [그림 10-4]와 같이 명령을 입력하고 한 블록마다 범위를 지정한 후 [Shift]+[Ctrl]+[F9]를 눌러 블록 단위 SQL 명령을 실행합니다.

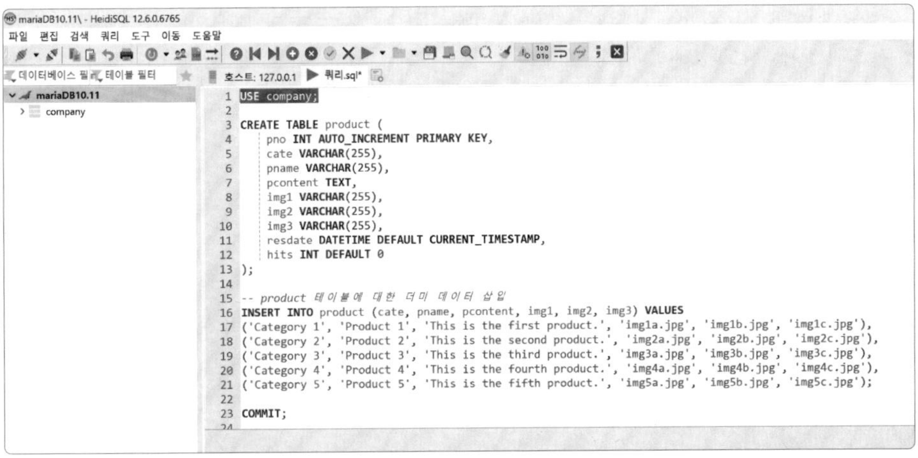

[그림 10-4] MariaDB 테이블 생성 및 더미 데이터 추가

10.1.3 프로젝트 설정

프로젝트의 기본 설정을 구성합니다. main.js 파일을 수정하여 Foundation CSS를 포함하고 Vuex와 Vue Router를 설정합니다.

(1) 진입점 파일(main.js) 설정

main.js는 애플리케이션의 최상위 구성 파일로 Vue 인스턴스를 생성하고 필요한 플러그인과 설정을 초기화한 후 애플리케이션을 화면에 렌더링합니다. 여기에서는 main.js 파일을 수정하여 Foundation CSS를 포함하고 Vuex와 Vue Router를 설정합니다.

```
src/main.js
01  import { createApp } from 'vue';
02  import App from './App.vue';
03  import router from './router';
04  import store from './store';
05  import 'foundation-sites/dist/css/foundation.min.css';
06  import 'foundation-sites/dist/js/foundation.min.js';
07  createApp(App).use(store).use(router).mount('#app');
```

- router와 store: 각각 Vue Router와 Vuex 스토어 인스턴스를 import하여 전체 애플리케이션에서 사용하도록 .use( )로 설정합니다.
- Foundation CSS와 JavaScript를 import하여 스타일과 인터랙션 요소를 제공합니다.

(2) Vuex 스토어 설정

src/store/index.js 파일은 Vuex를 활용하여 애플리케이션의 상태 관리 로직을 설정합니다. products와 currentProduct 상태를 관리하며 상품 목록과 개별 상품 정보를 처리하는 비동기 로직을 정의하고 있습니다. 애플리케이션의 상태 관리를 위해 Vuex 스토어를 설정합니다.

src/store/index.js

```js
01  import { createStore } from 'vuex';
02  import axios from 'axios';
03  const store = createStore({
04    state: { products: [], currentProduct: null, },
05    mutations: {
06      SET_PRODUCTS(state, products) { state.products = products; },
07      SET_CURRENT_PRODUCT(state, product) { state.currentProduct = product; },
08      ADD_PRODUCT(state, product) { state.products.push(product); },
09      UPDATE_PRODUCT(state, updatedProduct) {
10        const index = state.products.findIndex(p => p.pno === updatedProduct.pno);
11        if (index !== -1) { state.products.splice(index, 1, updatedProduct); }
12      },
13      DELETE_PRODUCT(state, pno) { state.products = state.products.filter(p => p.pno !== pno); },
14      CLEAR_CURRENT_PRODUCT(state) { state.currentProduct = null; },
15    },
16    actions: {
17      async fetchProducts({ commit }) {
18        try {
19          const response = await axios.get('http://localhost:8081/products/list');
20          commit('SET_PRODUCTS', response.data);
21        } catch (error) {
22          console.error('상품 목록을 가져오는 중 오류 발생:', error.message);
23        }
```

```javascript
    },
    async fetchProductDetail({ commit }, pno) {
      try {
        const response = await axios.get(`http://localhost:8081/products/detail/${pno}`);
        commit('SET_CURRENT_PRODUCT', response.data);
      } catch (error) {
        console.error('상품 상세 정보를 가져오는 중 오류 발생:', error.message);
      }
    },
    async insertProduct({ commit }, formData) {
      try {
        const response = await axios.post('http://localhost:8081/products/insert', formData, {
          headers: {
            'Content-Type': 'multipart/form-data',
          },
        });
        commit('ADD_PRODUCT', response.data);
      } catch (error) {
        console.error('상품을 등록하는 중 오류 발생:', error.message);
      }
    },
    async updateProduct({ commit }, { pno, formData }) {
      try {
        const response = await axios.put(`http://localhost:8081/products/update/${pno}`, formData, {
          headers: { 'Content-Type': 'multipart/form-data', },
        });
        commit('UPDATE_PRODUCT', response.data);
      } catch (error) {
        console.error('상품을 수정하는 중 오류 발생:', error.message);
      }
    },
    async deleteProduct({ commit }, pno) {
      try {
        await axios.delete(`http://localhost:8081/products/delete/${pno}`);
        commit('DELETE_PRODUCT', pno);
      } catch (error) {
        console.error('상품을 삭제하는 중 오류 발생:', error.message);
      }
    },
  },
  getters: {
    allProducts: (state) => state.products,
```

```
66        getCurrentProduct: (state) => state.currentProduct,
67    },
68  });
69  export default store;
```

- state: 애플리케이션의 공유 데이터. products와 currentProduct를 정의합니다.
- mutations: 동기적인 상태 변경 로직을 정의합니다. 상태를 직접 수정하는 역할을 담당합니다.
- actions: API 호출을 포함한 비동기 로직을 정의하며 결과적으로 commit을 호출해 mutations를 실행합니다.
- getters: state 값을 가공하여 반환합니다. allProducts와 getCurrentProduct를 통해 상태에 접근할 수 있습니다.

(3) 비동기 요청 설정

src/axios.js 파일은 Axios 인스턴스를 생성하여 기본 URL 및 헤더 설정을 통해 간결하게 HTTP 요청을 수행할 수 있도록 설정합니다.

src/axios.js
```
01  import axios from 'axios';
02  const axiosInstance = axios.create({
03    baseURL: 'http://localhost:8081/products',
04    headers: { 'Content-Type': 'application/json', },
05  });
06  export default axiosInstance;
```

- axios.create: 애플리케이션의 기본 baseURL과 Content-Type을 설정하여, 이후 API 호출에서 일관성을 유지해야 합니다.
- baseURL: 메인 뷰에 제공될 비동기 요청 URL을 정의합니다.
- headers: 비동기 요청 후에 응답받을 데이터의 형식을 정의합니다.

(4) 라우터 설정

src/router/index.js는 Vue Router를 설정하여 애플리케이션 내 페이지를 관리하며 URL 경로에 따라 특정 컴포넌트를 매핑합니다.

```js
// src/router/index.js
01  import { createRouter, createWebHistory } from 'vue-router';
02  // 페이지 컴포넌트 임포트
03  import MainComp from '../pages/MainComp.vue';
04  import ProductList from '../pages/ProductList.vue';
05  import ProductInsert from '../pages/ProductInsert.vue';
06  import ProductDetail from '../pages/ProductDetail.vue';
07  import ProductEdit from '../pages/ProductEdit.vue';
08  const routes = [
09    { path: '/', name: 'Main', component: MainComp },
10    { path: '/products', name: 'ProductList', component: ProductList },
11    { path: '/products/insert', name: 'ProductInsert', component: ProductInsert },
12    { path: '/products/detail/:pno', name: 'ProductDetail', component: ProductDetail, props: true },
13    { path: '/products/edit/:pno', name: 'ProductEdit', component: ProductEdit, props: true },
14  ];
15  const router = createRouter({
16    history: createWebHistory(), routes,
17  });
18  export default router;
```

➡ 라우트 정의: routes 배열에서 경로와 컴포넌트 간의 매핑을 정의합니다.

➡ 프로퍼티 전달: props: true 설정으로 pno 값을 해당 컴포넌트에 전달합니다.

10.1.4 애플리케이션 설정

애플리케이션의 기본 구조를 설정합니다. App.vue 파일을 수정하여 Header와 Footer 컴포넌트를 포함하고 중앙에 라우터 뷰를 배치합니다.

```
src/App.vue
01    <template>
02      <div>
03        <HeaderComp />
04        <main class="grid-container">
05          <router-view />
06        </main>
07        <FooterComp />
08      </div>
09    </template>
10    <script setup>
11    import HeaderComp from './components/HeaderComp.vue';
12    import FooterComp from './components/FooterComp.vue';
13    </script>
```

- <HeaderComp />: 페이지 상단에 위치한 헤더 컴포넌트를 렌더링합니다.

- <main class="grid-container">: 메인 콘텐츠가 표시되는 부분입니다. 여기서는 Foundation의 grid-container 클래스를 적용해 레이아웃을 구성합니다.

- <router-view />: Vue Router가 현재 경로에 맞는 컴포넌트를 동적으로 렌더링하는 위치입니다. 각 페이지에서 router-view에 맞는 컴포넌트가 출력됩니다.

- <FooterComp />: 페이지 하단에 위치하는 푸터 컴포넌트입니다.

10.1.5 컴포넌트 작성

다양한 컴포넌트를 작성하여 애플리케이션의 기능을 구현합니다. 각 컴포넌트는 Foundation CSS를 활용하여 스타일링을 하며 Composition API를 사용하여 필요한 데이터를 바운딩 시키거나 이벤트를 핸들링합니다.

(1) 헤더 컴포넌트(HeaderComp.vue)

공통으로 렌더링되는 헤더 컴포넌트로 화면 상단의 내비게이션 메뉴를 제공합니다.

```
src/components/HeaderComp.vue
01  <template>
02    <header class="top-bar">
03      <div class="top-bar-left">
04        <ul class="dropdown menu" data-dropdown-menu>
05          <li><router-link to="/">메인으로이동</router-link></li>
06          <li><router-link to="/products">상품목록</router-link></li>
07          <li><router-link to="/products/insert">상품 등록</router-link></li>
08        </ul>
09      </div>
10    </header>
11  </template>
12  <script setup>
13  </script>
```

→ <router-link>: Vue Router의 링크 컴포넌트로, URL을 변경하여 페이지 이동을 처리합니다. to 속성에 경로를 지정하여 연결할 페이지를 설정합니다.

→ 클래스: top-bar, top-bar-left 및 dropdown menu 등의 CSS 클래스는 Foundation 프레임워크를 사용한 스타일 지정으로 메뉴를 상단에 배치하고 드롭다운 스타일을 제공합니다.

(2) FooterComp.vue

공통으로 렌더링이 되는 푸터 컴포넌트로 페이지 하단에 카피라이트 문구를 표시합니다.

```
src/components/FooterComp.vue
01  <template>
02    <footer class="footer">
03      <div class="grid-container">
04        <div class="grid-x grid-padding-x align-center">
05          <div class="cell shrink">
06            <p>&copy; 2024 온라인 쇼핑몰. 모든 권리 보유.</p>
07          </div>
08        </div>
09      </div>
10    </footer>
11  </template>
12  <script setup>
13  </script>
14  <style scoped>
```

```
15    .footer { background-color: #f5f5f5; padding: 1rem 0; text-align:
center; }
16    </style>
```

➡ `<footer>`: CSS 스타일링으로 배경색과 패딩을 추가하여 푸터 영역을 시각적으로 구분합니다.

➡ Foundation 클래스: grid-container, grid-x, align-center는 Foundation의 그리드 시스템을 활용해 푸터의 레이아웃을 정렬하고 중앙에 배치합니다.

(3) 메인 컴포넌트(MainComp.vue)

초기 로딩 시 표시되는 메인 컴포넌트로 애플리케이션이 실행되면 맨 처음 애플리케이션에 렌더링되며 환영 메시지를 담고 있습니다.

src/pages/MainComp.vue
```
01    <template>
02      <div class="grid-container">
03        <h1>온라인 쇼핑몰에 오신 것을 환영합니다!</h1><hr/>
04        <p>원하는 상품을 찾아보세요.</p>
05      </div>
06    </template>
07    <script setup>
08    </script>
```

➡ grid-container: Foundation 그리드 시스템을 사용하여 레이아웃에 기본적인 패딩과 중앙 정렬을 제공합니다.

➡ 간결한 내용: 사용자에게 쇼핑몰의 목적을 안내하는 문구를 포함하고 있으며 다른 기능은 없습니다.

(4) 상품 목록 페이지(ProductList.vue)

상품 목록을 표시하는 컴포넌트입니다. 특정 상품을 클릭하면 상세 정보 페이지로 이동하며 상품 등록 링크 버튼도 포함됩니다.

src/pages/ProductList.vue

```vue
01  <template>
02    <div class="grid-container">
03      <h2>상품 목록</h2>
04      <table class="hover">
05        <thead>
06          <tr>
07            <th>상품번호</th><th>상품명</th><th>조회수</th><th>등록일</th>
08          </tr>
09        </thead>
10        <tbody>
11          <tr v-for="product in paginatedProducts" :key="product.pno" @click="goToDetail(product.pno)" style="cursor: pointer;">
12            <td>{{ product.pno }}</td><td>{{ product.pname }}</td>
13            <td>{{ product.hits }}</td><td>{{ formatDate(product.resdate) }}</td>
14          </tr>
15        </tbody>
16      </table>
17      <div class="pagination">
18        <button class="button" :disabled="currentPage === 1" @click="changePage(currentPage - 1)">Previous</button>
19        <span>Page {{ currentPage }} of {{ totalPages }}</span>
20        <button class="button" :disabled="currentPage === totalPages" @click="changePage(currentPage + 1)">Next</button>
21      </div>
22      <button class="button" @click="navigateToInsert">[상품 등록]</button>
23    </div>
24  </template>
25  <script setup>
26  import { onMounted, ref, computed } from 'vue';
27  import { useStore } from 'vuex';
28  import { useRouter } from 'vue-router';
29  const store = useStore();
30  const router = useRouter();
31  const products = store.state.products;
32  const currentPage = ref(1);
33  const itemsPerPage = 10; // 한 페이지에 표시할 상품 수
34  const paginatedProducts = computed(() => {   // 현재 페이지에 해당하는 상품 목록 계산
35    const start = (currentPage.value - 1) * itemsPerPage;
36    const end = start + itemsPerPage;
37    return products.slice(start, end);
38  });
39  const totalPages = computed(() => {   // 전체 페이지 수 계산
40    return Math.ceil(products.length / itemsPerPage);
```

```
41    });
42    const fetchProducts = async () => {  // 상품 목록 불러오기
43      await store.dispatch('fetchProducts');
44    };
45    const goToDetail = (pno) => {  // 상품 상세페이지로 이동
46      router.push({ name: 'ProductDetail', params: { pno } });
47    };
48    const navigateToInsert = () => {  // 상품 등록 페이지로 이동
49      router.push({ name: 'ProductInsert' });
50    };
51    const formatDate = (dateStr) => {  // 날짜 형식 변환
52      const date = new Date(dateStr);
53      return date.toLocaleDateString();
54    };
55    const changePage = (page) => {  // 페이지 변경
56      if (page > 0 && page <= totalPages.value) {
57        currentPage.value = page;
58      }
59    };
60    onMounted(() => {  // 컴포넌트 마운트 시 상품 목록 불러오기
61      fetchProducts();
62    });
63    </script>
```

- 상태 및 라우터 설정: useStore로 Vuex 스토어를 사용하고 useRouter로 Vue Router 인스턴스를 가져옵니다.

- fetchProducts: fetchProducts 액션을 호출해 상품 데이터를 가져옵니다. 컴포넌트가 마운트되면 이 액션이 호출됩니다.

- goToDetail: 특정 상품번호(pno)를 받아 해당 상품의 상세페이지로 라우팅합니다.

- navigateToInsert: 새 상품을 등록하는 페이지로 이동합니다.

- formatDate: 상품 등록일을 가독성 좋게 날짜 형식으로 변환합니다.

(5) ProductInsert.vue

새로운 상품을 등록하는 기능을 제공하는 컴포넌트로 상품명, 내용, 3개의 이미지 파일을 입력받아 등록합니다.

src/pages/ProductInsert.vue

```
01  <template>
02    <div class="grid-container">
03      <h2>상품 등록</h2>
04      <form @submit.prevent="submitForm">
05        <div class="grid-x grid-padding-x">
06          <div class="medium-12 cell">
07            <label>상품명
08              <input type="text" v-model="product.pname" required />
09            </label>
10          </div>
11          <div class="medium-12 cell">
12            <label>상품내용
13              <textarea v-model="product.pcontent" required></textarea>
14            </label>
15          </div>
16          <div class="medium-12 cell">
17            <label>카테고리
18              <select v-model="product.cate" required>
19                <option value="base" selected>본 품</option>
20                <option value="acc">액세사리</option>
21                <option value="gift">선물</option>
22              </select>
23            </label>
24          </div>
25          <div class="medium-4 cell">
26            <label class="button">상품이미지1
27              <input type="file" @change="(event) => handleFileChange(1, event)" accept="image/*" class="show-for-sr"/>
28            </label>
29          </div>
30          <div class="medium-4 cell">
31            <label class="button">상품이미지2
32              <input type="file" @change="(event) => handleFileChange(2, event)" accept="image/*" class="show-for-sr"/>
33            </label>
34          </div>
35          <div class="medium-4 cell">
36            <label class="button">상품이미지3
37              <input type="file" @change="(event) => handleFileChange(3, event)" accept="image/*" class="show-for-sr"/>
38            </label>
39          </div>
40        </div>
41        <button type="submit" class="button">[상품 등록]</button>
42      </form>
```

```
43      </div>
44    </template>
45    <script setup>
46    import { ref } from 'vue';
47    import { useStore } from 'vuex';
48    import { useRouter } from 'vue-router';
49    const store = useStore();
50    const router = useRouter();
51    const product = ref({
52      cate: 'base', pname: '', pcontent: '', img1: null, img2: null, img3: null,
53    });
54    const handleFileChange = (index, event) => {
55      const file = event.target.files[0];
56      if (file) {
57        product.value[`img${index}`] = file;
58      }
59    };
60    const submitForm = async () => {
61      const formData = new FormData();
62      formData.append('cate', product.value.cate);
63      formData.append('pname', product.value.pname);
64      formData.append('pcontent', product.value.pcontent);
65      if (product.value.img1) formData.append('img1', product.value.img1);
66      if (product.value.img2) formData.append('img2', product.value.img2);
67      if (product.value.img3) formData.append('img3', product.value.img3);
68      await store.dispatch('insertProduct', formData);
69      router.push({ name: 'ProductList' });
70    };
71    </script>
```

➡ ref, useStore, useRouter를 통해 Vue의 상태 관리와 라우터 기능을 사용합니다.

➡ product 객체는 상품 정보를 저장하는 반응형 객체입니다.

➡ handleFileChange 함수는 파일이 변경될 때 호출되며 선택된 파일을 product 객체의 해당 속성에 저장합니다.

➡ submitForm 함수는 상품 정보를 FormData 객체에 담아 Vuex 스토어의 insertProduct 액션을 호출하여 등록을 요청합니다. 등록이 완료되면 ProductList 페이지로 이동합니다.

(6) ProductDetail.vue

특정 상품의 상세 정보를 표시하는 컴포넌트입니다. 수정, 삭제, 목록으로 이동할 수 있는 버튼이 포함됩니다.

src/pages/ProductDetail.vue

```
01   <template>
02     <div class="grid-container">
03       <h2>상품 상세 정보</h2>
04       <div v-if="product">
05         <p><strong>상품번호:</strong> {{ product.pno }}</p>
06         <p><strong>상품명:</strong> {{ product.pname }}</p>
07         <p><strong>상품내용:</strong> {{ product.pcontent }}</p>
08         <p><strong>등록일시:</strong> {{ formatDate(product.resdate) }}</p>
09         <p><strong>조회수:</strong> {{ product.hits }}</p>
10         <div class="grid-x grid-padding-x">
11           <div class="medium-4 cell" v-for="(img, index) in product.images" :key="index">
12             <img :src="img" alt="상품 이미지" style="width: 100%;" />
13           </div>
14         </div>
15         <button class="button" @click="editProduct">[상품 정보 수정]</button>
16         <button class="button alert" @click="deleteProduct">[상품 정보 삭제]</button>
17         <button class="button" @click="goToList">[상품목록]</button>
18       </div>
19       <div v-else>
20         <p>상품을 불러오는 중입니다...</p>
21       </div>
22     </div>
23   </template>
24   <script setup>
25   import { onMounted, computed } from 'vue';
26   import { useStore } from 'vuex';
27   import { useRouter, useRoute } from 'vue-router';
28   const store = useStore();
29   const router = useRouter();
30   const route = useRoute();
31   const pno = route.params.pno;
32   const product = computed(() => store.state.currentProduct);
33   const fetchProduct = async () => { await store.dispatch('fetchProductDetail', pno); };
```

```
34    const editProduct = () => { router.push({ name: 'ProductEdit', params: {
      pno } }); };
35    const deleteProduct = async () => {
36      if (confirm('정말로 이 상품을 삭제하시겠습니까?')) {
37        await store.dispatch('deleteProduct', pno);
38        router.push({ name: 'ProductList' });
39      }
40    };
41    const goToList = () => { router.push({ name: 'ProductList' }); };
42    const formatDate = (dateStr) => {
43      const date = new Date(dateStr);
44      return date.toLocaleString();
45    };
46    onMounted(() => { fetchProduct(); });
47    </script>
```

➡ Vuex 스토어의 fetchProductDetail 액션을 호출하여, pno에 해당하는 상품 정보를 불러옵니다.

➡ computed로 product 객체를 스토어의 currentProduct 상태에 연결하여 상태를 가져옵니다.

➡ fetchProduct: 상품 세부 정보를 가져오는 비동기 함수입니다.

➡ editProduct: 상품 수정 페이지로 라우팅하는 함수로, 현재 상품의 번호 pno를 파라미터로 전달합니다.

➡ deleteProduct: 상품 삭제를 확인한 후 삭제하고 ProductList 페이지로 이동합니다.

➡ formatDate: 날짜 문자열을 사람이 읽을 수 있는 형식으로 변환하여 표시합니다.

➡ onMounted에서 컴포넌트가 마운트될 때 fetchProduct를 호출합니다.

(7) 상품 정보 수정 페이지(ProductEdit.vue)

상품 정보를 수정하는 컴포넌트입니다. 수정 가능한 필드는 상품명, 내용, 이미지입니다.

```
src/pages/ProductEdit.vue
01    <template>
02      <div class="grid-container">
03        <h2>상품 정보 수정</h2>
04        <form @submit.prevent="submitEdit">
05          <div class="grid-x grid-padding-x">
06            <div class="medium-6 cell">
```

```
07            <label>상품명
08              <input type="text" v-model="editableProduct.pname" required />
09            </label>
10          </div>
11          <div class="medium-6 cell">
12            <label>상품내용
13              <textarea v-model="editableProduct.pcontent" required></textarea>
14            </label>
15          </div>
16          <div class="medium-4 cell" v-for="(img, index) in editableProduct.images" :key="index">
17            <label>상품이미지 {{ index + 1 }}
18              <input type="file" @change="handleFileChange(index)" accept="image/*" />
19              <img :src="img" alt="현재 이미지" style="width: 100%; margin-top: 0.5rem;" />
20            </label>
21          </div>
22          <div class="medium-6 cell">
23            <p><strong>등록일시:</strong> {{ formatDate(editableProduct.resdate) }}</p>
24          </div>
25          <div class="medium-6 cell">
26            <p><strong>조회수:</strong> {{ editableProduct.hits }}</p>
27          </div>
28        </div>
29        <button type="submit" class="button">[상품 정보 수정]</button>
30        <button type="button" class="button" @click="goToList">[상품목록]</button>
31      </form>
32    </div>
33  </template>
34  <script setup>
35  import { ref, onMounted } from 'vue';
36  import { useStore } from 'vuex';
37  import { useRouter, useRoute } from 'vue-router';
38  const store = useStore();
39  const router = useRouter();
40  const route = useRoute();
41  const pno = route.params.pno;
42  const editableProduct = ref({
43    pno: '', pname: '', pcontent: '', images: [], resdate: '', hits: 0, imgFiles: [],
44  });
45  const fetchProduct = async () => {
```

```
46      await store.dispatch('fetchProductDetail', pno);
47      const current = store.state.currentProduct;
48      editableProduct.value = {
49        pno: current.pno, pname: current.pname, pcontent: current.pcontent,
50        images: [current.img1, current.img2, current.img3], resdate: current.resdate,
51        hits: current.hits, imgFiles: [null, null, null],
52      };
53    };
54    const handleFileChange = (index) => (event) => {
55      const file = event.target.files[0];
56      if (file) {
57        editableProduct.value.imgFiles[index] = file; // 인덱스 조정
58        const reader = new FileReader();
59        reader.onload = (e) => { editableProduct.value.images[index] = e.target.result; };
60        reader.readAsDataURL(file);
61      }
62    };
63    const submitEdit = async () => {
64      const formData = new FormData();
65      formData.append('pname', editableProduct.value.pname);
66      formData.append('pcontent', editableProduct.value.pcontent);
67      editableProduct.value.imgFiles.forEach((file, index) => {
68        if (file) {
69          formData.append(`img${index + 1}`, file);
70        }
71      });
72      await store.dispatch('updateProduct', { pno, formData });
73      router.push({ name: 'ProductList' });
74    };
75    const goToList = () => { router.push({ name: 'ProductList' }); };
76    const formatDate = (dateStr) => {
77      const date = new Date(dateStr);
78      return date.toLocaleString();
79    };
80    onMounted(() => { fetchProduct(); });
81  </script>
```

→ Vue 및 Router/Vuex 초기 설정: useStore, useRouter, useRoute는 각각 Vuex, Vue Router를 사용하기 위한 함수입니다. route.params.pno를 통해 현재 상품의 ID(pno)를 가져옵니다.

→ editableProduct: 상품의 수정 가능한 데이터를 담고 있으며 기본적으로 상품번호, 이름, 내용, 이미지 URL 배열, 등록일시, 조회수, 이미지 파일 배열(imgFiles)로 초기화됩니다.

- fetchProduct 메서드: store.dispatch('fetchProductDetail', pno)를 호출하여 상품 상세 정보를 가져옵니다. store.state.currentProduct로부터 가져온 정보를 editableProduct에 저장하여 수정 준비를 합니다.
- handleFileChange 메서드: 이미지 입력란에 파일이 변경될 때 호출되며 해당 파일을 editableProduct.imgFiles에 저장합니다. FileReader를 사용하여 이미지 미리보기(editableProduct.images)를 생성합니다.
- submitEdit 메서드: 사용자가 수정된 상품 정보를 제출할 때 호출됩니다. FormData 객체를 생성하여 상품명, 내용, 변경된 이미지 파일들을 추가하고, 이를 updateProduct 액션을 통해 저장 요청을 보냅니다. 성공적으로 완료되면 router.push를 통해 상품 목록 페이지로 이동합니다.
- goToList 메서드: 사용자가 상품 목록 페이지로 돌아가고자 할 때 호출됩니다.
- formatDate 메서드: 날짜 문자열을 toLocaleString으로 변환하여 사용자에게 친숙한 형식으로 날짜를 보여줍니다.
- onMounted 라이프사이클 훅: 컴포넌트가 마운트될 때 fetchProduct를 호출하여 상품 정보를 불러옵니다.

10.1.6 애플리케이션 실행 및 빌드

모든 설정과 컴포넌트 작성을 완료한 후, 애플리케이션을 실행하여 동작을 확인합니다.

(1) 개발 서버 실행

터미널창을 열고 작성된 애플리케이션을 개발자 모드에서 테스트를 진행합니다.

```
npm run serve
```

브라우저에서 http://localhost:8080으로 접속하여 애플리케이션을 확인합니다. 메뉴에서 메인, 상품 목록, 상품 등록 페이지로 이동하고, 상품 목록에서 특정 상품을 클릭하여 상세 정보를 확인할 수 있습니다. 상품 등록, 수정, 삭제 기능도 정상적으로 동작하는지 확인합니다.

(2) 스토어 설정 변경

작성된 Vue 애플리케이션을 그냥 빌드하기 전에 백엔드 요청 주소를 상대 주소로 변경하여 백엔드에 내포해야 제대로 동작합니다. 여기에서 스토어 파일인 "src/store/index.js" 파일 안에 있는 "http://localhost:8081" 주소를 모두 제거하여 "/요청상대주소"만 남기고 빌드해야 합니다.

(3) 애플리케이션 빌드

터미널창을 열고 애플리케이션 빌드 명령을 입력하여 빌드를 진행합니다.

```
npm run build
```

프로젝트 디렉터리 안에 실행에 필요한 내용을 webpack과 babel에 의해서 html, javascript, css 등의 문서로 번역하여 정리합니다. 여기에서 빌드된 애플리케이션은 ch10_myapp1/dist에 있으니 확인하기 바랍니다.

(4) 스프링 부트 프로젝트에 빌드된 애플리케이션 내포하기

설치된 sts4를 실행하여 [그림 10-5]와 같이 backend1을 워크스페이스로 지정하여 프로젝트를 엽니다.

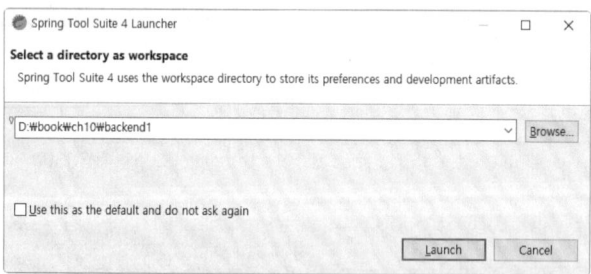

[그림 10-5] 백엔드 프로젝트 열기

빌드된 결과물인 ch10_myapp1_after/dist 디렉터리 안에 있는 모든 내용을 복사하기 하여 [그림 10-6]과 같이 열린 sts4창의 왼쪽 Project Explorer 패널에서 "app1/src/main/

resources/static" 폴더 안에 붙여넣기 합니다. 백엔드 프로젝트를 불러오려면 Java 17, MariaDB 10, sts4의 설치가 필요합니다. 설치와 설정에 관한 자세한 사항은 9장을 참고하고 하세요. 여기에서는 빌드된 프런트엔드 프로젝트 결과를 기존에 작성된 백엔드 프로젝트에 포함해 실행하는 방향으로 진행하였습니다.

[그림 10-6] 백엔드 프로젝트에 내포하기

(5) 풀스택 애플리케이션 실행하기

sts4창의 왼쪽 하단 Boot Dashboard 패널에서 local의 하위 항목인 app1 [devtools]를 선택하고 바로 위에 있는 첫 번째 빨간색 아이콘( )인 "Start or restart…"를 클릭하면 애플리케이션이 실행됩니다. 웹 브라우저를 열고 브라우저의 URL 입력란에 "localhost:8081"을 입력하면 정상적으로 현재 실행 중인 애플리케이션을 볼 수 있습니다. 나머지 풀스택 애플리케이션을 빌드하는 부분은 12장에서 더 자세히 다룹니다. 애플리케이션 실행이 제대로 되지 않을 때는 [Project]-[Clean]을 진행하고 해야 합니다.

10.2 Pinia를 활용한 자료실 애플리케이션 제작

이번 절에서는 Pinia를 활용하여 자료실 애플리케이션을 제작하는 과정을 단계별로 설명합니다. Vue 3를 기준으로 하며 Bulma CSS 프레임워크와 Fetch API를 사용합니다. Vue Router를 활용하여 다양한 컴포넌트를 관리합니다. 또한, Spring Boot 3.2 프로젝트의 RESTful API와 연동하여 비동기 요청을 처리합니다.

10.2.1 Pinia 아키텍처

Pinia는 Vue.js를 위한 최신 상태 관리 라이브러리로 Vuex의 대안으로 자리 잡고 있습니다. Pinia는 Vue 3의 Composition API와 더 잘 통합되도록 설계되었으며 간결한 API를 제공합니다.

(1) Pinia의 주요 특징

- 단순한 API: Vuex보다 더 간결한 API를 제공하여 설정과 사용이 쉽습니다.
- TypeScript 지원: Pinia는 TypeScript를 기본적으로 지원하여 타입 안전성을 제공합니다.
- 모듈화: Pinia는 Store를 모듈화하여 관리할 수 있으며, Vuex의 Modules와 유사한 개념을 제공합니다.
- 개선된 개발자 경험: Devtools 지원이 향상되어 상태 추적과 디버깅이 용이합니다.
- Pinia는 특히 Vue 3의 Composition API와의 호환성이 뛰어나며, 최신 Vue 애플리케이션에서 더 적합한 선택일 수 있습니다.

[그림 10-7]은 Pinia 저장소인 스토어 구조를 나타낸 것입니다.

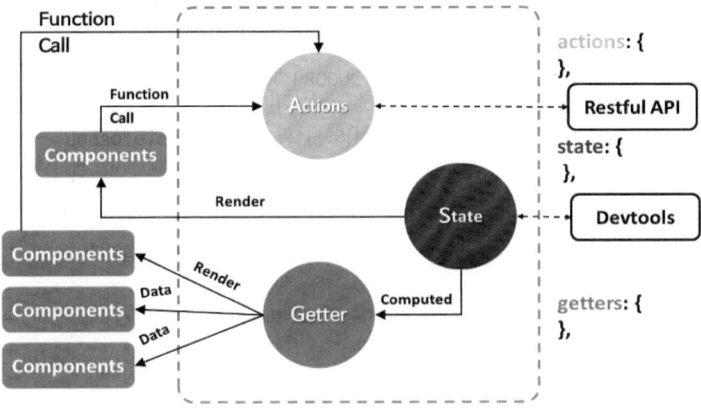

[그림 10-7] Pinia 스토어(Store) 구조

(2) Pinia 사용법

아래 코드는 Pinia 상태 관리 라이브러리에 관한 장바구니의 저장소 데이터를 예시로 한 것입니다.

```
01  import { defineStore } from 'pinia';
02  export const useCartStore = defineStore('cart', {
03    state: () => ({ items: [], discount: 0 }),
04    getters: {
05      totalPrice: (state) => {   //장바구니 총합 계산
06        return state.items.reduce((total, item) => total + item.price * item.quantity, 0);
07      },
08      discountedPrice: (state) => {   //할인 적용된 가격 계산
09        return state.totalPrice * (1 - state.discount / 100);
10      }
11    },
12    actions: {
13      addItem(item) {   //장바구니에 항목 추가
14        const existingItem = this.items.find(i => i.id === item.id);
15        if (existingItem) {
16          existingItem.quantity += item.quantity; // 중복 항목이면 수량만 증가
17        } else {
```

```
18            this.items.push(item); // 새로운 항목 추가
19          }
20        },
21        removeItem(itemId) {   //장바구니에서 항목 제거
22          this.items = this.items.filter(item => item.id !== itemId);
23        },
24        setDiscount(discount) {   //할인율 설정
25          this.discount = discount;
26        },
27        clearCart() {   //전체 장바구니 비우기
28          this.items = [];
29          this.discount = 0;
30        }
31      }
32    });
```

➡ State: items와 discount는 각각 장바구니의 항목과 할인율을 저장합니다.

➡ Getters: totalPrice는 items 배열의 price와 quantity를 통해 장바구니의 총가격을 계산하여 반환합니다. discountedPrice는 totalPrice에서 discount를 적용한 최종 금액을 반환합니다.

➡ Actions: addItem은 장바구니에 항목을 추가하며, 동일한 항목이 이미 있으면 수량을 증가시킵니다.

10.2.2 애플리케이션 생성 및 라이브러리 설치

먼저, Vue 3 애플리케이션 프로젝트를 생성하고 해당 디렉터리로 이동하여 애플리케이션에 필요한 라이브러리를 설치합니다.

(1) 새로운 Vue 3 프로젝트 생성

새로운 Vue 3의 애플리케이션 프로젝트를 생성하고 해당 디렉터리로 이동합니다.

```
vue create ch10_myapp2
cd ch10_myapp2
```

➡ vue create ch10_myapp2 명령은 새로운 Vue 3 프로젝트를 생성합니다.

➡ cd ch10_myapp2는 프로젝트 디렉터리로 이동하는 명령입니다.

(2) 라이브러리 설치

상태 관리 라이브러리와 CSS 프레임워크를 설치하고 라우터 등 필요한 라이브러리를 설치합니다.

```
vue add router
npm install pinia
npm install bulma
```

➡ npm install pinia는 상태 관리 라이브러리인 Pinia를 설치하는 명령입니다.

➡ npm install bulma는 CSS 프레임워크인 Bulma CSS를 설치하는 명령입니다.

(3) 애플리케이션 구조 및 미리보기

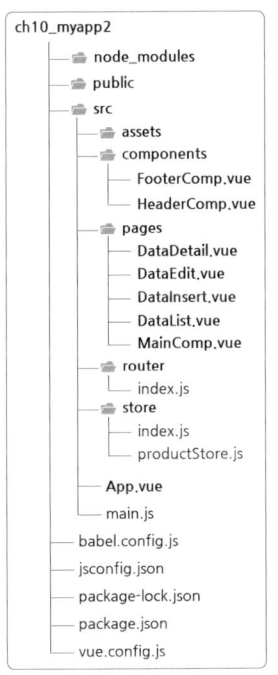

router/index.js: 컴포넌트와 페이지 간의 이동 정보가 있는 라우터 정보가 저장됩니다.

store/index.js: 애플리케이션에서 공통으로 필요한 데이터를 저장합니다. 여기에서는 기본값 그대로 이용하겠습니다.

store/productStore.js: 자료실과 관련한 컴포넌트 간 공통으로 필요한 데이터를 저장합니다.

아래 [그림 10-9]는 애플리케이션을 실행하고 난 맨 처음 화면입니다. [자료실 목록] 메뉴나 [자료 등록] 메뉴를 선택하여 작업을 진행합니다.

[그림 10-8] ch10_myapp2 프로젝트 구조   [그림 10-9] ch10_myapp2 실행 화면

(4) 데이터베이스 테이블 구축 및 더미 데이터 추가

HeidiSQL을 실행하여 SQL 편집창이 열리면 [그림 10-10]과 같이 명령을 입력하고 한 블록마다 범위를 지정한 후 [Shift]+[Ctrl]+[F9]를 눌러 블록 단위 SQL 명령을 실행합니다.

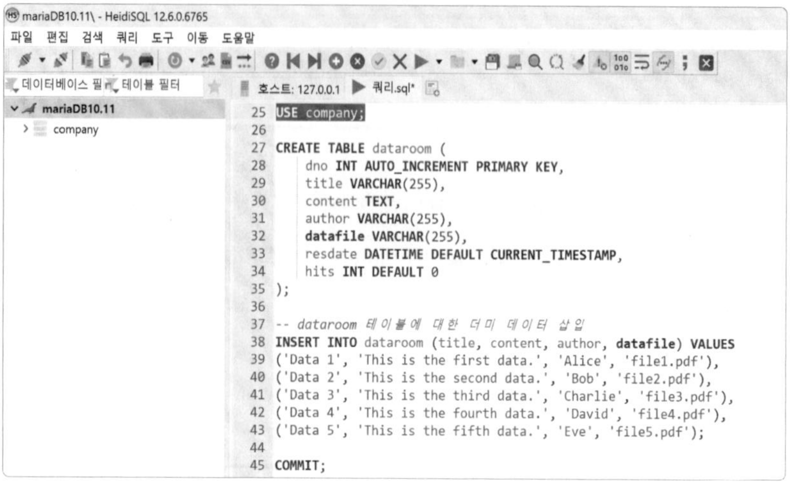

```
USE company;

CREATE TABLE dataroom (
    dno INT AUTO_INCREMENT PRIMARY KEY,
    title VARCHAR(255),
    content TEXT,
    author VARCHAR(255),
    datafile VARCHAR(255),
    resdate DATETIME DEFAULT CURRENT_TIMESTAMP,
    hits INT DEFAULT 0
);

-- dataroom 테이블에 대한 더미 데이터 삽입
INSERT INTO dataroom (title, content, author, datafile) VALUES
('Data 1', 'This is the first data.', 'Alice', 'file1.pdf'),
('Data 2', 'This is the second data.', 'Bob', 'file2.pdf'),
('Data 3', 'This is the third data.', 'Charlie', 'file3.pdf'),
('Data 4', 'This is the fourth data.', 'David', 'file4.pdf'),
('Data 5', 'This is the fifth data.', 'Eve', 'file5.pdf');

COMMIT;
```

[그림 10-10] MariaDB 테이블 생성 및 더미 데이터 추가

10.2.3 프로젝트 설정

프로젝트의 기본 설정을 구성합니다. main.js 파일을 수정하여 Bulma CSS를 포함하고 Pinia와 Vue Router를 설정합니다.

(1) 진입점 파일(main.js) 설정

라우터(router)와 스토어(store), Bulma 등의 내용을 로딩하고 실행할 애플리케이션에 적용합니다.

```
src/main.js
01  import { createApp } from 'vue';
02  import App from './App.vue';
03  import router from './router';
04  import { createPinia } from 'pinia';
```

```
05    import 'bulma/css/bulma.min.css';
06    const app = createApp(App);
07    const pinia = createPinia();
08    app.use(pinia);
09    app.use(router);
10    app.mount('#app');
```

- Pinia는 createPinia( )로 생성하여 애플리케이션 전역에 사용할 수 있게 app.use(pinia);로 등록합니다.

- router 역시 app.use(router);로 등록하여 라우팅을 활성화합니다.

- Bulma CSS를 import 'bulma/css/bulma.min.css;'로 불러와 스타일을 적용합니다.

(2) 라우터 설정

Vue Router를 설정하여 애플리케이션의 다양한 페이지를 관리합니다. src/router/index.js 파일을 생성 및 수정합니다.

src/router/index.js
```
01    import { createRouter, createWebHistory } from 'vue-router';
02    import MainComp from '../pages/MainComp.vue';
03    import DataList from '../pages/DataList.vue';
04    import DataInsert from '../pages/DataInsert.vue';
05    import DataDetail from '../pages/DataDetail.vue';
06    import DataEdit from '../pages/DataEdit.vue';
07    const routes = [
08      { path: '/', name: 'Main', component: MainComp },
09      { path: '/datalist', name: 'DataList', component: DataList },
10      { path: '/datainsert', name: 'DataInsert', component: DataInsert },
11      { path: '/datadetail/:dno', name: 'DataDetail', component: DataDetail, props: true },
12      { path: '/dataedit/:dno', name: 'DataEdit', component: DataEdit, props: true },
13    ];
14    const router = createRouter({
15      history: createWebHistory(), routes,
16    });
17    export default router;
```

→ createRouter와 createWebHistory를 사용하여 history 모드로 라우터를 생성합니다. history 모드는 브라우저의 URL 경로를 직접 관리하여 경로가 변경되면 새로고침 없이 화면이 전환됩니다.

→ 라우트 설정은 routes 배열로 이루어져 있으며 각 경로는 path(URL 경로), name(라우트의 이름), component(해당 경로에 표시할 컴포넌트), props(URL 경로의 매개변수를 컴포넌트로 전달)로 설정됩니다.

→ /datalist 경로는 DataList 컴포넌트를, /datadetail/:dno 경로는 DataDetail 컴포넌트를 표시하며 dno라는 동적 매개변수를 전달받습니다.

(3) Pinia 스토어 설정

productStore.js는 Pinia를 통해 상태 관리를 설정하여 애플리케이션에서 데이터 목록과 현재 선택된 데이터를 전역 상태로 관리합니다.

src/store/productStore.js

```js
import { defineStore } from 'pinia';
export const useProductStore = defineStore('product', {
  state: () => ({ dataList: [], currentData: null, }),
  actions: { //자료실 목록 가져오기
    async fetchDataList() {
      try {
        const response = await fetch('http://localhost:8081/dataroom/list');
        if (!response.ok) throw new Error('Failed to fetch data list');
        const data = await response.json();
        this.dataList = data;
      } catch (error) {
        console.error('자료 목록을 가져오는 중 오류 발생:', error);
      }
    },
    async fetchDataDetail(dno) {   //특정 자료글 상세 정보 가져오기
      try {
        const response = await fetch(`http://localhost:8081/dataroom/detail/${dno}`);
        if (!response.ok) throw new Error('Failed to fetch data detail');
        const data = await response.json();
        this.currentData = data;
      } catch (error) {
        console.error('자료 상세 정보를 가져오는 중 오류 발생:', error);
      }
```

```javascript
    },
    async insertData(formData) {    //자료 등록하기
      try {
        const response = await fetch('http://localhost:8081/dataroom/insert', {
          method: 'POST', body: formData,
        });
        if (!response.ok) throw new Error('Failed to insert data');
        const newData = await response.json();
        this.dataList.push(newData);
      } catch (error) {
        console.error('자료를 등록하는 중 오류 발생:', error);
      }
    },
    async updateData(dno, formData) {    //자료 수정하기
      try {
        const response = await fetch(`http://localhost:8081/dataroom/update/${dno}`, {
          method: 'PUT', body: formData,
        });
        if (!response.ok) throw new Error('Failed to update data');
        const updatedData = await response.json();
        const index = this.dataList.findIndex((data) => data.dno === updatedData.dno);
        if (index !== -1) {
          this.dataList.splice(index, 1, updatedData);
        }
        this.currentData = updatedData;
      } catch (error) {
        console.error('자료를 수정하는 중 오류 발생:', error);
      }
    },
    async deleteData(dno) {    //자료 삭제하기
      try {
        const response = await fetch(`http://localhost:8081/dataroom/delete/${dno}`, {
          method: 'DELETE',
        });
        if (!response.ok) throw new Error('Failed to delete data');
        this.dataList = this.dataList.filter((data) => data.dno !== dno);
      } catch (error) {
        console.error('자료를 삭제하는 중 오류 발생:', error);
      }
    },
  },
});
```

- defineStore 함수로 product라는 이름의 스토어를 정의합니다.
- 상태(state): dataList는 데이터 목록을 저장하는 배열이며 currentData는 현재 선택된 데이터 객체입니다.
- 액션(actions): 상태를 수정할 수 있는 여러 비동기 함수가 있으며 fetch를 사용해 서버에서 데이터를 가져오거나 조작합니다.
- fetchDataList: 서버의 http://localhost:8081/dataroom/list에서 데이터를 가져와서 dataList에 저장합니다. 데이터를 가져오는 도중 에러가 발생하면 console.error로 에러 메시지를 출력합니다.
- fetchDataDetail: dno에 해당하는 특정 데이터의 세부 정보를 http://localhost:8081/dataroom/detail/${dno}에서 가져와 currentData에 저장합니다.
- insertData: formData를 POST 메서드로 전송해 서버에 새로운 데이터를 등록합니다. 서버에서 등록된 데이터를 반환받아 dataList에 추가합니다.
- updateData: PUT 메서드를 사용해 formData로 수정된 데이터를 서버에 전송합니다. 반환된 업데이트된 데이터를 기존 목록에서 찾아 교체하고 currentData에 업데이트합니다.
- deleteData: 특정 데이터를 DELETE 요청으로 삭제합니다. 삭제된 데이터는 dataList에서 제거됩니다.

(4) Pinia 추가

Pinia 인스턴스를 생성하고 애플리케이션에 추가합니다.

src/store/index.js

```
01  import { createPinia } from 'pinia';
02  const pinia = createPinia();
03  export default pinia;
```

10.2.4 애플리케이션 설정

애플리케이션의 기본 구조를 설정합니다. App.vue 파일을 수정하여 Header와 Footer 컴포넌트를 포함하고 중앙에 라우터 뷰를 배치합니다.

```
src/App.vue
01    <template>
02      <div>
03        <HeaderComp />
04        <section class="section">
05          <div class="container">
06            <router-view />
07          </div>
08        </section>
09        <FooterComp />
10      </div>
11    </template>
12    <script setup>
13    import HeaderComp from './components/HeaderComp.vue';
14    import FooterComp from './components/FooterComp.vue';
15    </script>
```

- \<HeaderComp /\>: 페이지 상단의 헤더 컴포넌트를 표시합니다.

- \<router-view /\>: 라우터에서 매칭된 컴포넌트를 표시하는 영역입니다. 페이지에 따라 router-view의 내용이 바뀝니다.

- \<FooterComp /\>: 페이지 하단의 푸터 컴포넌트를 표시합니다.

10.2.5 컴포넌트 작성

다양한 컴포넌트를 작성하여 애플리케이션의 기능을 구현합니다. 각 컴포넌트는 Bulma CSS를 활용하여 스타일링이 되며 Composition API를 사용합니다.

(1) HeaderComp.vue

이 컴포넌트는 애플리케이션 최상단의 내비게이션 메뉴를 구성합니다. Bulma CSS의 navbar 클래스를 사용하여 스타일링을 적용하였습니다.

```
src/components/HeaderComp.vue
01    <template>
02      <nav class="navbar is-primary" role="navigation" aria-label="main navigation">
```

```
03        <div class="navbar-brand">
04          <router-link to="/" class="navbar-item">
05            자료실 애플리케이션
06          </router-link>
07          <a role="button" class="navbar-burger" aria-label="menu" aria-expanded="false" data-target="navbarBasic">
08            <span aria-hidden="true"></span><span aria-hidden="true"></span><span aria-hidden="true"></span>
09          </a>
10        </div>
11        <div id="navbarBasic" class="navbar-menu">
12          <div class="navbar-start">
13            <router-link to="/" class="navbar-item">메인으로이동</router-link>
14            <router-link to="/datalist" class="navbar-item">자료실목록</router-link>
15            <router-link to="/datainsert" class="navbar-item">자료 등록</router-link>
16          </div>
17        </div>
18      </nav>
19    </template>
20    <script setup>
21    </script>
```

- 로고 및 홈 링크: router-link to="/"는 앱 이름인 "자료실 애플리케이션"을 클릭하면 홈으로 이동하게 합니다.

- 내비게이션 메뉴: "메인으로 이동", "자료실 목록", "자료 등록" 등의 페이지로 이동할 수 있는 링크를 포함합니다.

- 햄버거 메뉴 아이콘: 화면이 작아지면 navbar-burger 클래스의 아이콘이 나타나 모바일 메뉴를 표시하는 역할을 합니다.

(2) FooterComp.vue

이 컴포넌트는 페이지 최하단에 위치한 푸터 컴포넌트로 카피라이트 정보를 표시합니다.

src/components/FooterComp.vue

```
01    <template>
02      <footer class="footer">
03        <div class="content has-text-centered">
```

```
04        <p>&copy; 2024 자료실 애플리케이션. 모든 권리 보유.</p>
05      </div>
06    </footer>
07  </template>
08  <script setup>
09  </script>
10  <style scoped>
11  .footer { background-color: #f5f5f5; padding: 1rem 0; }
12  </style>
```

➡ footer 요소와 content 클래스를 사용하여 가운데 정렬된 카피라이트 정보를 표시합니다.

➡ © 2024 자료실 애플리케이션. 모든 권리 보유. 텍스트로 연도와 앱 이름을 포함한 카피라이트 문구를 표시합니다.

(3) MainComp.vue

애플리케이션의 메인 페이지 컴포넌트입니다. 앱이 로드되면 사용자에게 환영 메시지를 표시합니다.

src/pages/MainComp.vue
```
01  <template>
02    <div class="content">
03      <h1 class="title">자료실 애플리케이션에 오신 것을 환영합니다!</h1><hr />
04      <p>원하는 자료를 찾아보세요.</p>
05    </div>
06  </template>
07  <script setup>
08  </script>
```

⟨h1 class="title"⟩에 앱 이름과 환영 메시지를 출력하고 ⟨p⟩ 태그로 간단한 안내 문구를 추가합니다.

(4) DataList.vue

자료 목록을 표시하는 컴포넌트입니다. 특정 자료글을 클릭하면 상세 정보 페이지로 이동하며 자료 등록 링크 버튼도 포함됩니다.

src/pages/DataList.vue

```vue
01  <template>
02    <div class="content">
03      <h2 class="title">자료실 목록</h2>
04      <table class="table is-fullwidth is-striped">
05        <thead>
06          <tr>
07            <th>글번호</th><th>제목</th><th>작성자</th><th>조회수</th><th>등록일</th>
08          </tr>
09        </thead>
10        <tbody>
11          <tr v-for="data in paginatedData" :key="data.dno" @click="goToDetail(data.dno)" style="cursor: pointer;">
12            <td>{{ data.dno }}</td><td>{{ data.title }}</td><td>{{ data.author }}</td>
13            <td>{{ data.hits }}</td><td>{{ formatDate(data.resdate) }}</td>
14          </tr>
15        </tbody>
16      </table>
17      <div class="pagination">
18        <button class="button" :disabled="currentPage === 1" @click="changePage(currentPage - 1)">이전</button>
19        <button
20          v-for="page in totalPages"
21          :key="page"
22          class="button"
23          :class="{ 'is-current': currentPage === page }"
24          @click="changePage(page)">
25          {{ page }}
26        </button>
27        <button class="button" :disabled="currentPage === totalPages" @click="changePage(currentPage + 1)">다음</button>
28      </div>
29
30      <button class="button is-link" @click="navigateToInsert">[자료 등록]</button>
31    </div>
32  </template>
33  <script setup>
34  import { ref, onMounted, computed } from 'vue';
35  import { useProductStore } from '../store/productStore';
36  import { useRouter } from 'vue-router';
37  const productStore = useProductStore();
38  const router = useRouter();
39  const currentPage = ref(1);
```

```
40      const itemsPerPage = 10;   // 페이지당 항목 수
41      const dataList = computed(() => productStore.dataList);
42      const paginatedData = computed(() => {
43        const start = (currentPage.value - 1) * itemsPerPage;
44        const end = start + itemsPerPage;
45        return dataList.value.slice(start, end);
46      });
47      const totalPages = computed(() => { return Math.ceil(dataList.value.length / itemsPerPage); });
48      const fetchDataList = async () => { await productStore.fetchDataList(); };
49      const goToDetail = (dno) => { router.push({ name: 'DataDetail', params: { dno } }); };
50      const navigateToInsert = () => { router.push({ name: 'DataInsert' }); };
51      const formatDate = (dateStr) => {
52        const date = new Date(dateStr);
53        return date.toLocaleDateString();
54      };
55      const changePage = (page) => {
56        if (page >= 1 && page <= totalPages.value) {
57          currentPage.value = page;
58        }
59      };
60      onMounted(() => { fetchDataList(); });
61    </script>
```

- **자료 항목 클릭 시 이동**: v-for 디렉티브로 dataList 배열의 항목들을 반복하여 표의 각 행에 데이터를 표시하고, 행을 클릭하면 goToDetail 메서드를 통해 해당 자료 상세페이지로 이동합니다.

- **자료 등록 버튼**: 하단에 [자료 등록]이라는 버튼을 추가하여 navigateToInsert 메서드 호출 시 자료 등록 페이지로 이동합니다.

- **데이터 목록 가져오기**: fetchDataList 메서드는 컴포넌트가 마운트될 때 호출되며 productStore의 fetchDataList 함수를 실행하여 자료 목록을 불러옵니다.

- **날짜 형식 변환**: formatDate 메서드는 날짜 문자열을 변환하여 toLocaleDateString으로 포맷된 날짜를 반환합니다.

- **router.push**를 사용하여 특정 자료를 클릭했을 때 해당 dno를 상세페이지로 전달하거나, 자료 등록 버튼 클릭 시 자료 등록 페이지로 이동합니다.

(5) DataInsert.vue

자료를 등록하기 위한 입력 양식을 제공하는 컴포넌트로 사용자로부터 제목, 내용, 작성자, 자료 파일을 입력받아 서버로 전송하는 기능을 제공합니다.

src/pages/DataInsert.vue

```
01    <template>
02      <div class="content">
03        <h2 class="title">자료 등록</h2>
04        <form @submit.prevent="submitForm">
05          <div class="field">
06            <label class="label">제목</label>
07            <div class="control">
08              <input class="input" type="text" v-model="data.title" required />
09            </div>
10          </div>
11          <div class="field">
12            <label class="label">글 내용</label>
13            <div class="control">
14              <textarea class="textarea" v-model="data.content" required></textarea>
15            </div>
16          </div>
17          <div class="field">
18            <label class="label">작성자</label>
19            <div class="control">
20              <input class="input" type="text" v-model="data.author" required />
21            </div>
22          </div>
23          <div class="field">
24            <label class="label">자료파일</label>
25            <div class="control">
26              <input class="input" type="file" @change="handleFileChange" accept=".pdf,.doc,.docx,image/*" required />
27            </div>
28          </div>
29          <div class="field is-grouped">
30            <div class="control">
31              <button type="submit" class="button is-link">[자료 등록]</button>
32            </div>
33            <div class="control">
```

```
34          <button type="button" class="button" @click="goToList">취소</button>
35        </div>
36      </div>
37    </form>
38  </div>
39 </template>
40 <script setup>
41 import { ref } from 'vue';
42 import { useProductStore } from '../store/productStore';
43 import { useRouter } from 'vue-router';
44 const productStore = useProductStore();
45 const router = useRouter();
46 const data = ref({
47   title: '', content: '', author: '', datafile: null,
48 });
49 const handleFileChange = (event) => {
50   const file = event.target.files[0];
51   if (file) { data.value.datafile = file; }
52 };
53 const submitForm = async () => {
54   const formData = new FormData();
55   formData.append('title', data.value.title);
56   formData.append('content', data.value.content);
57   formData.append('author', data.value.author);
58   if (data.value.datafile) {
59     formData.append('datafile', data.value.datafile);
60   }
61   await productStore.insertData(formData);
62   router.push({ name: 'DataList' });
63 };
64 const goToList = () => { router.push({ name: 'DataList' }); };
65 </script>
```

➔ 입력 폼: 제목, 글 내용, 작성자, 자료 파일 등의 필드를 포함한 입력 폼을 제공합니다. @submit.prevent 디렉티브를 통해 폼이 제출될 때 submitForm 메서드를 호출하고, 페이지 새로고침을 방지합니다.

➔ 자료 파일 업로드: 파일 업로드 입력란은 .pdf, .doc, .docx, 이미지 파일만 허용되며 handleFileChange 메서드로 파일을 data 객체에 바인딩합니다.

➔ 메서드와 데이터 전송: 폼 데이터 생성 및 제출의 submitForm 메서드는 FormData 객체를 생성하여 사용자 입력 데이터를 추가한 후 productStore의 insertData 메서드를 호출해 서버로 전송합니다.

→ 취소 버튼: [취소] 버튼 클릭 시 goToList 메서드를 통해 목록 페이지로 이동하여 현재 작업을 취소할 수 있습니다.

(6) DataDetail.vue

특정 자료글의 상세 정보를 표시하는 컴포넌트입니다. 수정, 삭제, 목록으로 이동할 수 있는 버튼이 포함됩니다.

```
src/pages/DataDetail.vue
01  <template>
02    <div class="content">
03      <h2 class="title">자료 상세 정보</h2>
04      <div v-if="data">
05        <p><strong>글번호:</strong> {{ data.dno }}</p>
06        <p><strong>제목:</strong> {{ data.title }}</p>
07        <p><strong>글 내용:</strong> {{ data.content }}</p>
08        <p><strong>작성자:</strong> {{ data.author }}</p>
09        <p><strong>작성일시:</strong> {{ formatDate(data.resdate) }}</p>
10        <p><strong>조회수:</strong> {{ data.hits }}</p>
11        <p><strong>자료파일:</strong> <a :href="data.datafile" target="_blank">{{ data.datafileName }}</a></p>
12        <div class="buttons">
13          <button class="button is-warning" @click="editData">[글 수정]</button>
14          <button class="button is-danger" @click="deleteData">[글 삭제]</button>
15          <button class="button" @click="goToList">[자료실 목록]</button>
16        </div>
17      </div>
18      <div v-else><p>자료를 불러오는 중입니다...</p></div>
19    </div>
20  </template>
21  <script setup>
22  import { onMounted, computed } from 'vue';
23  import { useProductStore } from '../store/productStore';
24  import { useRouter, useRoute } from 'vue-router';
25  const productStore = useProductStore();
26  const router = useRouter();
27  const route = useRoute();
28  const dno = route.params.dno;
29  const data = computed(() => productStore.currentData);
30  const fetchDataDetail = async () => { await productStore.
```

```
fetchDataDetail(dno); };
31   const editData = () => { router.push({ name: 'DataEdit', params: { dno
} }); };
32   const deleteData = async () => {
33     if (confirm('정말로 이 자료를 삭제하시겠습니까?')) {
34       await productStore.deleteData(dno);
35       router.push({ name: 'DataList' });
36     }
37   };
38   const goToList = () => { router.push({ name: 'DataList' }); };
39   const formatDate = (dateStr) => {
40     const date = new Date(dateStr);
41     return date.toLocaleString();
42   };
43   onMounted(() => { fetchDataDetail(); });
44 </script>
```

- 자료 정보 표시: data 객체가 존재하는 경우(v-if="data") 자료 번호, 제목, 내용, 작성자, 작성일시, 조회수, 자료 파일 링크를 표시합니다.

- 파일 다운로드 링크: 자료 파일 이름과 함께 링크가 제공되며 클릭하면 새 탭에서 파일이 열립니다.

- editData: [글 수정] 버튼을 눌렀을 때 router.push를 통해 DataEdit 페이지로 이동하여 수정 페이지로 전환됩니다.

- deleteData: [글 삭제] 버튼을 누르면 삭제 확인창이 뜨고 확인 시 productStore.deleteData 메서드를 호출하여 자료를 삭제합니다. 삭제 후 자료 목록 페이지로 이동합니다.

- goToList: [자료실 목록] 버튼을 누르면 DataList 페이지로 이동하여 목록으로 돌아갑니다.

- formatDate: 날짜 형식을 가독성 높은 형식으로 변환해 줍니다.

- 라이프사이클 훅: 컴포넌트가 마운트되면 fetchDataDetail 함수가 실행되어 해당 자료의 상세 정보를 불러옵니다.

(7) DataEdit.vue

자료글 정보를 수정하는 컴포넌트입니다. 수정 가능한 필드는 제목, 내용, 작성자, 자료 파일입니다.

src/pages/DataEdit.vue

```
01    <template>
02      <div class="content">
03        <h2 class="title">글 수정</h2>
04        <form @submit.prevent="submitEdit">
05          <div class="field">
06            <label class="label">제목</label>
07            <div class="control">
08              <input class="input" type="text" v-model="editableData.title" required />
09            </div>
10          </div>
11          <div class="field">
12            <label class="label">글 내용</label>
13            <div class="control">
14              <textarea class="textarea" v-model="editableData.content" required></textarea>
15            </div>
16          </div>
17          <div class="field">
18            <label class="label">작성자</label>
19            <div class="control">
20              <input class="input" type="text" v-model="editableData.author" required />
21            </div>
22          </div>
23          <div class="field">
24            <label class="label">자료파일</label>
25            <div class="control">
26              <input class="input" type="file" @change="handleFileChange" accept=".pdf,.doc,.docx,image/*" />
27              <p class="help">현재 파일: <a :href="editableData.datafile" target="_blank">{{ editableData.datafileName }}</a></p>
28            </div>
29          </div>
30          <div class="field is-grouped">
31            <div class="control">
32              <button type="submit" class="button is-link">[글 수정]</button>
33            </div>
34            <div class="control">
35              <button type="button" class="button" @click="goToList">취소</button>
36            </div>
37          </div>
38        </form>
```

```
39      </div>
40    </template>
41    <script setup>
42    import { ref, onMounted } from 'vue';
43    import { useProductStore } from '../store/productStore';
44    import { useRouter, useRoute } from 'vue-router';
45    const productStore = useProductStore();
46    const router = useRouter();
47    const route = useRoute();
48    const dno = route.params.dno;
49    const editableData = ref({
50      dno: '', title: '', content: '', author: '', datafile: '', datafileName: '',
51      resdate: '', hits: 0, newDatafile: null,
52    });
53    const fetchDataDetail = async () => {
54      await productStore.fetchDataDetail(dno);
55      const current = productStore.currentData;
56      editableData.value = {
57        dno: current.dno, title: current.title, content: current.content,
58        author: current.author, datafile: current.datafile, datafileName: current.datafileName,
59        resdate: current.resdate, hits: current.hits, newDatafile: null,
60      };
61    };
62    const handleFileChange = (event) => {
63      const file = event.target.files[0];
64      if (file) { editableData.value.newDatafile = file; }
65    };
66    const submitEdit = async () => {
67      const formData = new FormData();
68      formData.append('title', editableData.value.title);
69      formData.append('content', editableData.value.content);
70      formData.append('author', editableData.value.author);
71      if (editableData.value.newDatafile) {
72        formData.append('datafile', editableData.value.newDatafile);
73      }
74      await productStore.updateData(dno, formData);
75      router.push({ name: 'DataList' });
76    };
77    const goToList = () => { router.push({ name: 'DataList' }); };
78    onMounted(() => { fetchDataDetail(); });
79    </script>
```

→ 입력 폼: 제목, 내용, 작성자, 자료 파일 입력 필드가 있으며 @submit.prevent 디렉티브를 통해 폼이 제출될 때 submitEdit 메서드를 호출합니다.

- 기존 파일 표시 및 파일 변경: 현재 업로드된 파일의 이름과 함께 파일 변경 옵션이 제공됩니다. 새로운 파일을 선택하면 handleFileChange 메서드가 실행되어 파일이 editableData.newDatafile에 저장됩니다.

- fetchDataDetail: productStore의 fetchDataDetail 메서드를 호출하여 해당 자료의 상세 정보를 가져오고 현재 자료 정보를 editableData에 복사합니다.

- handleFileChange: 새로운 파일을 선택할 경우 실행되며 선택한 파일이 editableData.newDatafile에 할당됩니다.

- submitEdit: 수정된 자료를 FormData에 담아 productStore.updateData 메서드를 호출하여 서버로 전송하고 전송 후 목록 페이지로 이동합니다.

- goToList: [취소] 버튼을 클릭 시 DataList 페이지로 이동합니다.

- 라이프사이클 훅: 컴포넌트가 마운트될 때 fetchDataDetail이 실행되어 수정할 자료를 로드합니다.

10.2.6 애플리케이션 실행 및 빌드

모든 설정과 컴포넌트 작성을 완료한 후 애플리케이션을 실행하여 동작을 확인합니다.

(1) 개발 서버 실행

터미널창을 열고 작성된 애플리케이션을 개발자 모드에서 테스트를 진행합니다.

```
npm run serve
```

브라우저에서 http://localhost:8080으로 접속하여 애플리케이션을 확인합니다. 메뉴를 통해 메인, 자료실 목록, 자료 등록 페이지로 이동하고, 자료 목록에서 특정 자료글을 클릭하여 상세 정보를 확인할 수 있습니다. 자료 등록, 수정, 삭제 기능도 정상적으로 동작하는지 확인합니다.

(2) 스토어 설정 변경

작성된 Vue 애플리케이션을 그냥 빌드하였을 경우는 절대 주소로 되어 있어 해당 주소를 찾지 못합니다. 백엔드와 프런트엔드가 하나처럼 동작하려면 Vue 애플리케이션의 스토어 파일인 src/store/ productStore.js 파일 안에 있는 "localhost:8081" 주소를 모두 제거하여 빌드해야 합니다. 빌드하기 전에 이미 작성된 ch10_myapp2 디렉터리를 ch10_myapp2_after 디렉터리로 복사합니다. 복사된 ch10_myapp2_after 디렉터리 안의 스토어 파일인 src/store/productStore.js 파일을 편집합니다.

(3) 애플리케이션 빌드

터미널창을 열고 애플리케이션 빌드 명령을 입력하여 빌드를 진행합니다.

```
npm run build
```

프로젝트 디렉터리 안에 실행에 필요한 내용을 webpack과 babel에 의해서 작성된 여러 소스코드와 라이브러리를 html, javascript, css 등의 문서로 번역하여 정리합니다. 여기에서 빌드된 애플리케이션은 ch10_myapp2/dist에 있으니 확인하기 바랍니다.

(4) 스프링 부트 프로젝트에 빌드된 애플리케이션 내포하기

설치된 sts4를 실행하여 [그림10-11]과 같이 backend2를 워크스페이스로 지정하여 프로젝트를 엽니다.

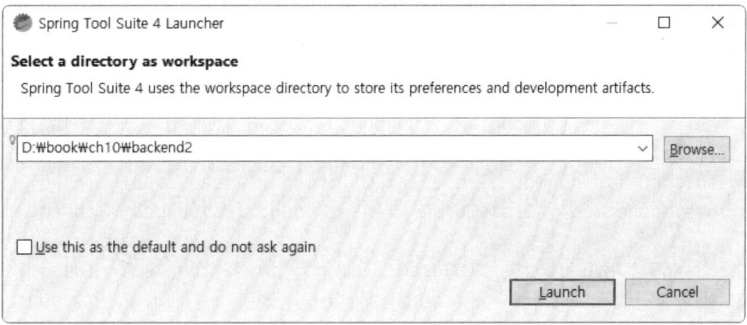

[그림 10-11] 백엔드 프로젝트 열기

빌드된 결과물인 ch10_myapp2_after/dist 디렉터리 안에 있는 모든 내용을 복사하기 하여 [그림 10-12]와 같이 열린 sts4창의 왼쪽 Project Explorer 패널에서 "app1/src/main/

resources/static" 폴더 안에 붙여넣기 합니다. 백엔드 프로젝트를 불러오려면 Java 17, MariaDB 10, sts4의 설치가 필요합니다. 설치와 설정에 관한 자세한 사항은 9장을 참고하세요.

[그림 10-12] 백엔드 프로젝트에 내포하기

(5) 풀스택 애플리케이션 실행하기

sts4창의 왼쪽 하단 Boot Dashboard 패널에서 local의 하위 항목인 app1 [devtools]를 선택하고 바로 위에 있는 첫 번째 빨간색 아이콘(■)인 "Start or restart…"를 클릭하면 애플리케이션이 실행됩니다. 웹 브라우저를 열고 브라우저의 URL 입력란에 "localhost:8081"을 입력하면 정상적으로 현재 실행 중인 애플리케이션을 볼 수 있습니다. 나머지 풀스택 애플리케이션을 빌드하는 부분은 12장에서 더 자세히 다룹니다.

[Vue 상태 관리 라이브러리 핵심 정리]

(1) Vuex: Vue.js의 공식 상태 관리 라이브러리로 4.x 버전까지 주로 사용되었습니다. Vue.js와의 긴밀한 통합으로 Vue 개발자들이 친숙하게 사용할 수 있으며 다양한 플러그인을 지원합니다.

(2) Pinia: Vue.js 3와 함께 소개된 상태 관리 라이브러리로 Vuex의 복잡함을 줄이면서 더욱 직관적이고 사용하기 쉽게 설계되었습니다. Vuex의 공식 후계자로 간주되며 Vuex에서 발생하던 boilerplate 코드를 줄이는 데 중점을 둡니다.

이번 10장에서는 두 가지 상태 관리 라이브러리를 알아보았습니다. Vuex와 Pinia는 많이 사용되는 상태 라이브러리로 어떠한 라이브러리를 써야 할지는 자유입니다. 본인에 맞는 라이브러리를 선택하여 학습하기 바라며 이와 더불어 9장과 다르게 10장에서는 모든 Vue 애플리케이션을 빌드하여 백엔드 부분에 내장시켜 풀스택 프로젝트로 만들었습니다.

다음 11장에서는 Vue 3에서 사용 가능한 프로그래밍 패턴을 학습하여 더 효율적이고 개선된 애플리케이션을 작성할 것입니다. 여러 가지 프로그래밍 패턴을 알면 다른 프레임워크나 언어에도 적용할 수 있어 실전에서도 많은 도움이 됩니다.

Chapter 11

Vue 3 프로그래밍 패턴

Vue 3 프로그래밍 패턴은 Vue.js 애플리케이션을 구조화하고 관리하기 위한 일련의 방법론과 아키텍처를 의미합니다. 이러한 패턴은 코드의 유지보수성, 확장성, 재사용성을 높이는 데 중점을 두며, 특히 대규모 애플리케이션에서 효과적입니다. 백엔드에서 다루는 MVC 패턴을 제외하고 Flux 패턴, MVVM 패턴, MVP 패턴, 컴포넌트 기반 패턴, Vuex를 활용한 상태 관리 패턴 등을 살펴봅니다.

만약 제공한 소스코드를 다운로드 받아 실습한다면 해당 프로젝트 디렉터리에서 반드시 npm install 명령을 실행하여 관련 라이브러리를 모두 설치해야 합니다.

11.1 Flux 패턴을 활용한 Task Manager 애플리케이션 제작

이 절에서는 Flux 패턴을 기반으로 한 Vue 3 Task Manager 애플리케이션을 개발하는 과정을 단계별로 학습합니다. Flux 패턴은 데이터 흐름을 단방향으로 관리하여 애플리케이션의 상태를 예측 가능하고 일관성 있게 유지할 수 있습니다.

11.1.1 Flux 패턴 아키텍처

Flux 패턴은 Facebook에서 제안한 애플리케이션 아키텍처로 데이터 흐름을 단방향으로 관리하여 상태 변화를 예측 가능하게 만듭니다.

(1) Flux 패턴의 주요 구성요소

- Action: 사용자 인터랙션이나 다른 이벤트에 의해 발생하는 행동을 정의합니다. 태스크 추가, 삭제, 업데이트 등이 있습니다.
- Dispatcher: Flux에서 Dispatcher가 중앙 허브로 작동하여 모든 Action을 관리합니다.
- Store: 애플리케이션의 상태(state)를 관리하며 상태 변경 시 View에 알립니다.
- View: 사용자에게 데이터를 표시하고, 사용자 입력을 Action으로 디스패치합니다. Vue 컴포넌트가 이에 해당합니다.

(2) Flux 패턴의 데이터 흐름

App View는 Action을 만들고 Action을 Dispatcher에 전달하여 Store(Model)의 데이터를 변경한 뒤 Component View에 반영하는 단방향의 흐름으로 애플리케이션을 만드는 아키텍처입니다.

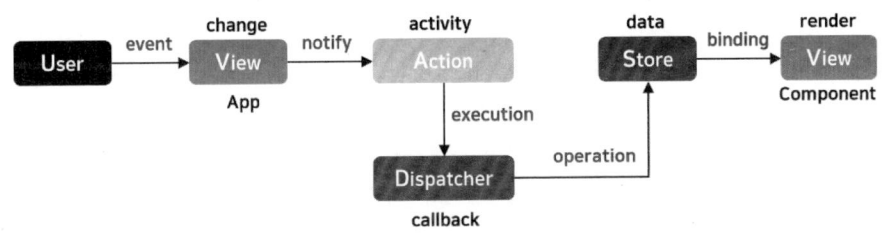

[그림 11-1] Flux 패턴 구조

아래 예시 코드는 Flux 패턴의 구성요소인 Actions, Dispatcher, Store, View를 활용한 예시 코드입니다.

```
01    <template>
02      <div>
03        <h1>Todo List (Flux Pattern)</h1>
04        <input v-model="newTodo" placeholder="Add a new todo" @keyup.enter="addTodo" />
05        <ul><li v-for="(todo, index) in todos" :key="index">{{ todo }}</li></ul>
06      </div>
```

```
07      </template>
08      <script setup>
09      import { ref } from 'vue';
10      const ADD_TODO = 'addTodo';  //1. Actions
11      const createAddTodoAction = (todo) => { return { type: ADD_TODO, payload: todo, }; };
12      class Dispatcher {  //2. Dispatcher
13        constructor() { this.callbacks = []; }
14        register(callback) { this.callbacks.push(callback); }
15        dispatch(action) { this.callbacks.forEach((callback) => callback(action)); }
16      }
17      const dispatcher = new Dispatcher();
18      const todos = ref([]);  //3. Store
19      const addTodo = (todo) => { todos.value.push(todo); };
20      dispatcher.register((action) => {
21        switch (action.type) {
22          case ADD_TODO:
23            addTodo(action.payload);
24            break;
25          default:
26            break;
27        }
28      });
29      const newTodo = ref('');  //새로운 할 일 추가 input 모델 - 4. View
30      const addTodo = () => {  //할 일 추가 함수 - Dispatcher를 통해 액션 전송
31        if (newTodo.value.trim() !== '') {
32          dispatcher.dispatch(createAddTodoAction(newTodo.value));
33          newTodo.value = '';  //입력창 초기화
34        }
35      };
36      </script>
```

➡ Actions: ADD_TODO라는 액션 타입과 액션 생성 함수 createAddTodoAction을 정의합니다.

➡ Dispatcher: Dispatcher 클래스는 콜백 함수를 등록(register)하고 액션을 모든 콜백에 전달하는 메서드를 제공합니다.

➡ Store: todos라는 배열이 상태를 저장하고 할 일을 추가하는 addTodo 함수가 액션에 따라 상태를 변경합니다.

➡ View: newTodo는 할 일 입력 모델로 사용되며 addTodo 함수는 입력된 할 일을 dispatcher에 전송하여 Flux 데이터 흐름을 따라 Store에 반영됩니다.

11.1.2 애플리케이션 생성 및 라이브러리 설치

Vue CLI를 사용하여 Vue 3 애플리케이션 프로젝트를 생성하고 애플리케이션에서 필요한 라이브러리를 설치합니다.

(1) Vue 3 프로젝트 생성과 디렉터리 이동

ch11_myapp1이라는 이름으로 Vue 3 애플리케이션 프로젝트를 생성하고 해당 디렉터리로 이동합니다.

```
vue create ch11_myapp1
cd ch11_myapp1
```

- vue create vh11_myapp1 명령은 애플리케이션 프로젝트를 생성합니다.
- cd ch11_myapp1 명령은 프로젝트 디렉터리인 ch11_myapp1로 이동합니다.

(2) 라이브러리 설치

프로젝트에 필요한 axios 라이브러리와 bootstrap 라이브러리를 추가로 설치합니다.

```
npm install axios bootstrap
npm install @popperjs/core
vue add router
```

- npm install axios bootstrap 명령은 axios와 CSS 프레임워크인 bootstrap, popperjs를 설치합니다.
- vue add router는 router를 구성요소로 추가하고 해당 js 파일을 생성합니다.

(3) 프로젝트 파일 구조와 미리보기

```
ch11_myapp1
├── node_modules
├── public
├── src
│   ├── assets
│   ├── components
│   │   ├── FooterComp.vue
│   │   └── HeaderComp.vue
│   ├── pages
│   │   ├── MainComp.vue
│   │   ├── TaskDetail.vue
│   │   └── TaskList.vue
│   ├── router
│   │   └── index.js
│   ├── store
│   │   └── index.js
│   ├── App.vue
│   └── main.js
├── babel.config.js
├── jsconfig.json
├── package-lock.json
├── package.json
└── vue.config.js
```

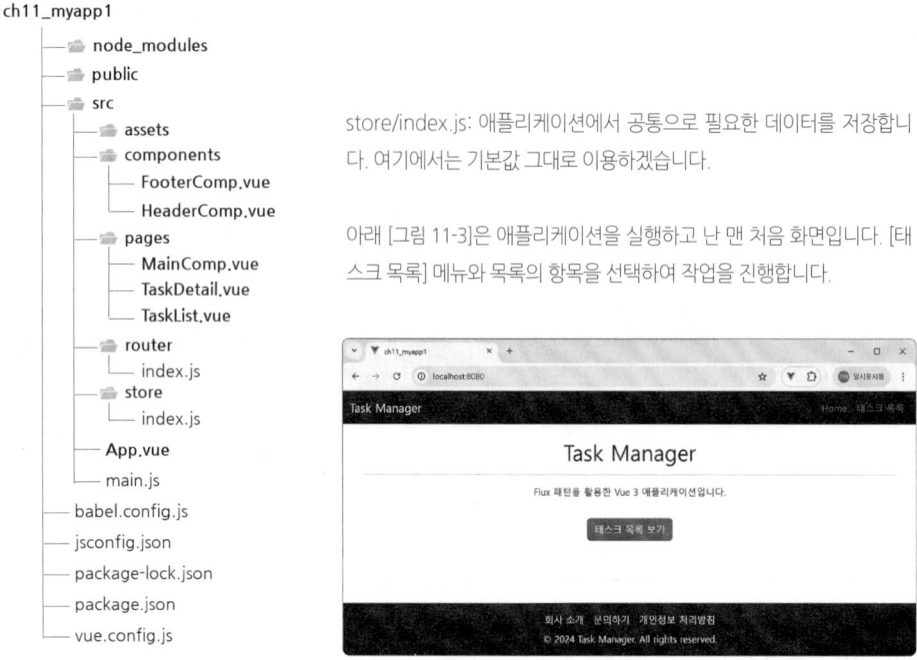

store/index.js: 애플리케이션에서 공통으로 필요한 데이터를 저장합니다. 여기에서는 기본값 그대로 이용하겠습니다.

아래 [그림 11-3]은 애플리케이션을 실행하고 난 맨 처음 화면입니다. [태스크 목록] 메뉴와 목록의 항목을 선택하여 작업을 진행합니다.

[그림 11-2] ch11_myapp1 프로젝트 구조   [그림 11-3] ch11_myapp1 실행 화면

11.1.3 프로젝트 설정

프로젝트의 기본 설정을 진행합니다. 여기서는 Bootstrap CSS를 프로젝트에 통합하고, 기본 파일 구조를 설정합니다.

(1) 진입점 파일(main.js) 설정

main.js 파일을 열어 Bootstrap CSS와 JavaScript를 임포트합니다.

src/main.js

```
01  import { createApp } from 'vue'
02  import App from './App.vue'
03  import router from './router'
04  import 'bootstrap/dist/css/bootstrap.min.css'
```

```
05    import 'bootstrap'
06    createApp(App).use(router).mount('#app')
```

- App.vue는 애플리케이션의 최상위 컴포넌트로 Vue 인스턴스가 이 컴포넌트를 기반으로 초기화됩니다.

- router는 src/router/index.js에서 설정된 Vue Router 인스턴스를 가져옵니다. 이를 통해 URL 경로에 따라 컴포넌트를 전환할 수 있습니다.

- Bootstrap CSS 프레임워크를 불러와 스타일을 적용합니다. bootstrap.min.css로 기본 스타일을 적용하고, bootstrap은 자바스크립트 기능을 제공합니다.

(2) Vue Router 설정

src/router/index.js 파일을 생성하고 라우터를 설정합니다.

src/router/index.js

```
01    import { createRouter, createWebHistory } from 'vue-router'
02    import MainComp from '../pages/MainComp.vue'
03    import TaskList from '../pages/TaskList.vue'
04    import TaskDetail from '../pages/TaskDetail.vue'
05    const routes = [
06      { path: '/', name: 'Home', component: MainComp },
07      { path: '/tasks', name: 'TaskList', component: TaskList },
08      { path: '/tasks/:id', name: 'TaskDetail', component: TaskDetail, props: true },
09    ]
10    const router = createRouter({ history: createWebHistory(process.env.BASE_URL), routes })
11    export default router
```

- history: createWebHistory를 사용하여 브라우저의 히스토리 모드로 설정합니다.

- routes: routes 배열을 전달하여 라우트 구성을 마칩니다.

- router: 애플리케이션에 적용하면 URL에 따라 MainComp, TaskList, TaskDetail 컴포넌트가 보이게 됩니다.

(3) Flux 패턴을 위한 Store 설정

Flux 패턴의 핵심인 Store를 설정하여 애플리케이션의 상태를 관리합니다. 여기서는 간단한 Flux 패턴을 구현하기 위해 Vue의 reactive API를 사용합니다. 또한, src/store/index.js 파일을 생성하고 Store를 설정합니다.

src/store/index.js

```
01  import { reactive } from 'vue'
02  import axios from 'axios'
03  const state = reactive({ tasks: [], loading: false, error: null })
04  const actions = {
05    async fetchTasks() {
06      state.loading = true
07      try { //요청 URL은 더미 데이터 사이트에서 제공된 것입니다.
08        const response = await axios.get('https://jsonplaceholder.typicode.com/todos?_limit=10')
09        state.tasks = response.data
10      } catch (err) {
11        state.error = err
12      } finally {
13        state.loading = false
14      }
15    },
16  }
17  export default {
18    state, actions,
19    get tasks() { return state.tasks }, get loading() { return state.loading },
20    get error() { return state.error }
21  }
```

- state: 애플리케이션의 상태를 정의합니다. 여기서는 tasks, loading, error를 포함합니다.

- actions: 상태를 변경하거나 데이터를 가져오는 함수들을 정의합니다. fetchTasks는 외부 API로부터 태스크 목록을 가져옵니다.

- getters: 상태를 컴포넌트에서 쉽게 접근할 수 있게 제공합니다. 여기서는 tasks, loading, error를 반환하는 getter를 정의합니다.

(4) App.vue 구성

App.vue 파일을 수정하여 Header와 Footer 컴포넌트를 포함하고 라우터 뷰를 배치합니다.

```vue
src/App.vue
01  <template>
02    <div id="app" class="d-flex flex-column min-vh-100">
03      <HeaderComp />
04      <main class="flex-fill container mt-4">
05        <router-view />
06      </main>
07      <FooterComp />
08    </div>
09  </template>
10  <script setup>
11  import HeaderComp from './components/HeaderComp.vue'
12  import FooterComp from './components/FooterComp.vue'
13  </script>
```

- ➡ <HeaderComp />와 <FooterComp /> 컴포넌트를 상단과 하단에 배치합니다.
- ➡ <main> 태그 안의 router-view는 현재 라우트에 해당하는 컴포넌트를 표시합니다.

11.1.4 컴포넌트 작성

애플리케이션의 주요 컴포넌트를 작성합니다. 여기서는 Header, Footer, TaskList, TaskDetail 컴포넌트를 생성합니다.

(1) 메인 컴포넌트 생성

애플리케이션 실행 시 맨 처음 렌더링되는 src/pages/MainComp.vue 파일을 생성합니다.

src/pages/MainComp.vue

```
01  <template>
02    <div class="text-center">
03      <h1>Task Manager</h1><hr/>
04      <p>Flux 패턴을 활용한 Vue 3 애플리케이션입니다.</p>
05      <router-link to="/tasks" class="btn btn-primary mt-3">태스크 목록 보기</router-link>
06    </div>
07  </template>
08  <script setup>
09  </script>
```

➜ text-center 클래스를 사용하여 가운데 정렬합니다.

➜ <router-link>는 /tasks 경로로 이동할 수 있는 링크 버튼을 생성합니다. btn, btn-primary, mt-3 등의 Bootstrap 클래스를 사용해 버튼 스타일을 지정합니다.

(2) HeaderComp.vue

최상단 메뉴를 담당하는 컴포넌트입니다. HeaderComp.vue는 내비게이션 바를 포함하며, TaskList 페이지로 이동할 수 있는 링크를 제공합니다.

src/components/HeaderComp.vue

```
01  <template>
02    <nav class="navbar navbar-expand-lg navbar-dark bg-dark">
03      <div class="container-fluid">
04        <router-link class="navbar-brand" to="/">Task Manager</router-link>
05        <button class="navbar-toggler" type="button" data-bs-toggle="collapse" data-bs-target="#navbarNav"
06          aria-controls="navbarNav" aria-expanded="false" aria-label="Toggle navigation">
07          <span class="navbar-toggler-icon"></span>
08        </button>
09        <div class="collapse navbar-collapse" id="navbarNav">
10          <ul class="navbar-nav ms-auto">
11            <li class="nav-item">
12              <router-link class="nav-link" to="/">Home</router-link>
13            </li>
14            <li class="nav-item">
15              <router-link class="nav-link" to="/tasks">태스크 목록</router-
```

```
link>
16            </li>
17          </ul>
18        </div>
19      </div>
20    </nav>
21  </template>
22  <script setup>
23  </script>
```

➡ Bootstrap의 navbar를 사용해 헤더 내비게이션 바를 구성합니다.

➡ <router-link class="navbar-brand" to="/">Task Manager</router-link>는 메인 페이지로 이동할 수 있는 브랜드 로고를 제공합니다.

(3) FooterComp.vue

최하단에 하단 링크와 카피라이트를 포함하는 컴포넌트입니다.

```
src/components/FooterComp.vue
01  <template>
02    <footer class="bg-dark text-white text-center py-3 mt-auto">
03      <div>
04        <a href="#" class="text-white me-3">회사 소개</a>
05        <a href="#" class="text-white me-3">문의하기</a>
06        <a href="#" class="text-white">개인정보 처리방침</a>
07      </div>
08      <div class="mt-2">
09        &copy; 2024 Task Manager. All rights reserved.
10      </div>
11    </footer>
12  </template>
13  <script setup>
14  </script>
15  <style scoped>
16  footer a { text-decoration: none; }
17  footer a:hover { text-decoration: underline; }
18  </style>
```

➡ footer 태그로 구성된 하단 영역은 어두운 배경에 흰색 글씨를 사용하여 구분감을 줍니다.

→ 주요 링크(회사 소개, 문의하기, 개인정보 처리방침)는 <a> 태그로 작성되어 각각 text-white와 me-3 클래스를 사용해 스타일을 지정하고, 마우스를 올렸을 때 링크가 밑줄 처리되게 CSS로 스타일링합니다.

(4) TaskList.vue

태스크 목록을 표시하는 컴포넌트입니다. 태스크명을 클릭하면 TaskDetail.vue로 이동합니다.

```
src/pages/TaskList.vue
01    <template>
02      <div>
03        <h2>태스크 목록</h2>
04        <div v-if="store.loading" class="spinner-border text-primary" role="status">
05          <span class="visually-hidden">Loading...</span>
06        </div>
07        <div v-else>
08          <ul class="list-group">
09            <li v-for="task in store.tasks" :key="task.id" class="list-group-item d-flex justify-content-between align-items-center">
10              <router-link :to="`/tasks/${task.id}`" class="text-decoration-none">{{ task.title }}</router-link>
11              <span v-if="task.completed" class="badge bg-success">완료</span>
12              <span v-else class="badge bg-warning">진행 중</span>
13            </li>
14          </ul>
15        </div>
16        <div v-if="store.error" class="alert alert-danger mt-3">
17          오류가 발생했습니다: {{ store.error.message }}
18        </div>
19      </div>
20    </template>
21    <script setup>
22    import { onMounted } from 'vue'
23    import store from '../store/index.js'
24    const storeRef = store
25    onMounted(() => { storeRef.actions.fetchTasks() })
26    </script>
27    <style scoped>
```

```
28    .list-group-item a { flex-grow: 1; }
29  </style>
```

→ onMounted: 컴포넌트가 마운트될 때 storeRef.actions.fetchTasks( )를 호출하여 태스크 데이터를 불러옵니다.

→ storeRef는 store 모듈을 참조하여 store의 상태와 액션을 컴포넌트에서 사용할 수 있게 합니다.

(5) TaskDetail.vue

선택한 태스크의 상세 내용을 표시하는 컴포넌트입니다. 아래에는 TaskList.vue로 돌아가는 버튼이 있습니다.

```
src/pages/TaskDetail.vue
01  <template>
02    <div>
03      <h2>태스크 상세</h2>
04      <div v-if="store.loading" class="spinner-border text-primary" role="status">
05        <span class="visually-hidden">Loading...</span>
06      </div>
07      <div v-else-if="task">
08        <h3>{{ task.title }}</h3>
09        <p><strong>ID:</strong> {{ task.id }}</p>
10        <p><strong>상태:</strong> <span :class="badgeClass">{{ task.completed ? '완료' : '진행 중' }}</span></p>
11        <button class="btn btn-secondary mt-3" @click="goBack">태스크 목록으로 돌아가기</button>
12      </div>
13      <div v-else class="alert alert-warning">태스크를 찾을 수 없습니다.</div>
14    </div>
15  </template>
16  <script setup>
17  import { computed } from 'vue'
18  import { useRoute, useRouter } from 'vue-router'
19  import store from '../store/index.js'
20  const route = useRoute()
21  const router = useRouter()
22  const storeRef = store
23  const taskId = computed(() => parseInt(route.params.id))
24  const task = computed(() => storeRef.tasks.find(t => t.id === taskId.
```

```
      value))
25    const badgeClass = computed(() => {
26      return storeRef.tasks.find(t => t.id === taskId.value)?.completed
27        ? 'badge bg-success' : 'badge bg-warning'
28    })
29    const goBack = () => { router.push('/tasks') }
30    </script>
```

- Vue Router 사용: useRoute와 useRouter 훅을 사용하여 라우트 정보를 가져옵니다. route는 현재 라우트 정보를 가져오며, 이를 통해 URL의 id 파라미터를 읽을 수 있습니다.

- router는 라우터 인스턴스를 가져와 페이지 이동에 사용됩니다.

- 태스크 ID 계산: taskId는 현재 경로 파라미터 id 값을 정수로 변환하여 저장합니다.

- 태스크 정보 가져오기: task는 store.tasks 배열에서 taskId와 일치하는 태스크를 찾습니다.

- 태스크 상태 배지 클래스 계산: badgeClass는 task.completed 상태에 따라 클래스 badge bg-success 또는 badge bg-warning 중 하나를 반환합니다.

- 목록으로 돌아가기: goBack 함수는 router.push('/tasks')를 호출하여 태스크 목록 페이지로 이동합니다.

11.1.5 애플리케이션 실행

모든 설정이 완료되었으므로 애플리케이션을 실행하여 정상적으로 동작하는지 확인합니다. 정상적이지 않다면, 제시된 코드에서 오타나 누락 등을 확인해야 합니다.

(1) 개발 서버 실행

터미널창을 열고 작성된 애플리케이션을 개발자 모드에서 테스트를 진행합니다.

```
npm run serve
```

브라우저에서 http://localhost:8080으로 접속하여 애플리케이션을 확인합니다. 메뉴에서 메인, 태스크 목록, 태스크 상세페이지로 이동하여 각 태스크에 관한 상세 정보를 확인할 수 있습니다. 각 페이지를 방문하여 여러 기능도 정상적으로 동작하는지 확인합니다.

11.2 MVVM 패턴을 활용한 Weather 애플리케이션 제작

이 절에서는 MVVM 패턴을 활용하여 Vue 3 기반의 Weather Dashboard 애플리케이션을 제작하는 과정을 단계별로 상세히 살펴봅니다. MVVM(Model-View-ViewModel) 패턴은 사용자 인터페이스와 비즈니스 로직을 분리하여 유지보수성과 테스트 용이성을 높이는 아키텍처 패턴입니다. Vue 3의 Composition API 구문을 사용하여 MVVM 패턴을 효과적으로 구현할 수 있습니다.

11.2.1 MVVM 패턴 아키텍처

애플리케이션은 npm init을 사용하여 생성하며, axios 라이브러리를 설치하여 외부 날씨 API와 통신합니다. 스타일링은 Tailwind CSS 프레임워크를 활용합니다. 애플리케이션 이름은 ch11_myapp2로 설정하며 Vue Router를 통해 여러 컴포넌트 간의 라우팅을 관리합니다.

MVVM 패턴은 Model-View-ViewModel의 약자로, 사용자 인터페이스(UI)와 비즈니스 로직을 명확하게 분리하여 애플리케이션의 구조를 체계적으로 관리할 수 있습니다.

(1) MVVM 패턴의 구성요소

- Model: 애플리케이션의 데이터 구조와 비즈니스 로직을 담당합니다. 외부 API와의 통신이나 데이터 저장 등을 처리합니다.
- View: 사용자에게 데이터를 표시하고, 사용자 입력을 받는 역할을 합니다. Vue 컴포넌트가 이에 해당합니다.
- ViewModel: Model과 View 간의 중재자 역할을 하며, 데이터를 가공하여 View에 전달하고, View에서 발생한 이벤트를 Model로 전달합니다.

(2) MVVM 패턴의 데이터 흐름

MVVM 패턴은 View, ViewModel, Model 간의 데이터를 주고받습니다. [그림 11-4]와 같이 Vue 3의 Composition API를 활용하여 MVVM 패턴을 자연스럽게 구현할 수 있습니다

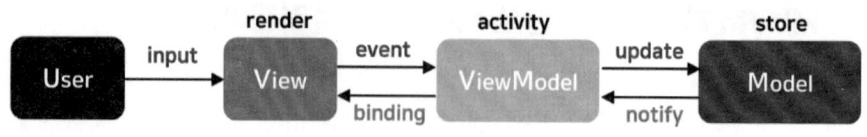

[그림 11-4] MVVM 패턴 구조

(3) MVVM 패턴의 예시 코드

아래 예시 코드는 MVVM 패턴의 Model, View, ViewModel 등을 활용한 로그인 폼을 만들고 입력된 사용자의 이메일과 비밀번호를 검증하여 로그인 성공 여부를 확인합니다.

```
01  <template>
02    <div class="login-form">
03      <h1>Login</h1>
04      <form @submit.prevent="login">
05        <div>
06          <label for="email">Email:</label>
07          <input type="email" id="email" v-model="form.email" required />
08        </div>
09        <div>
10          <label for="password">Password:</label>
11          <input type="password" id="password" v-model="form.password" required />
12        </div>
13        <button type="submit">Login</button>
14      </form>
15      <p v-if="loginStatus">{{ loginStatus }}</p>
16    </div>
17  </template>
18  <script setup>
19  import { ref, computed } from 'vue';
20  // 1. Model: 사용자 데이터 모델
21  const UserModel = { email: 'user@example.com', password: 'password123',
};
22  // 2. ViewModel: 상태 관리와 로직
23  const form = ref({ email: '', password: '', });
24  const loginStatus = ref('');
25  const login = () => {    // 로그인 유효성 검사
26    if (form.value.email === UserModel.email && form.value.password === UserModel.password) {
27      loginStatus.value = 'Login successful!';
28    } else {
```

```
29        loginStatus.value = 'Invalid email or password';
30      }
31    };
32    // 3. View
33    // View에서는 form을 사용하여 데이터 바인딩을 설정하고 ViewModel의 `login`
메서드를 호출합니다.
34  </script>
```

- Model: UserModel 객체가 사용자 데이터 모델을 제공합니다. 여기서 사용자의 이메일과 비밀번호를 설정하여 이 값과 사용자가 입력한 값을 비교합니다.

- ViewModel: form 객체는 입력 양식의 데이터(email 및 password)를 관리합니다. loginStatus는 로그인 성공 또는 실패 메시지를 보여주기 위해 사용합니다. login 함수는 로그인 버튼이 클릭되었을 때 호출됩니다. UserModel의 이메일 및 비밀번호와 form의 값을 비교하여 로그인 성공 여부를 설정합니다.

- View: v-model을 사용하여 form의 데이터를 양식 입력 필드와 양방향으로 바인딩합니다. loginStatus가 있으면 이를 p 요소에 표시하여 로그인 결과를 알려줍니다.

11.2.2 애플리케이션 생성 및 라이브러리 설치

Vue 3 프로젝트를 생성하고 필요한 라이브러리를 설치하는 단계입니다.

(1) 프로젝트 생성

프로젝트 디렉터리를 생성하고 해당 디렉터리로 이동한 후 npm init을 사용하여 프로젝트를 생성합니다.

```
mkdir ch11_myapp2
cd ch11_myapp2
npm init vite@latest . -- --template vue
```

- mkdir ch11_myapp2 명령은 ch11_myapp2 디렉터리를 생성합니다.

- cd ch11_myapp2 명령으로 프로젝트 디렉터리로 이동합니다.

- npm init vite@latest . -- --template vue 명령은 vite 도구로 vue 애플리케이션을 생성합니다.

(2) 의존성 설치

프로젝트에 필요한 라이브러리를 설치합니다.

```
npm install
npm install vue-router@4
npm install axios
npm install -D tailwindcss postcss autoprefixer
npx tailwindcss init -p
vue add vuex
```

➔ npm install 명령은 여러 필요한 라이브러리를 설치합니다.

➔ vue add vuex는 store/inedex.js 파일을 생성합니다.

(3) 프로젝트 파일 구조 및 미리보기

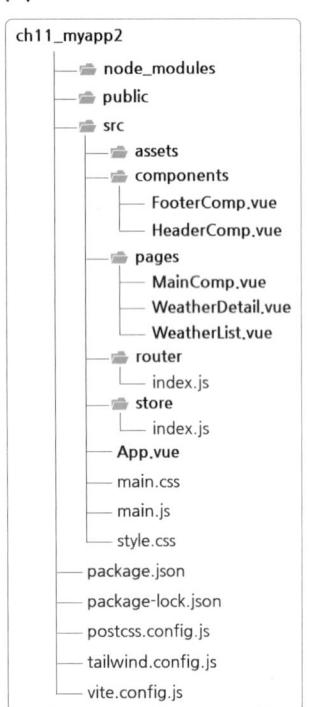

router/index.js: 컴포넌트와 페이지 간의 이동 정보가 있는 라우터 정보가 저장됩니다.

store/index.js: 애플리케이션에서 공통으로 필요한 데이터를 저장합니다. 여기에서는 기본값 그대로 이용하겠습니다.

아래 [그림 11-6]은 애플리케이션을 실행하고 난 맨 처음 화면입니다. [날씨 목록] 메뉴와 항목의 상세 보기 작업을 진행합니다.

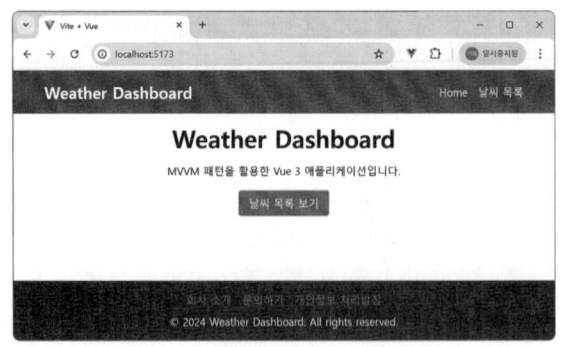

[그림 11-5] ch11_myapp2 프로젝트 구조   [그림 11-6] ch11_myapp2 실행 화면

11.2.3 프로젝트 설정

프로젝트의 기본 설정을 진행합니다. 여기서는 Tailwind CSS를 설정하고 기본 파일 구조와 스타일, 라우터, 스토어 등 프로젝트에 필요한 설정 내용을 구성합니다.

(1) Tailwind CSS 설정

생성된 tailwind.config.js 파일을 열어 Tailwind CSS에 관한 구조를 설정합니다. 어떤 파일 형태로 tailwind를 적용할 지에 관하여 설정합니다.

```js
// src/tailwind.config.js
module.exports = {
  content: [
    "./index.html",
    "./src/**/*.{vue,js,ts,jsx,tsx}",
  ],
  theme: {
    extend: {},
  },
  plugins: [],
}
```

- content 배열: Tailwind가 HTML, Vue, JS, TS, JSX, TSX 파일에서 사용하는 클래스를 확인할 수 있도록 경로를 지정합니다. 이 설정은 불필요한 스타일을 포함하지 않기 위해 최종 CSS 파일을 최적화하는 역할을 합니다.
- theme.extend: Tailwind 기본 테마를 확장할 수 있게 구성하는 부분입니다. 여기서 색상, 폰트, 간격 등의 설정을 추가할 수 있습니다.
- plugins: Tailwind와 함께 사용하는 추가 플러그인을 여기에 추가할 수 있습니다.

(2) Tailwind 지시어 추가

src/main.css 파일을 생성하거나 수정하여 Tailwind CSS의 기본 지시어를 추가합니다.

```
src/main.css
01    @tailwind base;
02    @tailwind components;
03    @tailwind utilities;
```

- @tailwind base: Tailwind의 기본 리셋 및 기본 스타일을 추가합니다.

- @tailwind components: Tailwind가 제공하는 기본 컴포넌트 스타일을 추가합니다. 커스텀 컴포넌트를 추가할 수도 있습니다.

- @tailwind utilities: 유틸리티 클래스를 추가하여 Tailwind CSS 스타일을 사용할 수 있습니다. 예를 들어 bg-blue-500, p-4와 같은 클래스를 제공합니다.

(3) main.js 수정

main.js 파일을 열어 Tailwind CSS를 임포트하고 Vue Router와 스토어(Store)를 적용합니다.

```
src/main.js
01    import { createApp } from 'vue'
02    import App from './App.vue'
03    import router from './router'
04    import store from './store'
05    import './main.css'
06    createApp(App).use(router).use(store).mount('#app')
```

- import './main.css': main.css 파일을 임포트하여 Tailwind CSS 스타일을 전역에서 사용할 수 있습니다.

- createApp(App): App.vue를 메인 컴포넌트로 하는 Vue 애플리케이션을 생성합니다.

- .use(router): Vue Router를 애플리케이션에 등록하여 라우팅을 관리할 수 있습니다.

(4) Store 생성

src/store/index.js 파일을 생성하고 Store를 설정합니다. 여기서는 Vue의 reactive API를 사용하여 상태 관리를 구현합니다.

src/store/index.js

```js
import { reactive } from 'vue'
import axios from 'axios'
const regions = [   // 지역 데이터
  { id: 1, name: '서울', coords: { lat: 37.5665, lon: 126.9780 } },
  { id: 2, name: '수원', coords: { lat: 37.2636, lon: 127.0286 } },
  { id: 3, name: '강릉', coords: { lat: 37.7516, lon: 128.8761 } },
  { id: 4, name: '원주', coords: { lat: 37.3210, lon: 127.9234 } },
  { id: 5, name: '대전', coords: { lat: 36.3504, lon: 127.3845 } },
  { id: 6, name: '청주', coords: { lat: 36.6424, lon: 127.4890 } },
  { id: 7, name: '광주', coords: { lat: 35.1595, lon: 126.8526 } },
  { id: 8, name: '전주', coords: { lat: 35.8242, lon: 127.1478 } },
  { id: 9, name: '대구', coords: { lat: 35.8722, lon: 128.6014 } },
  { id: 10, name: '부산', coords: { lat: 35.1796, lon: 129.0756 } },
  { id: 11, name: '제주', coords: { lat: 33.4996, lon: 126.5312 } },
]
const state = reactive({ regions: [], loading: false, error: null, })
const actions = {
  async fetchWeatherData() {
    state.loading = true
    state.error = null
    try {
      const promises = regions.map(region => {      //무료로 사용할 수 있는 Open-Meteo API를 활용
        const { lat, lon } = region.coords
        return axios.get(`https://api.open-meteo.com/v1/forecast`, {
          params: { latitude: lat, longitude: lon, current_weather: true, }
        }).then(response => {
          return {
            ...region,
            weather: response.data.current_weather
          }
        })
      })
      const results = await Promise.all(promises)
      state.regions = results
    } catch (err) {
      state.error = err
    } finally { state.loading = false }
```

```
38        },
39      }
40      export default {
41        state, actions,
42        get regions() { return state.regions },
43        get loading() { return state.loading },
44        get error() { return state.error }
45      }
```

- **regions**: 애플리케이션에서 사용할 지역 데이터를 정의합니다. 각 지역은 고유한 id, name, 그리고 위도(lat)와 경도(lon) 좌표를 가집니다.

- **state**: 애플리케이션의 상태를 정의합니다. 여기서는 regions, loading, error를 포함합니다.

- **actions**: 상태를 변경하거나 데이터를 가져오는 함수들을 정의합니다. fetchWeatherData는 Open-Meteo API를 사용하여 각 지역의 현재 날씨 데이터를 가져옵니다.

- **getters**: 상태를 컴포넌트에서 쉽게 접근할 수 있게 제공합니다.

(5) Vue Router 설정

src/router/index.js 파일을 생성하고 각 컴포넌트를 임포트하여 경로와 이름을 지정하여 라우터를 설정합니다.

src/router/index.js

```
01  import { createRouter, createWebHistory } from 'vue-router'
02  import MainComp from '../pages/MainComp.vue'
03  import WeatherList from '../pages/WeatherList.vue'
04  import WeatherDetail from '../pages/WeatherDetail.vue'
05  const routes = [
06    { path: '/', name: 'Home', component: MainComp },
07    { path: '/weather', name: 'WeatherList', component: WeatherList },
08    { path: '/weather/:id', name: 'WeatherDetail', component: WeatherDetail, props: true }
09  ]
10  const router = createRouter({
11    history: createWebHistory(), routes })
12  export default router
```

- 컴포넌트 임포트: MainComp, WeatherList, WeatherDetail 컴포넌트를 불러와 각 라우트의 컴포넌트로 사용합니다.
- routes 배열: 각 페이지와 경로를 연결하는 라우트 객체를 포함합니다.
- 라우터 생성 및 등록: createRouter로 생성된 router 인스턴스를 앱에서 사용하게 설정하고 이후 애플리케이션에서 내보냅니다.

11.2.4 애플리케이션 설정

애플리케이션의 주요 설정을 진행합니다. 여기서는 Vue Router를 설정하고 App.vue에 기본 레이아웃을 구성합니다. App.vue 파일을 수정하여 Header와 Footer 컴포넌트를 포함하고 라우터 뷰를 배치합니다.

```
src/App.vue
01  <template>
02    <div class="flex flex-col min-h-screen">
03      <HeaderComp />
04      <main class="flex-grow container mx-auto p-4">
05        <router-view />
06      </main>
07      <FooterComp />
08    </div>
09  </template>
10  <script setup>
11  import HeaderComp from './components/HeaderComp.vue'
12  import FooterComp from './components/FooterComp.vue'
13  </script>
```

- `<router-view />`: Vue Router가 현재 활성화된 경로에 따라 적절한 컴포넌트를 동적으로 표시하는 영역입니다.
- 컴포넌트 임포트: HeaderComp와 FooterComp 컴포넌트를 App.vue에 임포트하여 상단과 하단 레이아웃에서 사용할 수 있습니다.

11.2.5 컴포넌트 작성

애플리케이션의 주요 컴포넌트를 작성합니다. 여기서는 Header, Footer, WeatherList, WeatherDetail 컴포넌트를 생성합니다.

(1) 메인 컴포넌트 생성

MainComp.vue 파일을 생성하여 내용을 작성합니다. MainComp.vue 는 애플리케이션의 메인 화면을 구성하여 간단한 소개와 날씨 목록 보기 버튼을 제공하는 역할을 합니다.

```
src/pages/MainComp.vue
01    <template>
02      <div class="text-center">
03        <h1 class="text-4xl font-bold mb-4">Weather Dashboard</h1>
04        <p class="mb-6">MVVM 패턴을 활용한 Vue 3 애플리케이션입니다.</p>
05        <router-link to="/weather" class="bg-blue-500 text-white px-4 py-2 rounded">날씨 목록 보기</router-link>
06      </div>
07    </template>
08    <script setup>
09    </script>
```

- ➡ <h1> 태그: 앱의 제목을 표시하며, Tailwind CSS 클래스로 크기(text-4xl), 두께(font-bold), 여백(mb-4)을 지정합니다.

- ➡ <p> 태그: 애플리케이션 설명을 표시하며, 하단에 여백(mb-6)을 줍니다.

- ➡ <router-link>: 날씨 목록 보기 버튼을 사용자가 클릭하면 /weather 경로로 이동하게 합니다. 버튼 스타일로 Tailwind CSS의 bg-blue-500(파란색 배경), text-white(흰색 텍스트), px-4 py-2(패딩), rounded(둥근 모서리)를 적용하여 버튼처럼 보이게 합니다.

(2) HeaderComp.vue

최상단 메뉴를 담당하는 컴포넌트입니다. HeaderComp.vue는 내비게이션 바를 포함하며, WeatherList 페이지로 이동할 수 있는 링크를 제공합니다.

```
src/components/HeaderComp.vue
01  <template>
02    <header class="bg-blue-600 text-white">
03      <nav class="container mx-auto p-4 flex justify-between items-center">
04        <router-link to="/" class="text-2xl font-bold">Weather Dashboard</router-link>
05        <ul class="flex space-x-4">
06          <li><router-link to="/" class="hover:underline">Home</router-link></li>
07          <li><router-link to="/weather" class="hover:underline">날씨 목록</router-link></li>
08        </ul>
09      </nav>
10    </header>
11  </template>
12  <script setup>
13  </script>
```

➔ <nav> 태그: 내비게이션 컨테이너로서, container mx-auto는 중앙 정렬 및 너비 제한을, p-4는 패딩을 적용합니다. flex justify-between items-center를 통해 로고와 메뉴가 양쪽 끝에 배치하게 됩니다.

➔ <router-link> 로고: Weather Dashboard라는 텍스트를 클릭하면 홈("/")으로 이동하게 설정합니다. 스타일로 크기(text-2xl)와 두께(font-bold)를 지정했습니다.

➔ <ul> 태그: 메뉴 목록의 flex space-x-4 클래스를 통해 메뉴 항목 간 여백을 추가합니다.

➔ 각 <router-link>: 각각 Home과 날씨 목록 링크를 제공하며, hover:underline을 통해 마우스 오버 시 텍스트에 밑줄이 나타납니다.

(3) FooterComp.vue

최하단에 하단 링크와 카피라이트를 포함하는 컴포넌트로 페이지 하단에 위치하여 링크와 저작권 정보 등을 포함하는 푸터로서의 역할을 합니다.

```
src/components/FooterComp.vue
01  <template>
02    <footer class="bg-gray-800 text-white py-4">
```

```
03          <div class="container mx-auto text-center">
04            <div class="mb-2">
05              <a href="#" class="text-gray-400 hover:text-white mx-2">회사소개</a>
06              <a href="#" class="text-gray-400 hover:text-white mx-2">문의하기</a>
07              <a href="#" class="text-gray-400 hover:text-white mx-2">개인정보 처리방침</a>
08            </div>
09            <div>
10              &copy; 2024 Weather Dashboard. All rights reserved.
11            </div>
12          </div>
13        </footer>
14      </template>
15      <script setup>
16      </script>
```

→ 하단 링크: <a> 태그는 회사소개, 문의하기, 개인정보 처리방침 등의 링크를 배치하고, 각 링크에 text-gray-400(회색 텍스트)과 hover:text-white(마우스 오버 시 흰색) 및 mx-2(좌우 여백)를 적용했습니다.

→ 저작권 정보: © 2024 Weather Dashboard. All rights reserved. 텍스트를 통해 저작권 정보를 표시합니다.

(4) WeatherList.vue

날씨 목록을 표시하는 컴포넌트입니다. 지역명을 클릭하면 WeatherDetail.vue로 이동합니다.

src/pages/WeatherList.vue
```
01    <template>
02      <div>
03        <h2 class="text-2xl font-semibold mb-4">지역별 날씨 목록</h2>
04        <div v-if="store.loading" class="flex justify-center">
05          <div class="loader ease-linear rounded-full border-8 border-t-8 border-gray-200 h-16 w-16"></div>
06        </div>
07        <div v-else>
08          <ul class="space-y-2">
```

```
09          <li v-for="region in store.regions" :key="region.id" class="bg-white shadow rounded p-4 flex justify-between items-center">
10            <router-link :to="`/weather/${region.id}`" class="text-lg font-medium text-blue-600 hover:underline">{{ region.name }}</router-link>
11            <span :class="region.weather.main === 'Clear' ? 'text-yellow-500' : 'text-gray-700'">{{ region.weather.main }}</span>
12          </li>
13        </ul>
14      </div>
15      <div v-if="store.error" class="mt-4 text-red-500">
16        오류가 발생했습니다: {{ store.error.message }}
17      </div>
18    </div>
19  </template>
20  <script setup>
21  import { onMounted } from 'vue'
22  import store from '../store/index.js'
23  const storeRef = store
24  onMounted(() => { storeRef.actions.fetchWeatherData() })
25  </script>
26  <style scoped>
27  .loader { border-top-color: #3498db; animation: spin 1s infinite linear; }
28  @keyframes spin { to { transform: rotate(360deg); } }
29  </style>
```

➜ 로딩 상태 표시: store.loading이 true일 때 로딩 스피너를 표시합니다. loader 클래스와 border-top-color: #3498db; CSS를 사용하여 회전하는 로딩 애니메이션을 보여줍니다.

➜ 날씨 목록: v-for를 이용해 store.regions 배열의 각 region 항목을 순회하며 목록을 렌더링합니다.

➜ onMounted: 컴포넌트가 마운트될 때 store.actions.fetchWeatherData()를 호출하여 날씨 데이터를 가져옵니다. 이를 통해 초기 로딩 시 자동으로 날씨 목록이 표시됩니다.

(5) WeatherDetail.vue

선택한 지역의 상세 날씨 정보를 표시하는 컴포넌트입니다. 아래에는 WeatherList.vue로 돌아가는 버튼이 있습니다.

src/pages/WeatherDetail.vue

```
01  <template>
02    <div>
03      <h2 class="text-2xl font-semibold mb-4">{{ taskRegion.name }} 날씨 상세</h2>
04      <div v-if="store.loading" class="flex justify-center">
05        <div class="loader ease-linear rounded-full border-8 border-t-8 border-gray-200 h-16 w-16"></div>
06      </div>
07      <div v-else-if="taskRegion">
08        <div class="bg-white shadow rounded p-6">
09          <p><strong>온도:</strong> {{ taskRegion.weather.temperature }}°C</p>
10          <p><strong>바람 속도:</strong> {{ taskRegion.weather.windspeed }} km/h</p>
11          <p><strong>풍향:</strong> {{ taskRegion.weather.winddirection }}°</p>
12          <p><strong>날짜:</strong> {{ formattedDate }}</p>
13        </div>
14        <button class="mt-4 bg-blue-500 text-white px-4 py-2 rounded" @click="goBack">날씨 목록으로 돌아가기</button>
15      </div>
16      <div v-else class="text-yellow-500">
17        해당 지역의 날씨 정보를 찾을 수 없습니다.
18      </div>
19    </div>
20  </template>
21  <script setup>
22  import { computed } from 'vue'
23  import { useRoute, useRouter } from 'vue-router'
24  import store from '../store/index.js'
25  const route = useRoute()
26  const router = useRouter()
27  const regionId = computed(() => parseInt(route.params.id))
28  const taskRegion = computed(() => store.regions.find(r => r.id === regionId.value))
29  const formattedDate = computed(() => {
30    const today = new Date()
31    const year = today.getFullYear()
32    const month = String(today.getMonth() + 1).padStart(2, '0')
33    const day = String(today.getDate()).padStart(2, '0')
34    return `${year}-${month}-${day}`
35  })
36  const goBack = () => { router.push('/weather') }
37  </script>
38  <style scoped>
```

```
39    .loader {
40      border-top-color: #3498db;
41      animation: spin 1s infinite linear;
42    }
43    @keyframes spin { to { transform: rotate(360deg); } }
44  </style>
```

- regionId: 현재 경로 파라미터에서 id 값을 가져와 숫자로 변환합니다.

- taskRegion: store.regions 배열에서 regionId와 일치하는 지역을 찾습니다.

- formattedDate: 현재 날짜를 YYYY-MM-DD 형식으로 포맷합니다.

- goBack 함수: 돌아가기 버튼 클릭 시 /weather 경로로 이동하여 날씨 목록 페이지로 돌아갑니다.

11.2.6 애플리케이션 실행

모든 설정이 완료되면 애플리케이션을 실행하여 정상적으로 동작하는지 확인합니다.

(1) 개발 서버 실행

터미널창을 열고 프로젝트 디렉토리에서 다음과 같은 명령어를 실행합니다.

```
npm run dev
```

브라우저를 열고 http://localhost:5173으로 접속하여 애플리케이션이 정상적으로 동작하는지 확인합니다. 초기 화면에 Weather Dashboard 헤더와 푸터, 그리고 메인 컴포넌트의 내용이 표시됩니다. 날씨 목록 보기 버튼을 클릭하면 WeatherList.vue 페이지로 이동하며, 지역명을 클릭하면 해당 지역의 상세 날씨 정보를 확인할 수 있습니다.

11.3 MVP 패턴을 활용한 Movie Review 애플리케이션 제작

이번 절에서는 MVP(Model-View-Presenter) 패턴을 활용하여 Vue 3 기반의 Movie Review 애플리케이션을 제작하는 과정을 단계별로 설명합니다. MVP 패턴은 사용자 인터페이스(View)와 비즈니스 로직(Presenter)을 분리하여 코드의 유지보수성과 테스트 용이성을 높이는 아키텍처 패턴입니다. Vue 3의 Composition API 구문을 사용하여 MVP 패턴을 효과적으로 구현할 수 있습니다.

11.3.1 MVP 패턴 아키텍처

애플리케이션은 Vite를 사용하여 생성하며, axios 라이브러리를 설치하여 외부 영화 API와 통신합니다. 스타일링은 Materialize CSS 프레임워크를 활용합니다. 애플리케이션 이름은 ch11_myapp3으로 설정하며, Vue Router를 통해 여러 컴포넌트 간의 라우팅을 관리합니다.

MVP 패턴은 Model-View-Presenter의 약자로, 사용자 인터페이스(View)와 비즈니스 로직(Presenter)을 명확하게 분리하여 애플리케이션의 구조를 체계적으로 관리할 수 있게 합니다.

(1) MVP 패턴의 구성요소

- Model: 애플리케이션의 데이터 구조와 비즈니스 로직을 담당합니다. 외부 API와의 통신이나 데이터 저장 등을 처리합니다.
- View: 사용자에게 데이터를 표시하고, 사용자 입력을 받는 역할을 합니다. Vue 컴포넌트가 이에 해당합니다.
- Presenter: Model과 View 간의 중재자 역할을 하며, 데이터를 가공하여 View에 전달하고 View에서 발생한 이벤트를 Model로 전달합니다.

(2) MVP 패턴의 데이터 흐름

[그림 11-7]과 같이 MVP 패턴은 View, Presentor, Model 등으로 구성되어 동작합니다.

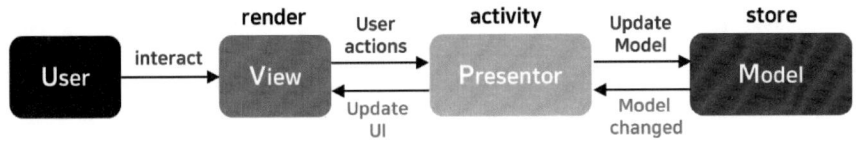

[그림 11-7] MVP 패턴의 구조

① 사용자가 View에서 특정 동작을 수행(버튼 클릭 등)합니다.

② View는 Presenter에게 해당 동작을 알립니다.

③ Presenter는 필요한 데이터를 Model에서 가져옵니다.

④ Model은 데이터를 가공하여 Presenter에게 반환합니다.

⑤ Presenter는 받은 데이터를 View에 전달하여 UI를 업데이트합니다.

(3) MVP 패턴의 예시 코드

Vue 3 Composition API와 MVP 패턴을 하나의 파일로 작성한 Counter.vue 예시 코드를 아래에 제공합니다. 이 코드는 카운터 애플리케이션을 구현하며 View, Presenter, Model을 모두 포함합니다.

```
01  <template>
02    <div>
03      <!-- 1. View -->
04      <h1>Counter: {{ count }}</h1>
05      <button @click="increment">Increase</button>
06      <button @click="decrement">Decrease</button>
07    </div>
08  </template>
09  <script setup>
10  import { ref } from 'vue'
11  //2. Model: 상태와 관련된 데이터 및 메서드
12  class Model {
13    constructor() { this.count = 0 }
```

```
14    increment() { this.count++ }
15    decrement() { this.count-- }
16    getCount() { return this.count }
17  }
18  //3. Presenter: 비즈니스 로직과 View 간의 중재 역할
19  class Presenter {
20    constructor(model) { this.model = model }
21    increment() { this.model.increment() }
22    decrement() { this.model.decrement() }
23    getCount() { return this.model.getCount() }
24  }
25  const model = new Model()    //View와 Presenter 연결
26  const presenter = new Presenter(model)
27  const count = ref(presenter.getCount())   //Reactive state
28  const increment = () => {    //View의 사용자 액션을 Presenter에 전달
29    presenter.increment()
30    count.value = presenter.getCount()
31  }
32  const decrement = () => {
33    presenter.decrement()
34    count.value = presenter.getCount()
35  }
36  </script>
```

- Model: Model 클래스는 카운트 상태를 유지하며 카운트를 증가시키고 감소시키는 메서드 및 카운트값을 반환하는 메서드를 포함합니다.

- Presenter: Presenter 클래스는 Model 인스턴스를 받아 비즈니스 로직을 처리합니다. 카운트를 증가시키거나 감소시키는 메서드를 제공하고 현재 카운트값을 반환합니다.

- View: Vue의 <template> 부분에서 사용자 인터페이스를 정의합니다. 카운트값을 보여주고 카운트를 증가시키고 감소시키는 버튼을 제공합니다.

- <script setup>에서는 ref를 사용하여 카운트 값을 반응형으로 관리하고 버튼 클릭 시 Presenter의 메서드를 호출하여 UI를 업데이트합니다.

11.3.2 애플리케이션 생성 및 라이브러리 설치

Vue 3 프로젝트를 생성하고 필요한 라이브러리를 설치하는 단계입니다.

(1) Vite를 사용하여 프로젝트 생성과 디렉터리 이동

ch11_myapp3이라는 이름으로 Vue 3 프로젝트를 생성합니다.

```
npm create vite@latest ch11_myapp3 -- --template vue
cd ch11_myapp3
```

npm create vite@latest ch11_myapp3 -- --template vue 명령은 vite 도구를 활용해 vue 애플리케이션을 생성합니다.

(2) 의존성 설치

프로젝트에 필요한 라이브러리를 설치합니다.

```
npm install
npm install vue-router@4
npm install axios
npm install materialize-css
```

npm install 명령은 프로젝트에 필요한 라이브러리를 설치합니다.

(3) 프로젝트 파일 구조와 미리보기

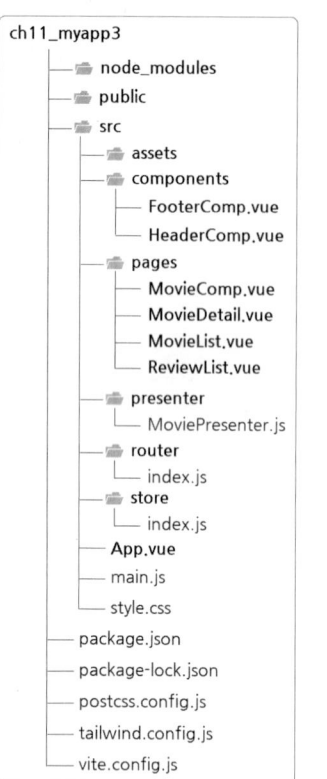

presenter/MoviePresenter.js: Model과 View의 중재자 역할을 합니다.

router/index.js: 컴포넌트와 페이지 간의 이동 정보가 있는 라우터 정보가 저장됩니다.

store/index.js: 애플리케이션에서 공통으로 필요한 데이터를 저장합니다. 여기에서는 기본값 그대로 이용하겠습니다.

아래 [그림 11-9]는 애플리케이션을 실행하고 난 맨 처음 화면입니다. [영화 목록] 메뉴와 [리뷰 목록] 메뉴를 선택하여 작업을 진행합니다.

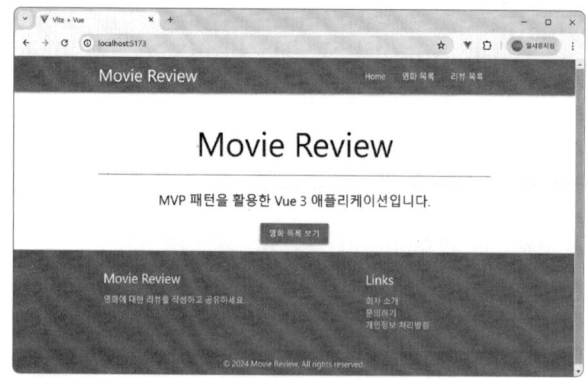

[그림 11-8] ch11_myapp3 프로젝트 구조   [그림 11-9] ch11_myapp3 실행 화면

11.3.3 프로젝트 설정

프로젝트의 기본 설정을 진행합니다. 여기서는 Materialize CSS를 설정하고, 기본 파일 구조를 구성합니다.

(1) Materialize CSS 설정

main.js 파일을 열어 Materialize CSS와 라우터, App, Vue를 가져와 활성화합니다.

src/main.js

```
01  import { createApp } from 'vue'
02  import App from './App.vue'
03  import router from './router'
04  import 'materialize-css/dist/css/materialize.min.css'
05  import 'materialize-css/dist/js/materialize.min.js'
06  createApp(App).use(router).mount('#app')
```

→ Materialize CSS 및 JavaScript: materialize-css의 CSS와 JavaScript 파일을 각각 임포트하여 전역 스타일과 UI 기능을 적용합니다.

→ Vue 애플리케이션 인스턴스: createApp(App)으로 Vue 애플리케이션을 생성한 뒤, .use(router)를 통해 Vue Router를 애플리케이션에 추가합니다. 마지막으로 .mount('#app')으로 Vue 애플리케이션을 index.html의 #app 요소에 마운트합니다.

(2) Store 생성

src/store/index.js 파일을 생성하고 Store를 설정합니다. 여기서는 Vue의 reactive API를 사용하여 상태 관리를 구현합니다.

src/store/index.js

```
01  import { reactive } from 'vue'
02  import axios from 'axios'
03  const dummyReviews = {   // 더미 리뷰 데이터
04    '20120101': [
05      { author: '홍길동', content: '정말 재미있는 영화였습니다!' },
06      { author: '김철수', content: '스토리가 탄탄하고 배우들의 연기가 뛰어났습니다.' }
07    ],
08  }
09  const state = reactive({
10    movies: [], loading: false, error: null, reviews: { ...dummyReviews } // 초기 리뷰 데이터
11  })
12  const actions = {
13    async fetchMovies() {
14      state.loading = true
15      state.error = null
16      try {
```

```
17        const targetDt = getTodayDate() //당일 데이터 로딩이 힘들 경우는 getTodayDate() 자리에 20241031로 대체
18        const apiKey = '82ca741a2844c5c180a208137bb92bd7'   //API KEY는 별도로 발급받아 넣기
19        const response = await axios.get('https://kobis.or.kr/kobisopenapi/webservice/rest/boxoffice/searchDailyBoxOfficeList.json', {
20          params: { key: apiKey, targetDt: targetDt }
21        })
22        state.movies = response.data.boxOfficeResult.dailyBoxOfficeList
23      } catch (err) {
24        state.error = err
25      } finally {
26        state.loading = false
27      }
28    },
29    addReview(movieId, review) {
30      if (!state.reviews[movieId]) { state.reviews[movieId] = [] }
31      state.reviews[movieId].push(review)
32    }
33  }
34  const getTodayDate = () => {
35    const today = new Date()
36    const year = today.getFullYear()
37    const month = String(today.getMonth() + 1).padStart(2, '0')
38    const day = String(today.getDate()).padStart(2, '0')
39    return `${year}${month}${day}`
40  }
41  export default {
42    state, actions, get movies() { return state.movies }, get loading() { return state.loading },
43    get error() { return state.error },
44    getMovieById(id) { return state.movies.find(movie => movie.movieCd === id) },
45    getReviewsByMovieId(id) { return state.reviews[id] || [] }
46  }
```

➡ **state**: 애플리케이션의 상태를 정의합니다. 여기서는 movies, loading, error, reviews를 포함합니다.

➡ **actions**: 상태를 변경하거나 데이터를 가져오는 함수들을 정의합니다.

➡ **fetchMovies**: 영화진흥위원회 API를 사용하여 일일 박스오피스 목록을 가져옵니다.

➡ **addReview**: 특정 영화에 새로운 리뷰를 추가합니다.

➡ **getters**: 상태를 컴포넌트에서 쉽게 접근할 수 있게 제공합니다.

- getMovieById: 특정 영화 코드를 기반으로 영화를 찾습니다.
- getReviewsByMovieId: 특정 영화의 리뷰 목록을 반환합니다.
- apiKey는 영화진흥위원회 OPEN API(https://www.kobis.or.kr/kobisopenapi/homepg/main/main.do)에 가입하여 키를 발급받아 사용해야 합니다.

(3) Vue Router 설정

src/router/index.js 파일을 생성하고 라우터를 설정합니다. Vue Router 설정 파일로 애플리케이션의 각 페이지 컴포넌트를 설정하여 라우팅 경로와 컴포넌트 간의 연결을 제공합니다.

src/router/index.js

```
01  import { createRouter, createWebHistory } from 'vue-router'
02  import MovieComp from '../pages/MovieComp.vue'
03  import ReviewList from '../pages/ReviewList.vue'
04  import MovieList from '../pages/MovieList.vue'
05  import MovieDetail from '../pages/MovieDetail.vue'
06  const routes = [
07    { path: '/', name: 'Home', component: MovieComp },
08    { path: '/reviews', name: 'ReviewList', component: ReviewList },
09    { path: '/movies', name: 'MovieList', component: MovieList },
10    { path: '/movies/:id', name: 'MovieDetail', component: MovieDetail, props: true }
11  ]
12  const router = createRouter({
13    history: createWebHistory(), routes
14  })
15  export default router
```

- 라우트 경로 설정: 각 이동할 경로, 이름, 컴포넌트를 정의하여 라우터 경로를 설정합니다.
- 라우터 생성: createRouter로 라우터 인스턴스를 생성합니다. createWebHistory()는 브라우저의 히스토리 모드를 활성화하여 /#/ 없이 깔끔한 URL을 사용할 수 있게 합니다.

11.3.4 애플리케이션 설정

애플리케이션의 주요 설정을 진행합니다. 여기서는 Vue Router를 설정하고 App.vue에 기본 레이아웃을 구성합니다. App.vue 파일을 수정하여 Header와 Footer 컴포넌트를 포함하고 라우터 뷰를 배치합니다.

src/App.vue

```
01  <template>
02    <div class="d-flex flex-column min-h-screen">
03      <HeaderComp />
04      <main class="flex-grow container">
05        <router-view />
06      </main>
07      <FooterComp />
08    </div>
09  </template>
10  <script setup>
11  import HeaderComp from './components/HeaderComp.vue'
12  import FooterComp from './components/FooterComp.vue'
13  </script>
```

➔ HeaderComp 및 FooterComp: 애플리케이션의 모든 페이지에서 일관된 헤더와 푸터 영역을 렌더링합니다. 각각 src/components/HeaderComp.vue와 src/components/FooterComp.vue에서 가져옵니다.

➔ router-view: 현재 활성화된 라우트와 연결된 컴포넌트를 동적으로 렌더링하는 Vue Router의 내장 컴포넌트입니다. router-view는 라우팅에 따라 MovieComp, ReviewList, MovieList 또는 MovieDetail을 렌더링합니다.

11.3.5 컴포넌트 작성

애플리케이션의 주요 컴포넌트를 작성합니다. 여기서는 Header, Footer, MovieList, MovieDetail, ReviewList 컴포넌트를 생성합니다.

(1) 메인 컴포넌트 생성

MovieComp.vue 파일을 생성하고 이 컴포넌트는 메인 페이지로 애플리케이션의 시작 화면을 제공합니다. 페이지 중앙에 영화 리뷰 애플리케이션에 관한 간단한 소개와 함께 영화 목록 페이지로 이동할 수 있는 버튼을 제공합니다.

src/pages/MovieComp.vue

```
01  <template>
02    <div class="section">
03      <h1 class="center-align">Movie Review</h1><hr/>
04      <p class="flow-text center-align">MVP 패턴을 활용한 Vue 3 애플리케이션입니다.</p>
05      <div class="center-align">
06        <router-link to="/movies" class="btn waves-effect waves-light">영화 목록 보기</router-link>
07      </div>
08    </div>
09  </template>
10  <script setup>
11  </script>
```

router-link를 통해 /movies 경로로 이동하며 MovieList 컴포넌트로 연결됩니다.

(2) HeaderComp.vue

최상단 메뉴를 담당하는 헤더 컴포넌트입니다. HeaderComp.vue는 내비게이션 바를 포함하며 ReviewList 페이지로 이동할 수 있는 링크를 제공합니다. 헤더 컴포넌트는 내비게이션 바, 홈, 영화 목록, 리뷰 목록으로 이동할 수 있는 링크를 제공합니다. Materialize CSS의 사이드 내비게이션을 초기화하여 모바일 화면에서 사이드 메뉴로 표시됩니다.

src/components/HeaderComp.vue

```
01  <template>
02    <header>
03      <nav>
04        <div class="nav-wrapper blue">
05          <div class="container">
```

```
06            <router-link to="/" class="brand-logo">Movie Review</router-link>
07            <a href="#" data-target="mobile-demo" class="sidenav-trigger">
08              <i class="material-icons">menu</i>
09            </a>
10            <ul class="right hide-on-med-and-down">
11              <li><router-link to="/">Home</router-link></li>
12              <li><router-link to="/movies">영화 목록</router-link></li>
13              <li><router-link to="/reviews">리뷰 목록</router-link></li>
14            </ul>
15          </div>
16        </div>
17      </nav>
18      <ul class="sidenav" id="mobile-demo">
19        <li><router-link to="/">Home</router-link></li>
20        <li><router-link to="/movies">영화 목록</router-link></li>
21        <li><router-link to="/reviews">리뷰 목록</router-link></li>
22      </ul>
23    </header>
24  </template>
25  <script setup>
26  import { onMounted } from 'vue'
27  import M from 'materialize-css'
28  onMounted(() => {
29    const elems = document.querySelectorAll('.sidenav')
30    M.Sidenav.init(elems)
31  })
32  </script>
```

➡ sidenav 초기화는 onMounted 훅을 사용해 Materialize의 Sidenav 컴포넌트를 활성화합니다.

➡ 모바일 사이드 메뉴는 .sidenav-trigger와 .sidenav를 이용하여 내비게이션이 가능합니다.

(3) FooterComp.vue

최하단에 하단 링크와 카피라이트를 포함하는 컴포넌트입니다. 이 컴포넌트는 푸터 컴포넌트로 애플리케이션의 하단부에 표시됩니다. 영화 리뷰와 관련된 소개 및 페이지 링크가 포함되어 있습니다.

```
src/components/FooterComp.vue
01    <template>
02      <footer class="page-footer blue">
03        <div class="container">
04          <div class="row">
05            <div class="col l6 s12">
06              <h5 class="white-text">Movie Review</h5>
07              <p class="grey-text text-lighten-4">영화에 대한 리뷰를 작성하고 공유하세요.</p>
08            </div>
09            <div class="col l4 offset-l2 s12">
10              <h5 class="white-text">Links</h5>
11              <ul>
12                <li><a class="grey-text text-lighten-3" href="#">회사 소개</a></li>
13                <li><a class="grey-text text-lighten-3" href="#">문의하기</a></li>
14                <li><a class="grey-text text-lighten-3" href="#">개인정보 처리방침</a></li>
15              </ul>
16            </div>
17          </div>
18        </div>
19        <div class="footer-copyright">
20          <div class="container center-align">
21            &copy; 2024 Movie Review. All rights reserved.
22          </div>
23        </div>
24      </footer>
25    </template>
26    <script setup>
27    </script>
```

링크는 예시로 작성되었으며 클릭 시 특정 작업을 수행하게 확장할 수 있습니다.

(4) MovieList.vue

영화 목록을 표시하는 컴포넌트입니다. 영화 제목을 클릭하면 MovieDetail.vue로 이동합니다.

```
src/pages/MovieList.vue
01    <template>
02      <div class="section">
03        <h2 class="center-align">영화 목록</h2>
04        <div v-if="store.loading" class="progress">
05          <div class="indeterminate"></div>
06        </div>
07        <div v-else>
08          <ul class="collection">
09            <li v-for="movie in store.movies" :key="movie.movieCd" class="collection-item">
10              <router-link :to="`/movies/${movie.movieCd}`">{{ movie.movieNm }}</router-link>
11            </li>
12          </ul>
13        </div>
14        <div v-if="store.error" class="card-panel red lighten-4 red-text text-darken-4">
15          오류가 발생했습니다: {{ store.error.message }}
16        </div>
17      </div>
18    </template>
19    <script setup>
20    import { onMounted } from 'vue'
21    import store from '../store/index.js'
22    onMounted(() => { store.actions.fetchMovies() })
23    </script>
```

영화 목록은 store.movies에 저장된 데이터를 v-for를 통해 렌더링하며 각 영화에 대한 라우팅 경로를 설정해 상세페이지로 이동할 수 있습니다.

(5) MovieDetail.vue

선택한 영화의 상세 내용을 표시하는 컴포넌트입니다. 아래에는 해당 영화의 리뷰를 표시하는 ReviewList.vue가 있으며 직접 리뷰를 등록할 수 있는 폼이 포함되어 있습니다. 또한, MovieList.vue로 돌아가는 버튼이 있습니다.

src/pages/MovieDetail.vue

```vue
01  <template>
02    <div class="section">
03      <div v-if="store.loading" class="progress">
04        <div class="indeterminate"></div>
05      </div>
06      <div v-else-if="movie">
07        <h2 class="center-align">{{ movie.movieNm }}</h2>
08        <div class="card">
09          <div class="card-content">
10            <p><strong>영화 코드:</strong> {{ movie.movieCd }}</p>
11            <p><strong>영화명(영어):</strong> {{ movie.movieNmEn }}</p>
12            <p><strong>개봉일:</strong> {{ movie.openDt }}</p>
13            <p><strong>상영시간:</strong> {{ movie.showTm }} 분</p>
14            <p><strong>장르:</strong> {{ movie.genre }}</p>
15          </div>
16        </div>
17        <ReviewList :movieId="movie.movieCd" /><!-- 리뷰 목록 -->
18        <div class="card"><!-- 리뷰 등록 폼 -->
19          <div class="card-content">
20            <h5>리뷰 등록</h5>
21            <form @submit.prevent="submitReview">
22              <div class="input-field">
23                <input v-model="newReview.author" id="author" type="text" required />
24                <label for="author">작성자</label>
25              </div>
26              <div class="input-field">
27                <textarea v-model="newReview.content" id="content" class="materialize-textarea" required></textarea>
28                <label for="content">리뷰 내용</label>
29              </div>
30              <button class="btn waves-effect waves-light" type="submit">리뷰 등록</button>
31            </form>
32          </div>
33        </div>
34        <div class="center-align"><!-- 영화 목록으로 돌아가기 버튼 -->
35          <router-link to="/movies" class="btn waves-effect waves-light blue">영화 목록으로 돌아가기</router-link>
36        </div>
37      </div>
38      <div v-else class="card-panel yellow lighten-4 yellow-text text-darken-4">
39        해당 영화를 찾을 수 없습니다.
40      </div>
```

```
41        </div>
42      </template>
43      <script setup>
44      import { ref, computed } from 'vue'
45      import { useRoute, useRouter } from 'vue-router'
46      import store from '../store/index.js'
47      import ReviewList from './ReviewList.vue'
48      const route = useRoute()
49      const router = useRouter()
50      const movieId = computed(() => route.params.id)
51      const movie = computed(() => store.getMovieById(movieId.value))
52      const newReview = ref({ author: '', content: '' })
53      const submitReview = () => {
54        if (newReview.value.author && newReview.value.content) {
55          store.addReview(movieId.value, { ...newReview.value })
56          newReview.value.author = ''
57          newReview.value.content = ''
58          M.toast({ html: '리뷰가 등록되었습니다!', classes: 'rounded' })
59        } else {
60          M.toast({ html: '모든 필드를 채워주세요.', classes: 'rounded red' })
61        }
62      }
63      import M from 'materialize-css'
64      </script>
```

➡ ReviewList 컴포넌트를 통해 특정 영화의 리뷰 목록을 불러오며 submitReview 함수로 리뷰를 작성하여 store에 추가합니다.

➡ 리뷰 등록 기능: 사용자 입력값을 newReview 객체로 저장하여 작성자가 입력한 리뷰를 데이터베이스에 추가할 수 있도록 설정합니다.

(6) ReviewList.vue

이 컴포넌트는 특정 영화에 대한 리뷰 목록을 표시하고 새로운 리뷰를 추가할 수 있는 컴포넌트입니다.

src/pages/ReviewList.vue

```
01   <template>
02     <div class="section">
03       <h4>리뷰 목록</h4>
```

```
04        <ul class="collection">
05          <li v-for="(review, index) in reviews" :key="index" class="collection-item">
06            <span class="title">{{ review.author }}</span>
07            <p>{{ review.content }}</p>
08          </li>
09        </ul>
10        <div v-if="reviews.length === 0" class="grey-text">등록된 리뷰가 없습니다.</div>
11      </div>
12    </template>
13    <script setup>
14    import { computed } from 'vue'
15    import store from '../store/index.js'
16    const props = defineProps({
17      movieId: { type: String, required: true }
18    })
19    const reviews = computed(() => store.getReviewsByMovieId(props.movieId))
20    </script>
```

props로 받은 movieId에 따라 store에서 해당 영화에 대한 리뷰를 필터링하여 reviews로 가져옵니다.

(7) Presenter: MoviePresenter.js

MVP 패턴에서 Presenter는 Model과 View를 중재하는 역할을 합니다. 여기서는 MoviePresenter.js 파일을 생성하여 Presenter 로직을 작성합니다.

```
src/presenter/MoviePresenter.js
01  import store from '../store/index.js'
02  export default class MoviePresenter {
03    constructor(view) { this.view = view }
04    async loadMovies() {
05      try {
06        await store.actions.fetchMovies()
07        this.view.displayMovies(store.movies)
08      } catch (error) { this.view.displayError(error) }
09    }
10    async loadMovieDetail(movieId) {
```

```
11      try {
12        const movie = store.getMovieById(movieId)
13        if (movie) {
14          this.view.displayMovieDetail(movie)
15        } else {
16          throw new Error('영화를 찾을 수 없습니다.')
17        }
18      } catch (error) { this.view.displayError(error) }
19    }
20    addReview(movieId, review) {
21      try {
22        store.addReview(movieId, review)
23        this.view.displaySuccess('리뷰가 성공적으로 추가되었습니다.')
24      } catch (error) {
25        this.view.displayError(error)
26      }
27    }
28  }
```

➡ MoviePresenter 클래스는 View와 Store 간의 상호작용을 관리합니다.

➡ loadMovies: 영화 목록을 가져와 View에 전달합니다.

➡ loadMovieDetail: 특정 영화의 상세 정보를 가져와 View에 전달합니다.

➡ addReview: 새로운 리뷰를 추가하고 View에 성공 메시지를 전달합니다.

➡ Note: 실제 프로젝트에서는 Presenter를 더욱 세분화하거나 상태 관리를 Vuex 또는 다른 상태 관리 라이브러리를 활용할 수 있습니다. 여기서는 간단한 예제로 Presenter를 직접 작성했습니다.

11.3.6 애플리케이션 실행

모든 설정이 완료되었으므로 애플리케이션을 실행하여 정상적으로 동작하는지 확인합니다.

(1) 개발 서버 실행

프로젝트 루트 디렉토리에서 다음 명령어를 실행합니다.

```
npm run dev
```

(2) 브라우저에서 확인

브라우저를 열고 http://localhost:5173으로 접속하여 애플리케이션이 정상적으로 동작하는지 확인합니다. 초기 화면에 Movie Review 헤더와 푸터 그리고 메인 컴포넌트의 내용이 표시됩니다. 영화 목록 보기 버튼을 클릭하면 MovieList.vue 페이지로 이동하며 영화 제목을 클릭하면 해당 영화의 상세 정보를 확인할 수 있습니다.

11.4 컴포넌트 기반 패턴 활용

컴포넌트 기반 패턴은 Composition API의 기본 방식이므로 이미 학습한 바가 있습니다. 여기에서는 Vue 3 컴포넌트 기반 패턴의 특징과 처리 흐름을 위주로 살펴보겠습니다. 컴포넌트 기반 패턴은 애플리케이션을 재사용 가능하고 독립적인 컴포넌트들로 분리하여 관리함으로써 유지보수성과 확장성을 높이는 데 중점을 둡니다. Vue 3의 Composition API 구문을 사용하여 컴포넌트 기반 아키텍처를 효과적으로 구현할 수 있습니다.

11.4.1 컴포넌트 기반 패턴의 특징

컴포넌트 기반 패턴은 애플리케이션을 독립적이고 재사용 가능한 컴포넌트들로 분리하여 관리하는 아키텍처 패턴입니다. 각 컴포넌트는 자체적인 템플릿, 로직, 스타일을 포함하며 상호작용을 통해 전체 애플리케이션을 구성합니다. 이 패턴의 주요 장점은 다음과 같습니다.

- 재사용성: 동일한 컴포넌트를 여러 곳에서 재사용할 수 있어 개발 효율성이 높아집니다.
- 유지보수성: 컴포넌트 단위로 관리되므로 특정 기능을 수정하거나 업데이트하기 쉽습니다.
- 독립성: 각 컴포넌트는 독립적으로 동작하므로, 다른 부분에 영향을 미치지 않습니다.
- 테스트 용이성: 독립적인 컴포넌트는 단위 테스트가 용이합니다.

11.4.2 컴포넌트 기반 패턴의 구성요소

[그림 11-10]과 같이 컴포넌트 기반의 구성요소로 구성되어 있습니다.

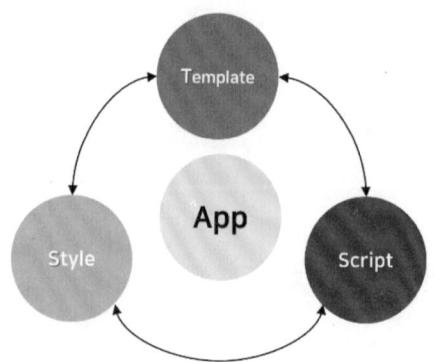

[그림 11-10] 컴포넌트 구성요소

- 템플릿: UI를 정의하는 HTML과 Vue 디렉티브를 포함합니다.
- 스크립트: 로직과 상태 관리가 포함됩니다. <script setup>을 사용하여 컴포넌트의 반응성을 설정합니다.
- 스타일: 해당 컴포넌트의 스타일을 정의합니다. <style scoped>를 사용하면 이 스타일이 해당 컴포넌트에만 적용됩니다.

11.4.3 컴포넌트 기반 패턴의 데이터 처리 흐름

[그림 11-11]과 같이 Template, Script, Style 등의 세 가지 요소가 사용자나 외부 백엔드와 데이터를 주고받으면서 동작하는 것을 볼 수 있습니다.

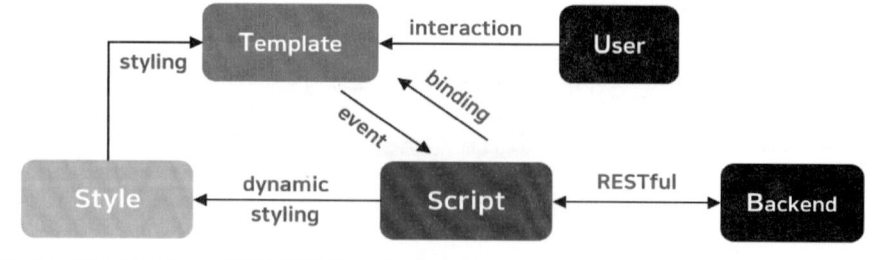

[그림 11-11] 컴포넌트 기반 패턴의 구조

- 상태 정의: ref 또는 reactive를 사용하여 컴포넌트의 상태를 정의합니다.
- 로직 처리: 함수와 메서드를 사용하여 상태를 업데이트하거나 비즈니스 로직을 처리합니다.
- 템플릿 렌더링: 상태에 따라 템플릿이 동적으로 업데이트됩니다. Vue의 반응성 시스템이 이를 자동으로 처리합니다.
- 이벤트 핸들링: 사용자 입력이나 외부 이벤트에 따라 상태를 변경할 수 있습니다.

11.4.4 컴포넌트 기반 패턴의 예시 코드

아래는 Vue 3의 Composition API와 〈script setup〉을 사용하여 카운터 기능을 구현한 컴포넌트 기반 패턴의 간단한 카운터의 예시입니다.

```
01  <template>
02    <div>
03      <h1>카운터: {{ count }}</h1>
04      <button @click="increment">증가</button>
05      <button @click="decrement">감소</button>
06    </div>
07  </template>
08  <script setup>
09  import { ref } from 'vue'
10  const count = ref(0)   // 상태 정의
11  const increment = () => { count.value++ }  // 로직 처리
12  const decrement = () => { count.value-- }
13  </script>
```

➡ count라는 반응형 상태를 ref로 선언하여 초깃값을 0으로 설정합니다.

➡ increment와 decrement 함수는 count를 각각 증가, 감소시키는 역할을 합니다.

➡ 템플릿에서 count 값을 표시하고 버튼 클릭 시 increment와 decrement 함수를 호출하여 상태를 업데이트합니다.

11.5 상태 기반 패턴 활용

상태 기반 패턴은 상태 라이브러리인 Vuex에서 이미 학습했습니다. 이 절에서는 Vue 3에서 상태 기반 패턴의 특징과 처리 흐름을 위주로 조금 더 상세히 설명합니다. 상태 기반 패턴은 애플리케이션의 상태를 관리하고 반응적으로 업데이트하기 위한 구조적 접근 방식입니다. 이 패턴은 상태를 명확하게 정의하고 그 상태에 따라 UI를 동적으로 업데이트하는 방식으로 애플리케이션을 구성하는 데 초점을 맞춥니다. 이제 상태 기반 패턴의 정의, 특징, 구성요소, 데이터 처리 흐름을 자세히 알아보겠습니다.

11.5.1 상태 기반 패턴의 특징

상태 기반 패턴은 상태 메서드나 함수를 사용하거나 상태 라이브러리를 활용하는 특징이 있습니다. 다음은 상태 기반 패턴의 주요 특징입니다.

- 반응성: 상태가 변경되면 Vue의 반응성 시스템이 이를 감지하고 해당 상태에 의존하는 모든 UI를 자동으로 업데이트합니다.
- 구조적 접근: 상태를 중심으로 UI와 로직을 분리하여 관리함으로써 코드의 가독성과 유지보수성을 높입니다.
- 재사용성: 상태를 컴포넌트 간에 공유하거나 재사용할 수 있는 구조로 코드 중복을 줄이고 일관성을 유지할 수 있습니다.
- 명확한 상태 관리: 상태의 초기화, 업데이트, 조회를 명확하게 관리하여 코드의 의도를 분명히 할 수 있습니다.

11.5.2 상태 기반 패턴의 구성요소

[그림 11-12]와 같이 Actions, Mutations, State, Getters 등의 네 가지 구성요소로 이루어져 Store를 구성합니다.

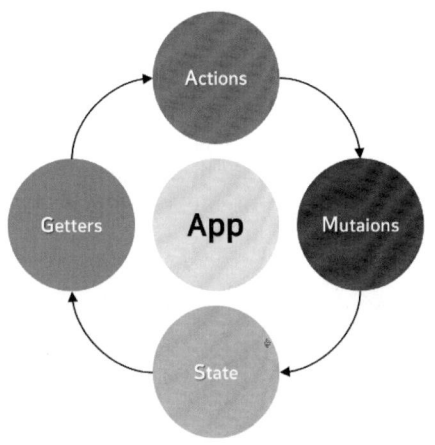

[그림 11-12] 상태 기반 패턴의 Store 구성요소

- State(상태): 애플리케이션의 전체 상태를 저장하는 중앙 저장소입니다.
- Actions(액션): 상태를 변경하기 위한 트리거 역할을 하는 함수들입니다.
- Mutations(변이): 상태를 실제로 변경하는 로직을 포함합니다.
- Getters(게터): 상태를 컴포넌트에서 쉽게 접근할 수 있게 하는 계산된 속성들입니다.

11.5.3 상태 기반 패턴의 데이터 처리 흐름

상태(State)는 애플리케이션에서 사용되는 데이터로 ref 또는 reactive를 통해 정의됩니다. 상태 업데이트 메서드는 상태를 변경하는 함수나 메서드로 사용자 상호작용에 따라 호출됩니다. 템플릿은 상태에 따라 UI를 정의하며 상태와 메서드를 바인딩합니다. 비즈니스 로직은 상태에 대한 처리와 관련된 모든 기능을 포함합니다. [그림 11-13]과 같은 데이터 처리 흐름을 가집니다.

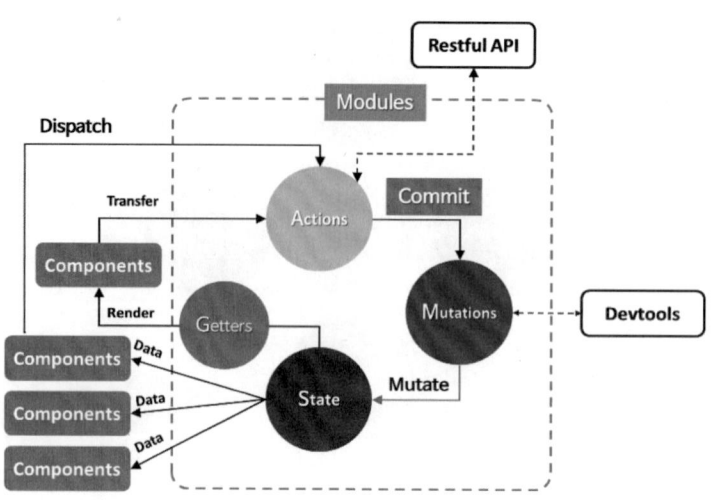

[그림 11-13] Store 상태 기반 패턴의 구조

- 상태 정의: ref 또는 reactive를 사용하여 애플리케이션의 상태를 정의합니다.
- 상태 업데이트: 사용자 입력, API 응답 등을 통해 상태를 업데이트합니다.
- UI 업데이트: 상태의 변화에 따라 UI가 자동으로 업데이트되며, Vue의 반응성 시스템이 이를 처리합니다.
- 이벤트 핸들링: 사용자의 상호작용에 따라 상태를 업데이트하고 필요한 경우 추가 로직을 실행합니다.

11.5.4 상태 기반 패턴의 예시 코드

아래는 Vue 3의 Composition API와 〈script setup〉을 사용하여 상태 기반 패턴을 구현한 카운터 예시입니다.

```
01  <template>
02    <div>
03      <h1>카운터: {{ count }}</h1>
04      <button @click="increment">증가</button>
05      <button @click="decrement">감소</button>
06      <p v-if="count > 10" class="warning">카운트가 10을 초과했습니다!</p>
```

```
07      </div>
08  </template>
09  <script setup>
10  import { ref, watch } from 'vue'
11  const count = ref(0)   //상태 정의
12  const increment = () => { count.value++ }   //상태 업데이트 메서드
13  const decrement = () => { count.value-- }
14  watch(count, (newValue) => {   //상태 변화 감지 (옵션)
15    if (newValue < 0) { console.warn("카운트는 음수가 될 수 없습니다.") }
16  })
17  </script>
```

➡ count가 10을 초과할 때 경고 메시지 (v-if="count > 10")가 표시됩니다.

➡ watch 함수는 count의 상태 변화를 감지하여 0 미만으로 감소할 경우 콘솔에 경고 메시지를 출력합니다.

[Vue 3 프로그래밍 패턴 핵심 정리]

(1) Flux 패턴: 사용자가 Action을 발생시키면 Dispatcher가 이를 Store에 전달하고 Store가 업데이트된 데이터를 View에 전달합니다.

(2) MVVM 패턴(Model-View-ViewModel): Model은 데이터를 정의하고 ViewModel은 비즈니스 로직을 처리하며 View는 화면에 표시됩니다. View와 ViewModel 사이의 양방향 데이터 바인딩으로 UI와 데이터 상태가 실시간으로 동기화됩니다.

(3) MVP 패턴(Model-View-Presenter): View는 사용자 인터페이스를 표시하고, 사용자와의 상호작용을 Presenter에 전달합니다. Presenter는 Model과 상호작용하며 데이터를 View에 전달합니다.

(4) 컴포넌트 기반 패턴: 애플리케이션을 작은 컴포넌트 단위로 나누어 각 컴포넌트가 특정 기능을 담당합니다. 각 컴포넌트는 데이터와 UI를 독립적으로 관리하고 재사용될 수 있습니다.

(5) 상태 기반 패턴: 중앙의 상태가 애플리케이션 전반에서 공유되며, 이 상태의 변화에 따라 UI나 동작이 결정됩니다.

이번 11장에서는 Vue 3 프로그래밍 패턴인 Flux 패턴, MVVM 패턴, MVP 패턴, 컴포넌트 기반 패턴, 상태 기반 패턴 등을 살펴보았습니다. 여기에서 처음 다루어 보는 Flux 패턴, MVVM 패턴, MVP 패턴은 실전 프로젝트를 통해 해당 애플리케이션을 개발하였습니다. 실습을 하면서 데이터 처리에 기반하여 더 효율적이고 처리 속도가 더 빠른 패턴을 찾아 적용해 보는 것이 좋습니다.

다음 12장에서는 Vue 3와 여러 가지 백엔드 프로그래밍을 통합하는 과정을 통해 풀스택 애플리케이션을 만들어 보겠습니다. Node 백엔드, Java Servlet, Spring Legacy, Spring Boot 등 다양한 백엔드 프레임워크를 연동하는 작업을 실습하게 됩니다. 실제 풀스택으로 작업을 진행하여 실전에 필요한 내용을 학습할 것입니다.

Chapter 12

백엔드(Back-end) 연동

Vue 3는 현대적인 프런트엔드 개발에 필요한 강력한 도구로 다양한 백엔드 기술과 연동하여 전체적인 웹 애플리케이션을 구축하는 데 최적화되어 있습니다. 이번 장에서는 Vue 3의 Composition API 구문을 활용하여 Node.js, JSP/Servlet, Spring Framework, Spring Boot, FastAPI 등의 백엔드 기술과 연동하는 방법을 다룹니다.

모든 프로젝트는 최신의 개발환경을 반영하여 언어 버전과 MariaDB 10.11 데이터베이스를 사용하여 구축되었습니다. 이를 통해 최신 웹 애플리케이션 환경에 최적화된 프런트엔드와 백엔드 통합 기술을 습득할 수 있습니다. 만약 제공한 소스코드를 다운로드 받아 실습한다면 해당 프로젝트 디렉터리에서 반드시 npm install 명령을 실행하여 관련 라이브러리를 모두 설치해야 합니다.

12.1 공통 작업

우선 각 절에서 별도로 언급하지 않고, 이 절에서 하나의 프로젝트를 생성하여 공통으로 활용하겠습니다. 프로젝트에 필요한 라이브러리를 설치하고 필요한 내용을 설정하겠습니다.

12.1.1 애플리케이션 생성 및 라이브러리 설치

Vue 3 애플리케이션을 생성하고 필요한 여러 의존성 라이브러리를 설치합니다.

(1) Vite 개발 도구로 애플리케이션 생성

Vite 개발 도구를 활용하여 Vue 3 프로젝트 애플리케이션을 생성합니다.

```
npm create vite@latest ch12_myapp1 --template vue
```

ch12_myapp1에 프로젝트 애플리케이션을 생성합니다. 첫 번째 옵션은 Vue를, 두 번째 옵션은 JavaScript를 선택합니다.

(2) 의존성 라이브러리 설치

프로젝트에서 필요한 라이브러리인 vue-router, pinia, axios, foundation 등을 모두 설치합니다.

```
cd ch12_myapp1
npm install
npm install vue-router@4 pinia axios
npm install foundation-sites jquery
```

여기에서 ch12_myapp1 프로젝트 애플리케이션의 디렉터리로 이동하여 여러 가지 라이브러리 패키지를 설치합니다.

- ➔ vue-router: 페이지 간 라우팅
- ➔ pinia: 상태 관리(VueX의 대체로 Vue 3에 최적화)
- ➔ axios: HTTP 통신 라이브러리
- ➔ foundation, jquery: 반응형 UI를 쉽게 구성할 수 있는 CSS 프레임워크입니다.

12.1.2 프로젝트 설정

프로젝트에 필요한 라이브러리를 가져오거나 실행할 수 있는 환경과 상태 관리 등의 내용을 설정합니다.

(1) 진입점 설정(main.js)

ch12_myapp1 애플리케이션에서 설치된 라이브러리인 Foundation, Router, Pinia를 main.js에 가져와 아래와 같이 모두 설정하여 마운트를 합니다.

```
src/main.js
01  import 'foundation-sites/dist/css/foundation.min.css';
02  import 'foundation-sites/dist/js/foundation.min.js';
03  import { createApp } from 'vue';
04  import App from './App.vue';
05  import router from './router';
06  import { createPinia } from 'pinia';
07  import { useMainStore } from '@/store';
08  const app = createApp(App);
09  app.use(createPinia());
10  const mainStore = useMainStore();   // 스토어 초기화
11  mainStore.initStore(); // 데이터 초기화 호출
12  app.use(router);
13  app.mount('#app');
```

➡ foundation은 CSS 프레임워크를 임포트하여 기본적인 스타일을 애플리케이션에 적용합니다.

➡ router는 src/router/index.js에서 설정한 라우터 인스턴스를 임포트하여 앱에 사용합니다.

➡ store는 상태 관리 라이브러리(Pinia)를 통해 전역 상태 관리 기능을 제공합니다.

(2) Vite 프로젝트 설정

Vite는 개발 도구로 Vue 프로젝트 애플리케이션을 더 효율적으로 생산하고 관리하기 위한 도구입니다.

vite.config.js

```js
01  import { defineConfig } from 'vite';
02  import vue from '@vitejs/plugin-vue';
03  import path from 'path';
04  export default defineConfig({
05    plugins: [vue()],
06    resolve: {
07      alias: { '@': path.resolve(__dirname, './src'), },
08    },
09  });
```

컴포넌트나 각종 js 파일에서 필요한 자원의 경로 앞에 @을 붙이면 프로젝트의 src 디렉터리임을 알려 해당 경로의 상대 경로를 지정할 때 편리합니다.

(3) Pinia 상태 관리 설정(store/index.js)

설치된 Pinia에 관한 상태 관리를 설정하겠습니다. ch12_myapp1 애플리케이션에서 src/store/index.js를 열어 아래와 같이 모두 설정합니다.

src/store/index.js

```js
01  import { defineStore } from 'pinia';
02  import axios from 'axios';
03  export const useMainStore = defineStore('main', {
04    state: () => ({
05      boards: [], boardDetail: {}, questions: [], questionDetail: {},
06      dataRoomList: [], dataRoomDetail: {}, products: [], productDetail: {},
07    }),
08    actions: {
09      async fetchBoards() {           // 공지사항 목록 가져오기
10        try {
11          const response = await axios.get('/boards/list');
12          this.boards = response.data;
13        } catch (error) { console.error("글 목록 읽기 실패", error); }
14      },
15      async fetchBoardDetail(no) {    // 공지사항 상세 정보 가져오기
16        try {
17          const response = await axios.get(`/boards/detail/${no}`);
18          this.boardDetail = response.data;
19        } catch (error) { console.error("글 읽기 실패", error); }
20      },
```

```
21      async insertBoard(boardData) {   // 공지사항 등록
22        try {
23          await axios.post('/boards/insert', boardData);
24          await this.fetchBoards(); // 목록 새로고침
25        } catch (error) { console.error("글 등록 실패", error); }
26      },
27      async deleteBoard(no) {       // 공지사항 삭제
28        try {
29          await axios.delete(`/boards/delete/${no}`);
30          await this.fetchBoards(); // 목록 새로고침
31        } catch (error) { console.error("글 삭제 실패", error); }
32      },
33      async updateBoard(no, updatedData) {     //공지사항 수정
34        try {
35          await axios.put(`/boards/update/${no}`, updatedData);
36          const boardIndex = this.boards.findIndex((board) => board.no === no);
37          if (boardIndex !== -1) {
38            this.boards[boardIndex] = { ...this.boards[boardIndex],
...updatedData };
39          }
40        } catch (error) { console.error("글 수정 실패", error); }
41      },
42      async fetchQuestions() { //질문 및 답변 목록 가져오기
43        try {
44          const response = await axios.get('/qna/list');
45          this.questions = response.data;
46        } catch (error) { console.error("글 목록 읽기 실패", error); }
47      },
48      async fetchQuestionDetail(qno) {   //질문 및 답변 글 상세보기
49        try {
50          const response = await axios.get(`/qna/detail/${qno}`);
51          this.questionDetail = response.data;
52        } catch (error) { console.error("글 읽기 실패", error); }
53      },
54      async deleteQuestion(qno) {   //질문 및 답변 글 삭제
55        try {
56          await axios.delete(`/qna/delete/${qno}`);
57          this.questions = this.questions.filter((q) => q.qno !== qno);
58        } catch (error) { console.error("글 삭제 실패", error); }
59      },
60      async insertQuestion(questionData) {   //질문 글 등록
61        try {
62          await axios.post('/qna/insert', questionData);
63          await this.fetchQuestions();
64        } catch (error) { console.error("질문 등록 실패", error); }
65      },
66      async updateQuestion(qno, updatedData) {   //질문 및 답변 글 수정
```

```js
 67      try {
 68        await axios.put(`/qna/update/${qno}`, updatedData);
 69        await this.fetchQuestionDetail(qno);
 70      } catch (error) { console.error("글 수정 실패", error); }
 71    },
 72    async insertAnswer(answerData) {   //답변 글 등록
 73      try {
 74        await axios.post('/qna/answer/insert/:parno', answerData);
 75        await this.fetchQuestions();
 76      } catch (error) { console.error("답변 등록 실패", error); }
 77    },
 78    async fetchDataRoomList() {   //자료실 목록 가져오기
 79      try {
 80        const response = await axios.get('/dataroom/list');
 81        this.dataRoomList = response.data;
 82      } catch (error) { console.error("자료실 목록 조회 실패:", error); }
 83    },
 84    async fetchDataRoomDetail(dno) {   //자료실 글 상세보기
 85      try {
 86        const response = await axios.get(`/dataroom/detail/${dno}`);
 87        this.dataRoomDetail = response.data;
 88      } catch (error) { console.error("자료실 상세 조회 실패:", error); }
 89    },
 90    async createDataRoom(data) {   //자료 글 등록
 91      try {
 92        await axios.post('/dataroom/insert', data, {
 93          headers: { 'Content-Type': 'multipart/form-data' }, });
 94      } catch (error) { console.error("자료 등록 실패:", error); }
 95    },
 96    async updateDataRoom(dno, data) {   //자료 글 수정
 97      try {
 98        await axios.put(`/dataroom/update/${dno}`, data, {
 99          headers: { 'Content-Type': 'multipart/form-data' }, });
100      } catch (error) { console.error("자료 수정 실패:", error); }
101    },
102    async deleteDataRoom(dno) {   //자료 글 삭제
103      try {
104        await axios.delete(`/dataroom/delete/${dno}`);
105      } catch (error) { console.error("자료 삭제 실패:", error); }
106    },
107    async fetchProducts() {   //상품 목록 가져오기
108      try {
109        const response = await axios.get('/products/list');
110        this.products = response.data;
111      } catch (error) { console.error('상품 목록 조회 실패:', error); }
112    },
113    async fetchProductDetail(pno) {   //상품 상세 정보
```

```
114      try {
115        const response = await axios.get(`/products/detail/${pno}`);
116        this.productDetail = response.data;
117      } catch (error) { console.error('상품 상세 조회 실패:', error); }
118    },
119    async createProduct(formData) {   //상품 정보 등록
120      try {
121        await axios.post('/products/insert', formData, {
122          headers: { 'Content-Type': 'multipart/form-data', }, });
123      } catch (error) { console.error('상품 등록 실패:', error); }
124    },
125    async updateProduct(pno, formData) {   //상품 정보 수정
126      try {
127        await axios.put(`/products/update/${pno}`, formData, {
128          headers: { 'Content-Type': 'multipart/form-data', }, });
129      } catch (error) { console.error('상품 수정 실패:', error); }
130    },
131    async deleteProduct(pno) {   //상품 정보 삭제
132      try {
133        await axios.delete(`/products/delete/${pno}`);
134      } catch (error) { console.error('상품 삭제 실패:', error); }
135    },
136    }
137  });
```

➡ State: 각 페이지에서 필요한 상태 정보를 저장할 배열을 지정합니다.

➡ Actions: 필요한 주소를 불러와 비동기 요청 방식의 액션을 설정합니다. async와 await, axios를 활용합니다.

12.1.3 애플리케이션 설정

애플리케이션의 공통 사항인 App.vue와 HomeComp.vue에 관한 내용을 수정하거나 추가하여 전체 애플리케이션의 구조를 설정합니다.

(1) 메인 앱 컴포넌트(App.vue)

App.vue는 앱의 최상위 컴포넌트로 각 페이지에서 공통으로 보이는 헤더와 푸터를 포함하고 router-view를 통해 라우팅된 컴포넌트를 렌더링합니다. App.vue를 열어 아래와 같이 설정합니다.

src/App.js

```
01  <template>
02    <div>
03      <nav class="top-bar">
04        <div class="top-bar-left">
05          <ul class="dropdown menu" data-dropdown-menu>
06            <li><router-link to="/">Home</router-link></li>
07            <li><router-link to="/boards">공지사항</router-link></li>
08            <li><router-link to="/qna">Q&A</router-link></li>
09            <li><router-link to="/dataroom">자료실</router-link></li>
10            <li><router-link to="/products">상품관리</router-link></li>
11            <li><router-link to="/chatbot">챗봇</router-link></li>
12          </ul>
13        </div>
14      </nav>
15      <router-view></router-view>
16    </div>
17  </template>
18  <style>
19  .top-bar { margin-bottom: 1rem; }
20  .grid-container { padding: 4rem; }
21  </style>
```

➡ <router-link />는 router에 설정된 내용대로 여러 컴포넌트로 이동하여 렌더링합니다.

➡ <router-view />는 라우터가 렌더링할 컴포넌트를 표시하는 자리입니다. 사용자가 URL을 변경하거나 내비게이션 링크를 클릭하면 해당 위치에 라우터에서 지정한 컴포넌트가 렌더링됩니다.

(2) 메인 뷰 컴포넌트(HomeComp.vue)

애플리케이션 실행 시에 가장 처음 렌더링되는 뷰로 홈페이지와 같이 메인 페이지의 역할을 합니다.

src/components/HomeComp.vue

```
01  <template>
02    <div class="grid-container">
03      <div class="grid-x grid-padding-x align-center-middle" style="min-height: 70vh;">
04        <div class="cell medium-8 text-center">
```

```
05          <h1 class="welcome-message">Vue 3 Composition API 풀스택에 오신
것을 환영합니다.</h1>
06          <hr />
07          <p>여기는 Vue 3와 다양한 백엔드 기술을 활용한 다기능 웹 애플리케이션
예시입니다.</p>
08        </div>
09      </div>
10    </div>
11  </template>
```

메인 뷰는 각종 소개글과 메시지를 출력하여 메인 페이지임을 알려줍니다.

12.1.4 라우터 설정

router 디렉터리를 만들고 그 안에 index.js 파일을 생성하여 주요 페이지인 공지사항, 질문 및 답변, 자료실, 상품, 챗봇 페이지를 위한 라우터를 설정합니다.

src/router/index.js

```
01  import { createRouter, createWebHistory } from 'vue-router';
02  import HomeComp from '../components/HomeComp.vue';
03  import BoardList from '../components/BoardList.vue';
04  import BoardDetail from '../components/BoardDetail.vue';
05  import BoardInsert from '../components/BoardInsert.vue';
06  import BoardEdit from '../components/BoardEdit.vue';
07  import QnAList from '../components/QnAList.vue';
08  import QnADetail from '../components/QnADetail.vue';
09  import QnAInsert from '../components/QnAInsert.vue';
10  import QnAEdit from '../components/QnAEdit.vue';
11  import AnswerInsert from '../components/AnswerInsert.vue';
12  import DataRoomList from '../components/DataRoomList.vue';
13  import DataRoomDetail from '../components/DataRoomDetail.vue';
14  import CreateDataRoom from '../components/CreateDataRoom.vue';
15  import DataRoomEdit from "../components/DataRoomEdit.vue";
16  import ProductList from '../components/ProductList.vue';
17  import ProductDetail from '../components/ProductDetail.vue';
18  import CreateProduct from '../components/CreateProduct.vue';
19  import ProductEdit from "../components/ProductEdit.vue";
20  import ChatBot from '../components/ChatBot.vue';
21  const routes = [
22    { path: '/', component: HomeComp },
23    { path: '/boards', component: BoardList },
```

```
24      { path: '/boards/list', name: 'BoardList', component: BoardList },
25      { path: '/boards/detail/:no', name: 'BoardDetail', component: BoardDetail },
26      { path: '/boards/insert', name: 'BoardInsert', component: BoardInsert },
27      { path: '/boards/edit/:no', name: 'BoardEdit', component: BoardEdit },
28      { path: '/qna', component: QnAList },
29      { path: '/qna/list', name: 'QnAList', component: QnAList },
30      { path: '/qna/detail/:qno', name: 'QnADetail', component: QnADetail },
31      { path: '/qna/insert', name: 'QnAInsert', component: QnAInsert },
32      { path: '/qna/edit/:qno', name: 'QnAEdit', component: QnAEdit },
33      { path: '/qna/answer/:qno', name: 'AnswerInsert', component: AnswerInsert },
34      { path: '/dataroom', component: DataRoomList },
35      { path: '/dataroom/list', name: 'DataRoomList', component: DataRoomList },
36      { path: '/dataroom/:dno', name: 'DataRoomDetail', component: DataRoomDetail },
37      { path: '/dataroom/create', name: 'CreateDataRoom', component: CreateDataRoom },
38      { path: '/dataroom/edit/:dno', name: 'DataRoomEdit', component: DataRoomEdit },
39      { path: '/products', component: ProductList },
40      { path: '/products/list', name: 'ProductList', component: ProductList },
41      { path: '/products/:pno', name: 'ProductDetail', component: ProductDetail },
42      { path: '/products/create', name: 'CreateProduct', component: CreateProduct },
43      { path: '/products/edit/:pno', name: 'ProductEdit', component: ProductEdit },
44      { path: '/chatbot', component: ChatBot }
45    ];
46    const router = createRouter({
47      history: createWebHistory(), routes
48    });
49    export default router;
```

➡ 각 주 메뉴의 메인 뷰인 HomeComp, BoardList, QnaList, DataroomList, ProductList, ChatBot 등을 가져옵니다.

➡ routes 배열에 요청 경로(path)와 컴포넌트(component)를 정의하여 규정하고 createRouter 메서드로 라우터를 생성합니다.

12.1.5 공지사항 관련 컴포넌트 작성

Vue 컴포넌트는 공지사항의 목록과 상세보기를 처리합니다. Vue Router를 사용하여 라우팅을 설정하고 Axios를 사용해 백엔드 서버와 통신합니다.

(1) 공지사항 목록 컴포넌트(BoardList.vue)

공지사항 목록은 글 번호, 글 제목, 작성일, 작성자, 조회수 등의 항목을 테이블 목록으로 표시합니다.

```
src/components/BoardList.vue
01   <template>
02     <div class="grid-container">
03       <h2>공지사항 목록</h2><hr/>
04       <div class="text-right" style="margin-bottom: 1rem;">
05         <router-link to="/boards/insert" class="button primary">글 작성하기</router-link>
06       </div>
07       <table class="stack">
08         <thead>
09           <tr><th>글 번호</th><th>제목</th><th>작성일</th><th>작성자</th><th>조회수</th></tr>
10         </thead>
11         <tbody>
12           <tr v-for="board in paginatedBoards" :key="board.no">
13             <td>{{ board.no }}</td>
14             <td>
15               <router-link :to="'/boards/detail/' + board.no">{{ board.title }}</router-link>
16             </td>
17             <td>{{ new Date(board.resdate).toLocaleDateString() }}</td>
18             <td>{{ board.author }}</td><td>{{ board.hits }}</td>
19           </tr>
20         </tbody>
21       </table>
22       <ul class="pagination text-center" role="navigation" aria-label="Pagination">
23         <li v-if="currentPage > 1" class="pagination-previous">
24           <a @click="changePage(currentPage - 1)">Previous</a>
25         </li>
26         <li v-for="page in totalPages" :key="page" :class="{ 'current': page === currentPage }">
```

```
27          <a @click="changePage(page)">{{ page }}</a>
28        </li>
29        <li v-if="currentPage < totalPages" class="pagination-next">
30          <a @click="changePage(currentPage + 1)">Next</a>
31        </li>
32      </ul>
33    </div>
34  </template>
35  <script setup>
36  import { ref, computed, onMounted } from 'vue';
37  import { useMainStore } from '@/store';
38  const mainStore = useMainStore();
39  const { fetchBoards, boards } = mainStore;
40  const currentPage = ref(1);
41  const pageSize = 5;
42  onMounted(fetchBoards);
43  const paginatedBoards = computed(() => {
44    const start = (currentPage.value - 1) * pageSize;
45    return boards.slice(start, start + pageSize);
46  });
47  const totalPages = computed(() => Math.ceil(boards.length / pageSize));
48  const changePage = (page) => { currentPage.value = page; };
49  </script>
```

➡ 테이블 데이터는 각 항목에 대한 데이터를 <td>에 넣고 v-for를 이용해 boards 배열의 데이터를 테이블 행으로 렌더링하고 작성일은 Date 객체를 사용하여 toLocaleDateString( )으로 포맷하여 간략하게 표시합니다.

➡ 글 제목은 <router-link>로 감싸서 상세페이지로 이동할 수 있도록 했습니다.

➡ 글 작성 버튼은 <router-link to="/boards/insert" class="button primary">글 작성하기</router-link>를 사용하여 /boards/insert 경로로 이동하는 버튼입니다.

(2) 공지사항 상세보기 컴포넌트(BoardDetail.vue)

공지사항 상세보기 컴포넌트는 글 번호, 제목, 내용, 작성자, 작성일, 조회수 등의 상세한 정보를 표시하고 해당 글을 삭제할 수 있습니다.

```
src/components/BoardDetail.vue
01  <template>
02    <div class="grid-container">
03      <div v-if="boardDetail" class="card">
04        <div class="card-divider"><h2>{{ boardDetail.title }}</h2></div>
05        <div class="card-section">
06          <p><strong>글 번호:</strong> {{ boardDetail.no }}</p>
07          <p><strong>작성자:</strong> {{ boardDetail.author }}</p>
08          <p><strong>작성일:</strong> {{ new Date(boardDetail.resdate).toLocaleString() }}</p>
09          <p><strong>조회수:</strong> {{ boardDetail.hits }}</p>
10          <p><strong>내용:</strong></p>
11          <p>{{ boardDetail.content }}</p>
12        </div>
13        <div class="button-group">
14          <button @click="handleEdit" class="button">수정</button>
15          <button @click="handleDelete" class="button alert">삭제</button>
16        </div>
17      </div>
18      <div v-else>
19        <p>게시물을 불러오는 중입니다...</p> <!-- 로딩 중 메시지 -->
20      </div>
21    </div>
22  </template>
23  <script setup>
24  import { onMounted } from 'vue';
25  import { useRoute, useRouter } from 'vue-router';
26  import { useMainStore } from '@/store';
27  import axios from 'axios';
28  const mainStore = useMainStore();
29  const { fetchBoardDetail, boardDetail, deleteBoard } = mainStore;
30  const route = useRoute();
31  const router = useRouter();
32  onMounted(async () => { await fetchBoardDetail(route.params.no); });
33  const handleEdit = () => { router.push(`/boards/edit/${route.params.no}`); };
34  const handleDelete = async () => {
35    const confirmDelete = confirm("정말 삭제하시겠습니까?");
36    if (confirmDelete) {
37      await deleteBoard(route.params.no); // 게시물 삭제
38      router.push('/boards'); // 목록 페이지로 이동
39    }
40  };
41  </script>
```

→ Foundation CSS의 card 클래스를 사용하여 글 제목, 내용, 작성자 등 상세 정보를 card 형식으로 표시했습니다.

→ 수정 버튼은 기본 스타일인 button 클래스를 사용했으며 handleEdit 메서드에서 router.push를 사용하여 /boards/edit/{id} 경로로 이동합니다.

→ 삭제 버튼은 alert 클래스를 추가해 삭제 버튼임을 강조했습니다. confirm을 통해 삭제를 확인한 후 삭제 요청이 수행됩니다.

(3) 공지사항 글쓰기 컴포넌트(BoardInsert.vue)

공지사항 글쓰기 컴포넌트는 글의 제목, 내용, 작성자 등을 입력하고 등록 버튼을 누르면 해당 글을 Board에 게재하는 컴포넌트입니다.

src/components/BoardInsert.vue

```
01  <template>
02    <div class="grid-container">
03      <h2>공지사항 작성</h2><hr/>
04      <form @submit.prevent="handleSubmit">
05        <label>제목</label><input type="text" v-model="title" required />
06        <label>내용</label><textarea v-model="content" required></textarea>
07        <label>작성자</label><input type="text" v-model="author" required />
08        <button type="submit">등록</button>
09      </form>
10    </div>
11  </template>
12  <script setup>
13  import { ref } from 'vue';
14  import { useRouter } from 'vue-router';
15  import { useMainStore } from '@/store';
16  const mainStore = useMainStore();
17  const { insertBoard } = mainStore;
18  const title = ref('');
19  const content = ref('');
20  const author = ref('');
21  const router = useRouter();
22  const handleSubmit = async () => {
23    await insertBoard({ title: title.value, content: content.value, author: author.value, });
24    router.push('/boards');
25  };
26  </script>
```

→ 제목, 내용, 작성자는 필수 항목으로 반드시 입력해야 합니다.

→ 등록 버튼을 누르면 store/index.js에 기재되어 있는 해당 URL로 글 등록을 요청합니다.

(4) 공지사항 글 수정 컴포넌트(BoardEdit.vue)

이 컴포넌트는 BoardDetail.vue에서 전달된 글 번호에 해당하는 데이터를 표시하여 제목, 내용, 작성자 항목을 수정할 수 있습니다.

```
src/components/BoardEdit.vue
01    <template>
02      <div class="grid-container">
03        <div class="card">
04          <div class="card-divider"><h2>공지사항 수정</h2><hr/></div>
05          <div class="card-section">
06            <form @submit.prevent="handleUpdate">
07              <label>제목</label><input v-model="title" required />
08              <label>내용</label><textarea v-model="content" rows="5" required></textarea>
09              <label>작성자</label><input v-model="author" disabled />
10              <div class="button-group">
11                <button type="submit" class="button primary">수정 완료</button>
12                <button @click="cancelEdit" class="button secondary" type="button">취소</button>
13              </div>
14            </form>
15          </div>
16        </div>
17    </div>
18    </template>
19    <script setup>
20    import { ref, onMounted } from 'vue';
21    import { useRoute, useRouter } from 'vue-router';
22    import { useMainStore } from '@/store';
23    const mainStore = useMainStore();
24    const { fetchBoardDetail, updateBoard } = mainStore;
25    const route = useRoute();
26    const router = useRouter();
27    const title = ref('');
28    const content = ref('');
29    const author = ref('');
30    onMounted(async () => {
```

```
31      await fetchBoardDetail(route.params.id);
32      const board = mainStore.boardDetail;
33      title.value = board.title;
34      content.value = board.content;
35      author.value = board.author;
36    });
37    const handleUpdate = async () => {
38      await updateBoard(route.params.id, { title: title.value, content: content.value, author: author.value });
39      router.push(`/boards/detail/${route.params.id}`);
40    };
41    const cancelEdit = () => { router.push(`/boards/detail/${route.params.id}`); };
42  </script>
```

- onMounted는 컴포넌트가 로드될 때 fetchBoardDetail 메서드를 호출하여 현재 수정 중인 게시글 데이터를 가져옵니다.

- 가져온 데이터를 title, content, author 변수에 저장하여 v-model 바인딩을 통해 입력 필드에 미리 채웁니다.

- 수정 완료 버튼은 handleUpdate 메서드에서 updateBoard를 호출하여 수정된 내용을 서버로 전송한 후 수정된 글의 상세보기 페이지(/boards/detail/{id})로 이동합니다.

- 취소 버튼은 cancelEdit 메서드에서 상세보기 페이지로 이동하여 편집을 취소합니다.

12.1.6 질문 및 답변 관련 컴포넌트 작성

질문 및 답변은 방문자가 자유롭게 질의 글을 등록하면 목록으로 출력되고 글 목록에서 해당 질문을 선택하면 해당 질문에 대한 자세한 내용을 확인할 수 있습니다.

(1) QnAList.vue(질문 및 답변 목록 컴포넌트)

질문 및 답변 목록은 글 번호, 제목, 작성일, 조회수를 테이블 목록으로 표시하고 제목을 선택 시에는 글에 관한 상세한 내용을 확인할 수 있습니다.

src/components/QnAList.vue

```vue
01 <template>
02   <div class="grid-container">
03     <h1>질문 및 답변 목록</h1><hr/><button @click="goToInsert" class="button primary">질문하기</button>
04     <table class="stack">
05       <thead>
06         <tr><th>글 번호</th><th>구분</th><th>제목</th><th>작성일</th><th>조회수</th></tr>
07       </thead>
08       <tbody>
09         <tr v-for="question in paginatedQuestions" :key="question.qno">
10           <td>{{ question.qno }}</td>
11           <td>{{ question.lev === 1 ? '질문' : '답변' }}</td>
12           <td>
13             <router-link :to="{ name: 'QnADetail', params: { qno: question.qno }}">{{ question.title }}</router-link>
14           </td>
15           <td>{{ new Date(question.resdate).toLocaleDateString() }}</td>
16           <td>{{ question.hits }}</td>
17         </tr>
18       </tbody>
19     </table>
20     <ul class="pagination text-center" role="navigation" aria-label="Pagination">
21       <li v-if="currentPage > 1" class="pagination-previous">
22         <a @click="changePage(currentPage - 1)">Previous</a>
23       </li>
24       <li v-for="page in totalPages" :key="page" :class="{ 'current': page === currentPage }">
25         <a @click="changePage(page)">{{ page }}</a>
26       </li>
27       <li v-if="currentPage < totalPages" class="pagination-next">
28         <a @click="changePage(currentPage + 1)">Next</a>
29       </li>
30     </ul>
31   </div>
32 </template>
33 <script setup>
34 import { ref, computed, onMounted } from 'vue';
35 import { useRouter } from 'vue-router';
36 import { useMainStore } from '@/store';
37 const mainStore = useMainStore();
38 const { fetchQuestions, questions } = mainStore;
39 const router = useRouter();
```

```
40    const currentPage = ref(1);
41    const pageSize = 5;
42    onMounted(fetchQuestions);
43    const paginatedQuestions = computed(() => {
44      const start = (currentPage.value - 1) * pageSize;
45      return questions.slice(start, start + pageSize);
46    });
47    const totalPages = computed(() => Math.ceil(questions.length / pageSize));
48    const changePage = (page) => { currentPage.value = page; };
49    const goToInsert = () => { router.push({ name: 'QnAInsert' }); };
50    </script>
```

➡ 이 컴포넌트는 질문 목록을 표시합니다. fetchQuestions 함수가 API에서 질문 목록을 가져오고 이를 questions 배열에 저장합니다.

➡ router-link를 사용하여 각 질문의 제목을 클릭했을 때 질문의 상세페이지로 이동합니다.

(2) 질문 및 답변 상세보기 컴포넌트(QnADetail.vue)

질문 및 답변 상세보기 컴포넌트는 글의 제목, 내용, 작성자, 작성일, 조회수 등을 확인할 수 있으며 질문 및 답변 목록으로 이동할 수 있습니다.

src/components/QnADetail.vue

```
01  <template>
02    <div class="grid-container">
03      <div class="card">
04        <div class="card-divider">
05          <h1>{{ questionDetail.title }}</h1><hr/>
06        </div>
07        <div class="card-section">
08          <p><strong>작성자:</strong> {{ questionDetail.author }}</p>
09          <p><strong>작성일:</strong> {{ new Date(questionDetail.resdate).toLocaleString() }}</p>
10          <p><strong>조회수:</strong> {{ questionDetail.hits }}</p>
11          <p>{{ questionDetail.content }}</p>
12        </div>
13        <div class="button-group">
14          <button @click="goToEdit" class="button primary">수정</button>
15          <button @click="handleDelete" class="button alert">삭제</button>
16          <button v-if="questionDetail.lev === 1" @click="goToAnswer"
```

```
class="button secondary">답변</button>
17          <button @click="goToList" class="button">목록</button>
18        </div>
19      </div>
20    </div>
21  </template>
22  <script setup>
23  import { onMounted } from 'vue';
24  import { useRoute, useRouter } from 'vue-router';
25  import { useMainStore } from '@/store';
26  const mainStore = useMainStore();
27  const { fetchQuestionDetail, questionDetail, deleteQuestion } = mainStore;
28  const route = useRoute();
29  const router = useRouter();
30  onMounted(() => fetchQuestionDetail(route.params.qno));
31  const goToEdit = () => { router.push({ name: 'QnAEdit', params: { qno: route.params.qno } }); };
32  const goToAnswer = () => { router.push({ name: 'AnswerInsert', params: { qno: route.params.qno } }); };
33  const goToList = () => { router.push({ name: 'QnAList' }); };
34  const handleDelete = async () => {
35    if (confirm("정말 삭제하시겠습니까?")) { await deleteQuestion(route.params.qno);
36      router.push({ name: 'QnAList' });
37    }
38  };
39  </script>
```

→ 질문 또는 답변 글의 제목, 내용, 작성자 및 작성일을 표시하는 컴포넌트입니다.

→ useRoute를 사용하여 URL 매개변수에서 질문 ID를 추출하고 해당 ID로 API를 호출하여 질문 상세 정보를 가져옵니다.

(3) 질문 등록 컴포넌트(QnAInsert.vue)

질문 등록은 글의 제목, 내용을 작성하고 등록 버튼을 누르면 해당 질문이 게재될 수 있도록 구성한 비교적 간단한 컴포넌트입니다.

src/components/QnAInsert.vue

```vue
01  <template>
02    <div class="grid-container">
03      <div class="card">
04        <div class="card-divider"><h1>질문 등록</h1><hr/></div>
05        <div class="card-section">
06          <form @submit.prevent="submitQuestion">
07            <label>제목</label><input type="text" v-model="title" required />
08            <label>내용</label><textarea v-model="content" required></textarea>
09            <label>작성자</label><input type="text" v-model="author" required />
10            <button type="submit" class="button primary">등록</button>
11          </form>
12        </div>
13      </div>
14    </div>
15  </template>
16  <script setup>
17  import { ref } from 'vue';
18  import { useRouter } from 'vue-router';
19  import { useMainStore } from '@/store';
20  const mainStore = useMainStore();
21  const { insertQuestion } = mainStore;
22  const router = useRouter();
23  const title = ref('');
24  const content = ref('');
25  const author = ref('');
26  const submitQuestion = async () => {
27    await insertQuestion({ title: title.value, content: content.value, author: author.value, lev: 1 });
28    router.push({ name: 'QnAList' });
29  };
30  </script>
```

➡ 이 컴포넌트는 사용자가 질문을 등록할 수 있는 폼을 제공합니다.

➡ 제목과 내용을 입력받고 제출하면 POST 요청으로 API에 질문을 등록합니다.

➡ 질문이 성공적으로 등록되면 질문 목록 페이지로 리다이렉트됩니다.

(4) 질문 및 답변 글 수정 컴포넌트(QnAEdit.vue)

해당 질문이나 답변의 기존 제목과 내용, 작성자를 불러와 수정할 수 있는 컴포넌트입니다.

src/components/QnAEdit.vue

```
01  <template>
02    <div class="grid-container">
03      <div class="card">
04        <div class="card-divider"><h1>질문 수정</h1><hr/></div>
05        <div class="card-section">
06          <form @submit.prevent="updateQuestion">
07            <label>제목</label><input v-model="title" required />
08            <label>내용</label><textarea v-model="content" required></textarea>
09            <label>작성자</label><input v-model="author" required />
10            <button type="submit" class="button primary">수정 완료</button>
11          </form>
12        </div>
13      </div>
14    </div>
15  </template>
16  <script setup>
17  import { ref, onMounted } from 'vue';
18  import { useRoute, useRouter } from 'vue-router';
19  import { useMainStore } from '@/store';
20  const mainStore = useMainStore();
21  const { fetchQuestionDetail } = mainStore;
22  const route = useRoute();
23  const router = useRouter();
24  const title = ref('');
25  const content = ref('');
26  const author = ref('');
27  onMounted(async () => {
28    await fetchQuestionDetail(route.params.id);
29    title.value = mainStore.questionDetail.title;
30    content.value = mainStore.questionDetail.content;
31    author.value = mainStore.questionDetail.author;
32  });
33  const updateQuestion = async () => {
34    await updateQuestion(route.params.id, { title: title.value, content: content.value, author: author.value
35    });
36    router.push({ name: 'QnADetail', params: { id: route.params.id } });
37  };
38  </script>
```

- title, content, author: 질문의 제목, 내용, 작성자를 저장하는 반응형 변수입니다.
- onMounted: 컴포넌트가 마운트되면 호출되는 함수로 질문의 상세 정보를 가져오고 입력 필드에 초깃값을 설정합니다.
- updateQuestion 메서드: 질문 수정 요청을 처리하는 비동기 함수입니다. 수정된 내용을 Pinia 스토어를 통해 업데이트하고 수정 완료 후 질문 상세페이지로 이동합니다.

(5) 답변 등록 컴포넌트(AnswerInsert.vue)

해당 질문에 대하여 제목, 내용, 작성자 항목을 입력하여 답변을 등록할 수 있는 컴포넌트입니다.

src/components/AnswerInsert.vue

```
01  <template>
02    <div class="card">
03      <div class="card-divider"><h1>답변 등록</h1><hr /></div>
04      <div class="card-section">
05        <form @submit.prevent="submitAnswer">
06          <label>답변 제목</label><input v-model="title" required />
07          <label>답변 내용</label><textarea v-model="content" required></textarea>
08          <label>작성자</label><input v-model="author" required />
09          <button type="submit" class="button primary">답변 등록</button>
10        </form>
11      </div>
12    </div>
13  </template>
14  <script setup>
15  import { ref } from 'vue';
16  import { useRoute, useRouter } from 'vue-router';
17  import { useMainStore } from '@/store';
18  const mainStore = useMainStore();
19  const { insertAnswer } = mainStore;
20  const route = useRoute();
21  const router = useRouter();
22  const title = ref('');
23  const content = ref('');
24  const author = ref('');
25  const submitAnswer = async () => {
26    await insertAnswer({
27      title: title.value, content: content.value, author: author.value,
```

```
             parno: route.params.id, lev: 2
28         });
29         router.push({ name: 'QnAList' });
30      };
31   </script>
```

- @submit.prevent="submitAnswer": 폼 제출 시 기본 이벤트를 방지하고 submitAnswer 메서드를 호출합니다.
- title, content, author: 답변의 제목, 내용, 작성자를 저장하는 반응형 변수입니다.
- submitAnswer 메서드: 답변 등록 요청을 처리하는 비동기 함수입니다. 입력된 답변 내용을 Pinia 스토어를 통해 저장하고 답변이 등록된 후 질문 목록 페이지로 이동합니다.

12.1.7 자료실 관련 컴포넌트 작성

자료실 목록, 자료 글 상세보기, 자료 등록 뷰에 관한 컴포넌트를 작성해 보겠습니다. 자료는 글 번호, 제목, 글 내용, 첨부파일, 작성자, 작성일, 조회수 등의 항목으로 구성되어 있습니다.

(1) 자료실 목록 컴포넌트(DataRoomList.vue)

자료실 목록은 글 번호, 제목, 작성자, 작성일 항목을 테이블 목록으로 표시합니다. 제목을 클릭하여 글에 대한 상세 정보에 접근할 수 있으며, 자료 등록 버튼을 클릭하여 자료를 게시할 수 있는 페이지로 이동할 수 있습니다.

src/components/DataRoomList.vue
```
01   <template>
02     <div class="grid-container">
03       <h1>자료실 목록</h1><hr/><button @click="createDataRoom" class="button primary">자료 등록하기</button>
04       <table class="stack">
05         <thead>
06           <tr><th>번호</th><th>제목</th><th>작성자</th><th>작성일</th><th>조회수</th></tr>
07         </thead>
```

```
08         <tbody>
09           <tr v-for="item in paginatedDataRoomList" :key="item.dno" @click="viewDetail(item.dno)">
10             <td>{{ item.dno }}</td><td>{{ item.title }}</td><td>{{ item.author }}</td>
11             <td>{{ new Date(item.resdate).toLocaleDateString() }}</td><td>{{ item.hits }}</td>
12           </tr>
13         </tbody>
14       </table>
15       <ul class="pagination text-center" role="navigation" aria-label="Pagination">
16         <li v-if="currentPage > 1" class="pagination-previous">
17           <a @click="changePage(currentPage - 1)">Previous</a>
18         </li>
19         <li v-for="page in totalPages" :key="page" :class="{ 'current': page === currentPage }">
20           <a @click="changePage(page)">{{ page }}</a>
21         </li>
22         <li v-if="currentPage < totalPages" class="pagination-next">
23           <a @click="changePage(currentPage + 1)">Next</a>
24         </li>
25       </ul>
26     </div>
27   </template>
28   <script setup>
29   import { ref, computed, onMounted } from 'vue';
30   import { useRouter } from 'vue-router';
31   import { useMainStore } from '@/store';
32   const mainStore = useMainStore();
33   const { fetchDataRoomList, dataRoomList } = mainStore;
34   const currentPage = ref(1);
35   const pageSize = 5;
36   onMounted(fetchDataRoomList);
37   const paginatedDataRoomList = computed(() => {
38     const start = (currentPage.value - 1) * pageSize;
39     return dataRoomList.slice(start, start + pageSize);
40   });
41   const totalPages = computed(() => Math.ceil(dataRoomList.length / pageSize));
42   const changePage = (page) => { currentPage.value = page; };
43   const router = useRouter();
44   const viewDetail = (dno) => router.push({ name: 'DataRoomDetail', params: { id: dno } });
45   const createDataRoom = () => router.push({ name: 'CreateDataRoom' });
46   </script>
```

➜ fetchDataRoomList 메서드를 사용하여 백엔드 API에서 자료실 목록을 가져옵니다.

➜ 각 자료 항목을 클릭하면 상세페이지로 이동합니다.

(2) 자료실 상세보기 컴포넌트(DataRoomDetail.vue)

자료실 상세보기는 해당 자료의 글 번호, 제목, 글 내용, 첨부파일, 작성자, 작성일, 조회수 등을 확인하고 다시 자료실 목록 페이지로 이동할 수 있습니다.

```
src/components/DataRoomDetail.vue
01  <template>
02    <div class="grid-container">
03      <h1>자료실 상세</h1><hr/><h2>제목: {{ dataRoom.title }}</h2>
04      <p>작성자: {{ dataRoom.author }}</p><p style="font-weight: bold">내용</p>
05      <p>{{ dataRoom.content }}</p>
06      <p><a :href="'/uploads/' + dataRoom.datafile" download>{{ dataRoom.datafile }}</a></p>
07      <p>조회수: {{ dataRoom.hits }}</p>
08      <button @click="goBack">목록으로 돌아가기</button><button @click="editDataRoom">수정하기</button>
09      <button @click="deleteDataRoom">삭제하기</button>
10    </div>
11  </template>
12  <script setup>
13  import { onMounted } from 'vue';
14  import { useRoute, useRouter } from 'vue-router';
15  import { useMainStore } from '@/store';
16  const mainStore = useMainStore();
17  const { fetchDataRoomDetail, dataRoomDetail } = mainStore;
18  const route = useRoute();
19  const router = useRouter();
20  const dno = route.params.dno;
21  onMounted(() => fetchDataRoomDetail(dno));
22  const goBack = () => router.push({ name: 'DataRoomList' });
23  const editDataRoom = () => router.push({ name: 'DataRoomEdit', params: { dno: dno } });
24  const deleteDataRoom = async () => { await mainStore.deleteDataRoom(dno);
25    goBack();
26  };
27  </script>
```

→ fetchDataRoomDetail 메서드를 통해 자료실의 상세 내용을 가져옵니다.

→ 상세 내용을 표시하고 목록으로 돌아가는 버튼, 수정하기 버튼, 삭제하기 버튼이 있습니다.

(3) 자료 등록 컴포넌트(CreateDataRoom.vue)

자료 등록 컴포넌트는 글의 제목, 내용, 작성자, 첨부파일 항목을 선택적으로 작성할 수 있으며 작성된 내용들을 등록하기 버튼으로 등록할 수 있습니다.

```
src/components/CreateDataRoom.vue
01  <template>
02    <div class="grid-container">
03      <h1>자료 등록</h1><hr />
04      <form @submit.prevent="submitDataRoom">
05        <label>제목:</label><input type="text" v-model="title" required />
06        <label>내용:</label><textarea v-model="content" required></textarea>
07        <label>작성자:</label><input type="text" v-model="author" required />
08        <label>파일:</label><input type="file" @change="handleFileUpload" />
09        <button type="submit">등록하기</button>
10      </form>
11    </div>
12  </template>
13  <script setup>
14  import { ref } from 'vue';
15  import { useRouter } from 'vue-router';
16  import { useMainStore } from '@/store';
17  const title = ref('');
18  const content = ref('');
19  const author = ref('');
20  const datafile = ref(null);
21  const router = useRouter();
22  const mainStore = useMainStore();
23  const handleFileUpload = (event) => datafile.value = event.target.files[0];
24  const submitDataRoom = async () => {
25    const formData = new FormData();
26    formData.append('title', title.value);
27    formData.append('content', content.value);
28    formData.append('author', author.value);
29    formData.append('datafile', datafile.value);
30    await mainStore.createDataRoom(formData);
31    router.push({ name: 'DataRoomList' });
```

```
32      };
33  </script>
```

- 폼 구성: 제목, 내용, 작성자를 입력받는 필드와 파일 업로드 필드가 포함되어 있습니다.
- 컴포넌트 초기화: ref를 사용하여 반응형 변수를 선언합니다. title, content, author는 사용자가 입력한 자료 정보를 저장하며, datafile은 업로드할 파일을 저장합니다.
- 파일 업로드 처리: handleFileUpload 메서드는 파일 입력 필드에서 선택한 파일을 datafile에 저장합니다.
- 자료 등록 제출 메서드: submitDataRoom 메서드는 사용자가 입력한 자료 정보를 FormData 객체에 담아 스토어의 createDataRoom 메서드를 호출합니다. 등록이 완료되면 데이터 목록 페이지로 리다이렉션합니다.

(4) 자료 글 수정 컴포넌트(DataRoomEdit.vue)

자료 글 수정 컴포넌트는 해당 자료 글을 가져와 제목, 내용, 작성자, 첨부파일 항목의 내용을 변경할 수 있는 컴포넌트입니다.

src/components/DataRoomEdit.vue

```
01  <template>
02    <div class="grid-container">
03      <h1>자료 수정</h1><hr />
04      <form @submit.prevent="submitEdit">
05        <label>제목:</label><input type="text" v-model="dataRoom.title" required />
06        <label>내용:</label><textarea v-model="dataRoom.content" required></textarea>
07        <label>작성자:</label><input type="text" v-model="dataRoom.author" required />
08        <label>파일:</label><input type="file" @change="handleFileUpload" />
09        <button type="submit">수정하기</button>
10      </form>
11    </div>
12  </template>
13  <script setup>
14  import { ref, onMounted } from 'vue';
15  import { useRoute, useRouter } from 'vue-router';
16  import { useMainStore } from '@/store';
```

```
17    const mainStore = useMainStore();
18    const route = useRoute();
19    const router = useRouter();
20    const dataRoom = ref({});
21    const datafile = ref(null);
22    onMounted(() => {
23      mainStore.fetchDataRoomDetail(route.params.id);
24      dataRoom.value = mainStore.dataRoomDetail;
25    });
26    const handleFileUpload = (event) => datafile.value = event.target.files[0];
27    const submitEdit = async () => {
28      const formData = new FormData();
29      formData.append('title', dataRoom.value.title);
30      formData.append('content', dataRoom.value.content);
31      formData.append('author', dataRoom.value.author);
32      formData.append('datafile', datafile.value);
33      await mainStore.updateDataRoom(route.params.id, formData);
34      router.push({ name: 'DataRoomList' });
35    };
36    </script>
```

- 폼 구성: 자료 제목, 내용, 작성자를 입력받는 필드와 파일 업로드 필드가 있습니다.

- onMounted 훅: 컴포넌트가 마운트되면 호출되며 현재 라우트의 ID에 해당하는 자료의 상세 정보를 스토어에서 가져옵니다.

- 파일 업로드 처리: handleFileUpload 메서드는 파일 입력 필드에서 선택한 파일을 datafile에 저장합니다.

- 수정 제출 메서드: submitEdit 메서드는 수정된 자료 정보를 FormData 객체에 담아 스토어의 updateDataRoom 메서드를 호출합니다. 수정이 완료되면 데이터 목록 페이지로 리다이렉션합니다.

12.1.8 상품 관리 관련 컴포넌트 작성

상품 관리 관련 컴포넌트에는 상품 목록, 상품 상세보기, 상품 등록 컴포넌트로 구성되어 있으며 상품 관리에 있어서 기본적인 내용으로 구성되어 있습니다.

(1) 상품 목록 컴포넌트 작성(ProductList.vue)

상품 목록 컴포넌트는 상품 번호, 카테고리, 상품명, 작성일 항목으로 구성되어 있으며 각 항목의 오른쪽에는 상세보기 버튼, 수정 버튼, 삭제 버튼이 위치해 있습니다.

```
src/components/ProductList.vue
01    <template>
02      <div class="grid-container">
03        <h1>상품 목록</h1><hr /><button @click="createProduct" class="button primary">상품 등록</button>
04        <div class="grid-x grid-margin-x small-up-2 medium-up-3">
05          <div class="cell" v-for="product in paginatedProducts" :key="product.pno">
06            <div class="card">
07              <img v-if="product.img1" :src="product.img1" alt="상품 이미지" />
08              <div class="card-section">
09                <h4>{{ product.pname }}</h4><p>카테고리: {{ product.cate }}</p>
10                <p>{{ product.pcontent }}</p>
11                <button class="button" @click="viewDetail(product.pno)">상세보기</button>
12                <button class="button" @click="editProduct(product.pno)">수정</button>
13                <button class="button alert" @click="deleteProduct(product.pno)">삭제</button>
14              </div>
15            </div>
16          </div>
17        </div>
18        <ul class="pagination text-center">
19          <li v-if="currentPage > 1" class="pagination-previous">
20            <a @click="changePage(currentPage - 1)">Previous</a></li>
21          <li v-for="page in totalPages" :key="page" :class="{ 'current': page === currentPage }">
22            <a @click="changePage(page)">{{ page }}</a></li>
23          <li v-if="currentPage < totalPages" class="pagination-next">
24            <a @click="changePage(currentPage + 1)">Next</a>
25          </li>
26        </ul>
27      </div>
28    </template>
29    <script setup>
30      import { ref, computed, onMounted } from 'vue';
```

```
31  import { useRouter } from 'vue-router';
32  import { useMainStore } from '@/store';
33  const productStore = useMainStore();
34  const { fetchProducts, products } = productStore;
35  const currentPage = ref(1);
36  const pageSize = 6;
37  onMounted(fetchProducts);
38  const paginatedProducts = computed(() => {
39    const start = (currentPage.value - 1) * pageSize;
40    return products.slice(start, start + pageSize);
41  });
42  const totalPages = computed(() => Math.ceil(products.length / pageSize));
43  const changePage = (page) => { currentPage.value = page; };
44  const router = useRouter();
45  const viewDetail = (pno) => router.push({ name: 'ProductDetail', params: { pno: pno } });
46  const createProduct = () => router.push({ name: 'CreateProduct' });
47  const editProduct = (pno) => router.push({ name: 'EditProduct', params: { pno: pno } });
48  const deleteProduct = async (pno) => {
49    await productStore.deleteProduct(pno);
50    fetchProducts();
51  };
52  </script>
```

- **상태 변수:** currentPage는 현재 페이지 번호를 나타내는 반응형 변수입니다. pageSize는 한 페이지에 표시할 상품의 개수를 설정합니다. 여기서는 6개로 설정되어 있습니다.

- **상품 불러오기:** onMounted(fetchProducts)는 컴포넌트가 마운트될 때 fetchProducts 메서드를 호출하여 상품 목록을 가져옵니다.

- **페이지네이션 계산:** paginatedProducts는 현재 페이지에 따라 보여줄 상품 목록을 계산합니다. totalPages는 전체 상품 수에 따라 총 페이지 수를 계산합니다.

- **페이지 변경 기능:** changePage는 페이지를 변경하는 메서드로 사용자가 페이지 번호를 클릭하면 호출됩니다.

- **라우터 사용:** useRouter는 Vue Router를 사용하여 페이지 간 이동을 처리합니다.

- **상품 삭제 기능:** deleteProduct는 상품 번호를 인자로 받아 해당 상품을 삭제하고 상품 목록을 다시 불러옵니다.

(2) 상품 상세보기 컴포넌트(ProductDetail.vue)

상품 상세보기 컴포넌트는 상품명, 카테고리, 상품 내용, 상품 이미지 등 자세한 상품 정보를 확인할 수 있으며 목록으로 돌아가기 버튼을 누르면 상품 목록으로 이동합니다.

```
src/components/ProductDetail.vue
01  <template>
02    <div class="grid-container">
03      <h1>{{ product.pname }}</h1><hr/>
04      <img v-if="product.img1" :src="product.img1" alt="이미지 1" />
05      <img v-if="product.img2" :src="product.img2" alt="이미지 2" />
06      <img v-if="product.img3" :src="product.img3" alt="이미지 3" />
07      <p>카테고리: {{ product.cate }}</p><p>내용: {{ product.pcontent }}</p>
08      <p>등록일: {{ product.resdate }}</p><p>조회수: {{ product.hits }}</p>
09      <button class="button" @click="goBack">목록으로 돌아가기</button>
10      <button class="button" @click="editProduct">수정</button>
11      <button class="button alert" @click="deleteProduct">삭제</button>
12    </div>
13  </template>
14  <script setup>
15  import { onMounted } from 'vue';
16  import { useRoute, useRouter } from 'vue-router';
17  import { useMainStore } from '@/store';
18  const productStore = useMainStore();
19  const route = useRoute();
20  const router = useRouter();
21  const pno = route.params.pno;
22  onMounted(() => { productStore.fetchProductDetail(pno); });
23  const product = productStore.productDetail;
24  const goBack = () => router.push({ name: 'ProductList' });
25  const editProduct = () => router.push({ name: 'EditProduct', params: { pno: pno } });
26  const deleteProduct = async () => {
27    await productStore.deleteProduct(pno);
28    goBack();
29  };
30  </script>
```

- ➡ **상태 변수 및 라우터**: useRoute를 사용하여 현재 라우트 정보를 가져오고 route.params.id에서 상품 번호(pno)를 추출합니다. useRouter를 사용하여 페이지 간 이동을 처리합니다.

- ➡ **상품 상세 정보 가져오기**: onMounted 라이프사이클 훅을 사용하여 컴포넌트가 마운트될 때 fetchProductDetail 메서드를 호출하여 상품의 상세 정보를 가져옵니다.

- 상품 상세 정보: product 변수를 통해 productStore의 productDetail을 참조하여 템플릿에서 사용합니다.
- 메서드: goBack은 목록 페이지로 돌아가는 메서드입니다. editProduct는 수정 페이지로 이동하는 메서드입니다. deleteProduct는 상품을 삭제하는 메서드로 삭제 후 goBack 메서드를 호출하여 목록으로 돌아갑니다.

(3) 상품 등록 컴포넌트(CreateProduct.vue)

상품 등록 컴포넌트는 해당 카테고리, 상품명, 상품 설명, 상품 이미지를 입력하고 등록하기 버튼을 누르면 해당 상품에 대한 정보를 등록하는 기능이 있는 컴포넌트입니다.

```
src/components/CreateProduct.vue
01  <template>
02    <div class="grid-container">
03      <h1>상품 등록</h1><hr />
04      <form @submit.prevent="submitProduct">
05        <label>카테고리:</label><input type="text" v-model="cate" required />
06        <label>상품명:</label><input type="text" v-model="pname" required />
07        <label>상품 설명:</label><textarea v-model="pcontent" required></textarea>
08        <label>이미지 1:</label><input type="file" @change="handleFileUpload('img1')" />
09        <button type="submit" class="button primary">등록하기</button>
10      </form>
11      <button @click="goBack" class="button secondary">목록으로 돌아가기</button>
12    </div>
13  </template>
14  <script setup>
15  import { ref } from 'vue';
16  import { useRouter } from 'vue-router';
17  import { useMainStore } from '@/store';
18  const productStore = useMainStore();
19  const cate = ref('');
20  const pname = ref('');
21  const pcontent = ref('');
22  const img1 = ref(null);
23  const router = useRouter();
24  const handleFileUpload = (imgField) => (event) => { img1.value = event.target.files[0]; };
```

```
25    const submitProduct = async () => {
26      const formData = new FormData();
27      formData.append('cate', cate.value);
28      formData.append('pname', pname.value);
29      formData.append('pcontent', pcontent.value);
30      formData.append('img1', img1.value);
31      await productStore.createProduct(formData);
32      router.push({ name: 'ProductList' });
33    };
34    const goBack = () => router.push({ name: 'ProductList' });
35  </script>
```

➡ 라우터: useRouter를 사용하여 페이지 간의 이동을 처리합니다.

➡ 파일 업로드 처리: handleFileUpload는 이미지 파일이 선택될 때 호출되어 img1 변수를 업데이트합니다. 선택된 파일은 event.target.files[0]을 통해 접근됩니다.

➡ 상품 등록 처리: submitProduct는 폼 제출 시 호출되는 메서드로 FormData 객체를 생성하여 입력된 카테고리, 상품명, 설명, 이미지를 추가합니다. createProduct 메서드를 호출하여 상품을 등록하고 성공적으로 등록된 후에는 상품 목록 페이지로 리다이렉트합니다.

➡ 목록으로 돌아가기: goBack은 상품 목록 페이지로 돌아가는 메서드입니다.

(4) 상품 정보 수정 컴포넌트(ProductEdit.vue)

상품 정보 수정 컴포넌트는 상품명, 상품 설명, 상품이미지1, 상품 이미지2, 상품 이미지3 항목에 관한 기존 정보를 불러와 수정할 수 있습니다.

src/components/ProductEdit.vue

```
01  <template>
02    <div class="grid-container">
03      <h1>상품 수정</h1><hr />
04      <form @submit.prevent="submitEdit">
05        <label>카테고리:</label><input type="text" v-model="product.cate" required />
06        <label>상품명:</label><input type="text" v-model="product.pname" required />
07        <label>상품 설명:</label><textarea v-model="product.pcontent" required></textarea>
08        <label>이미지 1:</label><input type="file" @
```

```
change="handleFileUpload('img1')" />
09          <label>이미지 2:</label><input type="file" @change="handleFileUpload('img2')" />
10          <label>이미지 3:</label><input type="file" @change="handleFileUpload('img3')" />
11          <button type="submit" class="button primary">수정하기</button>
12          <button @click="goBack" class="button secondary">취소</button>
13        </form>
14      </div>
15    </template>
16    <script setup>
17    import { ref, onMounted } from 'vue';
18    import { useRoute, useRouter } from 'vue-router';
19    import { useMainStore } from '@/store';
20    const productStore = useMainStore();
21    const route = useRoute();
22    const router = useRouter();
23    const pno = route.params.id;
24    const product = ref({
25      cate: '', pname: '', pcontent: '', img1: null, img2: null, img3: null,
26    });
27    onMounted(async () => {
28      await productStore.fetchProductDetail(pno);
29      Object.assign(product.value, productStore.productDetail);
30    });
31    const handleFileUpload = (imgField) => (event) => { product.value[imgField] = event.target.files[0]; };
32    const submitEdit = async () => {
33      const formData = new FormData();
34      formData.append('cate', product.value.cate);
35      formData.append('pname', product.value.pname);
36      formData.append('pcontent', product.value.pcontent);
37      if (product.value.img1) formData.append('img1', product.value.img1);
38      if (product.value.img2) formData.append('img2', product.value.img2);
39      if (product.value.img3) formData.append('img3', product.value.img3);
40      await productStore.updateProduct(pno, formData);
41      router.push({ name: 'ProductList' });
42    };
43    const goBack = () => router.push({ name: 'ProductList' });
44    </script>
```

→ 상품 정보 가져오기: onMounted는 컴포넌트가 마운트되면 호출되고, fetchProductDetail 메서드를 사용하여 상품 정보를 불러옵니다. 가져온 데이터는 Object.assign을 통해 product 객체에 할당됩니다.

- 파일 업로드 처리: handleFileUpload는 파일 선택 시 호출되는 메서드로 선택된 파일을 product 객체의 해당 이미지 속성에 저장합니다.

- 상품 수정 처리: submitEdit은 폼 제출 시 호출되고, FormData 객체를 생성하고 사용자 입력을 추가합니다. 만약 이미지 파일이 선택되었으면 해당 파일도 추가합니다. 이후 updateProduct 메서드를 호출하여 상품 정보를 수정하고 수정 완료 후 상품 목록 페이지로 리다이렉트합니다.

- 목록으로 돌아가기: goBack은 상품 목록 페이지로 돌아가는 메서드입니다.

12.1.9 챗봇(Chatbot) 컴포넌트 작성

챗봇 컴포넌트는 필요한 질의를 입력하면 작성한 질의 아래에 답변을 출력하는 컴포넌트로 해당 기능은 여러 대화를 진행할 수 있습니다.

```
src/components/Chatbot.vue
```

```
01  <template>
02    <div>
03      <h1>예금 상품 챗봇</h1>
04      <div>
05        <input type="text" v-model="question" placeholder="질문을 입력하세요" />
06        <button @click="sendQuestion">질문하기</button>
07      </div>
08      <div v-if="loading">응답을 기다리는 중...</div>
09      <div v-if="answer"><h2>응답</h2><p>{{ answer }}</p></div>
10    </div>
11  </template>
12  <script setup>
13  import { ref } from 'vue';
14  import axios from 'axios';
15  const question = ref('');
16  const answer = ref('');
17  const loading = ref(false);
18  const sendQuestion = async () => {
19    loading.value = true;
20    answer.value = ''; // 이전 응답 초기화
21    try {
22      const response = await axios.post('http://localhost:8000/chatbot', { question: question.value, });
23      answer.value = response.data.answer;
24    } catch (error) {
```

```
25        console.error("챗봇 요청 실패:", error);
26        answer.value = "오류가 발생했습니다. 다시 시도해주세요.";
27      } finally {
28        loading.value = false;
29        question.value = ''; // 질문 입력 필드 초기화
30      }
31    };
32  </script>
33  <style scoped>
34    input { margin-right: 10px; padding: 5px; width: 300px; }
35    button { padding: 5px; }
36    h2 { color: #007BFF; }
37  </style>
```

➡ question과 answer이라는 두 개의 ref 변수를 사용하여 사용자 입력과 챗봇의 응답을 관리합니다.

➡ 사용자가 질문을 입력하고 "질문하기" 버튼을 클릭하면 sendQuestion 메서드가 호출됩니다.

➡ 이 메서드는 FastAPI 서버에 POST 요청을 보내고 응답을 받아 화면에 표시합니다.

➡ 로딩 상태를 관리하기 위해 loading 변수를 사용하여 응답 대기 중임을 사용자에게 알려줍니다.

12.1.10 공통 테이블 생성

HeidiSQL을 실행하여 필요한 테이블인 board, qna, dataroom, product 테이블을 각각 생성합니다. 만약 기존에 테이블이 있다면 "drop table 테이블명;" 명령을 입력해 테이블을 제거 후 진행합니다.

(1) 공지사항 테이블 생성(board)

공지사항 테이블은 연번, 제목, 내용, 작성자, 작성일, 조회수 항목으로 구분되어 있습니다.

```
CREATE TABLE board (no INT AUTO_INCREMENT PRIMARY KEY, title VARCHAR(255) NOT NULL, content TEXT NOT NULL,
  author VARCHAR(100) NOT NULL, resdate DATETIME DEFAULT CURRENT_TIMESTAMP, hits INT DEFAULT 0);
```

연번은 글 번호를 나타내고 기본 키로서 자동 증가되며 제목과 내용, 작성자는 빈 값을 허용하지 않습니다. 새 글 등록 시 작성일과 조회수는 기본값을 적용합니다.

(2) 질문 및 답변 테이블 생성(qna)

질문 및 답변 테이블은 연번, 글 수준, 부모 글 번호, 제목, 내용, 작성자, 작성일, 조회수 항목으로 구분되어 있습니다.

```
CREATE TABLE qna (qno INT AUTO_INCREMENT PRIMARY KEY, lev INT DEFAULT 0,
parno INT, title VARCHAR(255), content TEXT, author VARCHAR(255), resdate
DATETIME DEFAULT CURRENT_TIMESTAMP, hits INT DEFAULT 0);
```

연번은 글 번호를 나타내고 기본 키로서 자동 증가되며, 글 수준은 질문 글인지 답변 글인지 구분하는 항목이며 제목과 내용, 작성자는 빈 값을 허용하지 않습니다. 새 글 등록 시 작성일과 조회수는 기본값을 적용합니다.

(3) 자료실 테이블 생성(dataroom)

자료실 테이블은 연번, 제목, 내용, 작성자, 첨부파일, 작성일, 조회수 항목으로 구분되어 있습니다.

```
CREATE TABLE dataroom (dno INT AUTO_INCREMENT PRIMARY KEY, title
VARCHAR(255), content TEXT, author VARCHAR(255), datafile VARCHAR(255),
resdate DATETIME DEFAULT CURRENT_TIMESTAMP, hits INT DEFAULT 0);
```

연번은 자료 글 번호를 나타내고 기본 키로서 자동 증가되며, 제목과 내용, 작성자는 빈 값을 허용하지 않습니다. 첨부파일은 파일이름을 포함한 경로가 저장되고 새 글 등록 시 작성일과 조회수는 기본값을 적용합니다.

(4) 상품 테이블 생성(product)

상품 테이블은 상품 번호, 카테고리, 상품명, 상품 설명, 상품 이미지1, 상품 이미지2, 상품 이미지3, 등록일, 조회수 항목으로 구분되어 있습니다.

```
CREATE TABLE product (pno INT AUTO_INCREMENT PRIMARY KEY, cate
VARCHAR(255), pname VARCHAR(255), pcontent TEXT,
  img1 VARCHAR(255), img2 VARCHAR(255), img3 VARCHAR(255), resdate
DATETIME DEFAULT CURRENT_TIMESTAMP,
  hits INT DEFAULT 0);
```

상품 번호는 기본 키로서 자동 증가되며, 상품 이미지는 업로드 되는 상품 이미지 파일의 이름을 포함한 경로가 저장되고 새 상품 등록 시 등록일과 조회수는 기본값을 적용합니다.

12.1.11 공통 더미 데이터 추가

HeidiSQL을 실행하여 board, qna, dataroom, product 등 각 테이블에는 테스트에 필요한 더미 데이터를 최소 3건 이상씩을 추가합니다.

(1) 공지사항 더미 데이터 추가

5건의 테스트용 공지사항 글에 관한 더미 데이터를 레코드 단위로 추가합니다.

```
INSERT INTO board (title, content, author) VALUES
('첫 공지사항', '첫 번째 공지사항 내용입니다.', '관리자'),
('두 번째 공지사항', '두 번째 공지사항 내용입니다.', '관리자'),
('세 번째 공지사항', '세 번째 공지사항 내용입니다.', '관리자'),
('네 번째 공지사항', '네 번째 공지사항 내용입니다.', '관리자'),
('다섯 번째 공지사항', '다섯 번째 공지사항 내용입니다.', '관리자');
```

(2) 질문 및 답변 더미 데이터 추가

5건의 테스트용 질문 글에 관한 더미 데이터를 레코드 단위로 추가합니다.

```
INSERT INTO qna (title, content, author, lev) VALUES
('첫 번째 질문', '첫 번째 질문의 내용입니다.', '사용자1', 0),
('두 번째 질문', '두 번째 질문의 내용입니다.', '사용자2', 0),
('세 번째 질문', '세 번째 질문의 내용입니다.', '사용자3', 0),
('네 번째 질문', '네 번째 질문의 내용입니다.', '사용자4', 0),
('다섯 번째 질문', '다섯 번째 질문의 내용입니다.', '사용자5', 0);
```

각 질문은 lev 필드가 0인 상태로 기본 질문글이며, parno는 답변 시 질문글과 연결됩니다.

(3) 자료실 더미 데이터 추가

자료에 관한 더미 데이터를 5건 추가하여 테스트용으로 준비합니다.

```
INSERT INTO dataroom (title, content, author, datafile) VALUES
('첫 번째 자료', '첫 번째 자료의 내용입니다.', '관리자', 'file1.pdf'),
('두 번째 자료', '두 번째 자료의 내용입니다.', '관리자', 'file2.docx'),
('세 번째 자료', '세 번째 자료의 내용입니다.', '관리자', 'file3.pptx'),
('네 번째 자료', '네 번째 자료의 내용입니다.', '관리자', 'file4.xls'),
('다섯 번째 자료', '다섯 번째 자료의 내용입니다.', '관리자', 'file5.zip');
```

자료 등록 시 datafile 필드에 업로드된 파일명을 기록합니다.

(4) 상품 더미 데이터 추가

상품 정보에 관한 더미 데이터를 4건 추가하여 테스트용으로 준비합니다.

```
INSERT INTO product (cate, pname, pcontent, img1, img2, img3) VALUES
('전자제품', '스마트폰', '최신 스마트폰입니다.', 'phone1.jpg', 'phone2.jpg', 'phone3.jpg'),
('전자제품', '노트북', '고성능 노트북입니다.', 'laptop1.jpg', 'laptop2.jpg', 'laptop3.jpg'),
('생활용품', '세탁기', '효율적인 세탁기입니다.', 'washer1.jpg', 'washer2.jpg', 'washer3.jpg'),
('가구', '책상', '편리한 책상입니다.', 'desk1.jpg', 'desk2.jpg', 'desk3.jpg');
commit;
```

img1, img2, img3 필드는 상품 이미지를 다루기 위한 필드입니다. 가장 마지막으로 반드시 "commit;" 명령으로 변경된 내용을 적용해야 합니다.

12.2 Node/Express 연동 프로젝트 실습

Node.js는 비동기 처리와 성능이 강력한 서버 환경으로 특히 프런트엔드와의 연동이 용이한 Express 프레임워크를 통해 RESTful API 서버로 널리 사용됩니다. 빌드한 결과물을 미리 구축된 Node.js의 프로젝트에 내포하여 풀스택 프로젝트를 완성하겠습니다.

12.2.1 Node.js 백엔드 프로젝트 열기

Visual Studio Code에서 해당 Vue 3 프로젝트를 열고 webpack, babel, Vite 도구를 활용해 웹 문서인 html, css, js 파일 형태로 빌드하여 백엔드 프로젝트에 반영할 준비를 합니다.

(1) Vue 3 프로젝트 애플리케이션 빌드하기

src/store/index.js에 비동기 요청 주소에 절대 주소인 "http://localhost:3000/요청상대경로"로 테스트를 진행하고 빌드할 때는 절대 주소 앞의 "http://localhost:3000"를 제거하여 "/요청상대경로"만 남겨 빌드를 진행합니다.

```
npm run build
```

빌드를 진행하면 /dist 디렉터리가 생성되고 그 안에 html, css, js 소스코드가 담깁니다.

(2) 백엔드 프로젝트 가져오기

Visual Studio Code(VS Code)를 실행하여 [파일]-[폴더 열기] 메뉴를 통하여 다운로드 받은 소스코드 중에서 ch12/backend1 프로젝트 디렉터리를 워크스페이스 형태로 엽니다.

12.2.2 백엔드 Restful API 서버 구동

백엔드 프로젝트에 빌드한 Vue 3 애플리케이션을 내포시킨 후 풀스택 프로젝트를 실행하고 애플리케이션의 작동 여부를 점검합니다.

(1) 백엔드 프로젝트에 Vue 3 애플리케이션 내포하기

ch12_myapp1/dist 디렉터리 안에 있는 빌드 내용을 복사하기 하여 backend1 디렉터리에 붙여넣기를 진행합니다. 때에 따라 backend1_orm 디렉터리에서 실행해 볼 수도 있습니다.

(2) 풀스택 프로젝트 실행

Visual Studio Code의 터미널창에서 현재 디렉터리가 backend1일 때 다음 명령어로 서버를 실행합니다.

```
node server.js
```

브라우저에서 "http://localhost:3000"으로 접속하여 풀스택 프로젝트가 정상적으로 동작하는지 확인합니다.

(3) 풀스택 프로젝트 결과 보기

[그림 12-1]과 같이 브라우저 접속 시에 메인 화면이 렌더링되고 메뉴에서 공지사항을 선택하면 [그림 12-2]와 같은 공지사항 목록이 출력됩니다. 질문 및 답변, 공지사항, 상품관리, 챗봇 메뉴를 실행해 봅니다.

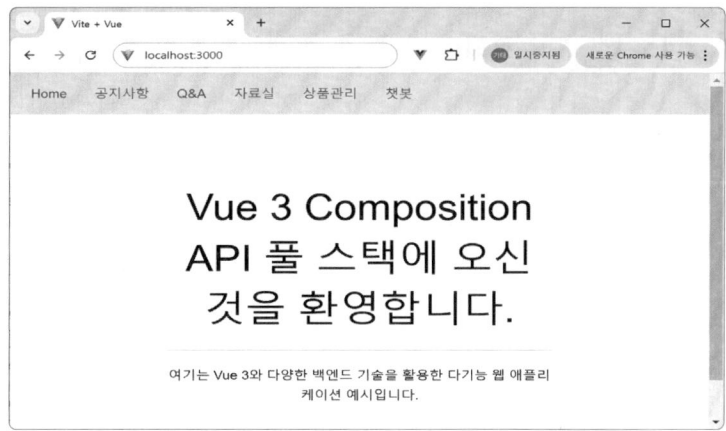

[그림 12-1] node.js 서버 메인 실행 화면

[그림 12-2] node.js 서버 공지사항 실행 화면

12.3 Servlet 연동 프로젝트 실습

Java 환경에서의 전통적인 웹 애플리케이션 개발 방식인 Servlet은 여전히 많은 기업에서 사용하고 있습니다. 이 절에서는 Java 17 환경에서 포트 8083으로 구동되는 Tomcat 서버와 Servlet을 이용하여 기능이 구현되어 있는 백엔드 프로젝트와 연동을 구현합니다.

12.3.1 Servlet 백엔드 프로젝트 열기

이번에는 eclipse를 설치한 후 Servlet 프로젝트를 열고 Vue 3 애플리케이션 프로젝트를 빌드한 내용을 내포하여 연동하겠습니다.

(1) Vue 3 프로젝트 애플리케이션 빌드하기

src/store/index.js에 요청 주소에 절대 주소인 "http://localhost:8083/요청상대경로"로 테스트를 진행하고 빌드할 때는 절대 주소 앞의 "http://localhost:8083"을 모두 제거하여 "/요청상대경로"만 남겨 빌드를 진행합니다.

```
npm run build
```

빌드를 진행하면 /dist 디렉터리가 생성되고 그 안에 html, css, js 소스코드가 담깁니다.

(2) Eclipse에서 설치

[그림 12-3]과 같이 Eclipse를 다운로드 페이지(https://www.eclipse.org/downloads/packages/release/2021-12/r)에서 Eclipse IDE for Enterprise Java and Web Developers 항목의 "Windows x86_64"를 클릭하여 다운로드 받은 후 압축을 해제하면 설치는 끝납니다.

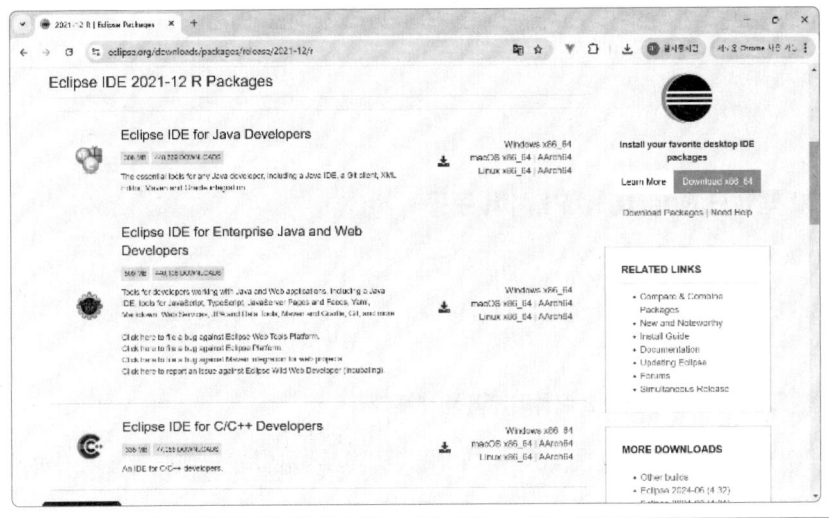

[그림 12-3] Eclipse 다운로드 페이지

(3) Eclipse에서 Servlet 프로젝트 열기

압축 해제된 eclipse 폴더 안에 있는 eclipse.exe를 더블클릭하여 실행하고 필요한 구성요소가 모두 로딩되면 [그림 12-4]와 같이 워크스페이스를 지정하는 화면이 나옵니다. 여기에서 다운로드 한 소스 중에서 ch12/backend2 디렉터리를 워크스페이스로 지정하고 Eclipse를 실행합니다.

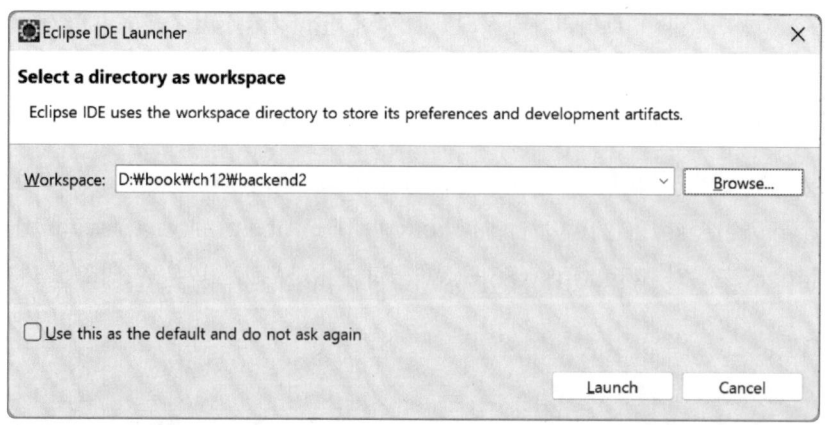

[그림 12-4] Eclipse의 워크스페이스 지정

12.3.2 백엔드 Restful API 서버 구동

Java 17 기준, Eclipse로 작성된 JSP/Servlet 프로젝트를 가져와 포트번호 8083으로 Tomcat 9 서버를 구동하는 것을 포함합니다.

(1) 백엔드 프로젝트에 Vue 3 애플리케이션 내포하기

빌드가 완료된 ch12_myapp1/dist 디렉터리 안의 모든 파일과 디렉터리를 복사하기 하여 [그림 12-5]와 같이 eclipse의 Package Explorer 패널에서 "src/main/WebContent"나 "src/main/webapp" 디렉터리를 찾아 붙여넣기를 진행합니다.

만약 Apache Tomcat v9.0이 없거나 오류가 발생하는 경우는 [Window]-[Preferences] 메뉴를 선택하여 Preferences 창에서 [Server]-[Runtime Environments] 항목에 [Add] 또는 [Remove] 버튼을 활용하여 추가하거나 제거하기 바랍니다.

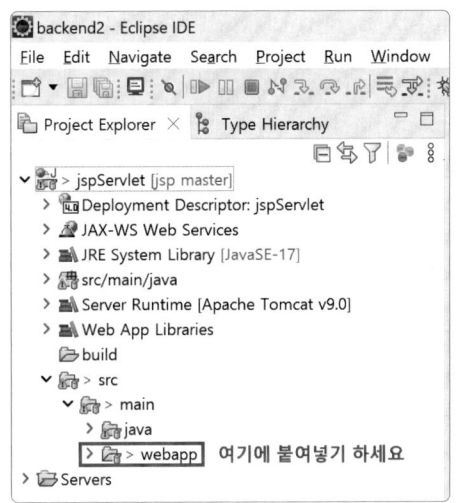

[그림 12-5] Servlet 백엔드 프로젝트 구조

(2) 풀스택 프로젝트 실행

[그림 12-6]처럼 eclipse의 Package Explorer 패널의 jspServlet 프로젝트 디렉터리에서 마우스 오른쪽 버튼을 눌러 나오는 메뉴에서 [Run As]-[Run on Server]를 선택하여 풀스택 애플리케이션을 실행합니다.

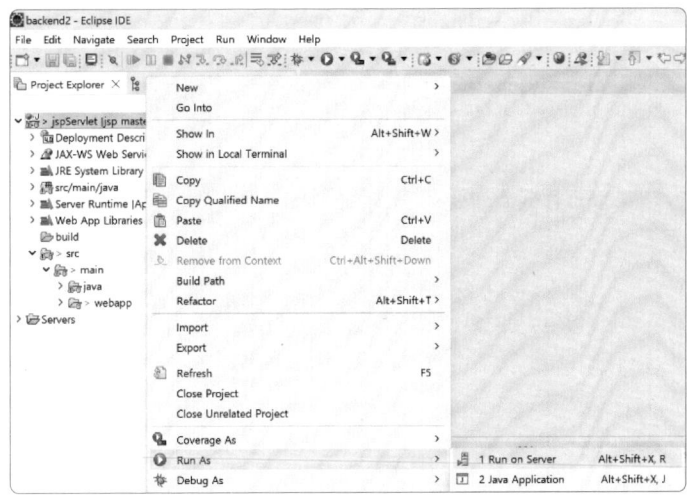

[그림 12-6] Servlet 프로젝트 실행

웹 브라우저가 열리고 "http://localhost:8083"으로 풀스택 프로젝트의 애플리케이션이 실행됩니다.

(3) 풀스택 프로젝트 결과 보기

아래 [그림 12-7]과 같이 브라우저 접속 시에 메인 화면이 렌더링되고 메뉴에서 공지사항을 선택하면 [그림 12-8]과 같은 공지사항 목록이 출력됩니다. 질문 및 답변, 공지사항, 상품관리, 챗봇 메뉴를 실행해 봅니다.

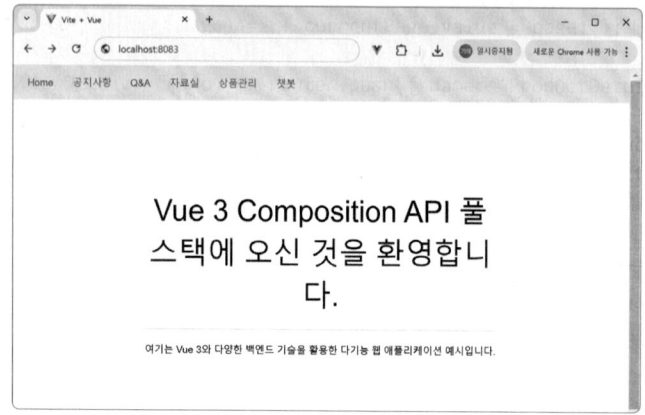

[그림 12-7] Servlet 서버 메인 실행 화면

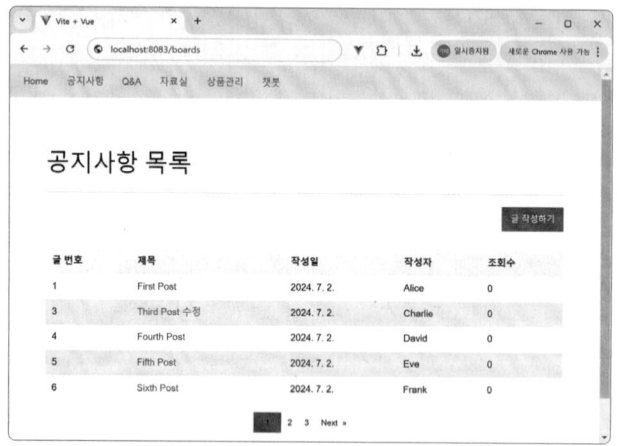

[그림 12-8] Servlet 서버 공지사항 실행 화면

12.4 Spring Framework 5 연동 프로젝트 실습

Spring Framework는 Java의 가장 강력한 프레임워크 중 하나로 대규모 프로젝트에서 효율적인 웹 애플리케이션을 개발하는 데 널리 사용됩니다. 이 절에서는 Spring Framework 5를 사용하여 포트 8082에서 구동되는 Tomcat 9 서버를 통해 Vue 3와 연동하겠습니다.

12.4.1 Spring Framework 5 백엔드 프로젝트 열기

이번에는 Eclipse를 설치한 후 Servlet 프로젝트를 열고 Vue 3 애플리케이션 프로젝트를 빌드한 내용을 내포하여 연동합니다.

(1) Vue 3 프로젝트 애플리케이션 빌드하기

src/store/index.js에 비동기 요청 주소에 절대 주소인 "http://localhost:8082/요청상대경로"로 테스트를 진행하고 빌드할 때는 절대 주소 앞의 "http://localhost:8082"를 제거하여 "/요청상대경로"만 남겨 빌드를 진행합니다.

```
npm run build
```

빌드를 진행하면 /dist 디렉터리가 생성되고 그 안에 html, css, js 소스코드가 담깁니다.

(2) sts3 설치

[그림 12-9]와 같이 sts3를 다운로드 페이지(https://github.com/spring-attic/toolsuite-distribution/wiki/Spring-Tool-Suite-3) Spring Tool Suite 3.9.18 항목에서 운영체제에 맞는 sts3를 클릭하여 다운로드 받고 압축을 해제하면 설치는 끝이 납니다.

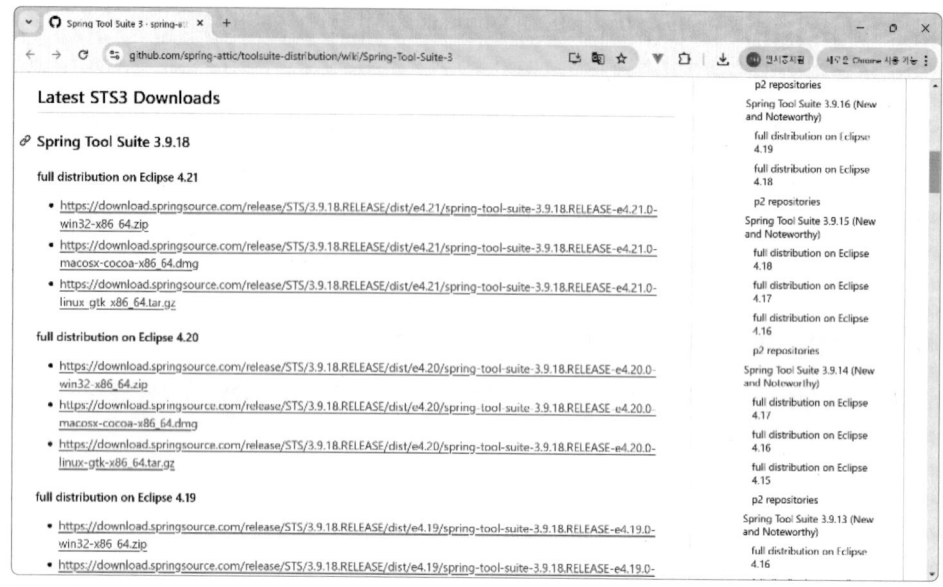

[그림 12-9] sts3 다운로드 페이지

(3) sts3에서 Spring Legacy 프로젝트 열기

압축 해제된 디렉터리에서 sts-bundle\sts-3.9.18.RELEASE 폴더 안의 STS.exe를 더블클릭하여 워크스페이스 지정 대화상자가 열리면 ch12\backend3 디렉터리로 선택하여 sts3를 실행합니다.

12.4.2 백엔드 Restful API 서버 구동

빌드된 Vue 프로젝트를 Springframework 5 프로젝트에 내포하여 풀스택 프로젝트를 실행하겠습니다.

(1) 백엔드 프로젝트에 Vue 3 애플리케이션 내포하기

빌드가 완료된 ch12_myapp1/dist 디렉터리 안의 모든 파일과 디렉터리를 복사하기 하여 sts3의 Package Explorer 패널에서 "src/main/webapp" 디렉터리를 찾아 붙여넣기를 진행합니다.

만약 Apache Tomcat v9.0이 없거나 오류가 발생하는 경우는 [Window]-[Preferences] 메뉴를 선택하여 Preferences 창에서 [Server]-[Runtime Environments] 항목에 [Add] 또는 [Remove] 버튼을 활용하여 추가하거나 제거하기 바랍니다.

(2) 풀스택 프로젝트 실행

[그림 12-10]처럼 해당 프로젝트에서 마우스 오른쪽 버튼을 클릭하면 나오는 메뉴에서 [Run As]-[Run on Server]를 차례대로 실행하면 웹 브라우저가 열립니다.

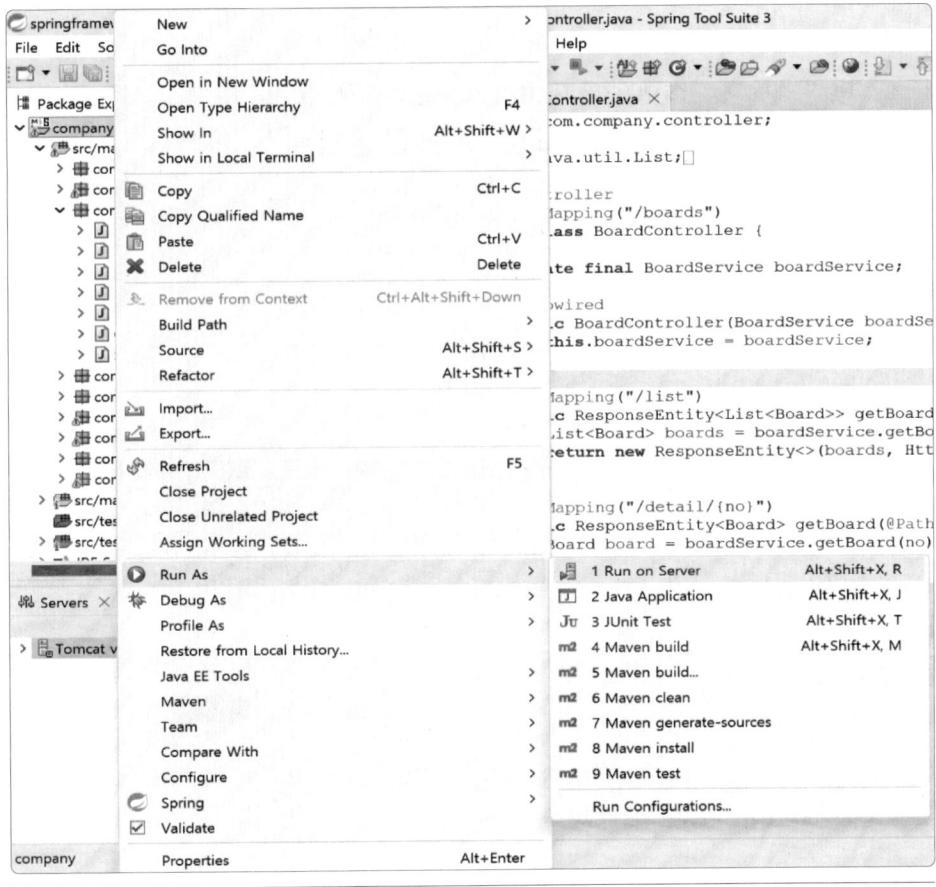

[그림 12-10] Springframework 5 프로젝트 실행

(3) 풀스택 프로젝트 결과 보기

[그림 12-11]과 같이 브라우저 접속 시에 메인 화면이 렌더링되고 메뉴에서 공지사항을 선택하면 [그림 12-12]와 같은 공지사항 목록이 출력됩니다. 질문 및 답변, 공지사항, 상품관리, 챗봇 메뉴를 실행해 봅니다.

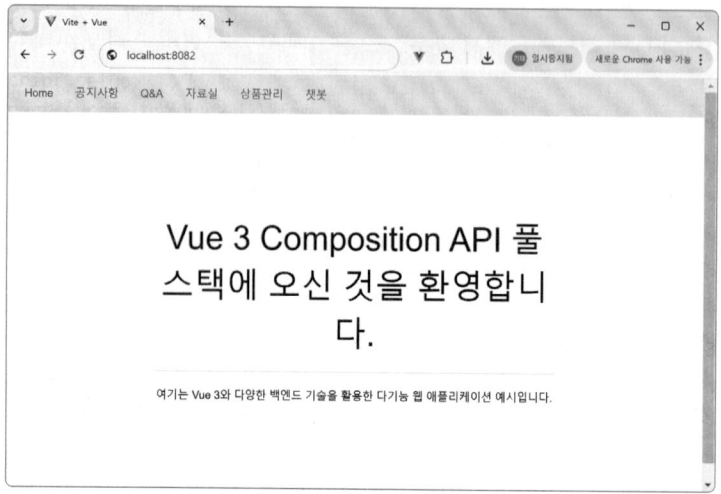

[그림 12-11] SpringFramework 메인 실행 화면

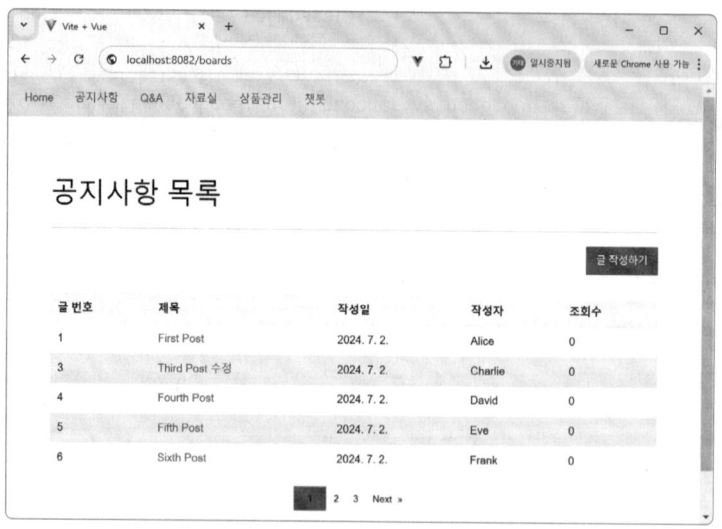

[그림 12-12] SpringFramework 공지사항 실행 화면

12.5 Spring Boot 연동 프로젝트 실습

Spring Boot는 간편한 설정과 빠른 개발 속도로 인해 최신의 Java 웹 애플리케이션 개발에서 많이 사용되는 프레임워크입니다. 여기에서는 Spring Boot 3와 Vue 3 Composition API와 연동한 풀스택을 완성해 보겠습니다.

12.5.1 Spring Boot 3 백엔드 프로젝트 열기

sts4를 다운로드 받아 설치하고 Vue 3 프로젝트 애플리케이션을 빌드하여 풀스택 연동을 준비합니다.

(1) Vue 3 프로젝트 애플리케이션 빌드하기

src/store/index.js에 비동기 요청 주소에 절대 주소인 "http://localhost:8081/요청상대경로"로 테스트를 진행하고 빌드할 때는 절대 주소 앞의 "http://localhost:8081"을 제거하여 "/요청상대경로"만 남겨 빌드를 진행합니다.

```
npm run build
```

빌드를 진행하면 /dist 디렉터리가 생성되고 그 안에 html, css, js 소스코드가 담깁니다.

(2) sts4 설치

[그림 12-13]과 같이 sts4 다운로드 페이지(https://spring.io/tools)에서 WINDOWS X86_64를 클릭하여 다운로드 받고 압축을 해제하면 설치는 끝이 납니다.

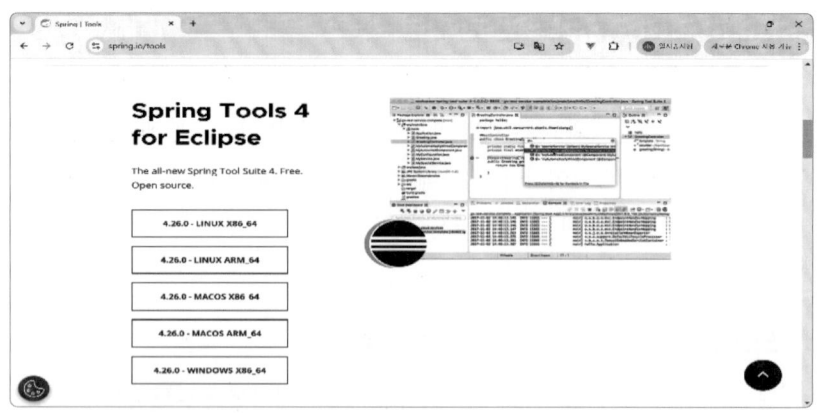

[그림 12-13] STS4 다운로드 페이지

(3) sts4에서 Spring Boot 프로젝트 열기

압축 해제된 sts4 디렉터리에서 "\contents\sts-4.23.1.RELEASE" 안의 SpringTool Suite4.exe를 더블클릭하여 sts4를 실행하고 워크스페이스 설정 대화상자가 열리면 "ch12/backend4" 디렉터리를 선택하여 sts4를 엽니다.

12.5.2 백엔드 Restful API 서버 구동

빌드된 Vue 프로젝트를 Spring Boot 3 프로젝트에 내포하여 풀스택 프로젝트를 실행하겠습니다.

(1) 백엔드 프로젝트에 Vue 3 애플리케이션 내포하기

빌드가 완료된 ch12_myapp1/dist 디렉터리 안의 모든 파일과 디렉터리를 복사하기 하여 sts4의 Package Explorer 패널에서 "src/main/resources/static" 디렉터리를 찾아 붙여넣기를 합니다.

(2) 풀스택 프로젝트 실행

[그림 12-14]처럼 Package Explorer 패널에서 app1 프로젝트 src/main/java 디렉터리의 com.company.app1 패키지 안에 있는 App1Application 클래스에서 마우스 오른쪽 버

튼을 누르면 나오는 메뉴에서 [Run As]-[Spring Boot App]을 선택하여 백엔드 서버를 구동합니다.

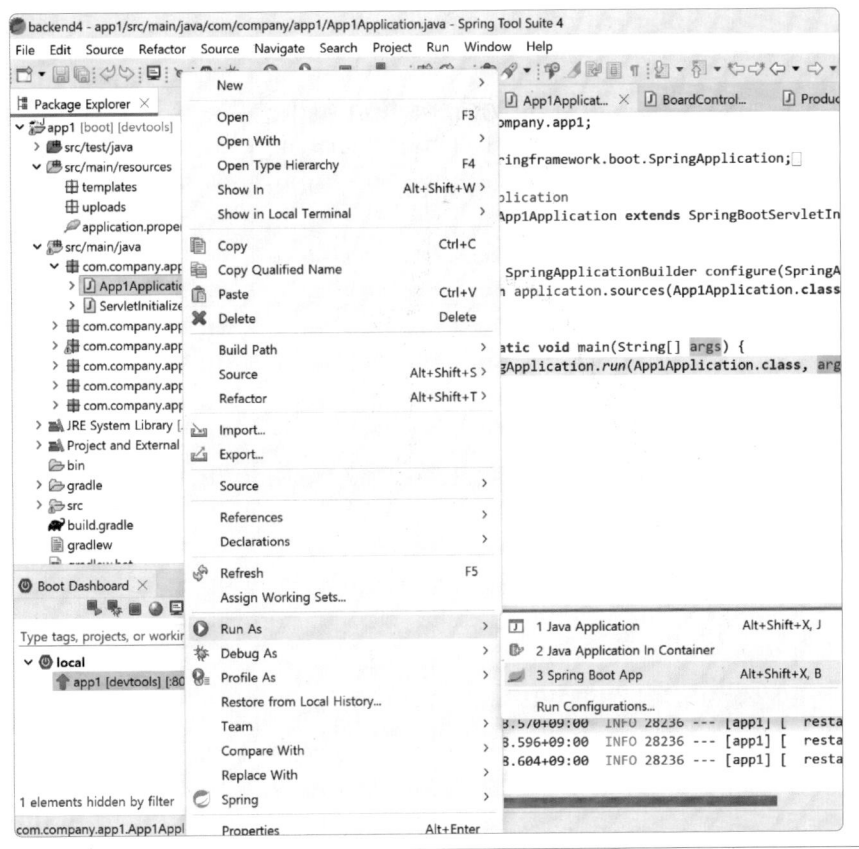

[그림 12-14] Spring Boot 3 프로젝트 실행

(3) 풀스택 프로젝트 결과 보기

[그림 12-15]와 같이 브라우저 접속 시에 메인 화면이 렌더링되고 메뉴에서 공지사항을 선택하면 [그림 12-16]과 같은 공지사항 목록이 출력됩니다. 질문 및 답변, 공지사항, 상품관리, 챗봇 메뉴를 실행해 봅니다.

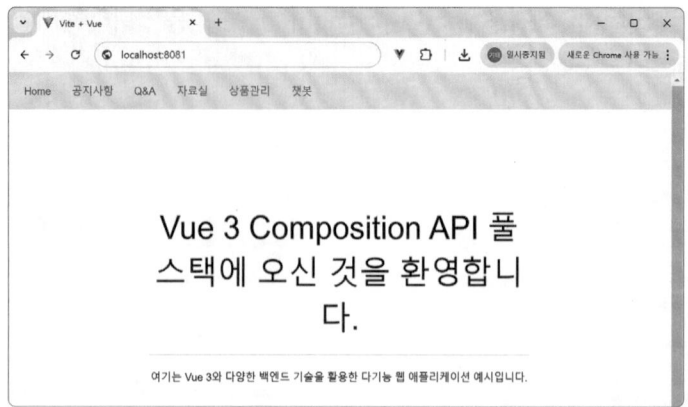

[그림 12-15] Spring Boot 메인 실행 화면

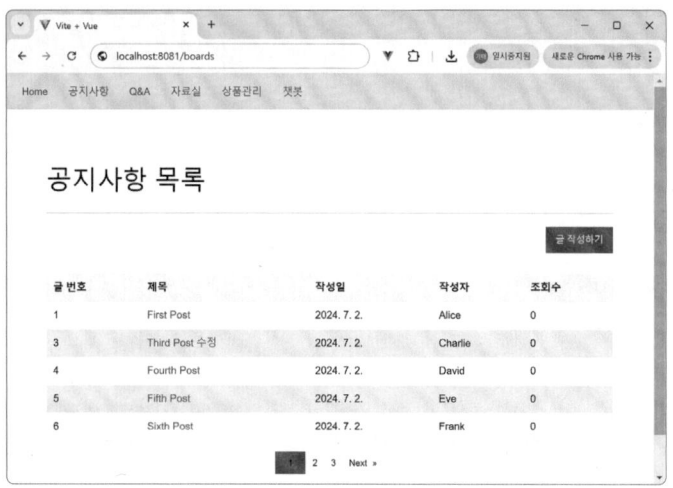

[그림 12-16] Spring Boot 공지사항 실행 화면

12.6 Fast API 연동 프로젝트 실습

Fast API는 최신의 Python 웹 애플리케이션 개발에서 RESTful API용으로 많이 사용되는 백엔드 프레임워크입니다. 이 절에서는 Fast API와 Vue 3 Composition API와 연동한 풀 스택을 완성하겠습니다.

12.6.1 Fast API 백엔드 프로젝트 열기

Python과 Pycharm을 다운로드 받아 설치하고 Vue 3 프로젝트 애플리케이션을 빌드하여 풀스택 연동을 준비합니다.

(1) Vue 3 프로젝트 애플리케이션 빌드하기

src/store/index.js에 비동기 요청 주소에 절대 주소인 "http://localhost:8000/company/요청상대경로"로 테스트를 진행하고 빌드할 때는 절대 주소 앞의 "http://localhost:8000"를 제거하여 "/company/요청상대경로"만 남겨 빌드를 진행합니다.

```
npm run build
```

빌드를 진행하면 /dist 디렉터리가 생성되고 그 안에 html, css, js 소스코드가 담깁니다.

(2) Python 설치

[그림 12-17]과 같이 Python 다운로드 페이지(https://www.python.org/downloads/)에서 Download Python 3.13.0을 클릭하여 다운로드 받아 기본값으로 설치합니다. (단, 설치 시 Add python.exe to PATH 선택할 것)

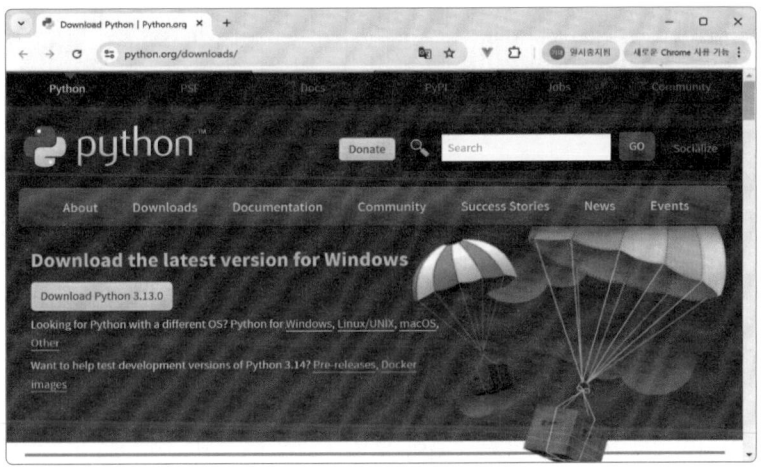

[그림 12-17] Python 다운로드 페이지

(3) PyCharm 설치

PyCharm Community 다운로드 페이지(https://www.jetbrains.com/pycharm/download)에서 Download를 클릭하여 다운로드 받아 기본값으로 설치합니다.

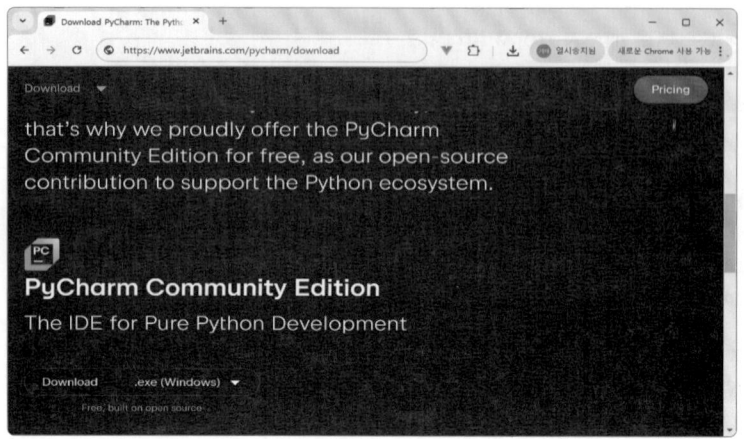

[그림 12-18] PyCharm 다운로드 페이지

(4) PyCharm에서 Fast API 프로젝트 열기

- 설치된 PyCharm Community Edition을 열고 "Open" 버튼을 클릭한 후 프로젝트 디렉터리 선택 대화상자에서 ch12/backend5 디렉터리를 선택하고 "Open"을 클릭합니다.
- 메뉴에서 File > Settings > Project: backend5 > Python Interpreter로 이동하여 "Add Interpreter"를 클릭하고 가상 환경을 생성하거나 이미 존재하는 환경을 선택합니다.

(5) 필요한 패키지 설치

FastAPI와 Uvicorn 설치를 위해 터미널에서 아래 명령어를 실행합니다.

```
pip install fastapi uvicorn
```

추가적으로 데이터베이스나 기타 의존성이 필요한 경우 프로젝트에 requirements.txt 파일이 있다면 아래 명령으로 모두 설치합니다.

```
pip install -r requirements.txt
```

(6) FastAPI 서버 실행

FastAPI의 main.py를 실행하기 위해 터미널에서 다음 명령어를 입력합니다.

```
uvicorn main:app --reload
```

- main: main.py 파일의 이름에서 확장자를 제외하고 지정합니다.
- app: FastAPI 애플리케이션 객체의 이름으로 main.py 내부에서 생성됩니다.
- --reload: 코드 변경 시 자동으로 서버를 재시작하는 개발 모드 옵션입니다.

(7) FastAPI 서버 접근

위 uvicorn 명령 실행 후 FastAPI 서버는 기본적으로 http://127.0.0.1:8000에서 실행됩니다.

- OpenAPI 문서 확인: http://127.0.0.1:8000/docs
- ReDoc 문서 확인: http://127.0.0.1:8000/redoc

12.6.2 백엔드 Restful API 서버 구동

빌드된 Vue 프로젝트를 Fast API 프로젝트에 내포하여 풀스택 프로젝트를 실행하겠습니다.

(1) 백엔드 프로젝트에 Vue 3 애플리케이션 내포하기

빌드가 완료된 ch12_myapp1/dist 디렉터리 안의 모든 파일과 디렉터리를 복사하기 하여 ch12/backend5 안에 app/static 디렉터리를 만들고 그곳에 붙여넣기를 진행합니다.

(2) FastAPI 정적 파일 설정

ch12/backend5/main.py를 열고 상단 부분에 아래 코드 내용을 추가하여 StaticFiles를 설정합니다.

ch12/backend5/main.py 수정

```
01  from fastapi import FastAPI
02  from fastapi.staticfiles import StaticFiles
03  from starlette.responses import FileResponse
04
05  app = FastAPI()
06
07  # 정적 파일 경로 설정
08  app.mount("/static", StaticFiles(directory="app/static"), name="static")
09
10  # Vue의 index.html 제공
11  @app.get("/")
12  async def serve_vue_app():
13      return FileResponse("app/static/index.html")
```

(3) 풀스택 프로젝트 실행

FastAPI 서버를 다시 실행합니다.

```
uvicorn main:app --reload
```

브라우저에서 http://127.0.0.1:8000으로 접속하면 Vue 애플리케이션이 렌더링됩니다.

(4) 풀스택 프로젝트 결과 보기

[그림 12-19]와 같이 브라우저 접속 시에 메인 화면이 렌더링되고 메뉴에서 공지사항을 선택하면 [그림 12-20]과 같은 공지사항 목록이 출력됩니다. 질문 및 답변, 공지사항, 상품관리, 챗봇 메뉴를 실행해 봅니다.

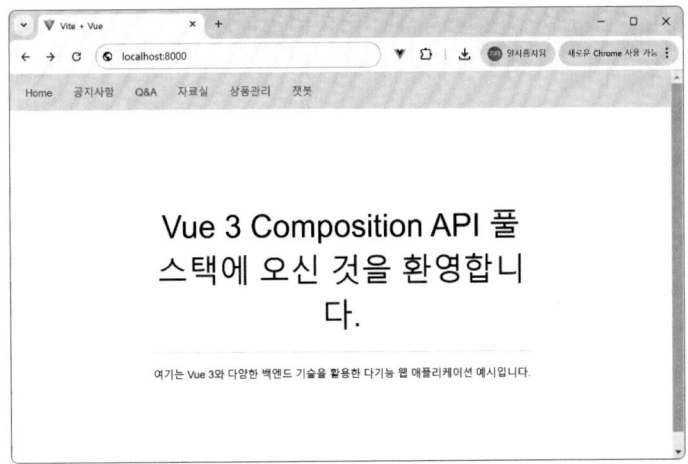

[그림 12-19] Fast API 메인 화면

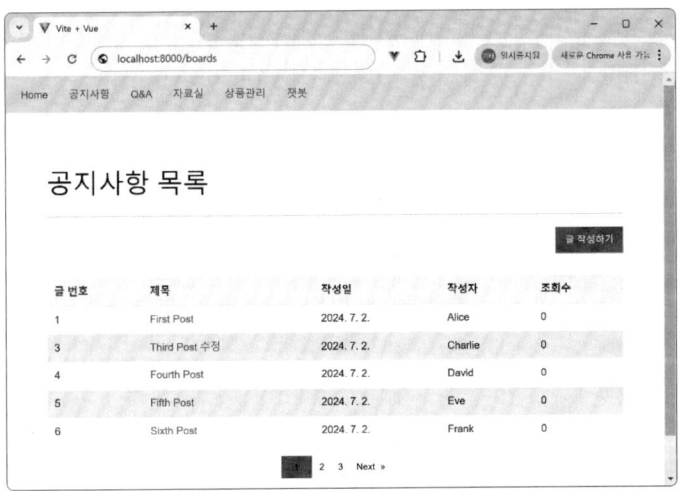

[그림 12-20] Fast API 공지사항 실행 화면

이번 12장에서는 Vue 3 프로젝트를 완성하여 빌드한 후 Node.js, Servlet, Springframework, Springboot, Fast API 백엔드 프로젝트에 각각 내포하여 연동하는 풀스택 프로젝트를 학습하였습니다. 이와 같이 Vue는 Node/Express, Nuxt, Servlet, SpringFramework, SpringBoot, Django, Flask, FastAPI, C#, Go 등 여러 백엔드의 프런트엔드 프로젝트를 진행할 때 많이 이용됩니다.

다음 13장에서는 이번 장에서 배운 백엔드 연동과 더불어 실무에서 중요한 프로그램 테스트와 빌드 그리고 배포까지 시스템 위주로 학습할 것입니다. 그리고 나면 실제 웹 시스템에 배포하여 어디서든지 이용할 수 있습니다. 이것은 실제 애플리케이션이 구축되거나 운영되는 것과 같은 원리입니다. 본인이 만든 애플리케이션이 작동하는 것을 느끼며 재미있게 학습할 수 있습니다.

Chapter 13

테스트 및 배포

테스트 및 배포에서는 Vue 3 프로젝트에서 활용하는 여러 가지 테스트 도구를 살펴봅니다. 단위 테스트와 통합 테스트를 진행한 후 테스트 결과를 보고 배포에 적합한 환경을 구축하여 목표 시스템에 배포하는 것을 학습하게 될 것입니다.

테스트 도구나 배포 환경에서 예전에 사용했던 도구는 더 이상 사용하지 않을 수 있고 새로운 도구가 다시 출현할 수도 있습니다. 그렇지만, 고급 시스템이나 시스템 고도화 측면에서는 반드시 테스트가 필요합니다. 배포할 수 있는 클라우드 시스템 또한, AWS와 같이 유료화 시스템도 있고 Github, Vercel, Render 등과 같은 무료 또는 저가 정책 시스템도 있습니다. 필요에 따라 본인이 원하는 시스템에 배포하면 됩니다.

만약 제공한 소스코드를 다운로드 받아 실습한다면 해당 프로젝트 디렉터리에서 반드시 npm install 명령을 실행하여 관련 라이브러리를 모두 설치해야 합니다.

13.1 단위 테스트와 통합 테스트

기능 단위별로 기능 하나하나를 테스트하는 단위 테스트(Unit Testing)가 있고 모든 기능을 하나로 통합하였을 경우 발생하는 문제를 파악하는 통합 테스트(Integration Testing)가 있습니다. 이러한 테스트를 프로젝트에 맞게 진행해야 합니다.

Vue 3 프로젝트에 맞는 단위 테스트 도구에는 Jest와 Vitest, Mocha + Chai 등이 있습니다. 이 책에서는 가장 많이 사용하는 Jest와 Vitest를 기준으로 단위 테스트를 합니다. 통합 테스트 도구에는 Cypress, Playwright, Nightwatch, Selenium 등이 있습니다. 여기에서는 보편적으로 사용하고 있는 Cypress와 Playwright를 기준으로 통합 테스트를 합니다.

(1) 데이터베이스 준비

설치되어 있는 HeidiSQL을 실행하고 SQL 입력창에 아래와 같이 해당 데이터베이스를 선택하고 작업을 진행합니다. 해당 명령 블록마다 범위를 지정하여 하나하나씩 실행합니다.

```sql
USE company;        -- company 데이터베이스 선택
CREATE TABLE board_post(    -- board_post 테이블 준비
id BIGINT(20) AUTO_INCREMENT PRIMARY KEY,
title VARCHAR(255), content VARCHAR(255));
-- 테스트용 더미 데이터 추가
INSERT INTO board_post VALUES (DEFAULT, '제목1', '더미 데이터 내용1');
INSERT INTO board_post VALUES (DEFAULT, '제목2', '더미 데이터 내용2');
INSERT INTO board_post VALUES (DEFAULT, '제목3', '더미 데이터 내용3');
INSERT INTO board_post VALUES (DEFAULT, '제목4', '더미 데이터 내용4');
INSERT INTO board_post VALUES (DEFAULT, '제목5', '더미 데이터 내용5');
-- 변경된 내용 성공 적용
COMMIT;
```

- ➡ USE 명령은 데이터베이스를 선택하는 SQL 명령입니다.
- ➡ CREATE TABLE 명령은 테이블을 생성하는 SQL 명령입니다.
- ➡ INSERT 명령은 board_post 테이블에 테스트용으로 사용할 더미 데이터를 추가하는 명령입니다.
- ➡ COMMIT 명령은 데이터의 변화가 있을 때 그 변화를 성공적으로 처리하는 명령입니다.

(2) sts4에서 프로젝트 열어 실행하기

sts4를 실행하고 워크스페이스(workspace)를 "ch13/backend1"로 지정하여 엽니다. 열린 프로젝트에서 Package Explorer 패널의 demo 프로젝트 폴더에서 하위 요소를 열면 src/main/java의 com.example.demo 패키지 안에 DemoApplication을 엽니다. 소스코드 창에서 마우스 오른쪽 버튼을 눌러 나오는 메뉴에서 [Run As]-[Spring Boot App]을 선택

하여 백엔드 프로젝트를 실행합니다.

13.1.1 Jest를 사용한 단위 테스트

Jest는 2014년에 Facebook에서 개발한 JavaScript 테스팅 프레임워크입니다. 당시 Facebook은 다양한 규모의 React 애플리케이션을 관리하고 있었고 신속하면서도 일관된 방식으로 JavaScript 코드를 테스트할 수 있는 도구가 필요했습니다. 이를 위해 자체적인 테스트 프레임워크로 Jest를 개발하게 되었습니다.

(1) Jest의 의미

Jest는 성능이 빠르고 구성 설정이 간단하며 다양한 테스트 기능을 기본으로 제공하는 것이 특징입니다. 특히, React와 Vue 같은 프레임워크에서 UI 컴포넌트와 동작을 쉽게 검증할 수 있도록 최적화되어 있습니다. 또한, Jest는 단위 테스트, 통합 테스트, 스냅샷 테스트를 모두 지원하여 다양한 테스트 요구 사항에 대응할 수 있습니다.

[테스트 종류]

(1) 단위 테스트(Unit Test): 애플리케이션의 작은 단위가 예상대로 동작하는지 검증하는 테스트

(2) 통합 테스트(Integration Test): 여러 개의 컴포넌트나 기능이 함께 올바르게 동작하는지 검증하는 테스트

(3) 스냅샷 테스트(Snapshot Test): 컴포넌트의 출력이 예상대로 유지되고 있는지 확인하는 테스트

(4) 회귀 테스트(Regression Test): 기존 기능이 새로운 변경으로 인해 손상되지 않았는지 확인하는 테스트

(5) 성능 테스트(Performance Test): 애플리케이션의 속도, 반응 시간, 로드 등의 성능을 평가하는 테스트

(6) 보안 테스트(Security Test): 애플리케이션의 보안 취약점인 해킹 시도, SQL 인젝션, 크로스사이트 스크립팅 등을 점검하는 테스트

(7) 사용성 테스트(Usability Test): 사용자가 실제 애플리케이션을 사용하며 직관적이고 쉽게 사용할 수 있는지 평가하는 테스트

(2) 주요 특징

- 빠른 실행: 병렬 실행, 스마트 테스트, 캐싱을 통해 빠른 테스트 속도를 제공합니다.
- 설정 간편: 초기 설정이 최소화되어 있으며 추가 구성 없이 바로 사용할 수 있습니다.
- 스냅샷 테스트: UI가 변경되었는지 확인하는 스냅샷 테스트 기능을 합니다.
- Mock 기능: API나 모듈을 Mocking하여 테스트 환경을 유연하게 구성합니다.

(3) 장점

- 다양한 테스트 기능 내장: 추가 설정 없이 다양한 테스트 기능을 사용할 수 있습니다.
- 직관적인 테스트 작성: 간결하고 이해하기 쉬운 API를 제공합니다.
- React, Vue와 같은 프레임워크와 뛰어난 호환성이 있습니다.

(4) 단점

- 복잡한 테스트는 다소 어려울 수 있음: Jest는 주로 UI와 관련된 간단한 테스트에 최적화되어 있습니다.
- 스냅샷 업데이트 문제: 스냅샷을 남발할 경우 유지보수가 어려워질 수 있습니다.

(5) Vue 프로젝트 생성

이제 ch13_ex1이라는 이름의 Jest 테스트를 위한 Vue 3 프로젝트를 생성하고 해당 디렉터리로 이동합니다.

```
vue create ch13_ex1
cd ch13_ex1
```

Vue CLI를 사용하여 Vue 3 프로젝트를 생성하고 프로젝트 디렉터리로 이동합니다. 또는, Vite를 사용하여 Vue 프로젝트를 생성하고 프로젝트 디렉터리로 이동합니다.

```
npm init vue@latest ch13_ex1
cd ch13_ex1
```

(6) Jest 및 관련 라이브러리 설치

프로젝트의 디렉터리로 이동한 뒤 Jest와 Vue 테스트 라이브러리를 설치합니다.

```
npm install --save-dev jest @vue/test-utils@next vue-jest@next babel-jest
```

test-utils를 먼저 설치하고 jest를 설치합니다. vue-jest와 babel-jest는 보조 도구로 함께 설치해 주세요.

(7) Jest 설정 파일 생성(jest.config.js)

Jest 설정 파일을 프로젝트 루트에 추가하여 Jest를 구성합니다.

jest.config.js
```js
01  module.exports = {
02    testEnvironment: 'jsdom',      // DOM 환경에서 테스트
03    moduleFileExtensions: ['js', 'vue'],
04    transform: {
05      '^.+\\.vue$': 'vue-jest',    // Vue 파일 변환 설정
06      '^.+\\.js$': 'babel-jest',   // JavaScript 파일 변환 설정
07    },
08    moduleNameMapper: { '^@/(.*)$': '<rootDir>/src/$1', },
09    testEnvironment: 'jsdom',      // Jest 환경에서 필요할 수 있는 추가 설정
10  }
```

→ transform 속성은 vue 파일과 js 파일에 관한 내용을 호환 가능한 자바스크립트로 변환하는 도구를 지정합니다.

→ moduleNameMapper 속성은 루트 디렉터리를 설정합니다.

→ testEnvironment 속성은 테스트 환경을 설정합니다.

(8) 테스트할 컴포넌트 작성(BoardPost.vue)

BoardPost.vue는 단순한 게시글 작성 컴포넌트로 테스트를 진행할 컴포넌트입니다.

```
src/components/BoardPost.vue
01  <template>
02    <div>
03      <h2>Create a Board Post</h2>
04      <form @submit.prevent="submitPost">
05        <input v-model="title" placeholder="Title" />
06        <textarea v-model="content" placeholder="Content"></textarea>
07        <button type="submit">Submit</button>
08      </form>
09      <p v-if="message">{{ message }}</p>
10    </div>
11  </template>
12  <script setup>
13  import { ref } from 'vue'
14  const title = ref('')
15  const content = ref('')
16  const message = ref('')
17  const submitPost = () => {
18    if (title.value && content.value) {
19      message.value = 'Post created successfully!'
20      title.value = ''
21      content.value = ''
22    } else {
23      message.value = 'Please fill out all fields.'
24    }
25  }
26  </script>
```

submitPost 함수는 폼 요소에 입력된 내용을 전달하여 post 글로 저장하게 합니다.

(3) 구성: 여러 테스트 케이스를 묶어서 실행하는 단위입니다.

(4) 예시: 로그인 기능과 관련된 여러 테스트 케이스(예: 유효한 로그인, 잘못된 비밀번호 입력, 사용자 이름 누락 등)를 하나의 "로그인 테스트 스위트"로 묶을 수 있습니다.

(11) 테스트 결과

테스트 결과는 [그림 13-1]과 같이 출력됩니다. 테스트 스위트 파일에서 특정 컴포넌트를 테스트한 결과입니다. 3개의 테스트 케이스에서 첫 번째 테스트는 17ms 소요, 두 번째 테스트는 5ms 소요, 세 번째 테스트는 4ms 소요되었습니다. 총 1개의 테스트 스위트 중 1개가 통과, 개별 테스트는 총 3개의 테스트 케이스가 모두 통과, 총 실행 시간은 1.328초이며 모든 테스트 스위트를 성공적으로 실행했음을 알 수 있습니다.

```
PASS src/tests/BoardPost.spec.js
BoardPost.vue
  √ renders the form with empty fields (17 ms)
  √ displays an error message if fields are empty on submit (5 ms)
  √ submits the post when title and content are filled (4 ms)

Test Suites: 1 passed, 1 total
Tests:       3 passed, 3 total
Snapshots:   0 total
Time:        1.328 s
Ran all test suites.
```

[그림 13-1] Jest 테스트 결과

13.1.2 Vitest를 사용한 단위 테스트

Vitest는 Vite를 개발한 Evan You와 Vite 팀에서 만든 JavaScript 테스트 프레임워크입니다. 기존의 Jest와 Mocha 같은 테스트 프레임워크가 있지만, Vite의 빠른 빌드 성능을 그대로 테스트에 반영할 수 있도록 Vite와 통합된 테스트 도구를 만들게 되었습니다. Vite 기반의 프로젝트에서 설정이 간편하고 최적화된 성능을 제공하기 위해 Vitest가 개발되었습니다.

(1) Vitest의 의미

Vitest는 Jest와 유사한 API를 제공하여 Jest 경험이 있는 사용자들이 쉽게 적응할 수 있습니다. 테스트 속도, 설정의 간편함, ESM 지원에 중점을 두고 있으며 E2E(엔드 투 엔드) 테스트도 지원합니다.

(2) 주요 특징

- Vite 통합: Vite 프로젝트와 완벽하게 통합되어 있어 추가 설정이 거의 필요 없습니다.
- 빠른 테스트 속도: Vite의 빠른 번들링 성능을 활용하여 테스트 속도를 극대화합니다.
- Jest 호환 API: Jest와 유사한 구문을 제공하여 사용자가 쉽게 전환할 수 있습니다.
- 핫 모듈 리로딩(HMR) 지원: 테스트 시 모듈을 동적으로 리로딩하여 빠르게 피드백을 받을 수 있습니다.

(3) 장점

- Vite 프로젝트와 완벽하게 통합되어 빠른 성능을 제공합니다.
- Jest와 유사한 API로 쉽게 전환할 수 있습니다.
- ESM 지원으로 최신 모듈 시스템을 활용한 개발환경을 제공합니다.

(4) 단점

- Jest보다 커뮤니티와 플러그인 생태계가 작을 수 있습니다.
- 일부 Jest 전용 기능은 사용할 수 없습니다.

(5) Vue 프로젝트 생성

Vite를 사용하여 ch13_ex2 프로젝트를 생성하고 Vite 프로젝트를 초기화합니다.

```
npm create vite@latest ch13_ex2
cd ch13_ex2
npm install
```

(9) Jest 테스트 작성(BoardPost.spec.js)

이제 이 컴포넌트를 테스트할 수 있도록 src/tests/BoardPost.spec.js 파일을 생성합니다.

src/tests/BoardPost.spec.js
```
01  import { mount } from '@vue/test-utils'
02  import BoardPost from '@/components/BoardPost.vue'
03  describe('BoardPost.vue', () => {
04    it('renders the form with empty fields', () => {
05      const wrapper = mount(BoardPost)
06      expect(wrapper.find('input').element.value).toBe('')
07      expect(wrapper.find('textarea').element.value).toBe('')
08    })
09    it('displays an error message if fields are empty on submit', async () => {
10      const wrapper = mount(BoardPost)
11      await wrapper.find('form').trigger('submit.prevent')
12      expect(wrapper.find('p').text()).toBe('Please fill out all fields.')
13    })
14    it('submits the post when title and content are filled', async () => {
15      const wrapper = mount(BoardPost)
16      await wrapper.find('input').setValue('Test Title')
17      await wrapper.find('textarea').setValue('Test Content')
18      await wrapper.find('form').trigger('submit.prevent')
19      expect(wrapper.find('p').text()).toBe('Post created successfully!')
20      expect(wrapper.find('input').element.value).toBe('')
21      expect(wrapper.find('textarea').element.value).toBe('')
22    })
23  })
```

- renders the form with empty fields: 초기 렌더링 시 input과 textarea 필드가 빈 상태인지 확인합니다.

- displays an error message if fields are empty on submit: 필드가 비어 있는 상태에서 제출 버튼을 누를 경우 에러 메시지가 표시되는지 확인합니다.

- submits the post when title and content are filled: 제목과 내용을 채워 제출했을 때 성공 메시지가 표시되고, 입력 필드가 초기화되는지 확인합니다.

> **[테스트 케이스(Test Case)]**
>
> (1) 정의: 특정 기능이나 소프트웨어의 일부를 테스트하기 위해 작성된 개별적인 검사 항목입니다.
>
> (2) 목적: 소프트웨어가 예상한 대로 작동하는지 확인하는 것이 목적입니다.
>
> (3) 구성: 입력과 기대 결과로 구분하며 입력은 테스트할 데이터 또는 조건이고 기대 결과는 입력이 주어졌을 때 소프트웨어가 보여야 할 결과입니다.
>
> (4) 예시: 로그인 기능을 테스트하는 경우, "유효한 사용자 이름과 비밀번호로 로그인하면 성공 메시지가 보여야 한다"는 하나의 테스트 케이스입니다.

(10) 테스트 실행

Jest 테스트는 아래 명령으로 실행할 수 있습니다.

```
npx jest
```

또는, package.json에 스크립트를 추가한 후 실행할 수도 있습니다:

```
"scripts": { "test": "jest" }
```

이제 npm test 명령으로 모든 Jest 테스트를 실행할 수 있습니다.

> **[테스트 스위트(Test Suite)]**
>
> (1) 정의: 여러 개의 테스트 케이스를 그룹화한 것입니다.
>
> (2) 목적: 관련된 테스트 케이스들을 한꺼번에 실행하고 관리할 수 있게 돕습니다.

```
src/tests/BoardPost.spec.js
01    import { mount } from '@vue/test-utils'
02    import BoardPost from '../components/BoardPost.vue'
03    describe('BoardPost.vue', () => {
04      it('renders properly', () => {
05        const wrapper = mount(BoardPost)
06        expect(wrapper.find('label[for="title"]').text()).toBe('Title:')
07        expect(wrapper.find('label[for="content"]').text()).toBe('Content:')
08      })
09      it('shows error message when fields are empty', async () => {
10        const wrapper = mount(BoardPost)
11        await wrapper.find('button').trigger('submit')
12        expect(wrapper.text()).toContain('Please fill out all fields.')
13      })
14      it('shows success message when fields are filled', async () => {
15        const wrapper = mount(BoardPost)
16        await wrapper.find('input#title').setValue('Test Title')
17        await wrapper.find('textarea#content').setValue('Test Content')
18        await wrapper.find('button').trigger('submit')
19        expect(wrapper.text()).toContain('Post created successfully!')
20      })
21    })
```

- renders the form with empty fields: 처음 렌더링 시 input과 textarea 필드가 비어 있는 상태인지 확인합니다.

- displays an error message if fields are empty on submit: 필드가 비어 있는 상태에서 submit 버튼을 누르면 오류 메시지가 표시되는지 검증합니다.

- submits the post when title and content are filled: title과 content 필드에 값이 입력되면 성공 메시지가 표시되고, 입력 필드가 비워지는지를 검증합니다.

(10) 테스트 실행

Vitest는 vite와 동일한 명령을 사용하여 실행합니다. 아래 명령을 통해 테스트를 실행합니다.

```
npx vitest
```

혹은 package.json에 스크립트를 추가하여 실행할 수 있습니다.

```
"scripts": {
  "test": "vitest"
}
```

이후 npm run test로 테스트를 실행할 수 있습니다.

(11) 테스트 결과 보기

[그림 13-2]는 테스트 스위트 파일에서 특정 컴포넌트를 테스트한 결과입니다. 총 1개의 테스트 스위트 중 1개가 통과, 개별 테스트는 총 3개의 테스트 케이스가 모두 통과, 총 실행 시간은 101밀리초이며 모든 테스트를 성공적으로 실행했음을 알 수 있습니다.

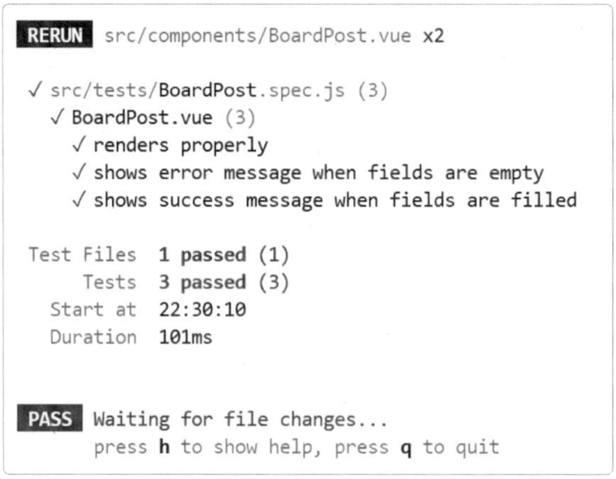

```
RERUN  src/components/BoardPost.vue x2

√ src/tests/BoardPost.spec.js (3)
  √ BoardPost.vue (3)
    √ renders properly
    √ shows error message when fields are empty
    √ shows success message when fields are filled

Test Files  1 passed (1)
     Tests  3 passed (3)
  Start at  22:30:10
  Duration  101ms

PASS  Waiting for file changes...
      press h to show help, press q to quit
```

[그림 13-2] Vitest 테스트 결과

13.1.3 Cypress를 사용한 통합 테스트

Cypress는 2015년 Brian Mann이 웹 애플리케이션의 테스트 자동화를 간소화하고자 설계한 도구입니다. 복잡하고 비동기적인 웹 애플리케이션 테스트가 어려운 점을 해결하고자 실시간 재로딩과 자동화된 E2E 테스트 환경을 쉽게 구축할 수 있게 고안되었습니다.

프로젝트 생성 과정에서 Vue를 선택하여 Vue 3와 Composition API 환경을 설정합니다.

(6) Vitest 설치

Vitest와 Vue 테스트 유틸리티 라이브러리를 설치합니다.

```
npm install --save-dev @vue/test-utils vitest @vitejs/plugin-vue
```

Vite와 Vue CLI로 테스트 도구를 설치합니다.

(7) Vite 설정 파일 수정(vite.config.js)

Vitest를 사용할 수 있도록 vite.config.js 파일을 수정합니다.

vite.config.js
```
01  import { defineConfig } from 'vite'
02  import vue from '@vitejs/plugin-vue'
03  export default defineConfig({
04    plugins: [vue()],
05    test: { globals: true, environment: 'happy-dom' }
06  })
```

→ defineConfig는 Vitest 테스트 도구를 정의합니다.

→ plugins 속성은 vue 환경에서 테스트를 진행하고 test 속성은 테스트 환경을 설정합니다.

(8) 테스트할 컴포넌트 작성(BoardPost.vue)

이제 단위 테스트를 작성할 BoardPost.vue 컴포넌트를 만듭니다. 사용자로부터 제목과 내용을 입력받아 공지사항을 생성하는 기능을 포함합니다.

src/components/BoardPost.vue

```vue
01  <template>
02    <div>
03      <form @submit.prevent="submitPost">
04        <div>
05          <label for="title">Title:</label>
06          <input type="text" v-model="title" id="title" />
07        </div>
08        <div>
09          <label for="content">Content:</label>
10          <textarea v-model="content" id="content"></textarea>
11        </div>
12        <button type="submit">Submit</button>
13      </form>
14      <p v-if="message">{{ message }}</p>
15    </div>
16  </template>
17  <script setup>
18  import { ref } from 'vue'
19  const title = ref('')
20  const content = ref('')
21  const message = ref('')
22  const submitPost = () => {
23    if (!title.value || !content.value) {
24      message.value = 'Please fill out all fields.'
25    } else {
26      message.value = 'Post created successfully!'
27      title.value = ''
28      content.value = ''
29    }
30  }
31  </script>
```

➡ title과 content는 ref를 사용하여 사용자 입력을 저장하는 반응형 데이터입니다.

➡ submitPost: 제목과 내용이 입력되지 않았을 경우 오류 메시지를 출력하고, 입력된 경우 성공 메시지를 보여줍니다.

(9) Vitest 테스트 작성(BoardPost.spec.js)

Vitest로 작성된 테스트 파일을 생성하여 BoardPost.vue 컴포넌트를 테스트합니다.

```
06        },
07        baseUrl: 'http://localhost:5173', // Vite의 기본 포트 설정
08      },
09    })
```

여기서는 baseUrl을 http://localhost:5173으로 설정하여 Vite 개발 서버와 연결합니다.

E2E 테스트란

E2E(End-to-End) 테스트는 애플리케이션의 전체적인 사용자 흐름을 검증하는 테스트 방법으로 사용자가 실제로 애플리케이션을 사용할 때 발생할 수 있는 모든 시나리오를 테스트하는 것을 목표로 합니다. 이 테스트는 단순히 개별적인 기능이 올바르게 작동하는지를 확인하는 데 그치지 않고 애플리케이션의 시작부터 끝까지의 흐름을 따라가며 모든 부분이 기대대로 작동하는지 확인합니다.

(7) 메인 앱(App.vue)

테스트할 컴포넌트인 BoardPost 컴포넌트를 렌더링하는 메인 컴포넌트입니다.

src/App.vue
```
01  <script setup>
02  import BoardPost from './components/BoardPost.vue'
03  </script>
04  <template>
05    <BoardPost />
06  </template>
07  <style scoped>
08  </style>
```

➡ import BoardPost는 BoardPost 컴포넌트를 임포트하여 가져옵니다.

➡ <BoardPost />는 해당 자리에 BoardPost 컴포넌트를 렌더링합니다.

(8) 테스트할 컴포넌트 작성(BoardPost.vue)

Vue 컴포넌트를 BoardPost.vue라는 파일명으로 생성합니다. 이 컴포넌트는 제목과 내용을 입력받아 공지사항 게시글을 생성하는 기능을 합니다.

src/components/BoardPost.vue

```vue
01  <template>
02    <div>
03      <h2>Create a Board Post</h2><hr>
04      <form @submit.prevent="submitPost">
05        <input v-model="title" placeholder="Title" data-cy="title" />
06        <textarea v-model="content" placeholder="Content" data-cy="content"></textarea>
07        <button type="submit" data-cy="submit-button">Submit</button>
08      </form>
09      <p v-if="message" data-cy="message">{{ message }}</p>
10    </div>
11  </template>
12  <script setup>
13  import { ref } from 'vue'
14  const title = ref('')
15  const content = ref('')
16  const message = ref('')
17  const submitPost = () => {
18    if (title.value && content.value) {
19      message.value = 'Post created successfully!'
20      title.value = ''
21      content.value = ''
22    } else {
23      message.value = 'Please fill out all fields.'
24    }
25  }
26  </script>
27  <style scoped>
28  input, textarea { display:block; line-height:1.6;
29    padding: 0.5rem;   margin:10px auto;
30    width: 90%;
31  }
32  </style>
```

➡ title, content, message는 Vue의 ref로 생성된 반응형 데이터입니다.

➡ submitPost 메서드는 제목과 내용이 모두 입력되었을 때 성공 메시지를 그렇지 않을 경우 오류 메시지를 표시합니다.

현재 Cypress는 개발자들이 직관적인 API를 사용해 웹 애플리케이션 통합 및 E2E의 테스트 작성하는 것을 도와줍니다. Cypress는 브라우저 환경에서 실제 사용자와 유사한 방식으로 애플리케이션을 테스트합니다. 주로 프런트엔드에서 E2E 테스트에 적합하지만, 통합 테스트에서도 효과적입니다.

(1) Cypress의 주요 특징

- 실시간 테스트 실행 및 디버깅: 테스트 도중 코드 변경을 실시간으로 반영하고, 테스트 실패 시 관련 정보를 즉시 표시합니다.
- 직관적인 API: .get( ), .click( ), .type( ) 같은 읽기 쉬운 명령어로 코드 가독성이 높아집니다.
- 비동기 코드 지원: Cypress는 테스트 명령어의 자동 대기를 지원하여 테스트가 안정적입니다.
- 자동화 및 통합 환경: 로컬 및 CI/CD 파이프라인에서 자동화가 용이합니다.

(2) 장점

- 빠른 속도: 브라우저 내에서 테스트가 수행되므로 속도가 빠릅니다.
- 디버깅 편의성: 테스트와 관련된 스크린샷, 네트워크 요청, 디버깅 도구를 제공합니다.
- E2E 및 통합 테스트 지원: 전체적인 사용자 플로우를 검사할 수 있어 실제와 유사한 테스트를 할 수 있습니다.

(3) 단점

- 백엔드 테스트 부적합: Cypress는 주로 프런트엔드 테스트용이며, 서버 측 코드 테스트에는 한계가 있습니다.
- 지원 브라우저 제한: 일부 브라우저나 환경에서는 완벽히 동작하지 않을 수 있습니다.
- DOM 직접 제어: Cypress가 웹페이지와 직접 상호작용하는 방식을 사용하기 때문에 모든 DOM 이벤트나 상황을 재현하기 어려운 경우가 있습니다.

(4) Vue 프로젝트 생성

Vite를 사용하여 Vue 프로젝트를 초기화합니다.

```
npm create vite@latest ch13_ex3
cd ch13_ex3
npm install
```

생성 시 Vue를 선택하여 기본 Vue 3 프로젝트를 생성합니다.

(5) Cypress 설치

Cypress를 개발 의존성으로 설치합니다.

```
npm install -D cypress
```

설치가 완료되면 Cypress를 실행하여 기본적인 디렉터리와 파일이 설정됩니다.

```
npx cypress open
```

이 명령어는 Cypress GUI를 실행하고, cypress/ 폴더 구조와 설정 파일을 생성합니다.

(6) Cypress 구성 설정 파일

Cypress를 Vite 환경에서 사용할 수 있도록 기본 설정을 적용합니다. 생성된 cypress.config.js에서 설정을 수정하여 E2E 테스트 실행 시 로컬 개발 서버를 연결할 수 있습니다.

```
cypress.config.js
01  import { defineConfig } from 'cypress';
02  export default defineConfig({
03    e2e: {
04      supportFile: false,
05      setupNodeEvents(on, config) {
```

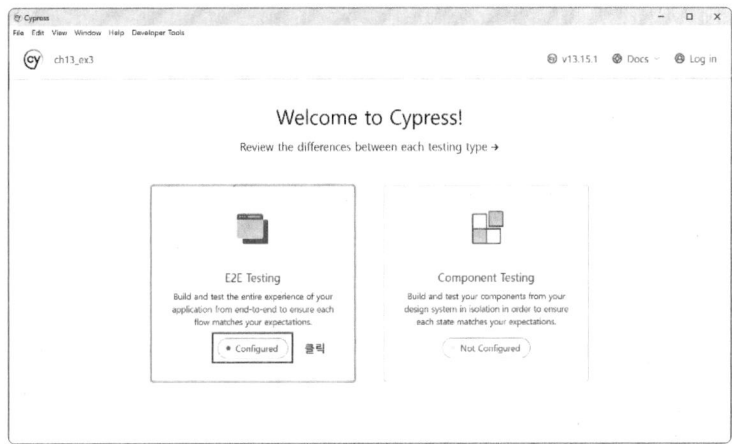

[그림 13-3] Cypress 시작 화면

[그림 13-4]와 같이 E2E Testing 화면이 표시되면 테스트를 진행하고 싶은 브라우저를 선택하고 [Start E2E Testing] 버튼을 눌러 계속 진행합니다.

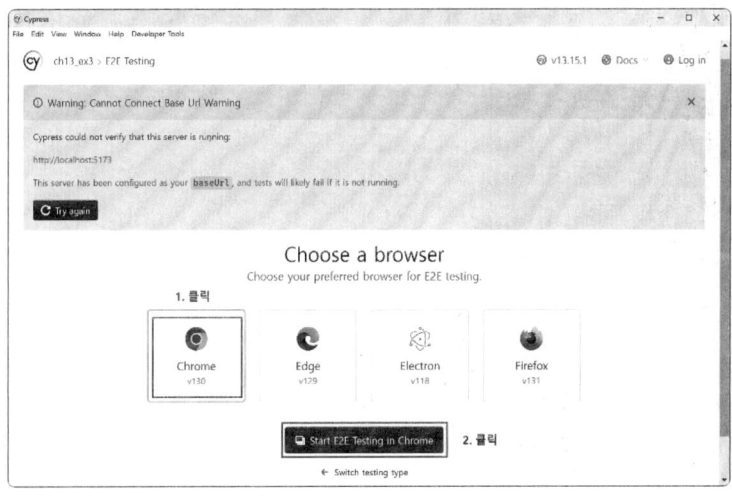

[그림 13-4] E3E Testing 화면

[그림 13-5]와 같이 테스트 스위트(Test Suite) 목록 화면이 열리면 원하는 테스트 스위트를 클릭 또는 더블클릭하여 통합 테스트를 진행합니다.

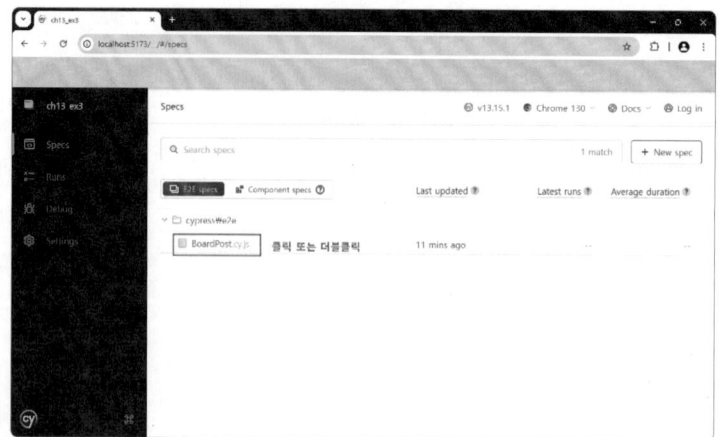

[그림 13-5] 테스트 스위트(Test Suite) 목록 화면

[그림 13-6]과 같이 각각의 테스트 케이스를 자동으로 테스트하는 광경이 시연되고 좌측에 테스트 결과를 출력해 줍니다.

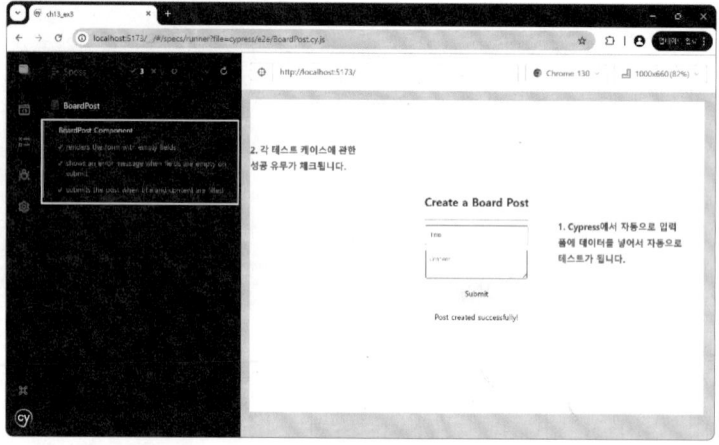

[그림 13-6] 테스트 결과

13.1.4 Playwright를 사용한 통합 테스트

Playwright는 Microsoft가 개발한 오픈소스 프로젝트로, 웹 애플리케이션의 E2E(End-to-End) 테스트와 크로스 브라우저 테스트 자동화를 간소화하기 위해 만들어졌습니다. 크로스

→ data-cy 속성은 Cypress가 특정 요소를 쉽게 식별하도록 돕는 커스텀 데이터 속성입니다.

(9) Cypress 통합 테스트 작성(BoardPost.cy.js)

Cypress 테스트 파일을 cypress/e2e 폴더에 생성하고, Cypress 명령어를 사용하여 통합 테스트를 작성합니다.

```
cypress/e2e/BoardPost.cy.js
01  describe('BoardPost Component', () => {
02    beforeEach(() => {
03      cy.visit('/')  // 기본 URL은 Cypress 설정에서 지정된 URL
04    })
05    it('renders the form with empty fields', () => {
06      cy.get('[data-cy=title]').should('have.value', '')
07      cy.get('[data-cy=content]').should('have.value', '')
08    })
09    it('shows an error message when fields are empty on submit', () => {
10      cy.get('[data-cy=submit-button]').click()
11      cy.get('[data-cy=message]').should('contain', 'Please fill out all fields.')
12    })
13    it('submits the post when title and content are filled', () => {
14      cy.get('[data-cy=title]').type('Test Title')
15      cy.get('[data-cy=content]').type('Test Content')
16      cy.get('[data-cy=submit-button]').click()
17      cy.get('[data-cy=message]').should('contain', 'Post created successfully!')
18      cy.get('[data-cy=title]').should('have.value', '')
19      cy.get('[data-cy=content]').should('have.value', '')
20    })
21  })
```

→ beforeEach: 각 테스트 전에 / 경로로 방문하여 애플리케이션의 기본 상태를 초기화합니다.

→ renders the form with empty fields: title 및 content 필드가 비어 있는지 확인합니다.

→ shows an error message when fields are empty on submit: 제목과 내용이 없는 상태에서 Submit 버튼을 클릭하면 오류 메시지가 표시되는지 확인합니다.

→ submits the post when title and content are filled: 제목과 내용이 모두 입력된 경우 성공 메시지가 표시되고, 입력 필드가 비워지는지 확인합니다.

(10) Vue 애플리케이션 실행

Visual Studio Code의 터미널창에서 Vite를 이용하여 작성된 Vue 애플리케이션을 실행합니다.

```
npm run dev
```

위 명령어를 실행하면 작성된 Vue 애플리케이션이 실행됩니다. 브라우저에서 "localhost:5173"을 입력하여 확인합니다.

(11) 테스트 실행

터미널을 더 추가한 후 Cypress 테스트를 실행하려면 다음 명령어를 입력합니다.

```
npx cypress open
```

위 명령어를 실행하면 Cypress 대시보드가 열리고, cypress/e2e/BoardPost.cy.js 파일을 선택하여 테스트를 실행할 수 있습니다. 또한, CLI에서 직접 실행하려면 npx cypress run을 사용할 수 있습니다.

(12) Cypress 테스트 실시

[그림 13-3]과 같이 Cypress 시작 화면이 새 창으로 표시되면 E2E Testing을 선택하여 통합 테스트를 진행합니다. 만약 Component Testing을 선택하면 단위 테스트를 진행할 수 있습니다.

브라우저 테스트의 필요성에 따라 다양한 환경에서 웹 앱의 동작을 검증하고자 하는 요구가 늘어나면서 Playwright가 탄생했습니다.

(1) 주요 특징

- 크로스 브라우저 지원: Chromium, WebKit, Firefox 등 다양한 브라우저 엔진에서 테스트 가능
- 여러 플랫폼 지원: Windows, macOS, Linux 등 다양한 운영체제와 환경에서 테스트를 수행
- 비동기 작업 자동 처리: Playwright는 네트워크 요청과 같은 비동기 작업을 자동으로 처리해 테스트 안정성을 높임
- 디버깅 기능: 스크린샷, 비디오 기록, DOM 상태 기록 등 다양한 디버깅 기능을 제공

(2) 장점

- 다양한 브라우저와 플랫폼에서 테스트 가능
- 비동기 작업을 자동으로 처리해 테스트 작성이 간편
- 강력한 디버깅 도구 제공

(3) 단점

- 주로 E2E 테스트용으로 적합해, 단위 테스트와는 조금 다른 환경
- 비교적 새로운 도구로, 일부 사용자에게 학습 곡선이 있을 수 있음
- Vue 프로젝트에 Playwright 설정 및 통합 테스트 예제

(4) Vue 프로젝트 생성

Vite를 사용하여 기본 Vue 3 프로젝트를 생성합니다.

```
npm create vite@latest ch13_ex4
cd ch13_ex4
npm install
```

Vite 설치 과정 중 Vue 프레임워크를 선택하여 생성합니다.

(5) Playwright 설치

Playwright를 프로젝트에 추가합니다. Playwright 설치는 @playwright/test 패키지를 통해 진행됩니다.

```
npm install @playwright/test --save-dev
npx playwright install
```

설치 후 Playwright에서 기본적인 파일 구조와 설정 파일을 자동 생성하도록 초기화 명령을 실행합니다.

```
npx playwright install
```

이 명령어를 통해 Playwright에서 사용할 수 있는 크로스 브라우저 환경이 설치됩니다.

(6) Playwright 구성 설정 파일

Playwright의 기본 설정을 위해 playwright.config.js 파일을 생성합니다. 이 파일에 각 브라우저에서 테스트를 실행하는 설정을 추가합니다.

playwright.config.js

```
01  import { defineConfig } from '@playwright/test';
02  export default defineConfig({
03    testDir: './e2e/tests',
04    use: {
05      baseURL: 'http://localhost:5173',  // Vite 개발 서버 주소
06      headless: true,  // true로 설정하면 브라우저가 보이지 않게 실행
07      screenshot: 'only-on-failure', video: 'retain-on-failure',
08    },
09    projects: [
10      { name: 'Chromium', use: { browserName: 'chromium' } },
11      { name: 'Firefox', use: { browserName: 'firefox' } },
```

```
12        { name: 'WebKit', use: { browserName: 'webkit' } },
13    ],
14  });
```

이 설정으로 크로미움(Chrome, Edge), 파이어폭스, WebKit(Safari) 세 가지 주요 브라우저에서 테스트를 실행할 수 있습니다.

(7) 테스트할 컴포넌트 작성(BoardPost.vue)

Vue 컴포넌트 파일을 BoardPost.vue로 작성합니다. 이 컴포넌트는 제목과 내용을 입력받아 공지사항 게시글을 생성하는 기능을 포함합니다.

src/components/BoardPost.vue

```
01  <template>
02    <div>
03      <h2>Create a Board Post</h2><hr>
04      <form @submit.prevent="submitPost">
05        <input v-model="title" placeholder="Title" data-testid="title-input" />
06        <textarea v-model="content" placeholder="Content" data-testid="content-input"></textarea>
07        <button type="submit" data-testid="submit-button">Submit</button>
08      </form>
09      <p v-if="message" data-testid="message">{{ message }}</p>
10    </div>
11  </template>
12  <script setup>
13  import { ref } from 'vue';
14  const title = ref('');
15  const content = ref('');
16  const message = ref('');
17  const submitPost = () => {
18    if (title.value && content.value) {
19      message.value = 'Post created successfully!';
20      title.value = '';
21      content.value = '';
22    } else {
23      message.value = 'Please fill out all fields.';
24    }
25  };
26  </script>
```

- title과 content는 게시물의 제목과 내용을 관리하는 반응형 변수입니다.
- submitPost 메서드는 폼이 완전히 작성되면 성공 메시지를, 그렇지 않으면 오류 메시지를 표시합니다.
- data-testid 속성은 Playwright가 특정 요소를 쉽게 식별하고 테스트할 수 있도록 사용됩니다.

(8) Playwright 통합 테스트 작성(BoardPost.spec.js)

Playwright 테스트 파일을 e2e/tests 폴더에 생성하고, Playwright 명령어를 사용하여 통합 테스트를 작성합니다.

e2e/tests/BoardPost.spec.js

```
01  import { test, expect } from '@playwright/test';
02  test.describe('BoardPost Component', () => {
03    test.beforeEach(async ({ page }) => {
04      await page.goto('/');
05    });
06    test('should render empty form fields', async ({ page }) => {
07      const titleInput = await page.locator('[data-testid=title-input]');
08      const contentInput = await page.locator('[data-testid=content-input]');
09      await expect(titleInput).toHaveValue('');
10      await expect(contentInput).toHaveValue('');
11    });
12    test('should show error message if fields are empty', async ({ page }) => {
13      await page.click('[data-testid=submit-button]');
14      const message = await page.locator('[data-testid=message]');
15      await expect(message).toHaveText('Please fill out all fields.');
16    });
17    test('should display success message when fields are filled', async ({ page }) => {
18      await page.fill('[data-testid=title-input]', 'Sample Title');
19      await page.fill('[data-testid=content-input]', 'Sample Content');
20      await page.click('[data-testid=submit-button]');
21      const message = await page.locator('[data-testid=message]');
22      await expect(message).toHaveText('Post created successfully!');
23      await expect(page.locator('[data-testid=title-input]')).toHaveValue('');
24      await expect(page.locator('[data-testid=content-input]')).toHaveValue('');
```

```
25      });
26  });
```

- **beforeEach**: 각 테스트 실행 전에 애플리케이션의 기본 경로로 이동하여 초기 상태를 설정합니다.
- **should render empty form fields**: 제목과 내용 필드가 초기 상태에서 비어 있는지 확인합니다.
- **should show error message if fields are empty**: 입력하지 않고 제출하면 오류 메시지가 나타나는지 확인합니다.
- **should display success message when fields are filled**: 제목과 내용을 입력한 후 제출했을 때 성공 메시지가 표시되고, 입력 필드가 초기화가 되는지 확인합니다.

(9) 테스트 실행

터미널창을 추가하여 Playwright로 통합 테스트를 실행하려면 다음 명령어를 사용합니다.

```
npx playwright test --headed
```

이 명령어는 Playwright 설정 파일에서 정의된 브라우저 환경에서 테스트를 실행합니다. npx playwright test --headed로 실행하면 playwright.config.js에서 지정한 대로 브라우저 창을 실제 테스트를 자동화하여 보여 줍니다. 그리고 npx playwright test 명령은 [그림 13-7]처럼 브라우저 창을 열지 않고 테스트한 결과만 출력합니다.

```
Running 9 tests using 3 workers
  ✓  1 …onent › should render empty form fields (3.4s)
  ✓  2 …nent › should render empty form fields (414ms)
  ✓  3 …nent › should render empty form fields (923ms)
  ✓  4 …show error message if fields are empty (423ms)
  ✓  5 …show error message if fields are empty (798ms)
  ✓  6 …success message when fields are filled (357ms)
  ✓  7 …success message when fields are filled (745ms)
  ✓  8 … show error message if fields are empty (2.4s)
  ✓  9 … success message when fields are filled (2.4s)

  9 passed (10.1s)
```

[그림 13-7] Playwright 테스트 결과 화면

13.2 배포 설정과 최적화

현대 웹 애플리케이션에서는 배포 과정의 간소화와 애플리케이션 성능 최적화가 필수입니다. 이를 배포 환경에 맞게 설정하는 과정 또한 매우 중요합니다. 이번 절에서는 Vue 애플리케이션을 효과적으로 배포하는 방법과 성능을 극대화하기 위한 최적화 기법을 살펴봅니다. Vue CLI를 사용한 빌드와 환경 구성부터 안정적인 배포 환경을 구축하고 필요한 설정을 적용하여 다양한 배포 플랫폼에 애플리케이션을 성공적으로 배포하는 과정을 다룹니다.

13.2.1 배포 환경 구축

배포 가능한 플랫폼에는 Heroku, Vercel, Render 등이 있으며 이러한 시스템들은 Git 저장소와 연동해 자동 배포를 지원하여 코드를 푸시하면 배포가 자동으로 되는 장점이 있습니다. 그러기 전에 여러 환경설정 작업이 필요합니다.

(1) Vue 애플리케이션 열기

Visual Studio Code에서 [파일]-[폴더 열기]를 선택하여 ch13/ch13_myapp을 엽니다. ch13_myapp은 비동기 요청 방식을 활용한 애플리케이션으로 미리 작성하였습니다. 이 애플리케이션으로 배포 실습을 합니다.

(2) Vue 애플리케이션 빌드

src/store/index.js 파일을 열어 "axios.get('http://localhost:8081/api/board');" 소스 코드에서 "http://localhost:8081"를 제거하고 "/api/board"만 남기고 아래 명령과 같이 빌드를 진행합니다.

```
npm run build
```

npm의 빌드 명령으로 dist 디렉터리에 애플리케이션을 빌드하여 파일을 생성합니다.

13.2.2 프로젝트 초기화

프로젝트 초기화는 배포 준비를 위한 첫 단계로 프로젝트 설정 및 기본 파일 구성을 다룹니다. 이를 통해 코드와 환경을 정리하고 배포에 필요한 구성요소를 통합해 애플리케이션이 안정적으로 동작할 수 있는 기반을 만듭니다. 프로젝트 초기화 단계에서는 테스트 빌드, 환경 변수 설정, 필요한 의존성 설치 등의 절차가 포함됩니다.

(1) 백엔드 애플리케이션 설정 확인하기

Package Explorer 패널에서 demo/src/main/resources/application.properties 파일을 열어 아래 내용을 확인합니다.

```
01  server.port=8081
02  spring.application.name=demo
03  spring.datasource.url=jdbc:mariadb://localhost:3307/company
04  spring.datasource.username=root
05  spring.datasource.password=1234
06  spring.jpa.hibernate.ddl-auto=update
07  spring.web.cors.allowed-origin-patterns=*
08  spring.web.cors.allowed-methods=GET,POST,PUT,DELETE
```

- ➡ server.port 속성은 서버 포트로 배포 전에 해당 시스템에 맞게 재조정거나 삭제해야 합니다.
- ➡ spring.application.name 속성은 애플리케이션의 이름으로 재조정은 필요가 없고 삭제해도 됩니다.
- ➡ Spring.datasource로 시작하는 속성은 데이터베이스와 관련한 속성으로 배포 전에 해당 시스템에 맞게 변경해야 합니다.

13.2.3 배포 설정과 빌드

배포 설정에서는 Vue 애플리케이션이 배포될 환경에 최적화된 설정을 구성합니다. 여기에는 환경 변수를 정의하고 프로덕션 빌드 설정을 조정하며 배포 대상 플랫폼에 맞는 배포 스크립트를 설정하는 과정이 포함됩니다. 이러한 설정으로 최적의 상태로 애플리케이션을 준비합니다.

(1) Spring Boot에 Vue 애플리케이션 내포(포함)시키기

빌드된 Vue 애플리케이션은 Window Explorer에서 ch13/ch13_myapp/dist 디렉터리 안에 있는 파일과 폴더를 복사하기 한 후 sts4의 Package Explorer 패널의 src/main/resources/static 디렉터리에 붙여넣기 합니다.

(2) Spring Boot 프로젝트 빌드

sts4에서 [Window]-[Show View]-[Other…] 메뉴를 선택하고 [Show View] 창에서 Gradle 카테고리에 Gradle Tasks 항목을 선택한 후, [Open] 버튼을 눌러 Gradle Tasks 패널을 엽니다. 열린 Gradle Tasks 패널에서 [demo]-[build] 카테고리에 속하는 bootJar 항목을 선택한 후, 마우스 오른쪽 버튼을 누르고 [Run Gradle Tasks]를 클릭합니다. "ch13\backend1\demo\build\libs" 디렉터리 안에 "demo-0.0.1-SNAPSHOT.jar" 파일로 빌드가 된 것을 확인할 수 있습니다.

13.2.4 GitHub에 배포

Git은 분산형 버전 관리 시스템(DVCS, Distributed Version Control System)으로 파일의 변경 이력을 관리하고 여러 개발자들이 협업할 수 있도록 해주는 도구입니다. GitHub는 Git 저장소를 호스팅하는 클라우드 기반 플랫폼으로 Git을 사용하여 협업을 효율적으로 관리할 수 있게 다양한 추가 기능을 제공합니다.

(1) Git/Git Bash 다운로드 및 설치

Git Bash는 Git 리포지토리를 관리하고 운영할 수 있는 버전 관리 시스템입니다. 로컬에서 사용하는 시스템으로 원격 저장소인 GitHub와 동기화를 유지합니다. [그림 13-8]과 같이 다운로드 및 설치를 진행합니다.

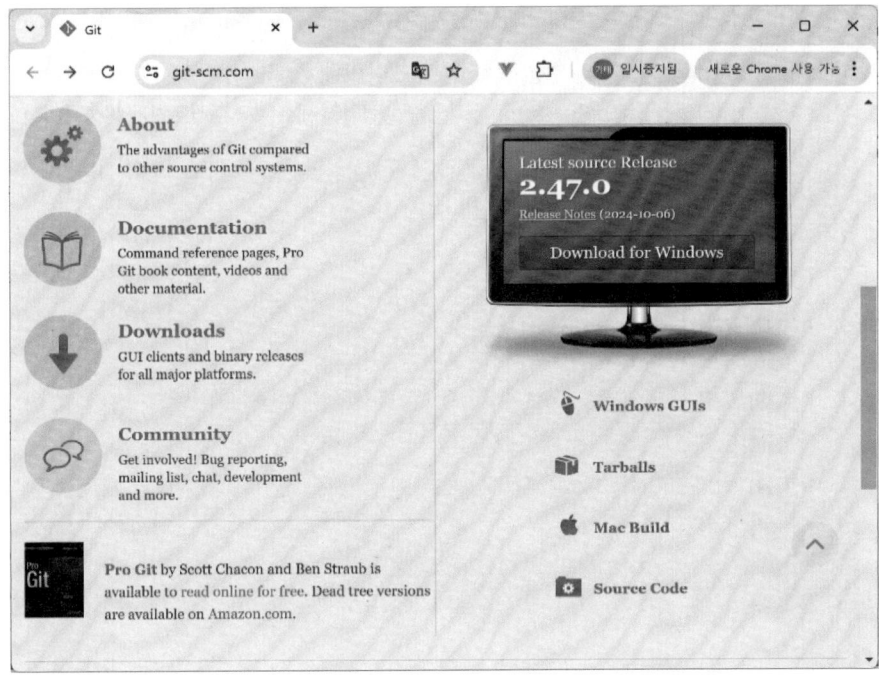

[그림 13-8] Git 공식 웹사이트

① Git 공식 웹사이트(https://git-scm.com/)로 이동하여 운영체제에 맞게 다운로드합니다. 여기에서는 [Download for Windows] 버튼을 눌러 나오는 화면(https://git-scm.com/downloads/win)에서 "64-bit Git for Windows Setup." 링크를 눌러 설치하겠습니다.

② 다운로드한 설치 파일인 Git-2.47.0.2-64-bit.exe를 더블클릭하면 설치가 진행됩니다. 여기에서는 모든 별도의 옵션을 선택하지 않고, 기본 옵션을 선택하고 [계속]이나 [Next] 버튼을 눌러 설치를 완료합니다.

(2) GitHub 리포지토리 생성

GitHub 리포지토리는 원격 저장소로 인터넷이 제공되는 환경이라면 누구든지 활용할 수 있습니다.

① GitHub에 회원가입(Sign Up)을 하고 회원가입 시 입력한 이메일로 본인 인증을 거친 후 로그인(Sign In)을 합니다.

② 우측 상단의 + 아이콘 클릭하고 나오는 메뉴에서 New Repository 선택합니다.

③ Repository Name 항목은 본인계정.github.io 입력, Visibility 항목은 Public 또는 Private 을 선택하고 [Create Repository] 버튼을 클릭하면 새로운 리포지토리가 생성됩니다.

④ 기본 GitHub Page는 별도의 설정 없이 진행하려면 반드시 리포지토리 이름은 "본인계정.github.io" 형식으로 지정해야 합니다.

> **[리포지토리(Repository)]**
>
> 리포지토리는 프로젝트의 파일과 변경 이력을 저장하는 저장소로 개발 프로젝트의 핵심 데이터와 히스토리를 안전하게 관리하기 위한 도구입니다.
>
> (1) Git 리포지토리: Git을 사용해 소스코드, 문서 등을 버전 관리하는 공간으로 로컬 저장소라고 합니다.
>
> (2) GitHub 리포지토리: GitHub상에서 호스팅 되는 온라인 공간으로 원격 저장소라고 합니다.

(3) GitHub Pages 활성화

GitHub에서 웹페이지인 html 문서를 읽어 낼 수 있도록 설정합니다.

① GitHub에서 해당 리포지토리로 이동합니다.

② Settings > Pages로 이동합니다.

③ Branch를 main으로 설정하고 Save를 클릭합니다.

(4) GitHub Personal Access Token 생성

액세스 토큰(Access Token)은 Git에서 GitHub에 접근할 수 있는 인증키로 반드시 필요하며 해당 로컬 리포지토리에 설정해야 합니다.

① GitHub 사용자 프로필 > Settings로 이동합니다.

② 왼쪽 맨 아래의 메뉴를 Developer Settings > Personal Access Tokens > Tokens(classic) 순으로 선택합니다.

③ 우측 상단의 Generate New Token 메뉴를 클릭하고 "Generate New Token(classic)"을 선택합니다.

④ 토큰 이름, 만료 기간, 권한 항목을 입력하거나 선택하고 [Generate Token] 버튼을 클릭하여 토큰을 생성합니다.

⑤ 생성된 토큰은 한 번만 표시되므로 안전한 곳에 저장하고 생성된 토큰을 복사해 두세요.

(5) 로컬 사용자 설정

설치한 Git Bash를 실행하고 로컬 사용자를 등록합니다.

```
git config --global user.name "본인계정"
git config --global user.email "GitHub에서 기입한 이메일주소"
git config --list
```

➔ user.name: Git 커밋에 표시될 사용자 이름

➔ user.email: 커밋 시 사용될 이메일 주소

➔ git config --list 명령은 모든 글로벌 설정을 확인할 수 있습니다.

(6) 프로젝트 빌드

ch13_myapp1 프로젝트가 정적 웹사이트(HTML, CSS, JavaScript)로 빌드될 수 있어야 합니다.

```
npm run build
```

이 명령어로 dist 폴더에 정적 파일이 생성된 모든 내용을 ch13_myapp1 폴더에 붙여넣기 합니다.

(7) 리포지토리 초기화와 원격 저장소 지정

Git Bash를 실행하고 리포지토리를 초기화하면 해당 폴더가 로컬 저장소가 되며 로컬 저장소와 연결되는 원격 저장소를 지정합니다.

```
cd ch13_github
git init
git remote add origin https://github.com/본인계정/본인계정.github.io.git
```

→ Git Bash 실행 후 로컬 프로젝트 폴더로 이동하며 해당 ch13_github 폴더는 C 드라이브나 D 드라이브 루트에 만듭니다.

→ git init 명령은 Git 리포지토리를 초기화합니다.

→ git remote add origin 명령은 로컬 저장소와 원격 저장소를 연결합니다.

(8) 토큰을 원격 URL에 추가

GitHub 토큰을 .git/config 파일에 추가하여 인증을 설정해야 합니다.

.git/config

```
[remote "origin"]
    url = https://본인계정:토큰키@github.com/본인계정/본인계정.github.io.git
    fetch = +refs/heads/*:refs/remotes/origin/*
```

→ 토큰키는 GitHub Personal Access Token을 넣습니다.

→ ".git"은 숨김 폴더이므로 반드시 [보기]-[표시]-[숨김 항목]을 선택하여야 합니다.

→ ".git/config" 파일을 메모장으로 열어 위와 같이 편집하도록 합니다.

(9) 원격 저장소에 배포하기

로컬 저장소에 있는 데이터와 웹페이지를 원격 저장소인 GitHub에 배포합니다.

```
git add .
git commit -m "메시지"
git push origin main
```

- "git add ." 명령은 현재 폴더와 파일을 저장소(Repository)의 파일 구조로 추가합니다.
- "git commit -m " 명령은 현재 배포하는 내용에 대한 설명을 추가합니다.
- "git push" 명령은 로컬 저장소의 내용을 원격 저장소로 배포합니다.

(10) 배포 확인

웹 브라우저를 띄우고 https://본인계정.github.io에서 사이트를 확인할 수 있습니다.

13.2.5 Heroku에 배포

Heroku는 Salesforce에서 제공하는 PaaS(Platform as a Service) 플랫폼으로 서버 설정 없이도 다양한 언어로 작성된 애플리케이션을 쉽게 배포할 수 있습니다. 간편한 배포와 관리, 그리고 다양한 데이터베이스, 캐시 등 다양한 애드온을 제공하며 무료 플랜이 있으나 사용량에 제한이 있어 백엔드 서비스, API 서버, 데이터베이스 연동이 필요한 애플리케이션에 적합합니다.

PaaS란

PaaS(Platform as a Service)는 개발자에게 필요한 애플리케이션 개발 및 배포 환경을 클라우드에서 제공하는 서비스입니다. PaaS는 서버, 네트워크, 스토리지 등 인프라뿐만 아니라 운영체제, 개발 도구, 데이터베이스, 미들웨어까지 포함하여 개발에 필요한 플랫폼을 올인원으로 제공하여 개발자가 애플리케이션 개발에만 집중할 수 있도록 합니다. 대표적인 PaaS 예로 Heroku, Google App Engine, AWS Elastic Beanstalk 등이 있으며 서버 설정이나 관리 없이 바로 애플리케이션을 배포하고 확장할 수 있습니다.

(1) Heroku CLI 설치

[그림 13-9]와 같이 Heroku CLI 다운로드 페이지로 이동하여 운영체제에 맞는 설치 방법을 따라 설치합니다.

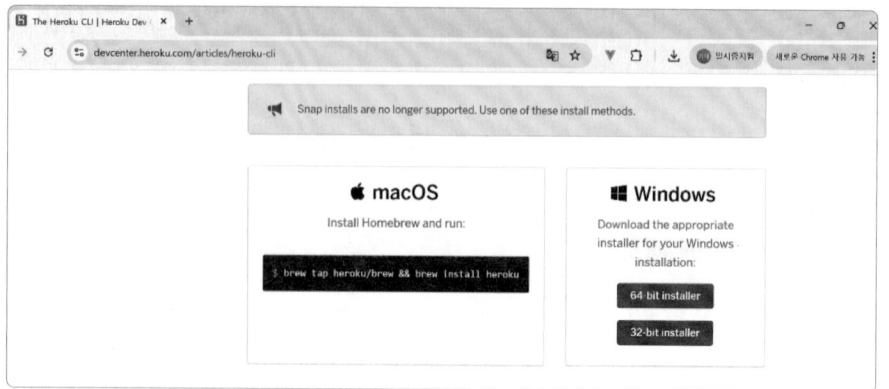

[그림 13-9] Heroku CLI 웹페이지

```
heroku --version
```

설치 후 터미널에서 위 명령어를 입력하여 CLI가 제대로 설치되었는지 확인합니다.

(2) Heroku CLI에 로그인

Heroku 시스템을 사용하기 위해서는 가입 후 해당 계정으로 로그인해야 합니다.

```
heroku login
```

이 명령어를 입력하면 브라우저가 열리고 Heroku 계정으로 로그인할 수 있는 페이지가 나타납니다. 로그인 후 CLI로 돌아와서 로그인 완료 메시지를 확인합니다.

(3) 새 Heroku 앱 생성

Heroku 시스템에 본인이 원하는 애플리케이션을 생성합니다.

```
heroku create board-app
```

위 명령어는 board-app이라는 이름의 새 Heroku 앱을 생성합니다. 앱 이름은 다른 이름으로 변경할 수 있습니다. 앱이 생성되면 Heroku에서 제공하는 URL이 출력됩니다. 이 URL은 앱에 접근할 때 사용됩니다.

(4) Heroku에 ClearDB(MySQL) 추가

Heroku 시스템은 2024년부터 전면 유료화 정책을 실시하였으며 일부 무료와 유료 플랜이 혼재합니다.

```
heroku addons:create cleardb:ignite
```

이 명령어는 Heroku 앱에 ClearDB를 추가하여 MySQL 데이터베이스를 생성합니다. ClearDB는 무료 플랜도 제공하지만, 사용량에 따라 요금이 발생할 수 있으니 주의하세요.

(5) ClearDB 데이터베이스 URL 확인

ClearDB가 성공적으로 추가되면 Heroku 대시보드에 로그인하고 생성한 앱(board-app)으로 이동합니다. 대시보드에서 Settings 탭으로 이동한 다음 Config Vars 섹션을 찾습니다. 여기서 DATABASE_URL 변수의 값을 확인합니다. 이 URL은 데이터베이스에 연결할 때 사용됩니다.

(6) Spring Boot에서 데이터베이스 연결 설정

Spring Boot 프로젝트의 src/main/resources/application.properties 파일을 열고 다음과 같이 데이터베이스 URL을 설정합니다.

```
01  spring.datasource.url=${DATABASE_URL}
02  spring.datasource.username=${CLEARDB_DATABASE_USERNAME}
03  spring.datasource.password=${CLEARDB_DATABASE_PASSWORD}
04  spring.jpa.hibernate.ddl-auto=update
```

- DATABASE_URL은 Heroku에서 자동으로 설정된 환경 변수로, ClearDB의 연결 정보를 포함합니다. Heroku는 이 값을 자동으로 설정하므로, 별도로 하드 코딩할 필요는 없습니다.
- spring.jpa.hibernate.ddl-auto=update는 데이터베이스의 스키마를 애플리케이션 시작 시 자동으로 업데이트합니다.
- 만약 다른 설정이 필요하다면 데이터베이스 드라이버 클래스를 추가할 수 있습니다.
- spring.datasource.driver-class-name=org.mariadb.jdbc.Driver

(7) 프로젝트 Git 초기화

프로젝트 루트 디렉터리에서 Git을 초기화합니다.

```
git init
```

Git을 초기화하면 새로운 리포지토리가 생성됩니다.

(8) Heroku에 원격 저장소 추가

아래 명령으로 Heroku에 새로운 Git의 원격 저장소를 추가합니다.

```
heroku git:remote -a board-app
```

이 명령어는 로컬 Git 저장소와 Heroku 앱을 연결합니다. board-app은 생성한 Heroku 앱의 이름입니다.

(9) 변경 사항 추가 및 커밋

Git에 변경된 내용을 추가하고 변경된 내용을 승인합니다.

```
git add .
git commit -m "Deploy Board App"
```

git add .는 현재 디렉터리의 모든 변경된 파일을 스테이징합니다. git commit 명령은 스테이징된 변경 사항을 커밋합니다.

(10) Heroku에 코드 배포

Heroku의 저장소에 코드를 푸시(Push)하여 배포합니다.

```
git push heroku master
```

이 명령어는 로컬의 master 브랜치에 있는 코드를 Heroku 앱에 푸시합니다. 배포 과정에서 Heroku는 프로젝트를 빌드하고 지정된 환경 변수에 따라 데이터베이스와 연결을 설정합니다.

(11) 배포 상태 확인

배포가 완료되면 아래 명령어로 앱의 상태를 확인할 수 있습니다.

```
heroku open
```

이 명령어는 기본 웹 브라우저를 열어 앱의 URL로 이동합니다.

(12) Heroku Logs 확인

만약 배포 후 문제가 발생한다면 Heroku 로그를 확인하여 문제를 진단할 수 있습니다.

```
heroku logs --tail
```

이 명령은 사용 기록을 조회하여 해당 문제를 확인하고 대처할 수 있는 방안을 검토할 수 있습니다.

(13) 데이터베이스 마이그레이션

만약 JPA를 사용하고 스키마 변경이 필요하다면 배포 후 데이터베이스 마이그레이션을 위한 Flyway 또는 Liquibase 같은 라이브러리를 사용하는 것도 좋습니다.

13.2.6 Vercel에 Vue 앱 배포

Vercel은 정적 사이트와 서버리스 함수 배포에 특화된 플랫폼으로 프런트엔드 프레임워크와 잘 통합됩니다. 빠른 프런트엔드 배포와 미리보기 URL을 제공하며 CDN(Content Delivery Network)을 통한 빠른 로딩 속도와 서버리스 함수로 간단한 API 작성이 가능합니다. 또한, 정적 웹사이트, Jamstack 애플리케이션 등 프런트엔드 중심 프로젝트에 적합합니다.

(1) Vercel CLI 설치

터미널을 열고 아래 명령어를 입력하여 Vercel CLI를 설치합니다.

```
npm install -g vercel
vercel -version
```

npm 명령으로 Vercel CLI를 설치합니다. 설치 후 Vercel CLI가 제대로 설치되었는지 확인합니다.

(2) Vue 앱 빌드

Vercel에 배포하기 전에 Vue 앱을 빌드해야 합니다. dist 폴더가 생성됩니다.

```
cd board-project
npm run build
```

이 명령어는 Vue 애플리케이션을 프로덕션 모드로 빌드하고 dist 폴더에 빌드된 파일을 생성합니다. dist 폴더의 내용이 Vercel에 배포될 것입니다.

(3) Vercel에 로그인

처음 사용하는 경우 아래 명령어를 입력하여 Vercel 계정으로 로그인합니다.

```
vercel login
```

[그림 13-10]과 같이 이메일 주소를 입력하면 해당 이메일로 로그인 링크가 전송됩니다. 링크를 클릭하여 로그인합니다.

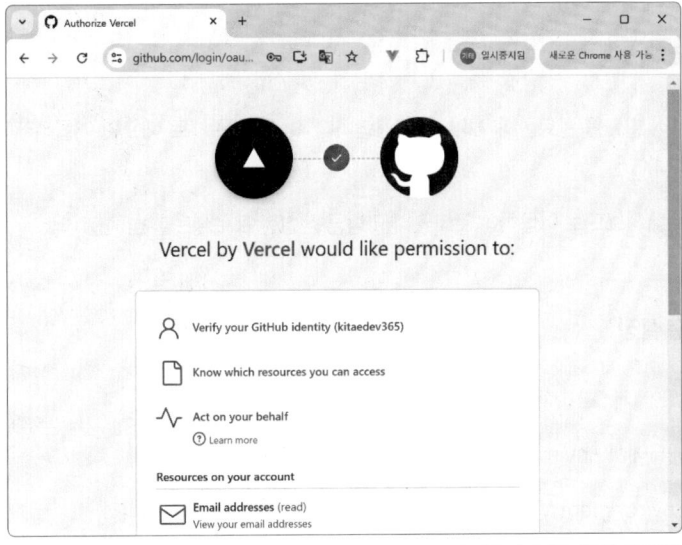

[그림 13-10] Vercel 로그인

(4) Vercel에 배포

아래 명령어를 입력하여 Vercel에 앱을 배포합니다.

```
vercel
```

Vercel CLI가 몇 가지 질문을 할 것입니다. 질문에 대한 답변은 아래와 같습니다.

- What's your project's name?: 기본값으로 제공된 이름을 사용하거나 board-app과 같은 원하는 이름을 입력합니다.
- Which scope do you want to deploy to?: 개인 계정 또는 팀 계정을 선택합니다.
- Link to existing project?: 새로운 프로젝트로 배포할 경우 "No"를 선택합니다.
- In which directory is your code located?: 기본적으로 . (현재 디렉터리)를 선택합니다.
- Configure the project?: "No"를 선택하여 기본 설정으로 진행합니다.
- What's your deployment target?: "Production"을 선택합니다.

(5) 배포 완료

- Vercel이 빌드를 완료한 후 URL을 제공합니다. 이 URL은 새로 배포된 애플리케이션에 대한 링크입니다.
- Vercel 대시보드로 이동하여 로그인하고 방금 생성한 프로젝트를 선택합니다.

(6) 환경 변수 설정

- 대시보드에서 Settings 탭을 클릭합니다.
- 왼쪽 메뉴에서 Environment Variables를 선택합니다.
- Add Environment Variable 버튼을 클릭하여 환경 변수를 추가합니다.

MariaDB에 대한 연결 정보를 설정하는 경우에는

- Name: DATABASE_URL
- Value: mysql://username:password@hostname:port/database_name (이 부분은 실제 DB 정보로 대체해야 합니다.)
- Environment: Production을 선택합니다.

필요한 경우 추가 환경 변수를 설정할 수 있습니다. 예를 들어, 데이터베이스 사용자 이름과 비밀번호를 별도로 설정할 수 있습니다.

(7) Vue 앱에서 데이터베이스 연결

Vercel은 서버리스 함수로 데이터베이스와 상호작용을 할 수 있습니다. 이 경우 Vue 앱에서 직접 데이터베이스에 연결하는 것이 아니라 API를 통해 데이터를 가져오는 것이 일반적입니다.

(8) API 라우트 생성

Vercel에서는 api 폴더를 사용하여 서버리스 함수를 생성할 수 있습니다. 프로젝트의 루트 디렉터리에 api 폴더를 만들고, 예를 들어 api/board.js 파일을 생성합니다.

api/board.js

```
01  import { Client } from 'pg'; //PostgreSQL로 가정함. 실제 사용되는 DB에 따라 변경하세요.
02  export default async function handler(req, res) {
03      const client = new Client({
04          connectionString: process.env.DATABASE_URL,
05      });
06      await client.connect();
07      try {
08          const result = await client.query('SELECT * FROM board_posts'); // 실제 SQL 쿼리
09          res.status(200).json(result.rows);
10      } catch (error) {
11          res.status(500).json({ error: error.message });
12      } finally {
13          await client.end();
14      }
15  }
```

➡ client 객체는 해당 데이터베이스 객체로 연결 및 해제 그리고 실제 쿼리를 실행합니다.

➡ client.query 함수는 실제 SQL 쿼리를 실행하여 결과를 받아 올 수 있습니다.

(9) Vue 앱에서 API 호출

Vue 컴포넌트에서 API를 호출하여 데이터를 가져옵니다. 예를 들어, src/components/Board.vue에서 아래와 같이 수정합니다.

```vue
01  <template>
02    <div>
03      <h1>공지사항</h1>
04      <ul>
05        <li v-for="post in posts" :key="post.id">{{ post.title }}</li>
06      </ul>
07    </div>
08  </template>
09  <script setup>
10  import { ref, onMounted } from 'vue';
11  const posts = ref([]);
12  onMounted(async () => {
13    const response = await fetch('/api/board'); // Vercel의 API 호출
14    posts.value = await response.json();
15  });
16  </script>
```

➡ onMounted 함수는 애플리케이션 또는 컴포넌트가 로딩되면서 해당 테이블의 목록을 가져옵니다.

➡ fetch 함수는 앞서 설정한 Vercel의 API를 호출하여 데이터를 가져옵니다.

(10) 배포 확인

- 배포된 URL 확인: Vercel에서 제공한 URL로 이동하여 배포가 성공적으로 완료되었는지 확인합니다. Vue 앱이 제대로 작동하고 API를 통해 데이터를 가져오는지 테스트합니다.

- 배포 후 로그 확인: Vercel의 대시보드에서 Functions 섹션으로 이동하여 서버리스 함수의 로그를 확인할 수 있습니다. 이곳에서 오류 메시지나 로그를 확인할 수 있습니다.

13.2.7 Render에 배포

Render는 풀스택 애플리케이션을 위한 올인원 클라우드 플랫폼으로 서버리스와 웹 애플리케이션 배포 모두를 지원합니다. 간단한 설정으로 풀스택 애플리케이션 배포가 가능하며 데이터베이스, 정적 사이트, 웹서비스를 모두 지원하며 무료 플랜과 유료 플랜이 제공됩니다. 풀스택 웹 애플리케이션, 서버리스 API, 백엔드 애플리케이션 배포 등에 적합합니다.

(1) Render 웹사이트에 가입

[그림 13-11]과 같이 Render 웹사이트로 이동하여 계정을 생성합니다. 이메일과 비밀번호를 입력하거나 GitHub 계정으로 가입할 수 있습니다.

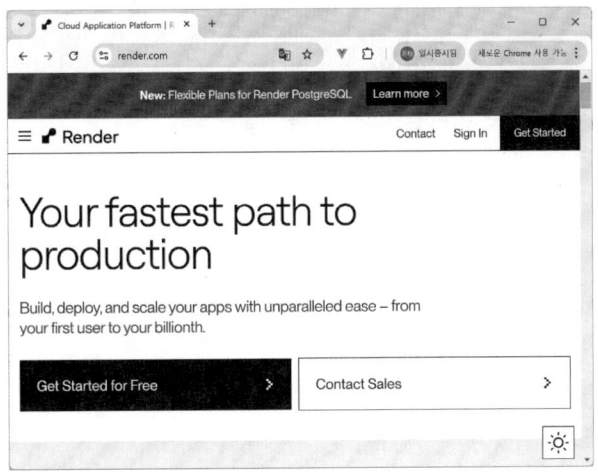

[그림 13-11] Render 웹사이트

(2) 새로운 웹서비스 생성

로그인 후 대시보드에서 [New] 버튼을 클릭하고 Web Service를 선택합니다.

(3) 환경설정

- Environment: Docker를 선택합니다.
- Name: 서비스의 이름을 입력합니다(예: board-app).
- Region: 데이터 센터 위치를 선택합니다. 가장 가까운 지역을 선택하는 것이 좋습니다.
- Repository: 코드가 위치한 GitHub 또는 GitLab 리포지토리를 연결합니다.

(4) Dockerfile 작성

프로젝트 루트 디렉터리에 Dockerfile을 생성하고 아래 내용을 추가합니다.

Dockerfile
```
01  FROM openjdk:17-jdk-alpine
02  VOLUME /tmp
03  COPY target/board-0.0.1-SNAPSHOT.jar app.jar
04  ENTRYPOINT ["java","-jar","/app.jar"]
```

- ➡ FROM openjdk:17-jdk-alpine: OpenJDK 17 기반의 경량 Alpine 이미지를 사용하여 Java 애플리케이션을 실행합니다.

- ➡ VOLUME /tmp: 애플리케이션이 사용하는 임시 파일을 위한 볼륨을 설정합니다.

- ➡ COPY target/board-0.0.1-SNAPSHOT.jar app.jar: Maven으로 빌드한 JAR 파일을 컨테이너 내 app.jar로 복사합니다.

- ➡ ENTRYPOINT ["java","-jar","/app.jar"]: 컨테이너가 시작될 때 실행할 명령을 정의합니다.

(5) Render에 ClearDB (MySQL) 추가

- Render 대시보드에서 [New] 버튼을 클릭하고 Database를 선택합니다.
- 데이터베이스 유형으로 MySQL을 선택합니다.
- 데이터베이스 이름과 사용자 정보를 입력하고 [Create Database] 버튼을 클릭합니다.

(6) 데이터베이스 URL 확인

- 데이터베이스 생성 후 대시보드에서 생성한 데이터베이스를 선택합니다.
- 데이터베이스의 Connection Info에서 URL, 사용자 이름, 비밀번호를 확인합니다. 이 정보를 나중에 application.properties 파일에 추가해야 합니다.

(7) Spring Boot의 데이터베이스 연결 설정 - application.properties 파일 수정

Spring Boot 프로젝트의 src/main/resources/application.properties 파일을 열고, Render의 ClearDB 정보를 입력합니다.

```
01  spring.datasource.url=YOUR_RENDER_DATABASE_URL
02  spring.datasource.username=YOUR_RENDER_DATABASE_USERNAME
03  spring.datasource.password=YOUR_RENDER_DATABASE_PASSWORD
04  spring.jpa.hibernate.ddl-auto=update
```

➡ YOUR_RENDER_DATABASE_URL: Render에서 확인한 데이터베이스 URL로 대체합니다.

➡ YOUR_RENDER_DATABASE_USERNAME: Render에서 확인한 데이터베이스 사용자 이름으로 대체합니다.

➡ YOUR_RENDER_DATABASE_PASSWORD: Render에서 확인한 데이터베이스 비밀번호로 대체합니다.

(8) Render에 배포 - GitHub/GitLab 연결

- Render 대시보드에서 Create Service를 클릭하여 웹서비스 설정을 완료합니다.
- GitHub 또는 GitLab 계정을 연결하고, 배포할 리포지토리를 선택합니다.

(9) 서비스 설정

아래와 같은 설정을 입력합니다.

- Build Command: ./mvnw clean package(Maven 빌드 명령, Maven Wrapper 사용)
- Start Command: java -jar target/board-0.0.1-SNAPSHOT.jar(JAR 파일 실행 명령)
- 모든 설정을 완료한 후 [Create Web Service] 버튼을 클릭하여 배포를 시작합니다.

(10) 배포 확인

배포가 완료되면 Render에서 제공하는 URL을 확인할 수 있습니다. 이 URL을 통해 애플리케이션에 접근할 수 있습니다. 배포가 완료된 후 웹서비스를 확인하여 정상적으로 작동하는지 테스트합니다.

- 로그 확인: 배포 후 문제가 발생한다면 Render 대시보드에서 로그를 확인하여 문제를 진단할 수 있습니다. Logs 섹션에서 애플리케이션 로그를 실시간으로 볼 수 있습니다.
- 환경 변수 추가: 추가적인 환경 변수가 필요하다면 Render 대시보드의 Settings 섹션에서 Environment Variables를 추가하여 설정할 수 있습니다.
- 데이터베이스 마이그레이션: JPA와 Hibernate를 사용하는 경우 데이터베이스 스키마를 관리하기 위해 Flyway 또는 Liquibase를 사용하는 것이 좋습니다. 이를 통해 배포 후 데이터베이스를 자동으로 마이그레이션할 수 있습니다.

[테스트 및 배포 핵심 정리]

(1) Jest: JavaScript 테스팅 프레임워크로 주로 유닛 테스트와 스냅샷 테스트에 사용됩니다. 빠르고 설정이 간단하여 React 애플리케이션과 잘 맞습니다.

(2) Vitest: Vite 기반 프로젝트에 최적화된 유닛 테스트 프레임워크로 Jest와 유사하지만, Vite와의 호환성이 높아 빠른 실행 속도를 제공합니다.

(3) Mocha: JavaScript 테스트 프레임워크로 유연성과 확장성이 뛰어나며 Node.js 환경에서 주로 사용됩니다. Chai 같은 어설션 라이브러리와 함께 사용되는 경우가 많습니다.

(4) Cypress: 주로 엔드 투 엔드 테스트를 위한 도구로 사용자 입장에서의 웹 애플리케이션 테스트에 유용합니다. 설정이 간단하고, 브라우저 내에서 테스트를 시각적으로 확인할 수 있습니다.

(5) Playwright: Microsoft에서 만든 엔드 투 엔드 테스트 프레임워크로 여러 브라우저(Chromium, Firefox, WebKit)에서 테스트를 자동화합니다. 강력한 멀티 브라우저 및 멀티플랫폼 지원이 특징입니다.

(6) Nightwatch.js: 브라우저 내에서의 엔드 투 엔드 테스트를 지원하는 프레임워크로 Selenium WebDriver를 사용하며 JavaScript로 작성된 UI 테스트에 유용합니다.

(7) Selenium: 오픈소스 브라우저 자동화 도구로 다양한 언어(Java, Python 등)로 브라우저 상호작용을 스크립팅하여 크로스 브라우저 테스트를 실행할 수 있습니다.

(8) Heroku: 서버 설정 없이 애플리케이션을 배포할 수 있는 PaaS(Platform as a Service)로 간단한 설정과 다양한 애드온을 통해 백엔드 서비스 배포에 적합합니다.

(9) Vercel: 정적 사이트와 서버리스 함수 배포에 특화된 플랫폼으로 프런트엔드 프로젝트(특히 Next.js)에 최적화되어 있습니다. 빠른 프런트엔드 배포와 CDN 지원이 강점입니다.

(10) Render: 풀스택 애플리케이션을 위한 올인원 배포 플랫폼으로 정적 사이트, 웹서비스, 데이터베이스 배포를 모두 지원합니다. 자동 스케일링과 간단한 설정이 특징입니다.

이번 장에서는 Jest, Vitest, Cypress, Playwright 등의 테스트 도구와 프런트엔드와 백엔드의 빌드에 관하여 학습했습니다. 또한, 빌드된 결과물을 목표시스템인 Heroku, Vercel, Render, GitHub 등에 배포하는 부분을 실습하였습니다.

다음 14장은 마지막 챕터입니다. 지금까지 학습한 내용을 바탕으로 포트폴리오 구성을 위한 여러 가지 실전 프로젝트를 제작하고 그것을 깃허브에 배포하여 프런트엔드 포트폴리오를 완성하여 마무리합니다.

Chapter 14

실무 프로젝트

이번 14장은 대단원의 막을 내리는 이 책의 마지막 챕터입니다. 포트폴리오에 필요한 작업을 모두 진행하고 그 내용을 GitHub에 배포하여 면접에 대비할 수 있게 하겠습니다. 여러 가지 프런트엔드 실무 프로젝트를 만들고 이러한 것들을 하나의 포트폴리오로 구성하여 작품으로 본인의 실력을 드러나게 할 것입니다. 지금까지 배운 내용을 집대성하는 시간이 될 것입니다.

많은 내용을 모두 작성하려면 작업 시간도 오래 걸리고 복잡한 내용을 다루다 보면 실수도 연발할 것입니다. 그래서 이번에는 기본 틀을 모두 준비하게 되었으니 제공된 소스를 바탕으로 중요한 핵심 부분을 추가로 작성하면서 진행하면 됩니다. 만약 제공한 소스코드를 다운로드 받아 실습하는 경우는 해당 프로젝트 디렉터리에서 반드시 npm install 명령을 실행하여 관련 라이브러리를 모두 설치해야 합니다.

(1) 프런트엔드 포트폴리오란

프런트엔드 포트폴리오는 구직 활동에서 자신의 기술과 경험을 효과적으로 보여주기 위한 수단입니다. 프로젝트 기반의 포트폴리오는 개발자의 기술 스택, 문제 해결 능력, 사용자 경험에 대한 이해도를 시각적으로 표현할 수 있는 방법입니다. 기업은 지원자의 실제 작업 결과물로 실력을 평가하기 때문에 실무와 밀접한 프로젝트를 포함시키는 것이 중요합니다.

(2) 프런트엔드 포트폴리오 준비

포트폴리오 준비는 프로젝트 선정, 기술 스택 정의, UI/UX 디자인 계획, 코드 품질 관리 등 다양한 단계를 포함합니다. 이 과정에서 Git과 같은 버전 관리 도구를 활용해 프로젝트 이력을 기록하고 데모 배포를 통해 클라이언트가 실제로 애플리케이션을 체험할 수 있습니다.

(3) 프런트엔드 포트폴리오 구성

포트폴리오에는 다음 요소가 포함되어야 합니다.

- 프로젝트 소개: 프로젝트의 목표와 주요 기능을 설명합니다.
- 기술 스택: 사용한 언어, 프레임워크, 라이브러리를 명시합니다.
- 코드 샘플: 주요 기능의 코드를 간략히 보여줍니다.
- 데모 링크: 배포된 애플리케이션으로 연결합니다.
- 기여도와 역할: 팀 프로젝트인 경우 자신의 기여도를 명확히 설명합니다.

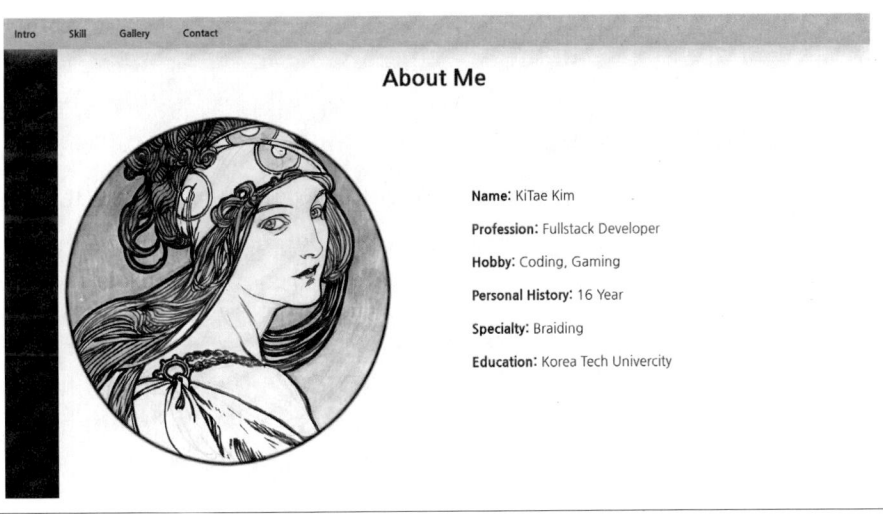

[그림 14-1] 포트폴리오 실행 화면

14.1 E-commerce 플랫폼 애플리케이션 제작

E-commerce 플랫폼 애플리케이션은 온라인 쇼핑몰 기능을 제공합니다. 회원 관리, 상품 관리, 장바구니, 결제 등 전자상거래에 필수적인 기능을 구현합니다.

- 회원가입 및 로그인: 사용자의 인증 및 계정 관리
- 상품 CRUD: 상품 목록 조회, 등록, 수정, 삭제
- 장바구니 및 결제: 상품 추가, 주문 생성, 결제 처리
- 사용 기술: Vue CLI, Vue Router, Pinia, Bulma
- 프로젝트 이름: ch14_myapp1

14.1.1 프로젝트 준비

ch14_myapp1 프로젝트가 가지는 E-commerce 플랫폼 애플리케이션의 기능을 고려하여 작성 및 구성할 프로젝트의 구조를 파악하고 해당 프로젝트의 폴더를 열어 프로젝트에 필요한 라이브러리를 설치합니다.

(1) 프로젝트 파일 구조와 미리보기

[그림 14-2]는 프로젝트 구조를 나타내며, [그림 14-3]은 애플리케이션을 모두 완성하고 로컬에서 실행했을 때 화면입니다. 참고하여 작성하고 미리보기 화면을 참고해 결과가 올바르게 나오는지 확인합니다.

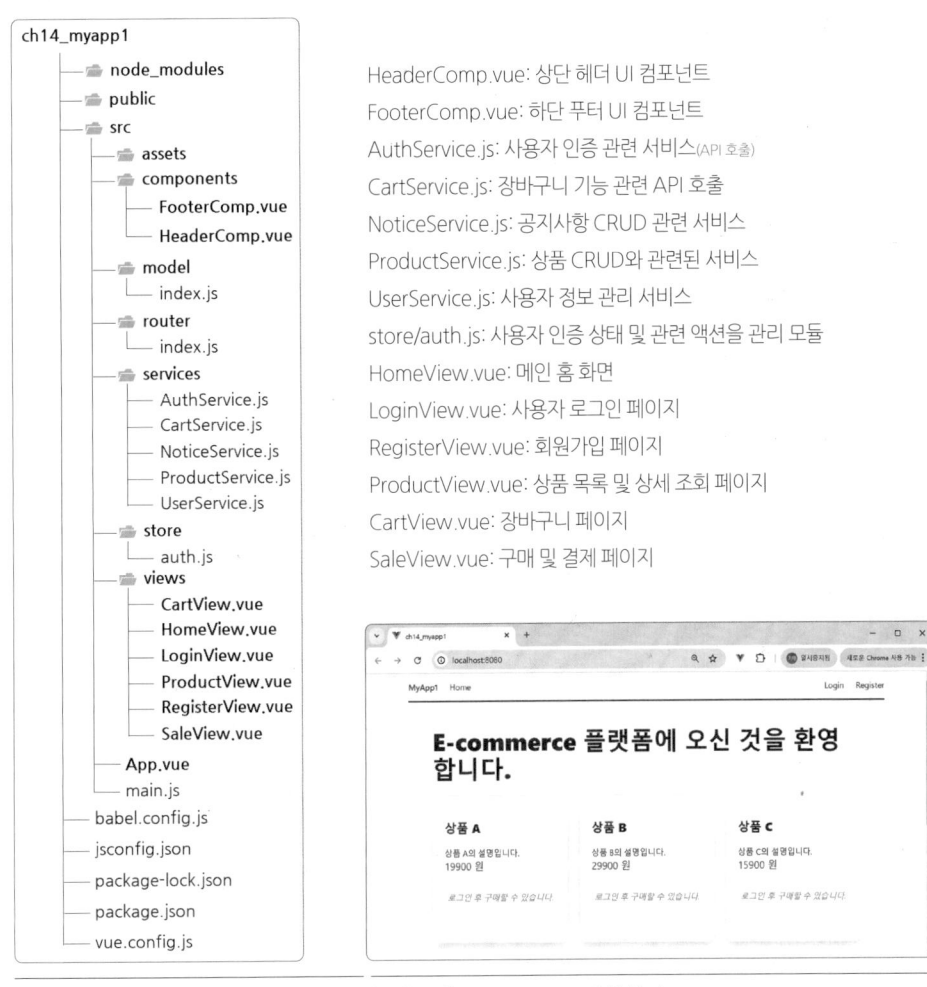

[그림 14-2] ch14_myapp1 프로젝트 구조   [그림 14-3] ch14_myapp1 실행 화면

(2) 프로젝트 열기

Visual Studio Code를 실행하고 Visual Studio Code에서 [파일(File)]-[폴더 열기(Open Folder)] 메뉴를 통해 ch14_myapp1 폴더를 열어 프로젝트를 준비합니다. Visual Studio Code에서 [보기(View)]-[터미널(Terminal)] 메뉴로 터미널창을 열고 아래와 같이 필요한 패키지를 설치합니다.

```
npm install
```

위 명령은 현재 프로젝트의 package.json에 지정된 의존성 라이브러리를 설치합니다.

14.1.2 핵심 컴포넌트 작성

핵심 컴포넌트로 메인 페이지, 로그인 페이지, 회원가입 페이지, 상품 페이지, 장바구니 페이지, 상품 구매 페이지를 작성하겠습니다.

(1) 메인 페이지(HomeView.vue)

ch14_myapp1의 메인 페이지로 애플리케이션의 소개와 주요 상품의 상품명, 설명, 가격 등 과 상품 정보를 카드 형태로 표시하고 장바구니 담기와 구매 기능을 구현하는 컴포넌트입니다.

```
src/views/HomeView.vue
01    <template>
02      <div>
03        <h3 class="title is-1">E-commerce 플랫폼에 오신 것을 환영합니다.</h3><hr/>
04        <div v-if="error" class="notification is-danger">{{ error }}</div>
05        <div v-else class="columns is-multiline">
06          <div v-for="product in products" :key="product.id" class="column is-half-tablet is-one-third-desktop">
07            <div class="card">
08              <div class="card-content">
09                <h3 class="title is-4">{{ product.name }}</h3>
10                <p>{{ product.description }}</p>
11                <p class="subtitle is-5">{{ product.price }} 원</p>
12              </div>
13              <footer class="card-footer">
14                <button v-if="isAuthenticated" class="button is-link card-footer-item"
15                  @click="addToCart(product)">장바구니 담기</button>
16                <p v-else class="card-footer-item">로그인 후 구매할 수 있습니다.</p>
17                <router-link v-if="isAuthenticated"
18                  :to="`/product/${product.id}`"
```

```
19                    class="button is-info card-footer-item">구매하기</router-link>
20            </footer>
21          </div>
22        </div>
23      </div>
24      <div v-if="isAdmin" class="container">
25        <div class="card-content">
26          <h3 class="title is-4">새로운 상품 등록</h3>
27          <form @submit.prevent="submitNewProduct">
28            <div class="field"><label class="label">상품명</label>
29              <div class="control">
30                <input class="input" v-model="newProduct.name" type="text" required />
31              </div>
32            </div>
33            <div class="field"><label class="label">상품 설명</label>
34              <div class="control">
35                <textarea class="textarea" v-model="newProduct.description" required></textarea>
36              </div>
37            </div>
38            <div class="field"><label class="label">가격</label>
39              <div class="control"><input class="input" v-model="newProduct.price" type="number" required />
40              </div>
41            </div>
42            <div class="field"><label class="label">재고 수량</label>
43              <div class="control"><input class="input" v-model="newProduct.stock" type="number" required />
44              </div>
45            </div>
46            <div class="field"><label class="label">상품 이미지</label>
47              <div class="control"><input class="input" type="file" @change="handleFileUpload" />
48              </div>
49            </div>
50            <div class="field">
51              <div class="control"><button type="submit" class="button is-primary">상품 등록</button>
52              </div>
53            </div>
54          </form>
55        </div>
56      </div>
57    </div>
58  </template>
59  <script setup>
60    import { ref, computed, onMounted } from 'vue'
```

```js
61  import ProductService from '../services/ProductService'
62  import { useAuthStore } from '../store/auth'
63  import CartService from '../services/CartService'
64  const authStore = useAuthStore()
65  const isAuthenticated = computed(() => authStore.isAuthenticated)
66  const isAdmin = computed(() => { return authStore.user && authStore.user.role === 'ADMIN' })
67  const products = ref([])
68  const error = ref(null)
69  const newProduct = ref({ name: '', description: '', price: 0, stock: 0, img: null })
70  const file = ref(null)
71  async function fetchProducts() {
72    try { products.value = await ProductService.getProductList();
73    } catch (err) { error.value = '제품 목록을 불러오는 데 실패했습니다. 네트워크 상태를 확인하세요.';
74      console.error(err)
75    }
76  }
77  async function addToCart(product) {
78    if (!isAuthenticated.value) {
79      alert('로그인 후 장바구니에 담을 수 있습니다.')
80      return
81    }
82    try { await CartService.addToCart(product)
83      alert('장바구니에 상품이 추가되었습니다.')
84    } catch (err) { alert('장바구니에 상품을 추가하는데 실패했습니다.') }
85  }
86  async function submitNewProduct() {
87    const formData = new FormData()
88    formData.append('name', newProduct.value.name)
89    formData.append('description', newProduct.value.description)
90    formData.append('price', newProduct.value.price)
91    formData.append('stock', newProduct.value.stock)
92    if (file.value) { formData.append('img', file.value) }
93    try {
94      await ProductService.addToProduct(formData)
95      alert('새로운 상품이 등록되었습니다.')
96      fetchProducts()  // 상품 목록 갱신
97      newProduct.value = { name: '', description: '', price: 0, stock: 0, img: null }
98      file.value = null
99    } catch (err) {
100     console.error('상품 등록 실패:', err)
101     alert('상품 등록에 실패했습니다.')
102   }
103  }
104  function handleFileUpload(event) { file.value = event.target.files[0]
```

```
}
105    onMounted(() => {
106      fetchProducts()
107    })
108  </script>
```

- fetchProducts 함수는 ProductService.getProductList 호출로 서버에서 제품 데이터를 가져와 products에 저장합니다.

- addToCart 함수는 사용자가 로그인되어 있는지 확인하고 로그인 상태이면 장바구니 담기 기능을 제공합니다.

- submitNewProduct 함수는 ProductService.addToProduct를 호출하여 서버에 새로운 상품을 등록합니다.

- handleFileUpload 함수는 파일 업로드를 처리하는 이벤트 핸들러로 파일 선택 이벤트 발생 시 file에 파일 데이터를 저장합니다.

- onMounted 훅은 컴포넌트가 화면에 렌더링되면 fetchProducts를 호출하여 제품 목록을 가져옵니다.

(2) 로그인 페이지(LoginView.vue)

사용자 인증을 위한 폼을 제공하는 UI로 로그인 성공 시 메인 페이지로 리디렉션이 되게 설계한 주요 컴포넌트입니다.

src/views/LoginView.vue
```
01  <template>
02    <div class="box">
03      <h3 class="title is-3">로그인</h3><hr/>
04      <form @submit.prevent="handleLogin">
05        <div class="field"><label class="label">Username</label>
06          <div class="control">
07            <input v-model="username" class="input" placeholder="Username" required />
08          </div>
09        </div>
10        <div class="field"><label class="label">Password</label>
11          <div class="control">
12            <input v-model="password" type="password" class="input"
```

```
         placeholder="Password" required />
13           </div>
14         </div>
15         <button type="submit" class="button is-primary">Login</button>
16       </form>
17     </div>
18 </template>
19 <script setup>
20 import { ref } from 'vue'
21 import { useAuthStore } from '../store/auth'
22 import { useRouter } from 'vue-router'
23 const username = ref('')
24 const password = ref('')
25 const authStore = useAuthStore()
26 const router = useRouter()
27 async function handleLogin() {
28   try { await authStore.login(username.value, password.value)
29     router.push('/')
30   } catch (error) { console.error('로그인 실패', error)
31   }
32 }
33 </script>
```

- username 및 password 항목은 ref를 사용하는 반응형 변수입니다.
- useAuthStore는 authStore를 통해 인증 관련 상태와 액션(login)에 접근합니다.
- useRouter는 router를 통해 로그인 후 특정 경로로의 내비게이션(router.push)을 처리합니다.
- handleLogin 함수는 로그인 폼에 입력된 폼 데이터를 제출합니다.

(3) 회원가입 페이지(RegisterView.vue)

기본 사용자 정보를 입력받아 회원가입을 처리하고 회원이 가지는 다양한 기능을 제공하는 주요 컴포넌트입니다.

```
src/views/RegisterView.vue
01 <template>
02     <div class="box">
03         <h3 class="title is-3">회원가입</h3><hr>
04         <form @submit.prevent="handleRegister">
```

```
05          <div class="field"><label class="label">Username</label>
06              <div class="control"><input v-model="username" class="input" placeholder="Username" required />
07              </div>
08          </div>
09          <div class="field"><label class="label">Email</label>
10              <div class="control">
11                  <input v-model="email" type="email" class="input" placeholder="Email" required />
12              </div>
13          </div>
14          <div class="field"><label class="label">Password</label>
15              <div class="control">
16                  <input v-model="password" type="password" class="input" placeholder="Password" required />
17              </div>
18          </div>
19          <button type="submit" class="button is-primary">Register</button>
20      </form>
21    </div>
22  </template>
23  <script setup>
24  import { ref } from 'vue'
25  import UserService from '../services/UserService'
26  import { useRouter } from 'vue-router'
27  const username = ref('')
28  const email = ref('')
29  const password = ref('')
30  const router = useRouter()
31  async function handleRegister() {
32    try {
33      await UserService.addToUser({ username: username.value, email: email.value, password: password.value })
34      router.push('/login')
35    } catch (error) { console.error('회원가입 실패', error) }
36  }
37  </script>
```

➡ ref는 회원가입 폼에서 username, email, password 항목이 데이터를 저장하는 반응형 변수로 동작하게 합니다.

➡ useRouter는 router를 통해 회원가입 성공 시 로그인 페이지(/login)로 이동하게 합니다.

➡ handleRegister 함수는 입력된 username, email, password 항목을 전달하여 회원가입이 처리됩니다.

(4) 상품 페이지(ProductView.vue)

사용자에게 상품 목록 및 상세 정보를 보여주는 UI로 상품 필터링과 검색 기능이 추가된 주요 컴포넌트입니다.

src/views/ProductView.vue

```
01  <template>
02    <div class="container" v-if="product.name">
03      <h3 class="title">{{ product.name }}</h3><hr>
04      <p>{{ product.description }}</p><p class="subtitle">{{ product.price }} 원</p>
05      <button class="button is-primary" @click="goToPurchase">구매하기</button>
06    </div>
07    <div v-else><p>제품 정보를 불러오는 중입니다...</p></div>
08  </template>
09  <script setup>
10  import { ref, onMounted } from 'vue'
11  import { useRoute, useRouter } from 'vue-router'
12  import ProductService from '../services/ProductService'
13  const route = useRoute()
14  const router = useRouter()
15  const product = ref({})
16  const productId = ref(route.params.id);
17  console.log(productId.value);
18  async function fetchProduct() {
19    try { product.value = await ProductService.getProductDetail(productId.value)
20      console.log(product.value)
21    } catch (error) { console.error('제품 정보 불러오기 실패', error)
22    }
23  }
24  function goToPurchase() { router.push({ name: 'SaleView', params: { id: product.value.id } })
25  }
26  onMounted(() => { productId.value = route.params.id
27    fetchProduct()
28  })
29  </script>
```

➡ product는 현재 제품 정보를 담기 위한 반응형 변수로 제품의 세부 정보(name, description, price 등)를 저장합니다.

- productId는 URL 경로에서 추출한 id 값을 저장하며 제품 상세 정보를 불러오기 위한 필수 ID입니다.

- useRoute는 현재 라우트 정보를 가져오기 위해 사용되며 라우트에서 id를 추출하여 해당 제품의 상세 정보를 요청할 때 사용합니다.

- useRouter는 라우터를 통해 페이지 전환을 관리하기 위해 사용되며 goToPurchase 함수에서 제품 상세페이지에서 구매 페이지로 이동합니다.

- fetchProduct 함수는 ProductService.getProductDetail(productId.value)를 호출하여 productId로 특정 제품의 상세 정보를 API에서 가져옵니다.

- goToPurchase 함수는 제품 상세 정보를 확인한 후 구매하기 버튼을 클릭하면 호출되는 함수입니다.

- onMounted 훅은 컴포넌트가 마운트된 후 onMounted 훅 내에서 fetchProduct를 호출하여 제품의 상세 정보를 불러옵니다.

(5) 장바구니 페이지(CartView.vue)

사용자가 추가한 상품을 목록으로 표시하고 상품 수량 변경이나 불필요한 상품을 직접 삭제할 수 있는 기능이 포함된 컴포넌트입니다.

```
src/views/CartView.vue
01  <template>
02    <div>
03      <h2 class="title is-3">{{ username }}님 장바구니</h2>
04      <div v-if="cartItems && cartItems.length === 0">장바구니가 비어 있습니다.</div>
05      <div v-for="item in cartItems" :key="item.id" class="box">
06        <div class="columns">
07          <div class="column is-half">{{ item.product?.name }}</div>
08          <div class="column is-one-quarter">{{ item.product?.price }}원</div>
09          <div class="column is-one-quarter">
10            <button @click="removeFromCart(item)" class="button is-danger">삭제</button></div>
11        </div>
12      </div>
13    </div>
14  </template>
```

```
15  <script setup>
16  import { ref, onMounted } from 'vue';
17  import CartService from '../services/CartService';
18  const cartItems = ref([]);
19  const username = localStorage.getItem("username");
20  const userId = localStorage.getItem("userId");
21  async function fetchCartItems() {
22    try { const response = await CartService.getCartList(userId);
23      cartItems.value = response;
24      console.log(cartItems.value);
25    } catch (error) { console.error('Error fetching cart items:', error); }
26  }
27  async function removeFromCart(item) {
28    try { await CartService.deleteCart(item.id);
29      cartItems.value = cartItems.value.filter(cartItem => cartItem.id !== item.id);
30    } catch (error) { console.error('Error removing item from cart:', error);
31    }
32  }
33  onMounted(fetchCartItems);
34  </script>
```

- cartItems는 장바구니에 담긴 아이템들의 목록을 저장하는 반응형 변수입니다.

- userId는 localStorage에서 현재 사용자의 ID를 가져옵니다.

- fetchCartItems 함수는 CartService.getCartList(userId)를 호출하여 현재 사용자의 장바구니 아이템 목록을 가져옵니다.

- removeFromCart 함수는 각 아이템 옆의 삭제 버튼을 클릭하면 호출되는 함수입니다.

- onMounted 훅은 컴포넌트가 마운트된 후 fetchCartItems 함수를 호출하여 장바구니 아이템을 서버에서 불러옵니다

(6) 상품 구매 페이지(SaleView.vue)

상품 구매를 위한 주문 확인 및 결제 정보를 입력하는 UI로 결제 처리 API 연동이 쉽게 연결되는 주요 컴포넌트입니다.

```
src/views/SaleView.vue
01  <template>
02    <div class="container">
03      <h1 class="title">결제 페이지</h1><p>상품명: {{ product.name }}</p><p>가격: {{ product.price }} 원</p>
04      <button class="button is-success" @click="handlePayment">결제하기</button>
05    </div>
06  </template>
07  <script setup>
08  import { ref, onMounted } from 'vue'
09  import { useRoute } from 'vue-router'
10  import ProductService from '../services/ProductService'
11  const product = ref({})
12  const route = useRoute()
13  const productId = ref(route.params.id)
14  async function fetchProduct() {
15    try { product.value = await ProductService.getProductDetail(productId.value)
16    } catch (error) { console.error('Failed to fetch product:', error) }
17  }
18  function handlePayment() { const { IMP } = window
19    IMP.init('your-iamport-key')   // 아임포트 key를 입력
20    IMP.request_pay( { pg: 'html5_inicis', // 결제 게이트웨이
21        pay_method: 'card',  // 결제 방식
22        merchant_uid: `mid_${new Date().getTime()}`, // 고유 주문번호
23        name: product.value.name, amount: product.value.price, buyer_email: 'buyer@example.com',
24        buyer_name: '구매자 이름', buyer_tel: '010-1234-5678',
25      },
26      function (rsp) {
27        if (rsp.success) { alert('결제가 완료되었습니다.') } else { alert(`결제 실패: ${rsp.error_msg}`) }
28      }
29    )
30  }
31  onMounted(() => { fetchProduct() })
32  </script>
```

- product는 결제할 상품의 상세 정보를 저장하는 반응형 변수로 상품의 name과 price 등을 표시할 때 사용됩니다.

- productId는 URL 파라미터로부터 상품 ID를 추출하여 저장하는 변수로 이 값은 상품 정보를 요청할 때 사용됩니다.

→ fetchProduct 함수는 ProductService.getProductDetail(productId.value)를 호출하여 productId에 해당하는 상품의 상세 정보를 불러옵니다.

→ handlePayment 함수는 아임포트 결제 API를 사용하여 결제를 처리합니다.

→ onMounted 훅은 컴포넌트가 마운트될 때 fetchProduct( ) 함수를 호출하여 해당 상품의 상세 정보를 불러옵니다.

14.1.3 애플리케이션 빌드

모든 작성이 완료되었으므로 애플리케이션을 실행하여 정상적으로 동작하는지 확인합니다. 정상적이지 않다면 제시된 코드에서 오타나 누락 등을 확인하면서 진행합니다.

(1) 개발 서버 실행

터미널창을 열고 작성된 애플리케이션을 개발자 모드에서 테스트를 진행합니다.

```
npm run serve
```

브라우저에서 http://localhost:8080으로 접속하여 애플리케이션을 확인합니다.

(2) 애플리케이션 빌드

터미널창을 열고 해당 디렉터리인 ch14_myapp1로 이동한 후 애플리케이션을 빌드합니다.

```
npm run build
```

빌드는 여러 구성 파일을 웹 환경에서 실행 가능한 형태의 웹 파일로 변환되어 dist/ 폴더에 생성됩니다.

14.1.4 포트폴리오에 반영

포트폴리오 디렉터리인 portfolio 안에 sub1 디렉터리를 생성한 후 빌드된 dist 폴더에 있는 내용을 복사하여 붙여 넣습니다. 구성 파일에 주의해야 하며 디렉터리 위치가 다를 경우 원격 저장소(GitHub Repository)에 배포하더라도 렌더링이 제대로 되지 않을 수 있습니다.

14.2 Project Management Tool 애플리케이션 제작

이 프로젝트는 팀 협업 도구로 업무 관리 및 프로젝트 모니터링을 돕는 기능을 제공합니다.

(1) 주요 기능

- 회원 관리: 로그인 및 회원정보 수정
- 공지사항 관리: 팀원들과의 공지사항 공유
- 대시보드: 프로젝트 진행 상황 시각화
- 태스크 모니터링 및 메모 기능
- 사용 기술: Vite, Vue Router, Pinia, Bootstrap
- 프로젝트 이름: ch14_myapp2

14.2.1 프로젝트 준비

ch14_myapp2 프로젝트가 가지는 Project Management Tool 애플리케이션의 기능을 고려하여 작성 및 구성할 프로젝트의 구조를 파악하고 해당 프로젝트의 폴더를 열어 프로젝트에 필요한 라이브러리를 설치합니다.

(1) 프로젝트 파일 구조와 미리보기

[그림 14-4]는 프로젝트 구조를 나타내며, [그림 14-5]는 애플리케이션을 모두 완성하고 로컬에서 실행했을 때 화면입니다. 프로젝트 구조를 참고하여 작성하고 미리보기 화면을 참고해

결과가 올바르게 나오는지 확인합니다.

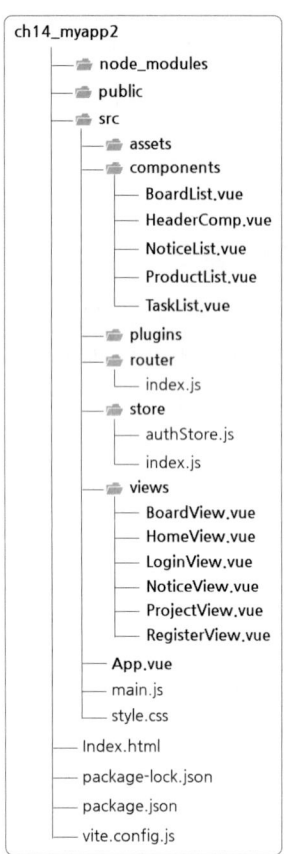

BoardList.vue: 대시보드에 표시할 보드 리스트 컴포넌트
HeaderComp.vue: 상단 헤더 UI 컴포넌트
NoticeList.vue: 공지사항 리스트를 표시하는 컴포넌트
ProjectList.vue: 프로젝트 목록을 표시하는 컴포넌트
TaskList.vue: 태스크 목록을 관리 및 표시하는 컴포넌트
store/authStore.js: 인증 관련 상태와 액션 정의
store/index.js: 상태 관리의 진입점으로 모든 모듈을 통합
BoardView.vue: 대시보드 화면
HomeView.vue: 홈 화면
LoginView.vue: 로그인 페이지
NoticeView.vue: 공지사항 상세페이지
ProjectView.vue: 프로젝트 관리 페이지
RegisterView.vue: 회원가입 페이지

[그림 14-4] ch14_myapp2 프로젝트 구조   [그림 14-5] ch14_myapp2 실행 화면

(2) 프로젝트 열기

Visual Studio Code를 실행하고 Visual Studio Code에서 [파일(File)]-[폴더 열기(Open Folder)] 메뉴를 통해 ch14_myapp2 폴더를 열어 프로젝트를 준비합니다. Visual Studio Code에서 [보기(View)]-[터미널(Terminal)] 메뉴로 터미널창을 열고 아래와 같이 필요한 패키지를 설치합니다.

```
npm install
```

위 명령은 현재 프로젝트의 package.json에 지정된 의존성 라이브러리를 설치합니다.

14.2.2 핵심 컴포넌트 작성

ch14_myapp2 애플리케이션의 주요 핵심 컴포넌트로 메인 페이지, 로그인 페이지, 회원가입 페이지, 공지사항 페이지, 프로젝트 페이지, 대시보드 페이지에 관한 컴포넌트를 작성하겠습니다.

(1) 메인 페이지(HomeView.vue)

ch14_myapp2의 메인 페이지로 애플리케이션의 소개와 사용자의 로그인 상태인 경우에는 대시보드와 프로젝트 보기 버튼을 표시하고 로그인하지 않은 경우는 로그인 버튼을 보여줍니다.

```
src/views/HomeView.vue
01    <template>
02      <div class="container mt-5">
03        <h1>프로젝트 매니저에 오신 것을 환영합니다.</h1><hr>
04        <p>당신이 진행하는 프로젝트와 작업을 확인하시기 바랍니다.</p>
05        <div v-if="isAuthenticated">
06          <router-link to="/boards" class="btn btn-secondary">대시보드 보기</router-link>
07          <router-link to="/projects" class="btn btn-secondary ms-3">프로젝트 보기</router-link>
08        </div>
09        <div v-else>
10          <p>작업을 하시려면 <router-link to="/login" class="btn btn-primary">로그인</router-link>하시기 바랍니다.</p>
11        </div>
12      </div>
13    </template>
14    <script setup>
15    import { useAuthStore } from '../store/authStore'
16    const authStore = useAuthStore()
17    const isAuthenticated = authStore.isAuthenticated
18    </script>
```

- useAuthStore는 Pinia 또는 Vuex와 같은 상태 관리 라이브러리에서 사용되는 store를 불러오는 함수입니다.
- authStore는 사용자 인증 상태를 관리하고, 로그인 여부 등을 확인하는 데 사용됩니다.
- isAuthenticated 변수는 authStore에서 인증 상태를 가져오는 변수입니다.
- v-if="isAuthenticated"는 조건부 렌더링으로 사용자가 로그인한 상태이면 대시보드와 프로젝트 보기 링크가 화면에 표시됩니다.

(2) 로그인 페이지(LoginView.vue)

로그인 페이지는 사용자 인증 및 리디렉션 기능을 구현하는 컴포넌트로 username과 password를 입력한 후 전송하여 인증이 성공하면 홈페이지로 리디렉션됩니다.

```
src/views/LoginView.vue
01  <template>
02    <div class="container mt-5">
03      <div class="row justify-content-center">
04        <div class="col-md-6">
05          <div class="card">
06            <div class="card-header">
07              <h4>Login</h4>
08            </div>
09            <div class="card-body">
10              <form @submit.prevent="handleLogin">
11                <div class="mb-3">
12                  <label for="username" class="form-label">Username</label>
13                  <input type="text" id="username" class="form-control" v-model="username" required />
14                </div>
15                <div class="mb-3">
16                  <label for="password" class="form-label">Password</label>
17                  <input type="password" id="password" class="form-control" v-model="password" required />
18                </div>
19                <button type="submit" class="btn btn-primary w-100">Login</button>
20              </form>
21            </div>
```

```
22            </div>
23          </div>
24        </div>
25      </div>
26    </template>
27    <script setup>
28    import { ref } from 'vue'
29    import { useRouter } from 'vue-router'
30    import { useAuthStore } from '../store/authStore'
31    const username = ref('')
32    const password = ref('')
33    const router = useRouter()
34    const authStore = useAuthStore()
35    const handleLogin = async () => {
36      try { await authStore.login(username.value, password.value)
37        router.push('/')  // 로그인 성공 후 홈으로 이동
38      } catch (error) { console.error('Login failed:', error) }
39    }
40    </script>
```

→ username과 password는 Vue의 ref를 사용하여 양방향 바인딩을 위한 상태로 선언됩니다.

→ useRouter( )는 Vue Router의 기능으로, 페이지 간 내비게이션을 제어할 수 있습니다.

→ useAuthStore( )는 Pinia 또는 Vuex와 같은 상태 관리 라이브러리에서 인증 관련 상태를 관리하는 store를 불러오는 함수입니다.

→ handleLogin 함수는 사용자가 로그인 버튼을 클릭할 때 실행되며 authStore.login( )을 호출하여 로그인 작업을 비동기적으로 처리합니다.

(3) 회원가입 페이지(RegisterView.vue)

새로운 사용자 등록 폼이 제공되는 컴포넌트로 username, password, email, name 항목을 입력하고 회원가입 버튼을 누르면 회원가입이 요청됩니다.

```
src/views/RegisterView.vue
01    <template>
02      <div class="container mt-5">
03        <div class="row justify-content-center">
04          <div class="col-md-6">
```

```
05            <div class="card">
06              <div class="card-header">
07                <h4>Register</h4>
08              </div>
09              <div class="card-body">
10                <form @submit.prevent="handleRegister">
11                  <div class="mb-3">
12                    <label for="username" class="form-label">Username</label>
13                    <input type="text" id="username" class="form-control" v-model="username" required />
14                  </div>
15                  <div class="mb-3">
16                    <label for="password" class="form-label">Password</label>
17                    <input type="password" id="password" class="form-control" v-model="password" required />
18                  </div>
19                  <div class="mb-3">
20                    <label for="email" class="form-label">Email</label>
21                    <input type="email" id="email" class="form-control" v-model="email" required />
22                  </div>
23                  <div class="mb-3">
24                    <label for="nickname" class="form-label">Name</label>
25                    <input type="text" id="nickname" class="form-control" v-model="nickname" required />
26                  </div>
27                  <div class="mb-3">
28                    <input type="hidden" id="role" v-model="role" value="USER" required>
29                  </div>
30                  <button type="submit" class="btn btn-primary w-100">Register</button>
31                </form>
32              </div>
33            </div>
34          </div>
35        </div>
36      </div>
37    </template>
38    <script setup>
39    import { ref } from 'vue'
40    import { useRouter } from 'vue-router'
41    import { useAuthStore } from '../store/authStore'
42    const username = ref('')
43    const password = ref('')
```

```
44    const email = ref('')
45    const nickname = ref('')
46    const role = ref('USER')
47    const router = useRouter()
48    const authStore = useAuthStore()
49    const handleRegister = async () => {
50      try { await authStore.register({ username: username.value, password: password.value,
51        email: email.value, name: nickname.value, role: role.value })
52        router.push('/login')    // 회원가입 성공 후 로그인 페이지로 이동
53      } catch (error) { console.error('Registration failed:', error) }
54    }
55    </script>
```

- ref는 Vue 3에서 reactive 상태를 관리하는 방법으로 username, password, email, nickname, role을 각각 ref로 선언하여 양방향 바인딩을 설정합니다.

- useRouter는 Vue Router의 기능으로 페이지 간 내비게이션을 제어하는 데 사용합니다.

- authStore는 회원가입(register)과 로그인(login) 등의 인증 로직을 처리하는 함수를 제공합니다.

- handleRegister 함수는 사용자가 회원가입 폼을 제출할 때 호출되며 authStore.register()를 통해 사용자 정보를 authStore에 전달하고 비동기적으로 회원가입 요청을 처리합니다.

(4) 공지사항 페이지(NoticeView.vue)

공지사항 목록과 상세 정보를 표시하는 컴포넌트로 공지사항 세부 정보를 로드하고 불필요한 공지사항을 삭제하고 조건부 렌더링을 진행합니다.

src/views/NoticeView.vue

```
01   <template>
02     <div class="container mt-5">
03       <h3>Notice Details</h3><hr/>
04       <div v-if="notice">
05         <h4>{{ notice.title }}</h4><p>{{ notice.content }}</p>
06         <button @click="deleteNotice" class="btn btn-danger" v-if="isAuthenticated">삭제</button>
07           <router-link to="/notices" class="btn btn-secondary">Back to Notices</router-link>
08       </div>
09       <div v-else><p>Loading...</p></div>
```

```
10      </div>
11    </template>
12    <script setup>
13    import { ref, onMounted } from 'vue'
14    import { useRoute, useRouter } from 'vue-router'
15    import useStore from '../store/index'
16    import { useAuthStore } from '../store/authStore'
17    const authStore = useAuthStore()
18    const store = useStore()
19    const isAuthenticated = authStore.isAuthenticated
20    const notice = ref(null)
21    const route = useRoute()
22    const router = useRouter()
23    const noticeId = route.params.id
24    onMounted(async () => {
25      console.log(noticeId)
26      try { const response = await store.getNoticeById(noticeId)   // getNoticeById로 수정 필요
27        notice.value = response
28      } catch (error) { console.error('Error fetching notice details:', error) }
29    })
30    const deleteNotice = async () => {
31      try {
32        await store.deleteNotice(notice.value.id)   // 'storee'를 'store'로 수정
33        alert('Notice deleted successfully')
34        router.push('/notices')   // 삭제 후 공지사항 목록으로 이동
35      } catch (error) {
36        console.error('Error deleting notice:', error)
37      }
38    }
39    </script>
```

➜ notice는 공지사항의 세부 정보를 저장하는 ref가 적용된 반응형 변수입니다.

➜ useRoute는 현재 라우트 객체를 가져와서 라우트 매개변수(route.params.id)를 사용합니다. 여기서는 공지사항의 ID(noticeId)를 URL 파라미터로 가져옵니다.

➜ onMounted 혹은 컴포넌트가 마운트되었을 때 실행됩니다. 이 안에서 getNoticeById 메서드를 호출하여 공지사항의 세부 정보를 서버에서 받아옵니다.

➜ deleteNotice 함수는 공지사항을 삭제하는 역할을 합니다.

➜ 공지사항 데이터가 로드되면 v-if="notice" 조건에 의해 공지사항 세부 정보가 화면에 표시됩니다.

(5) 프로젝트 페이지(ProjectView.vue)

프로젝트와 관련된 작업 정보 제공하기 위해 컴포넌트가 마운트되면 프로젝트 세부 정보를 로드하고 불필요한 프로젝트를 삭제하는 컴포넌트입니다.

src/views/ProjectView.vue

```
01  <template>
02    <div class="container mt-5">
03      <h3>Project Details</h3><hr/>
04      <div v-if="project">
05        <h4>{{ project.name }}</h4><p>{{ project.description }}</p>
06        <router-link to="/projects" class="btn btn-secondary">Back to Projects</router-link>  
07        <button @click="deleteProject" class="btn btn-danger ml-2" v-if="isAuthenticated">Delete Project</button>
08      </div>
09      <div v-else>
10        <p>Loading...</p>
11      </div>
12    </div>
13  </template>
14  <script setup>
15  import { ref, onMounted } from 'vue'
16  import { useRoute, useRouter } from 'vue-router'
17  import useStore from '../store/index'
18  import { useAuthStore } from '../store/authStore'
19  const authStore = useAuthStore()
20  const store = useStore()
21  const isAuthenticated = authStore.isAuthenticated
22  const project = ref({})
23  const route = useRoute()
24  const router = useRouter()
25  const projectId = route.params.id
26  onMounted(async () => {
27    try { const response = await store.getProjectById(projectId)
28      console.log('Fetched project:', response)   // 프로젝트 데이터를 확인
29      if (response) { project.value = response
30      } else { console.error(`No project found with ID: ${projectId}`) }
31    } catch (error) { console.error('Error fetching project details:', error) }
32  })
33  const deleteProject = async () => {
34    try { await store.deleteProject(projectId)
35      alert('Project deleted successfully!')
```

```
36        router.push('/projects')  // 프로젝트 목록 페이지로 리다이렉션
37    } catch (error) { console.error('Error deleting project:', error) }
38  }
39  </script>
```

- project는 프로젝트의 세부 정보를 저장하는 반응형 변수입니다.

- useRoute는 현재 라우트 객체를 가져오며 route.params.id를 사용하여 URL에서 프로젝트의 ID(projectId)를 가져옵니다.

- onMounted 훅은 컴포넌트가 마운트된 후 실행되고 store.getProjectById(projectId) 메서드를 호출하여 서버에서 해당 프로젝트의 세부 정보를 가져옵니다.

- deleteProject 함수는 프로젝트를 삭제하는 역할로 store.deleteProject(projectId)를 호출하여 해당 프로젝트를 삭제합니다.

(6) 대시보드 페이지(BoardView.vue)

팀 작업 현황 및 주요 메트릭을 표시하는 컴포넌트로 사용자가 인증된 상태일 때만 게시글 페이지가 표시되며 로딩 중에는 "Loading..." 메시지를 보여줍니다.

src/views/BoardView.vue

```
01  <template>
02    <div class="container mt-5" v-if="isAuthenticated">
03      <h3>Posts</h3>
04      <div v-for="post in posts" :key="post.id">
05        <div v-if="post">
06          <h4>{{ post.title }}</h4>
07          <p>{{ post.content }}</p>
08          <router-link to="/boards" class="btn btn-secondary">Back to Boards</router-link>
09        </div>
10        <div v-else>
11          <p>Loading...</p>
12        </div>
13      </div>
14    </div>
15  </template>
16  <script setup>
17  import { ref, onMounted } from 'vue'
```

```
18   import { useRoute } from 'vue-router'
19   import useStore from '../store/index'
20   import { useAuthStore } from '../store/authStore'
21   const authStore = useAuthStore()
22   const store = useStore()
23   const isAuthenticated = authStore.isAuthenticated
24   const posts = ref({})
25   const route = useRoute()
26   onMounted(async () => {
27     try { const response = await store.getBoard(route.params.id)
28       posts.value = response
29     } catch (error) { console.error('Error fetching board details:', error) }
30   })
31   </script>
```

- authStore.isAuthenticated는 사용자가 인증되었는지를 나타내는 값입니다.

- posts는 ref로 선언된 변수로 게시글 데이터를 저장하는 데 사용합니다.

- useRoute는 현재 라우트 객체를 가져옵니다.

- onMounted는 Vue의 라이프사이클 훅으로 컴포넌트가 마운트된 후 실행됩니다.

- v-for="post in posts"는 posts 배열에 있는 각 게시글을 반복하여 렌더링합니다.

14.2.3 애플리케이션 빌드

모든 작성이 완료되었으므로 ch14_myapp2 애플리케이션을 실행하여 정상적으로 동작하는지 확인합니다. 정상적이지 않은 경우 제시된 코드가 맞는지 누락이나 위치, 오타 등을 확인하면서 진행합니다.

(1) 개발 서버 실행

터미널창을 열고 작성된 애플리케이션을 개발자 모드에서 테스트를 진행합니다.

```
npm run dev
```

브라우저에서 http://localhost:5173으로 접속하여 애플리케이션을 확인합니다.

(2) 애플리케이션 빌드

터미널창을 열고 해당 디렉터리인 ch14_myapp2로 이동한 후 애플리케이션을 빌드합니다.

```
npm run build
```

빌드를 통해 여러 구성 파일을 웹 환경에서 실행 가능한 형태의 웹 파일로 변환하면 dist/ 폴더에 결과가 생성됩니다.

14.2.4 포트폴리오에 반영

포트폴리오 메인 디렉터리인 portfolio 안에 sub2 디렉터리를 생성한 후 빌드된 dist 폴더에 있는 내용을 복사하여 붙여 넣습니다. 디렉터리 위치가 다를 경우 원격 저장소(GitHub Repository)에 배포하더라도 렌더링이 제대로 되지 않을 수 있습니다.

14.3 Content Management System(CMS)

CMS(Content Management System)는 콘텐츠를 효율적으로 관리하기 위한 애플리케이션입니다. 사용자 인증, 콘텐츠 CRUD, 공지사항 및 갤러리 기능을 제공합니다.

(1) 주요 기능

- 회원 관리: 회원가입, 로그인, 회원정보 페이지
- 공지사항 관리: 공지사항 목록 및 상세페이지
- 콘텐츠 관리: 콘텐츠 등록, 수정, 삭제, 갤러리 보기
- 사용 기술: Vue CLI, Vue Router, Pinia, PureCSS
- 프로젝트 이름: ch14_myapp3

14.3.1 프로젝트 준비

ch14_myapp3 프로젝트가 가지는 Content Management System(CMS) 애플리케이션의 기능을 고려하여 작성 및 구성할 프로젝트의 구조를 파악하고 해당 프로젝트의 폴더를 열어 프로젝트에 필요한 라이브러리를 설치합니다.

(1) 프로젝트 파일 구조와 미리보기

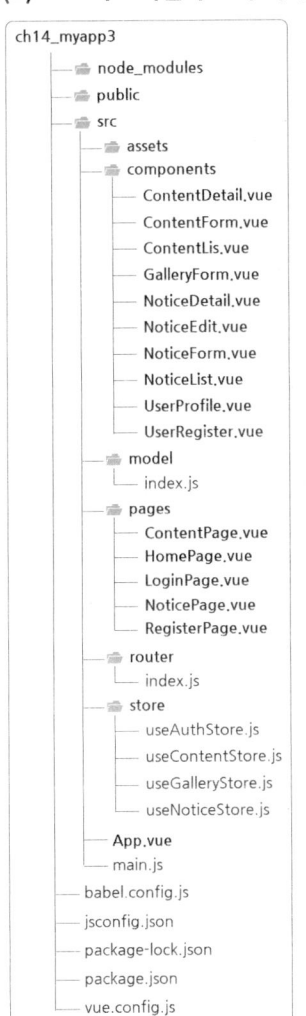

GalleryForm.vue: 갤러리에 이미지/비디오를 업로드하는 폼
NoticeDetail.vue: 공지사항의 상세 정보 컴포넌트
NoticeEdit.vue: 공지사항 수정 폼
NoticeForm.vue: 새로운 공지사항을 작성하는 폼
NoticeList.vue: 공지사항 목록을 표시하는 컴포넌트
UserProfile.vue: 사용자 프로필을 관리하는 UI
UserRegister.vue: 사용자 등록 폼
ContentPage.vue: 콘텐츠 관리 페이지
HomePage.vue: 홈 화면 페이지
LoginPage.vue: 로그인 페이지
NoticePage.vue: 공지사항 페이지
RegisterPage.vue: 회원가입 페이지
useAuthStore.js: 사용자 인증 상태 관리
useContentStore.js: 콘텐츠 관련 상태 관리
useGalleryStore.js: 갤러리 관련 상태 관리
useNoticeStore.js: 공지사항 관련 상태 관리

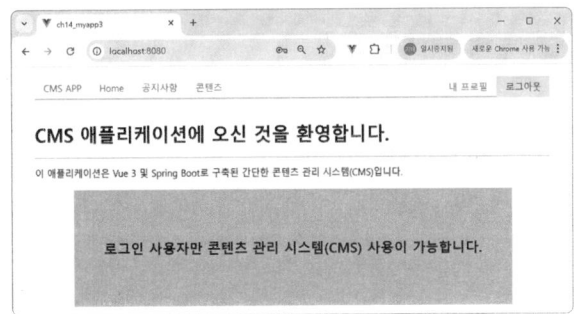

[그림 14-6] ch14_myapp3 프로젝트 구조   [그림 14-7] ch14_myapp3 실행 화면

[그림 14-6]은 프로젝트 구조를 나타내며, [그림 14-7]은 애플리케이션을 모두 완성하고 로컬에서 실행했을 때 화면입니다. 프로젝트 구조를 참고하여 작성하고 미리보기 화면을 참고해 결과가 올바르게 나오는지 확인합니다.

(2) 프로젝트 열기

Visual Studio Code를 실행하고 Visual Studio Code에서 [파일(File)]-[폴더 열기(Open Folder)] 메뉴를 통해 ch14_myapp3 폴더를 열어 프로젝트를 준비합니다. Visual Studio Code에서 [보기(View)]-[터미널(Terminal)] 메뉴로 터미널창을 열고 아래와 같이 필요한 패키지를 설치합니다.

```
npm install
```

위 명령은 현재 프로젝트의 package.json에 지정된 의존성 라이브러리를 설치합니다.

14.3.2 핵심 컴포넌트 작성

ch14_myapp3의 주요 핵심 컴포넌트로 메인 페이지, 로그인 페이지, 회원가입 페이지, 공지사항 페이지, 콘텐츠 페이지를 작성하겠습니다.

(1) 메인 페이지(HomePage.vue)

CMS를 소개하고 대시보드, 주요 콘텐츠를 요약 표시하는 컴포넌트로 애플리케이션 실행 시에 맨 처음 렌더링됩니다.

```
src/pages/HomePage.vue
01    <template>
02        <div class="pure-g">
03            <div class="pure-u-1">
04                <h1>CMS 애플리케이션에 오신 것을 환영합니다.</h1><hr/>
05                <p>이 애플리케이션은 Vue 3 및 Spring Boot로 구축된 간단한 콘텐츠 관리 시스템(CMS)입니다.</p>
06                <div style="background-color:#cfc8c0; width:85%; min-
```

```
height:200px; line-height: 200px; margin:20px auto; text-align: center;">
07                <h2>로그인 사용자만 콘텐츠 관리 시스템(CMS) 사용이 가능합니다.</h2>
08            </div>
09        </div>
10    </div>
11 </template>
12 <script setup>
13 </script>
```

➡ 페이지 구조는 Vue.js에서 pureCSS 그리드 시스템을 활용하여 레이아웃을 구성합니다.

➡ 환영 메시지로는 CMS 애플리케이션의 인사말 및 간단한 소개가 포함됩니다.

➡ 중요 안내로는 로그인한 사용자만 사용할 수 있다는 내용을 강조하는 스타일이 적용된 박스를 사용하여 중요한 정보를 전달합니다.

(2) 로그인 페이지(LoginPage.vue)

사용자 인증 폼에서 username과 password를 입력하여 Vue Router로 로그인한 후 대시보드로 리디렉션되는 컴포넌트입니다

src/pages/LoginPage.vue
```
01 <template>
02   <div class="fr-content" style="">
03     <h3 class="title">로그인</h3><hr/>
04     <form @submit.prevent="login" class="pure-form pure-form-stacked">
05       <fieldset>
06         <label for="username">UserID</label>
07         <input id="username" v-model="form.username" placeholder="Enter UserID" required />
08         <label for="password">Password</label>
09         <input id="password" v-model="form.password" type="password" placeholder="Enter password" required />
10         <button type="submit" class="pure-button pure-button-primary">로그인</button>
11         <router-link to="/register">
12           <button type="button" class="pure-button pure-button-secondary">회원가입</button>
13         </router-link>
14       </fieldset>
15   </form>
```

```
16        </div>
17      </template>
18      <script setup>
19      import { ref } from 'vue';
20      import { useAuthStore } from '../store/useAuthStore';
21      import { useRouter } from 'vue-router';
22      const form = ref({ username: '', password: '' });
23      const authStore = useAuthStore();
24      const router = useRouter();
25      const login = async () => {
26        try { await authStore.login(form.value.username, form.value.password);
27          router.push('/');
28        } catch (error) { console.error(error); }
29      };
30      </script>
```

- Vue의 ref는 반응형 객체를 정의하는 데 사용합니다.
- form은 username과 password 필드를 가지며 사용자가 입력한 값이 해당 필드에 자동으로 저장됩니다.
- useAuthStore는 사용자 인증 상태를 관리하는 상태 관리(store)입니다.
- useRouter는 Vue Router의 인스턴스를 가져와서, 로그인 성공 후 특정 페이지로 라우팅을 제어하는 데 사용합니다.
- login 메서드는 authStore.login(form.value.username, form.value.password)를 호출하여 username과 password를 authStore에 전달하여 로그인 처리를 수행합니다.

(3) 회원가입 페이지(RegisterPage.vue)

신규 사용자 등록 폼이 있어 username, password, email, name을 입력한 후 검증 및 등록 성공 메시지를 제공하는 컴포넌트입니다.

```
src/pages/RegisterPage.vue
01  <template>
02    <div class="pure-g">
03      <div class="pure-u-1">
04        <h1 class="title">회원가입</h1>
05        <UserRegister />
```

```
06        </div>
07      </div>
08    </template>
09    <script setup>
10    import UserRegister from '../components/UserRegister.vue';
11    </script>
```

- ➡ UserRegister는 자식 컴포넌트로 회원가입 폼을 제공하는 컴포넌트입니다.
- ➡ import는 UserRegister를 현재 컴포넌트인 RegisterPage.vue로 가져옵니다.

(4) 공지사항 페이지(NoticePage.vue)

공지사항 목록과 공지사항의 상세페이지로 연결되는 컴포넌트로 공지사항 목록 컴포넌트를 자식 컴포넌트로 렌더링합니다.

src/pages/NoticePage.vue
```
01    <template>
02      <div class="pure-g">
03        <div class="pure-u-1">
04          <h1 class="title"></h1>
05          <NoticeList />
06        </div>
07      </div>
08    </template>
09    <script setup>
10    import NoticeList from '../components/NoticeList.vue';
11    </script>
```

- ➡ NoticeList는 자식 컴포넌트로 공지사항 목록을 표시하는 컴포넌트입니다.
- ➡ import는 NoticeList를 현재 컴포넌트인 NoticePage.vue로 가져옵니다.

(5) 콘텐츠 페이지(ContentPage.vue)

콘텐츠 페이지 컴포넌트는 콘텐츠 CRUD 기능을 제공하고 갤러리 및 상세 정보 보기에 관한 기능을 제공합니다.

```
src/pages/ContentPage.vue
01  <template>
02    <div class="pure-g">
03      <div class="pure-u-1">
04        <h1 class="title"></h1>
05        <ContentList />
06      </div>
07    </div>
08  </template>
09  <script setup>
10  import ContentList from '../components/ContentList.vue';
11  </script>
```

➔ ContentList는 자식 컴포넌트로 콘텐츠 목록을 표시하는 컴포넌트입니다.

➔ import는 ContentList를 현재 컴포넌트인 ContentPage.vue로 가져옵니다.

14.3.3 애플리케이션 빌드

모든 작성과 설정이 완료되었으므로 애플리케이션을 실행하여 정상적으로 동작하는지 확인하고 웹 환경에 적합한 형태로 가공합니다.

(1) 개발 서버 실행

터미널창을 열고 작성된 애플리케이션을 개발자 모드에서 테스트를 진행합니다.

```
npm run serve
```

브라우저에서 http://localhost:8080으로 접속하여 애플리케이션을 확인합니다.

(2) 애플리케이션 빌드

터미널창을 열고 해당 디렉터리인 ch14_myapp3로 이동한 후 애플리케이션을 빌드합니다.

```
npm run build
```

빌드를 통해 여러 구성 파일을 웹 환경에서 실행 가능한 형태의 웹 파일로 변환하면 dist/ 폴더에 결과가 생성됩니다.

14.3.4 포트폴리오에 반영

portfolio 디렉터리 안에 sub3 디렉터리를 생성하고 빌드된 dist 폴더에 있는 내용을 복사한 후 붙여 넣습니다. 다른 파일이 섞이지 않도록 주의하고 디렉터리 위치가 다를 경우 원격 저장소(GitHub Repository)에 배포하더라도 렌더링이 제대로 되지 않을 수 있습니다.

14.4 소셜 미디어 플랫폼 애플리케이션 제작

소셜 미디어 플랫폼(Social Media Platform)은 사용자 간의 상호작용 및 콘텐츠 공유를 지원하며 채팅, 메신저, 글의 게시 기능 등을 제공합니다.

(1) 주요 기능

- 회원 관리: 회원가입, 로그인, 프로필 수정
- 게시물 관리: 게시물 CRUD, 미디어 파일 업로드
- 실시간 채팅: 사용자 간 실시간 메시지 전송
- 사용 기술: Vite, Vue Router, Pinia, Foundation CSS
- 프로젝트 이름: ch14_myapp4

14.4.1 프로젝트 준비

ch14_myapp4 프로젝트가 가지는 Social Media 플랫폼 애플리케이션의 기능을 고려하여 작성 및 구성할 프로젝트의 구조를 파악하고 해당 프로젝트의 폴더를 열어 프로젝트에

필요한 라이브러리를 설치합니다.

(1) 프로젝트 파일 구조와 미리보기

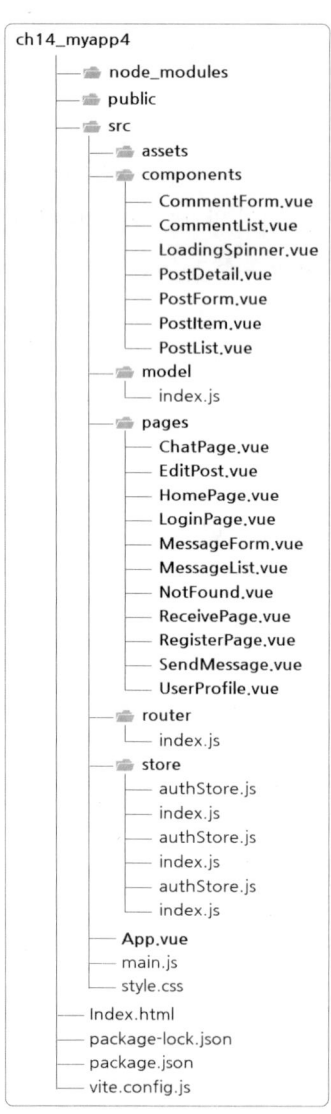

ChatPage.vue: 실시간 채팅 페이지
EditPost.vue: 게시물 편집 페이지
HomePage.vue: 메인 페이지
LoginPage.vue: 로그인 페이지
MessageForm.vue: 메시지 작성 폼
MessageList.vue: 받은 메시지 목록 페이지
NotFound.vue: 404 오류 페이지
ReceiveMessage.vue: 수신된 메시지 상세페이지
RegisterPage.vue: 회원가입 페이지
SendMessage.vue: 보낸 메시지 목록 페이지
UserProfile.vue: 사용자 프로필 페이지
authStore.js: 사용자 인증 상태 관리
chatStore.js: 채팅 메시지 상태 관리
commentStore.js: 댓글 관련 상태 관리
messageStore.js: 메시지 상태 관리
postStore.js: 게시물 상태 관리
userStore.js: 사용자 데이터 상태 관리

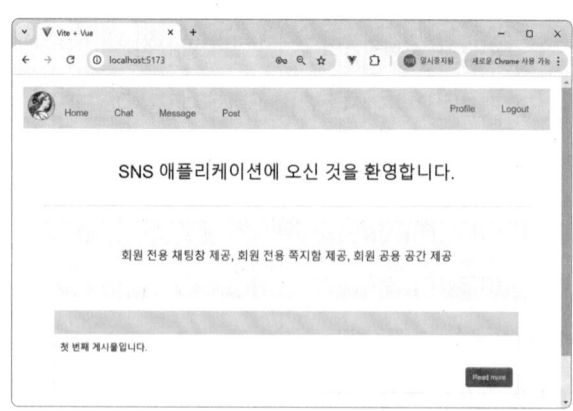

[그림 14-8] ch14_myapp4 프로젝트 구조   [그림 14-9] ch14_myapp4 실행 화면

[그림 14-8]은 프로젝트 구조를 나타내며, [그림 14-9]는 애플리케이션을 모두 완성하고 로컬에서 실행했을 때 화면입니다. 프로젝트 구조를 참고하여 작성하고 미리보기 화면을 참고해 결과가 올바르게 나오는지 확인합니다.

(2) 프로젝트 열기

Visual Studio Code를 실행하고 Visual Studio Code에서 [파일(File)]-[폴더 열기(Open Folder)] 메뉴를 통해 ch14_myapp4 폴더를 열어 프로젝트를 준비합니다. Visual Studio Code에서 [보기(View)]-[터미널(Terminal)] 메뉴로 터미널창을 열고 아래와 같이 필요한 패키지를 설치합니다.

```
npm install
```

위 명령은 현재 프로젝트의 package.json에 지정된 의존성 라이브러리를 설치합니다.

14.4.2 핵심 컴포넌트 작성

ch14_myapp4의 주요 핵심 컴포넌트인 채팅 페이지, 쪽지 목록 페이지, 쪽지 보내기 페이지, 보낸 쪽지함 페이지, 받은 쪽지함 페이지, 기사글 편집 페이지, 404 페이지를 작성하겠습니다.

(1) 채팅 페이지(ChatPage.vue)

실시간으로 메시지를 주고 받을 수 있는 실시간 채팅 기능이 구현된 컴포넌트로 chat-app 디렉터리에 있는 server.js를 "node server.js"로 우선 실행해야 합니다.

```
src/pages/ChatPage.vue
01  <template>
02    <div class="chat-page">
03      <h2 class="title">실시간 채팅</h2>
04      <hr />
05      <div class="chat-container">
```

```
06          <div class="chat-box">
07            <div class="messages" ref="messageList">
08              <div class="message" v-for="msg in chats" :key="msg.timestamp">
09                <strong>{{ msg.username }}:</strong>
10                <p>{{ msg.content }}</p>
11              </div>
12            </div>
13          </div>
14          <form @submit.prevent="sendMessage" class="grid-x grid-padding-x">
15            <div class="cell small-9">
16              <input
17                type="text"
18                v-model="newMessage"
19                class="input-group-field"
20                placeholder="Type a message..."
21                required
22              />
23            </div>
24            <div class="cell small-3">
25              <button type="submit" class="button success expanded">Send</button>
26            </div>
27          </form>
28        </div>
29      </div>
30    </template>
31    <script setup>
32    import { ref, onMounted, nextTick } from 'vue';
33    import { io } from 'socket.io-client';
34    const chats = ref([]);
35    const newMessage = ref('');
36    const username = ref(null); // 랜덤 사용자명
37    const socket = io('http://localhost:7000'); // 서버와 연결
38    onMounted(() => {
39      username.value = localStorage.getItem("username");
40      socket.on('chat message', (msg) => {
41        chats.value.push(msg); // 수신된 메시지를 추가
42        scrollToBottom();
43      });
44    });
45    const sendMessage = () => {
46      if (newMessage.value.trim()) {
47        const msg = {
48          username: username.value,
49          content: newMessage.value,
50          timestamp: new Date().getTime(),
51        };
```

```
52          socket.emit('chat message', msg); // 서버로 메시지 전송
53          newMessage.value = ''; // 입력란 초기화
54        }
55      };
56    };
57    const scrollToBottom = () => {
58      nextTick(() => {
59        const messageList = document.querySelector('.messages');
60        if (messageList) {
61          messageList.scrollTop = messageList.scrollHeight;
62        }
63      });
64    };
65  </script>
```

➡ chats는 실시간 채팅 메시지를 저장하는 반응형 배열입니다.

➡ newMessage는 사용자가 채팅 입력란에 작성하는 메시지를 저장하는 반응형 변수입니다.

➡ socket은 socket.io를 통해 서버와 실시간 연결을 설정하는 객체입니다.

➡ socket.on('chat message', ...)은 서버로부터 'chat message' 이벤트를 수신하고 해당 메시지를 chats 배열에 추가합니다.

➡ sendMessage는 사용자가 메시지를 보내면 호출되는 함수입니다.

➡ scrollToBottom은 메시지가 추가될 때 메시지 목록이 자동으로 최신 메시지로 스크롤 되도록 설정하는 함수입니다.

(2) 쪽지 목록 페이지(MessageList.vue)

사용자가 로그인할 때마다 보낸 메시지와 받은 메시지를 불러오고 그 수를 동적으로 템플릿에 표시하는 역할을 하는 컴포넌트입니다.

```
src/pages/MessageList.vue
01  <template>
02    <div class="grid-container">
03      <h1 class="text-center">메시지 목록</h1><hr/>
04      <div class="grid-x grid-padding-x">
05        <div class="cell small-12 medium-6 large-4">
06          <router-link to="/messages/send" class="button expanded">보낸
```

```
메시지 ({{ sentCount }})</router-link>
07        </div>
08        <div class="cell small-12 medium-6 large-4">
09          <router-link to="/messages/receive" class="button expanded">받은 메시지 ({{ receivedCount }})</router-link>
10        </div>
11        <div class="cell small-12 medium-6 large-4">
12          <router-link to="/messages/new" class="button success expanded">메시지 보내기</router-link>
13        </div>
14      </div>
15    </div>
16  </template>
17  <script setup>
18  import { useMessageStore } from '@/store/messageStore';
19  import { computed, onMounted } from 'vue';
20  import { useAuthStore } from '@/store/authStore';
21  const messageStore = useMessageStore();
22  const sentCount = computed(() => messageStore.sentMessages.length);
23  const receivedCount = computed(() => messageStore.receivedMessages.length);
24  const authStore = useAuthStore();
25  onMounted(() => {
26    const user = authStore.user;
27    messageStore.fetchSentMessages(user.id);
28    messageStore.fetchReceivedMessages(user.id);
29  });
30  </script>
```

- sentCount는 sentMessages 배열의 길이를 계산하여 보낸 메시지의 수를 반환합니다.
- receivedCount는 receivedMessages 배열의 길이를 계산하여 받은 메시지의 수를 반환합니다.
- messageStore는 상태 관리용 store를 가져오는 함수입니다.

(3) 쪽지 보내기 페이지(MessageForm.vue)

사용자가 메시지를 선택한 받는 사람에게 전송할 수 있도록 하고 전송된 메시지는 messageStore에 의해 처리되는 컴포넌트입니다.

src/pages/MessageForm.vue

```vue
01  <template>
02    <div class="grid-container">
03      <h1 class="text-center">쪽지 보내기</h1><hr/>
04      <form @submit.prevent="handleSubmit">
05        <div class="grid-x grid-padding-x">
06          <div class="cell small-12">
07            <label>받는 사람
08              <select v-model="receiverId" required>
09                <option v-for="user in users" :key="user.id" :value="user.id">{{ user.username }}</option>
10              </select>
11            </label>
12          </div>
13          <div class="cell small-12">
14            <label>메시지
15              <textarea v-model="content" placeholder="Write your message..." rows="5" required></textarea>
16            </label>
17          </div>
18          <div class="cell small-12">
19            <button type="submit" class="button success expanded">쪽지 보내기</button>
20          </div>
21        </div>
22      </form>
23    </div>
24  </template>
25  <script setup>
26  import { useMessageStore } from '@/store/messageStore';
27  import { ref, computed, onMounted } from 'vue';
28  import { useAuthStore } from '@/store/authStore';
29  import { useUserStore } from '@/store/userStore';
30  const messageStore = useMessageStore();
31  const receiverId = ref('');
32  const content = ref('');
33  const authStore = useAuthStore();
34  const userStore = useUserStore();
35  const users = computed(() => userStore.users);
36  const handleSubmit = () => {
37    const u = authStore.user;
38    const senderId = u.id;
39    messageStore.sendMessage(senderId, receiverId.value, content.value);
40  };
41  onMounted(() => { userStore.fetchUsers(); });
42  </script>
```

- receiverId는 메시지를 받는 사람 ID를 저장하는 변수입니다.
- content는 보낼 메시지의 내용을 저장하는 변수입니다.
- users는 userStore에서 관리하는 사용자 목록을 가져옵니다.
- handleSubmit는 폼이 제출될 때 호출되는 함수입니다.
- useMessageStore는 메시지 관련 데이터를 관리하는 store입니다.

(4) 보낸 쪽지함 페이지(SendMessage.vue)

sentMessages 배열의 각 메시지를 화면에 출력하여 사용자가 보낸 메시지들을 확인할 수 있는 컴포넌트입니다.

```
src/pages/SendMessage.vue
01  <template>
02    <div class="grid-container">
03      <h1 class="text-center">보낸 메시지함</h1><hr>
04      <ul class="vertical menu">
05        <li v-for="message in sentMessages" :key="message.id">
06          <div class="callout">
07            <p><strong>To:</strong> {{ message.receiverUsername }}</p>
08            <p>{{ message.content }}</p>
09          </div>
10        </li>
11      </ul>
12    </div>
13  </template>
14  <script setup>
15  import { useMessageStore } from '@/store/messageStore';
16  import { computed, onMounted } from 'vue';
17  import { useAuthStore } from '@/store/authStore';
18  import { useUserStore } from '@/store/userStore';
19  const messageStore = useMessageStore();
20  const sentMessages = computed(() => messageStore.sentMessages);
21  const authStore = useAuthStore();
22  const userStore = useUserStore();
23  onMounted(() => {
24    const user = authStore.user;
25    console.log(user.id);
26    messageStore.fetchSentMessages(user.id);
```

```
27      });
28    </script>
```

- sentMessages는 messageStore에서 관리하는 보낸 메시지 목록을 가져오는 computed 속성입니다.
- useMessageStore는 messageStore를 가져오는 코드입니다.
- fetchSentMessages 메서드는 특정 사용자가 보낸 메시지 목록을 서버로부터 가져오는 비동기 메서드입니다.
- authStore는 로그인된 사용자의 정보를 관리하는 store입니다.

(5) 받은 쪽지함 페이지(ReceiveMessage.vue)

receivedMessages 배열의 각 메시지를 화면에 출력하여 사용자가 받은 메시지들을 확인할 수 있는 컴포넌트입니다.

src/pages/ReceiveMessage.vue
```
01    <template>
02      <div class="grid-container">
03        <h1 class="text-center">받은 메시지함</h1><hr/>
04        <ul class="vertical menu">
05          <li v-for="message in receivedMessages" :key="message.id">
06            <div class="callout">
07              <p><strong>From:</strong> {{ message.senderUsername }}</p>
08              <p>{{ message.content }}</p>
09            </div>
10          </li>
11        </ul>
12      </div>
13    </template>
14    <script setup>
15    import { useMessageStore } from '@/store/messageStore';
16    import { computed, onMounted } from 'vue';
17    import { useAuthStore } from '@/store/authStore';
18    import { useUserStore } from '@/store/userStore';
19    const messageStore = useMessageStore();
20    const receivedMessages = computed(() => messageStore.receivedMessages);
21    const authStore = useAuthStore();
```

```
22    const userStore = useUserStore();
23    onMounted(() => {
24      const user = authStore.user;
25      messageStore.fetchReceivedMessages(user.id);
26    });
27    </script>
```

- receivedMessages는 messageStore.receivedMessages에 저장된 받은 메시지 목록을 나타내며 이를 화면에 출력합니다.

- onMounted 훅에서 로그인된 사용자의 ID를 가져와 해당 사용자가 받은 메시지를 서버에서 가져오는 fetchReceivedMessages 메서드를 호출합니다.

- authStore.user를 사용하여 로그인된 사용자의 정보를 가져옵니다.

(6) 기사글 편집 페이지(EditPost.vue)

사용자가 수정한 게시물 내용을 자동으로 반영하는 기능을 제공하며 기사글에 관한 편집 컴포넌트입니다.

src/pages/EditPost.vue
```
01  <template>
02    <div class="edit-post" v-if="post">
03      <h3>Edit Post</h3><hr />
04      <form @submit.prevent="submitPost">
05        <div class="grid-x grid-padding-x">
06          <div class="cell small-12">
07            <label for="content">Content</label>
08            <textarea id="content" v-model="post.content" placeholder="Enter content"
09              rows="5" class="input-group-field" required></textarea>
10          </div>
11          <div class="cell small-12">
12            <button type="submit" class="button success expanded">Update Post</button>
13          </div>
14        </div>
15      </form>
16    </div>
17    <div v-else>Loading...</div>
```

```
18    </template>
19    <script setup>
20    import { ref, onMounted, computed } from 'vue';
21    import { useRouter, useRoute } from 'vue-router';
22    import { useAuthStore } from '@/store/authStore';
23    import { usePostStore } from '@/store/postStore';
24    const router = useRouter();
25    const route = useRoute();
26    const postStore = usePostStore();
27    const authStore = useAuthStore();
28    const post = computed(() => postStore.currentPost); // 현재 게시물
29    onMounted(async () => { const postId = route.params.id;
30      try { await postStore.fetchPostById(postId);
31      } catch (error) { console.error('Failed to fetch post:', error); }
32    });
33    const canEdit = computed(() => { return post.value && authStore.user.id === post.value.userId; });
34    const submitPost = async () => {
35      if (!post.value) return;
36      await postStore.updatePost(post.value.id, { content: post.value.content, });
37      router.push(`/posts`);
38    };
39    </script>
```

- post는 postStore.currentPost에서 현재 편집 중인 게시물 데이터를 가져오며 computed 속성을 사용하여 자동으로 뷰가 갱신됩니다.

- onMounted 훅에서 게시물 ID를 URL에서 추출하여 해당 게시물을 서버에서 가져옵니다.

- canEdit는 게시물의 작성자와 현재 로그인한 사용자가 일치할 때만 게시물을 수정할 수 있게 합니다.

- submitPost 함수는 게시물을 업데이트하고 목록 페이지로 리다이렉트합니다.

(7) 404 페이지(NotFound.vue)

사용자의 잘못된 URL 요청에 관해 렌더링되며 라우터에서 별도의 설정이 필요한 컴포넌트입니다.

```
src/pages/NotFound.vue
01    <template>
02        <div class="not-found">
03            <h1>404 - Page Not Found</h1><p>Sorry, the page you are looking for does not exist.</p>
04            <router-link to="/" class="button">메인으로</router-link>
05        </div>
06    </template>
07    <script setup>
08    </script>
```

➡ h1과 p 요소는 각각 404 페이지에 관한 제목과 문단을 표시하는 요소입니다.

➡ <router-link>를 사용하여 사용자가 메인 페이지로 돌아갈 수 있는 링크를 제공합니다.

14.4.3 애플리케이션 빌드

모든 작성이 완료되었으므로 ch14_myapp4 애플리케이션을 실행하여 정상적으로 동작하는지 확인합니다. 정상적이지 않은 경우 제시된 코드가 맞는지 누락이나 위치, 오타 등을 확인하면서 진행합니다.

(1) 개발 서버 실행

터미널창을 열고 작성된 애플리케이션을 개발자 모드에서 테스트를 진행합니다.

```
npm run serve
```

브라우저에서 http://localhost:5137로 접속하여 애플리케이션을 확인합니다.

(2) 애플리케이션 빌드

터미널창을 열고 해당 디렉터리인 ch14_myapp4로 이동한 후 애플리케이션을 빌드합니다.

```
npm run build
```

빌드를 통해 여러 구성 파일을 웹 환경에서 실행 가능한 형태의 웹 파일로 변환하면 dist/ 폴더에 결과가 생성됩니다.

14.4.4 포트폴리오에 반영

포트폴리오 디렉터리인 portfolio 디렉터리 안에 sub4 디렉터리를 생성한 후 빌드된 dist 폴더에 있는 내용을 복사한 후 붙여 넣습니다. 디렉터리 위치가 다를 경우 원격 저장소(GitHub Repository)에 배포하더라도 렌더링이 제대로 되지 않을 수 있습니다.

14.5 온라인 강의 플랫폼 애플리케이션 제작

온라인 강의 플랫폼은 학습 관리와 강의 수강 예약을 지원합니다. 주요 내용은 다음과 같습니다.

- 회원 관리: 회원가입, 로그인, 정보 수정
- 강의 관리: 강의 등록, 수강 예약
- 문제 관리: 퀴즈 문제 등록 및 관리
- 사용 기술: Vite, Vue Router, Pinia, Materialize
- 프로젝트 이름: ch14_myapp5

14.5.1 프로젝트 준비

ch14_myapp5 프로젝트가 가지는 온라인 강의 플랫폼 애플리케이션의 기능을 고려하여 작성 및 구성할 프로젝트의 구조를 파악하고 해당 프로젝트의 폴더를 열어 프로젝트에 필요한 라이브러리를 설치합니다.

(1) 프로젝트 파일 구조와 미리보기

[그림 14-10]은 프로젝트 구조를 나타내며, [그림 14-11]은 애플리케이션을 모두 완성하고 로컬에서 실행했을 때 화면입니다.

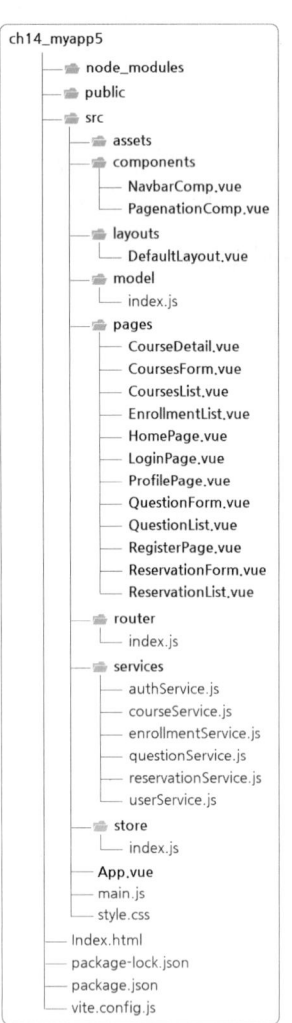

EnrollmentList.vue: 사용자가 등록한 강좌 목록
HomePage.vue: 메인 페이지
LoginPage.vue: 로그인 폼을 포함한 페이지
ProfilePage.vue: 사용자 프로필 정보를 표시
QuestionForm.vue: 질문 작성 폼
QuestionsList.vue: 강좌에 대한 질문 목록
RegisterPage.vue: 회원가입 페이지
ReservationForm.vue: 강좌 예약 폼
ReservationList.vue: 예약된 강좌 목록
authService.js: 사용자 인증 관련 API 호출
courseService.js: 강좌 데이터 CRUD API 호출
enrollmentService.js: 강좌 등록 관련 API 호출
questionService.js: 강좌 질문과 관련된 API 호출
reservationService.js: 강좌 예약 관련 API 호출
userService.js: 사용자 데이터와 관련된 API 호출

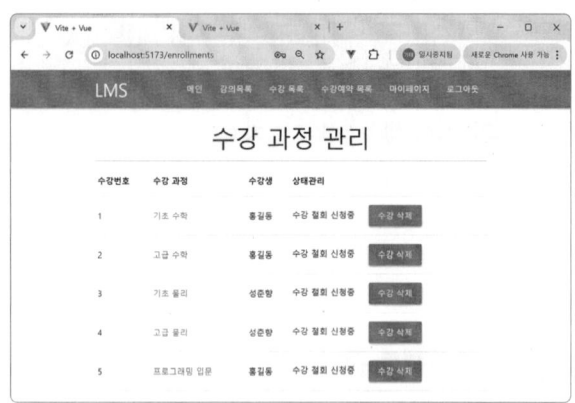

[그림 14-10] ch14_myapp5 프로젝트 구조　　[그림 14-11] ch14_myapp5 실행 화면

(2) 프로젝트 열기

Visual Studio Code에서 [파일(File)]-[폴더 열기(Open Folder)] 메뉴를 통해 ch14_myapp5 폴더를 열어 프로젝트를 준비합니다. Visual Studio Code에서 [보기(View)]-[터미널(Terminal)] 메뉴로 터미널창을 열고 아래와 같이 필요한 패키지를 설치합니다.

```
npm install
```

위 명령은 현재 프로젝트의 package.json에 지정된 의존성 라이브러리를 설치합니다.

14.5.2 핵심 컴포넌트 작성

이번 프로젝트의 주요 핵심 컴포넌트로 과정 목록 페이지, 수강 목록 페이지, 수강 예약 목록 페이지, 수강 예약 페이지를 작성하겠습니다.

(1) 과정 목록 페이지(CourseList.vue)

강의 과정 목록을 보여주는 페이지로 사용자가 로그인 상태에 따라 강의 제목을 클릭하거나 관리자인 경우 강의를 추가할 수 있는 버튼이 제공됩니다.

```
src/pages/CourseList.vue
01  <template>
02    <DefaultLayout>
03      <h3 class="center">강의 과정 목록</h3><hr/>
04      <div class="container">
05        <ul class="collection">
06          <li><strong class="column1">과정명</strong><strong class="column2">개강일</strong></li>
07          <li v-for="course in courses" :key="course.id" class="collection-item">
08            <span class="column1">
09              <router-link :to="`/courses/${course.id}`" v-if="isLoggedIn">{{ course.title }}</router-link>
10              <span v-else>{{ course.title }}</span>
11            </span><span class="column2">{{ course.startDate }}</span>
12          </li>
```

```
13        </ul>
14        <router-link v-if="isAdmin" to="/courses/new" class="btn waves-effect waves-light">
15          강의 과정 등록</router-link>
16      </div>
17    </DefaultLayout>
18 </template>
19 <script setup>
20 import { onMounted, computed } from 'vue';
21 import { useCoursesStore, useUserStore, useAuthStore } from '@/store';
22 const coursesStore = useCoursesStore();
23 const userStore = useUserStore();
24 const authStore = useAuthStore();
25 const courses = computed(() => coursesStore.courses);
26 const isLoggedIn = computed(() => authStore.authToken);
27 const role = localStorage.getItem('role');
28 const isAdmin = computed(() => role === 'ADMIN');
29 onMounted(async () => { await coursesStore.fetchCourses();
30   const username = localStorage.getItem('username');
31   await userStore.fetchUser(username); });
32 </script>
```

→ coursesStore는 강의 목록을 관리합니다.

→ userStore는 사용자의 정보를 관리합니다.

→ authStore는 인증 관련 상태를 관리합니다.

→ coursesStore.fetchCourses( )는 강의 목록을 가져오는 API 호출을 합니다.

→ userStore.fetchUser(username)은 로컬 스토리지에서 사용자 이름을 가져와 해당 사용자의 정보를 불러옵니다.

(2) 수강 목록 페이지(EnrollmentList.vue)

관리자와 일반 사용자의 수강 과정 관리를 다루는 페이지로 사용자 역할에 따라 다른 데이터와 UI가 제공됩니다.

src/pages/EnrollmentList.vue

```
01 <template>
02   <DefaultLayout>
```

```
03      <div class="container">
04        <h3 class="center">{{ isAdmin ? '수강 과정 관리' : '수강 과정 목록' }}</h3><hr/>
05        <div v-if="isAdmin">
06          <table class="table">
07            <thead>
08              <tr><th>수강번호</th><th>수강 과정</th><th>수강생</th><th>상태관리</th></tr>
09            </thead>
10            <tbody>
11              <tr v-for="enrollment in enrollments" :key="enrollment.id" class="collection-item">
12                <td>{{ enrollment.id }}</td>
13                <td><router-link :to="`/enrollments/${enrollment.id}`">{{ enrollment.course_title }}</router-link></td>
14                <td>{{ enrollment.student_name }}</td>
15                <td>
16                  <span v-if="enrollment.status === 'ENROLLED'">수강중</span>
17                  <span v-else>수강 철회 신청중    
18                    <button @click="`deleteEnrollment(${enrollment.id})`" class="btn red waves-effect waves-light">수강 삭제</button>
19                  </span>
20                </td>
21              </tr>
22            </tbody>
23          </table>
24        </div>
25        <div v-else>
26          <ul class="collection">
27            <li v-for="enrollment in enrolls" :key="enrollment.id" class="collection-item">
28              <router-link :to="`/enrollments/${enrollment.id}`">{{ enrollment.course_title }}</router-link>
29            </li>
30          </ul>
31        </div>
32      </div>
33    </DefaultLayout>
34  </template>
35  <script setup>
36  import { onMounted, computed } from 'vue';
37  import { useEnrollmentStore, useUserStore } from '@/store';
38  const enrollmentStore = useEnrollmentStore();
39  const userStore = useUserStore();
40  const enrolls = computed(() => enrollmentStore.enrolls);
41  const enrollments = computed(() => enrollmentStore.enrollments);
```

```
42    const user = computed(() => userStore.user);
43    const role = localStorage.getItem('role');
44    const isAdmin = computed(() => role === 'ADMIN');
45    onMounted(async () => {
46      const username = localStorage.getItem("username");
47      await userStore.fetchUser(username);
48      const userId = user.value.id;
49      await enrollmentStore.getEnrollmentsByCourseIdAndStudentId(userId);
50      await enrollmentStore.fetchEnrollments();
51      console.log(enrollments.value);
52    });
53    </script>
```

- enrolls는 로그인한 사용자의 수강 과정을 담고 있습니다.
- enrollments는 관리자에게 제공되는 전체 수강 과정 정보입니다.
- user는 현재 로그인한 사용자 정보를 나타냅니다.
- role은 로컬 스토리지에서 사용자 역할을 가져옵니다.
- isAdmin은 role 값이 'ADMIN'인 경우, 사용자가 관리자임을 나타냅니다.

(3) 수강 예약 목록 페이지(ReservationList.vue)

수강 예약 내역을 관리하는 컴포넌트로 관리자(Admin)와 일반 사용자(User)의 역할에 따라 서로 다른 정보를 표시합니다.

```
src/pages/ReservationList.vue
01    <template>
02      <DefaultLayout>
03        <div class="container">
04          <h3 class="center">수강 예약 내역</h3><hr/>
05          <div v-if="isAdmin">
06            <table class="table">
07              <thead>
08                <tr><th>예약번호</th><th>수강 과정</th><th>수강생</th><th>상태관리</th></tr>
09              </thead>
10              <tbody>
11                <tr v-for="reservation in reserves" :key="reservation.id"
```

```
           class="collection-item">
12                <td>{{ reservation.id }}</td>
13                <td><router-link :to="`/enrollments/${reservation.id}`">{{ reservation.course_title }}</router-link></td>
14                <td>{{ reservation.student_name }}</td>
15                <td>
16                  <span v-if="reservation.status === 'RESERVED'">예약중
17                       
18                    <button @click="deleteHandle(reservation.id)" class="btn red waves-effect waves-light">예약 취소</button>
19                  </span>
20                  <span v-else>취소됨</span>
21                </td>
22              </tr>
23            </tbody>
24          </table>
25        </div>
26        <div v-else>
27          <ul class="collection">
28            <li v-for="reservation in res" :key="reservation.id" class="collection-item">
29              <router-link :to="`/reservations/${reservation.id}`">{{ reservation.course_title }}</router-link>    
30              <span v-if="reservation.status === 'RESERVED'">
31                예약됨      
32                <button @click="deleteHandle(reservation.id)" class="btn red waves-effect waves-light">취소 신청</button>
33              </span>
34              <span v-else-if="reservation.status === 'CANCELLED'">취소됨</span>
35              <span v-else>확인중</span>
36            </li>
37          </ul>
38          <p v-if="(res.length < 1)">해당 강의 예약 데이터가 존재하지 않습니다.</p>
39        </div>
40        <hr>
41        <router-link to="/courses" class="btn waves-effect waves-light">수강 신청</router-link>
42      </div>
43    </DefaultLayout>
44  </template>
45  <script setup>
46  import { onMounted, computed, ref } from 'vue';
47  import { useReservationStore, useUserStore } from '@/store';
48  import reservationService from '@/services/reservationService';
49  const reservationStore = useReservationStore();
```

```
50    const userStore = useUserStore();
51    const reserves = computed(() => reservationStore.reservations);
52    const res = computed(() => reservationStore.res);
53    const user = computed(() => userStore.user);
54    const role = localStorage.getItem('role');
55    const isAdmin = computed(() => role === 'ADMIN');
56    onMounted(async () => {
57      const username = localStorage.getItem("username");
58      await userStore.fetchUser(username);
59      const userId = user.value.id;
60      await reservationStore.getReaervationsByCourseIdAndStudentId(userId);
61      await reservationStore.fetchReservations();
62      console.log(reserves.value);
63    });
64    async function deleteHandle(id){
65      try { await reservationService.deleteReservation(id);
66        console.log(`Reservation with ID ${id} deleted`);
67        const userId = user.value.id;
68        await reservationStore.
getReaervationsByCourseIdAndStudentId(userId);
69      } catch (error) { console.error("Failed to delete reservation:", error); }
70    }
71  </script>
```

- useReservationStore는 예약 데이터를 관리하는 Pinia 스토어입니다.

- useUserStore는 사용자 정보를 관리하는 Pinia 스토어입니다.

- reservationService는 예약 취소와 같은 비즈니스 로직을 처리하는 서비스입니다.

- fetchUser는 로컬 스토리지에서 사용자 이름을 가져와 해당 사용자의 정보를 스토어에 로드합니다.

- fetchReservations는 관리자에게 필요한 모든 예약 데이터를 가져옵니다.

(4) 수강 예약 페이지(ReservationForm.vue)

수강 예약 컴포넌트로 신규 예약을 신청하거나 기존 예약을 수정하는 기능을 제공합니다.

```
src/pages/ReservationForm.vue
01  <template>
02    <DefaultLayout>
```

```
03        <h3 class="center">{{ isEdit ? '수강 예약 수정' : '수강 예약 신청' }}</h3><hr/>
04        <form @submit.prevent="handleSubmit">
05          <div class="input-field">
06            <input v-model="formData.title" type="text" id="title" required readonly />
07            <input v-model="formData.courseId" type="hidden" id="courseId" required />
08            <label for="courseId" class="active">Course Name</label>
09          </div>
10          <div class="input-field">
11            <input v-model="formData.studentName" type="text" id="studentName" required readonly />
12            <input v-model="formData.studentId" type="hidden" id="studentId" required />
13            <label for="studentId" class="active">Student Name</label>
14          </div>
15          <button class="btn waves-effect waves-light" type="submit">{{ isEdit ? '수강 예약 변경' : '수강 예약 신청' }}</button>
16        </form>
17      </DefaultLayout>
18    </template>
19    <script setup>
20    import { ref, onMounted, computed, watchEffect } from 'vue';
21    import { useRouter, useRoute } from 'vue-router';
22    import reservationService from '@/services/reservationService';
23    import { useUserStore, useCoursesStore } from '@/store';
24    const router = useRouter();
25    const route = useRoute();
26    const isEdit = ref(!!route.params.id);
27    const userStore = useUserStore();
28    const courseStore = useCoursesStore();
29    const user = computed(() => userStore.user);
30    const course = computed(() => courseStore.course);
31    const formData = ref({ title: '', courseId: route.params.courseId, studentName: '', studentId: '', });
32    const sendData = ref({ courseId: route.params.courseId, studentId: '', });
33    onMounted(async () => { await courseStore.fetchCourse(route.params.courseId);
34      const uname = localStorage.getItem('username');
35      await userStore.fetchUser(uname);
36      if (isEdit.value) {
37        const reservation = await reservationService.getReservationById(route.params.courseid);
38        formData.value = {
39          courseId: reservation.courseId, studentId: reservation.studentId,};
40      } else {
```

```
41        formData.value = { title: course.title, courseId: course.id, studentId: user.id,
42            studentName: user.name };
43      }
44    });
45    async function handleSubmit() {
46      SendData.value = {
47        courseId: formData.value.courseId, studentId: formData.value.userId };
48      if (isEdit.value) {
49        await reservationService.updateReservation(route.params.id, sendData.value);
50        alert('수강 정보 변경이 성공적으로 완료되었습니다.!');
51      } else {
52        await reservationService.createReservation(sendData.value);
53        alert('수강 예약이 성공적으로 완료되었습니다.!');
54      }
55      router.push('/');
56    }
57    watchEffect(() => {
58      if (course.value && user.value) {
59        formData.value.courseId = course.value.id || '';
60        formData.value.title = course.value.title || '';
61        formData.value.studentId = user.value.id || '';
62        formData.value.studentName = user.value.name || '';
63      }
64    });
65  </script>
```

- isEdit는 URL에 id 파라미터가 존재하는지 확인하여 예약 수정 모드인지 새 예약 모드인지 결정합니다.

- formData는 화면에서 표시하거나 편집할 예약 정보를 관리합니다.

- handleSubmit는 reservationService.createReservation을 호출하여 새 예약을 생성합니다.

- watchEffect는 반응형 데이터 처리를 위한 함수입니다.

14.5.3 애플리케이션 빌드

모든 작성이 완료되었으므로 ch14_myapp5 애플리케이션을 실행하여 정상적으로 동작하는지 확인합니다. 정상적이지 않은 경우 제시된 코드가 맞는지 누락이나 위치, 오타 등을 확인하면서 진행합니다.

(1) 개발 서버 실행

터미널창을 열고 작성된 애플리케이션을 개발자 모드에서 테스트를 진행합니다.

```
npm run serve
```

브라우저에서 http://localhost:5137로 접속하여 애플리케이션을 확인합니다.

(2) 애플리케이션 빌드

터미널창을 열고 해당 디렉터리인 ch14_myapp5로 이동한 후 애플리케이션을 빌드합니다.

```
npm run build
```

빌드를 통해 여러 구성 파일을 웹 환경에서 실행 가능한 형태의 웹 파일로 변환하면 dist/ 폴더에 결과가 생성됩니다.

14.5.4 포트폴리오에 반영

포트폴리오 디렉터리인 portfolio 디렉터리 안에 sub5 디렉터리를 생성한 후 빌드된 dist 폴더에 있는 내용을 복사한 후 붙여 넣습니다. 디렉터리 위치가 다를 경우 원격 저장소(GitHub Repository)에 배포하더라도 렌더링이 제대로 되지 않을 수 있습니다.

14.5.5 포트폴리오 배포

포트폴리오 디렉터리를 로컬 저장소(Git Repository)로 초기화하여 설정한 후 원격 저장소(GitHub Repository)와 연결 후 portfolio 디렉터리에서 배포합니다.

(1) 디렉터리 이동

작업할 프로젝트 디렉터리로 이동합니다.

```
cd portfolio
```

portfolio 디렉터리에서 Git 관련 작업을 진행합니다.

(2) 로컬 저장소(Git Repository) 초기화

Git 저장소를 초기화합니다.

```
git init
```

현재 디렉터리에 .git 디렉터리가 생성되고 이 디렉터리는 Git이 버전 관리를 위해 사용하는 파일을 포함합니다.

(3) Git 사용자 정보 설정

전역 Git 사용자 이름과 이메일 설정:

```
git config --global user.name "GitHub 본인계정"
git config --global user.email " GitHub 가입 이메일 주소"
```

전역 설정은 현재 컴퓨터의 모든 프로젝트에 적용됩니다. 프로젝트별로 설정하려면 --global 대신 프로젝트 디렉터리에서 실행합니다.

(4) 원격 저장소(GitHub Repository) 생성

GitHub 리포지토리는 원격 저장소로 인터넷이 제공되는 환경이라면 누구든지 활용할 수 있습니다.

① GitHub에 회원가입(Sign Up)을 하고 회원가입 시 입력한 이메일로 본인 인증을 거친 후 로그인(Sign In)을 합니다.

② 우측 상단의 + 아이콘 클릭하고 나오는 메뉴에서 New Repository를 선택합니다.

③ Repository Name 항목은 본인계정.github.io를 입력, Visibility 항목은 Public 또는 Private 을 선택하고 [Create Repository] 버튼을 클릭하면 새로운 리포지토리가 생성됩니다.

④ 기본 GitHub Page는 별도의 설정 없이 진행하려면 반드시 리포지토리 이름은 "본인계정.github.io" 형식으로 지정해야 합니다.

(5) 원격 저장소 연결

원격 저장소 URL을 로컬 저장소에 추가합니다.

```
git remote add origin https://github.com/본인계정/본인계정.github.io.git
```

→ origin: 원격 저장소의 이름(기본값)입니다.

→ https://github.com/본인계정/본인계정.github.io.git은 GitHub에서 생성한 원격 저장소의 URL입니다.

(6) 로컬 저장소(Git Repository) 설정

.git 숨김 폴더 안의 config 파일을 확인하고 아래와 같은 형태로 .git/config 파일을 수정한 후 저장합니다.

.git/config

```
[remote "origin"]
    url = https://본인계정:토큰키@github.com/본인계정/본인계정.github.io.git
    fetch = +refs/heads/*:refs/remotes/origin/*
```

→ 토큰키는 GitHub Personal Access Token을 넣습니다.

→ ".git"은 숨김 폴더이므로 반드시 [보기]-[표시]-[숨김 항목]을 선택해야 합니다.

→ ".git/config" 파일을 메모장으로 열어 위와 같이 편집합니다.

(7) 로컬 저장소 파일 추가

작업 디렉터리의 모든 파일을 스테이징 영역에 추가합니다.

```
git add .
```

스테이징 영역은 커밋 전에 파일을 준비하는 단계입니다.

(8) 로컬 저장소 커밋

변경 사항을 커밋(버전 기록)합니다.

```
git commit -m "Initial commit"
```

-m: 커밋 메시지를 지정합니다. 예: "Initial commit".

(9) 원격 저장소로 푸시

로컬 저장소의 내용을 원격 저장소로 업로드합니다.

```
git push -u origin master
```

➡ -u: 로컬 브랜치를 원격 브랜치와 연결(추적)합니다.

➡ master: 푸시할 브랜치 이름. 기본적으로 main 브랜치 또는 맞는 브랜치를 사용하세요.

(10) 결과 확인

GitHub 저장소에서 변경 사항을 확인하고 GitHub Pages로 배포된 결과는 브라우저를 띄우고 https://본인계정.github.io에서 확인 가능합니다.

※ 포트폴리오를 풀스택으로 진행할 경우 제공 소스에서 HeidiSQL로 backend1~backend5 디렉터리 안에 있는 .sql 파일을 열고 SQL 구문을 한 블록씩 실행하고, sts4로 backend1~backend5를 하나씩 워크스페이스로 지정하여 열고 백엔드 프로젝트를 실행합니다. ch14_myapp1_integration ~ ch14_myapp5_integration를 Visual Studio Code에서 각각 폴더 열기로 열어 터미널창에서 프런트엔드 프로젝트를 실행하면 풀스택으로 진행할 수 있게 준비하였습니다.

마지막 14장에서는 여러 가지 프런트엔드 실무 프로젝트를 제작하여 빌드한 후 포트폴리오로 합쳐 원격 저장소(GitHub Repository)에 배포하는 포트폴리오 프로젝트를 진행했습니다. 여기에서 각 프로젝트를 수정한다거나, 별도로 만든 프로젝트를 추가한다면 프로젝트 갤러리를 완성할 수 있습니다.

지금까지 배운 내용을 바탕으로 실무 프로젝트를 진행해 보면 더 좋은 성과를 거둘 수 있습니다.

찾아보기

기호 & 번호

<script setup>	342
. MVVM(Model-View-ViewModel)	551
404 라우트	396

ㄱ

가변 파라미터(Rest Parameters)	86
감시자(Watcher)	353
경량 언어	62
계산 속성(Computed Properties)	349
계산(Computed)	132
관찰(Watch)	134
구조 분해 할당	87
그리드 레이아웃	260
기본 매개변수(Default Parameters)	84
기본 변수	63
기본 파라미터(Default Parameters)	86

ㄴ

나머지 매개변수(Rest Parameters)	84
내비게이션 가드(Navigation Guard)	393, 404
내비게이션 가드(Navigation Guards)	377
내비게이션(Navigation)	377
내장 객체	83
논리 연산자	68
논리형(Boolean)	65

ㄷ

단위 테스트(Unit Testing)	651
단일 루트 엘리먼트	116
대입 연산자	69
데이터 바인딩	116
데이터 바인딩(Data Binding)	115
데이터 전달	104
데이터(Data)	130
동기(Synchronous) 방식	426
동일 출처 정책(Same-Origin Policy)	433
동적 라우트(Dynamic Route)	382
동적 라우트(Dynamic Routes)	377
동적 스타일(Dynamic Style Binding)	227
동적 컴포넌트(Dynamic Components)	193
디렉티브(Directive)	115

ㄹ

라우터 객체	377
라우터(Router)	325
라우트(Route)	377
라이프사이클 훅(lifecycle hook)	117
렉시컬 바인딩(Lexical Binding)	97
렉시컬 스코프(Lexical Scoping)	97
렌더링(Rendering)	115
로더(Loader)	318
리포지토리(Repository)	682

ㅁ

마우스 이벤트(Mouse Events)	171
머스태치 구문(Mustache Expression)	115
머티리얼 디자인	262
메모이제이션(Memoization)	351
메서드 방식(Method Handler)	173
메서드(method)	117
메서드(Methods)	131
메인 뷰 컴포넌트 작성	219
메인 컴포넌트 작성	213
메인 호출 비동기 컴포넌트 작성	217
명명된 라우트(Named Route)	388
모듈 핫 리플레이스먼트(HMR)	308
모듈화(Modules)	100
문자열(String)	64
뮤테이션(Mutations)	140
미니피케이션(minification)	317

ㅂ

반복 렌더링	117
반응성 상태 데이터	347
배포	651
배포 설정	678
배포 환경 구축	678
백엔드(Back-end) 연동	591
버블 단계(Bubble Phase)	174
번들링(Bundling)	317
보안 테스트(Security Test)	654
부모/자식 컴포넌트	137
부모 컴포넌트	50
부모 컴포넌트 작성	217
브레드크럼	237
비교 연산자	67
비동기 요청 방식(Aasynchronous Request Method)	425

비동기 처리	62, 104
비동기 컴포넌트 작성	215
비동기 컴포넌트(Async Components)	196
비트 연산자	69
빌드(Build)	306

ㅅ

사용성 테스트(Usability Test)	654
사용자 인터랙션(Interaction)	61
사용자 정의 객체	82
사용자 정의 함수	84
산술 연산자	67
삼항 연산자	71
상태 관리 라이브러리	490
상태 관리(Vuex)	140
상태 기반 패턴	586
상태 업데이트	588
상태 정의	588
상태(state)	117
생명주기 훅(Lifecycle Hook)	357
생명주기 훅(Lifecycle Hooks)	135
생명주기(LifeCycle)	358
생성 단계(Creation Phase)	359
성능 테스트(Performance Test)	653
세션 기반 인증(Session Base Authorization)	400
소멸 단계(Destruction Phase)	360
소셜 미디어 플랫폼(Social Media Platform)	733
속성(attribute)	117
스냅샷 테스트(Snapshot Test)	653
스크립트(Script) 코드 모듈화	121
스타일 객체 병합	228
스토어(Store)	327
슬롯(Slots)	193
실수(Float)	64

ㅇ

애플리케이션 빌드	714
액세스 토큰(Access Token)	682
액션(Actions)	140
양방향 바인딩	116
어바웃 컴포넌트(AboutView.vue)	380
업데이트 단계(Update Phase)	360
에러 경계(Error Boundary)	363
에러 처리(Error Handling)	362
연산자	63
오픈소스 프레임워크(Open Source Framework)	18
온라인 강의 플랫폼	745
외부 참조(External References)	102
요소(Element)	115
위젯(Widget)	298
유틸리티 퍼스트(Utility-first)	246
이벤트	88
이벤트 객체(Event Object)	166, 173
이벤트 디렉티브(Event Directives)	166
이벤트 바인딩	116
이벤트 버스(Event Bus)	142
이벤트 수식어(Event Modifiers)	166, 175
이벤트 전파 제어	174
이벤트 전파(Event Propagation)	166, 174
이벤트 종류(Event Type)	166
이벤트 핸들러(Event Handler)	166, 172
이벤트 핸들링	588
이벤트(Event)	165
이스케이프 처리	117
익명 함수(Anonymous Function)	84
인라인 스타일(Inline Styles)	225
인라인 이벤트(Inline Event)	172
인라인 핸들러 방식(Inline Handler)	173
인증 방식	399
인터프리터 언어	61
일렉트론(Electron)	62
입력 이벤트(Input Events)	171

ㅈ

자식 컴포넌트	50
자식 컴포넌트 작성	218
재귀 호출 함수(Callback function)	134
재사용성	113
전개 연산자	75
전개 연산자(Spread Operator)	106
정수(Integer)	64
조건부 렌더링	117
중앙 저장소(store)	490
중첩 라우트(Nested Route)	385
중첩 라우트(Nested Routes)	377
증감 연산자	70
지연 로딩(Lazy Loading)	398

ㅊ

챗봇(Chatbot) 컴포넌트	625

ㅋ

카드 컨테이너	260
캐러셀	237
캐러셀 컨테이너(Carousel Container)	278
캡슐화	113
캡처 단계(Capture Phase)	174
커스텀 이벤트	166
커스텀 이벤트(Custom Events)	184
컬러 테마	34
컴포넌트 기반 패턴	583
코드 변환	306
코드 변환(transpilation)	322
콜백 함수(Callback Function)	84
크로미움(Chrome, Edge)	675
크로스 오리진(Cross Origin)	432

크로스 플랫폼	62
클래스 바인딩(Class Binding)	226
클릭 이벤트(Click Events)	171
키보드 이벤트(Keyboard Events)	171

ㅌ

탭 내비게이션	240
터미널(Terminal)	320
테스트	651
테스트 스위트(Test Suite)	658, 671
테스트 케이스(Test Case)	658
텔레포트 컴포넌트 작성	218
텔레포트(Teleport)	195
템플릿 리터럴(Template Literals)	99
토큰 기반 인증	400, 402
통합 테스트(Integration Testing)	651
트리 세이킹(Tree Shaking: 추출)	323

ㅍ

파운데이션(Foundation)	54
파이어폭스	675
포트폴리오에 반영	715
폴리필(Polyfill)	322
폼 이벤트(Form Events)	171
폼 컴포넌트 작성	214
푸터 컴포넌트 작성	212
프런트엔드 포트폴리오	700
프런트엔드 프레임워크(Fronted Framework)	223
프런트엔드 프레임워크(Frontend Framework)	19
프레임워크(Framework)	19
프로덕션 빌드(Production Build)	306
프록시 서버(Proxy Server)	436

ㅎ

헤더 컴포넌트 작성	211
홈 컴포넌트(HomeView.vue)	380
화살표 함수(Arrow Function)	84, 95
확장팩	34
회귀 테스트(Regression Test)	653
흐름 제어	394
히스토리 모드(History Mode)	377, 395

A

Action	539
Actions	491
Actions(액션)	587
attrs	338
Auto Rename Tag	34
Axios	453

B

Babel	112
Bootsrap	232
break문	79
Bulma	278
Bulma CSS	309

C

CDN(Content Delivery Network)	103, 209
ChatInput	312
ChatMessage	312
ChatWindow	312
CLI	320
Composition API	54, 117, 119, 335

computed	118, 352
Content Management System(CMS)	726
continue문	79
CORS(Cross-Origin Resource Sharing)	435
CreateProduct.vue	622
CSS 모듈화(CSS Modules)	192
CSS 전처리기	149
CSS 프레임워크(CSS Framework)	232
currentRoute 객체	381
Cypress	664

D

defineEmits	372
defineProps	372
DELETE 방식	432
delete 연산자	72
dependencies	112
Dispatcher	539
DOM 객체	88
DOM 객체 이벤트	92
DOM 이벤트	166
DOM(Document Object Model)	62

E

E2E(End-to-End) 테스트	667
E2E 테스트	665
Eclipse	633
ECMAScript	63
E-commerce 플랫폼 애플리케이션	702
emit	50, 338
ESLint	34
ESM(ECMAScript Modules)	308
export	100

F

Fast API 연동 프로젝트	644
Fetch API	448
Flux 패턴 아키텍처	538
Font Awesome(폰트 어썸)	280
for문	77
Foundation CSS Framework	54

G

GET 방식	430
Getters	491
Getters(게터)	587
GitHub에 배포	680

H

Heroku에 배포	685
HTML 템플릿	113
HTML CSS Support	34

I

if문	76
import	100
in 연산자	72
inject	144, 194
instanceof 연산자	73

J

JavaScript ES6	61
JavaScript Falsy 값	65
Jest	653

jQuery Ajax	457
JSONP(JSON with Padding)	438
JWT(JSON Web Token)	402

L

Live Server	34

M

MariaDB	462
Material Design Icons	263
Materialize	262
Materialize Carousel	277
methods	118
Mocha	698
Model	551
Modules	491
mounted( )	118
MovieList.vue	577
Mustache 구문	114
Mutations	491
Mutations(변이)	587
MVP(Model-View-Presenter)	566

N

new 연산자	73
Nightwatch.js	699
Node/Express 연동	630
npm	39
npm init	297
npx	39
Null 병합 연산자	72

O

Optional Chaining(옵션 변경)	75
Option API	117

P

PaaS	685
package.json	112, 297
PATCH 방식	431
Pinia 아키텍처	514
Playwright	672
POST 방식	430
Presenter	566
Prettier	34
ProductList.vue	619
Project Management Tool	715
Promise	105, 442
props	50, 338
provide	144, 194
Proxy	107
PUT 방식	431
PyCharm 설치	646
Python 설치	645

R

reactive	349
React Native	62
ref	348
Render에 배포	694
REST Client	34
return문	81
Rollup	307

S

scoped	122
Scoped 스타일	117
script	114
script(스크립트)	117
Selenium	699
Servlet 백엔드 프로젝트	632
setup( ) 메서드	338
SFC(Single File Component)	296
Slack	62
slots	338
spread 연산자	74
Spring Boot 연동	641
Spring Framework	637
src/App.vue	151
State	491
State(상태)	587
Store	539
sts3 설치	637
sts4 설치	641
STS(Spring Tools Suite)	471
style	114
style(스타일)	122
Swiper	261
switch문	76

T

tailwind	148
Tailwind CSS	246
template	114
template(템플릿)	115
throw문	81
Tomcat	632
try...catch문	80
typeof 연산자	71

U

UI 업데이트	588
Uvicorn	646

V

v-bind	125
v-cloak	129
Vercel	690
Vetur	34
v-for	128
v-html	124
View	539
ViewModel	551
v-if	127
Visual Studio Code	29, 62, 716
Vite	307
Vitest	659
v-model	125
v-once	129
v-pre	128
v-show	126
v-text	124
Vue 3 프로그래밍 패턴	538
Vue 3 Snippets	34, 35
Vue 디렉티브(Directive)	124
Vue 스타일링(Styling)	224
Vue 인스턴스(Instance)	130
Vue 커스텀 이벤트(Custom Events)	171
Vue.js	19
Vue.js devtools	203
Vue Router	376
Vue VSCode Snippets	34
Vuex 아키텍처	490

W

watch	118
watch(감시)	354
watchEffect(감시효과)	355
WeatherList.vue	562
WebKit(Safari)	675
Webpack	300, 307
while문	78

Y

yarn	39